プロではない あなたのための Illustrator

Non-professional user's guide to Adobe Illustrator

for Windows & Macintosh CC2017/CC2015/CC2014/CS6/CS5/CS4/CS3/CS2/CS 対応

I&D 著

本書について

 本書をご購入・ご利用になる前に必ずお読みください

●本書の内容は、執筆時点（2017年8月）の情報に基づいて制作されています。これ以降に製品、サービス、その他の情報の内容が変更されている可能性がありますので予めご了承ください。

●本書は、パソコンならびにMac OSやWindowsの基本操作ができる方を対象としています。これらの基本操作については、別途市販の解説書などをご利用ください。

●本書の解説は、Adobe Illustrator CS～CC 2017に対応した内容となっております。ただし、本書は、Windows 10（バージョン1607）でWindows版のAdobe Illustrator CC 2017を使用して解説をしています。そのため、他のOSやバージョンを使用している場合は、画面や操作が本書の解説と異なる場合があります。予めご了承ください。

●本書の利用に当たっては、インターネットから教材データをダウンロードする必要があります。そのためインターネット接続環境が必須となります。

●本書に記載された内容をはじめ、インターネットからダウンロードした教材データ、プログラムなどを利用したことによるいかなる損害に対しても、データ提供者（開発元・販売元等）、著作権者、ならびに株式会社エクスナレッジでは、一切の責任を負いかねます。個人の責任においてご使用ください。

●本書に直接関係のない「このようなことがしたい」「このようなときはどうすればよいか」など特定の操作方法や問題解決方法、パソコンやMac OS、Windowsの基本的な使い方、ご使用の環境固有の設定や特定の機器向けの設定などのお問合せは受け付けておりません。本書の説明内容に関するご質問に限り、P.280に記載されている編集部のFAX番号もしくは電子メールにて受け付けております。電話でのお問合せは受け付けておりません。

以上の注意事項をご承諾いただいたうえで本書をご利用ください。ご承諾いただけずお問合せをいただいても、株式会社エクスナレッジおよび著作権者はご対応いたしかねます。予めご了承ください。

 教材データのダウンロードについて

本書を使用するに当たって、まず解説で使用する教材データをインターネットからダウンロードする必要があります。

●Webブラウザ（Microsoft Edge、Internet Explorer、Google Chrome、FireFox、Safari）を起動し、以下のURLのWebページにアクセスしてください。

http://xknowledge-books.jp/support/9784767823591/

●図のような本書の「サポート＆ダウンロード」ページが表示されたら、記載されている注意事項を必ずお読みになり、ご了承いただいたうえで、教材データをダウンロードしてください。

●教材データは、ZIP形式で圧縮されています。ダウンロード後は解凍（展開）して、デスクトップなどわかりやすい場所に移動してご使用ください。

●教材データを使用するに当たっては、必ずP.32の「教材データの使い方および使用上の注意」をお読みください。

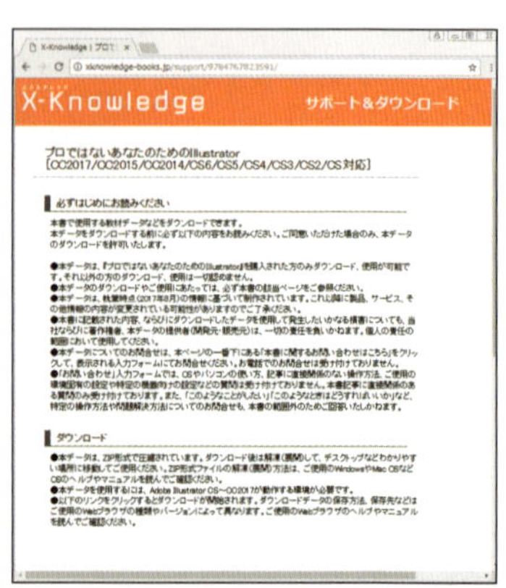

▶ Adobe、Adobeロゴ、Adobe Illustrator、Creative Suite、Creative Cloudは、Adobe Systems Incorporated（アドビシステムズ社）の米国ならびに他の国における商標または登録商標です。

▶ 本書中に登場する会社名や商品名は一般に各社の商標または登録商標です。本書では®およびTMマークは省略させていただいております。

はじめに

Adobe Illustratorは、多彩な機能を持ち合わせたソフトウェアで、
いまやデザイン作業になくてはならない存在です。
その名のとおりイラストを描くことはもちろん、
チラシやポスターといった印刷物やWEBサイトのデザイン、
ロゴやマークなどの制作にも欠かせません。
かっちりとした線で正確な図面を作ったり、
手描き風のやわらかい線を使ったイラストも得意とするところです。

あらゆるクリエイティブワークに必須となったIllustrator。
しかしその機能の多彩さゆえ、習得に時間がかかったり、
途中で挫折してしまうといった例も少なくありません。

この本は、Illustratorにまったく触れたことのない初心者から、
イメージはあるけれど想像していたものが作れない、といった方々にぜひ使ってほしい本です。
日常デザイナーやクリエイターが利用している必須機能に絞っていますので、
効率よく学習することができるでしょう。

一度は作ってみたい５つの課題（DESIGN NOTE）もご用意しました。
学んだことを復習するもよし、スキルチェックに使うもよし、
ぜひチャレンジしてみてください！

すべての作例データもご用意しています。
本書を教科書としてご利用くださる方々や、
完成データを参照しながら学習ができることも自慢のひとつです（笑）。

参考書がわりに、インスピレーションを引き出す道具として、傍に置いていただけるとうれしいです。

本書を作成するにあたり、編集作業をがっつり担当してくださった坂下ご夫妻、
原稿を辛抱強く待ってくれているエクスナレッジの新谷さんに、
心より感謝いたします。

2017年9月吉日　I&D

CONTENTS

本書をご購入・ご利用になる前に必ずお読みください／教材データのダウンロードについて……2
本書で使用する用語と表記方法……14
教材データの使い方および使用上の注意……32

CHAPTER 1 あらかじめ知っておきたい！ Illustratorのエッセンス

1-01 パスを知る……16
ラスターイメージとベクターイメージ……16
Illustratorがとっつきにくい理由……16
ハンドルで曲線にする……18
1-02 オブジェクト……19
個々に独立しているオブジェクト……19
1つのオブジェクトに「塗り」と「線」を設定可能……19
オブジェクトの重なり合い……20

CHAPTER 2 さあ、Illustratorをはじめよう！ 操作画面と各部名称

2-01 Illustratorの各部名称……22
2-02 作業環境の設定……24
ドキュメントのカラーモード……24
環境設定……24
画面表示モード……25

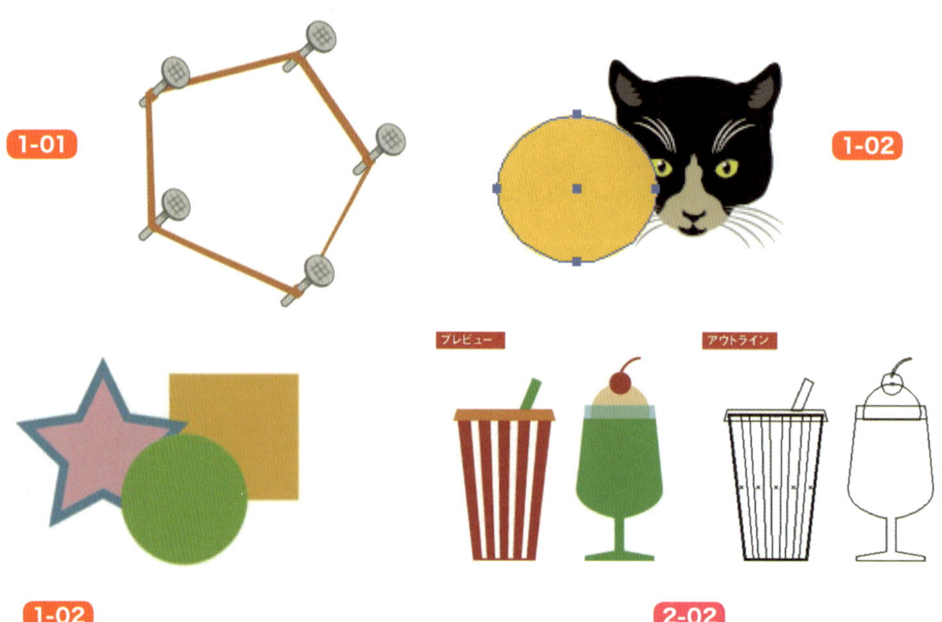

2-03 パネル …… 26
パネルについて …… 26
パネルの操作 …… 26
ワークスペースの保存 …… 28
2-04 ツールパネル …… 29
ツールパネルの概要 …… 29
ツールの名称 …… 30

CHAPTER 3 これだけはマスターしよう！ 基本操作と必須ツール

3-00 ウォーミングアップ …… 34
ファイルの作成 …… 34
図形の作成・選択・移動 …… 35
図形の塗りの設定 …… 36
図形のコピー&ペースト …… 37
作業の取り消し・やり直し …… 38
ファイルの保存 …… 39
3-01 図形ツール〈1〉長方形・円・角丸長方形を作成する …… 40
長方形・円を作成する／正確なサイズで図形を作成する／角の丸い長方形を作成する
3-02 図形ツール〈2〉多角形・星形・正三角形を作成する …… 44
多角形・星形・正三角形を作成する／正位置に固定して作成する／正確なサイズで図形を作成する

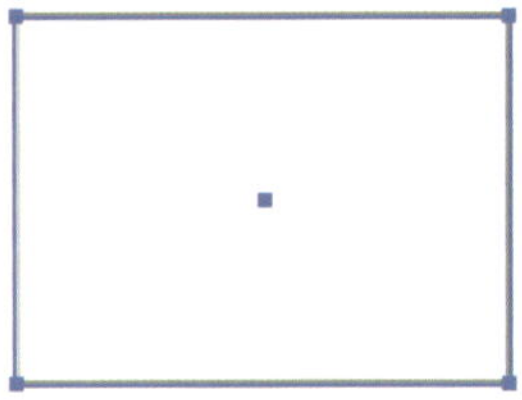

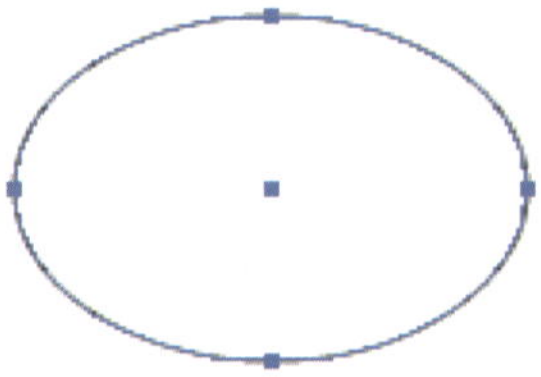

3-01 3-01  3-01

3-01

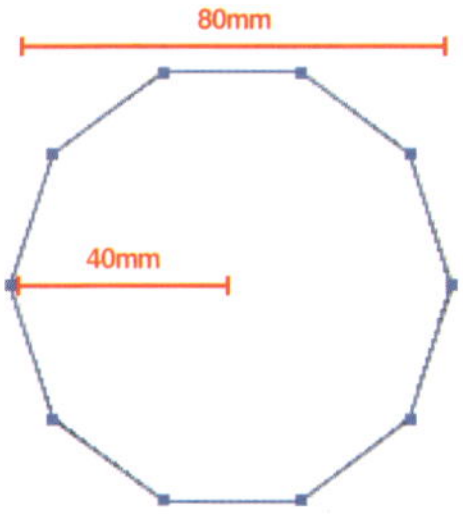

80mm
40mm
3-02

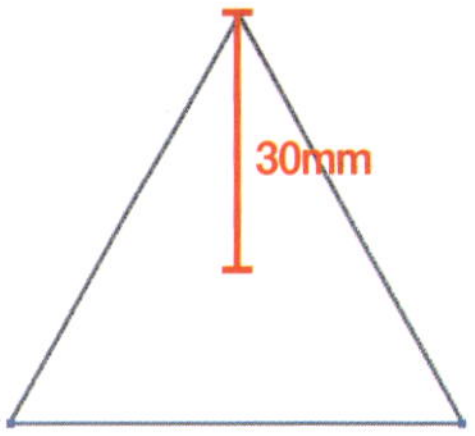

30mm
3-02

3-03 選択ツール〈1〉オブジェクトを選択・移動する ………… 46
オブジェクトを選択／オブジェクトの一部を選択／選択したオブジェクトを移動
3-04 選択ツール〈2〉効率よく選択する方法 ………… 49
すべてのオブジェクトを選択する／同じ属性のオブジェクトを選択する／似たような属性のオブジェクトも選択する
3-05 色の設定　カラーパネルで色を設定 ………… 53
塗りと線に色を付ける／カラーパネルで色を設定する／カラーモードを選択する
3-06 スウォッチ　色見本から色を選ぶ ………… 56
スウォッチパネルで色を付ける／ライブラリから色を追加／よく使う色を登録
3-07 変形〈1〉拡大・縮小・回転・傾斜・反転 ………… 60
変形ツールでオブジェクトを変形する／正確なサイズや角度で変形する
3-08 変形〈2〉自由な変形方法 ………… 64
バウンディングボックスで変形する／[自由変形]ツールで変形する／[ダイレクト選択]ツールで変形する
3-09 変形〈3〉フリーハンドで描いた図形の合成 ………… 68
フリーハンドの線から図形を作成する／図形を合成する／図形の重なり部分を切り抜く
3-10 変形パネル　オブジェクトを総合的に変形 ………… 71
変形パネルの使い方／長方形の角の形状を変更／扇形の形状を変更
3-11 線ツール　直線・曲線・破線・点線を作成する ………… 72
直線・曲線の作成／線の太さの変更／線パネルの使い方
3-12 線の編集　波線・飾り線を作成する ………… 75
波線を作成する／筆描きのような線を作成する／線を変形する

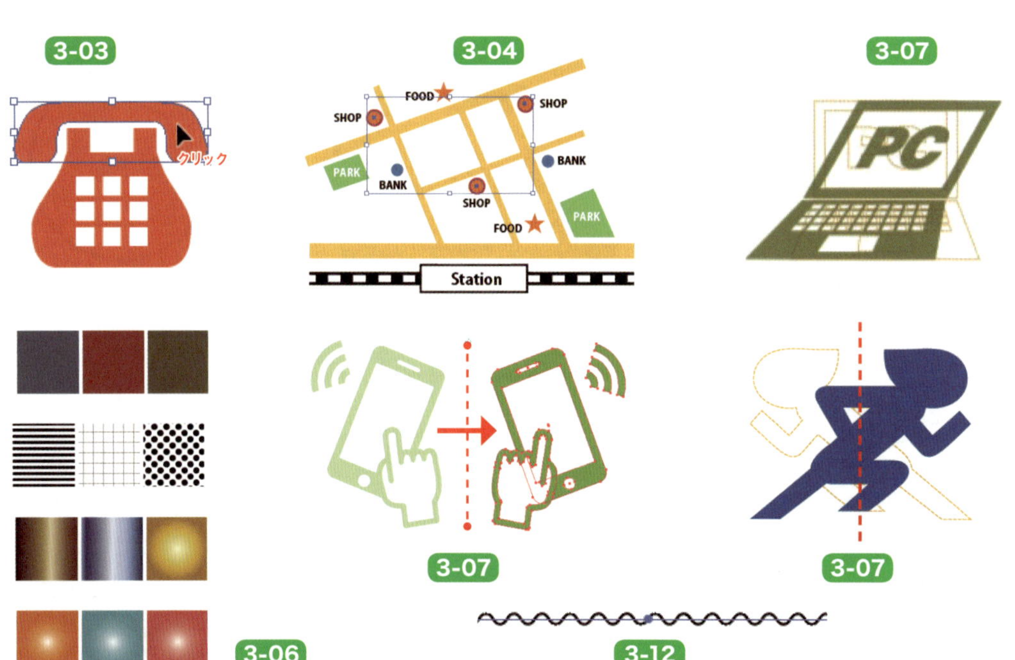

3-13 線をつなげる　離れた線や重なった線をつなげる ………… 79
パスを連結して線をつなげる／［連結］ツールで線をつなげる

3-14 線を切りはなす　パスで線を切りはなす・消す ………… 81
［はさみ］ツールで切りはなす／アンカーポイントで切りはなす／［消しゴム］ツールで線を消す

3-15 グループとロック　オブジェクトをまとめる・ロックする ………… 83
複数のオブジェクトを 1 つのグループにまとめる／移動したくないオブジェクトをロックする

3-16 レイヤー　レイヤーでオブジェクトを管理する ………… 84
新規レイヤーを作成する／レイヤーの順序を入れ替える／レイヤーをロックする／
レイヤーを非表示にする

3-17 画面表示の操作　ズームイン／アウトと範囲の移動 ………… 86
一部分を拡大する／アートボード全体を表示する／画面表示の範囲を移動させる

3-18 画像の配置　配置の方法と画像の管理 ………… 89
画像を配置する／リンク画像と埋め込み画像の違いを知る／配置した画像を置き換える

3-19 マスク〈1〉画像やオブジェクトを切り抜く ………… 93
画像を切り抜いたように見せる／複数のオブジェクトでマスクを作成する／マスクに色を付ける

3-20 テキスト〈1〉文字の入力と文字の設定 ………… 96
文字を入力する／文字パネルの使い方／文字に色を付ける

3-21 テキスト〈2〉指定エリアの文字を流し込む・入力する ………… 100
テキストデータを流し込む／指定したエリアに文字を入力する／図形内や線に沿って文字を入力する

3-22 テキスト〈3〉テキストの体裁を整える ………… 106
段落の行揃えを設定する／段落のインデントを設定する／段落間の間隔を設定する

3-14

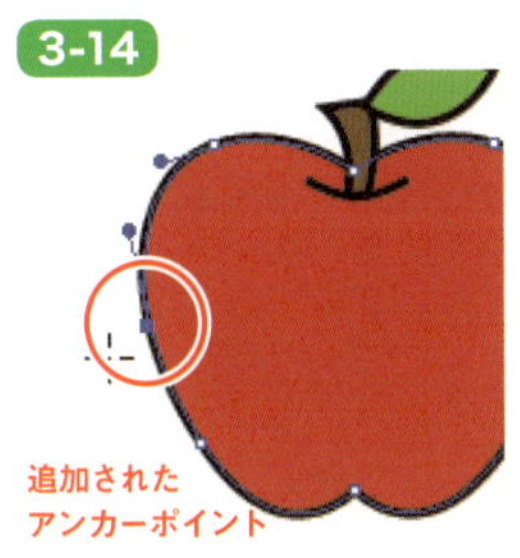

3-19

3-19

3-19

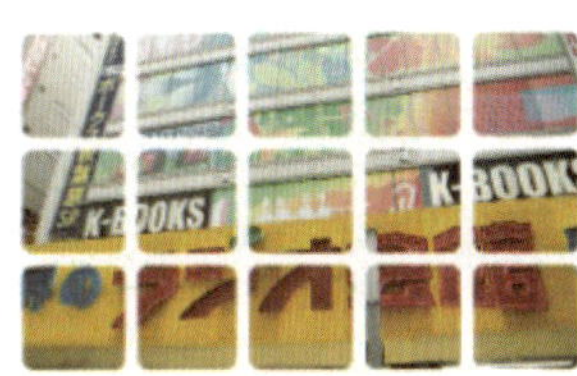

3-20

明治24年創業

WEBサーバ

今日もいい天気ですね。

決算報告

3-20

3-21

パソコンの不具合メモ
ファイル移動の際「予期せぬエラー」がおこる。再起動したが、グレー画面のまま起動不能で強制終了。再度電源を入れるが四度目にようやく起動。（PRAM クリアで再起動。）
SMC リセットを実行後、再起動。ディスクユーティリティでアクセス権修復、再起動。起動を確認して終了。
数時間後放置したらまた起動せず。とりあえずセーフブートで作業し、何か不具合が生じたらサポートに連絡、ということになった。

3-23 定規とガイド　レイアウトの補助線を作成する …… 108
定規を表示させる／ガイドを作成する／ガイドをロックする
3-24 グリッド　グリッドに沿って配置する …… 110
グリッドを表示させる／オブジェクトをグリッドにスナップさせる
3-25 スマートガイド　オブジェクトを揃えて配置する …… 111
直感的な操作で既存のオブジェクトと位置を揃える
3-26 ペンツール〈1〉直線と曲線を作成する …… 112
直線を作成する／「クローズパス」で図形を作成する／曲線を作成する
3-27 ペンツール〈2〉曲線や直線がつながった線を作成する …… 115
連続した曲線を作成する／曲線に直線がつながった線を作成する／
直線に曲線がつながった線を作成する
3-28 ペンツール〈3〉オブジェクトを編集する …… 120
線をつなげる／アンカーポイントを追加・削除する／ハンドルを追加・削除する
3-29 パスのアウトライン　線そのものを図形化する …… 125
図形の線をアウトライン化する／破線をアウトライン化する
3-30 パスのオフセット　オブジェクトの輪郭を広げる・縮める …… 126
外側に広げた・内側に縮めた輪郭を作成する／文字を太らせる

Design Note VOL. 1　グローバルカラーとマスクでメンバーズカードを作る …… 128

Design Note VOL. 2　パターンを組み合わせて自由にデザインするTシャツ …… 130

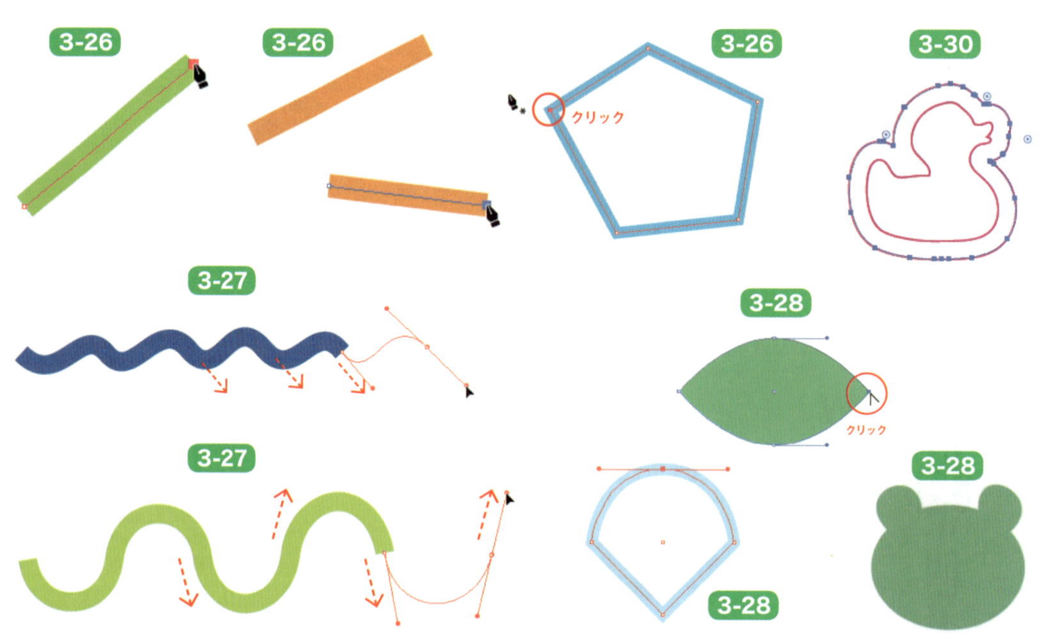

CHAPTER 4 使わずにはいられない! 効率アップの便利機能

4-01 整列 複数のオブジェクトの位置を揃える・規則的に配置する …… 134
オブジェクトの左・右・上・下を揃える/オブジェクトを等間隔に配置する/
オブジェクトを指定した間隔で配置する
4-02 図形の分割・合体 [ナイフ][はさみ]ツールとパスファインダーの使い方 …… 137
オブジェクトを分割する/パスファインダーパネルで合体・分割する/シェイプ形成ツールで合体する
4-03 透明効果 オブジェクトを透明にする …… 142
オブジェクトを半透明にする/16の描画モードを知る
4-04 矢印にする 線に矢印を付ける …… 145
線に矢印を付ける/矢印の形状や大きさを設定する
4-05 影を付ける ドロップシャドウ効果 …… 148
オブジェクトに影を付ける/グループに影を付ける/ドロップシャドウ効果を後から変更する
4-06 輪郭をぼかす ぼかし効果 …… 150
オブジェクトをぼかす/ぼかし効果を後から変更する
4-07 立体的にする 3D効果 …… 151
押し出しでオブジェクトを立体化する/回転体でオブジェクトを立体化する/
立体にオブジェクトを貼り付ける
4-08 パースを付ける 遠近グリッドを利用してオブジェクトにパースを付ける …… 156
遠近グリッドを作成する/遠近グリッドにオブジェクトを配置する
4-09 手描き風にする 落書き効果 …… 161
手描き風にする/手描きのタッチを後から変更する

REC

4-01

4-02

4-02

4-07

4-05

4-04

4-06

4-09

4-10 グラフィックスタイル　ボタン１つで派手な装飾 …… 163
グラフィックスタイルライブラリの使い方／文字に 3D 効果を付ける／
オリジナルのグラフィックスタイルを作成する

4-11 カラーの編集　オブジェクト全体の色合いを変える …… 166
オブジェクトの色合いを変える／複数のオブジェクトの色を混ぜ合わせる／
彩度を調整する

4-12 カラーの再配色　指定した色に変更する …… 168
複数のオブジェクトの色合いを一度に変更する／複数の色を１色で表現する

4-13 連続コピー　オブジェクトを移動・回転・変形させながら連続してコピーする …… 171
キー操作で連続コピー／等間隔で移動・回転させて連続コピー／拡大して連続コピー

4-14 個別に変形　複数のオブジェクトを個別に変形させる …… 173
複数のオブジェクトを同様に変形させる／複数のオブジェクトをランダムに変形させる

4-15 テキスト〈4〉タブで文字位置を揃える・段落ごとに文字位置を揃える …… 174
タブで文字位置を揃える／段落パネルで文字位置を揃える／テキストを回り込ませる

4-16 テキスト〈5〉文字のアウトライン化・変形 …… 179
文字のアウトライン化／エンベロープ機能で文字を変形／文字タッチツールで変形

4-17 マスク〈2〉不透明マスクでオブジェクトをぼかす …… 184
不透明マスクを作成する／不透明マスクを編集する

4-18 複合パス　オブジェクトに穴を開ける …… 186
複合パスの作成／属性パネルで「抜き」を調整

4-10

4-12

4-13

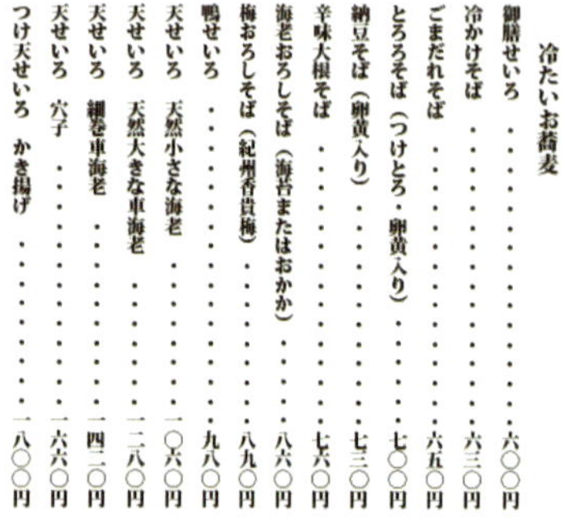

4-15

4-16

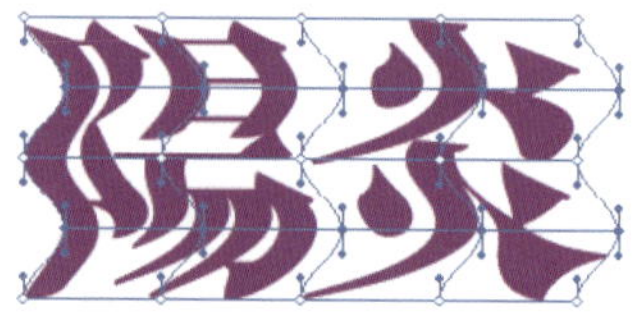

4-16

4-19 **ライブペイント　パスが閉じていない線画に着色する** …… 187
ライブペイントグループを作成する／ライブペイントで着色する／
ライブペイントを編集する
4-20 **画像トレース　画像をトレースして線画にする** …… 191
スキャンした画像をトレースする／トレース画像にライブペイントで着色する／
トレース画像の隙間を埋める
4-21 **グラフ〈1〉基本的なグラフを作成する** …… 195
データを入力してグラフを作成する／グラフを編集する／
外部データを利用してグラフを作成する
4-22 **グラフ〈2〉見やすいグラフにする** …… 202
グラフに色を付ける／グラフの種類を混在させる／グラフにイラストを利用する
4-23 **表の作り方　グラフィカルな表を作る** …… 206
立体的な表を作成する／長方形グリッドツールを利用して表を作成する／
ライブペイントで表に着色する

Design Note VOL. 3　ロゴの作成 …… 210

Design Note VOL. 4　見やすいレイアウト …… 212

4-18

4-19

4-20

4-22

	通勤定期料金表			通学定期料金表		
キロ	1ヶ月	3ヶ月	6ヶ月	1ヶ月	3ヶ月	6ヶ月
3km	5,210	14,850	28,140	3,130	8,930	16,910
4km	6,440	18,360	34,780	4,040	11,520	21,820
5km	8,040	22,920	43,420	5,050	14,400	27,270
6km	9,650	27,510	52,100	6,060	17,280	32,700
7km	11,260	32,100	60,810	7,070	20,150	18,180

4-23

CHAPTER 5 覚えておいて損はない！ Illustratorならではの描画機能

5-01 ブレンド　オブジェクトの色と形を徐々に変える …… 216
2つのオブジェクトをブレンドする／中間オブジェクトの数を変更する／ブレンド軸を変更する

5-02 グラデーション　オリジナルのグラデーションを作成する …… 219
グラデーションを作成する／グラデーションをスウォッチパネルに登録する

5-03 ブラシ〈1〉ブラシ機能の使い方 …… 225
ブラシの種類を知る／ブラシを使う

5-04 ブラシ〈2〉オリジナルブラシの作成 …… 227
各ブラシの作成方法を知る／オリジナルのブラシを作成する

5-05 鉛筆ツール　自由な線を描く …… 233
鉛筆ツールで自由な線を描く／線を滑らかにする／鉛筆ツールで描いた線を削除する

5-06 パターン　模様で塗りつぶす …… 236
パターンを登録する／パターンを編集する／パターンを変形する

5-07 グラデーションメッシュ　複雑なグラデーションの作成 …… 242
グラデーションメッシュを作成する／複数のメッシュポイントを一度に作成する／
メッシュポイントを移動する

5-08 シンボル　同じオブジェクトを大量に配置 …… 244
シンボルを作成する／シンボルを大量に配置する／シンボルインスタンスを編集する

5-09 リキッドツール　オブジェクトを有機的に変形させる …… 247
リキッドツールでオブジェクトを変形させる／リキッドツールの種類を知る

Design Note VOL. 5　立体的な地図を作成する …… 250

5-01

5-02

5-02

5-03

5-04

5-04

5-06

5-07

CHAPTER 6 印刷する！ 渡す！ 保存する！ 完成アートワークの扱い方

6-01 **プリントする　プリンタで印刷する** …… 254
プリントの設定を行う／一部分だけを印刷する／分割して印刷する

6-02 **PDFの作成　IllustratorからPDFを作成する** …… 259
PDFファイルを作成／PDFの書き出し設定

6-03 **アートボード　印刷サイズを編集する** …… 262
アートボードの編集／複数のアートボードを作成

6-04 **トンボ　印刷の仕上がりサイズの目安を作ろう** …… 264
トンボの設定／トリムマークの作成／裁ち落とし部分の作成

6-05 **入稿データの作成　入稿データ作成の注意点** …… 267
仕上がりのサイズの確認／文字のアウトライン化／カラーモードはCMYKに／「トンボ」の確認／バージョンの確認／リンク画像の添付

6-06 **Web用データの作成　Webに適したデータを作成** …… 270
アセットを使って書き出す／アートボードとして書き出す／Web用に保存する

6-07 **ファイルの書き出し　さまざまなファイル形式で書き出す** …… 274
ファイルを書き出す／書き出し可能なファイル形式を知る

- カバーデザイン：会津勝久
- 本文デザイン：I&D
- 編集協力：坂下明子／凡平
- 印刷：株式会社ルナテック

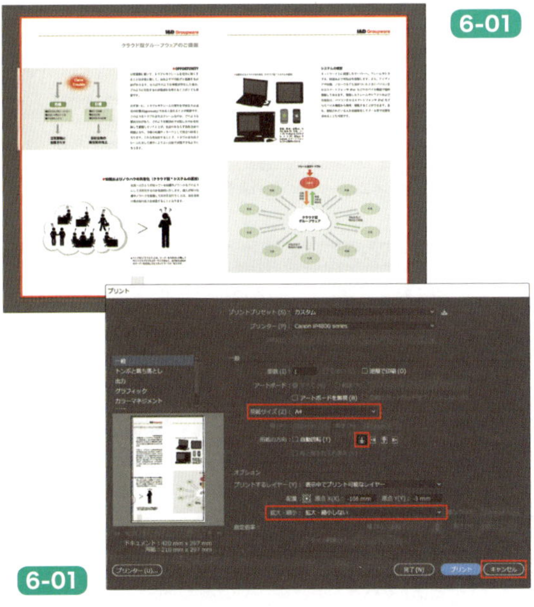

6-01

6-01

6-04

HOW TO USE

本書で使用する用語と表記方法

本書では、なるべくやさしい表現で解説を行っていますが、操作をよりわかりやすく説明するために、用語や括弧、記号などを用いて簡潔に表記しています。本書で使用するそれらの用語や表記方法を説明します。

各部名称について

Illustratorを操作するに際して表示されるメニューやコマンド、ツール、ボタン、ダイアログボックスなどに表示されている各部名称は、すべて［ ］で括って表記します。プルダウンメニューなどの選択項目は「 」で括って表記します。

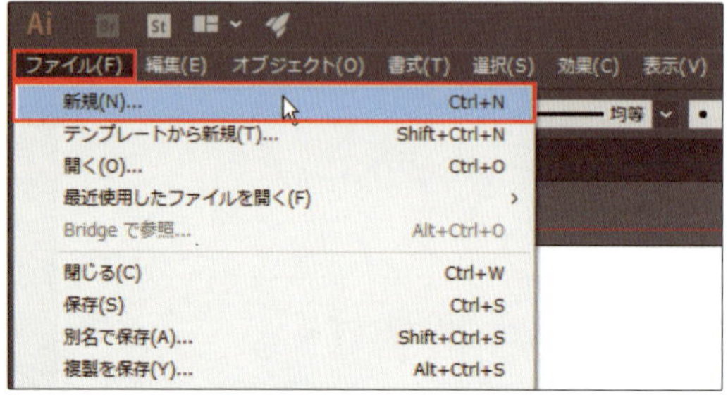

例●［ファイル］メニューの［新規］

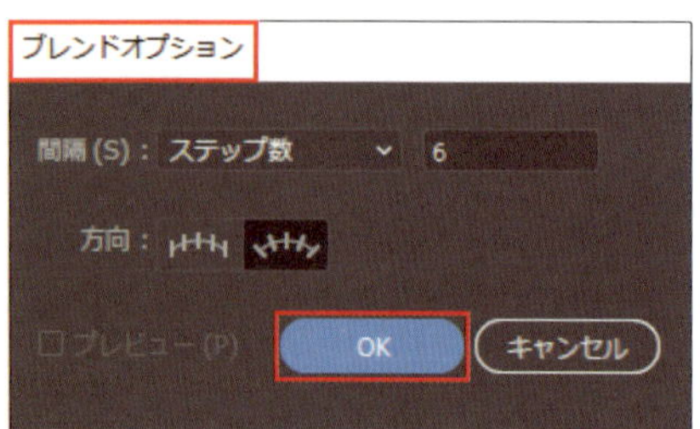

例●［ブレンドオプション］ダイアログボックスの［OK］ボタン

マウスの操作について

マウス操作の意味と表記は次のとおりです（2ボタンマウスの場合）。

クリック：マウスの左ボタンをカチッと1回押してすぐにはなす

ダブルクリック：マウスの左ボタンをカチカチッと続けて2回クリックする

右クリック：マウスの右ボタンをカチッと1回押してすぐにはなす。

ドラッグ：ボタンを押したままマウスを移動してはなす。ドラッグ＆ドロップと同義とする。

マウスポインタ：画面上で入力位置を示す線や、マウスの位置を示す矢印、手のひらなどのアイコン。マウスカーソル、カーソル、ポインタと同義とする。

教材データについて

本書に掲載の練習用ファイルと作例ファイルなどの教材データは、インターネットからダウンロードできます。詳しくはP.2およびP.32を参照してください。

キーボードの操作について

数値や記号、文字列を入力する際などに、キーボードにあるキーを押す動作を「入力する」と表記します。なお、キーボードからの入力内容は「 」で括って表記します。原則として数値やアルファベットについては、半角文字で入力を行います。

また、キーボードのキーを押すときは、キーの名称を［　］で囲んで表記します。

例●Ctrl＋Nキーを押す

WindowsとMacで操作するキーが異なるときは、Macのキーを（　）で括って表記します。

例●Alt（option）キー

コマンド選択の表記について

アプリケーションメニューのコマンド（命令）にサブコマンドがある場合、「→」でつないで表記します。

なお、メニューにあるコマンドを実行するときは、メニュー内の項目にカーソルを合わせ、さらに目的の項目名をクリックします。この動作を「選択する」と表記します。

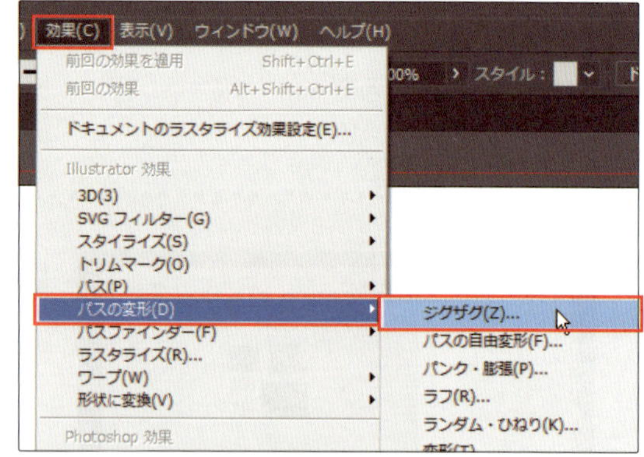

例●［効果］メニューの［パスの変形］→［ジグザグ］を選択

注釈欄について

本書の注釈欄には、次の内容が記述されています。

HINT は、本編のヒントや補足事項について記述しています。

NOTICE は、バージョンによって異なる操作や機能、その他本編の注意事項について記述しています。なお、バージョン「Illustrator CC」は基本的に最新バージョン（CC2017）を指します。

SHORTCUT は、本編の操作のショートカットキーについて記述しています。

SEE ALSO は、本編の参照ページについて記述しています。

あらかじめ知っておきたい！

Illustratorのエッセンス

Illustratorの特徴である「パス」や「ベジェ曲線」の
概念が“まるっ”とわかります。

CHAPTER 1

01 パスを知る

Illustrator（イラストレーター）で作成されるオブジェクトは、すべて「パス」によって構成されています。Illustratorを理解するために、まずはパスの構造を理解しましょう。

ラスターイメージとベクターイメージ

インターネットやカメラ付きスマートフォンの普及で、画像データにふれる機会が増えました。こうした画像データの多くは、画像を点の集合で表現しようとする「ラスターイメージ」または「ビットマップ画像」と呼ばれるものです。Photoshop（フォトショップ）に代表されるフォトレタッチソフトやペイントソフトと呼ばれる類のソフトで扱う写真やイラストなどは、このラスターイメージとなります。

一方、Illustratorで扱う画像データは、点を結んだ線で図形を表す「ベクター（ベクトル）イメージ」または「ドロー形式」などと呼ばれるものです。
ベクターイメージはラスターイメージと異なり、解像度に影響されず、常にくっきりとした線、滑らかな線を表現できるのが大きな特徴です。

右図では例として、Photoshopで描いたラスターイメージと、Illustratorで作成したベクターイメージを比較しています。一見同じように見えますが、Illustratorで作成した図形は、拡大しても、輪郭がぼやけず、くっきりしていることがわかります。

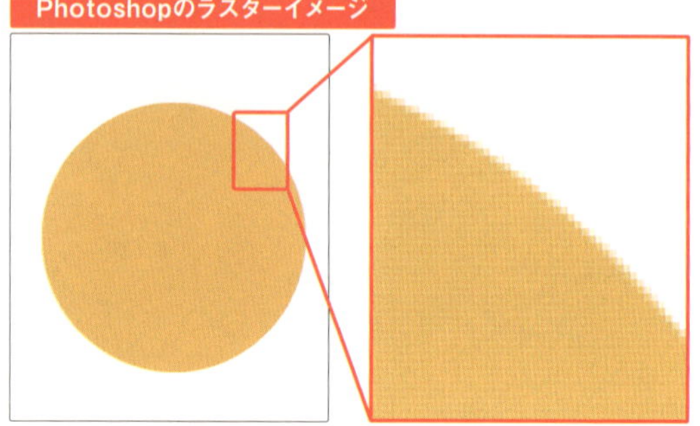

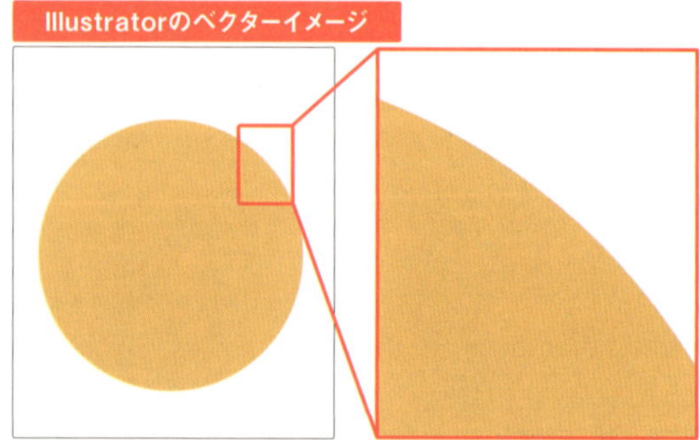

拡大してみると、ラスターイメージの輪郭がギザギザなのに対して、ベクターイメージの線はクリアな輪郭を保っています。

Illustratorがとっつきにくい理由

拡大しても滑らかな線を保てるベクターイメージの便利さがわかっても、それを扱うIllustratorに対して、「難しい」とか「ペンツールをうまく扱えない」という印象を持つ初心者も少なくありません。なぜIllustratorは多くの支持を得ている一方で、とっつきにくいという印象を持たれるのでしょう？

そうした印象を払拭するためにも、まずIllustratorの描画方法を理解しましょう。そうすれば一見難解に思えるIllustratorが、意外に簡単に使えることがわかるはずです。

［ペン］ツールは、Illustratorの特徴的な機能。

描画方法は「釘」と「ゴム」

Illustratorの描画方法は、「**釘**」と「**ゴム**」に例えられます。まず釘を打ち、その釘どうしをゴムで結ぶように描画していくからです。これを「**ベジェ曲線**」といい、Illustratorのオブジェクトはすべてこのベジェ曲線で表現されています。

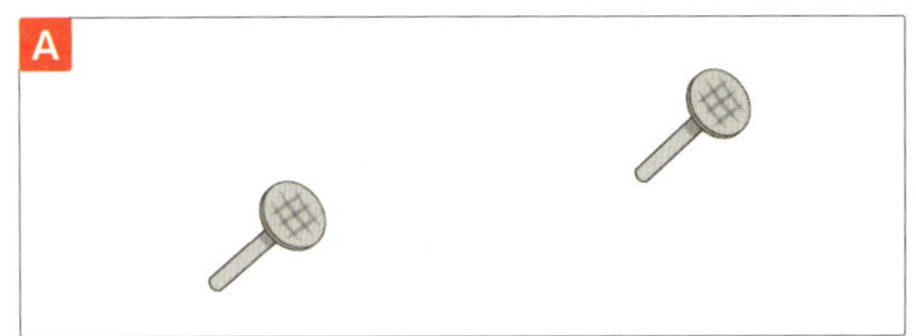

より具体的に図で見てみましょう。直線を描くとき、釘とゴムで表現するために、まず2本の釘を打ちます（A）。そしてその釘にゴムを引っかけて張り、線にします（B）。

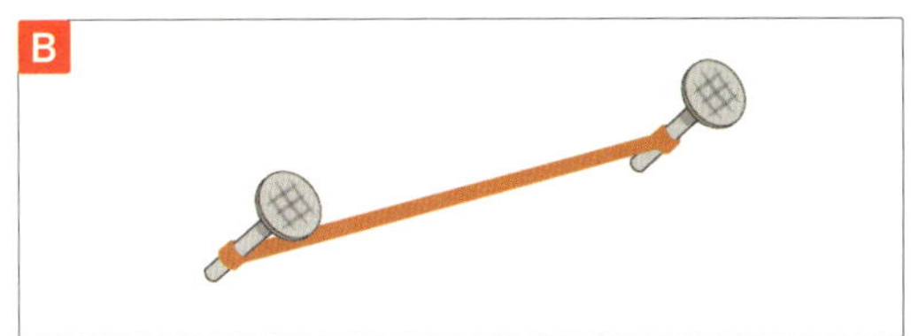

さらに、打ち込む釘の数を増やせば、三角形、四角形、五角形……と多角形を作成することもできます（CD）。

このように、釘とゴムがあれば、いろいろな図形が作成できるのです。とてもシンプルなことですが、これがIllustratorの真髄です。

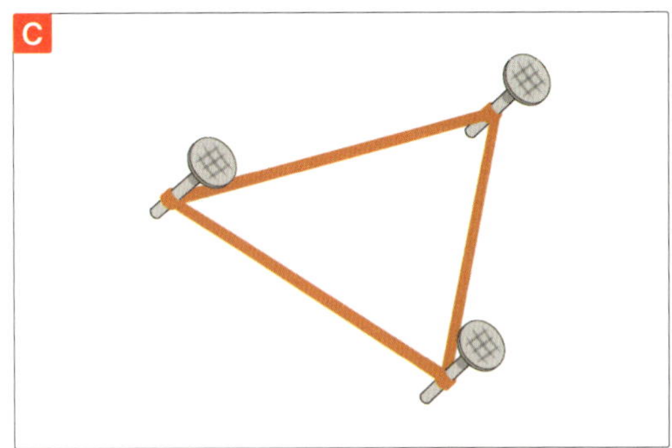

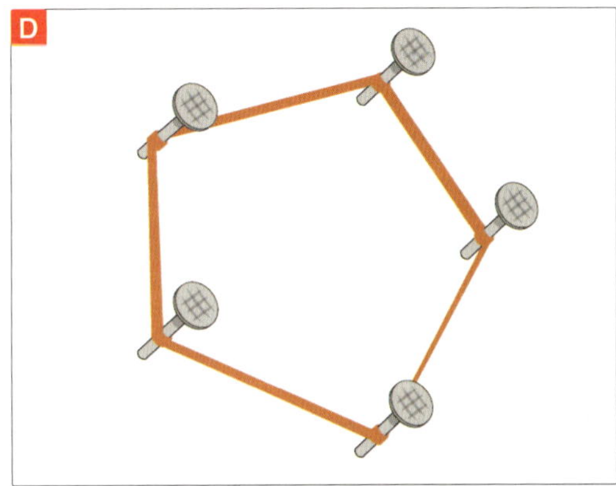

これらの釘とゴムは、Illustratorでは、

釘部分……………………**アンカーポイント**
ゴム部分…………………**セグメント**
これらをまとめて　……**パス**

と呼ばれています。

パスを作成するには、［ペン］ツールを使います。［ペン］ツールでクリックすると、そこに釘が打たれます。また別の場所でクリックすると、もう1本の釘が打たれ、間がゴムでつながれます。このように何度かのクリック操作により、釘とゴムのような感覚で図形を作成することができるのです。

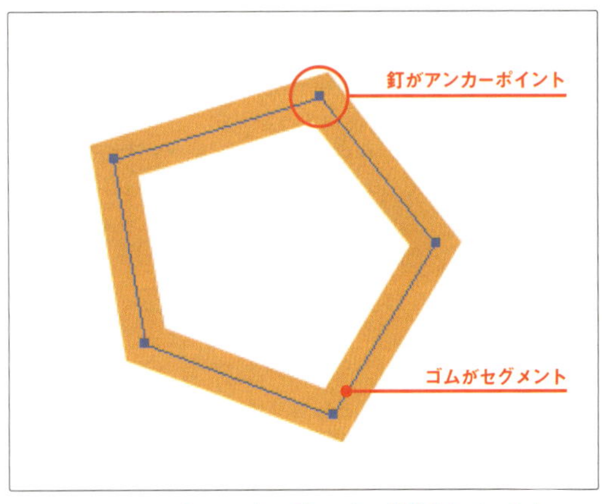

パスは、アンカーポイントとセグメントで構成されています。

[ペン] ツールは「描く」ではなく「作成」

このようなパスの構造のため、ベジェ曲線は、ペイントソフトやPhotoshopと違って、マウスを動かした軌跡がそのまま線になるわけではありません。実際の筆やペンのようなアナログ（手描き）感覚のイメージを抱きながらIllustratorで［ペン］ツール使うと、「Illustratorは難しい」という印象に陥ってしまうのです。
この「アナログ感覚で描けない」ことが、描画するうえでの壁になり、Illustratorを難しいと感じさせる要因となっているのかもしれません。

しかし、あえていうなら、Illustratorが得意な複数オブジェクトのレイアウトやトレース作業には感覚的な要素は不要で、むしろ正確な線や図形を作成する機能のほうが重要になります。

まず、「絵を描く」というよりも、「線や図形を作成する」という感覚を意識していきましょう。

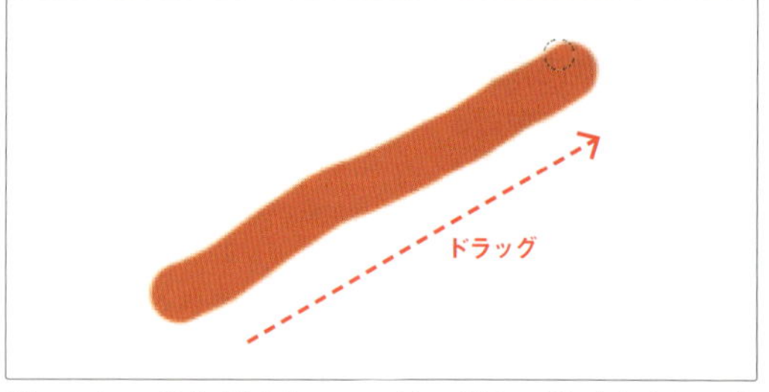

Photoshopの［ブラシ］ツールは、ドラッグしたとおりに線が描けます。

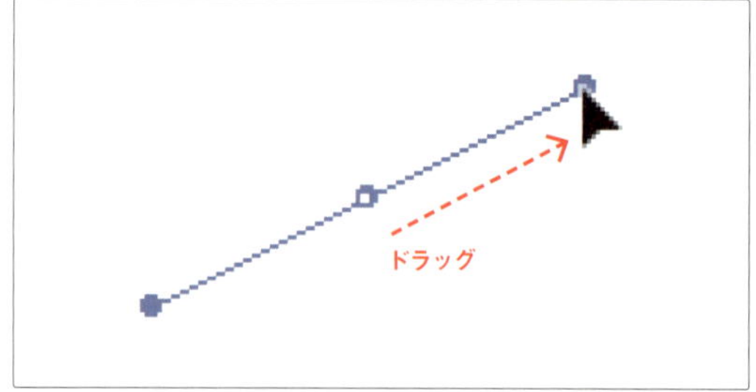

Illustratorの［ペン］ツールは、ドラッグしても線を描けません。

ハンドルで曲線にする

直線によって構成される多角形などの他に、Illustratorでは円などの曲線を含む図形を作成できます。
では、釘とゴムで構成されたパスを曲線にするにはどうすればよいのでしょうか。

点をつなぐ線を短くしていけば、直線はいつか曲線になります。しかし、この方法で曲線にするのでは、作業時間がいくらあっても足りません。

そこで、効率よく曲線にするために、Illustratorではアンカーポイントに「**ハンドル**」が付いています。ハンドルをドラッグして長さや方向を変えることによって、セグメントを自由に湾曲させられるのです。

パスの性質を理解したら、次に大切なのが、ハンドルを自由に操れるようになることです。ハンドルの動きは独特なので、多少の慣れと練習が必要ですが、ハンドル操作がうまくできるようになれば、ベジェ曲線は怖くなくなります。

パスを理解し、ハンドル操作を覚えれば、ベジェ曲線をマスターしたといえるでしょう。

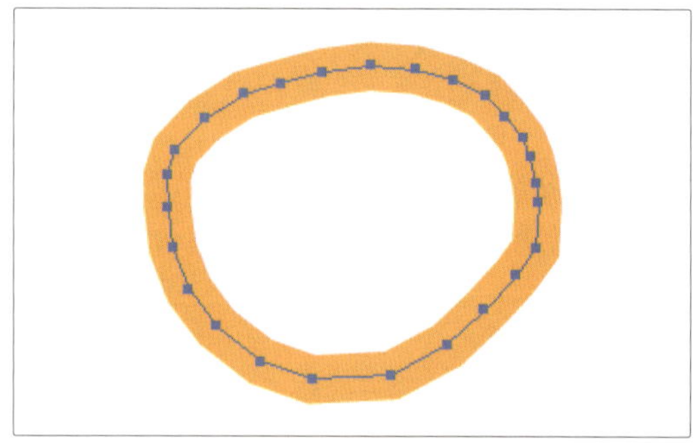
アンカーポイントの数を増やすほど、滑らかな曲線に近づきますが……。

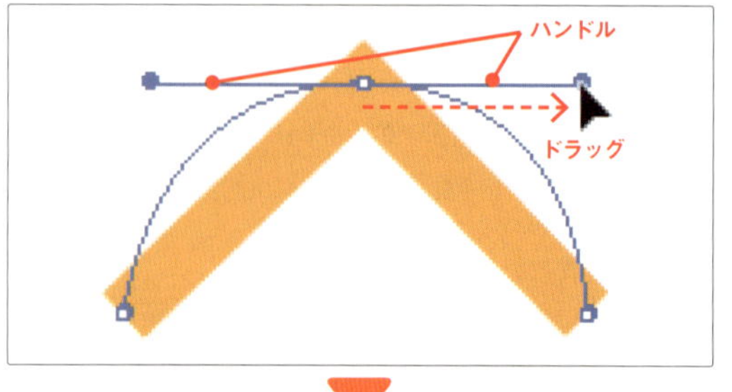

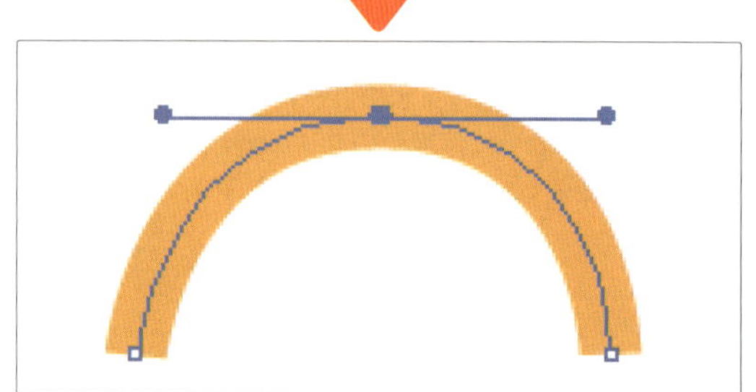
アンカーポイントのハンドルを操作して、角を曲線にします。

CHAPTER 1

02 オブジェクト

Illustratorで作成する図形は、すべて「オブジェクト」と呼びます。オブジェクトはパスで構成され、前後に重ねることができます。

個々に独立しているオブジェクト

Illustratorで作成する図形のことを「**オブジェクト**」と総称します。このオブジェクトには、いくつかの特徴があります。まず第一の特徴が、オブジェクトは個々に独立しているということです。

例えば、Photoshopなどのペイントソフトで、ある写真画像の上に、別の図形や線を重ね描きするとします。レイヤー機能で分けていない限り、これらの画像は一体化した状態となります。つまり、写真の上にマジックペンで図形を描いたような状態なので、後から重ね描きした図形だけを移動したり修正する、といったことが難しくなります。

これに対し、Illustratorでは、あるオブジェクトの上に別のオブジェクトを重ね描きしても、個々のオブジェクトは独立しているため、それぞれに編集を加えることができます。

Photoshopでは、写真の上に図形などを重ね描きすると、両者が一体化します。

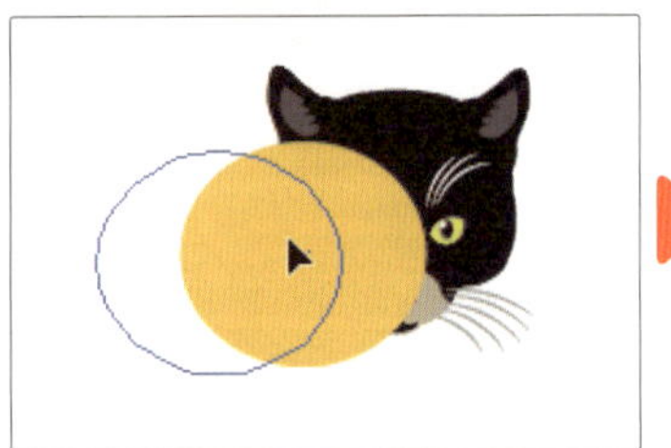

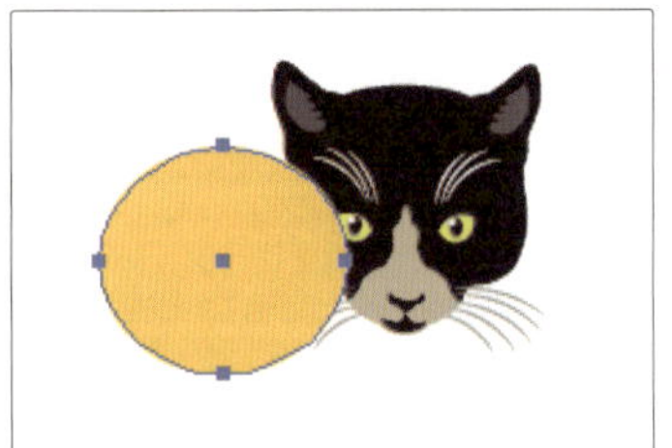

Illustratorのオブジェクトは個々に独立しているため、同じレイヤーに作成しても、移動や修正などが個別に行えます。

1つのオブジェクトに「塗り」と「線」を設定可能

作成したオブジェクトには、常に「**塗り**」と「**線**」を1つずつ設定できます。

「塗り」と「線」には別々の色を設定できます。また、色には「なし」を設定することもできるので、オブジェクトを線だけ、または塗りだけで表現することも可能です。

塗りと線に色を設定

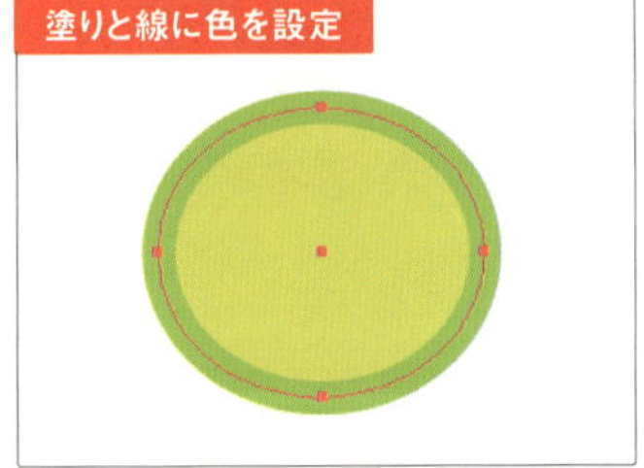

塗りのみに色を設定

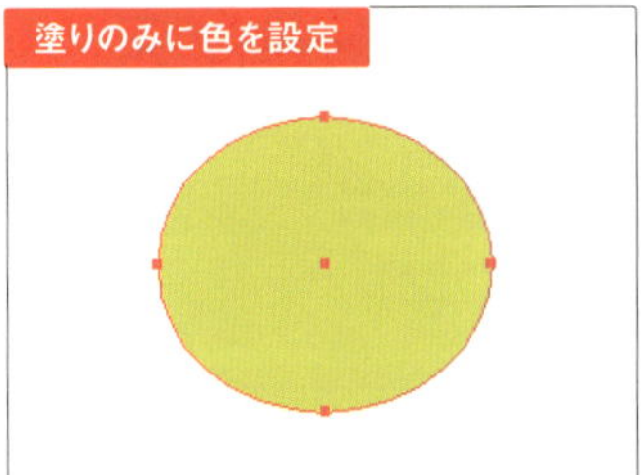

線のみに色を設定

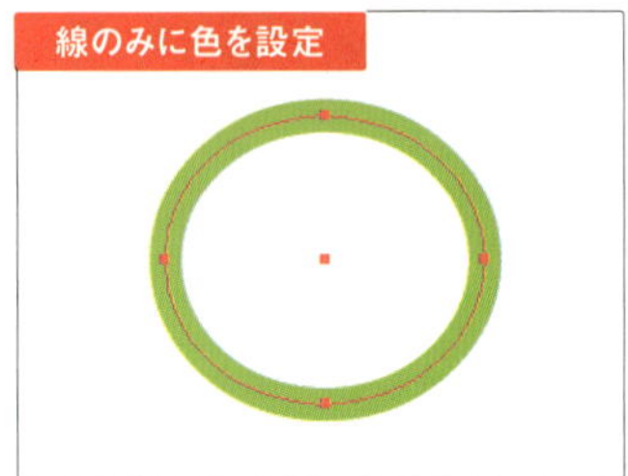

1つのオブジェクトに、塗りと線の色を設定できます。塗りや線の色を「なし」にすることもできます。

オブジェクトの重なり合い

個々に独立しているIllustratorのオブジェクトは、いくつでも重ねられます。ただし、新しいオブジェクトは常に古いオブジェクトの前面に重ねられるため、大きさによっては背面のオブジェクトが隠れてしまうこともあります。オブジェクトの前面・背面の関係は後から変更できるので、背面に何があるのかを理解しながら作成していくとよいでしょう。

後から作成するオブジェクトは常に前面に重なります。

オブジェクトの重ね順を変更する

オブジェクトの重なりは、［オブジェクト］メニューから［重ね順］を選択して変更できます。
いくつもオブジェクトが重なっている場合は、「最背面に送る」「最前面に送る」こともできます。オブジェクトの重ね順の操作方法は、P.38 を参照してください。

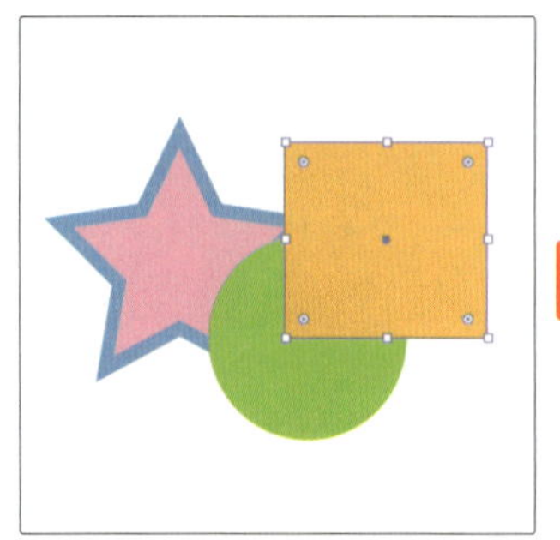

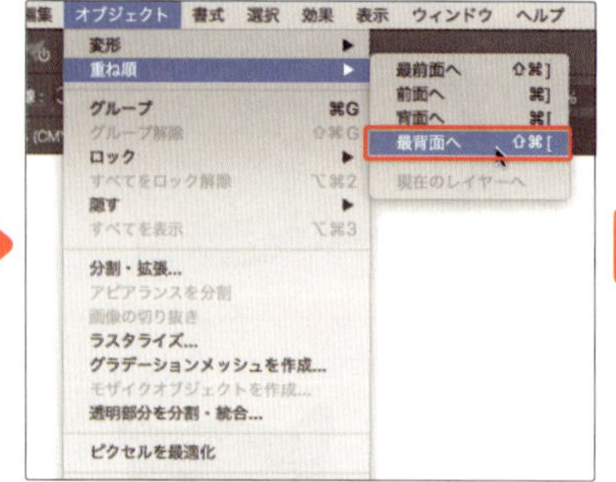

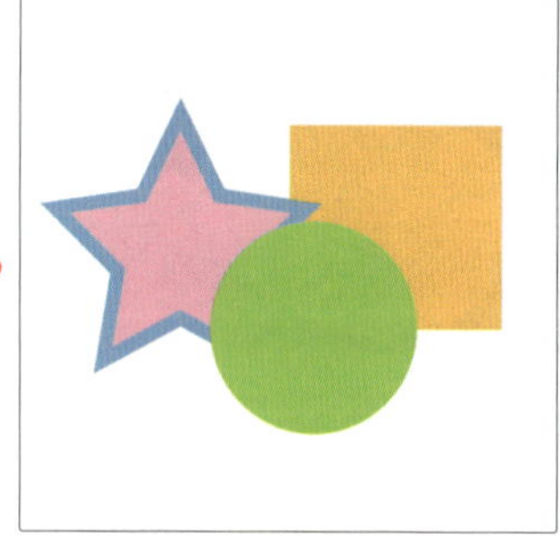

最前面にあるオブジェクトを 1 度の操作で最背面に送ることができます。

オブジェクトの重なりを確認する

［表示］メニューから［アウトライン］を選択すると、オブジェクトの塗りや線がなくなり、アウトラインだけの表示となります（P.25 参照）。これによってオブジェクトの背面に隠れているオブジェクトや、複数のオブジェクトがどのように重なっているのかを確認することができます。

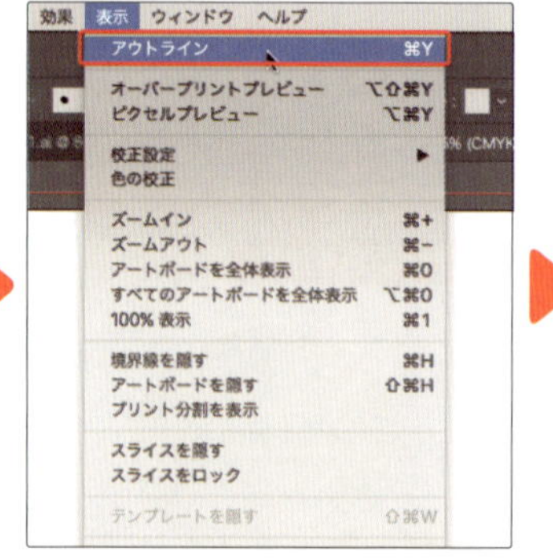

一見 1 つだけに見えるオブジェクトも、アウトライン表示にすると、背面に別のオブジェクトが隠れていることが確認できます。

さあ、Illustratorをはじめよう！

操作画面と各部名称

画面の各部の名称や各ツール・パネルなどを

“さくっ”とお教えします。

CHAPTER 2

01 Illustratorの各部名称

Illustratorで作業するにあたって、各部の名称やツール・パネルの配置を知っておきましょう。ここではIllustrator CCの画面で説明します。

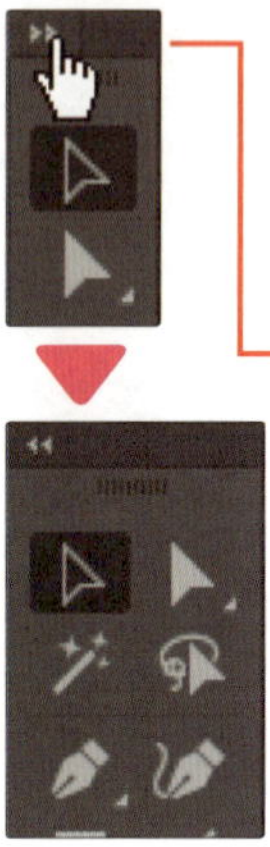

ツールパネルは左上のをクリックすると、2列表示になります。

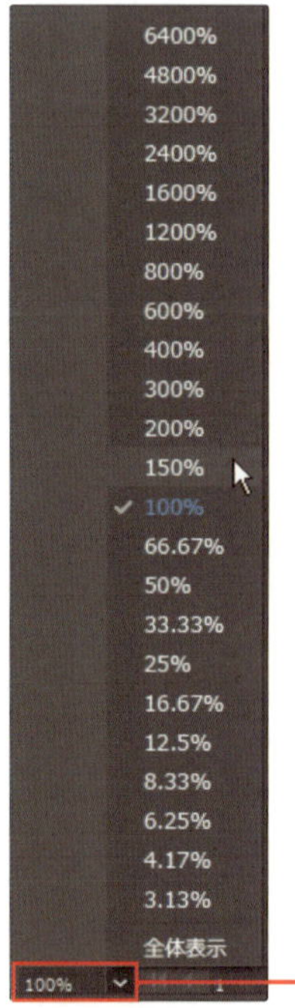

ズームレベル
プルダウンメニューから表示倍率を指定します。数値を入力して表示倍率を指定することもできます。

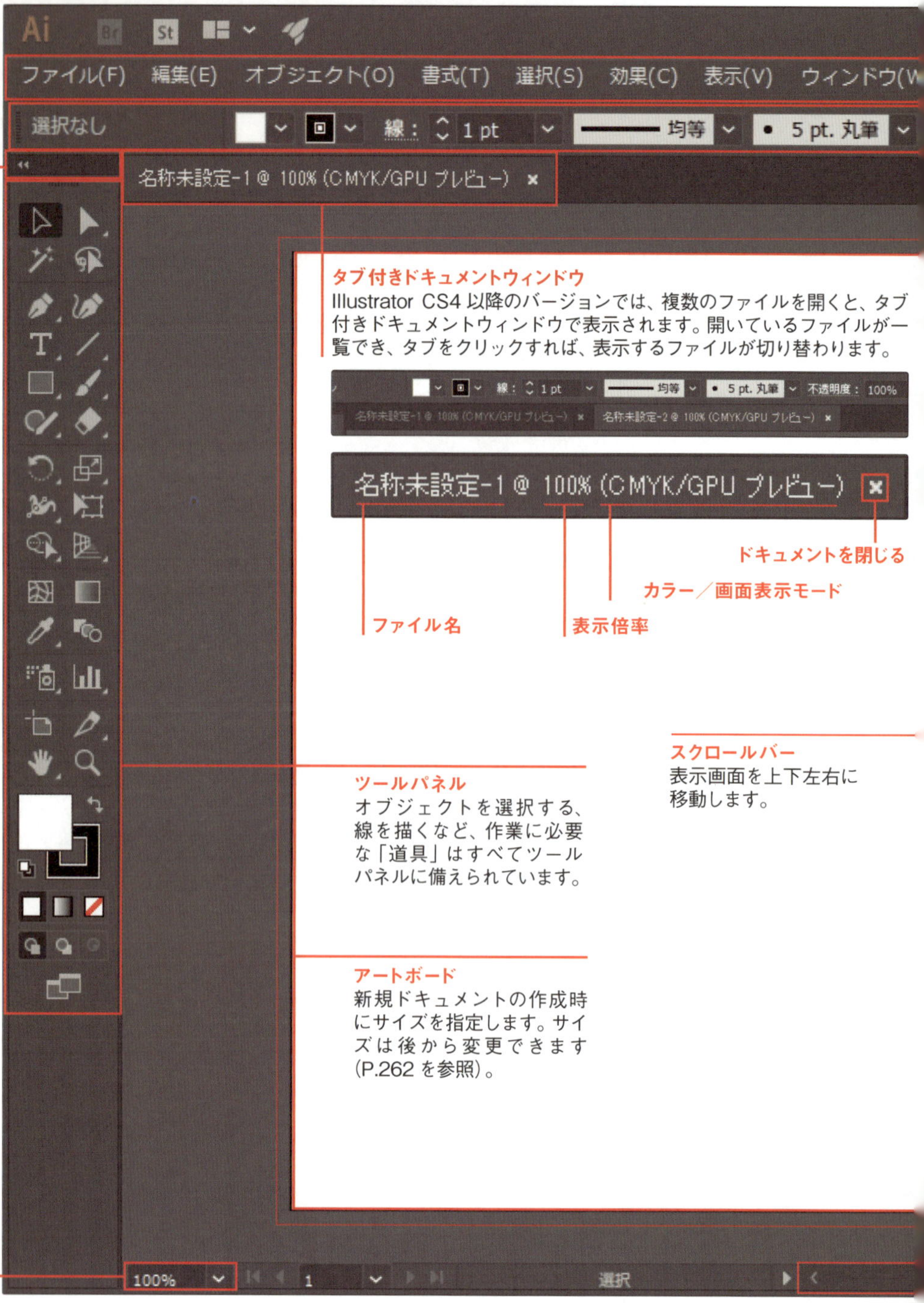

タブ付きドキュメントウィンドウ
Illustrator CS4以降のバージョンでは、複数のファイルを開くと、タブ付きドキュメントウィンドウで表示されます。開いているファイルが一覧でき、タブをクリックすれば、表示するファイルが切り替わります。

ドキュメントを閉じる
カラー／画面表示モード
ファイル名
表示倍率

スクロールバー
表示画面を上下左右に移動します。

ツールパネル
オブジェクトを選択する、線を描くなど、作業に必要な「道具」はすべてツールパネルに備えられています。

アートボード
新規ドキュメントの作成時にサイズを指定します。サイズは後から変更できます（P.262を参照）。

メニューバー
操作用のメニューが作業の種類別にまとめられています。

コントロールパネル
選択しているツールやオブジェクトの設定ができます。選択対象によって、表示内容が切り替わります。

アイコンパネル
オブジェクトの設定をするパネルのうち、よく利用するものが登録されています。

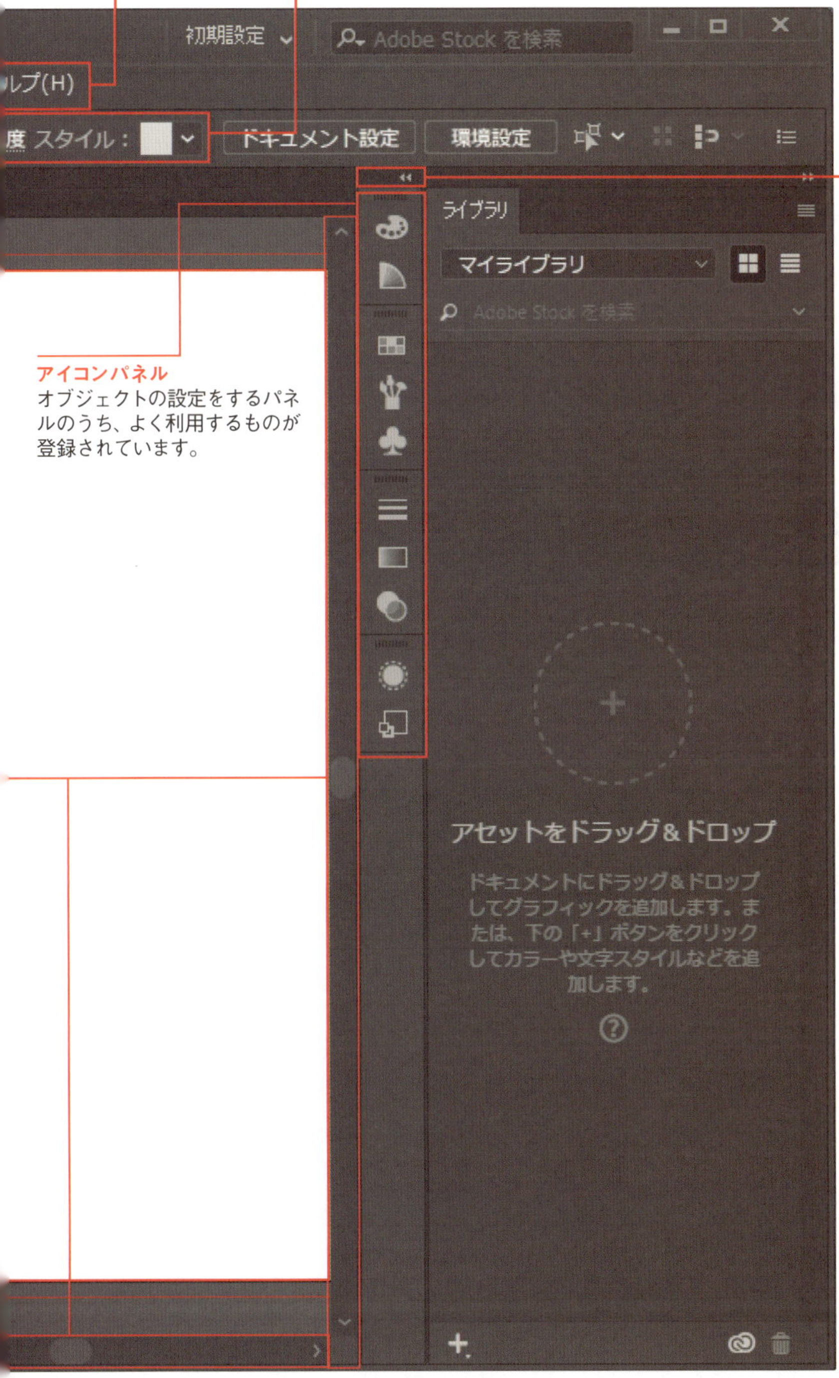

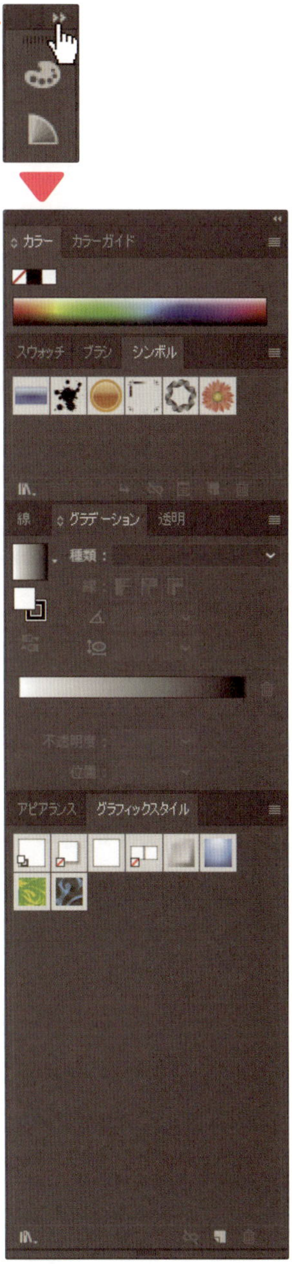

パネルアイコンの右上の▸▸をクリックすると、アイコン化されたパネルがすべて開きます。（詳細はP.26）。

02 作業環境の設定

Illustratorでは、作業内容や制作物に合わせて作業環境を設定できます。事前に設定しておくことで、効率が上がり、正確なデータ作成に役立ちます。

ドキュメントのカラーモード

制作物に合わせてドキュメントのカラーモードを設定します。一般的に、印刷物の作成なら「CMYK」、Webなどの画面上で見る素材の作成なら「RGB」を選択します。新規ドキュメントを作成（P.34参照）する際に設定すると、パネルもそのカラーモード用にカスタマイズされます。

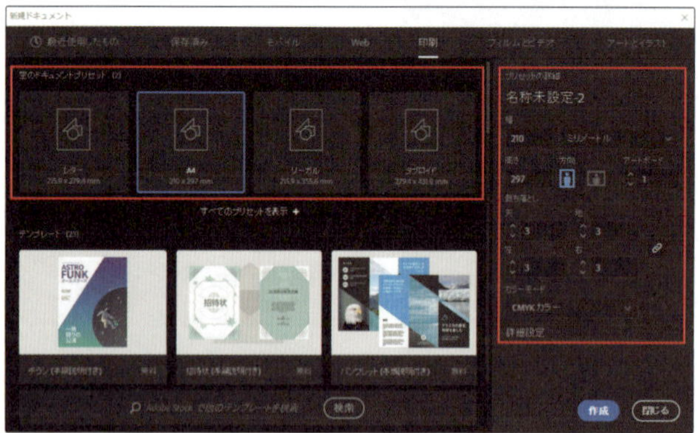

[新規ドキュメント] ダイアログボックスの[新規ドキュメントプロファイル] で用途に合ったプロファイルを選択するか、[詳細] を展開して [カラーモード] を指定します(Illustrator CS2以前のバージョンでは、カラーモードの選択のみ)。

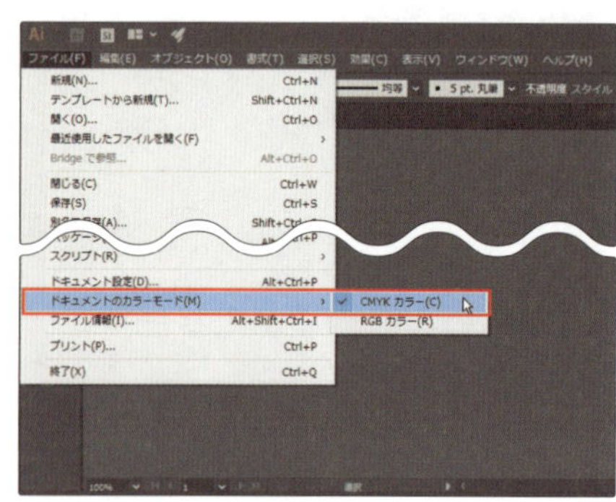

ドキュメントの作成後にカラーモードを変更するには、[ファイル] メニューから [ドキュメントのカラーモード] → [CMYKカラー] または [RGBカラー] を選択します。Illustrator CSでは、項目名が [書類のカラーモード] になっています。

環境設定

Illustratorでの動作方法や単位などは、環境設定で設定します。環境設定にはさまざまな設定項目がありますが、ここではよく使用する [一般] と [単位] を紹介します。

一般

[編集] メニュー（Mac版では [Illustrator] メニュー）から[環境設定] → [一般] を選択します。[一般] では、ツールの動作などに関する設定が行えます。よく使用する項目には、右図のようなものがあります。

矢印キーでオブジェクトを移動させる際の、1回の移動距離を入力します。

チェックを入れると、[ペン] ツールで自動的にアンカーポイントを追加・削除できます。

チェックを入れると、カーソルの形状が十字になります。

チェックを入れると、マウスポインタを重ねた部分にツール名などが表示されます。

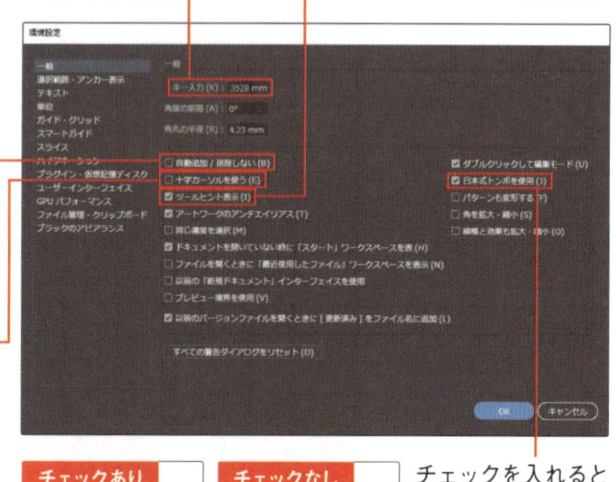

チェックを入れるとトリムマーク(P.265参照) がダブルトンボになります。

単位

[編集] メニュー（Mac版では [Illustrator] メニュー）から [環境設定] → [単位] を選択します。[単位] では、ドキュメントの「単位」を指定します（Illustrator CS4 以前のバージョンでは「単位・表示パフォーマンス」という項目名）。

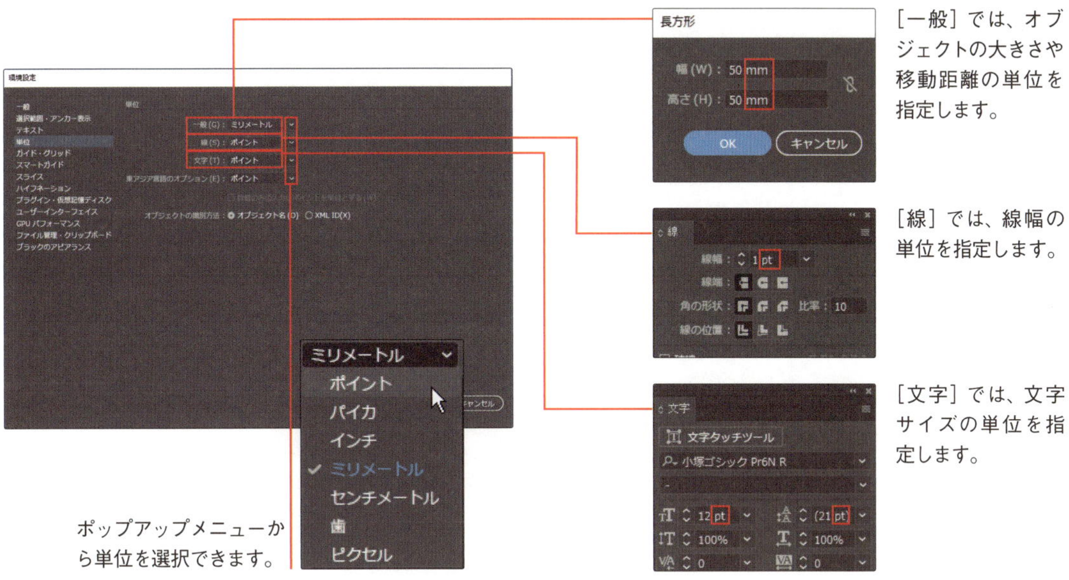

[一般] では、オブジェクトの大きさや移動距離の単位を指定します。

[線] では、線幅の単位を指定します。

[文字] では、文字サイズの単位を指定します。

ポップアップメニューから単位を選択できます。

画面表示モード

画面表示を変更することで、パスの構造を確認したり、Web表示のシミュレーションを行えます。

通常は左図の「プレビュー表示」になっています。[表示] メニューから [アウトライン] を選択すると、右図のようにパスだけの表示になり、パスの構造を確認できます。プレビュー画面に戻すには [表示] メニューから [プレビュー] を選択します。

Web用のオブジェクトなどをピクセルで表示するには、[表示] メニューから [ピクセルプレビュー] を選択します。ピクセルプレビューを解除するには、再度 [表示] メニューから [ピクセルプレビュー] を選択します。

03 パネル

各オブジェクトに対する設定は、「パネル」で行います。パネルを使いやすい大きさや位置に整理整頓しておくことで、作業効率が上がります。

パネルについて

パネルには、機能ごとに独立したウィンドウになっているもの以外に、常に画面上部に表示される「コントロールパネル」(Illustrator CS2 以降のバージョンのみ) があります。

パネル (ウィンドウ型):[ウィンドウ] メニューから選択するか、画面右のパネルアイコン (次頁参照) をクリックして、各パネルウィンドウ(左図) を表示させます。パネル上部のタイトルバーをドラッグすると、操作の邪魔にならない位置に移動できます。
パネルの右上の☰ [オプションメニュー] ボタンをクリックすると、パネルオプションメニュー (右図) が表示されます。

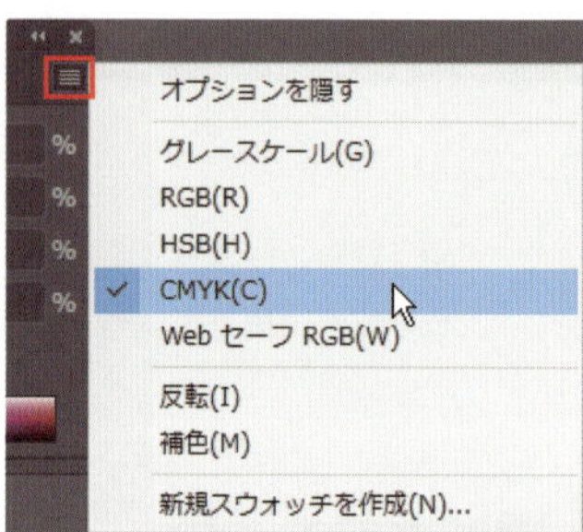

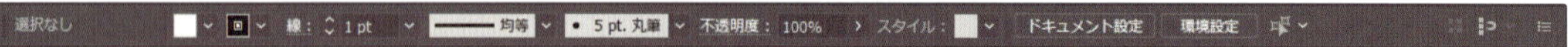

コントロールパネル: 選択したオブジェクトによって表示内容が切り替わります。現在の設定内容の確認にも役立ちます。

パネルの操作

作業の内容に合わせてパネルをまとめたり、アイコン化すると、より広い作業スペースを確保できます。

パネルアイコンから表示

画面右側のパネルアイコンのアイコンをクリックするとパネルが開きます。

パネルアイコンから切りはなす

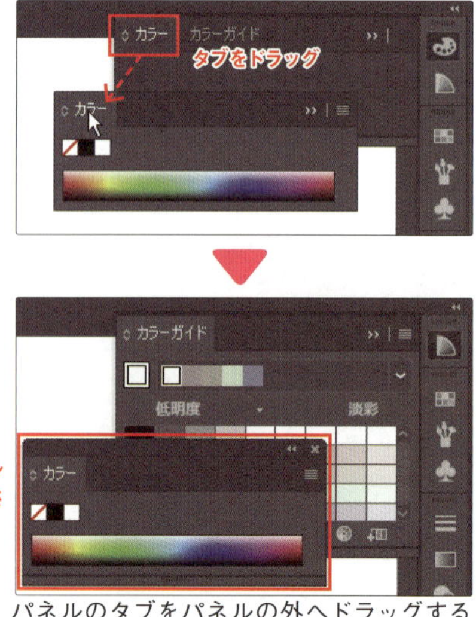

パネルのタブをパネルの外へドラッグすると、パネルを切りはなせます。

パネルをアイコン化

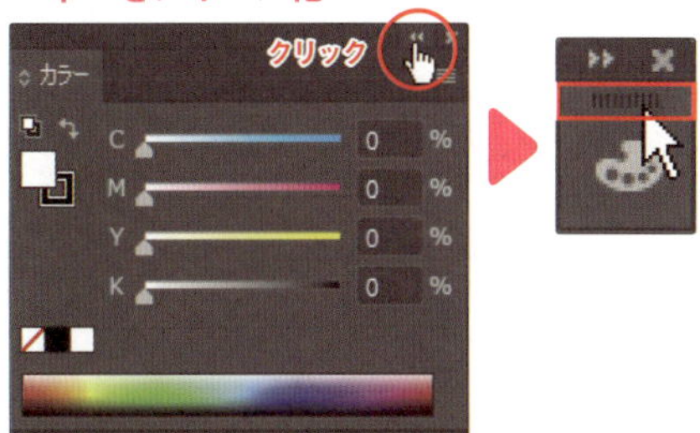

右上の⏪をクリックすると、パネルをアイコン化できます（Illustrator CS4 以降のバージョン）。アイコン化したパネルもドラッグで移動できます。

パネルをたたむ

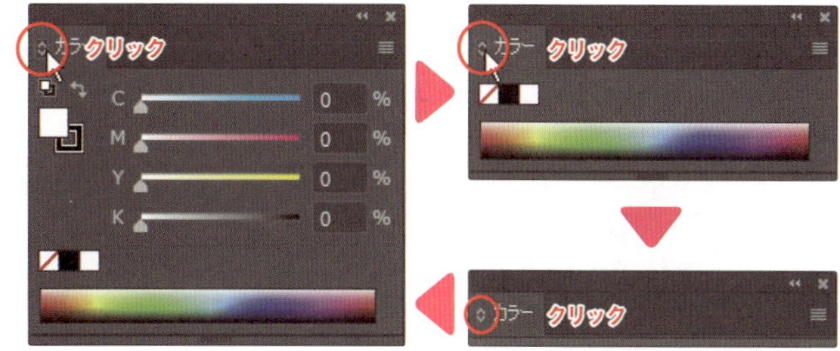

左上の◇をクリックするたびに、パネルが段階的にたたまれます。最小化した状態でクリックすると、パネルが最大表示になります。

パネルを縦に結合

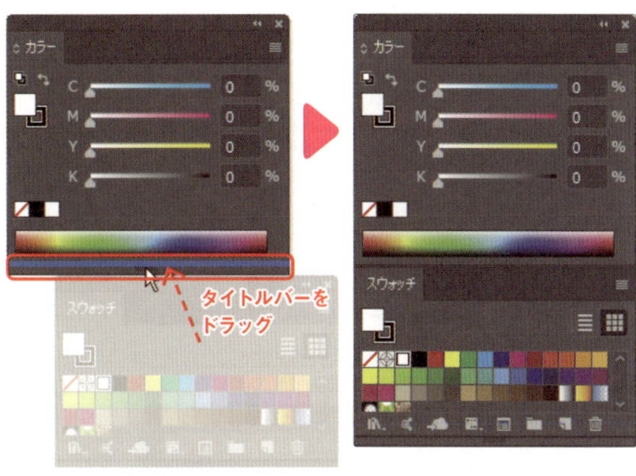

タイトルバーをドラッグして他のパネルの下に合わせると、パネルを縦に結合できます（Illustrator CS4 以降のバージョン）。

パネルを横に結合

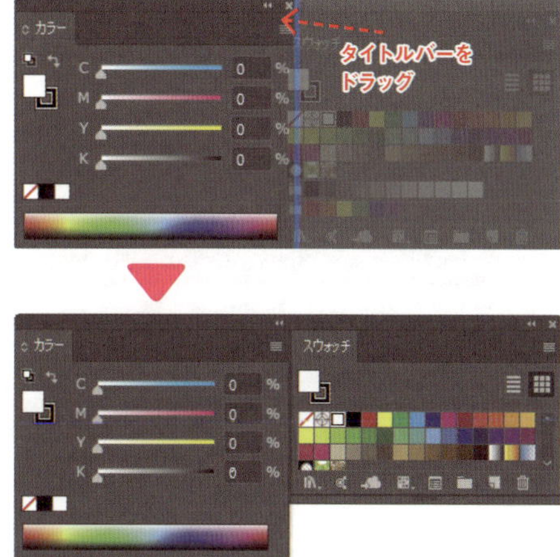

タイトルバーをドラッグして他のパネルの横に合わせると、パネルを横に結合できます（Illustrator CS4 以降のバージョン）。

パネルをグループ化する

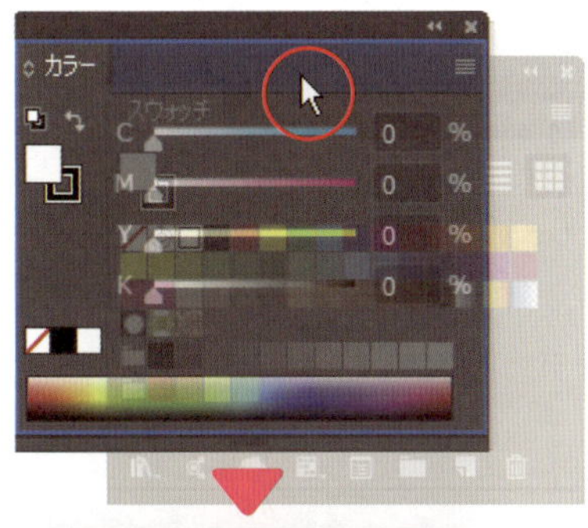

タイトルバーをドラッグして他のパネルに重ねると、パネルをグループ化できます。

パネルを切り離す

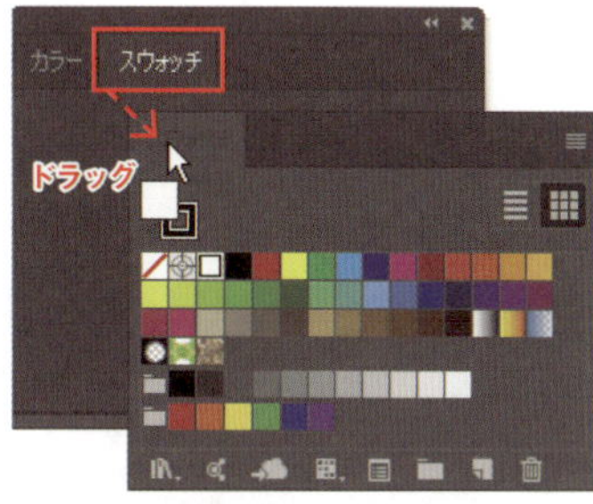

グループ化されたパネルのタブをパネルの外へドラッグすると、パネルを切りはなせます。

パネルを閉じる

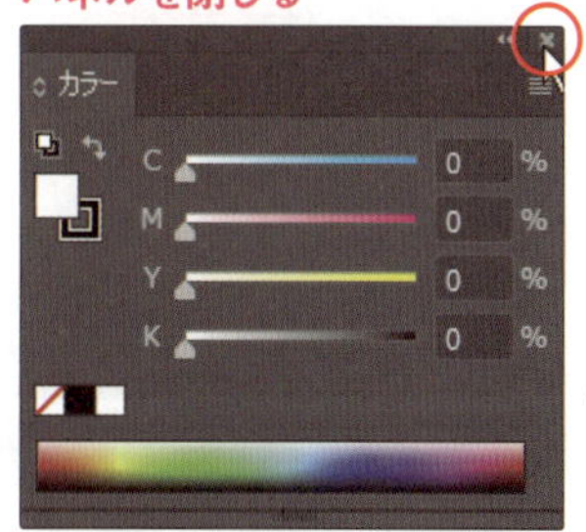

右上の✕をクリックすると、パネルが閉じます。

ワークスペースの保存

作業しやすいようにパネルをグループ化したり、アイコン化した状態を「ワークスペース」として保存しておくと、いつでもその作業環境に切り替えられます。

❶パネルをグループ化したり、配置場所を整えたりして、作業しやすいオリジナルのワークスペースにします。

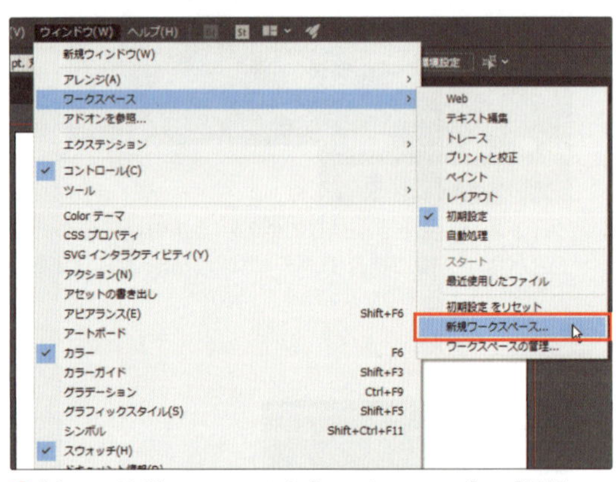

❷［ウィンドウ］メニューから［ワークスペース］→［新規ワークスペース］を選択します。

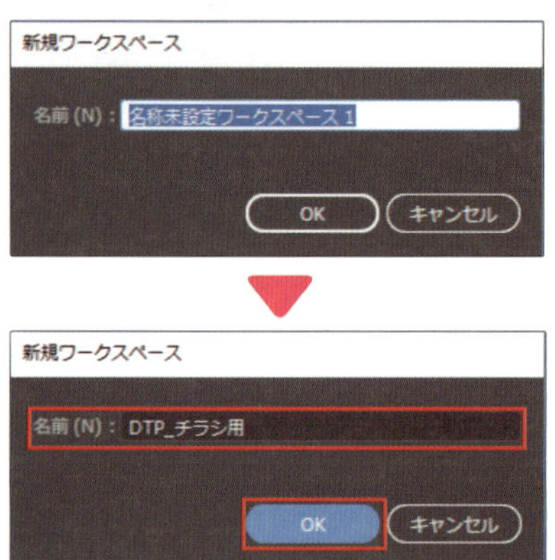

❸表示される［新規ワークスペース］ダイアログボックスで、［名前］にワークスペース名を入力して、［OK］ボタンをクリックします。

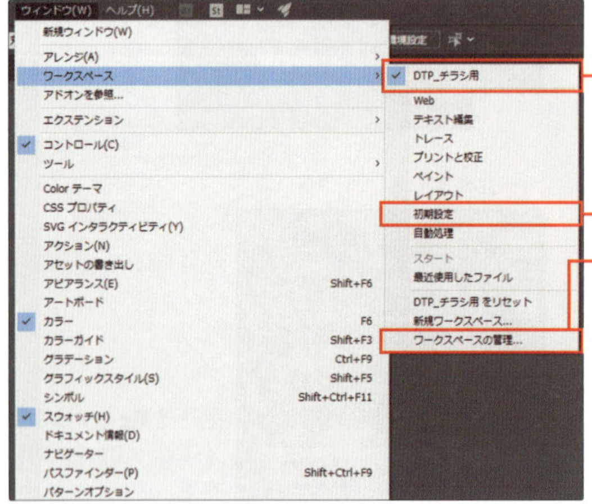

❹保存したワークスペースは、［ウィンドウ］メニューから［ワークスペース］を選択すると表示されます。ワークスペースを削除・編集するには、［ワークスペースの管理］を選択します。また、［ウィンドウ］メニューから［ワークスペース］→［初期設定］を選択すると、初期設定の状態に戻ります。

CHAPTER 2

04 ツールパネル

線を描いたり、文字を入力したり、オブジェクトを選択したり……。Illustratorには個性的な道具（ツール）が何十種類もあります。ここではIllustratorの全ツールを一覧で紹介します。

ツールパネルの概要

ツールパネルには、各ツールが作業内容ごとにまとめられています。

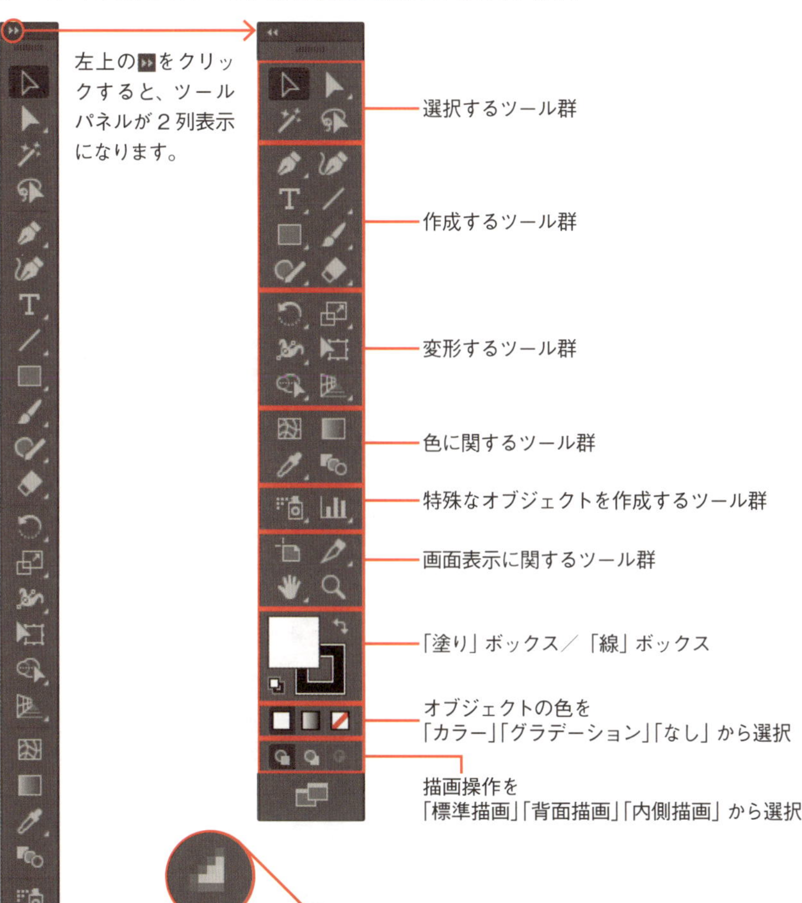

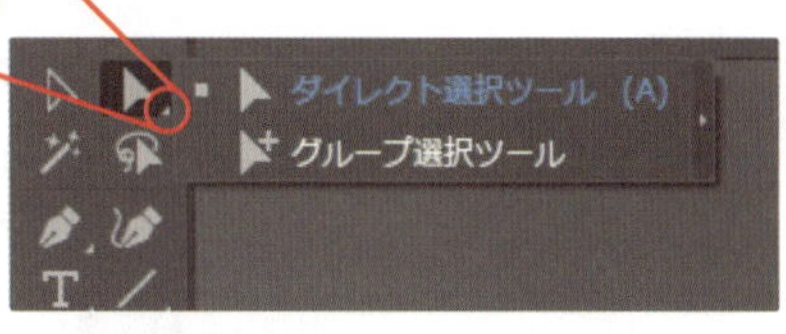

アイコンの右下に◢が付いているツールでは、マウスボタンを押したままにすると、格納されている他のツールも表示されます。

格納されているツールは、右側のバーをクリックすると、ツールパネルから切りはなせます。

ツールの名称

Illustratorの全ツールの名称を紹介します(Illustrator CS6以前のバージョンでは一部異なります)。

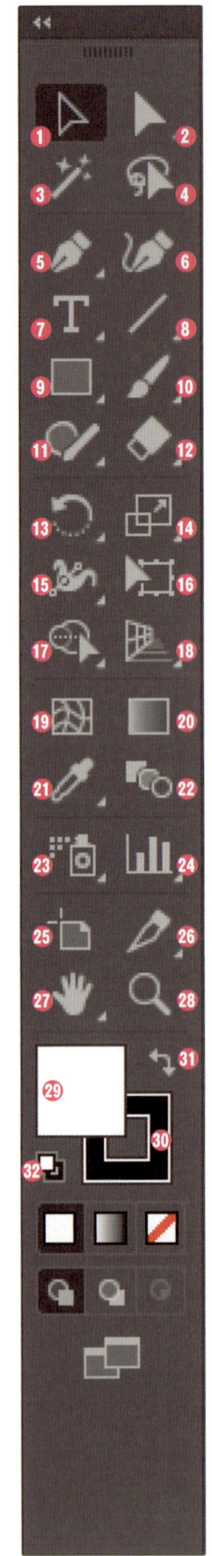

❶ 選択ツール …… P.46

❷ ダイレクト選択ツール …… P.47
グループ選択ツール …… P.83

❸ 自動選択ツール …… P.52

❹ なげなわツール

❺ ペンツール …… P.112
アンカーポイント追加ツール … P.121
アンカーポイント削除ツール … P.121
アンカーポイントツール …… P.122

❻ 曲線ツール …… P.118

❼ 文字ツール …… P.96
エリア内文字ツール …… P.101
パス上文字ツール …… P.101
文字（縦）ツール …… P.96
エリア内文字（縦）ツール
パス上文字（縦）ツール
文字タッチツール …… P.182

❽ 直線ツール …… P.72
円弧ツール …… P.73
スパイラルツール …… P.72
長方形グリッドツール …… P.208
同心円グリッドツール

❾ 長方形ツール …… P.40
角丸長方形ツール …… P.41
楕円形ツール …… P.40
多角形ツール …… P.44
スターツール …… P.44
フレアツール

❿ ブラシツール …… P.226
塗りブラシツール

⓫ Shaperツール …… P.68
鉛筆ツール …… P.233
スムーズツール …… P.235
パス消しゴムツール …… P.235
連結ツール …… P.80

⓬ 消しゴムツール …… P.82
はさみツール …… P.81
ナイフツール …… P.137

⓭ 回転ツール …… P.61
リフレクトツール …… P.61

⑭ 
拡大・縮小ツール ……………………… P.60
シアーツール ……………………………… P.60
リシェイプツール ……………………… P.61

⑮ 
線幅ツール ………………………………… P.78
ワープツール ……………………………… P.247
うねりツール ……………………………… P.247
収縮ツール ………………………………… P.247
膨張ツール ………………………………… P.248
ひだツール ………………………………… P.248
クラウンツール …………………………… P.248
リンクルツール …………………………… P.248

⑯ 自由変形ツール ……………………… P.65

⑰ 
シェイプ形成ツール …………………… P.141
ライブペイントツール ………………… P.187
ライブペイント選択ツール …………… P.188

⑱ 
遠近グリッドツール …………………… P.156
遠近図形選択ツール …………………… P.158

⑲ メッシュツール ……………………… P.242

⑳ グラデーションツール ……………… P.221

㉑ 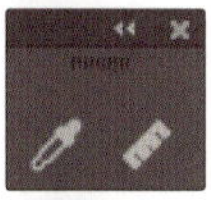
スポイトツール
ものさしツール

㉒ ブレンドツール ……………………… P.216

㉓ 
シンボルスプレーツール ……………… P.244
シンボルシフトツール ………………… P.245
シンボルスクランチツール …………… P.245
シンボルリサイズツール ……………… P.245
シンボルスピンツール ………………… P.246
シンボルステインツール ……………… P.246
シンボルスクリーンツール …………… P.246
シンボルスタイルツール ……………… P.246

㉔ 
棒グラフツール ………………………… P.195
積み上げ棒グラフツール ……………… P.197
横向き棒グラフツール ………………… P.197
横向き積み上げ棒グラフツール ……… P.197
折れ線グラフツール …………………… P.198
階層グラフツール ……………………… P.198
散布図ツール …………………………… P.198
円グラフツール ………………………… P.199
レーダーチャートツール ……………… P.199

㉕ アートボードツール ………………… P.262

㉖ 
スライスツール
スライス選択ツール

㉗ 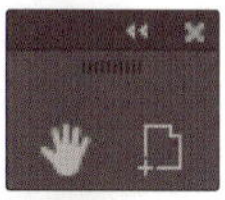
手のひらツール ………………………… P.87
プリント分割ツール …………………… P.256

㉘ ズームツール ………………………… P.86

㉙ 塗りボックス
㉚ 線ボックス
㉛ 塗りと線を入れ替え
㉜ 初期設定の塗りと線

⚠ 教材データの使い方および使用上の注意

◆ 教材データを使用する前に必ずお読みください

- P.2の「教材データのダウンロードについて」に記載されているURLのダウンロードサイトから、教材データをダウンロードしてください。教材データは、章ごと、および節ごとに分けて用意されています。
- ダウンロードした教材データは、ZIP形式で圧縮されています。ダウンロード後は解凍（展開）して、デスクトップなどわかりやすい場所に移動してご使用ください。ZIP形式ファイルの解凍（展開）方法は、ご使用のWindowsやMac OSなどOSのヘルプやマニュアルを読んでご確認ください。
- 作例ファイルには、レイヤー1のレイヤーカラーが初期設定の青以外のものがあります。選択時のバウンディングボックスの色などは、レイヤーカラーの色になります。
- 教材データは、AI形式のファイルで用意されています。教材データを使用するには、Adobe Illustrator CS～CC 2017(Windows版／Mac OS版）が動作する環境が必要となります。
- 教材データは、使用するAdobe Illustratorのバージョンや、OS、パソコンにインストールされているフォントによって、表示される内容が変わる場合があります。また、使用する環境によって、ファイルを開いたときにアラート（警告画面）などが表示される場合があります。
- 作例ファイルには、フォントが使用されている場合があります。ご使用のパソコンにそれらのフォントがインストールされていない場合には、フォントがないことを知らせるダイアログが表示され、別のフォントに置き換えられます。その場合、［フォント検索］コマンドで、一括で別のフォントに置き換えることができます。方法については、Adobe Illustratorのマニュアルやヘルプをご参照ください。
- 体験版をご利用の方は、アドビシステムズのWebサイト（http://www.adobe.com/jp/）からダウンロードしてください。なお、ダウンロード方法やインストール方法など、体験版に関するご質問は一切受け付けておりません。
- 教材データを利用したことによるいかなる損害に対しても、データ提供者（開発元・販売元等）、著作権者、ならびに株式会社エクスナレッジでは、一切の責任を負いかねます。個人の責任においてご使用ください。

以上の注意事項をご承諾いただいたうえで教材データをご利用ください。ご承諾いただけずお問合せをいただいても、株式会社エクスナレッジおよび著作権者はご対応いたしかねます。予めご了承ください。

◆ 教材データの内容・フォルダ構成

- 練習用ファイルなどが、章フォルダ（フォルダ名「chap3_a」など）、さらに節フォルダ（フォルダ名「3_01」など）ごとに分類されています（左図）。
- 各節のページの冒頭に、その節で使用する練習用ファイルなどが収められているフォルダ名が明記されているので、そちらを参照してください（右図）。

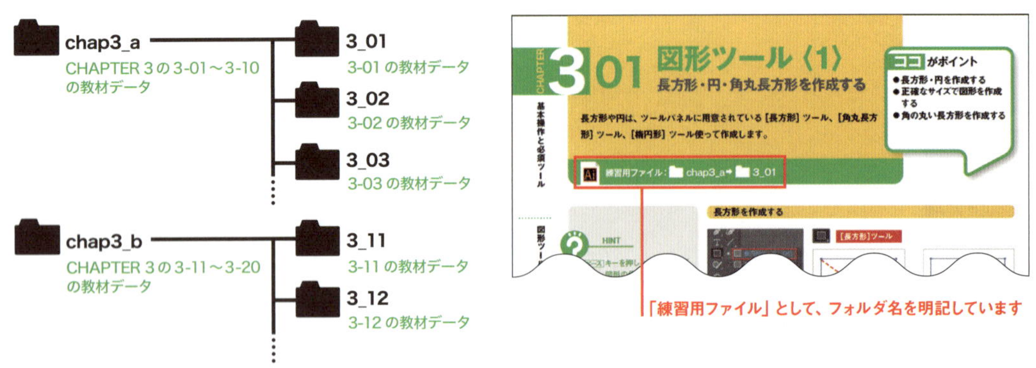

これだけはマスターしよう！

基本操作と必須ツール

まずはこれらの操作とツールを習得すれば、
ひと通りの作業が“きちっ”と行えます。

CHAPTER 3

CHAPTER 3

基本操作と必須ツール

00 ウォーミングアップ

「Illustratorをまったく触ったことがない！」という場合は、まずひと通りの基本操作にトライしてみましょう。

ウォーミングアップ

ファイルの作成

1 Illustrator CCを起動すると、[スタート] ワークスペースが開きます。[新規] ボタンをクリックします。

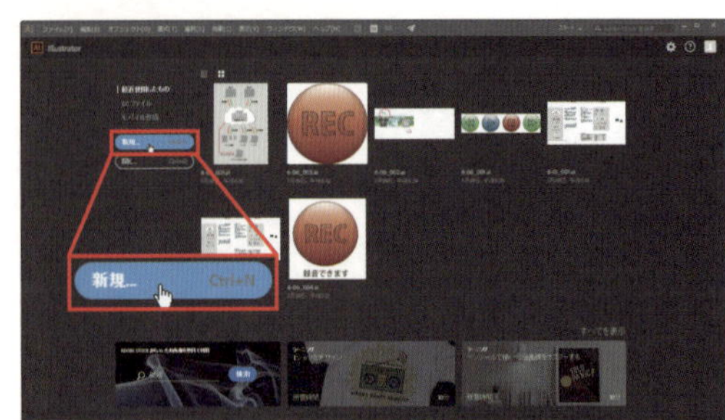

2 [新規ドキュメント] ダイアログボックスが開きます。ドキュメント名を入力し、ドキュメントの種類とサイズを選択して（ここでは [印刷] から [A4] を選択）、[作成] ボタンをクリックします。

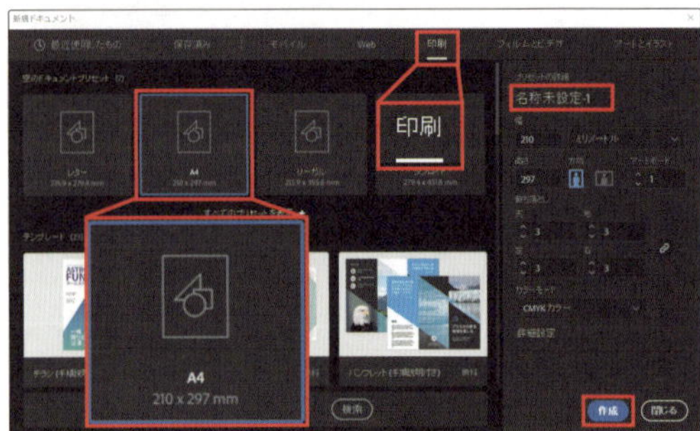

[新規ドキュメント] ダイアログボックス

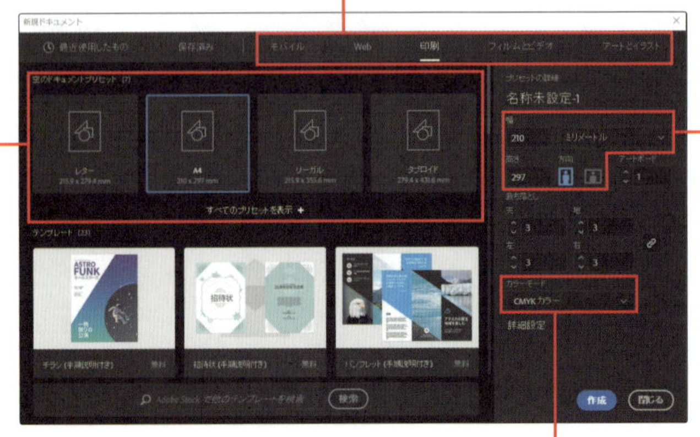

HINT

[スタート] ワークスペースで、[ファイル] メニューから [新規] を選択しても、[新規ドキュメント] ダイアログボックスが開きます。

SHORTCUT

新規ドキュメント作成：
Ctrl（command）+N

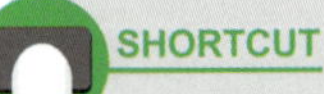

SHORTCUT

既存のファイルを開く：
Ctrl（command）+O

HINT

ドキュメントの種類で [印刷] を選択すると、カラーモードが自動的にCMYKに設定されます。
Webなどの素材を作成するため [Web] を選択すると、サイズがピクセル単位になり、カラーモードはRGBになります。

3 新規ドキュメントが開きます。

図形の作成・選択・移動

1 ツールパネルから［楕円形］ツールを選択します。

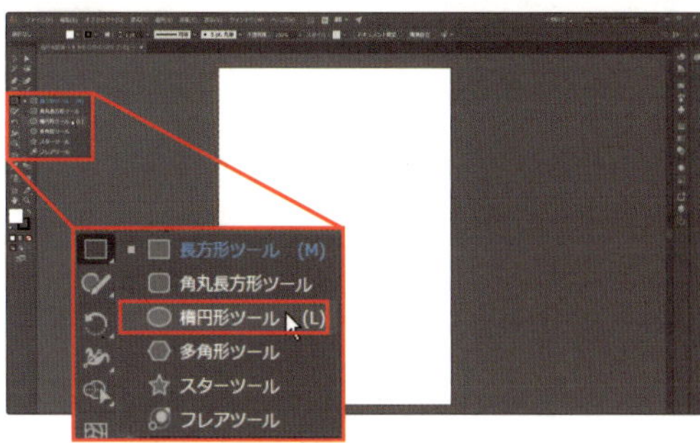

2 ドラッグして楕円を作成します。

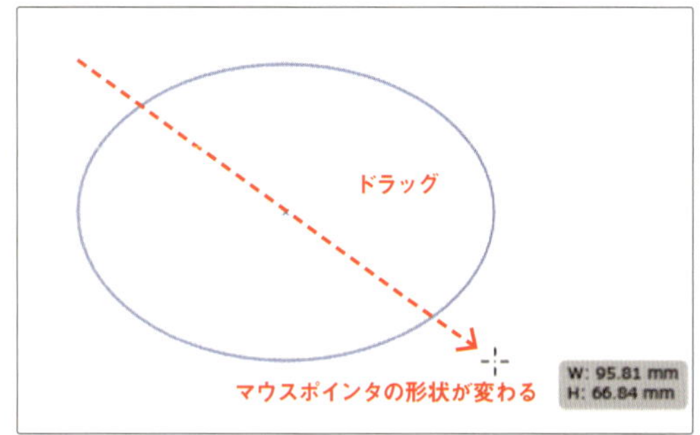

3 ツールパネルから［選択］ツールを選択します。作成した楕円上でクリックすると、楕円が選択されます（すでに選択されている場合は、そのままで構いません）。

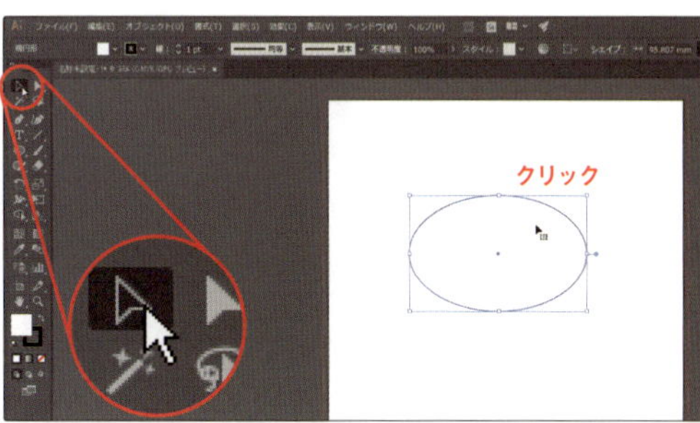

4 次に、［選択］ツールで楕円の外側をクリックします。

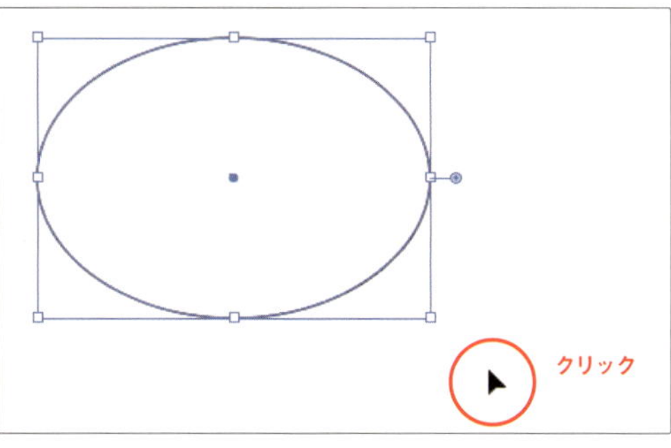

SEE ALSO

図形の作成➡P.40

5 楕円の選択が解除されます。

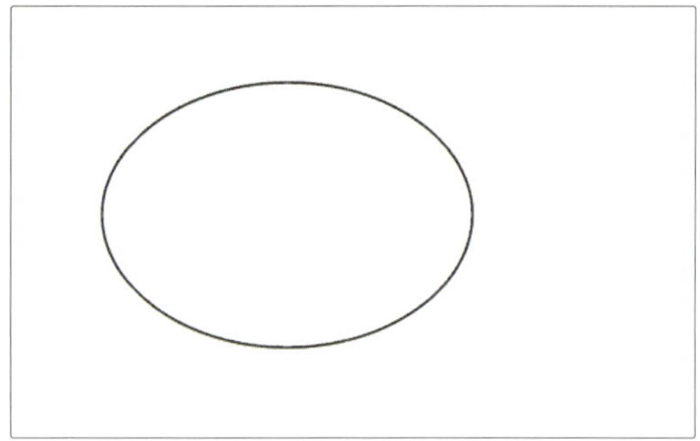

6 再び［選択］ツールを選択し、楕円を任意の場所までドラッグします。

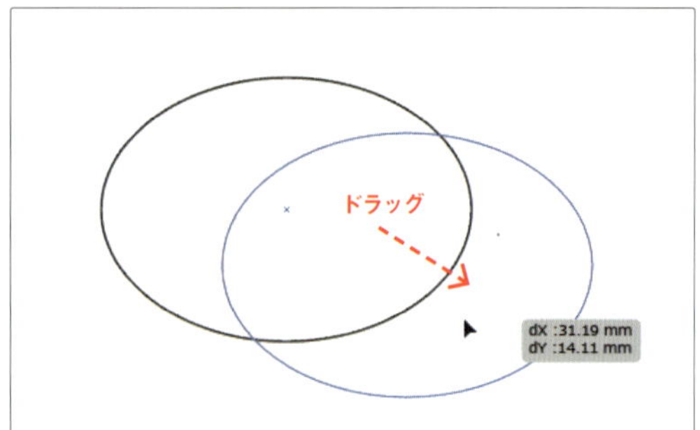

7 楕円が移動します。［選択］ツールは、オブジェクトの選択と移動が行えます。

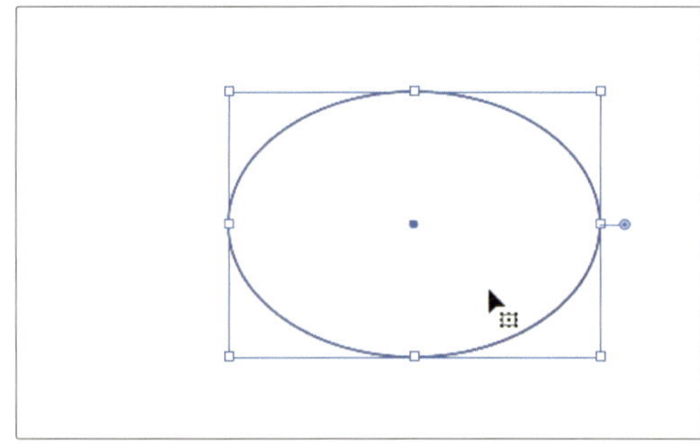

図形の塗りの設定

1 ［選択］ツールを選択し、楕円をクリックして選択します。ツールパネルの下側にある「塗り」ボックスをクリックします。

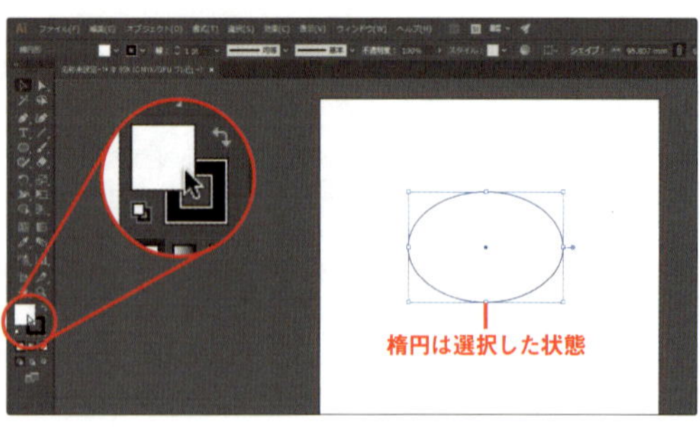

2 ［ウィンドウ］メニューから［カラー］を選択して、カラーパネルを表示させます。

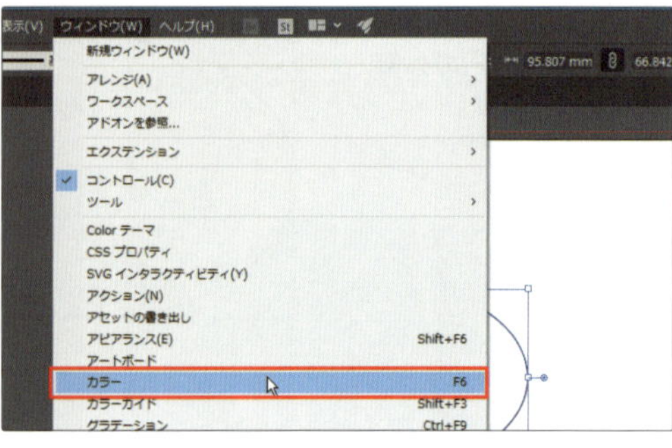

SEE ALSO
色を付ける➡P.57

3 カラーパネルの下側のカラースペクトルバー内で、任意の色（ここでは緑）をクリックで選択します。

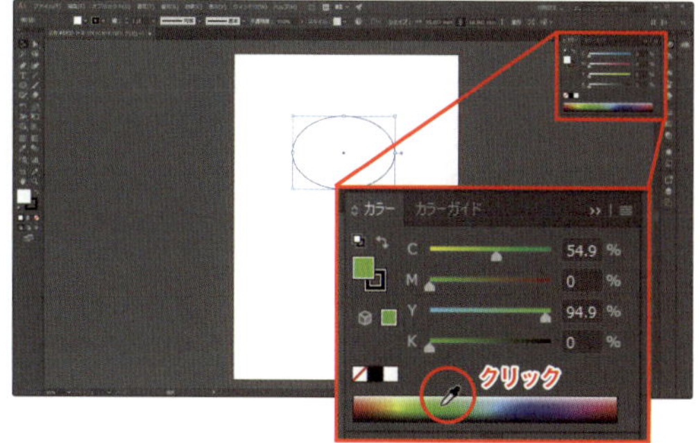

4 楕円が選択した色になります。

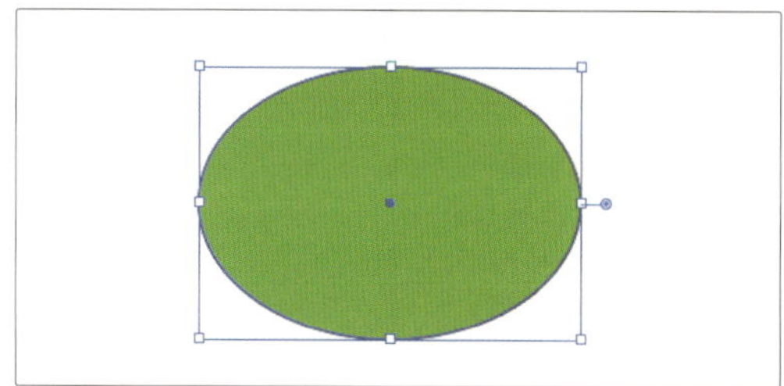

図形のコピー＆ペースト

1 ［選択］ツールで楕円を選択します。［編集］メニューから［コピー］を選択して、楕円をコピーします。

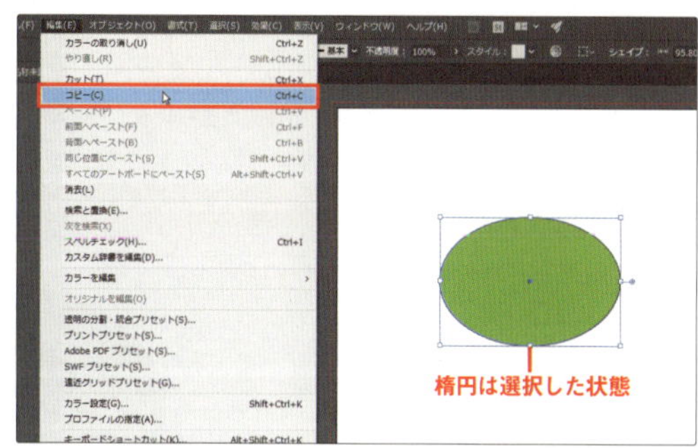

2 ［編集］メニューから［ペースト］を選択します。楕円がペースト（貼り付け）されます。

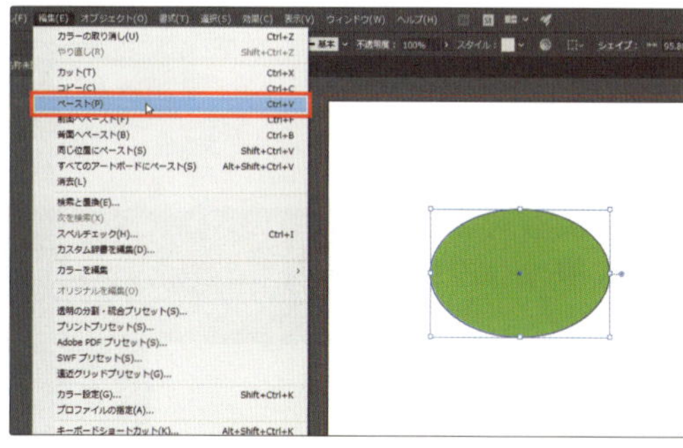

3 楕円がペースト（貼り付け）されます。

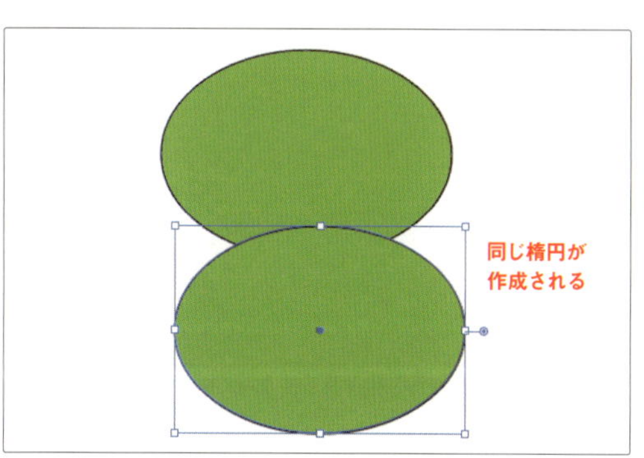

SHORTCUT

オブジェクトのコピー：
Ctrl（command）＋C

HINT

元のオブジェクトをコピーすると同時に削除する方法を「カット」と呼びます。カットは［編集］メニューから［カット］を選択して実行できます。
Ctrl（command）＋X

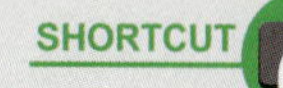

SHORTCUT

オブジェクトのペースト：
Ctrl（command）＋V

HINT

通常の「ペースト」の他に、「前面にペースト」と「背面にペースト」という方法もあります。これらは［編集］メニューから選択でき、コピー元と同じ位置にオブジェクトをペーストします。

4 2つの楕円の重ね順を変更します。[選択] ツールでコピーした楕円をドラッグし、元の楕円に重ねます（すでに重なっている場合は、そのままでかまいません）。

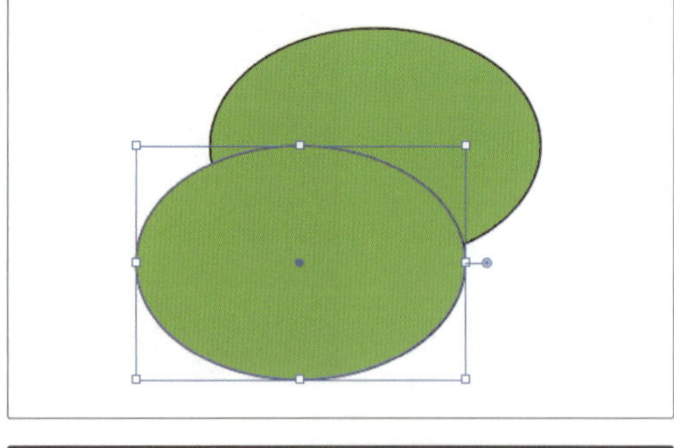

5 コピーした楕円が選択されたままで、[オブジェクト] メニューから [重ね順] → [最背面へ] を選択します。コピーした楕円が、元の楕円の背面に移動します。

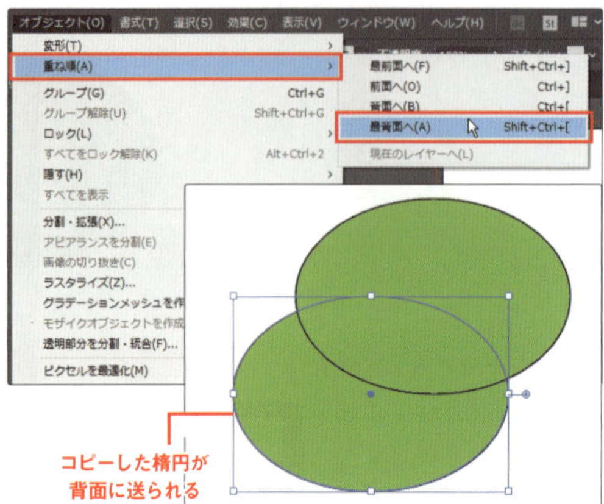

HINT

オブジェクトを前面に移動する場合には、[オブジェクト] メニューから [重ね順] → [前面へ]、もしくは [最前面へ] を選択します。

作業の取り消し・やり直し

1 [選択] ツールで、コピーして背面に移動した楕円を選択します。

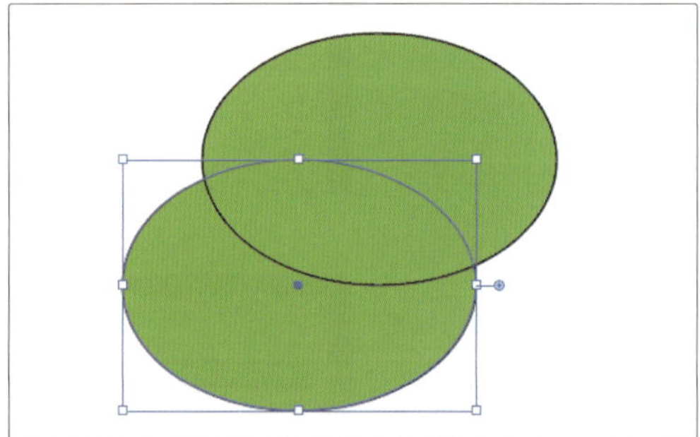

2 P.36〜37の手順1〜4の要領で楕円の塗りに別の色（ここでは黄）を選択します。

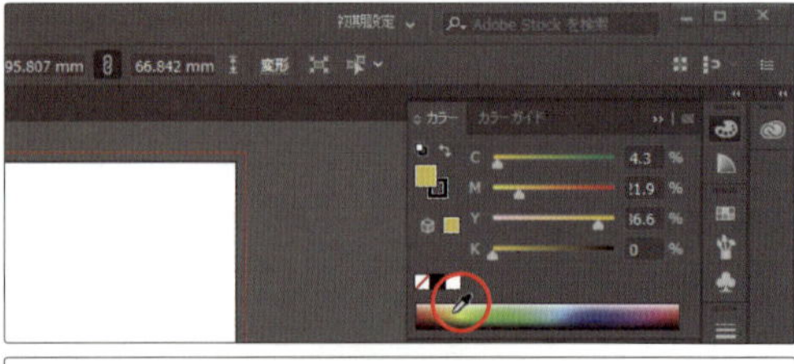

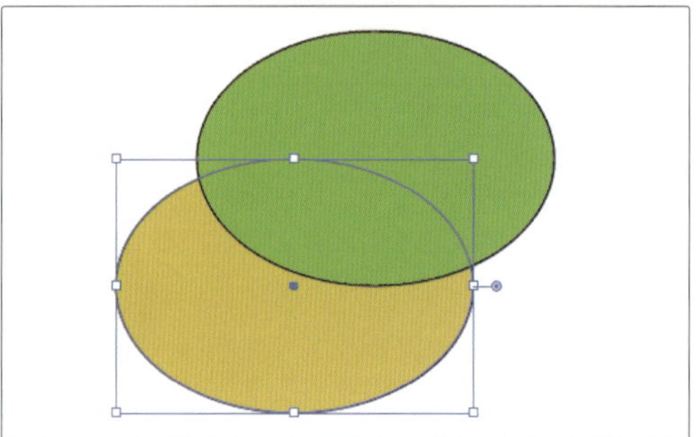

3 1つ前の作業を取り消します。[編集] メニューから [カラーの取り消し] を選択すると、塗りの色が元の緑に戻ります。

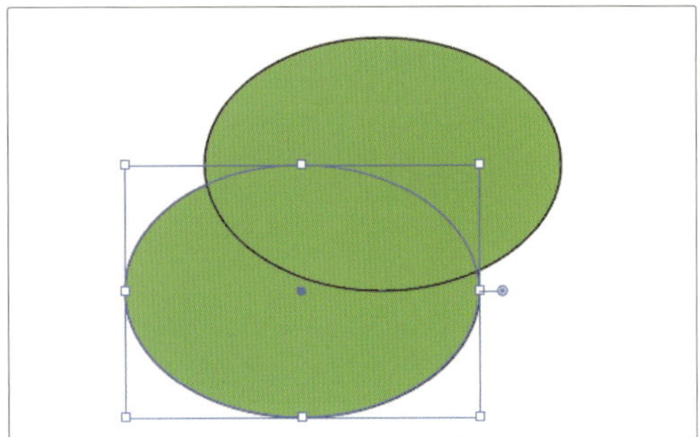

4 今度は1つ前の作業をやり直します。[編集] メニューから [カラーのやり直し] を選択すると、手順3で取り消した作業がやり直され、手順2の状態（黄）に戻ります。

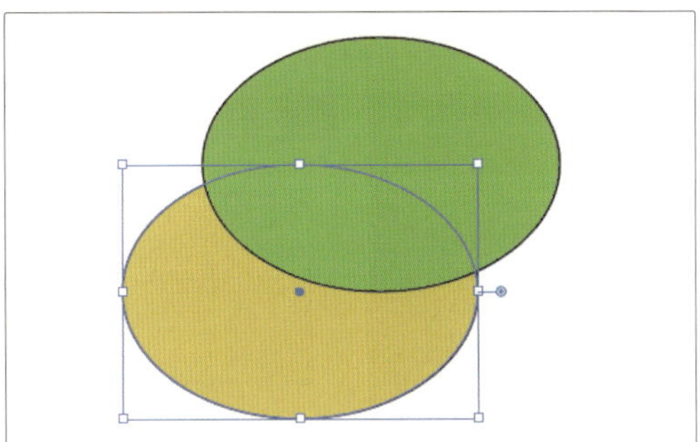

ファイルの保存

1 [ファイル] メニューから [保存] を選択します。表示される [別名で保存] ダイアログボックスで保存先のフォルダを指定し、[ファイル名]（Mac版は [名前]）にファイル名を入力して、[保存] ボタンをクリックします。

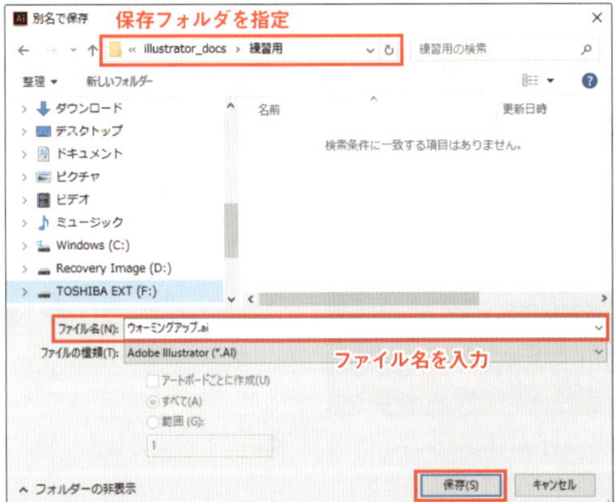

2 表示される [Illustrator オプション] ダイアログボックスの [バージョン] を選択し（ここでは Illustrator CC）、[OK] ボタンをクリックすると、ファイルが保存されます。

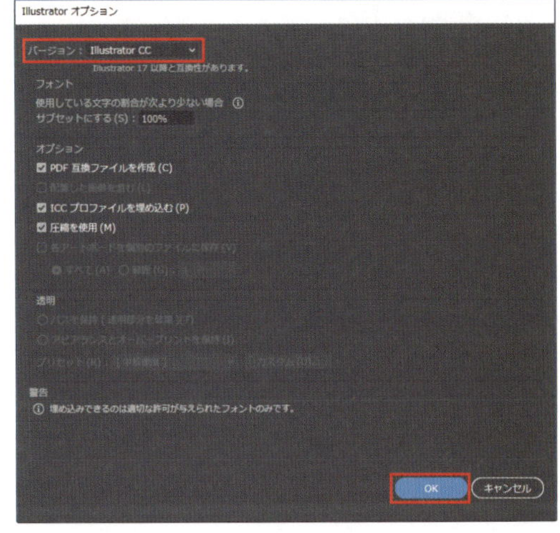

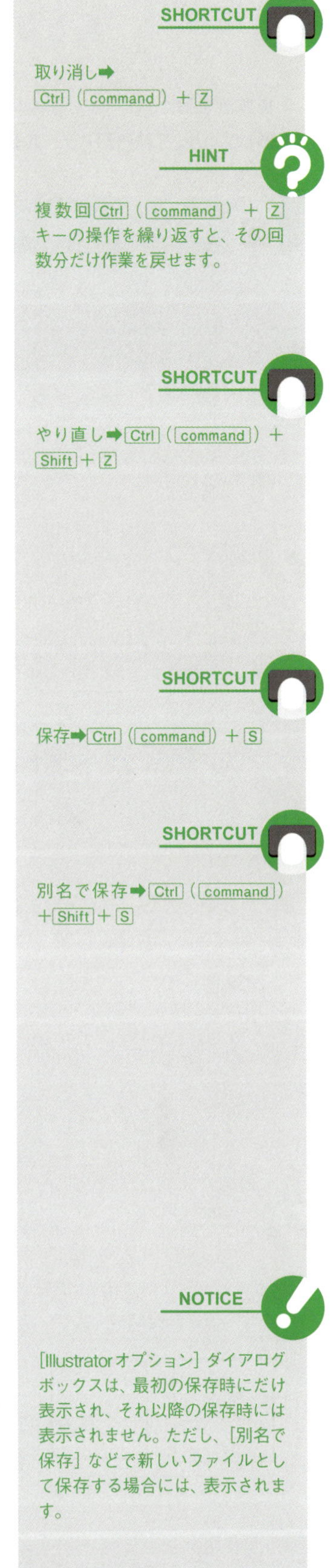

SHORTCUT
取り消し➡ Ctrl（command）＋ Z

HINT
複数回 Ctrl（command）＋ Z キーの操作を繰り返すと、その回数分だけ作業を戻せます。

SHORTCUT
やり直し➡ Ctrl（command）＋ Shift ＋ Z

SHORTCUT
保存➡ Ctrl（command）＋ S

SHORTCUT
別名で保存➡ Ctrl（command）＋ Shift ＋ S

NOTICE
[Illustrator オプション] ダイアログボックスは、最初の保存時にだけ表示され、それ以降の保存時には表示されません。ただし、[別名で保存] などで新しいファイルとして保存する場合には、表示されます。

01 図形ツール〈1〉

長方形・円・角丸長方形を作成する

長方形や円は、ツールパネルに用意されている［長方形］ツール、［角丸長方形］ツール、［楕円形］ツール使って作成します。

練習用ファイル：chap3_a → 3_01

ココがポイント

- 長方形・円を作成する
- 正確なサイズで図形を作成する
- 角の丸い長方形を作成する

長方形を作成する

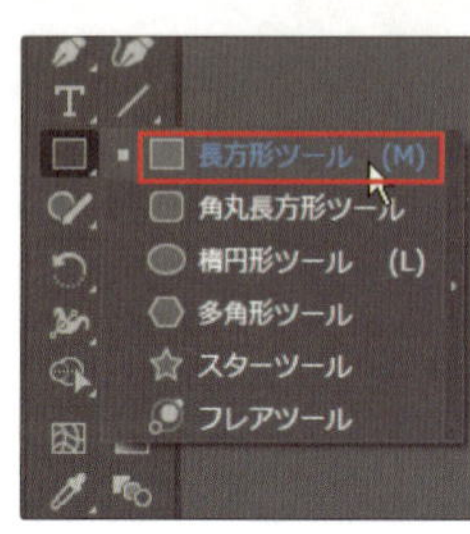

ツールパネルから［長方形］ツールを選択します。

［長方形］ツール

ドラッグ

［長方形］ツールは、ドラッグ操作で長方形を作成します。

HINT

［スペース］キーを押しながらドラッグすると、図形の作成位置を自由に移動できます。

HINT

［Alt］（［option］）キーを押しながらドラッグすると、中心を基点として図形を作成できます。

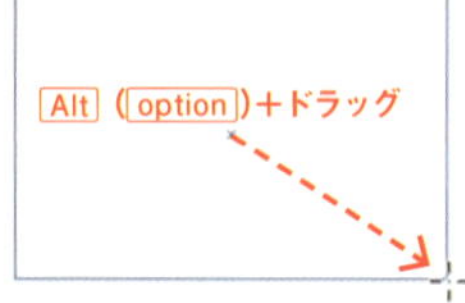

円を作成する

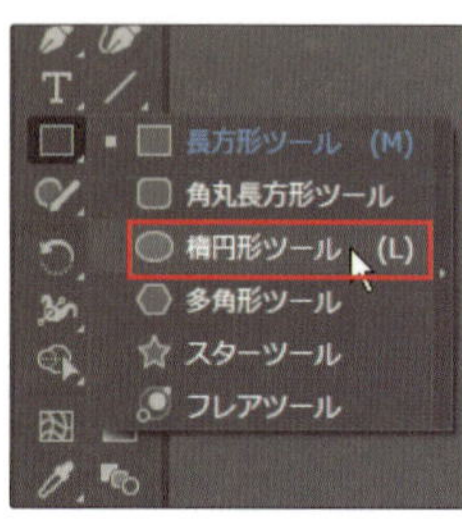

ツールパネルから［楕円形］ツールを選択します。

［楕円形］ツール

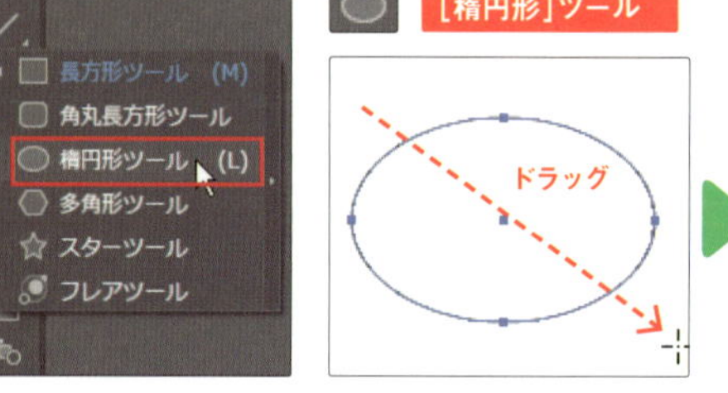

［楕円形］ツールは、ドラッグ操作で円を作成します。

正方形・正円を作成する

［長方形］ツール、［角丸長方形］ツール、［楕円形］ツールは、［Shift］キーを押しながらドラッグすると、縦横のサイズが同じ正方形または正円を作成できます。

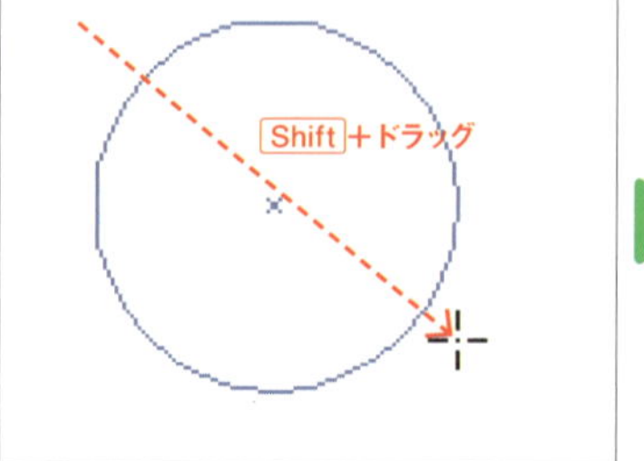

［楕円形］ツールを選択し、［Shift］キーを押しながらドラッグします。

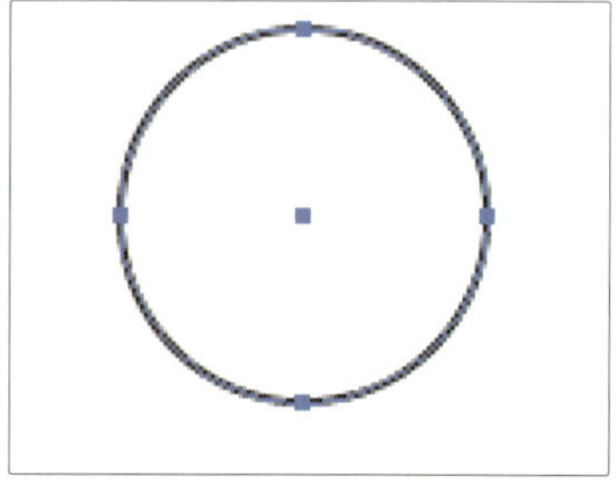

正円を作成できます。

HINT

正円と同じ要領で、［Shift］キーを押しながらドラッグすると、正方形や角丸正方形を作成できます。

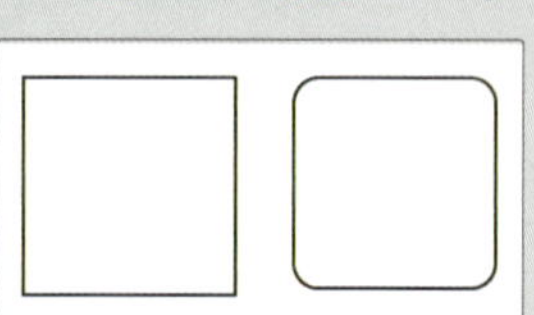

数値を指定して正確なサイズで図形を作成する

数値を入力し、正確なサイズで図形を作成できます。

[長方形] ツールでサイズを指定

❶ツールパネルから図形ツール（ここでは［長方形］ツール）を選択し、アートボード上でクリックします。

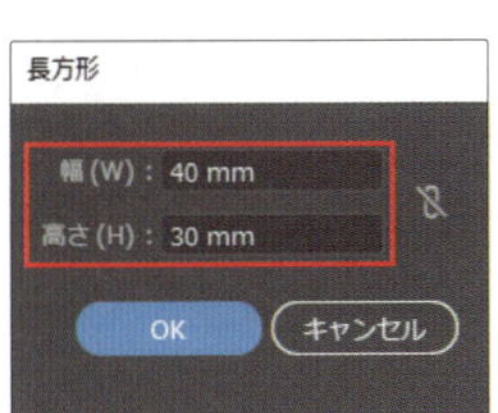

❷［長方形］ダイアログボックスが表示されるので、［幅］［高さ］にそれぞれ数値を入力し、［OK］ボタンをクリックします。

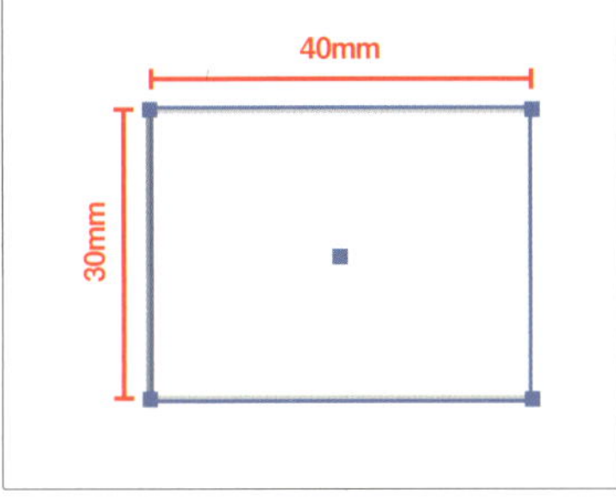

❸手順❷で指定した幅と高さの長方形になります。

角の丸い長方形を作成する

角の丸い長方形を作成する方法はいくつかあります。

[角丸長方形] ツールで作成

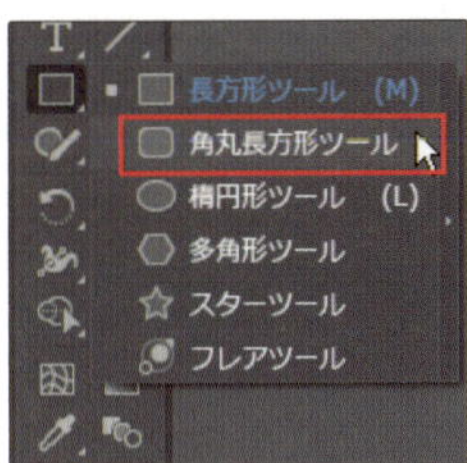

ツールパネルから［角丸長方形］ツールを選択します。

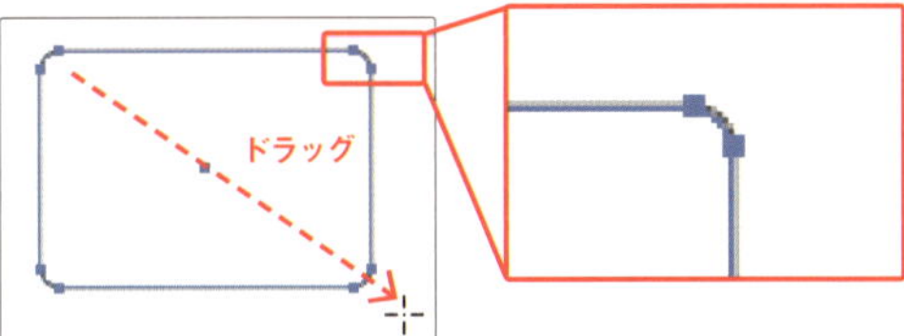

［角丸長方形］ツールは、ドラッグ操作で角の丸い長方形を描くことができます。

[角丸長方形] ダイアログボックスで角丸の半径サイズを指定

❶［角丸長方形］ツールを選択し、アートボード上をクリックします。

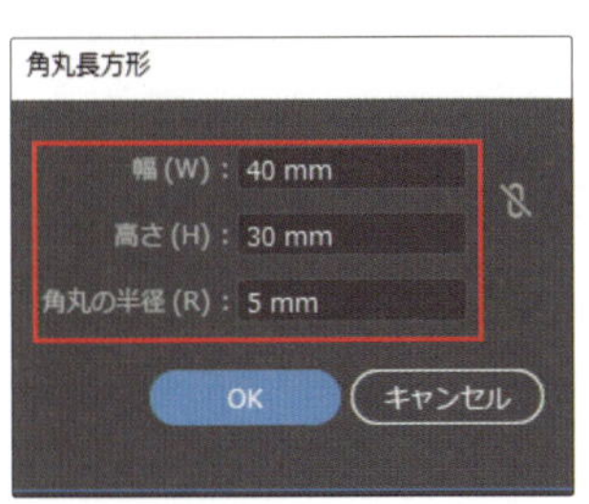

❷［角丸長方形］ダイアログボックスが表示されるので、［幅］［高さ］［角丸の半径］にそれぞれ数値を入力し、［OK］ボタンをクリックします。

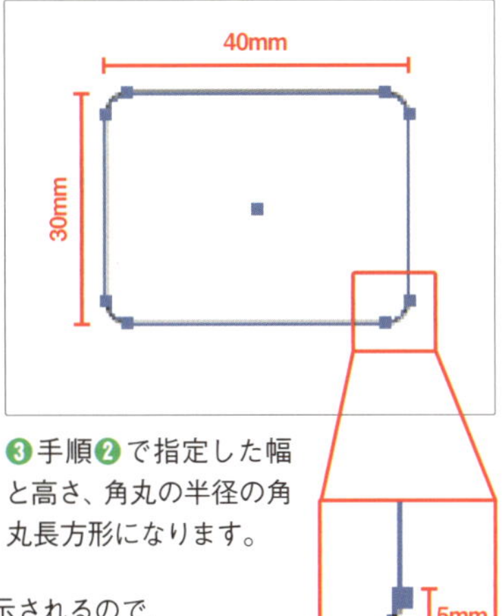

❸手順❷で指定した幅と高さ、角丸の半径の角丸長方形になります。

［楕円形］ツールでもサイズを指定して円を作成できます。

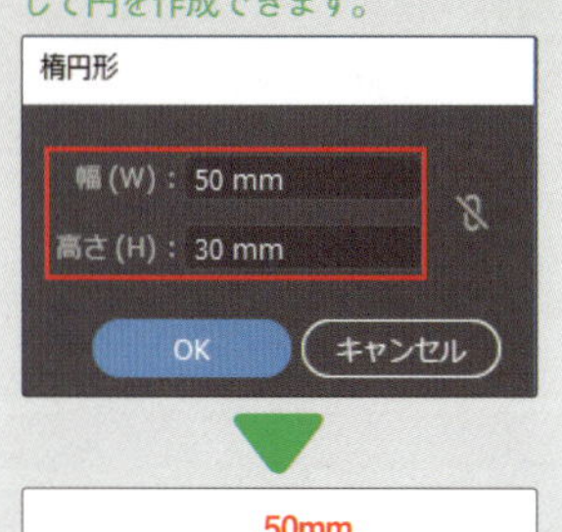

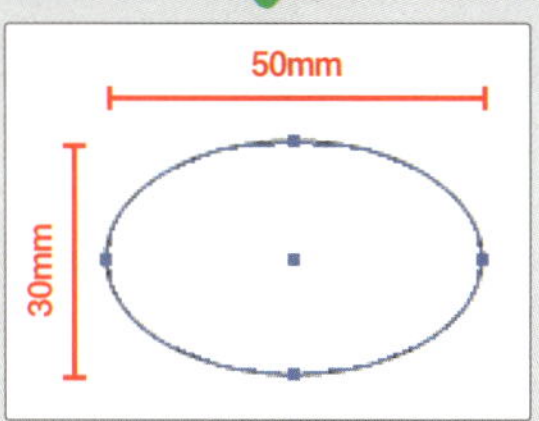

角丸長方形の作成中、ドラッグしている最中に［↑］キーを押すと角の丸みが大きくなり、［↓］キーを押すと角の丸みが小さくなります。

［角丸長方形］ツールで作成した角丸長方形は、幅や高さを変更すると、角の丸みの形状が変わってしまいます。P.42の「角を丸くする」効果で角丸にした角丸長方形なら、角の丸みの形状が保たれます。

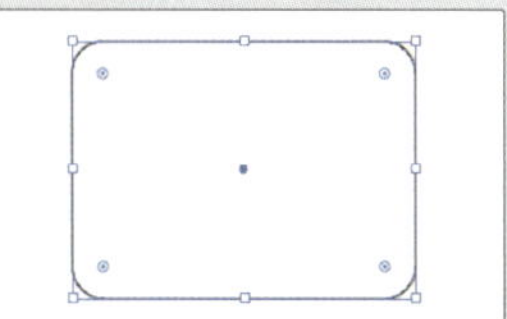

［角丸長方形］ツールで作成した角丸長方形

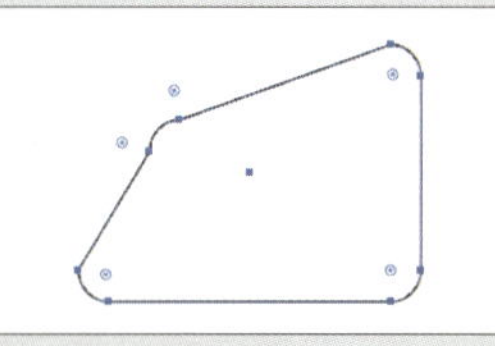

幅や高さを変更すると、角の形状がくずれる

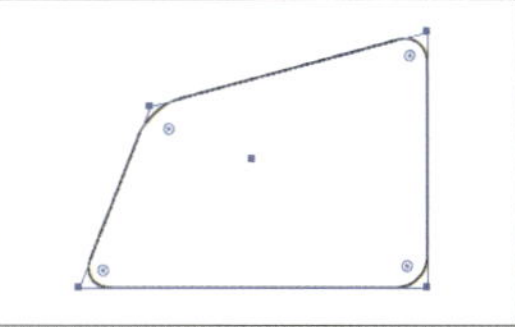

「角を丸くする」効果で作成した場合は、角の形状がくずれない

「角を丸くする」効果で角丸にする

［効果］メニューの「角を丸くする」で、長方形の角を丸くできます。

❶［選択］ツールで長方形を選択します。

角を丸くする
半径 (R)：3 mm
□ プレビュー (P)　OK　キャンセル

❷［効果］メニューから［スタイライズ］→［角を丸くする］を選択します。表示される［角を丸くする］ダイアログボックスで、［半径］に「3mm」と入力し、［OK］ボタンをクリックします。

❸長方形の角が半径 3mm で丸められます。

NOTICE

Illustrator CS3 以前のバージョンでは、［フィルタ］メニューから［スタイライズ］→［角を丸くする］を選択します。

「角を丸くする」効果を変更する

「角を丸くする」効果は、アピアランスパネルで後から変更できます。アピアランスパネルは、［ウィンドウ］メニューから［アピアランス］を選択して表示させます。

❶半径 3mm で「角を丸くする」効果を適用した長方形を選択します。

❷アピアランスパネルで「角を丸くする」の項目名をクリックします。

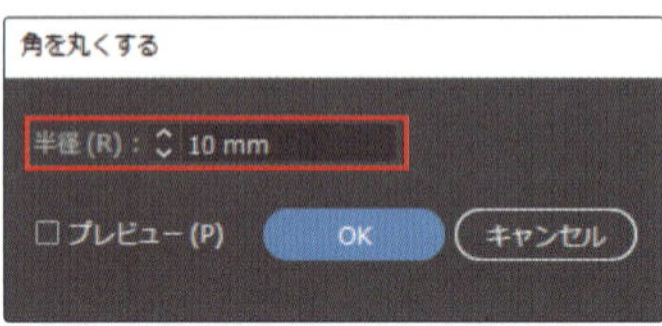

❸［角を丸くする］ダイアログボックスが表示されるので、［半径］を「10mm」と変更し、［OK］ボタンをクリックします。

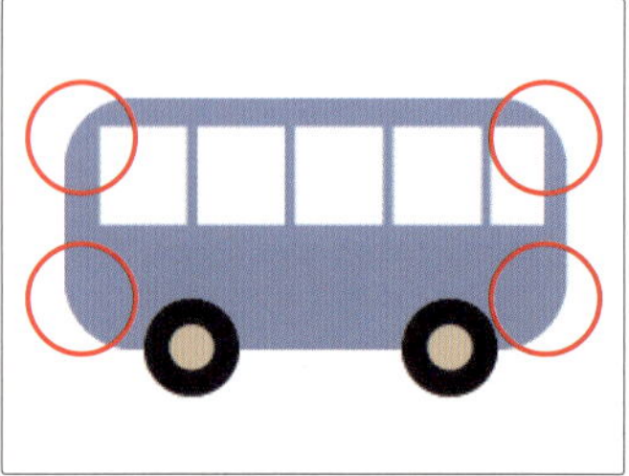

❹「角を丸くする」効果が変更され、半径 10mm で丸められます。

NOTICE

Illustrator CS3 以前のバージョンで効果を変更する場合は、手順❷でアピアランスパネルの項目をダブルクリックして再設定します。

HINT

適用した効果を取り消すには、アピアランスパネルで項目を選択し、右下の🗑［選択した項目を削除］ボタンをクリックします。

ライブコーナーで角を角丸にする

Illustrator CCでは、「ライブコーナー」を使って角丸にすることができます。

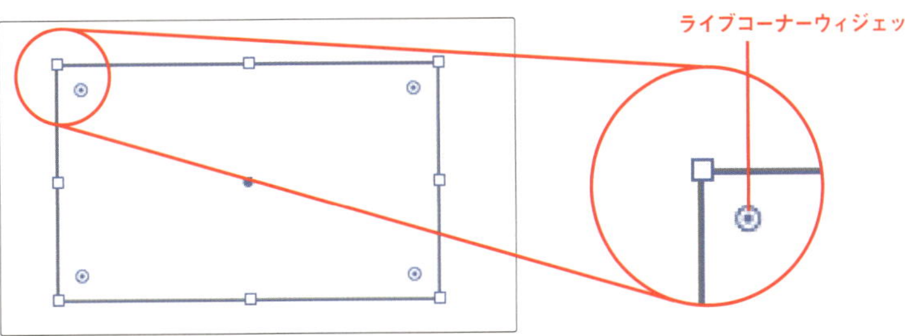

長方形を選択すると、四隅にライブコーナーのウィジェットが表示されます。

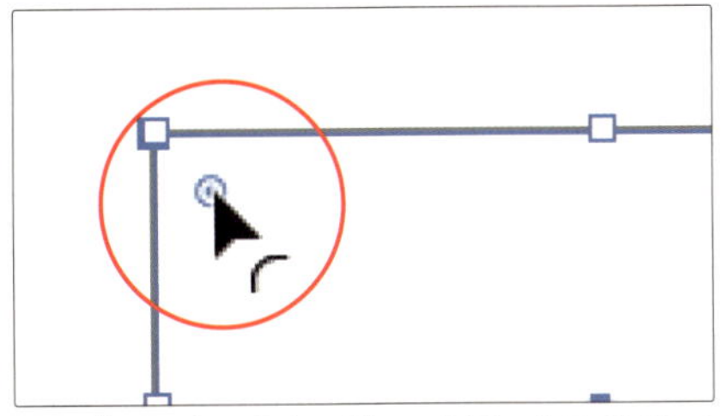

ライブコーナーのウィジェットにマウスポインタを合わせると形状が変わります。

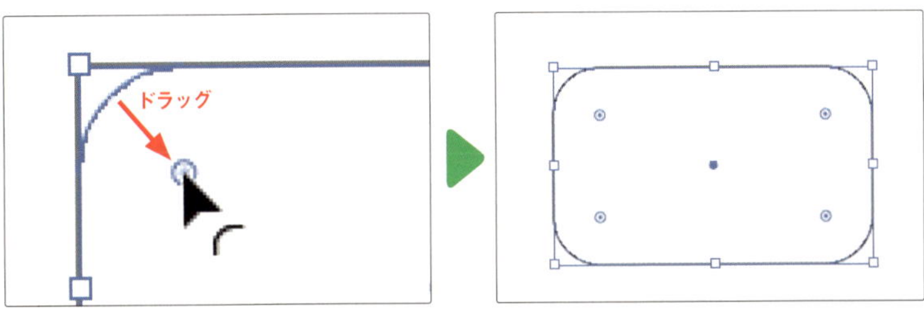

ライブコーナーウィジェットをドラッグすると四隅がすべて角丸になります。

ライブコーナーで一部の角だけを角丸にする

ライブコーナーでは、長方形の一部の角だけを角丸にすることができます。

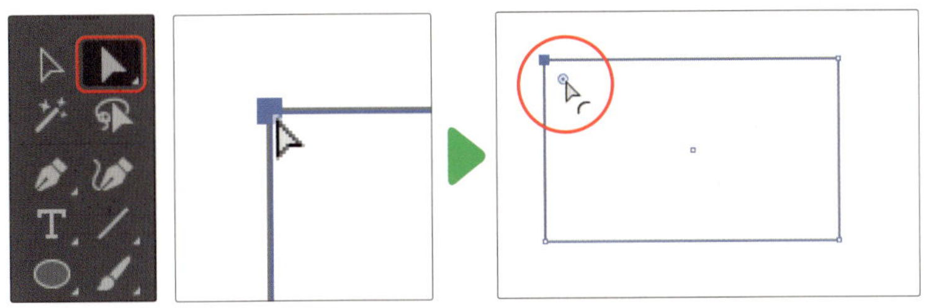

ツールパネルから[ダイレクト選択]ツールを選択し、長方形の1つの角を選択します。

選択した角だけにライブコーナーウィジェットが表示されます。

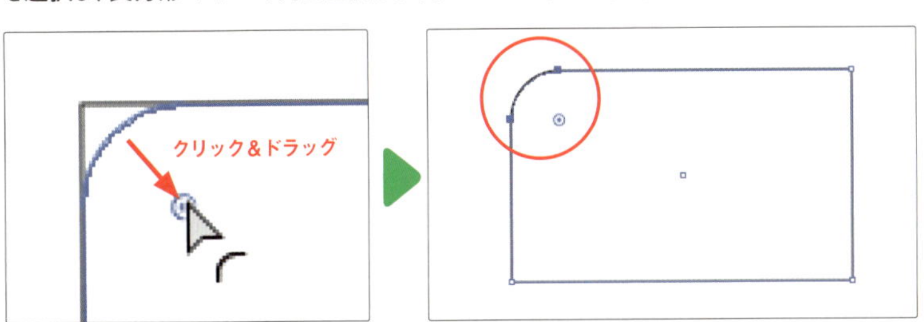

ライブコーナーウィジェットをドラッグすると、選択した角だけが角丸になります。

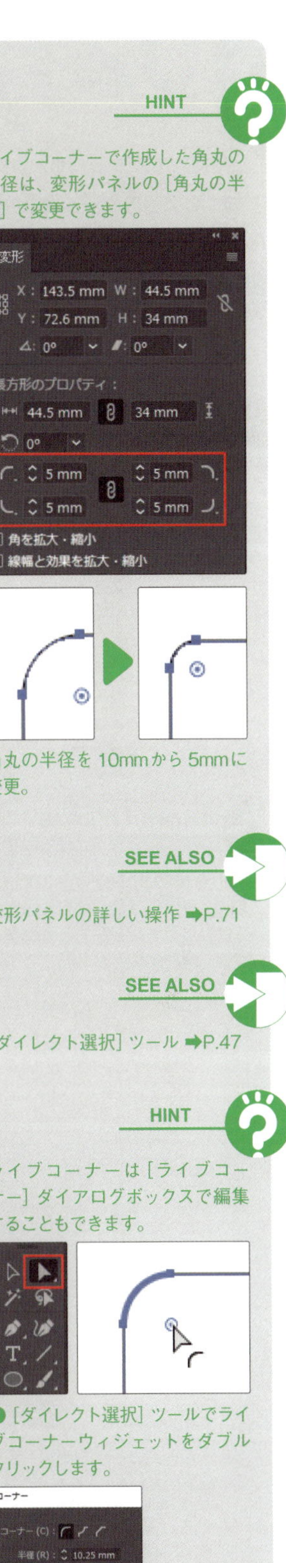

CHAPTER 3

基本操作と必須ツール

02 図形ツール〈2〉

多角形・星形・正三角形を作成する

円や長方形の他にも、多角形、星形などを作成するツールが用意されています。これらのツールを利用すると、さまざまな図形を作成できます。

ココがポイント

- 多角形・星形・正三角形を作成する
- 正位置に固定して作成する
- 正確なサイズで図形を作成する

 練習用ファイル：chap3_a → 3_02

HINT

多角形を作成中、ドラッグしている最中に[↑]キーを押すと辺の数が多くなり、[↓]キーを押すと辺の数が少なくなります。

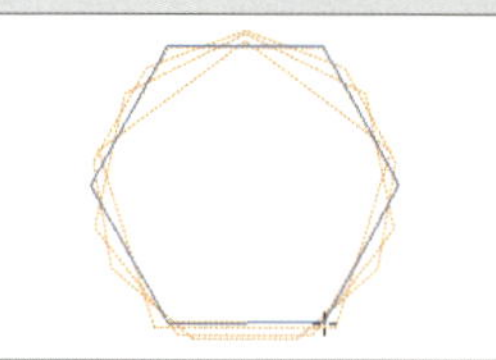

多角形を作成する

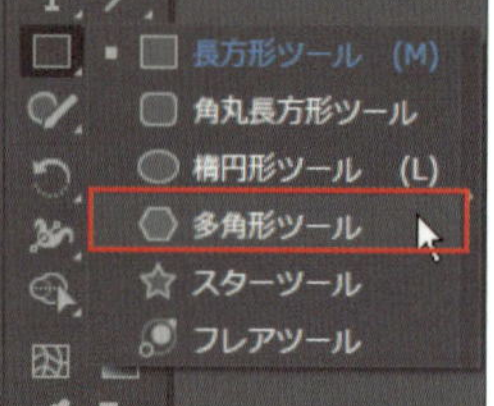

ツールパネルから［多角形］ツールを選択します。

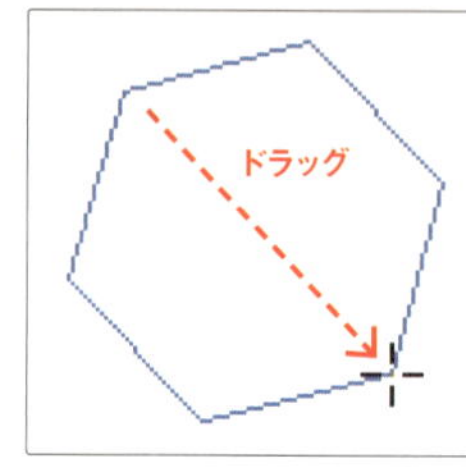

［多角形］ツールは、ドラッグ操作で多角形を作成できます。初期設定では六角形になっています。

HINT

星形を作成中、ドラッグしている最中に[↑]キーを押すと角の数が多くなり、[↓]キーを押すと角の数が少なくなります。

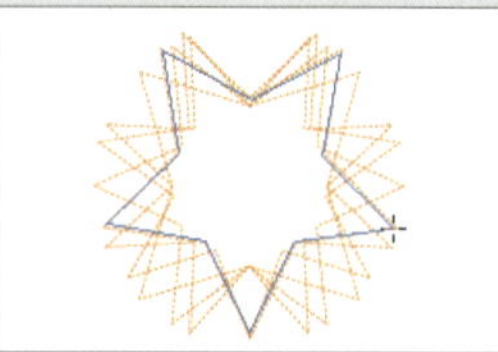

[Alt]（[option]）キーを押すと対応する２辺が水平に保たれます。

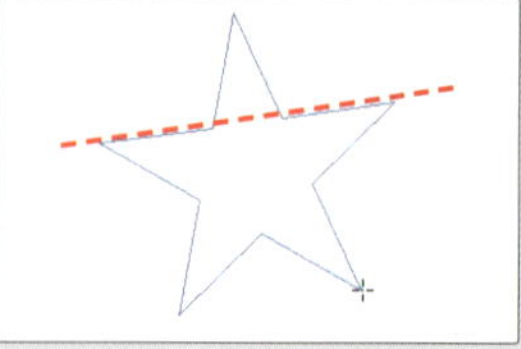

[Ctrl]（[command]）キーを押しながらドラッグすると、内径を保ったまま、外径だけを変化させます。

星形を作成する

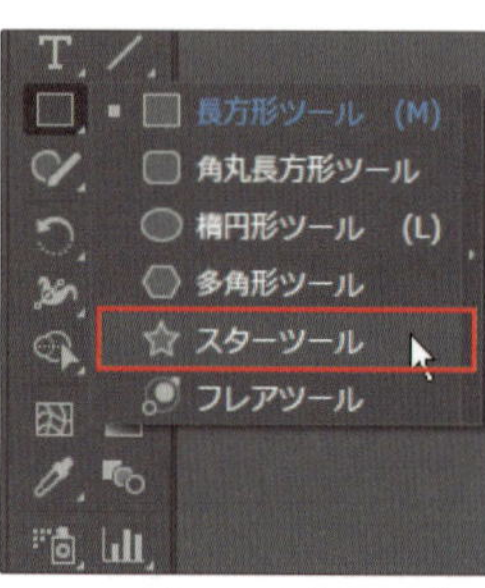

ツールパネルから［スター］ツールを選択します。

[スター]ツール

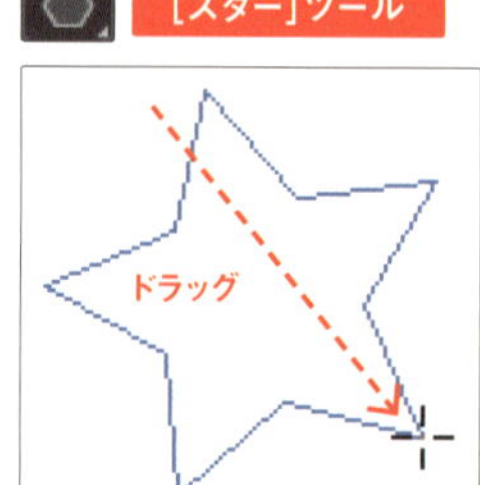

［スター］ツールは、ドラッグ操作で星形を作成できます。初期設定では５つの頂点からなる星形になっています。

正位置に固定して作成する

［多角形］ツールや［スター］ツールでドラッグを始めると、図形が回転してしまいます。傾いていない正位置で作成するには、[Shift]キーを押しながらドラッグします。

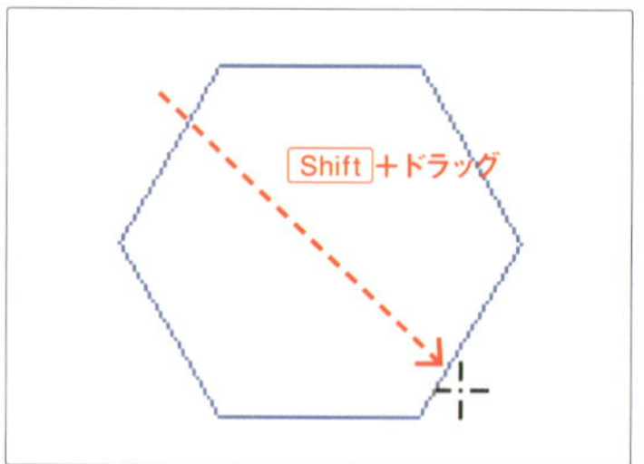

［多角形］ツールを選択し、[Shift]キーを押しながらドラッグすると、正位置で多角形を作成できます。

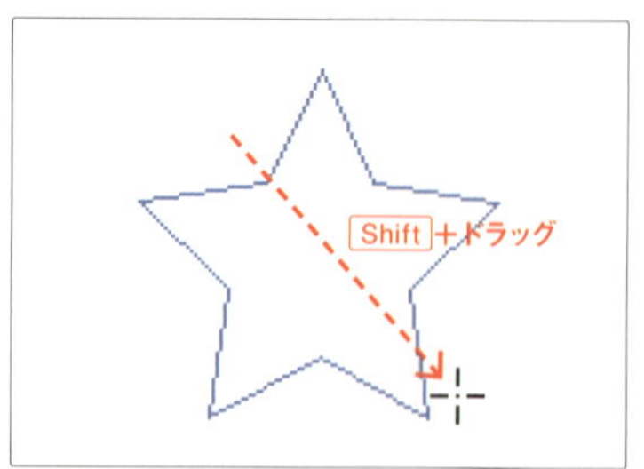

［スター］ツールも、同様の操作で正位置で作成できます。

数値を指定して正確なサイズで図形を作成する

数値を入力し、正確なサイズで図形を作成できます。

[多角形] ツールでサイズを指定

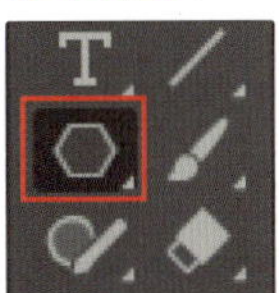

❶ツールパネルから[多角形] ツールを選択し、アートボード上でクリックします。

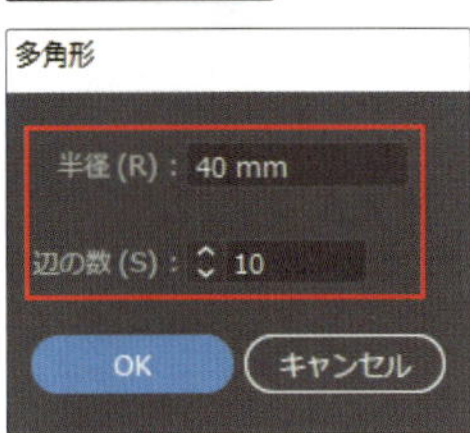

❷表示される [多角形] ダイアログボックスの [半径] [辺の数] にそれぞれ数値を入力し (ここでは、[半径] に「40」、[辺の数] に「10」)、[OK] ボタンをクリックします。

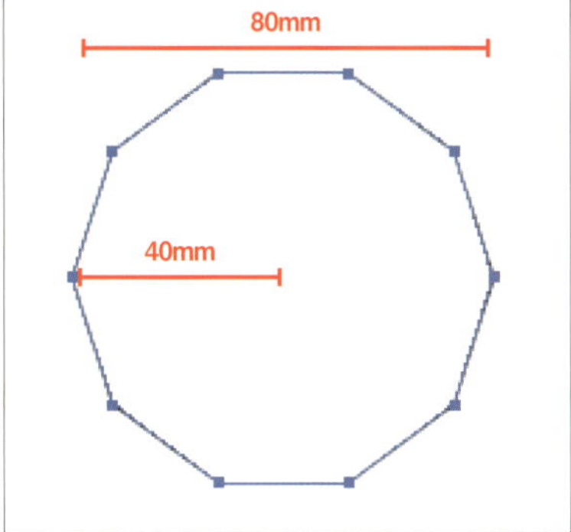

❸手順❷で指定した半径と辺数の多角形になります。多角形の幅は半径の2倍になります。

[スター] ツールでサイズを指定

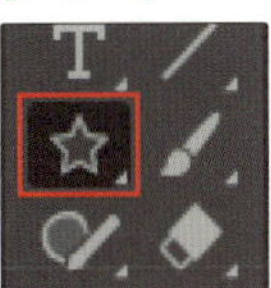

❶ツールパネルから[スター] ツールを選択し、アートボード上でクリックします。

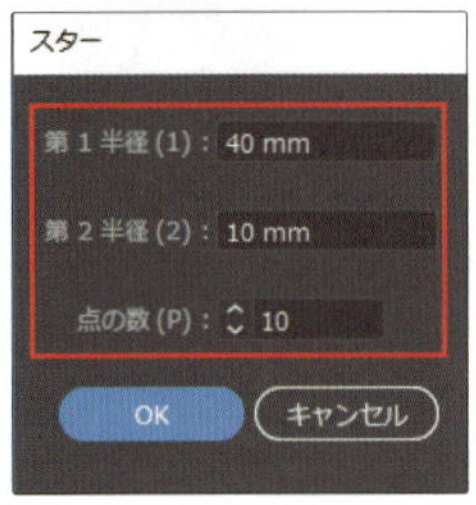

❷表示される [スター] ダイアログボックスの [第1半径] [第2半径] [点の数] にそれぞれ数値を入力し (ここでは、[第1半径] を「40」、[第2半径] を「10」、[点の数] を「10」)、[OK] ボタンをクリックします。

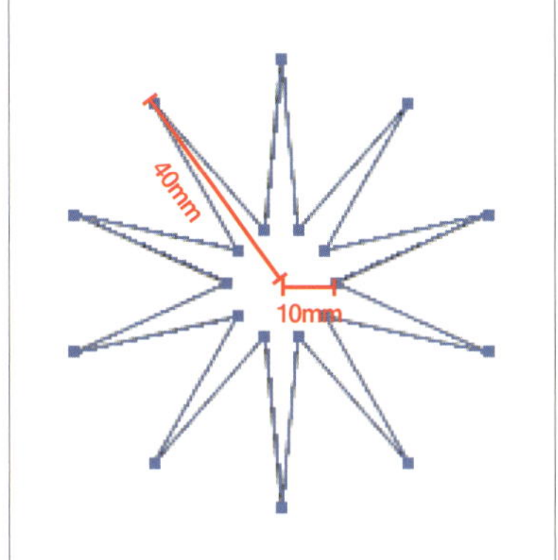

❸手順❷で指定した内容で星が作成されます。ジグザグの辺の設定をするために、2種類の半径の数値を入力する必要があります。

正三角形を作成する

正三角形は、[多角形] ツールで作成すると便利です。

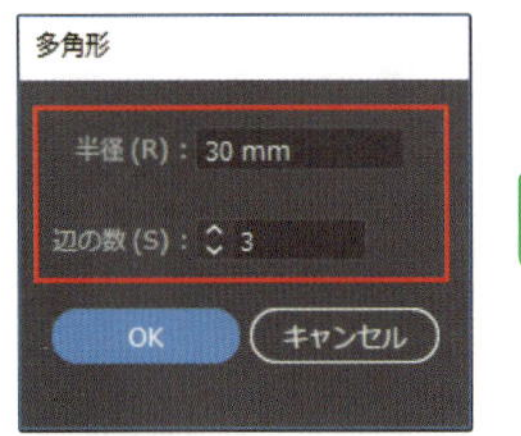

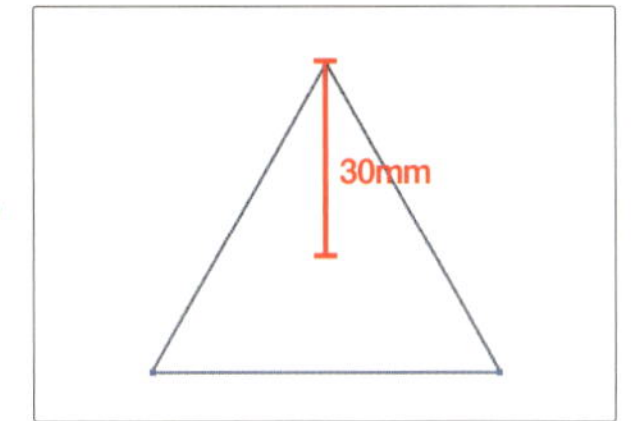

[多角形] ダイアログボックスで、[半径] に任意の数値を入力し、[辺の数] に「3」と入力して [OK] ボタンをクリックすると、正三角形になります。

HINT

[スター] ツールの点の数を多くすると、爆発をイメージしたような目を引くオブジェクトを作成できます。

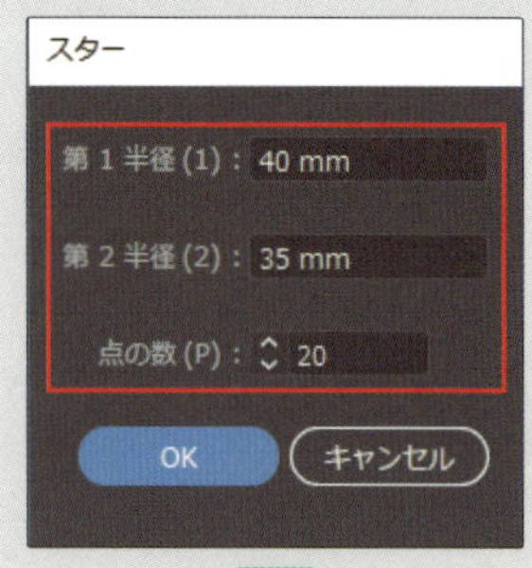

HINT

三角形の形を変えるには、[ダイレクト選択] ツールで角のアンカーポイントを選択し、ドラッグします。例えば、正三角形を二等辺三角形にするには、上の頂点を垂直にドラッグします。

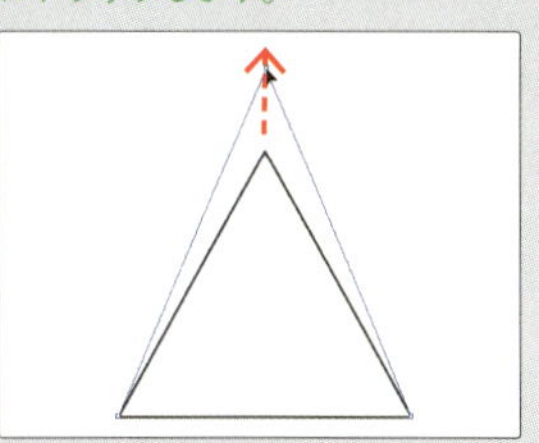

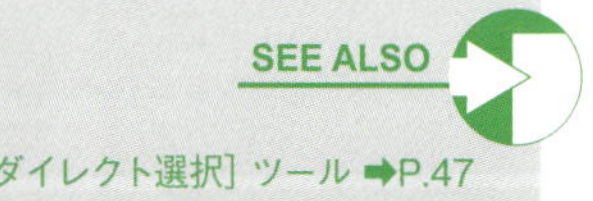

SEE ALSO

[ダイレクト選択] ツール ➡P.47

03 選択ツール〈1〉
オブジェクトを選択・移動する

ココがポイント
- オブジェクトを選択
- オブジェクトの一部を選択
- 選択したオブジェクトを移動

[選択] ツールにはいくつかの種類があり、用途によって使い分けます。また、[選択] ツールで選択したオブジェクトは、移動できます。

 練習用ファイル：chap3_a→3_03

[選択] ツールでオブジェクトを選択する

[選択] ツールは、オブジェクトの選択と移動ができます。

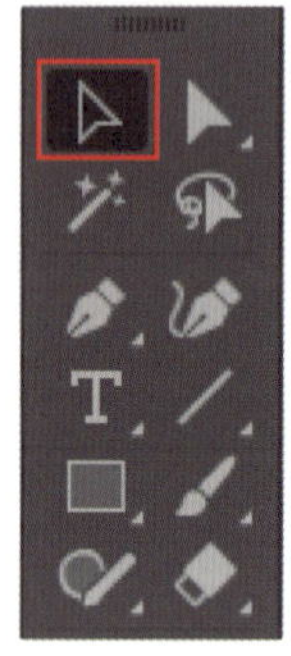

❶ツールパネルから [選択] ツールを選択します。

❷オブジェクトをクリックすると、オブジェクトを選択できます。選択したオブジェクトにはバウンディングボックスが表示されます。

❸選択したオブジェクトをドラッグすると、移動できます。

複数のオブジェクトを一度に選択する

複数のオブジェクトを一度に選択できます。

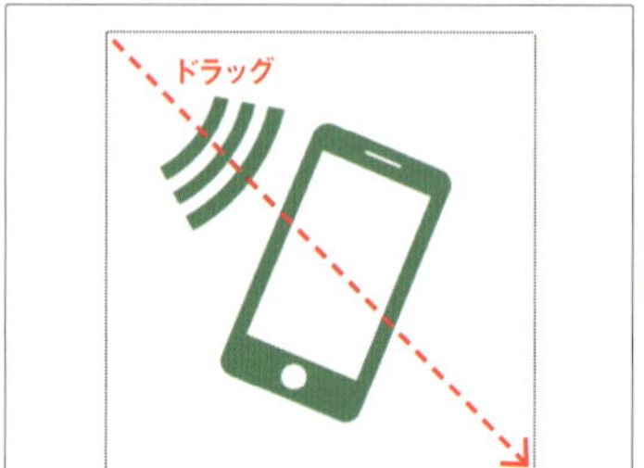

[選択] ツールを選択し、アートボード上にある複数のオブジェクトを囲むようにドラッグします。

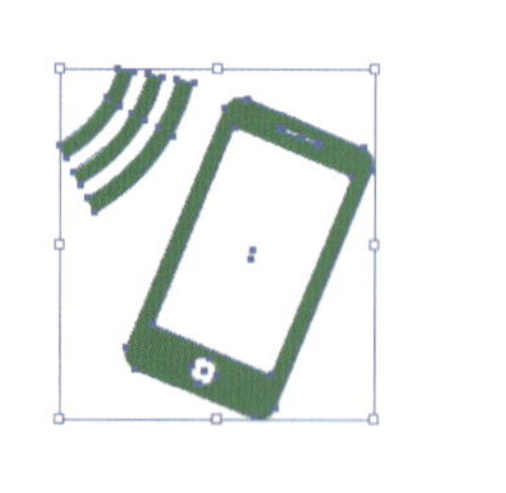

囲んだ範囲内にあるオブジェクトがすべて選択されます。

HINT

オブジェクトの選択を解除するには、アートボード上のオブジェクトのない場所でクリックします。

HINT

Shift キーを押しながらドラッグすると、45 度単位で移動できます。

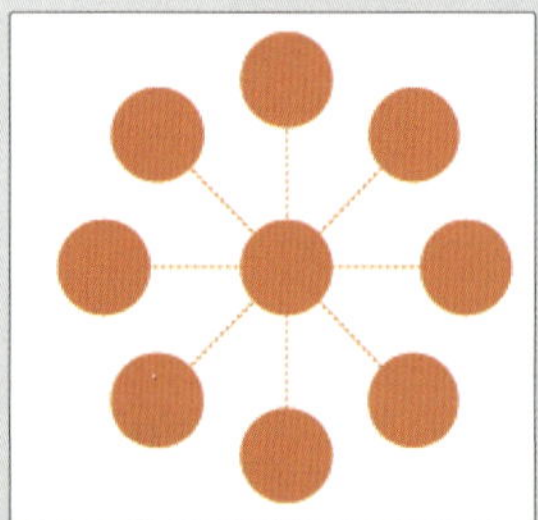

HINT

バラバラのオブジェクトを1つずつ選択したい場合は、Shift キーを押しながらクリックしていきます。また、すでに選択されているオブジェクトを、Shift キーを押しながらクリックすると、選択が解除されます。

[ダイレクト選択] ツールでオブジェクトの一部を選択する

[ダイレクト選択] ツールは、アンカーポイントやセグメントの選択と移動ができます。

アンカーポイントを選択して移動

❶ツールパネルから [ダイレクト選択] ツールを選択します。

❷オブジェクトの輪郭線上でクリックすると、そのアンカーポイントが表示されます。

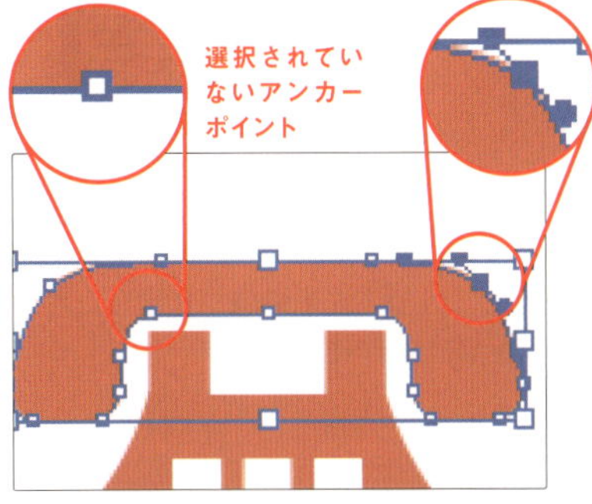

❸アンカーポイントを選択します。選択されたアンカーポイントは■になります。

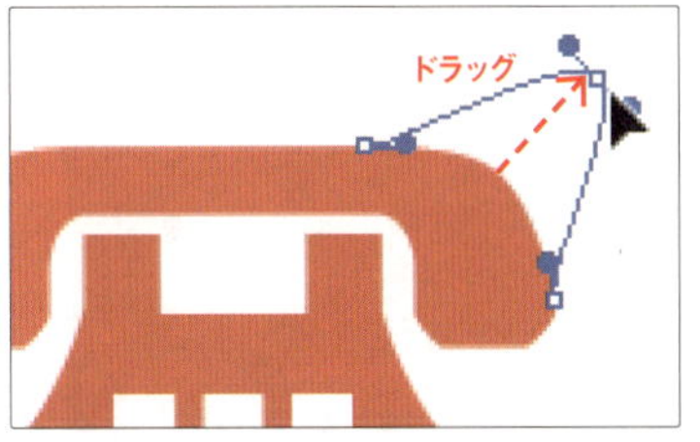

❹選択したアンカーポイントはドラッグして移動できます。

セグメントを選択して移動

❶ツールパネルから [ダイレクト選択] ツールを選択します。

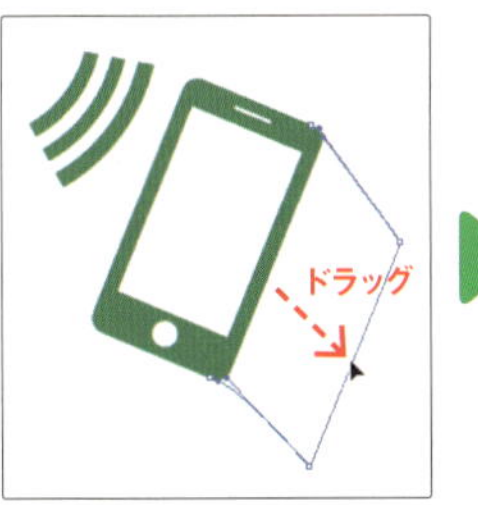
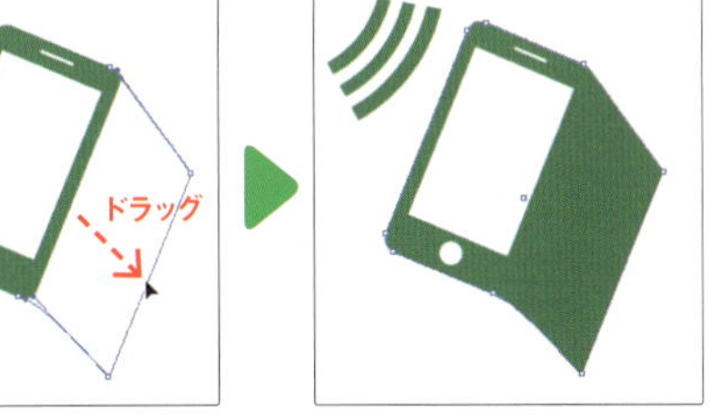

❷オブジェクトの一辺 (セグメント) を選択します。選択したセグメントはドラッグで移動できます。

選択したオブジェクトを削除する

[選択] ツール、[ダイレクト選択] ツールで選択したオブジェクトやアンカーポイントは、Deleteキーを押すと削除できます。

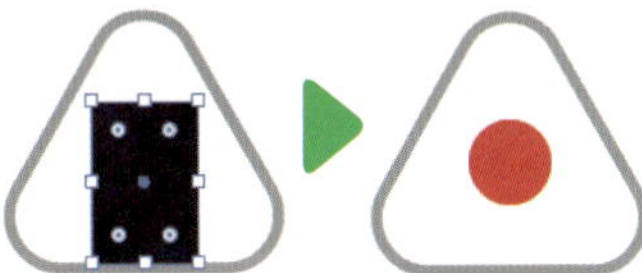

[選択] ツールで選択

Deleteキーでオブジェクトを削除

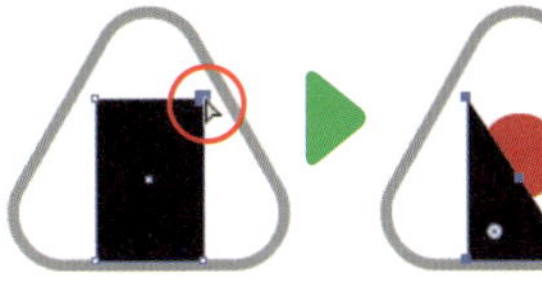
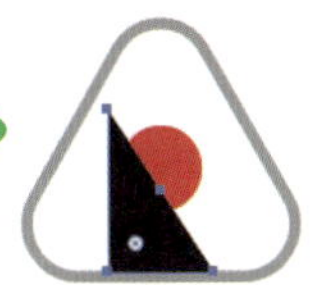

[ダイレクト選択] ツールで選択

Deleteキーでアンカーポイントを削除

SEE ALSO

アンカーポイントとセグメント
➡P.17

HINT

Shiftキーを押しながらアンカーポイントをドラッグすると、45度単位で移動できます。

HINT

複数のアンカーポイントやセグメントを一度に選択するには、選択する範囲を囲むようにドラッグします。

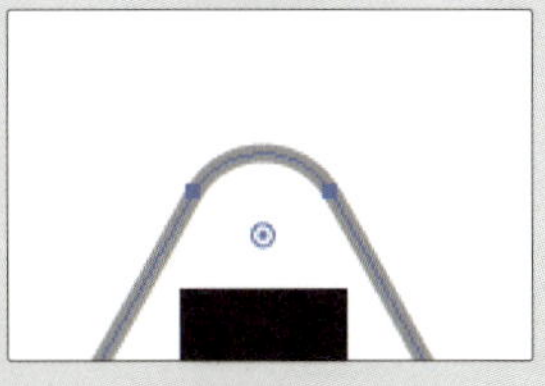

複数のアンカーポイントやセグメントを1つずつ選択するには、Shiftキーを押しながらクリックしていきます。すでに選択されているアンカーポイントやセグメントをShiftキーを押しながらクリックすると、選択が解除されます。

オブジェクトを正確な位置に移動する

[選択] ツールで選択したオブジェクトは、数値を入力して正確な位置に移動できます。また、[ダイレクト選択] ツールで選択したアンカーポイントなども、同様に移動できます。

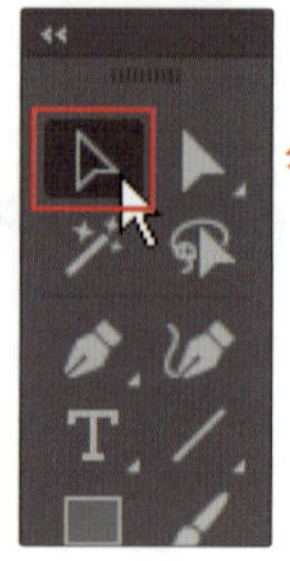

ダブルクリック

❶オブジェクトを選択し、ツールパネルで[選択] ツールをダブルクリックします。

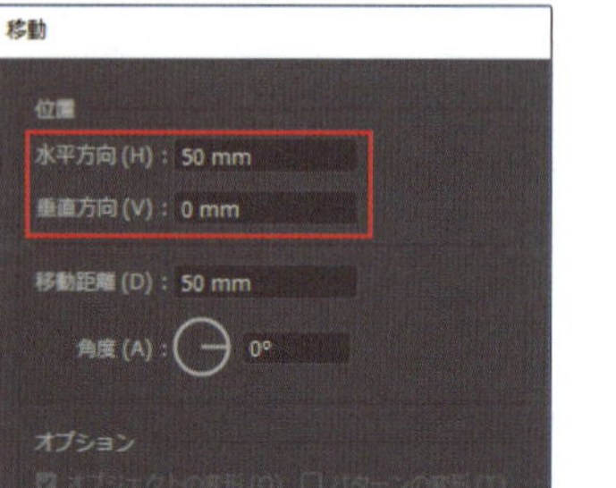

❷ [移動] ダイアログボックスが表示されます。[水平方向]に「50mm」、[垂直方向] に「0mm」と入力し、[OK] ボタンをクリックします。

50mm

❸オブジェクトが手順❷で指定した右に50mmの位置へ移動します。

HINT

[移動] ダイアログボックスは、[オブジェクト] メニューから [変形] → [移動] を選択して表示させることもできます。

HINT

[移動] ダイアログボックスで[OK] ボタンの代わりに [コピー] ボタンをクリックすると、右に50mm移動した位置に、同じオブジェクトがコピーされます。逆 (左) 方向に移動・コピーするには、− (マイナス) の値を入力します。

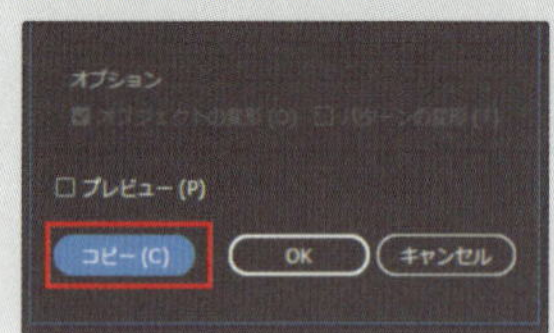

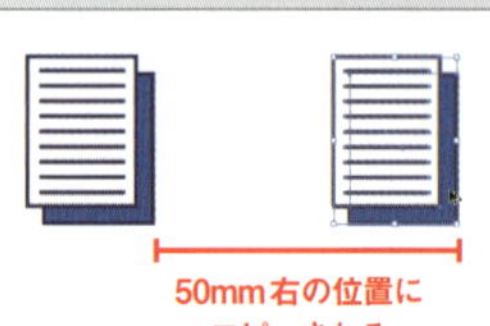

オブジェクトを移動しながらコピーする

[選択] ツールでオブジェクトを移動するとき、Alt (option) キーを押しながらドラッグして移動すると、オブジェクトをコピーできます。

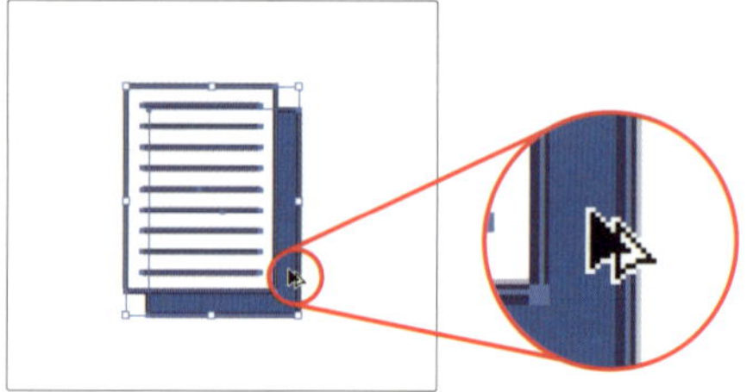

Alt (option) キーを押しながらオブジェクトを選択すると、マウスポインタの形状が図のように変わります。

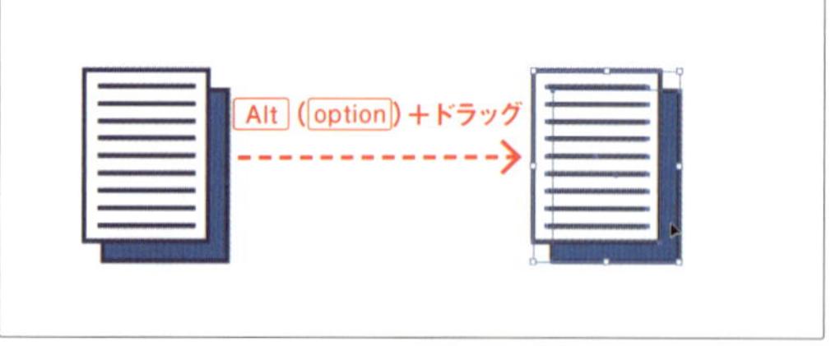

そのままドラッグすると、元のオブジェクトはそのままで、ドラッグ先にコピーが作られます。

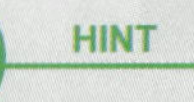

HINT

オブジェクトを移動しながらコピーするときに、Alt (option) + Shift キーを押しながら移動すると、45度単位でコピーできます。

CHAPTER 3 04

選択ツール〈2〉

効率よく選択する方法

［選択］メニューを利用すると、すべてのオブジェクトを選択する、同じ塗りのオブジェクトや同じ色の線などを一度に選択することができます。

ココがポイント

- すべてのオブジェクトを選択する
- 同じ属性のオブジェクトを選択する
- 似たような属性のオブジェクトも選択する

練習用ファイル：chap3_a→3_04

すべてのオブジェクトを選択する

Ctrl（command）＋Aキーを押すと、すべてのオブジェクトを選択できます。

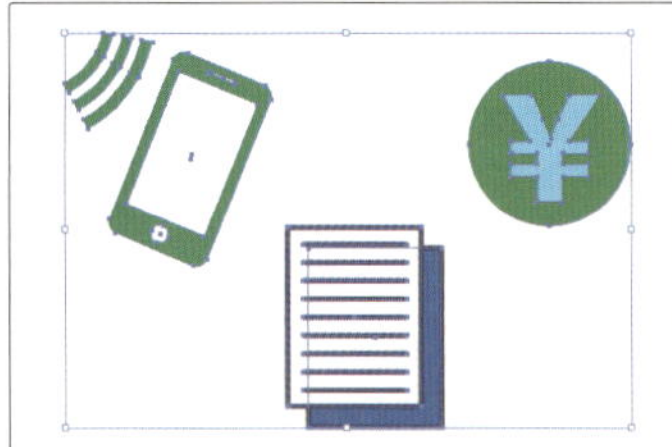

HINT

［選択］メニューから［すべてを選択］を選択しても、すべてのオブジェクトを選択できます。

同じ属性のオブジェクトを選択する

色や線幅など、属性が共通しているオブジェクトを、一度に選択できます。まず、［選択］ツールでオブジェクトを1つ選択し、［選択］メニューから［共通］→［（該当する属性）］を選択します。ここでは、よく使う属性を中心に紹介します。

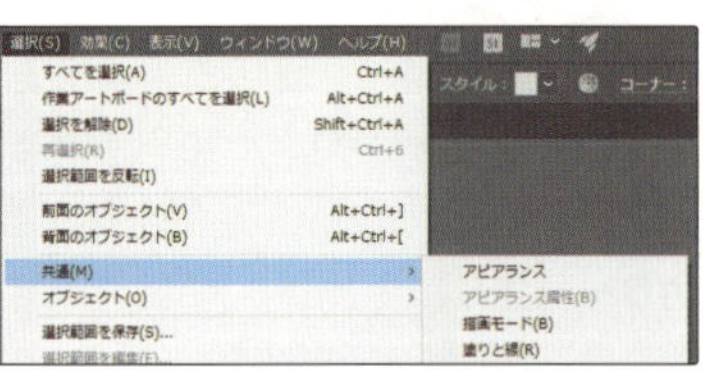

カラー（線）

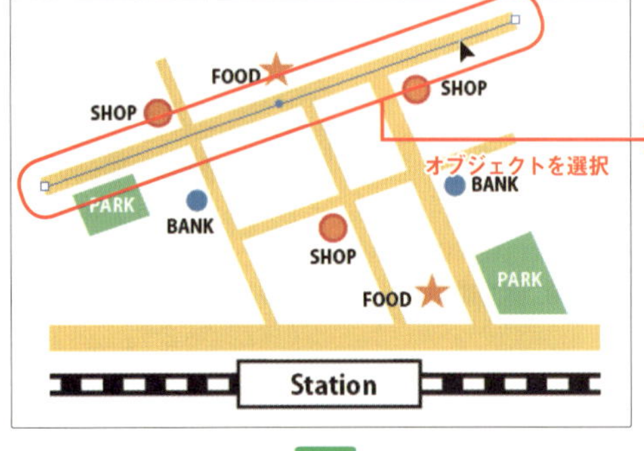

オブジェクトの［線］の色（ここではM20%、Y80%の黄色）は、カラーパネルで確認できます。

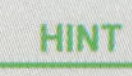

HINT

カラーパネルは、［ウィンドウ］メニューから［カラー］を選択して表示させます。

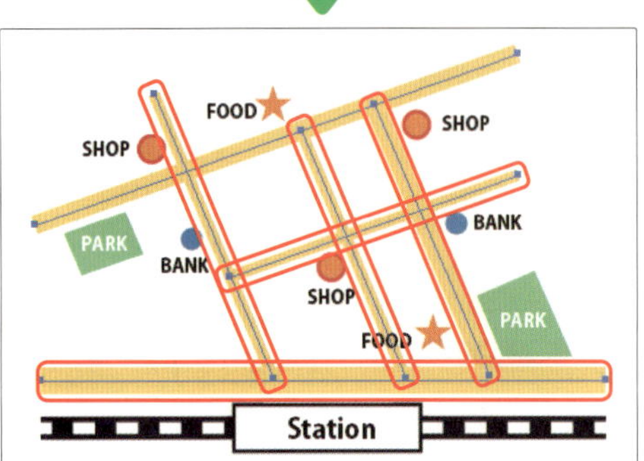

［選択］メニューから［共通］→［カラー（線）］を選択すると、［線］の色が同じオブジェクトがすべて選択されます。線の太さは異なりますが、色が共通しています。

SEE ALSO

塗りと線のしくみ ➡P.53

HINT

カラーパネルは、[ウィンドウ] メニューから [カラー] を選択して表示させます。

塗りと線

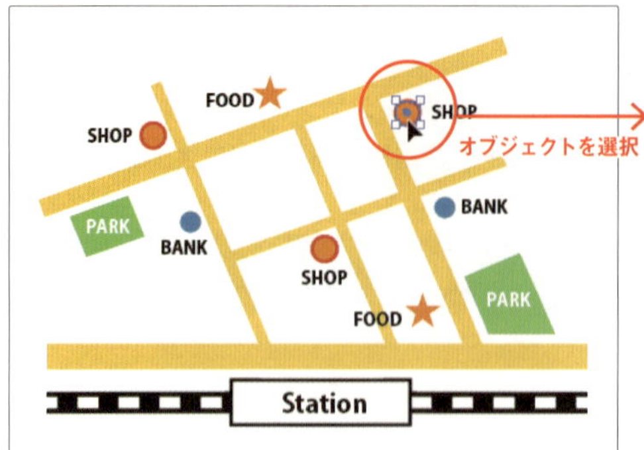

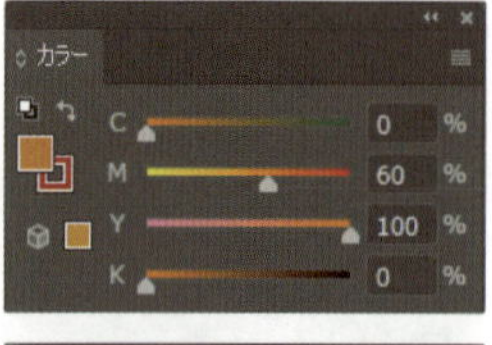

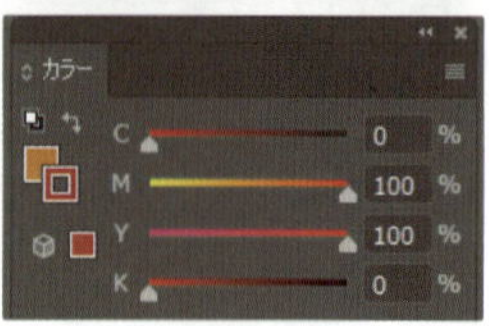

オブジェクトの[塗りと線](ここでは[塗り] がM60%、Y100%のオレンジ、[線] がM100%、Y100%の赤)は、カラーパネルで確認できます。

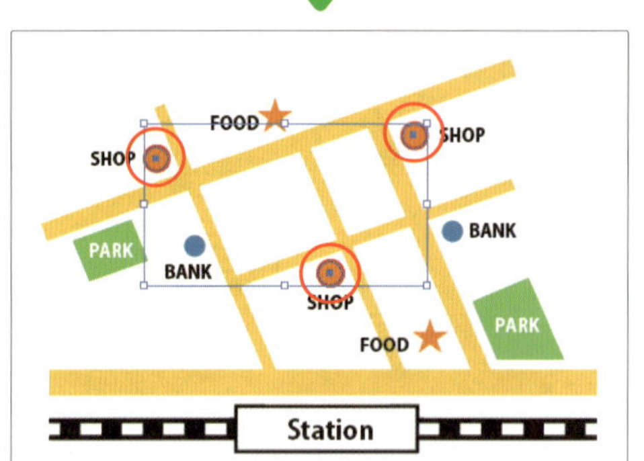

[選択] メニューから[共通]→[塗りと線] を選択すると、[塗り] も[線] も同じ色のオブジェクトがすべて選択されます。

カラー (塗り)

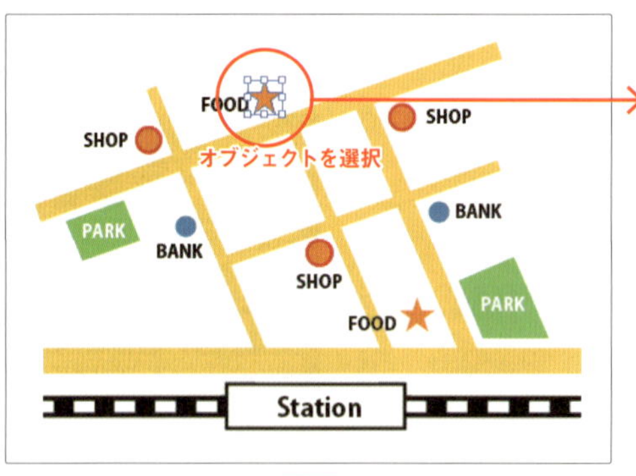

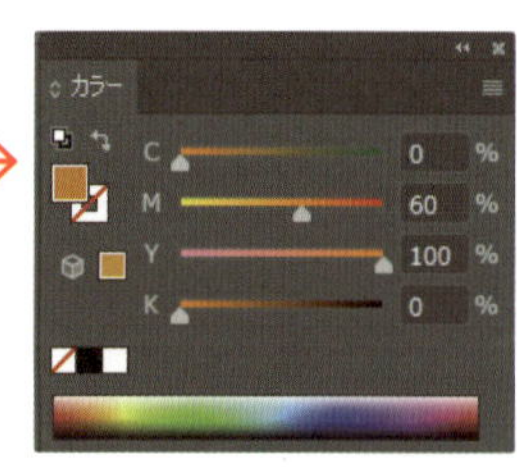

オブジェクトの[カラー(塗り)](ここではM60%、Y100%のオレンジ) は、カラーパネルで確認できます。

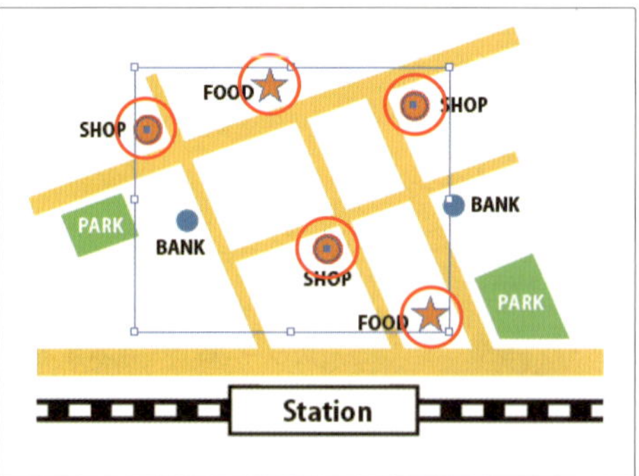

[選択] メニューから[共通]→[カラー(塗り)] を選択すると、[塗り] が同じ色のオブジェクトがすべて選択されます。オブジェクトの形は異なりますが、塗りの色が共通しています。

不透明度

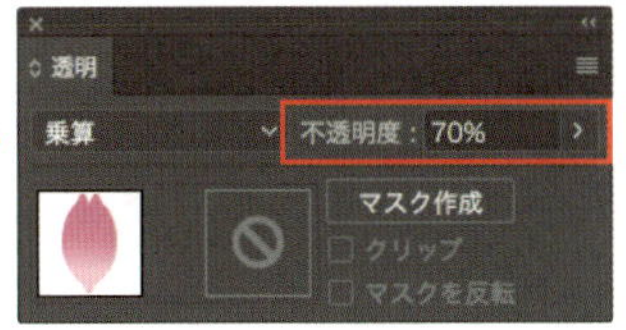

オブジェクトの［不透明度］（ここでは70%）は、透明パネルで確認できます。

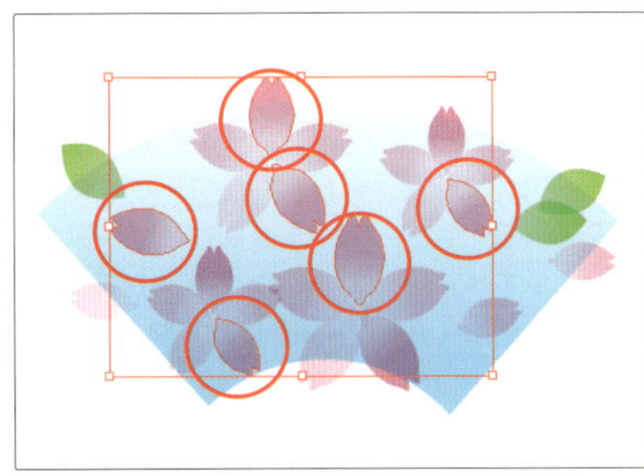

［選択］メニューから［共通］→［不透明度］を選択すると、［不透明度］が同じオブジェクトがすべて選択されます。花びらの形や色は同じでも、不透明度が異なるものは選択されません。

描画モード

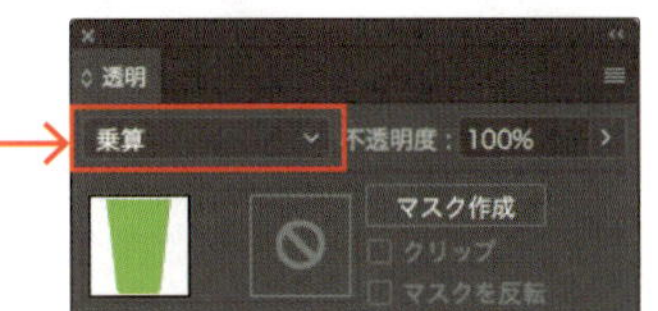

オブジェクトの［描画モード］（ここでは「乗算」）は、透明パネルで確認できます。

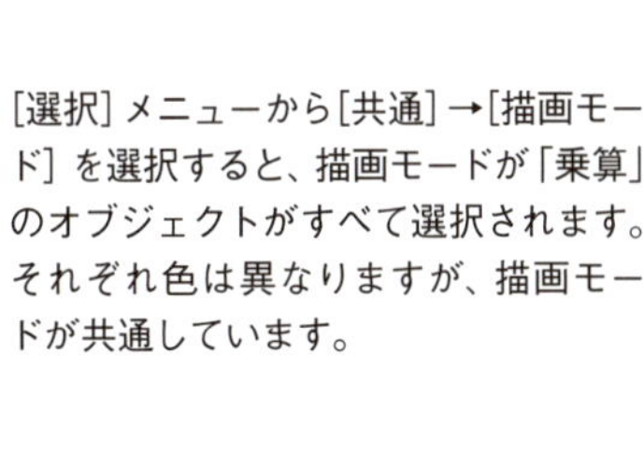

［選択］メニューから［共通］→［描画モード］を選択すると、描画モードが「乗算」のオブジェクトがすべて選択されます。それぞれ色は異なりますが、描画モードが共通しています。

HINT

透明パネルは、［ウィンドウ］メニューから［透明］を選択して表示させます。

SEE ALSO

不透明度 ➡P.142

SEE ALSO

描画モード ➡P.142

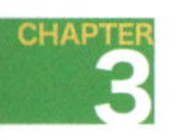

HINT

線パネルは、[ウィンドウ] メニューから[線] を選択して表示させます。

線幅

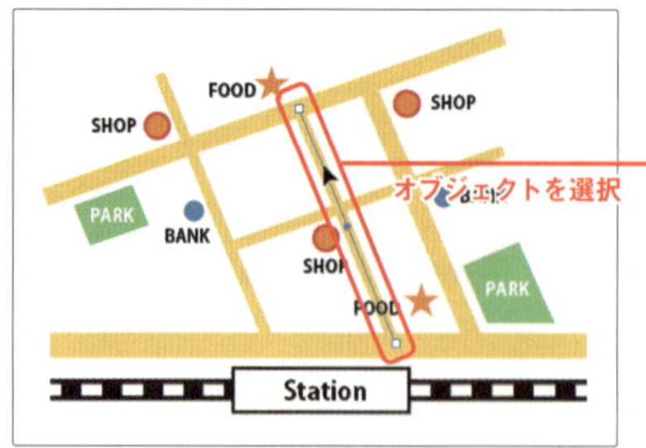

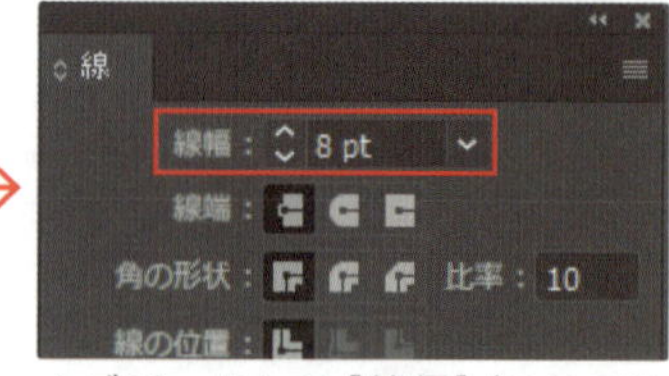

オブジェクトの［線幅］(ここでは8pt) は、線パネルで確認できます。

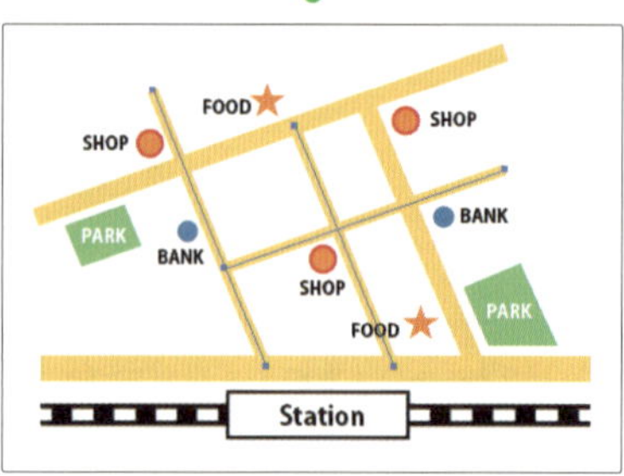

［選択］メニューから［共通］→［線幅］を選択すると、［線幅］が同じオブジェクトがすべて選択されます。色が同じでも、線幅が異なるものは選択されません。

似たような属性のオブジェクトを選択する

色や線幅などの属性が、まったく同じではないが、似ているオブジェクトも含めて選択したい場合は、［自動選択］ツールで選択します。

HINT

自動選択パネルは、［ウィンドウ］メニューから［自動選択］を選択しても表示されます。

HINT

自動選択パネルの右上の［オプションメニュー］ボタンをクリックすると、オプションメニューが表示されます。パネルに表示する項目を選出できます。

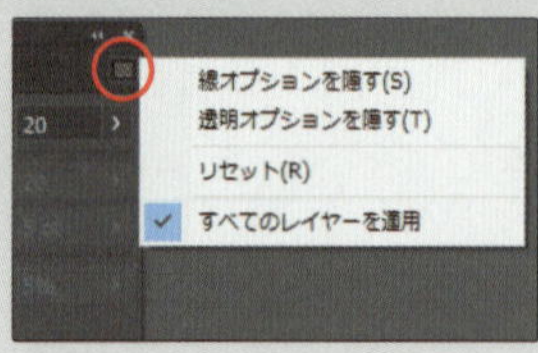

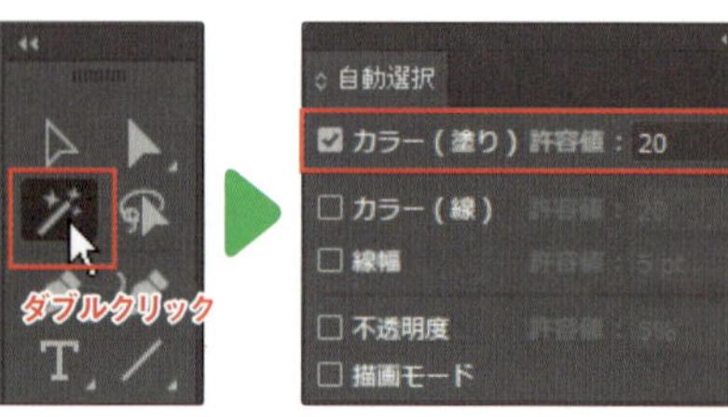

❶ツールパネルから［自動選択］ツールを選択します。表示される自動選択パネルで、選択したいオブジェクトの許容値を設定します。ここでは［カラー（塗り）］にチェックを入れ、［許容値］に「20」と入力します。

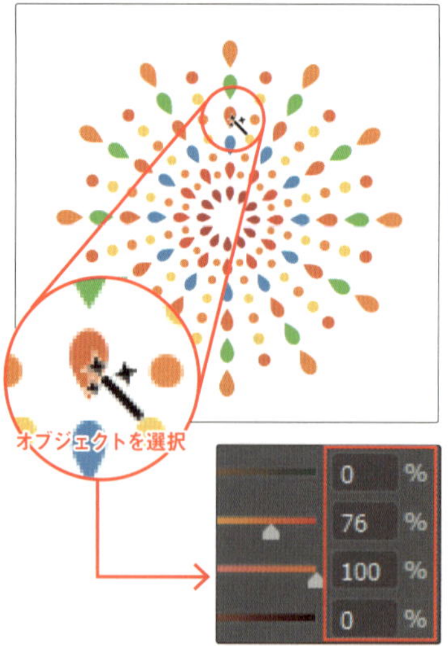

❷オブジェクトを選択します。ここで選択したオブジェクトの色はオレンジ（Y76%、M100%）です。

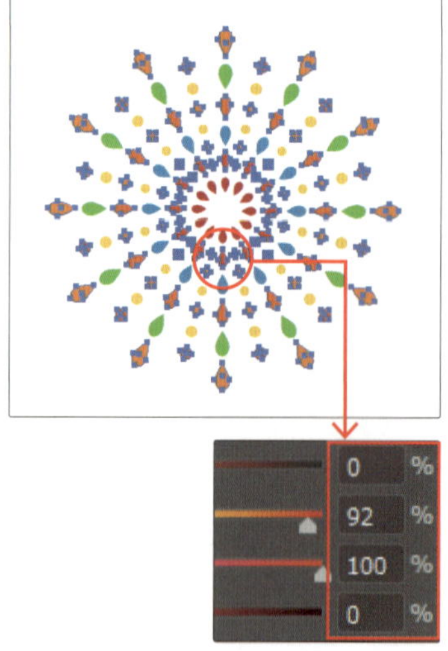

❸許容値内のオブジェクトがすべて選択されます。少し濃いオレンジ（図ではY92%、M100%）、少し薄いオレンジのオブジェクトも含まれています。

CHAPTER 3

05 色の設定
カラーパネルで色を設定

Illustratorでは、オブジェクトの輪郭線（線）とその内側（塗り）に色を付けられます。色の選択や設定はカラーパネルで行います。

練習用ファイル：chap3_a→3_05

ココがポイント
- 塗りと線に色を付ける
- カラーパネルで色を設定する
- カラーモードを選択する

塗りと線のしくみ

ツールパネルまたはカラーパネルで、「塗り」または「線」を選択します。

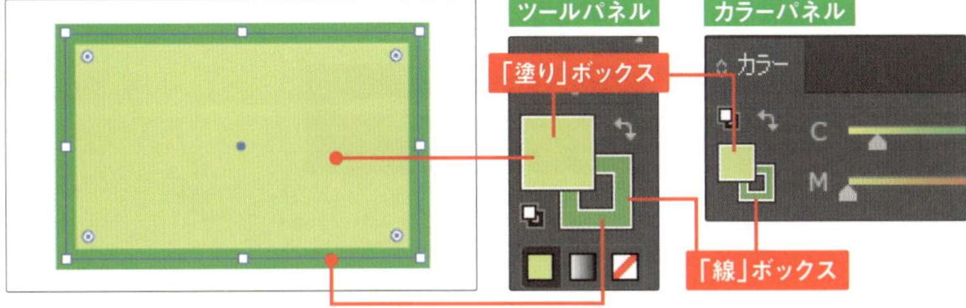

色を付ける

色の設定

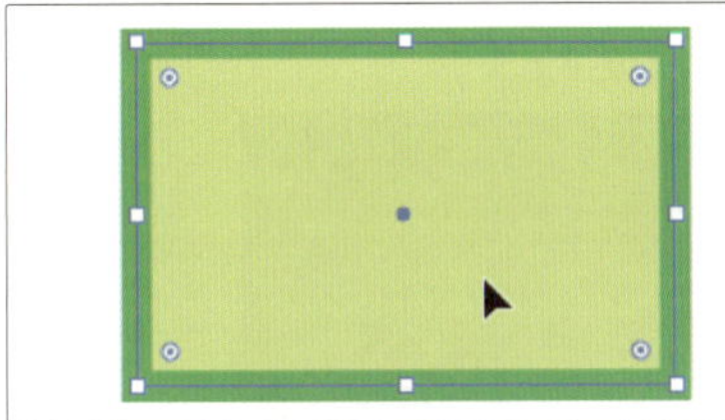

オブジェクトを選択します。

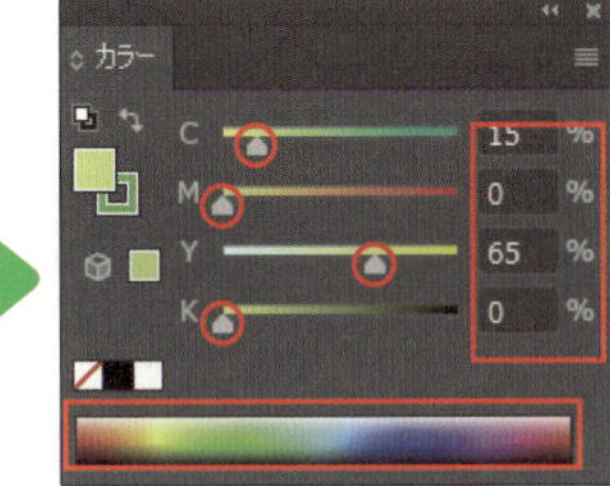

カラーパネルでは、色をカラースライダや数値で設定します。

塗りの適用

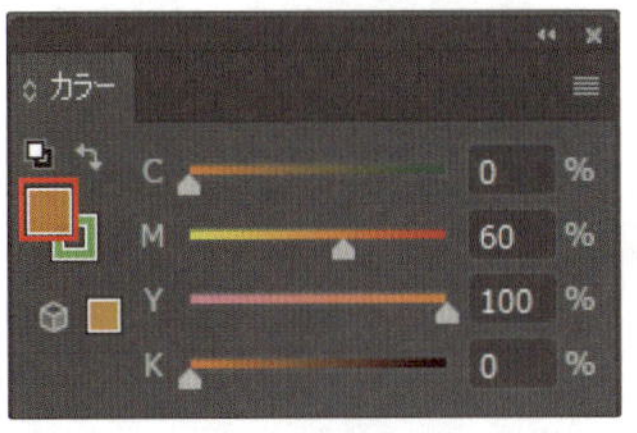

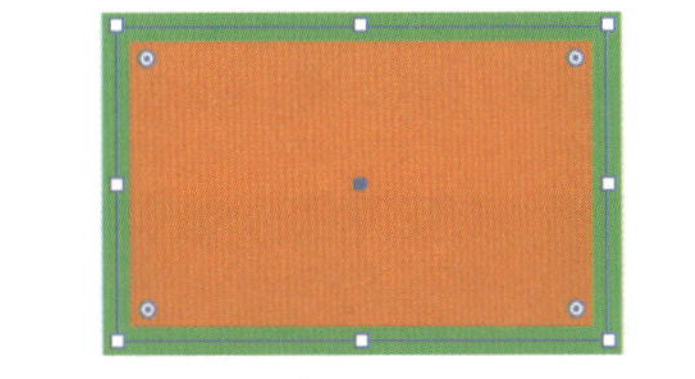

「塗り」ボックスをクリックし、色を設定します。ここでは、C「0」、M「60」、Y「100」、K「0」と入力します。オブジェクトの塗りが設定した色になります。

線の適用

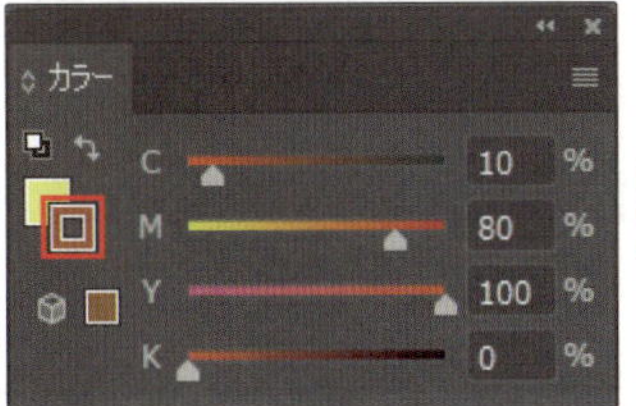

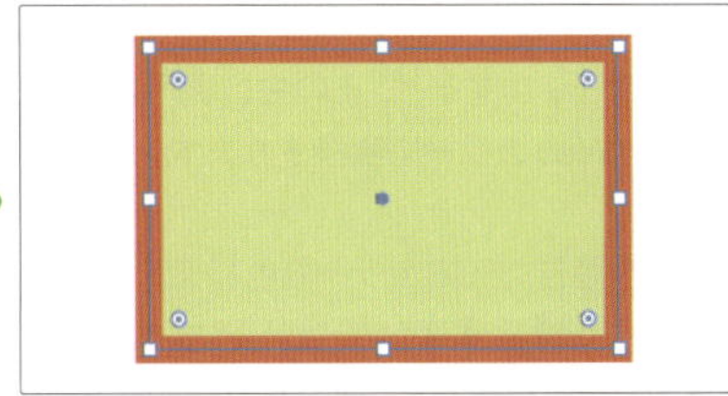

「線」ボックスをクリックし、色を設定します。ここでは、C「10」、M「80」、Y「100」、K「0」と入力します。オブジェクトの線が設定した色になります。

ツールパネルの「塗り」ボックスと「線」ボックスは、[塗りと線を入れ替え]ボタンをクリックして塗りと線の色を入れ替えることができます。

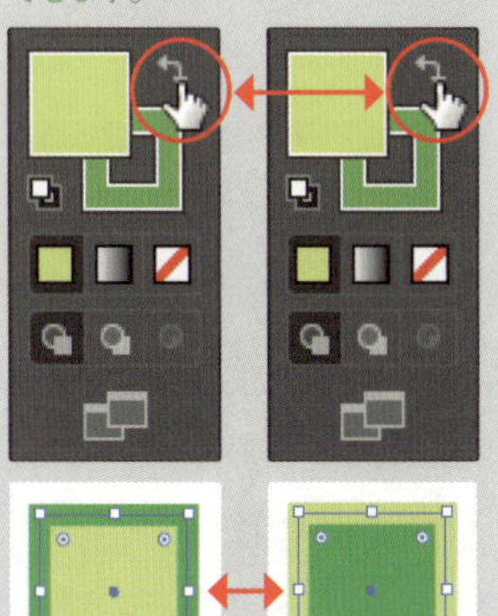

スウォッチパネルで色を付ける
➡P.56

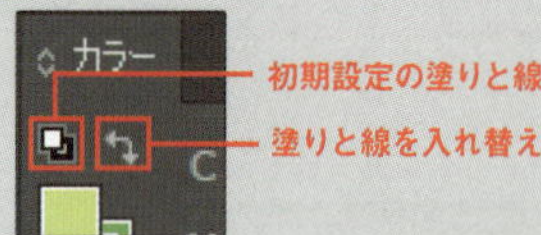

Illustrator CS6 以降のバージョンから、カラーパネルでも「初期設定の塗りと線」「塗りと線を入れ替え」を設定できます。

Shift キーを押しながらカラースライダをドラッグすると、すべてのスライダが連動してスライドします。ただし、いずれかのカラー数値が 0% や 100% になっている場合は、スライドしないことがあります。

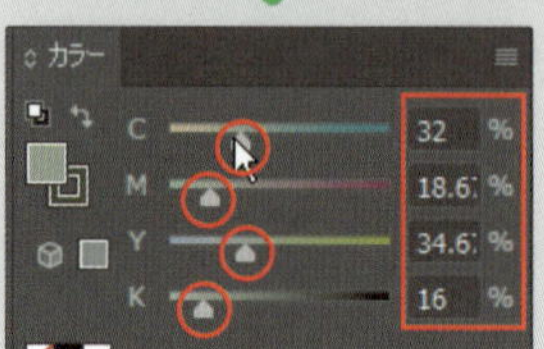

すべてのカラースライダが連動してスライドする

HINT

「塗り」ボックスか「線」ボックスをダブルクリックすると、カラーピッカーが表示されます。

カラーピッカーでは、HSB、RGB、CMYK、Webカラーなどで色を設定できます。

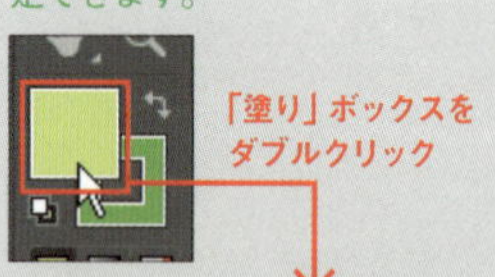

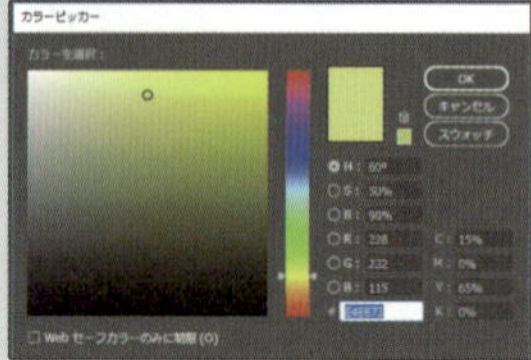

カラーピッカーが表示される

カラーパネルの使い方

カラーパネルの機能や名称を説明します。

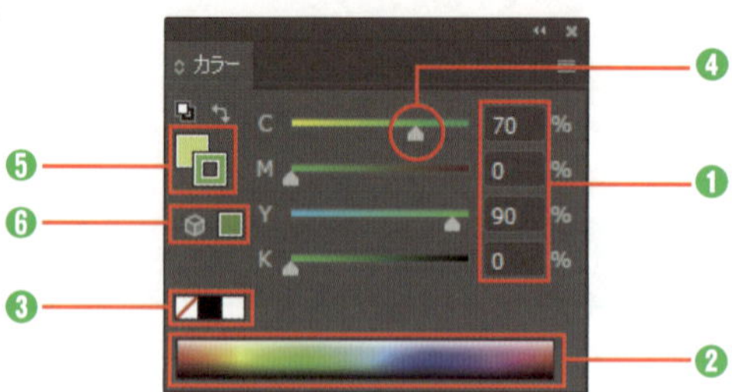

❶数値を入力して色を設定します。

❷**カラースペクトルバー**：クリックすると色を選択できます。

❸ ▱：クリックすると色がなくなり、透明になります。
■：クリックすると黒になります。 □：クリックすると白になります。

❹**カラースライダ**：ドラッグすると❶の数値が変更されます。

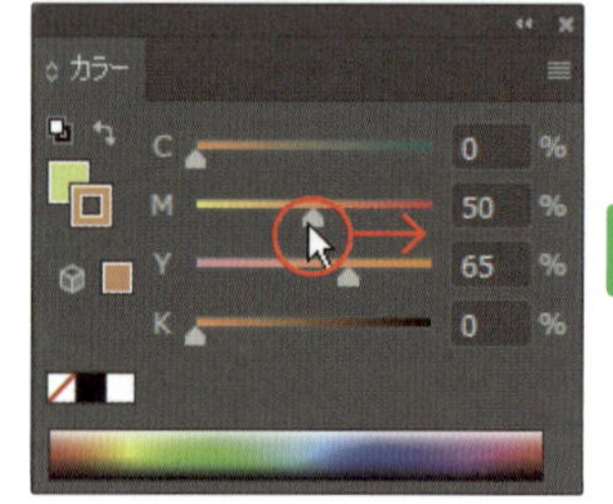

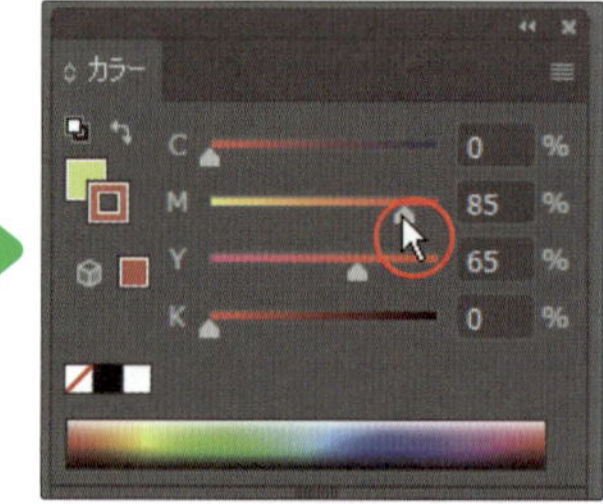

❺**「塗り」ボックスと「線」ボックス**：塗りと線で色を指定する側をクリックで選択します。

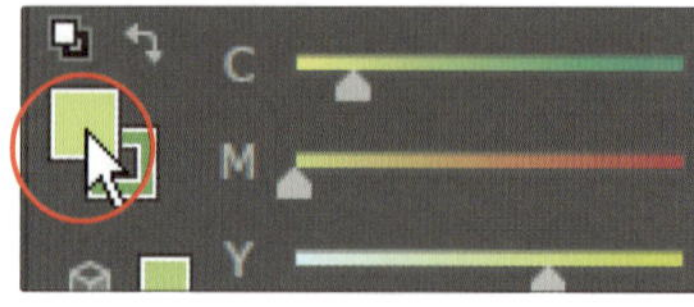

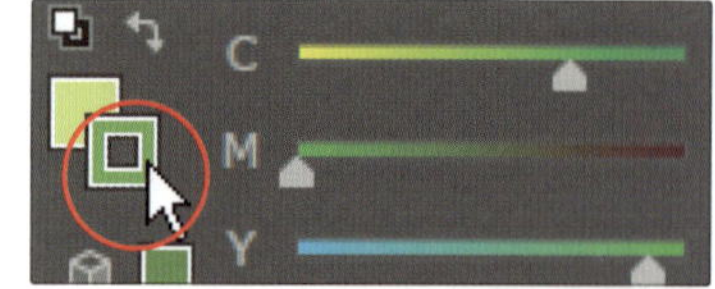

❻**Webカラー範囲内警告**：Webカラーの設定から外れている色の場合に表示されます。をクリックすると、その右に表示された一番近いWebカラーに変換されます。

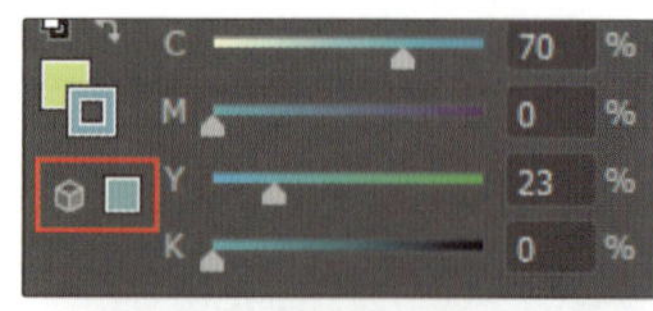

色域外警告：RGBカラーの色指定で、CMYKの色を再現できない場合に表示されます。をクリックすると、その右に表示された一番近いCMYKカラーに変換されます。

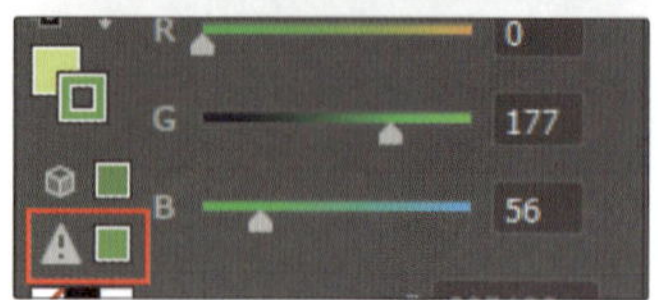

カラーモードの選択

カラーパネルには５つのカラーモードがあり、印刷用やWeb用といった用途に応じて選択します。カラーモードはカラーパネルのオプションメニューから選択します。

グレースケール

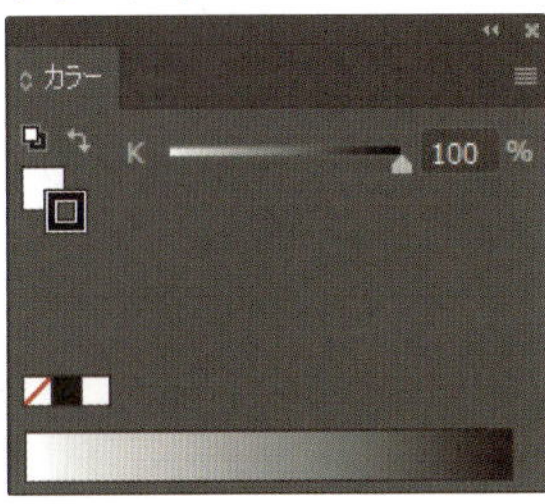

白と黒、その間のさまざまな濃度の無彩色を設定できるカラーモードです。

RGB

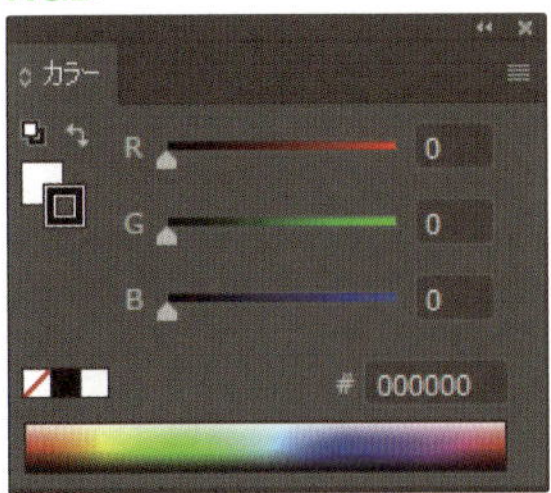

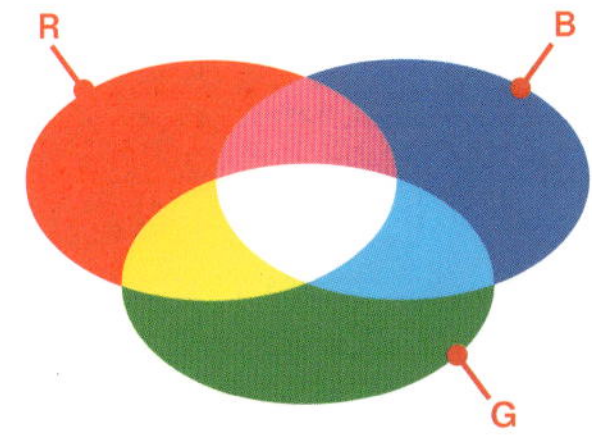

レッド（R）・グリーン（G）・ブルー（B）の略。RGBは光の三原色とよばれ、Web用のオブジェクトの作成などに使用します。各数値が100%で重なると、白く見えるという特徴があります。正確な色を確認するには、［ファイル］メニューから［ドキュメントのカラーモード］を選択し、カラーモードを［RGBカラー］に設定します。

CMYK

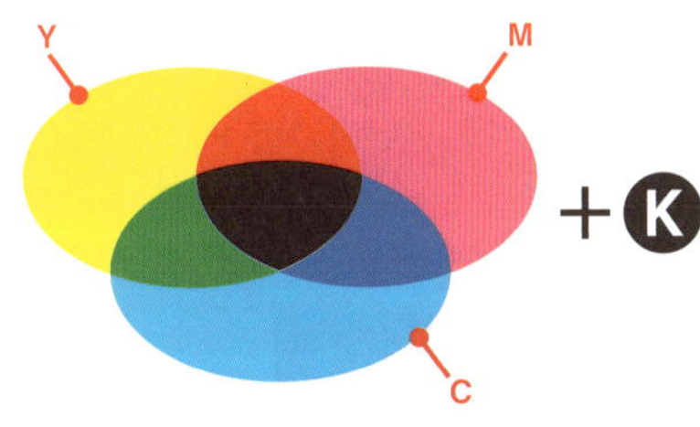

シアン（C）・マゼンタ（M）・イエロー（Y）・ブラック（K）の略。印刷物で使用します。シアン、マゼンタ、イエローの数値が100%で重なると、黒く見えるという特徴があります。正確な色を画面で確認するには、［ファイル］メニューから［ドキュメントのカラーモード］を選択し、カラーモードを［CMYKカラー］に設定します。

WebセーフRGB

基本的にRGBのカラーモードと同じですが、どの環境でも同じ色で再現できるとされる216色に限定されています。

HSB

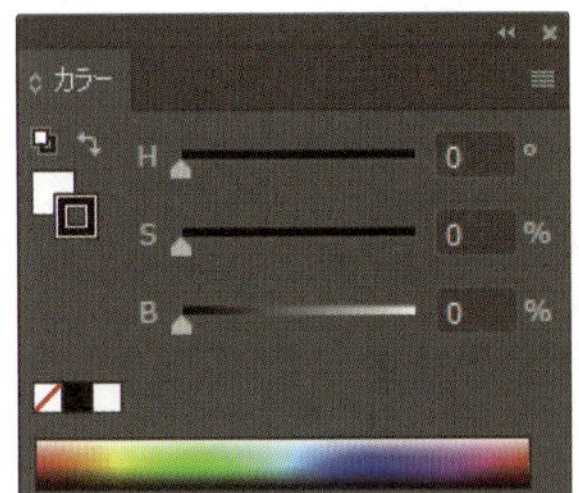

色相（H）・彩度（S）・明度（B）で色を設定するカラーモードです。RGBやCMYKのような基本色の濃淡によってではなく、色の彩度値や明度値で色を決めます。

オプションメニューはパネルの右上にある［オプションメニュー］ボタンをクリックすると表示されます。

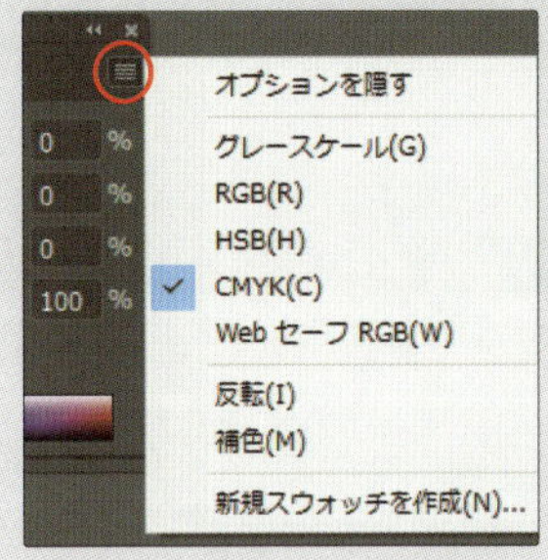

HINT

Illustratorで作成するファイルのカラーモードは、新規書類を作成する際に設定します（P.34参照）。後からカラーモードを変更することもできます。

SEE ALSO

カラーモードの変更 ➡P.24

CHAPTER 3 基本操作と必須ツール

06 スウォッチ 色見本から色を選ぶ

色の選択や設定は、スウォッチ（色見本）が登録されたスウォッチパネルでも行えます。スウォッチパネルには、よく使う色をスウォッチとして登録しておけます。

練習用ファイル：chap3_a➡3_06

ココがポイント
- スウォッチパネルで色を付ける
- ライブラリから色を追加
- よく使う色を登録

SEE ALSO
カラーパネルで色を付ける ➡P.53

SEE ALSO
グラデーション ➡P.219
パターンの作成 ➡P.236

スウォッチパネルで色を付ける

スウォッチパネルでは、単色だけでなくグラデーションやパターンも選択できます。

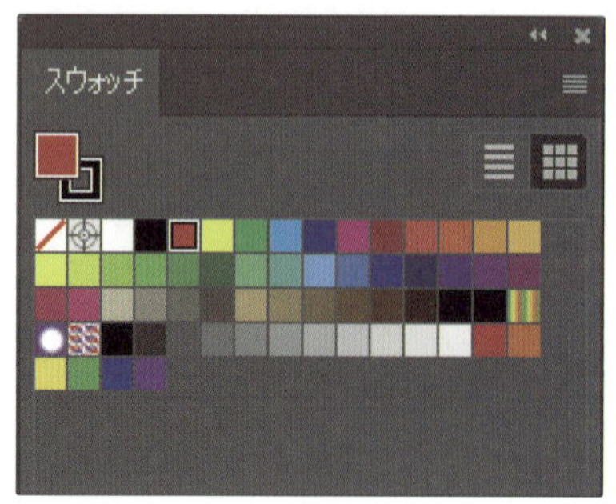

［スウォッチパネルは、［ウィンドウ］メニューから［スウォッチ］を選択して表示させます。スウォッチパネルでは、登録されているスウォッチから色を選択します。

色のスウォッチを適用する

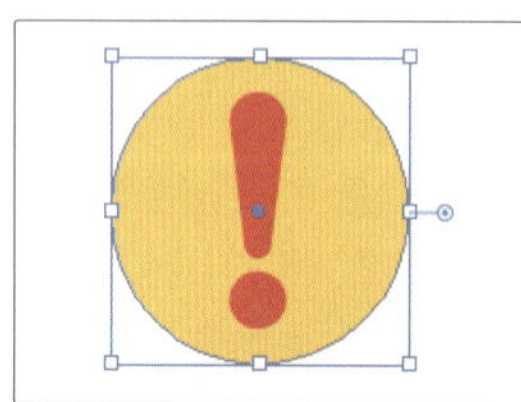

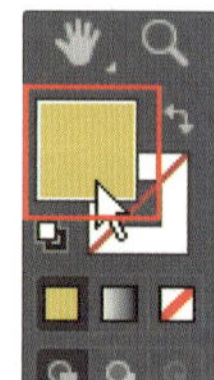

❷ツールパネルで「塗り」ボックスまたは「線」ボックスを選択します。ここでは「塗り」ボックスを選択しています。

❶オブジェクトを選択します。

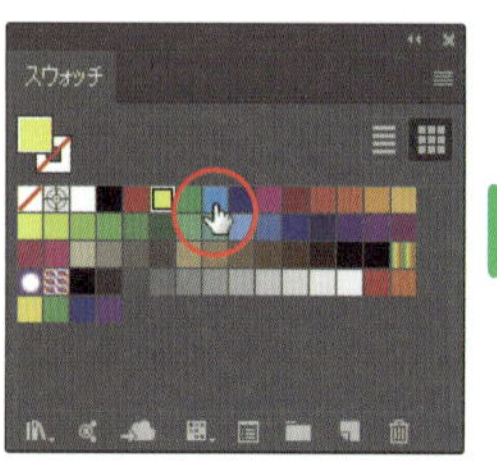

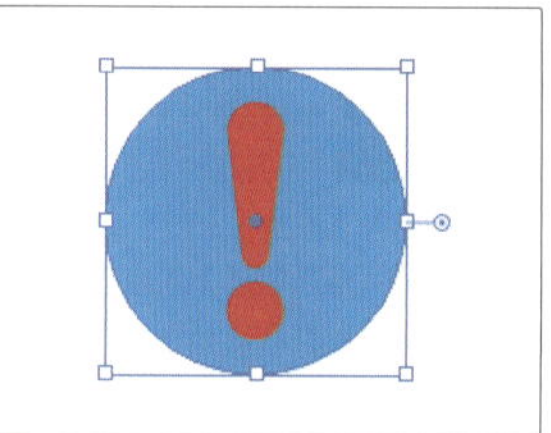

❸スウォッチパネルで任意の色をクリックすると、オブジェクトの塗りが選択した色になります。

グラデーションやパターンのスウォッチを適用する

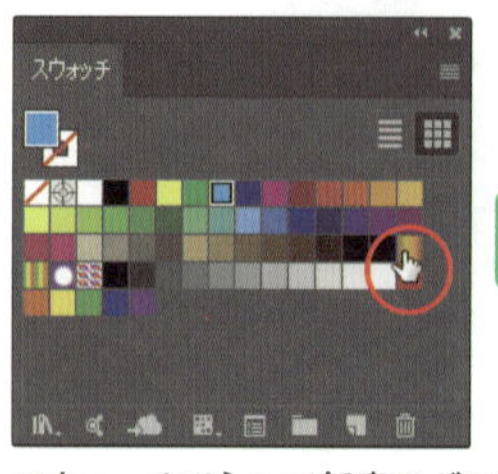

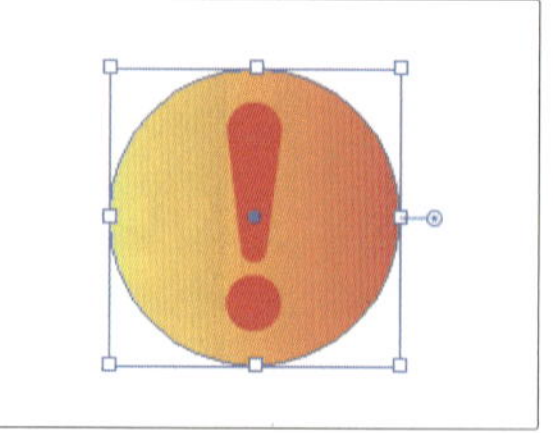

スウォッチパネルで任意のグラデーションまたはパターンをクリックすると、オブジェクトの塗りが選択したグラデーションまたはパターンになります。

スウォッチパネルの使い方

スウォッチパネルの機能や名称を説明します。

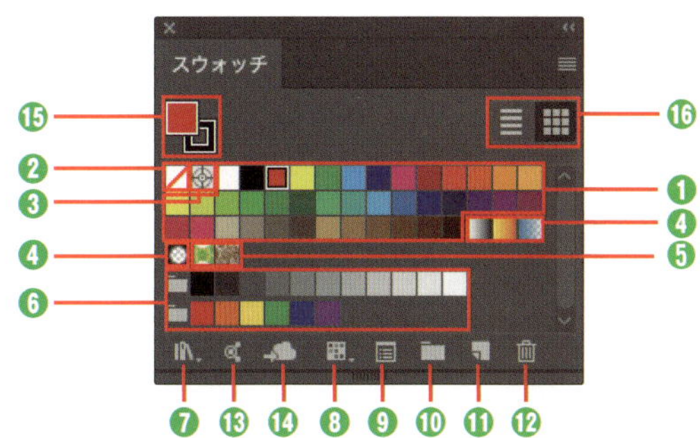

❶単色のスウォッチ。

❷ ▱：色がなくなり、透明になります。

❸**レジストレーション**：印刷に必要なスウォッチで、削除できません。

❹グラデーションのスウォッチ。

❺パターンのスウォッチ。

❻**カラーグループ**：いくつかのスウォッチをグループにまとめることができます。

❼**スウォッチライブラリメニュー**：多数用意されているスウォッチライブラリを選択します。スウォッチライブラリについては次ページを参照してください。

❽**スウォッチの種類メニューを表示**：表示するスウォッチの種類を選択します。

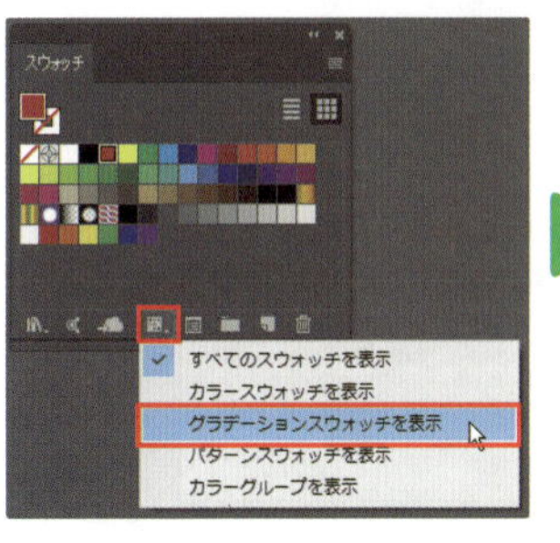

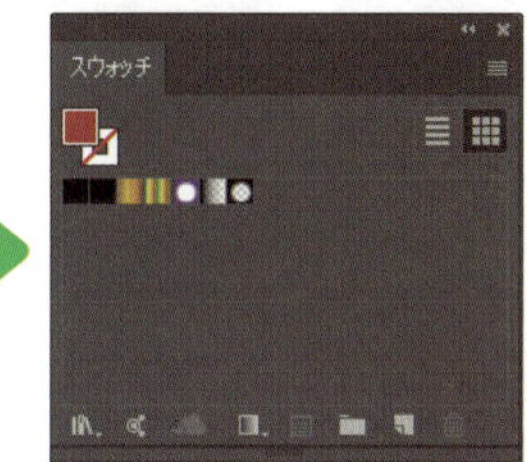

❾**スウォッチオプション**：登録されているスウォッチの名前やカラーモード、色などを変更できます。

❿**新規カラーグループ**：新規のカラーグループを作成します。

⓫**新規スウォッチ**：新規のスウォッチを作成します。

⓬**スウォッチを削除**：不要になったスウォッチを削除します。

⓭Photoshop やInDesignなどと共有できる「Adobe Colorテーマパネル」が開きます。あらかじめいくつかのテーマカラーが用意されています。

⓮選択したスウォッチをライブラリに登録します。ライブラリは、Creative Cloudライブラリに登録すると素材を共有できます。

⓯「塗り」か「線」を選択します。

⓰サムネールの表示方法を選択します。

NOTICE

「カラーグループ」は、Illustrator CS3 以降のバージョンの機能です。

NOTICE

⓭～⓰は、Illustrator CCの機能です。

HINT

Creative Cloudライブラリは、Illustratorなど Adobeのアプリ間や登録メンバー間などで素材や設定を共有できる機能です。

NOTICE

Illustrator CS6 以前のバージョンでサムネールの表示方法を変更するには、スウォッチパネルの右上の ☰［オプションメニュー］ボタンをクリックして選択します。

CHAPTER 3
基本操作と必須ツール
スウォッチ

HINT

スウォッチライブラリは、スウォッチパネルの右上の[オプションメニュー]ボタンをクリックして表示されるオプションメニューからも選択できます。

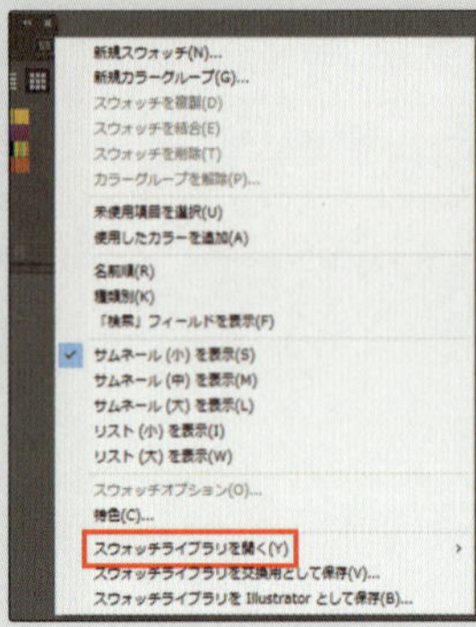

スウォッチライブラリ

スウォッチには、テーマ別に色をまとめたスウォッチライブラリが多数用意されています。ライブラリを利用すると、色の選択の幅が広がります。

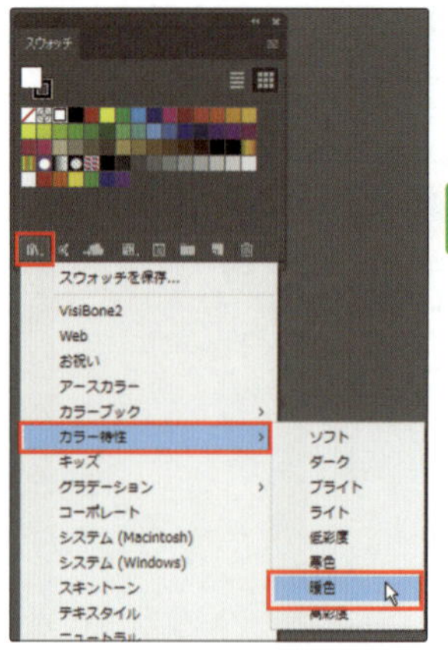

スウォッチパネルの左下の[スウォッチライブラリメニュー]ボタンをクリックし、スウォッチライブラリを選択します。ここでは、[カラー特性]→[暖色]を選択します。スウォッチパネルとは別に、スウォッチライブラリが開きます。

ライブラリの色を登録

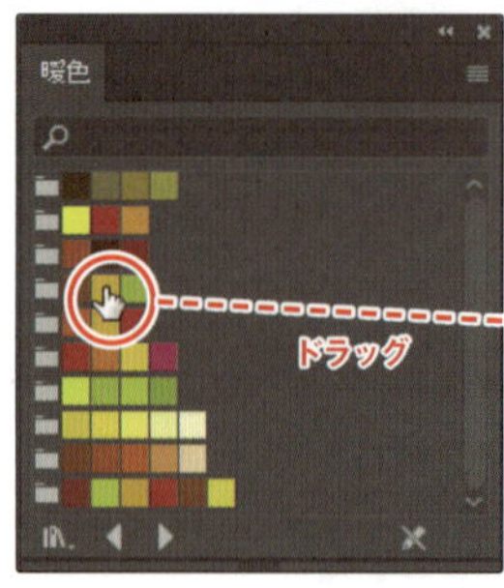

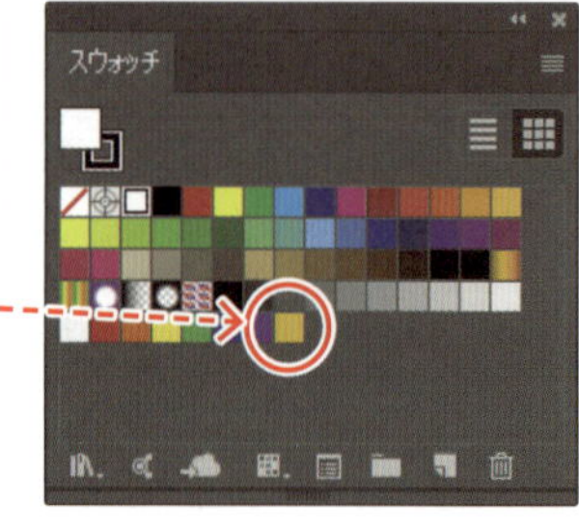

スウォッチライブラリの色は、ドラッグしてスウォッチパネルに追加できます。

HINT

オブジェクトには、スウォッチライブラリの色を付けることもできます。よく使う色は、スウォッチパネルに登録しておくとよいでしょう。

スウォッチライブラリの種類

単色の他に、グラデーションやパターンのスウォッチライブラリもあります。

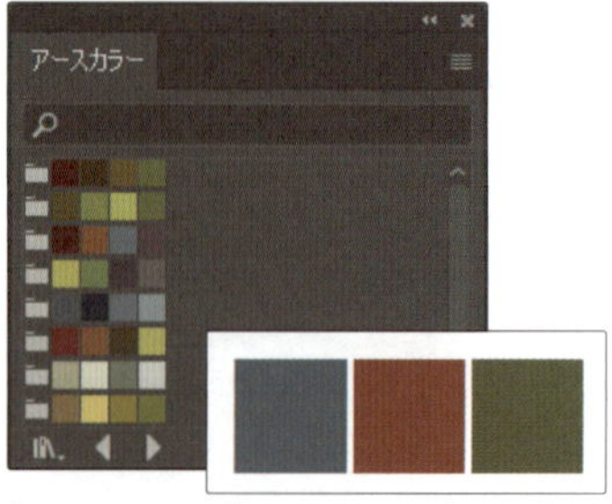

[アースカラー]には、やや暗めの色がまとめられています。

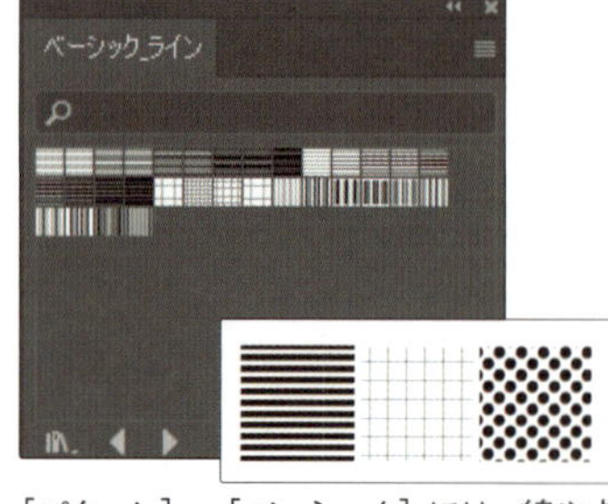

[パターン]→[ベーシック]には、線や点によるパターンがまとめられています。

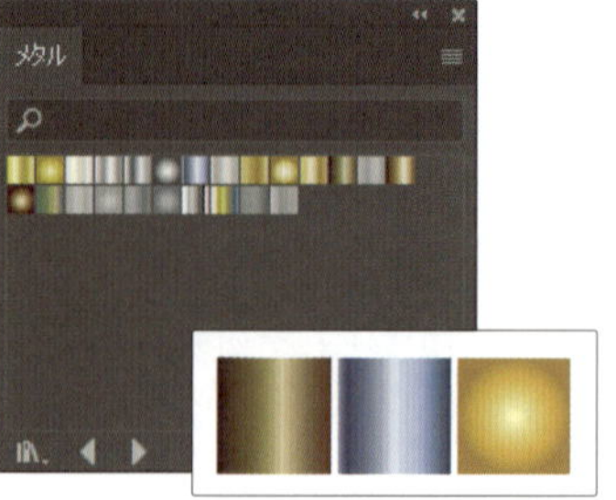

[グラデーション]→[メタル]には、金属質なグラデーションがまとめられています。

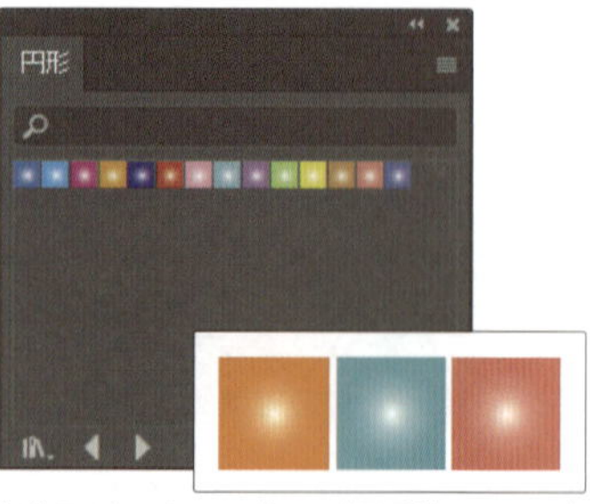

[グラデーション]→[円形]には、中心からのグラデーションがまとめられています。

NOTICE

スウォッチライブラリの[カラーブック]は、印刷においてCMYKのインクでは再現できない色を表現する「特色」と呼ばれる色をまとめたライブラリです。このライブラリを利用するには印刷の専門知識が必要です。

よく使う色をスウォッチパネルへ登録

スウォッチライブラリの色だけでなく、オブジェクトに設定されている色や、カラーパネルで設定した色もスウォッチとして登録できます。

オブジェクトの色を登録

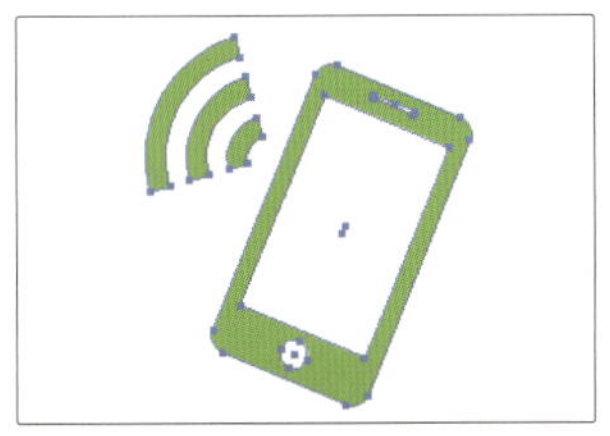

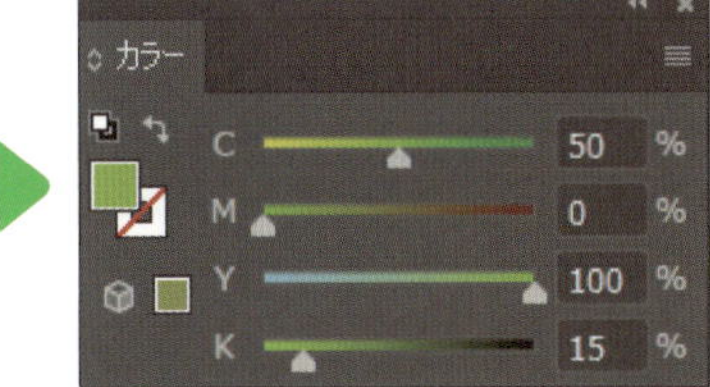

❶オブジェクトを選択し、カラーパネルで色を確認します。

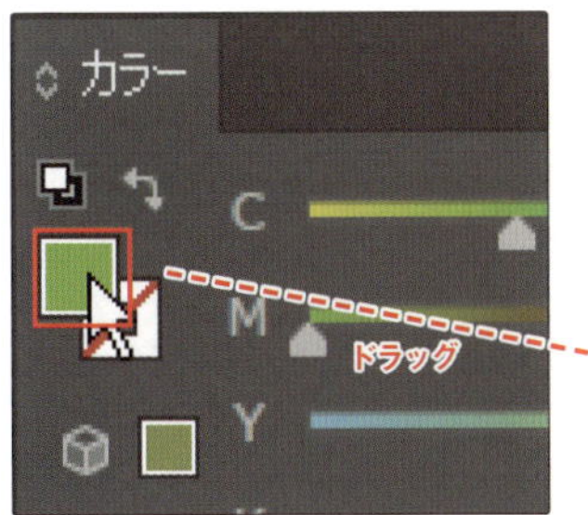

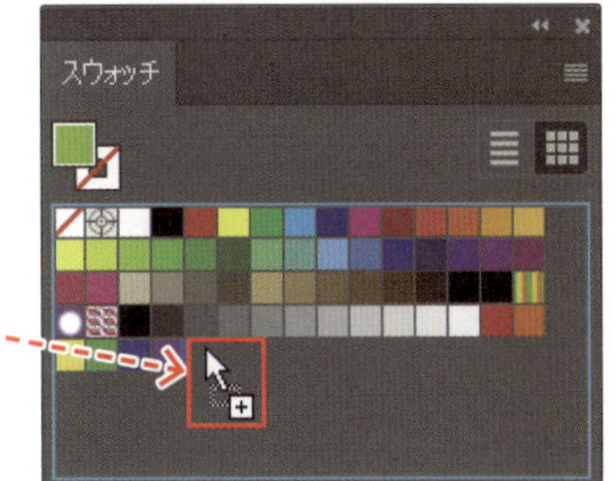

❷カラーパネルの「塗り」ボックスからスウォッチパネルへドラッグします。

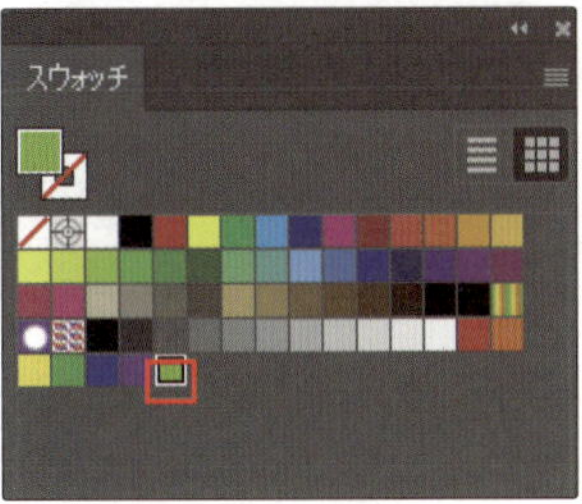

❸オブジェクトの色がスウォッチパネルに追加されます。

新規スウォッチを作成

❶ [新規スウォッチ] ボタンをクリックします。

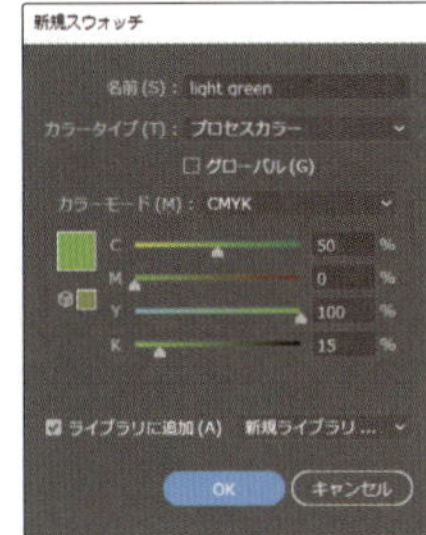

❷[新規スウォッチ] ダイアログボックスで、[名前]に色名を入力し、カラースライダまたは数値で色を設定して、[OK] ボタンをクリックします。

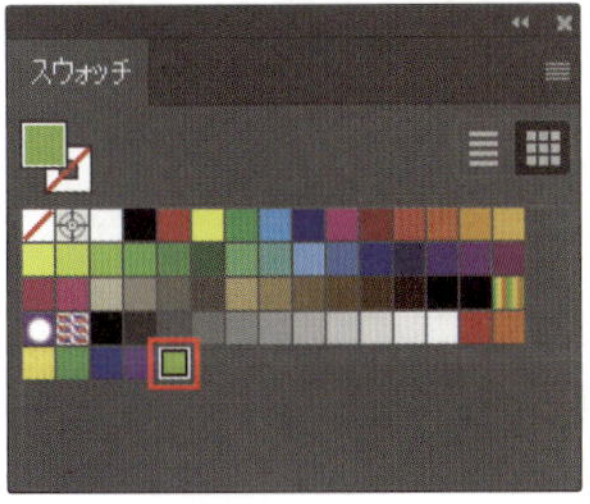

❸スウォッチパネルに設定した色が登録されます。

HINT

スウォッチパネルの右上の[オプションメニュー] ボタンをクリックして表示されるオプションメニューから、[新規スウォッチ] を選択して、色を登録することもできます。

HINT

[新規スウォッチ] ダイアログボックスで、[グローバル] にチェックを入れると、カラーパネルでスウォッチの色の濃度を調節できる「グローバルカラー」になります。

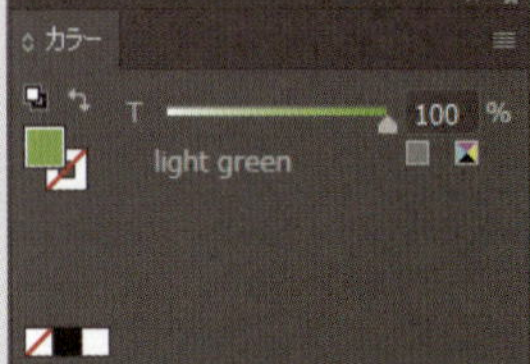

スウォッチパネルで選択されたグローバルカラーは、カラーパネルで濃度を調節できます。

07 変形〈1〉
拡大・縮小・回転・傾斜・反転

Illustratorには、オブジェクトの拡大・縮小、回転、シアー（傾斜）、リフレクト（反転）などが行えるツールがあります。

練習用ファイル：chap3_a ➡ 3_07

ココがポイント
- 変形ツールでオブジェクトを変形する
- 正確なサイズや角度で変形する

HINT

変形ツールの選択中に Ctrl（command）キーを押すと、一時的に［選択］ツールに切り替わり、オブジェクトの選択、選択の解除が行えます。

SEE ALSO

変形させながらの連続コピー
➡P.171

変形ツール

ツールパネルには、次の5つの変形ツールが用意されています。どのツールも、オブジェクトを選択しておき、変形ツールでドラッグしてオブジェクトを変形します。

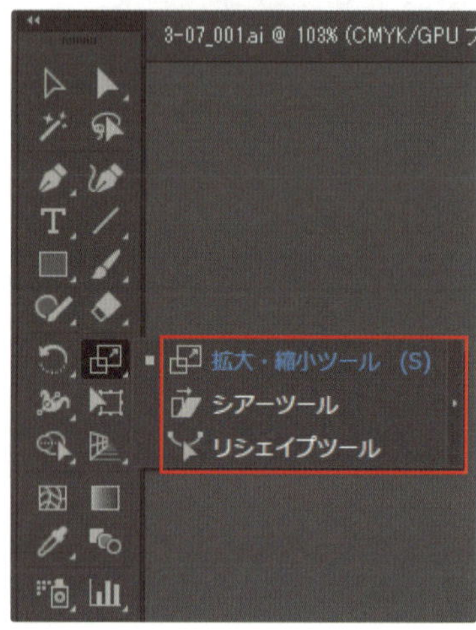

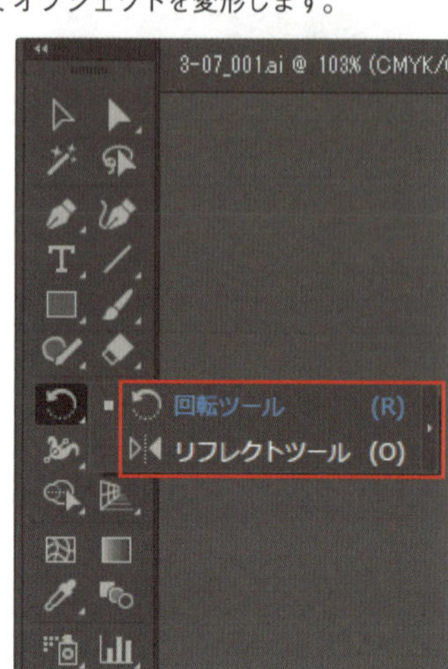

［拡大・縮小］ツール

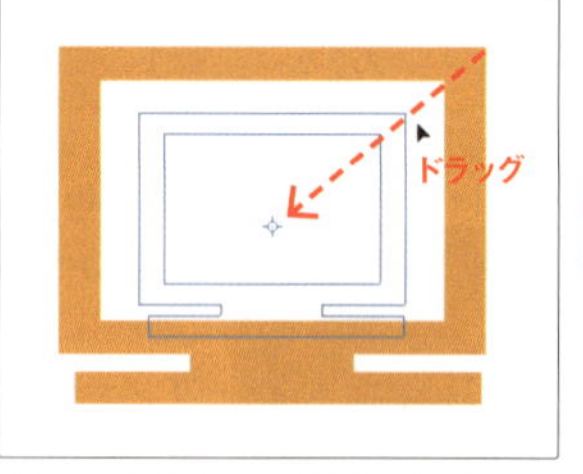

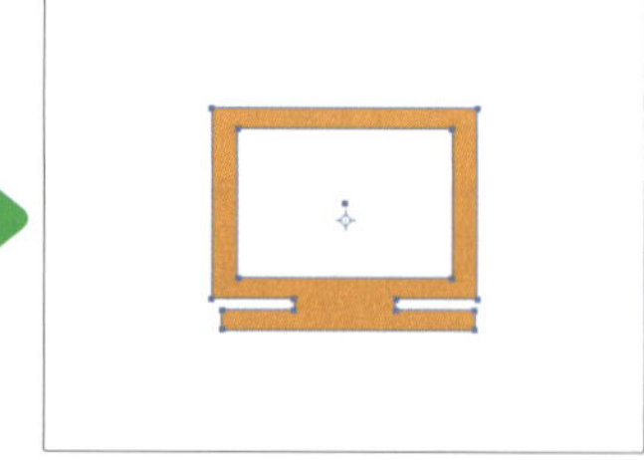

水平・垂直方向に拡大・縮小できます。Shift キーを押しながらドラッグすると、縦横比を変えずに拡大・縮小できます。

［シアー］ツール

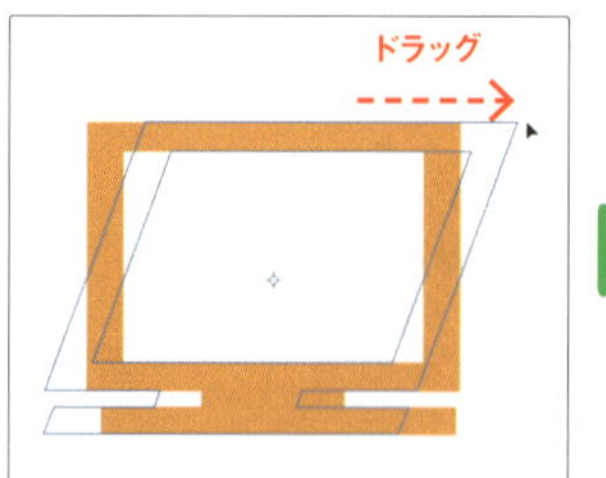

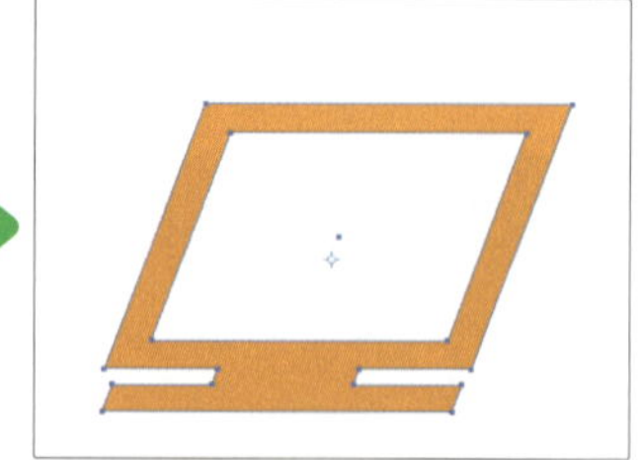

傾けたり、歪ませることができます。Shift キーを押しながらドラッグすると、幅（高さ）を変えずに傾けることができます。

[リシェイプ] ツール

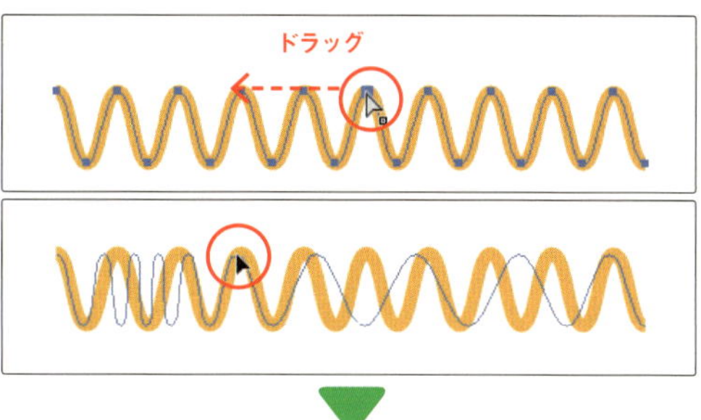

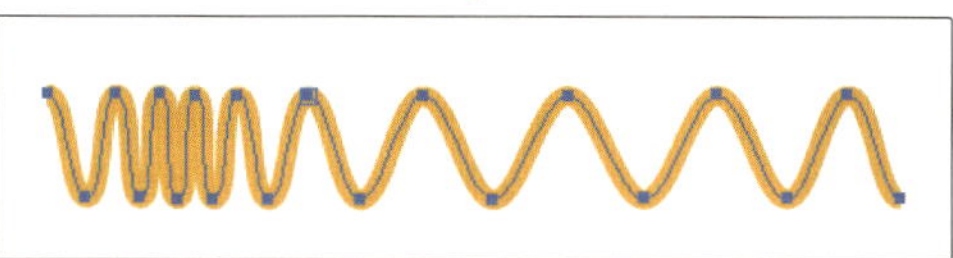

任意の場所をクリックして選択してからドラッグすると、全体のパスのバランスを保ちながら変形できます。

[回転] ツール

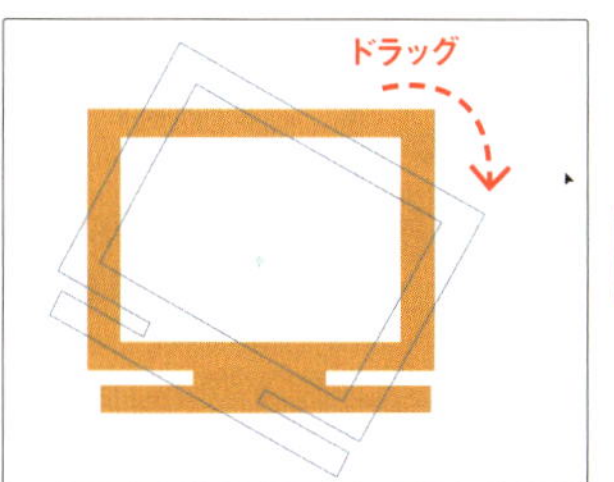

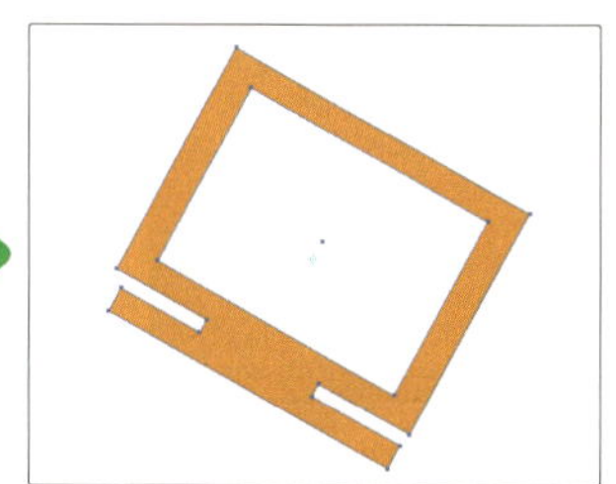

回転させることができます。Shiftキーを押しながらドラッグすると、45度単位で回転します。

[リフレクト] ツール

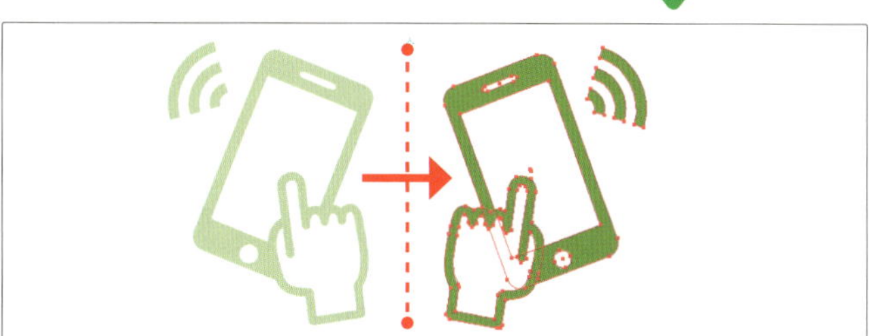

反転させる軸の1点目でクリックし、次に2点目でクリックすると、2つの点を軸にしてオブジェクトを反転させることができます。
Shiftキーを押しながら2点目をクリックすると、45度単位で反転させることができます。

NOTICE

[リシェイプ] ツールはオープンパスに適用され、クローズパスには適用されません。

SEE ALSO

オープンパスとクローズパス➡P.113

HINT

[リフレクト] ツールでオブジェクトを反転させる際に、2点目をAlt（option）キーを押しながらクリックすると、元のオブジェクトはそのままで、コピーを反転することができます。

正確なサイズや角度で変形する

変形ツールで数値を入力すると、正確なサイズや角度で変形できます。ツールパネルで各ツールをダブルクリックすると、数値を入力するダイアログボックスが表示されます。

[拡大・縮小] ツール

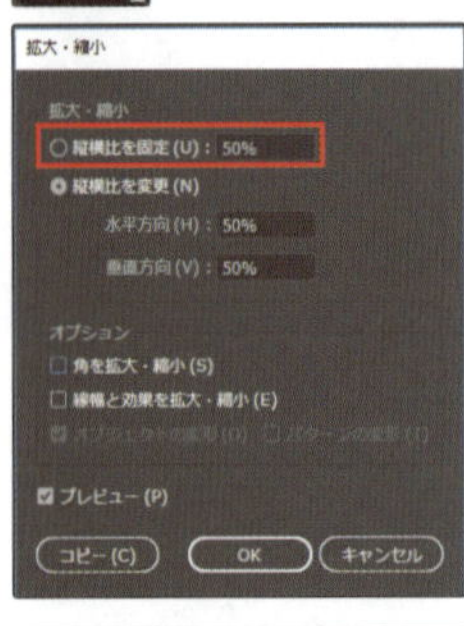

[拡大・縮小] ダイアログボックスで、[縦横比を設定] に数値を入力し（ここでは「50%」）、[OK] ボタンをクリックします。水平方向も垂直方向もサイズが 50% 縮小されます。

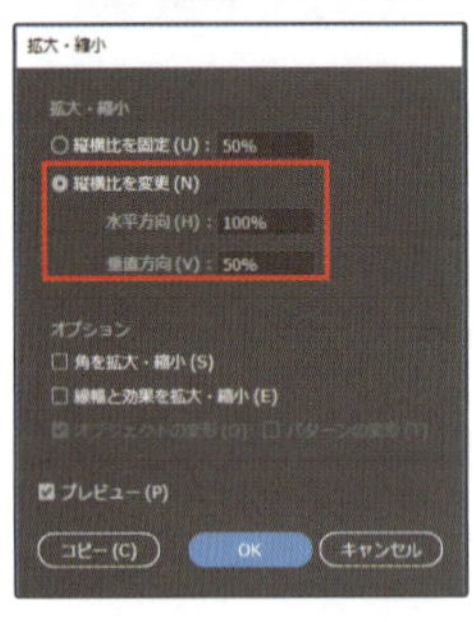

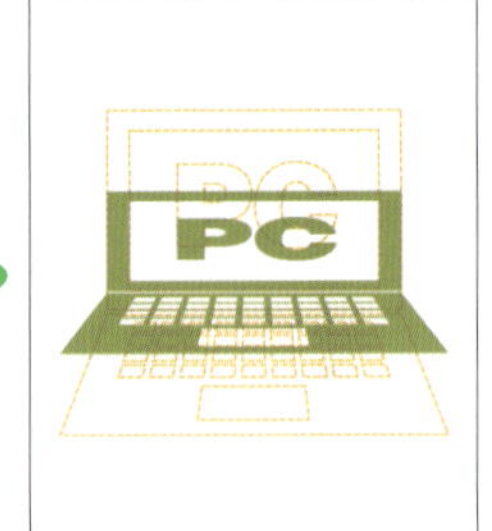

縦横比を変えて拡大・縮小するには、[縦横比を変更] に数値を入力します（ここでは [垂直方向] に「50%」）。垂直方向だけが 50%縮小されます。

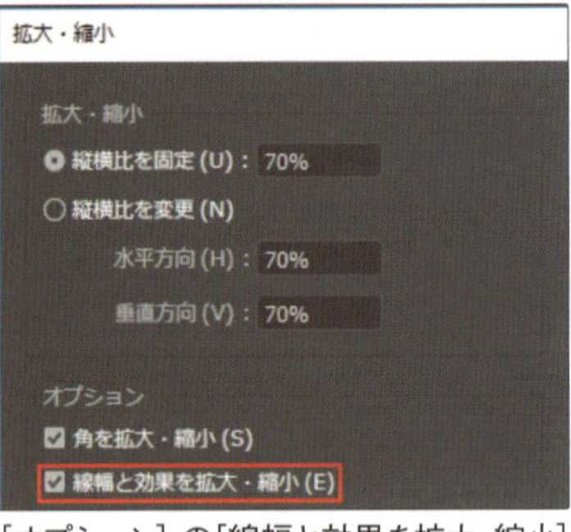

[オプション] の [線幅と効果を拡大・縮小] にチェックを入れると、線幅も縮小・拡大されます。

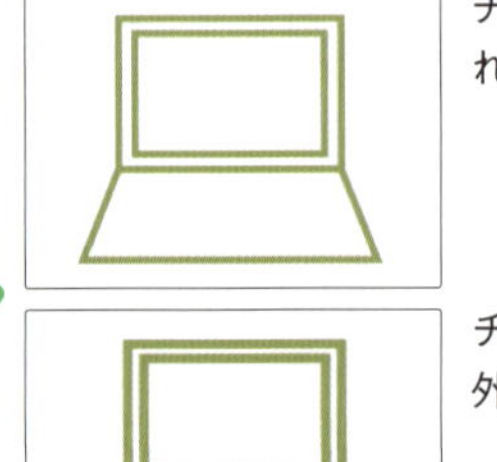

チェックを入れて縮小。

チェックを外して縮小。

[シアー] ツール

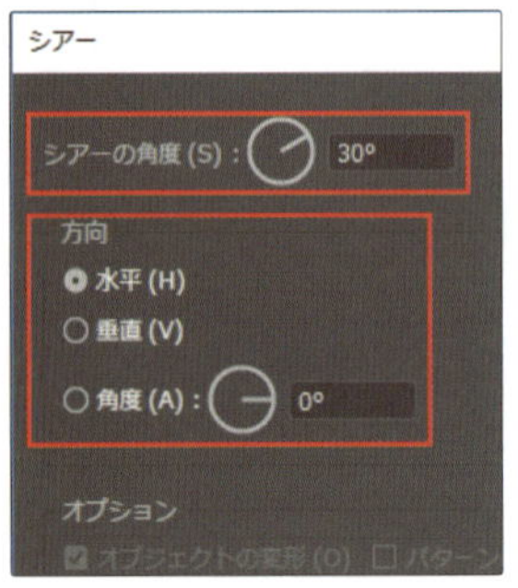

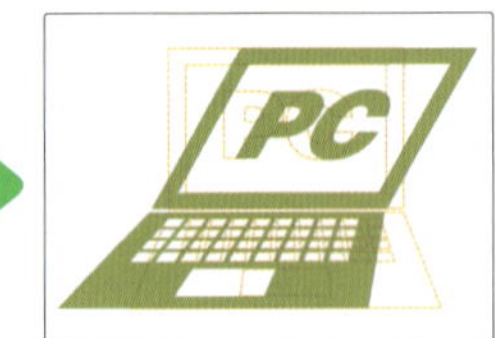

[シアー] ダイアログボックスで、[シアーの角度] を入力し（ここでは「30」）、[方向] を選択して（ここでは [水平]）、[OK] ボタンをクリックします。水平方向に 30 度傾きます。

HINT

数値入力のダイアログボックスには、[コピー] ボタンがあります。[OK] ボタンの代わりに [コピー] ボタンをクリックすると、元のオブジェクトはそのままで、コピーを変形できます。

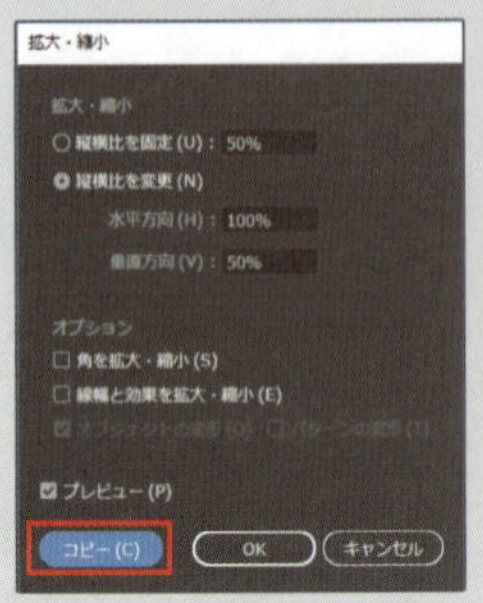

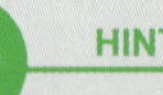

HINT

各変形のダイアログボックスにある [オプション] の [パターン] にチェックを入れると、パターンを変形できます。

オプション
角を拡大・縮小 (S)
線幅と効果を拡大・縮小 (E)
オブジェクトの変形 (O)　パターンの変形 (T)

SEE ALSO

パターンの変形 ➡P.241

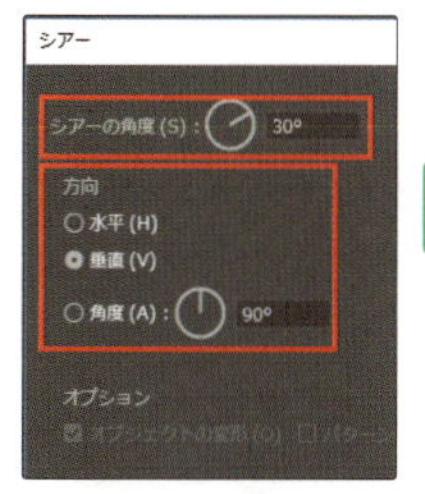

［方向］で「垂直」を選択すると、垂直方向に（ここでは30度）傾きます。

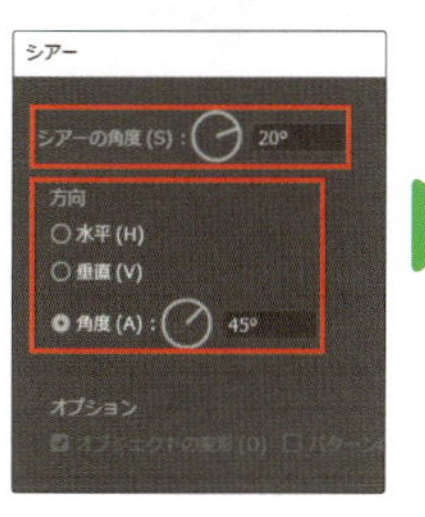

［方向］の［角度］に数値を入力すると（ここでは「45°」）、45度の方向に、20度で傾きます。

［回転］ツール

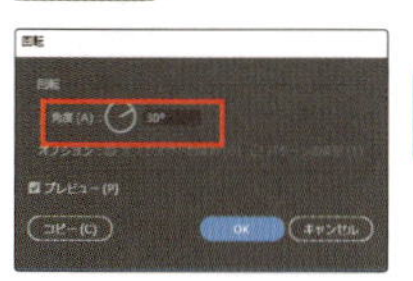

［回転］ダイアログボックスで、［角度］に数値を入力し（ここでは「30度」）、［OK］ボタンをクリックすると、反時計回りに30度回転します。

［リフレクト］ツール

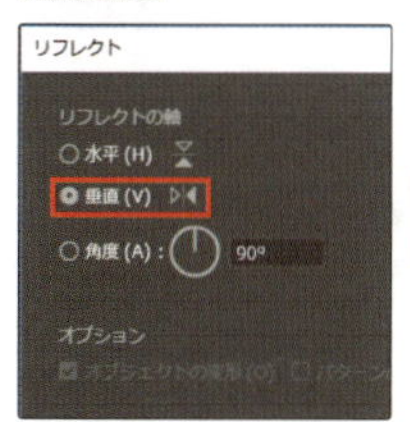

［リフレクト］ダイアログボックスで、［リフレクトの軸］を選択し（ここでは「垂直」）、［OK］ボタンをクリックすると、垂直の軸を基準に反転します。

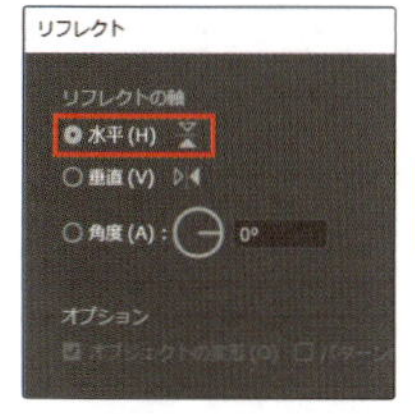
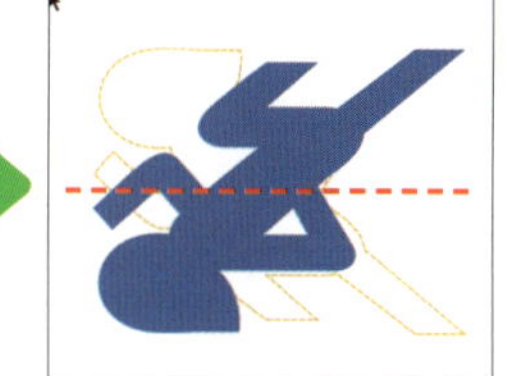

［リフレクトの軸］で「水平」を選択すると、水平の軸を基準に反転します。

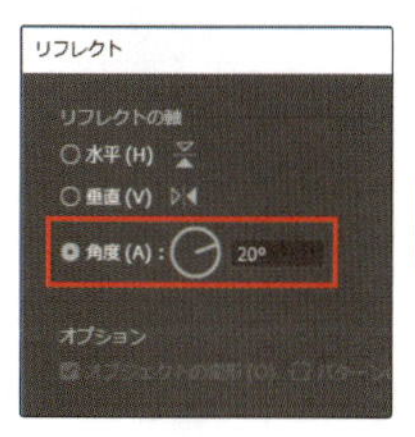
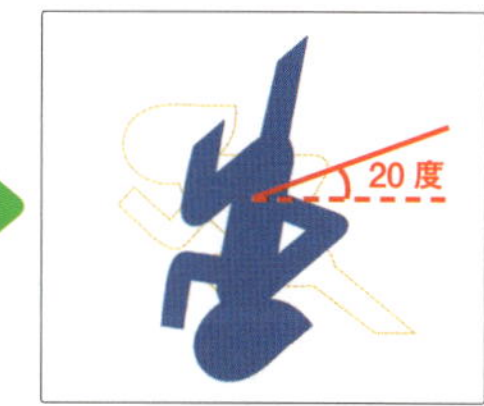

［リフレクトの軸］の「角度」に数値を入力すると（ここでは「20度」）、指定した角度の軸を基準に反転します。

08 変形〈2〉 自由な変形方法

オブジェクトをより自由に変形するツールや、一部分だけを変形させる方法を知っておくと、オブジェクトを思いどおりの形にすることができます。

練習用ファイル：chap3_a➡3_08

ココがポイント
- [バウンディングボックスで変形する]
- [自由変形] ツールで変形する
- [ダイレクト選択] ツールで変形する

バウンディングボックスで変形する

[選択] ツールでオブジェクトを選択すると、オブジェクトの周囲にバウンディングボックスが表示されます。バウンディングボックスを利用すると、変形ツールを使わずにオブジェクトを変形できます。

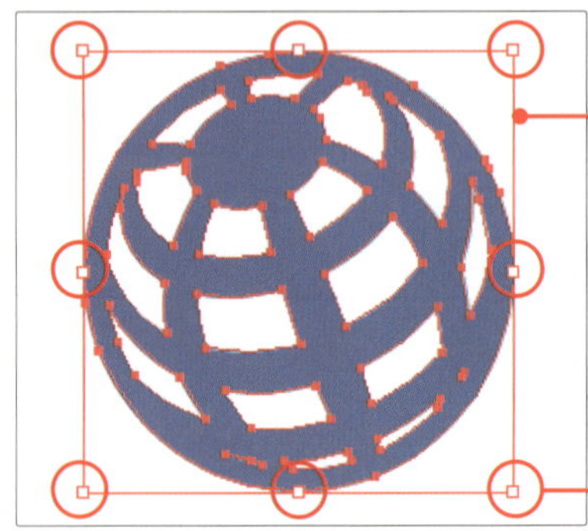

バウンディングボックス上のハンドル（ここでは８個）にマウスポインタを合わせ、形状が変わったらそのままドラッグすると変形できます。

バウンディングボックスを使った拡大・縮小

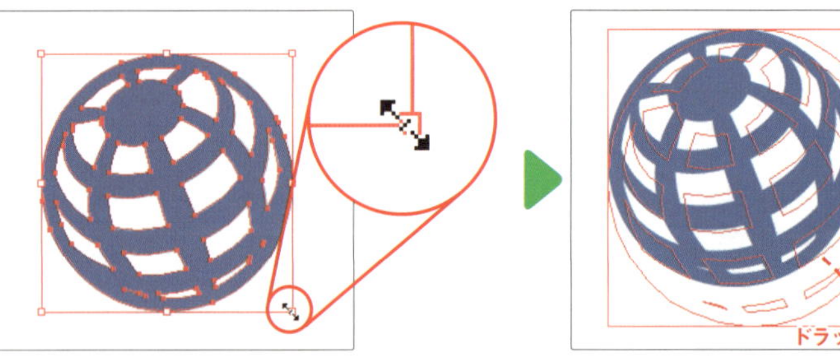

ハンドルにマウスポインタを合わせると形状が↔に変わるので、そのままドラッグすると、オブジェクトを拡大・縮小できます。Shiftキーを押しながらドラッグすると、縦横の比率を変えずに拡大・縮小できます。

バウンディングボックスを使った回転

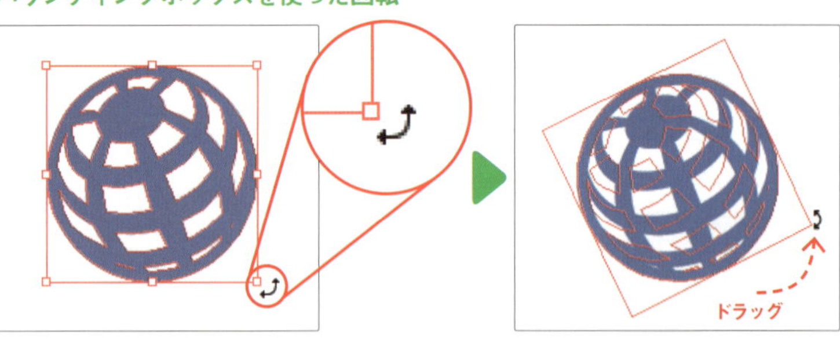

ハンドルの少し外側かバウンディングボックスの線上にマウスポインタを合わせると形状が↻に変わるので、そのままドラッグすると、オブジェクトを回転できます。Shiftキーを押しながらドラッグすると、45 度単位で回転できます。

HINT

バウンディングボックスを使った反転もできますが、正確に同じサイズで反転したい場合には、[リフレクト] ツールを利用したほうがよいでしょう。

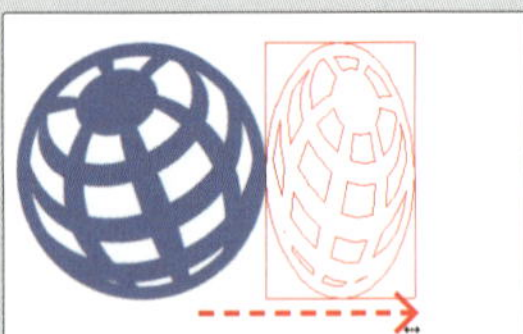

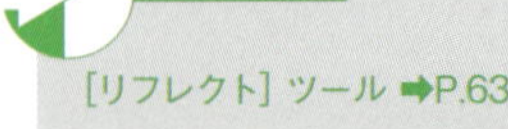

SEE ALSO

[リフレクト] ツール ➡P.63

[自由変形] ツールで自由に変形する

[自由変形] ツールを利用すると、オブジェクトの形を歪めたり、パースを付けることができます。選択ツールでオブジェクトを選択後、[自由変形] ツールでドラッグして変形します。

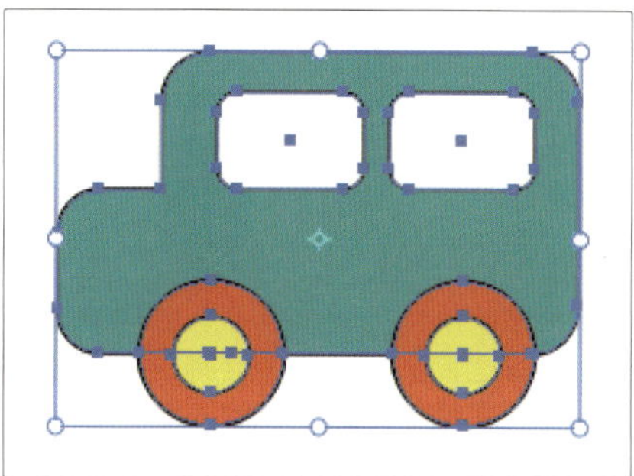

一部を歪ませる

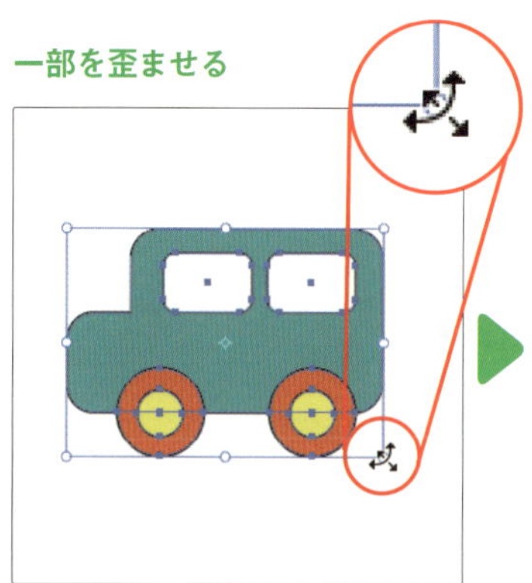

ハンドルにマウスポインタを合わせると形状が変わります。

Ctrl (command) キーを押しながらドラッグすると、オブジェクトの一部を歪めることができます。

パースを付ける

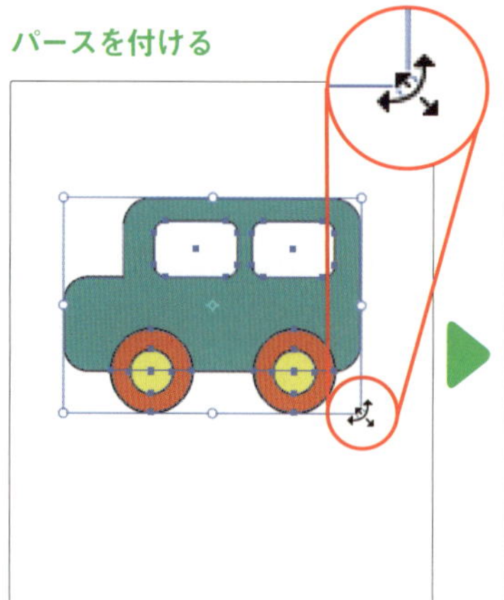

ハンドルにマウスポインタを合わせると形状が変わります。

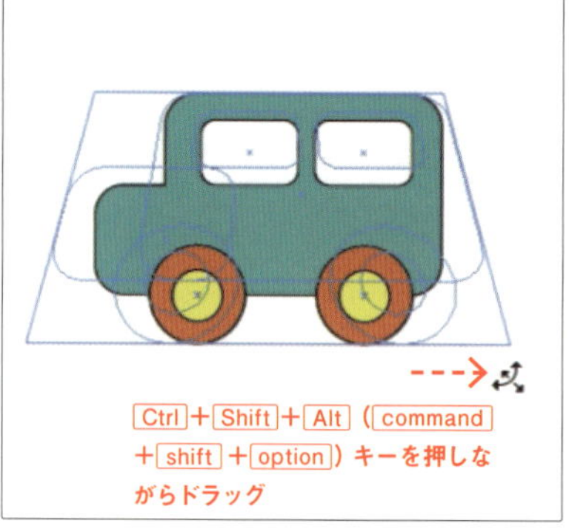

Ctrl + Shift + Alt (command + shift + option) キーを押しながらドラッグすると、オブジェクトにパースが付きます。

HINT

変形ツールの選択中に Ctrl (command) キーを押すと、一時的に [選択] ツールに切り替わり、オブジェクトの選択、選択の解除が行えます。

NOTICE

Illustrator CS6 以前のバージョンでは、[自由変形] ツールのマウスポインタの形状が異なりますが、操作方法は同じです。

HINT

Ctrl (command) + Shift キーを押すと、45 度単位で歪められます。

HINT

ドラッグしながら Ctrl + Alt (command + option) キーを押すと、対角のハンドルも連動して動き、オブジェクトの傾いた変形になります。

SEE ALSO

円・長方形の作成 ➡P.40
アンカーポイントの選択➡P.47

[ダイレクト選択] ツールで基本図形を変形する

図形ツールで作成した円や長方形などの基本図形は、[ダイレクト選択] ツールで変形できます。

円を変形

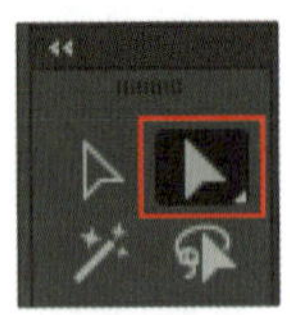

❶ [楕円形] ツールで描いた円を [選択] ツールで選択しておきます。ツールパネルで [ダイレクト選択] ツールを選択します。

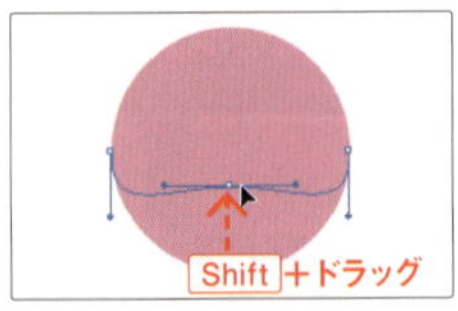

❷円の下にあるアンカーポイントをクリックして選択し、Shiftキーを押しながら少し上にドラッグします。

❸おまんじゅうのような形になります。

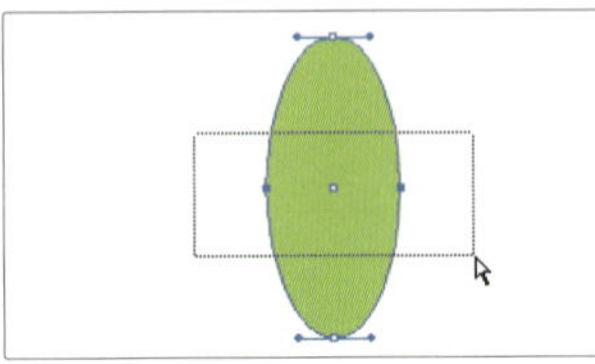

❶ [ダイレクト選択] ツールで、楕円の左と右のアンカーポイントをドラッグして囲むように選択します。

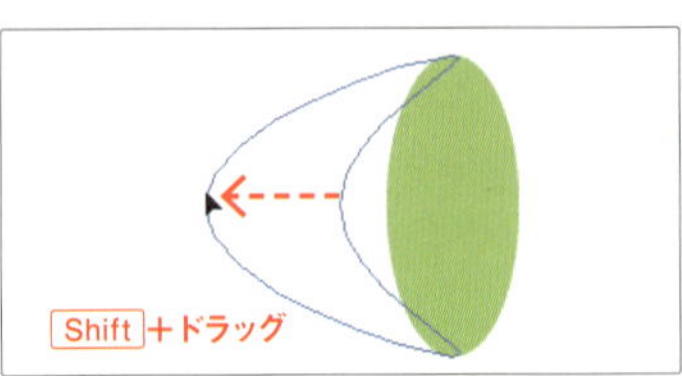

❷Shiftキーを押しながら、真横にドラッグします。

❸円がブーメランのような形になりました。いくつか縮小コピーした物を並べると、個性的な矢印になります。

長方形を変形

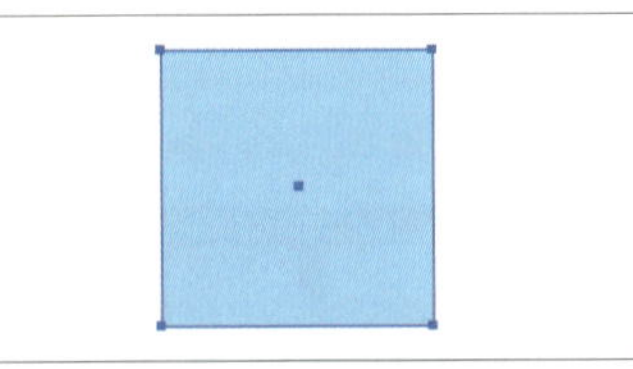

❶ [選択] ツールで長方形を選択し、[オブジェクト] メニューから [パス] → [アンカーポイントの追加] を選択します。

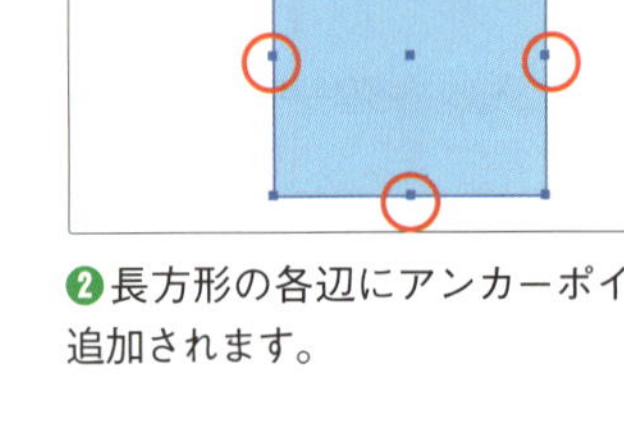

❷長方形の各辺にアンカーポイントが追加されます。

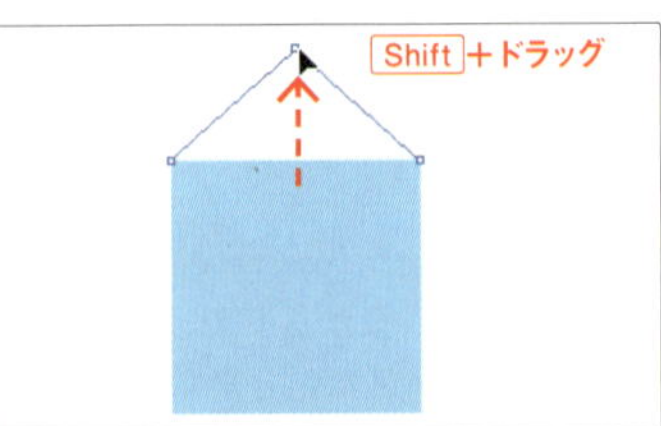

❸ツールパネルで [ダイレクト選択] ツールを選択します。上辺中央のアンカーポイントをクリックして選択して、Shiftキーを押しながら上にドラッグします。

❹家のような形になります。

HINT

アンカーポイントはどんな図形にも追加できます。新しいアンカーポイントは、元のアンカーポイントとアンカーポイント間の中心に追加されます。

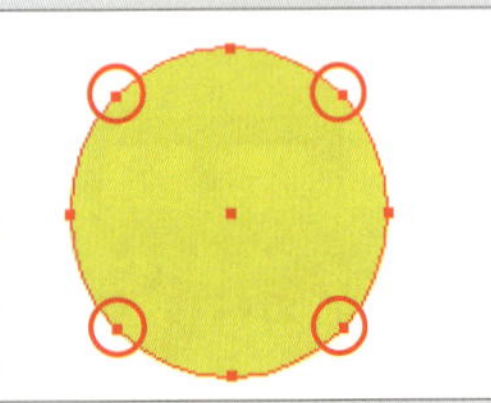

HINT

バウンディングボックスとアンカーポイントが重なって選択しにくいときは、Ctrl (command) キーを押しながらクリックすると、アンカーポイントを選択できます。

多角形を変形

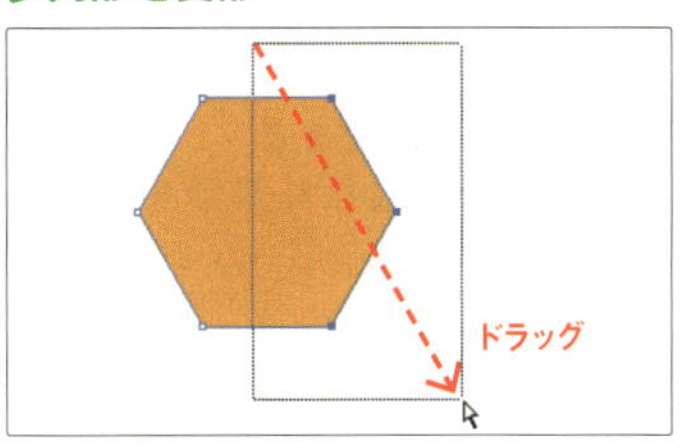

❶［ダイレクト選択］ツールで、多角形（ここでは六角形）の右半分のアンカーポイントをドラッグして囲むように選択します。

❷ Shift キーを押しながら水平方向にドラッグすると、見出しの帯に利用できる図形になります。

星形を変形

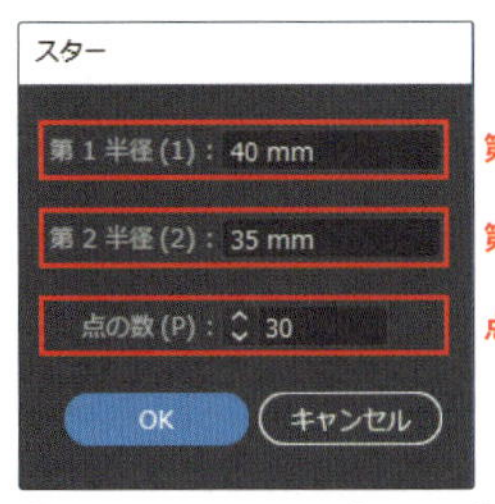

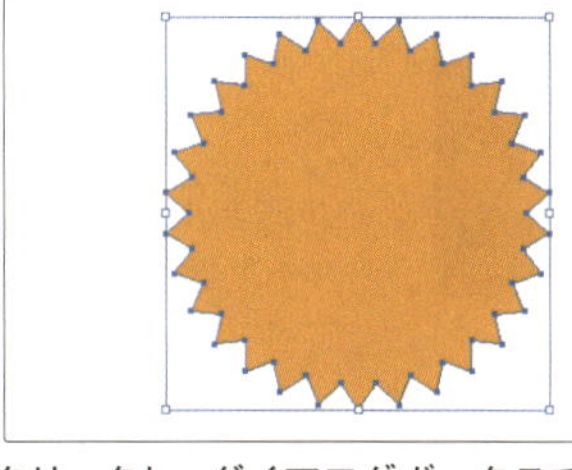

❶ツールパネルの［スター］ツールをダブルクリックし、ダイアログボックスで図のように数値を入力して、［OK］ボタンをクリックすると、爆発をイメージしたような形になります。

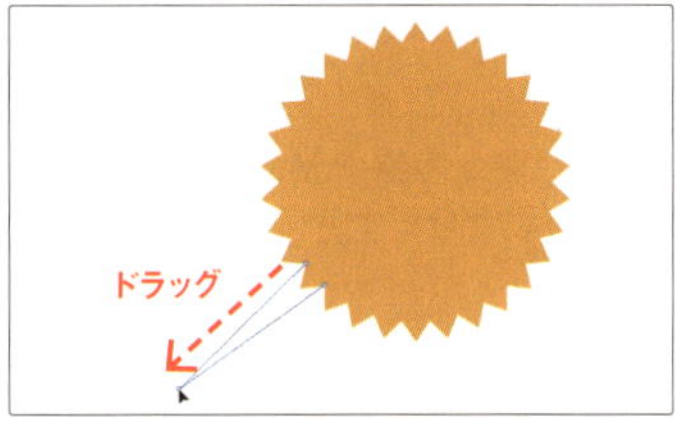

❷［ダイレクト選択］ツールで点のアンカーポイントをクリックして選択し、外側へドラッグして引っ張り出します。

❸オブジェクト内に文字を置くと、アイキャッチのような図形になります。

ライブシェイプで円を変形

Illustrator CCでは、簡単に円を扇形に変形できます。

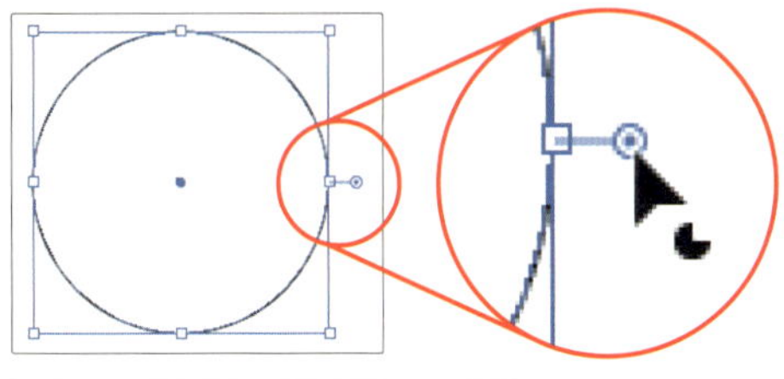

❶［楕円形］ツールで正円を作成すると、右側に飛び出たハンドルが表示されます。マウスポインタをを合わせると形状が変わります。

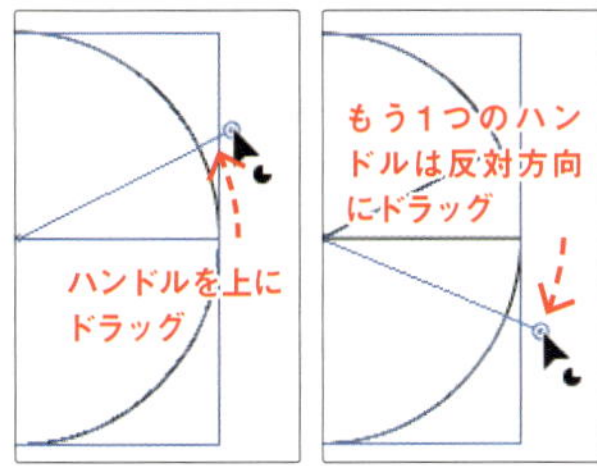

❷ハンドルを上方向に任意の位置までドラッグします。もう1つハンドルが表示されたら、扇形になるまで逆方向にドラッグします。

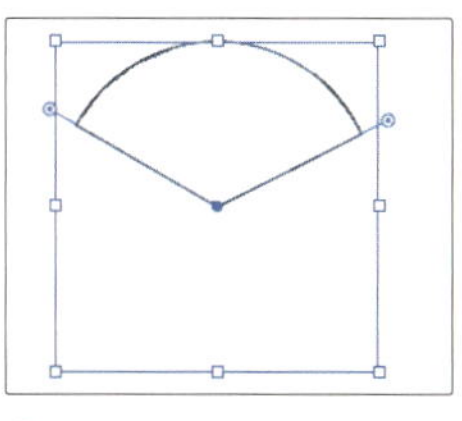

❸扇形になります。

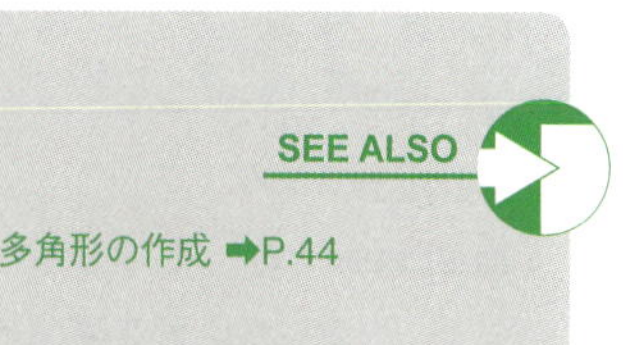

SEE ALSO
多角形の作成 ➡P.44

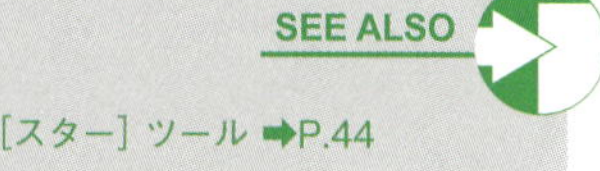

SEE ALSO
［スター］ツール ➡P.44

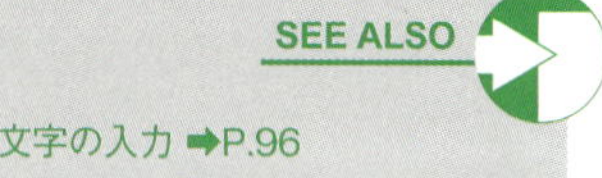

SEE ALSO
文字の入力 ➡P.96

HINT

扇形を正確な数値で調整するには、変形パネルを使います。

SEE ALSO
変形パネルの使い方 ➡P.71

09 変形〈3〉
フリーハンドで描いた図形の合成

Illustrator CCでは、フリーハンドで描いた線から正確な図形を作成できます。また、作成した図形を直感的に合成したり、一部を切り抜いたりできます。

ココがポイント
- フリーハンドの線から図形を作成する
- 図形を合成する
- 図形の重なり部分を切り抜く

練習用ファイル：chap3_a ➡ 3_09

NOTICE

[Shaper] ツールはIllustrator CCの機能です。

SEE ALSO

図形ツールで作成 ➡P.40

HINT

フリーハンドの描き方によっては楕円形や長方形になる場合があります。

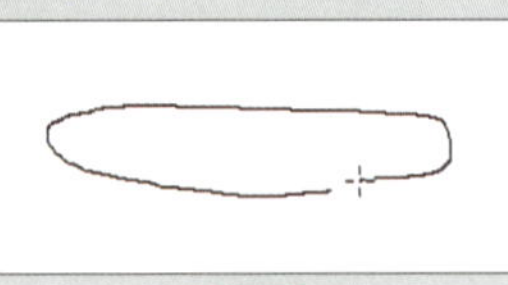

フリーハンドの線で図形を作成する

[Shaper] ツールを使うと、フリーハンドで描いた線から、直線、正確な円や長方形、正三角形を作成できます。

ツールパネルから [Shaper] ツールを選択します。

線を描く

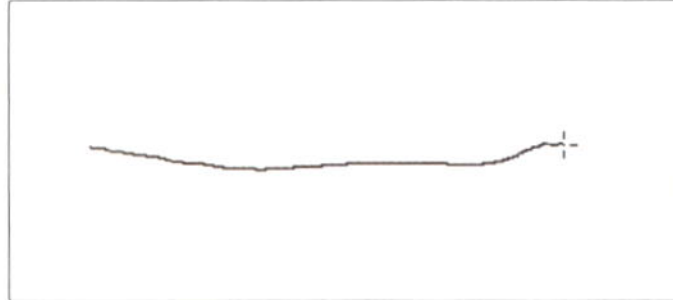

フリーハンドで線を描きます。

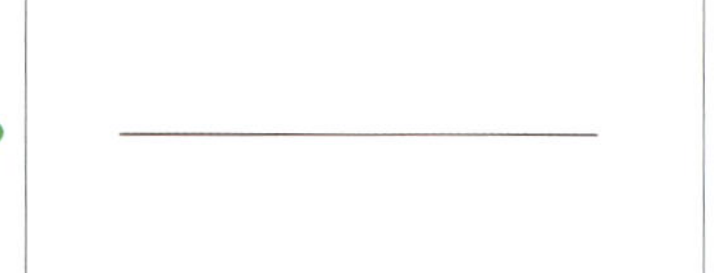

フリーハンドの線が補正され、直線のシェイプになります。

円を描く

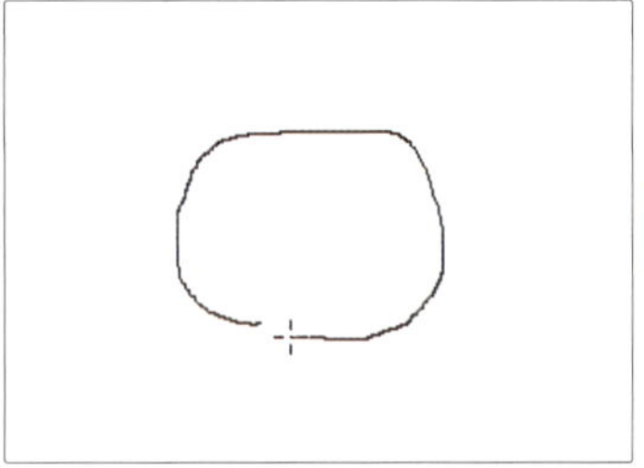

フリーハンドで円を描きます。

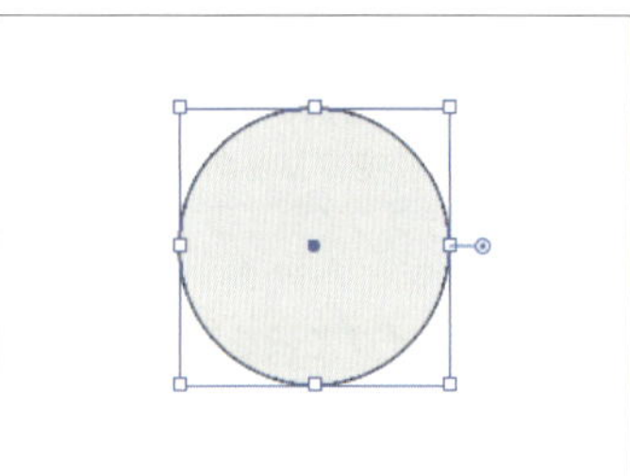

フリーハンドの線が補正され、正円のシェイプになります。

長方形を描く

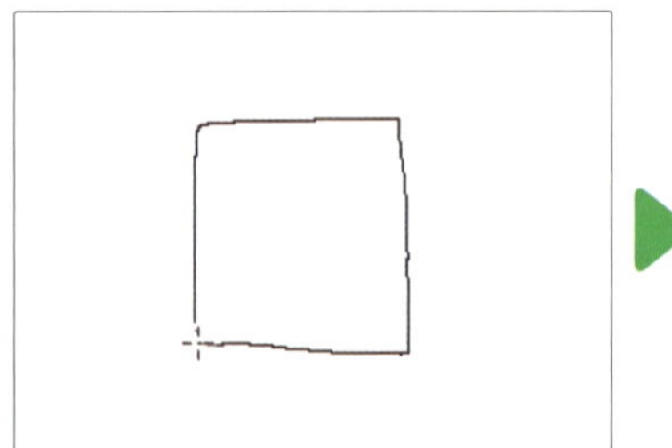

フリーハンドで長方形を描きます。

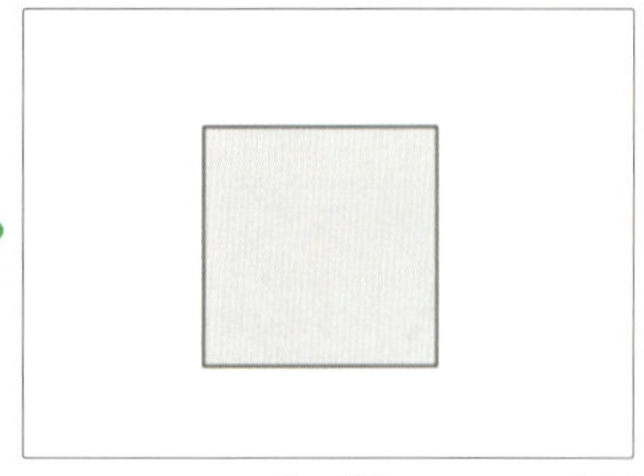

フリーハンドの線が補正され、正方形のシェイプになります。

三角形を描く

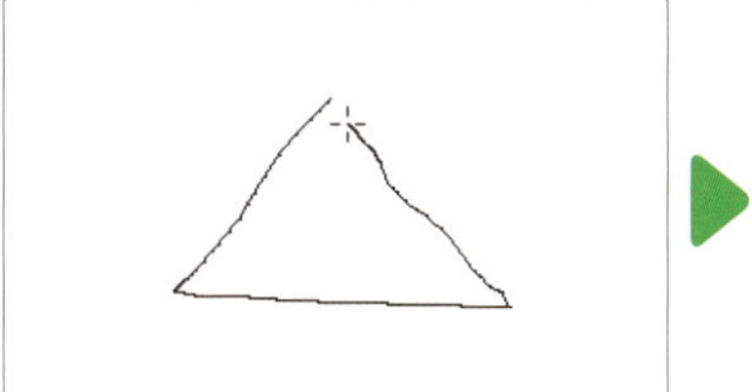

フリーハンドで三角形を描きます。

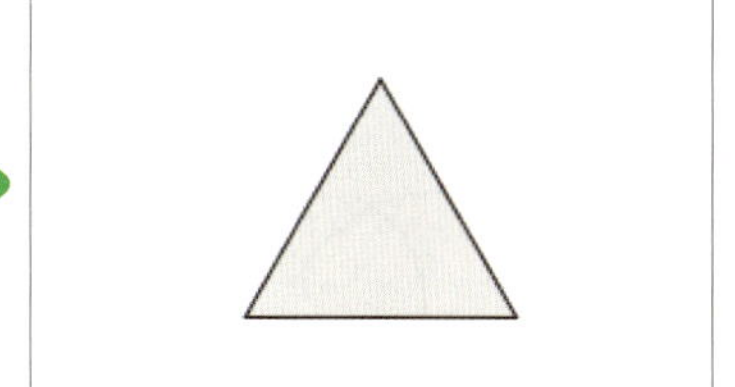

フリーハンドの線が補正補正され、正三角形のシェイプになります。

図形を合成する

[Shaper] ツールは、フリーハンドで描いて作成したシェイプを合成できます。

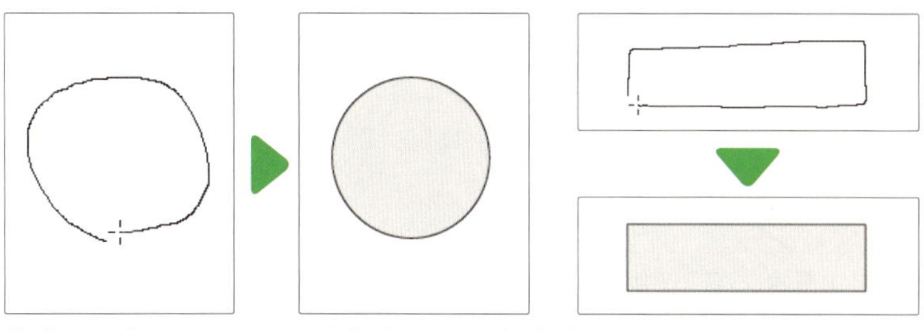

❶ [Shaper] ツールで正円と長方形のシェイプを作成します。

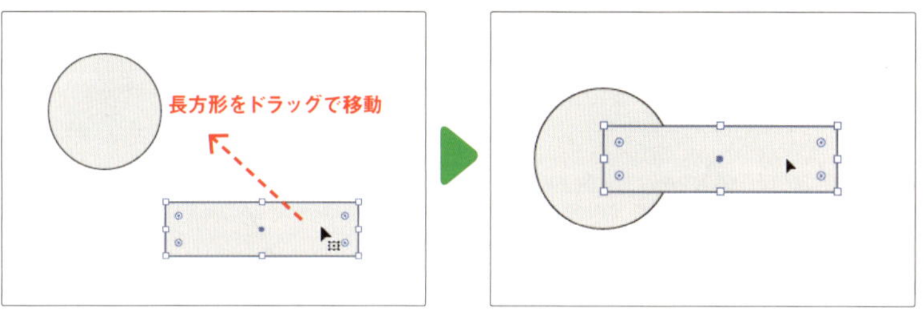

❷ [Shaper] ツールで長方形をクリックして選択し、図のように正円に重なる位置にドラッグします。

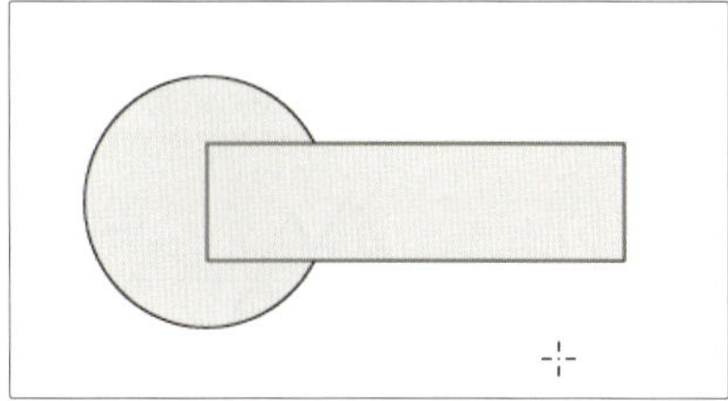

❸アートボード上のオブジェクトのない地点でクリックして選択を解除します。

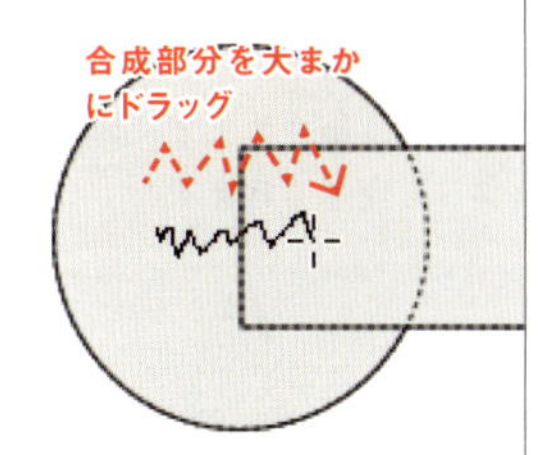

❹合成する部分を、両方のシェイプをまたぐように大まかにドラッグします。

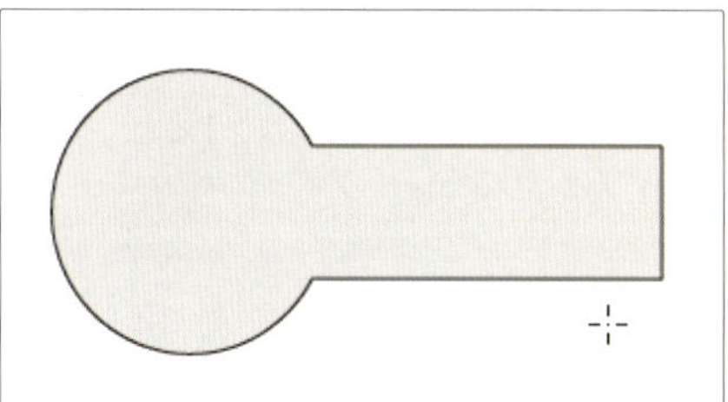

❺正円と長方形のシェイプが合成されます。1つの図形に見えますが、2つのシェイプで構成されています。

HINT

[Shaper] ツールで描かれる三角形は、常に正三角形です。二等辺三角形や不等辺三角形にはなりません。

NOTICE

[Shaper] ツールで描いた三角形は右上にある◇ (辺ウィジェット) を下方向へドラッグすると、辺数が増えて多角形になります。

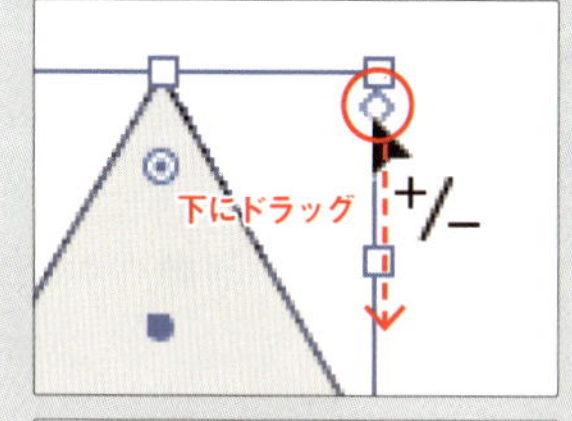

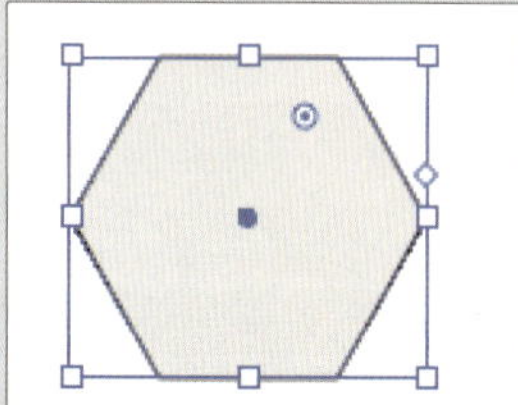

HINT

[楕円形] ツールや [長方形] ツールで作成した図形も、[Shaper] ツールで合成できます。

NOTICE

[Shaper] ツールでは、選択されている図形にしか効果が適用されない場合があります。そのため、図形の合成・削除の前に、必ずすべての図形の選択を解除しましょう。

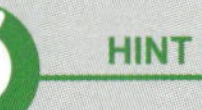

HINT

[Shaper] ツールで、重なり部分だけをドラッグすると図のようになります。

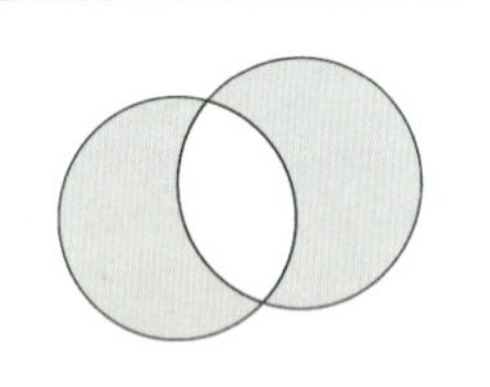

NOTICE

[Shaper] ツールで図形を削除する前に、必ずすべての図形の選択を解除しましょう。

HINT

[Shaper] ツールで作成したシェイプには、通常のオブジェクトと同様にスウォッチパネルやカラーパネルで色を付けられます。ただし、合成や切り抜きなどを行った図形は、[ライブペイント] ツールで着色すると便利です。

SEE ALSO

[ライブペイント] ツール ➡P.187

NOTICE

切り抜いた部分のあるシェイプは、重なり部分の境界線をクリックして選択します。

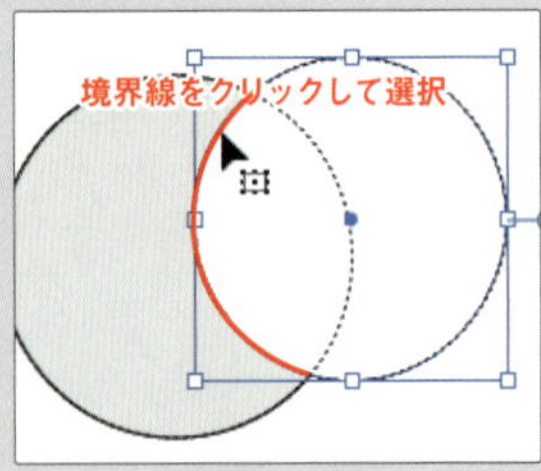

重なり部分を切り抜く

[Shaper] ツールで作成し、合成したシェイプは、重なり部分を切り抜くことができます。このとき、前面のシェイプを合わせて切り抜くこともできます。

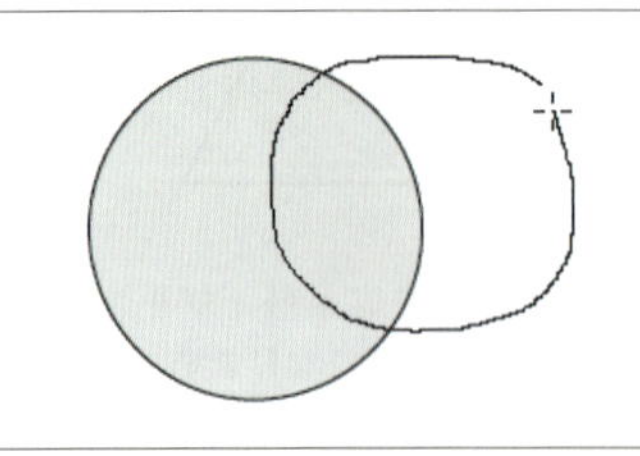

❶ [Shaper] ツールで大きさの違う正円を重なるように作成します。

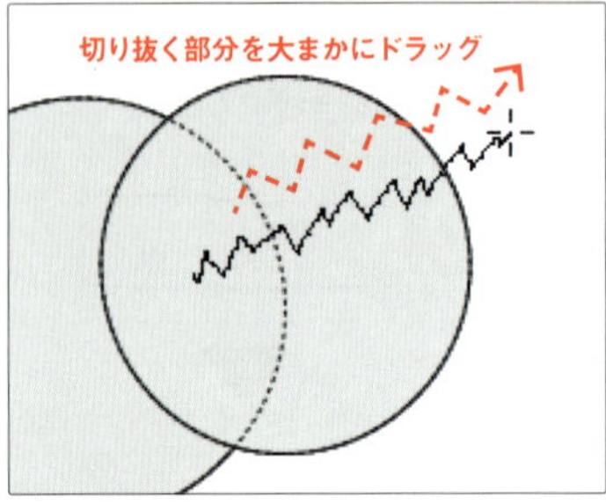

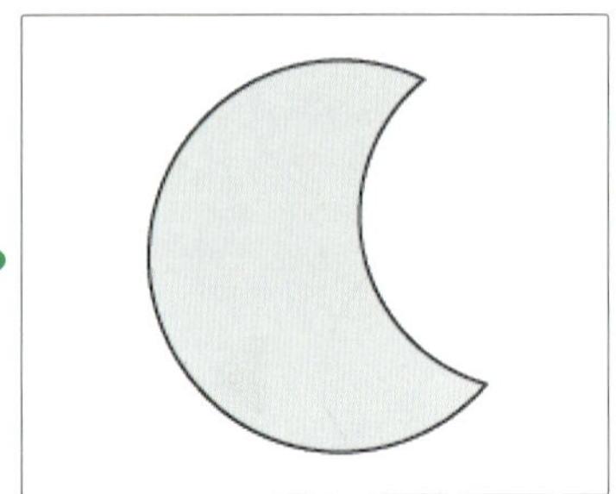

❷選択を解除し、ここでは重なり部分と前面のシェイプを切り抜くので、図のように切り抜く部分を大まかにドラッグします。右側が欠けた月のように形になります。

図形を編集する

[Shaper] ツールで作成したシェイプは合成・削除した後も再編集できます。

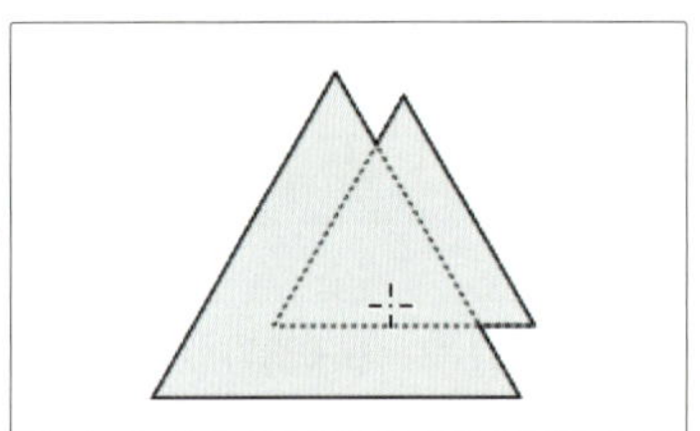

[Shaper]ツールで合成した図形。マウスポインタを図形上に合わせると、構成するシェイプが表示されます。

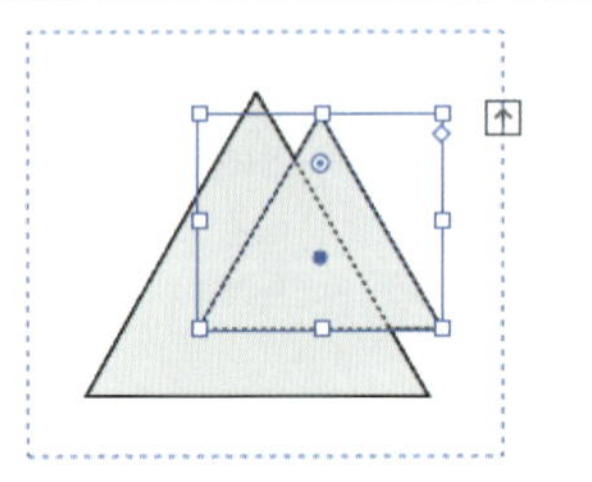

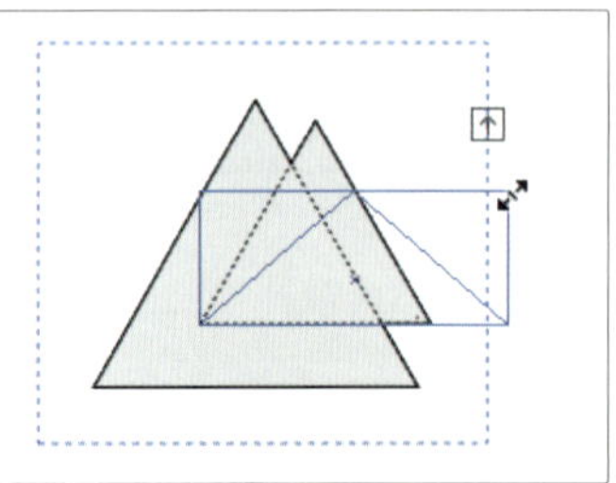

一方のシェイプをダブルクリックすると、そのシェイプだけが選択されます。選択したシェイプはバウンディングボックスのハンドルをドラッグして変形できます。

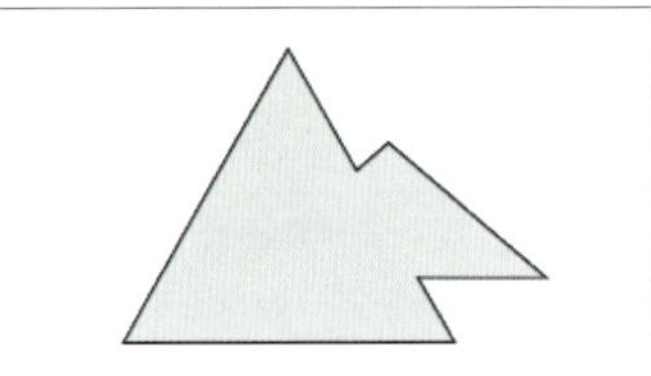

一方のシェイプだけを変形しても、合成された状態は保持されます。

CHAPTER 3

10 変形パネル
オブジェクトを総合的に変形

変形パネルを使うとオブジェクトの位置やサイズ、傾きなどをまとめて設定できます。また、長方形の角の形状や扇形の形状も変更できます。

ココがポイント
- 変形パネルの使い方
- 長方形の角の形状を変更
- 扇形の形状を変更

Ai 練習用ファイル：chap3_a➡3_10

変形パネルの使い方

変形パネルは、［ウィンドウ］メニューから［変形］を選択して表示させます。

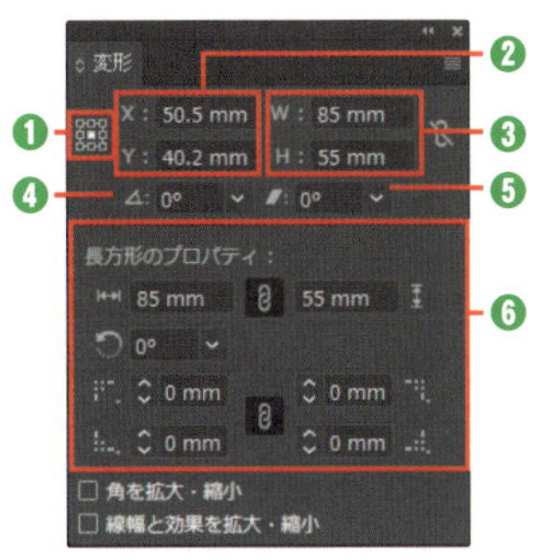

❶基準点：位置を計測する起点を設定します。

❷数値を入力して、オブジェクトの位置を設定します。

❸数値を入力して、オブジェクトのサイズを設定します。

❹数値を入力して、オブジェクトを回転させます。

❺数値を入力して、オブジェクトを水平・垂直方向に傾けます。

❻選択しているオブジェクトによって内容が変わります。ここでは、「長方形のプロパティ」「楕円形のプロパティ」について説明します。

長方形のプロパティ

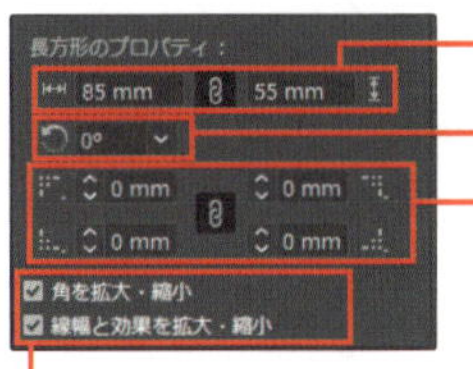

長方形のサイズを設定します。

長方形の傾きの角度を設定します。

長方形の角の形状と大きさを設定します。

チェックを入れると、拡大・縮小の際に「角の大きさ」「線幅」「効果」も変化します。

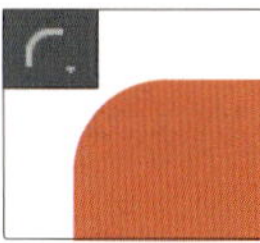
角丸（外側）

角丸（内側）

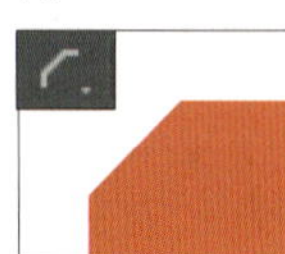
面取り

楕円形のプロパティ

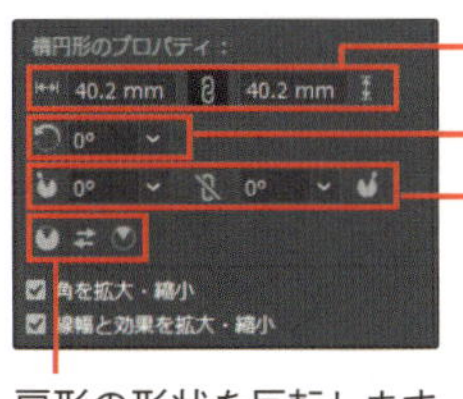

円のサイズを設定します。

円の傾きの角度を設定します。

扇形の開始・終了角度を設定します。

扇形の形状を反転します。

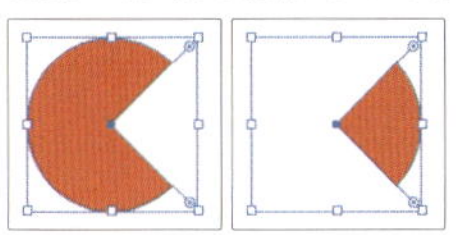

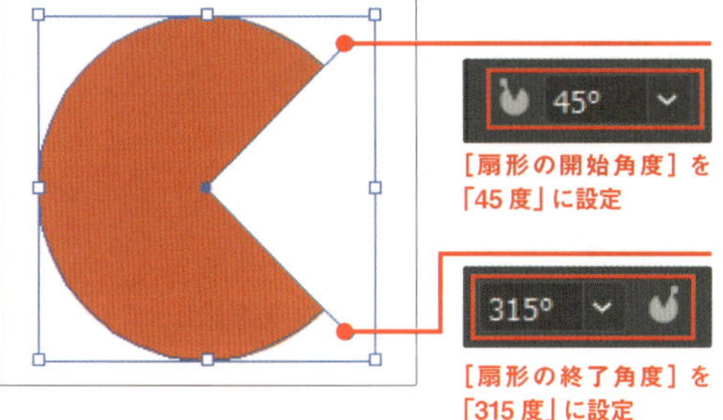

［扇形の開始角度］を「45度」に設定

［扇形の終了角度］を「315度」に設定

NOTICE

「角の形状」は、Illustrator CCの機能です。

NOTICE

扇形に関する設定は、Illustrator CCの機能です。

SEE ALSO

ライブシェイプで円を扇形に変形
➡P.67

11 線ツール
直線・曲線・破線・点線を作成する

Illustratorには線を作成するツールがいくつかあります。ここではドラッグ操作だけの手軽な線の作成方法を紹介します。

ココがポイント
- 直線・曲線の作成
- 線の太さの変更
- 線パネルの使い方

練習用ファイル：chap3_b➡3_11

HINT
ドラッグしている最中に［スペース］キーを押すと、線の作成位置を自由に移動できます。

直線・曲線を作成

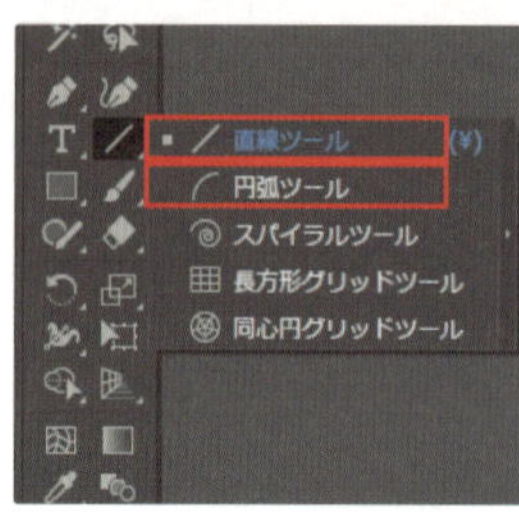

ツールパネルから［直線］ツールまたは［円弧］ツールを選択します。

［直線］ツール

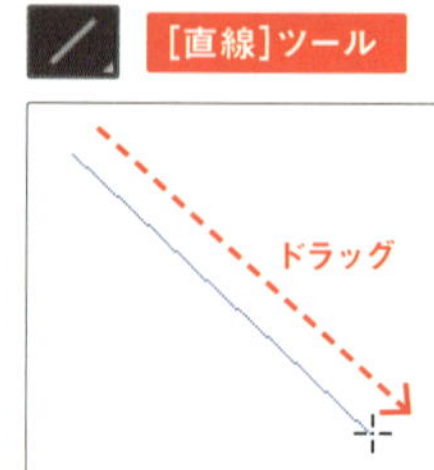

ドラッグ操作で直線を作成できます。

［円弧］ツール

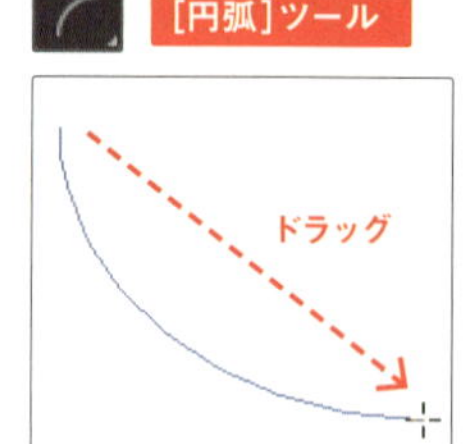

ドラッグ操作で曲線を作成できます。

渦巻きを作成

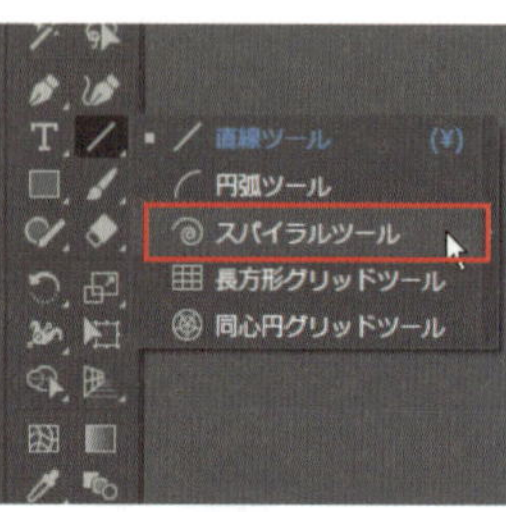

ツールパネルから［スパイラル］ツールを選択します。

［スパイラル］ツール

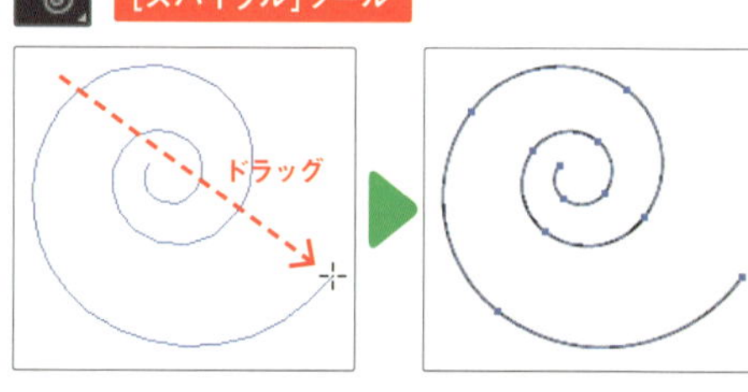

ドラッグ操作で渦巻き状の線を作成できます。

正確な長さの線を作成

［直線］ツール、［円弧］ツールでは、数値を入力して正確な長さの線を作成できます。

［直線］ツール

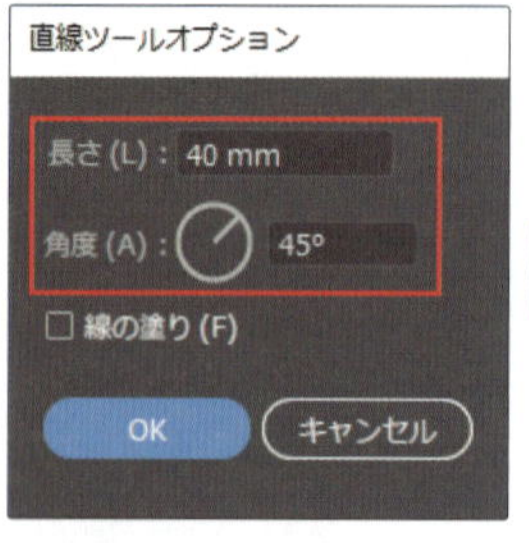

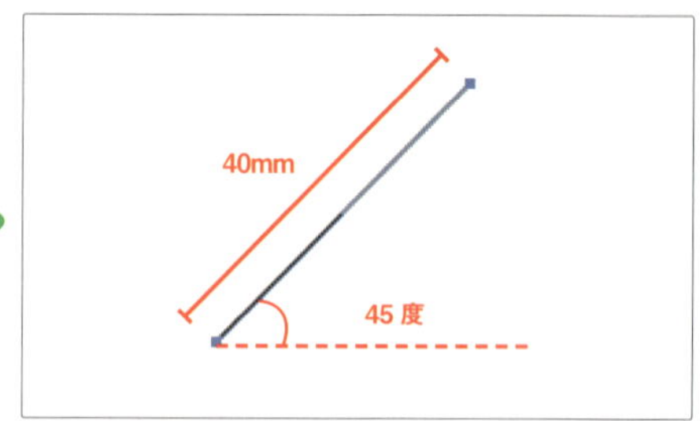

ツールパネルから［直線］ツールを選択し、アートボード上でクリックします。表示されるダイアログボックスで、長さと角度を入力すると、指定した長さと角度の直線を作成できます。

[円弧]ツール

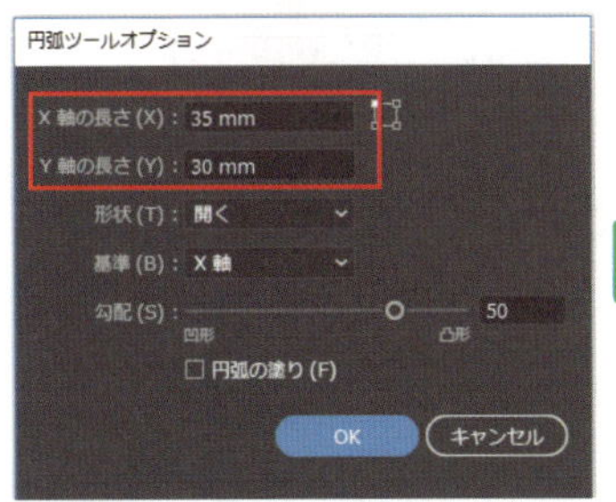

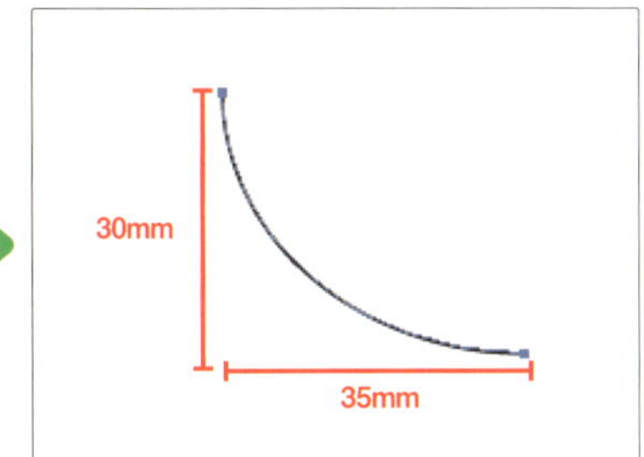

ツールパネルから［円弧］ツールを選択し、アートワーク上でクリックします。表示されるダイアログボックスで、X軸とY軸の長さを入力すると、指定した軸の長さの曲線を作成できます。

線の太さの変更

線幅の調整は、線パネルで行います。

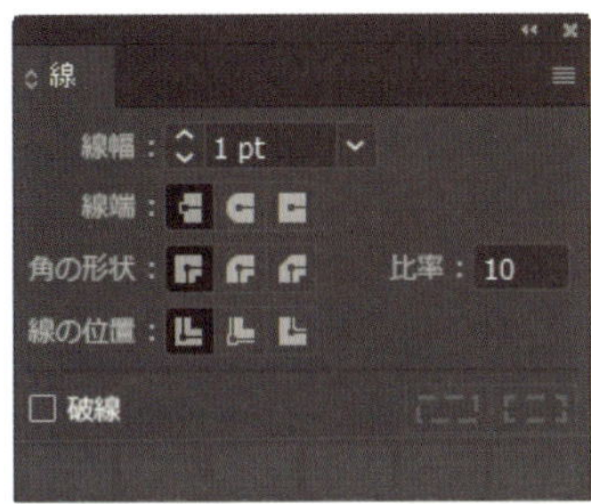

❶［ウィンドウ］メニューから［線］を選択し、線パネルを表示させます。

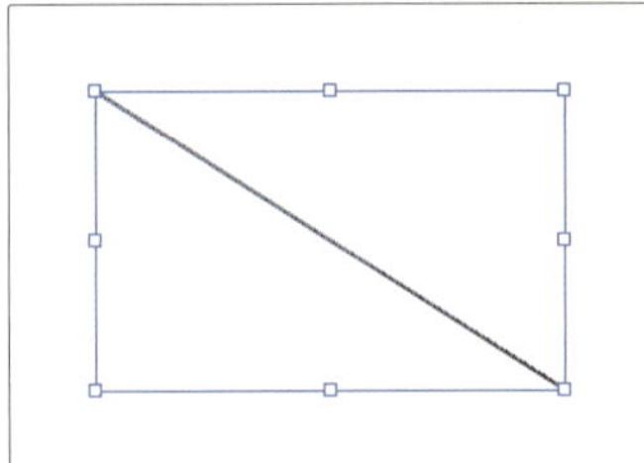

❷線を選択します。

❸［線幅］に数値（ここでは「10pt」）を入力して、線の太さを設定します。

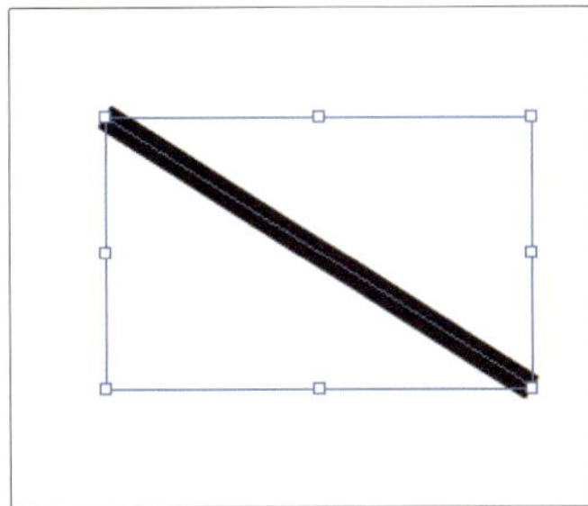

❹線の太さが変更されます。

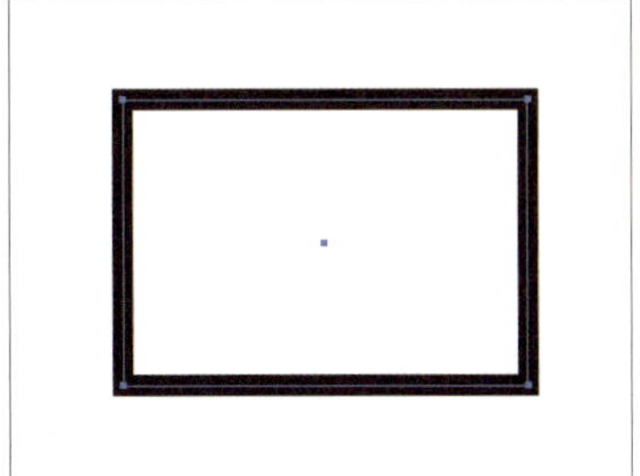

図形の線なども同様に変更できます。

HINT

［円弧ツールオプション］ダイアログボックスで、［形状］を「クローズ」に設定し、［勾配］に「50」と入力すると、正円の4分の1の扇形になります。

HINT

線幅は、プルダウンメニューから選択することもできます。

SEE ALSO

線パネルの下段にある機能は、以下のページを参照してください。
矢印 ➡P.145
線パネルのプロファイル ➡P.78

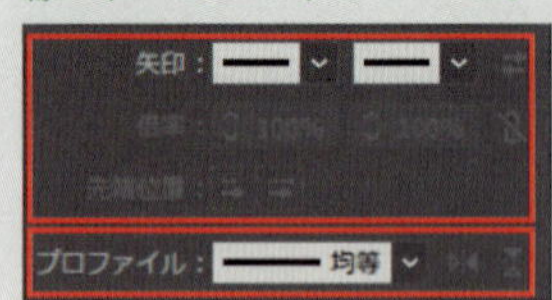

HINT

ベベル結合とは、角を切り落としたような形状で結合された状態を指します。

NOTICE

「線の位置」は、CS3 以降のバージョンの機能です。

HINT

角を実線にするには、[ ] を選択します。

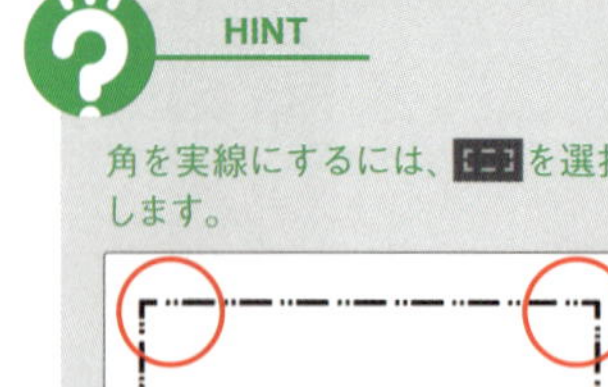

線パネルの使い方

線パネルの機能や名称を説明します。

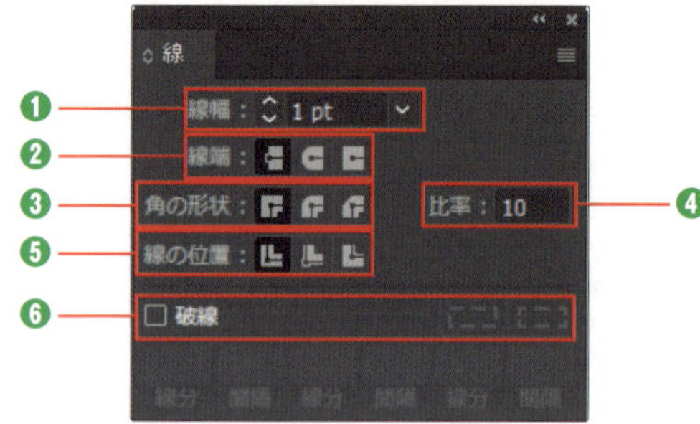

❶ **線幅**：線の太さを設定します。数値入力かメニューから選択します。

❷ **線端**：線の端の形を指定します。

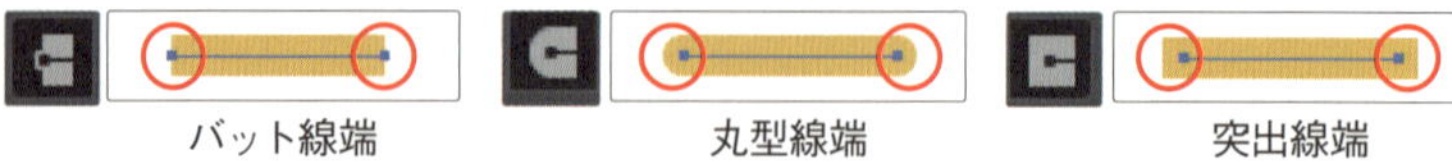

バット線端　丸型線端　突出線端

❸ **角の形状**：線の角の形を指定します。

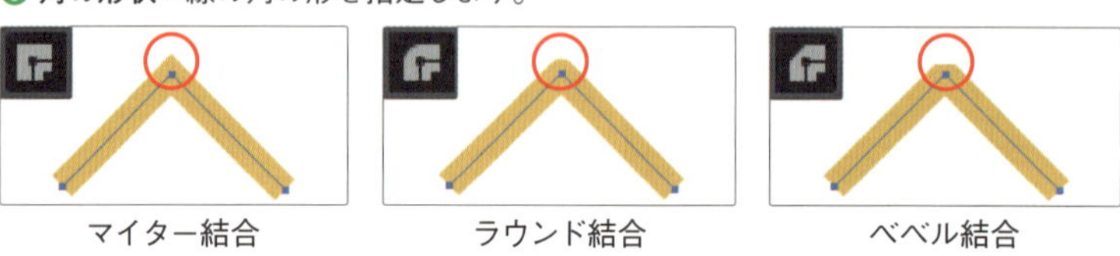

マイター結合　ラウンド結合　ベベル結合

❹ **角の比率**：角の尖り具合を設定します。鋭角すぎると、角の形状が自動的にベベル結合になるので、マイター結合にしたい場合は数値を上げます。

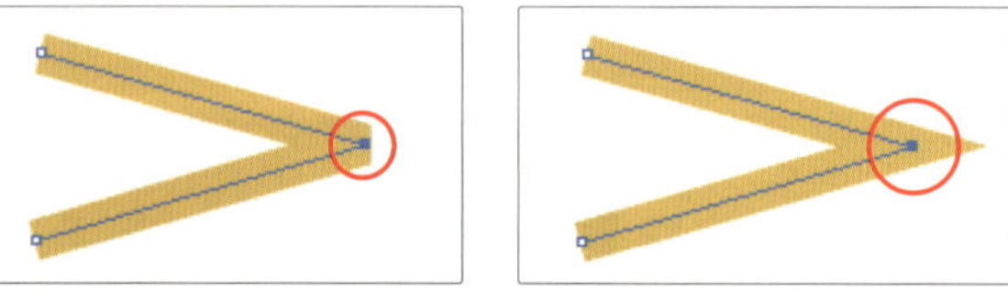

ベベル結合になった角
線幅：15pt、角の比率：4

鋭角になった角
線幅：15pt、角の比率：5

❺ **線の位置**：オブジェクトに対する線の位置を設定します。

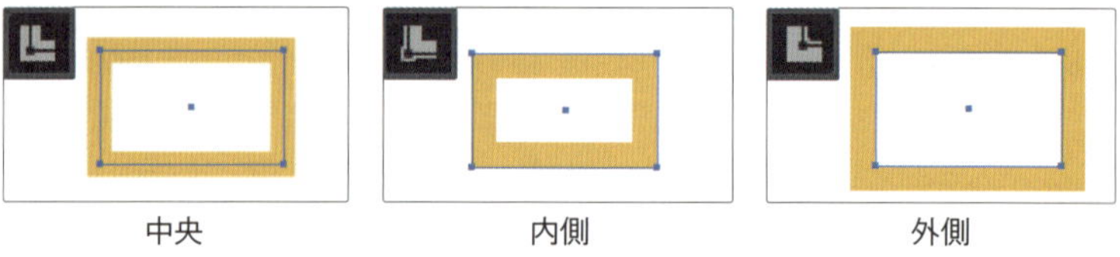

中央　内側　外側

❻ **破線**：破線や点線の設定を行います。チェックを入れ、「線分」と「間隔」に数値を入力することで、さまざまな破線や点線を作成できます。

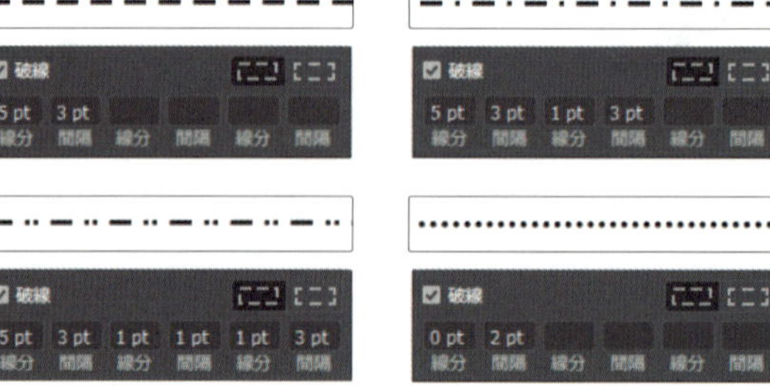

丸い破線にする場合は、❷ の［線端］で「丸型線端」を選択します。

CHAPTER 3

12 線の編集 波線・飾り線を作成する

作成した線は、少し手を加えるだけで、波線や筆で描いたようなタッチの線にすることができます。

ココがポイント
- 波線を作成する
- 筆描きのような線を作成する
- 線を変形する

Ai 練習用ファイル：chap3_b➡3_12

波線を作成する

波線は［効果］メニューで作成します。

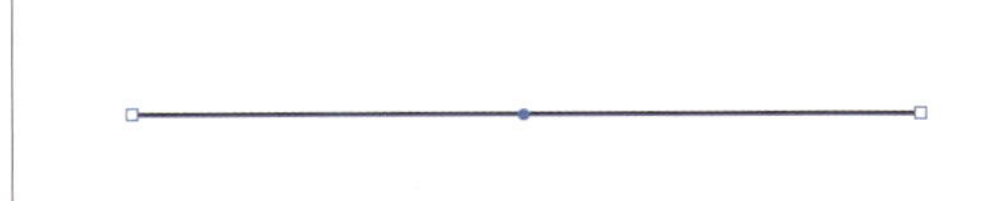

❶［直線］ツールで直線を作成し、選択された状態にします。ここでの線の太さは1ptです。

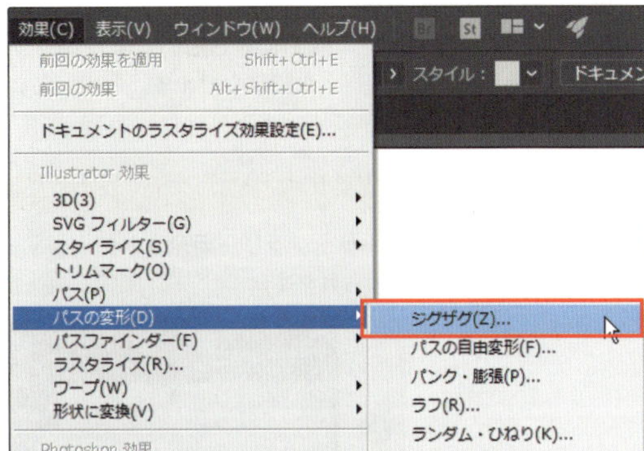

❷［効果］メニューから［パスの変形］→［ジグザグ］を選択します。

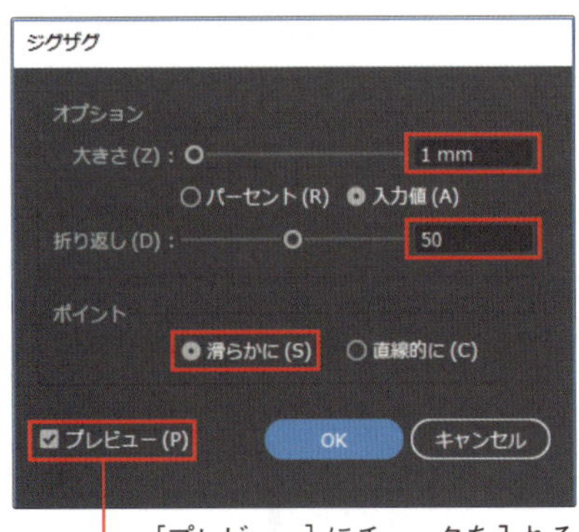

［プレビュー］にチェックを入れると、適用結果を確認しながら作成できます。

❸表示される［ジグザグ］ダイアログボックスで数値を入力します。ここでは、［大きさ］に「1mm」、［折り返し］に「50」と入力して、［ポイント］で［滑らかに］を選択し、［OK］ボタンをクリックします。

❹直線が設定した波線になります。

大きさを同じく「1mm」、折り返しを半分の「25」に設定すると、波の間隔が広い波線になります。

HINT

波線は［ペン］ツールで描くこともできますが、きれいな波線を描くにはかなりの練習が必要です。

HINT

［ジグザグ］ダイアログボックスの［ポイント］で「直線的に」を選択すると、ジグザグの線になります。

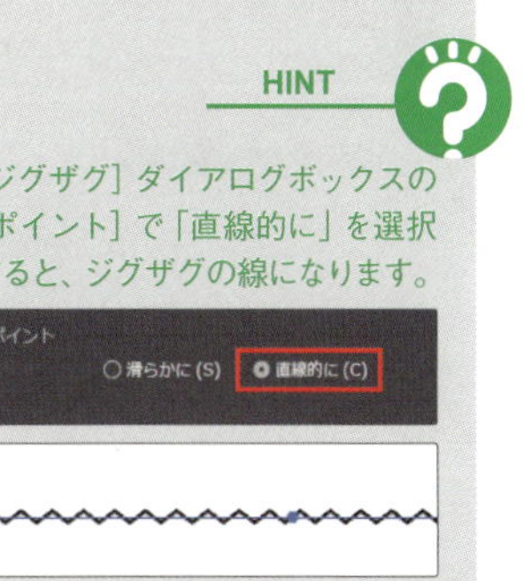

筆描きのような線を作成する

筆描きのような線を作成するには、ブラシパネルを利用します。

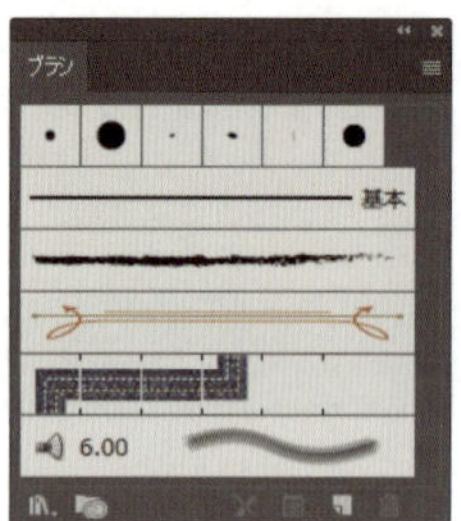

❶［ウィンドウ］メニューから［ブラシ］を選択してブラシパネルを表示させます。

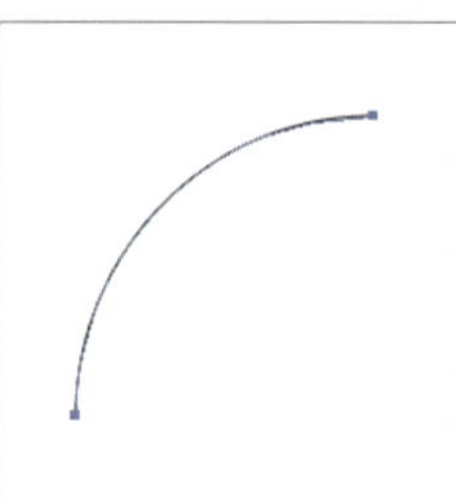

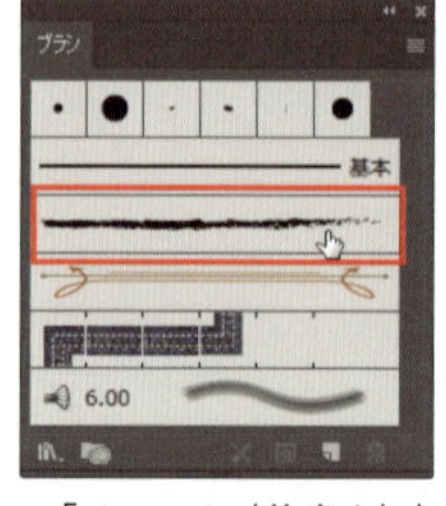

❷線を選択し、ブラシパネルの「チョーク（落書き）」を選択します。

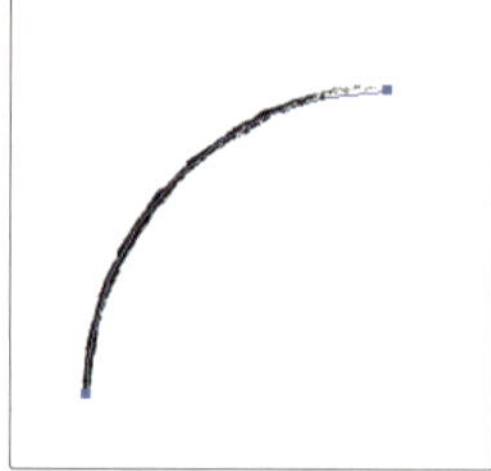

❸木炭で描いたようなラフな線になります。

ブラシライブラリ

ブラシには、テーマ別にブラシがまとめられたブラシライブラリが用意されています。ライブラリを利用すると、線にさまざまな装飾を付けられます。

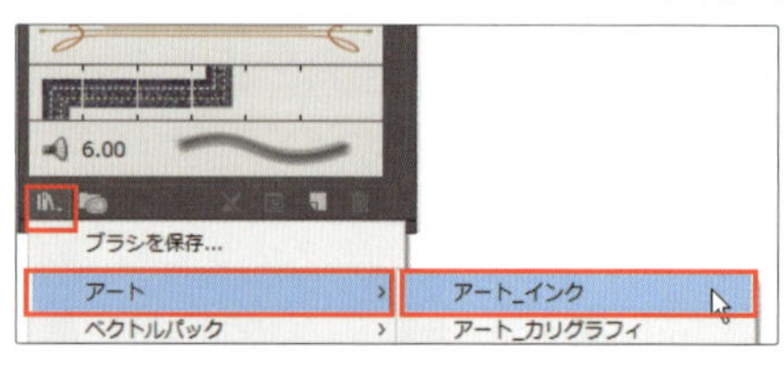

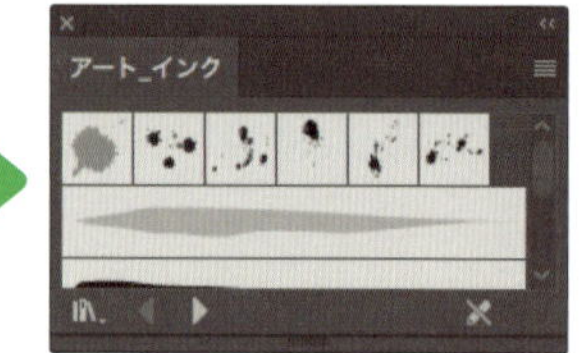

ブラシパネルの［ブラシライブラリメニュー］ボタンをクリックします。表示されるメニューから選択したブラシライブラリが、ブラシパネルとは別に開きます。

アート

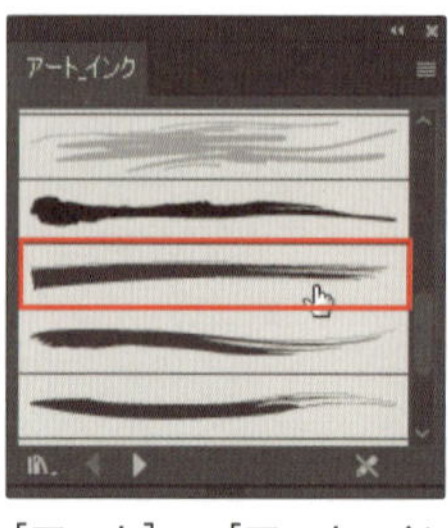

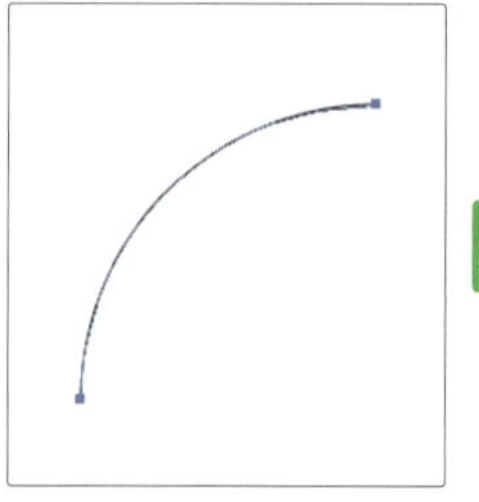

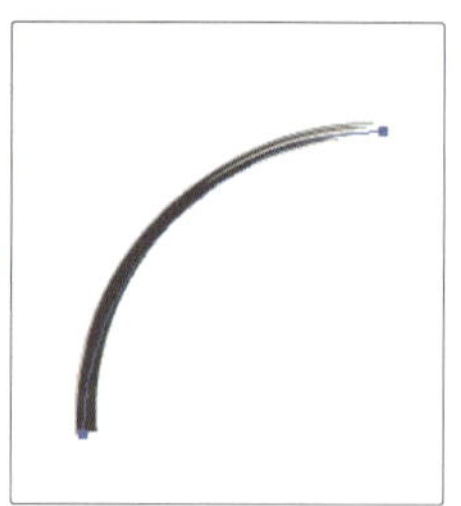

［アート］→［アート_インク］を選択し、線に［マーカー］を選択すると、マーカーで描いたようになります。

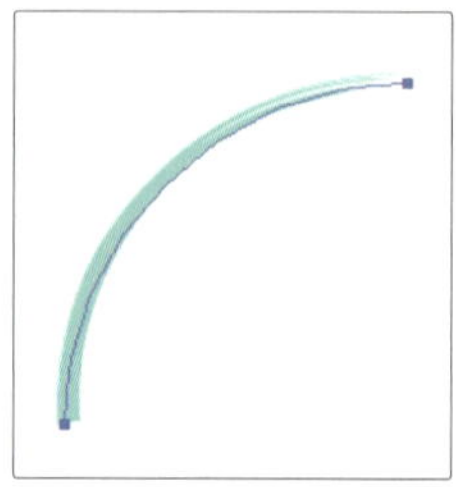

線の色はカラーパネルで指定します。

HINT

ブラシライブラリは、ブラシパネルの右上の［オプションメニュー］ボタンをクリックして表示されるオプションメニューから選択することもできます。

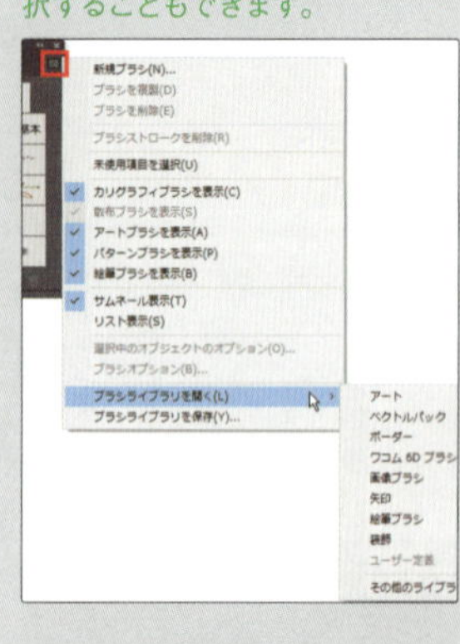

ボーダー

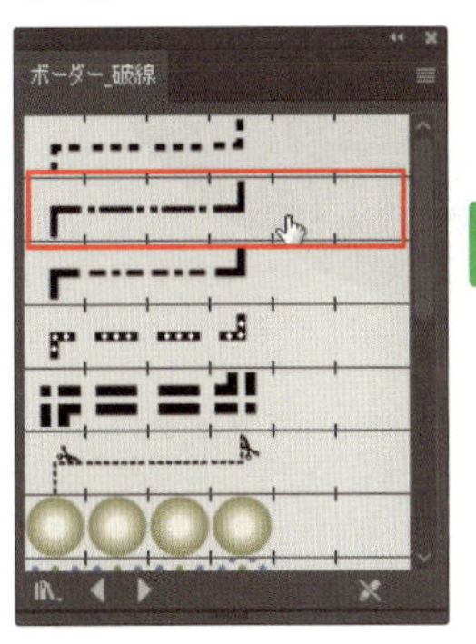

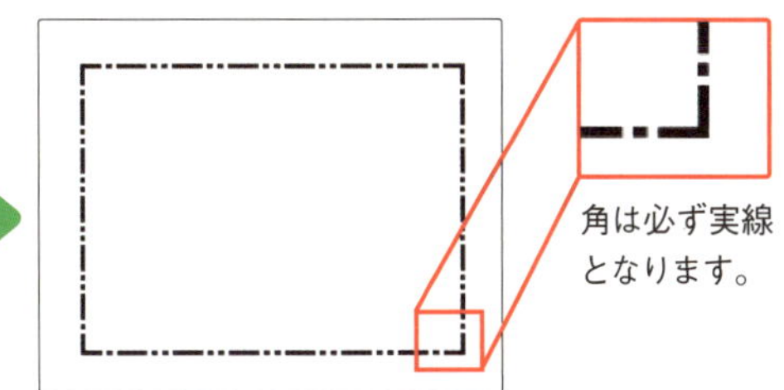

角は必ず実線となります。

[ボーダー] → [ボーダー_破線] を選択し、長方形に [破線 1.2] を選択すると、二点鎖線の囲みができます。

装飾

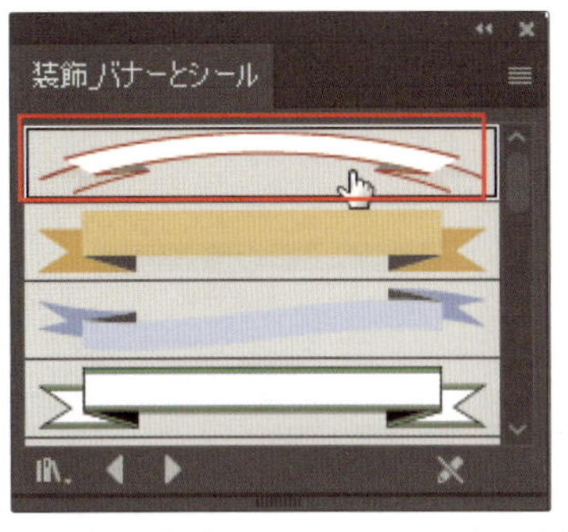

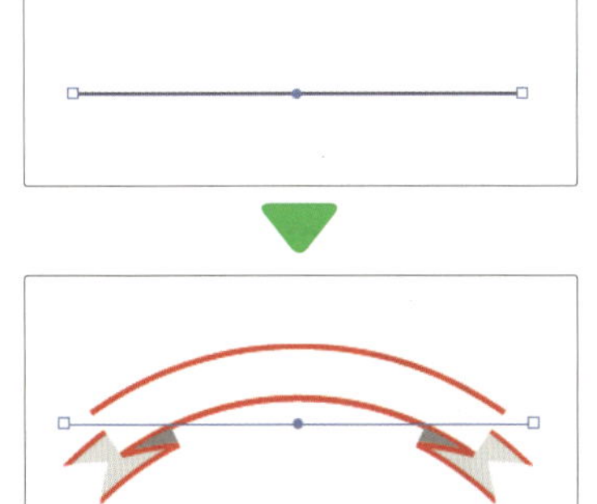

[装飾] → [装飾_バナーとシール] を選択し、直線に [バナー1] を選択すると、見出しの装飾に使えるオブジェクトになります。

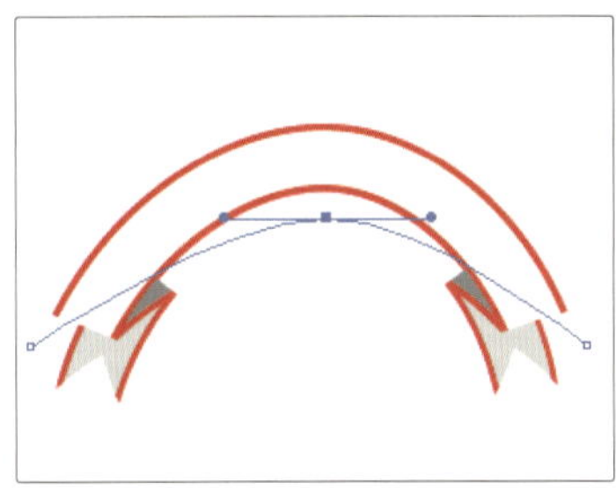

線の傾きや形を変えると、オブジェクトも変化します。

線を変形する

[線幅] ツールで線の輪郭を変形できます。

[線幅] ツールで変形

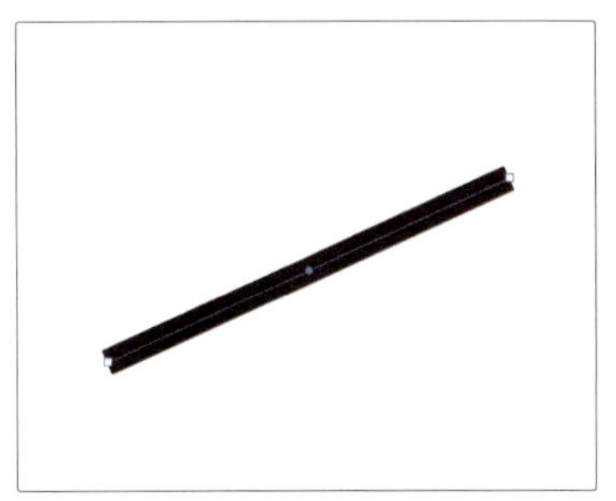

❶ [線幅] ツールで線を作成し、ツールパネルから [線幅] ツールを選択します。

HINT

線パネルでも破線を設定できます。

ただし、Illustrator CS4 以前のバージョンでは角が実線にならない場合があります (下図)。角を確実に実線にするなら、ブラシ機能で作成しましょう。

HINT

ブラシの向きや方向を変更するには、オブジェクトを選択した状態でブラシパネルの [選択中のオブジェクトのオプション] ボタンをクリックし、表示される [ストロークオプション] ダイアログボックスで変更します。

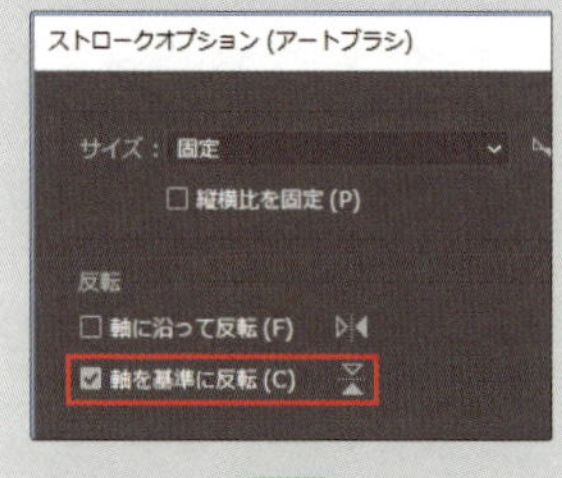

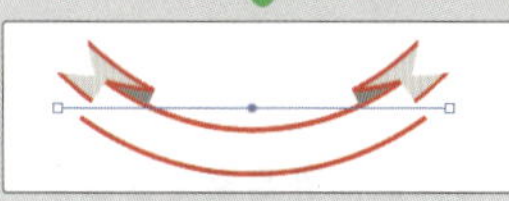

NOTICE

[線幅] ツールは、Illustrator CS5 以降のバージョンの機能です。

HINT

[線幅] ツールでは、あらかじめ線を選択しておく必要はありません。

HINT

Alt（option）キーを押しながらドラッグすると、図のように線の片側の輪郭だけを変形できます。

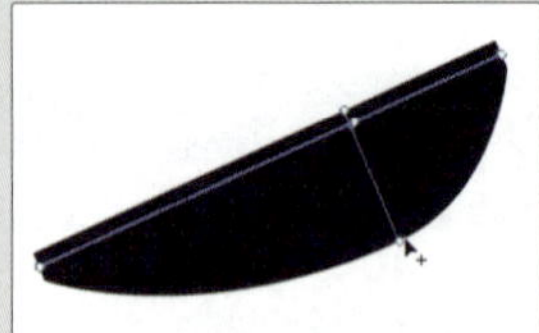

複数の線幅ポイントがある場合は、Shiftキーを押しながらドラッグすると、線幅ポイントの間を保持したまま全体のポイントを移動できます。線幅ポイントはDeleteキーで削除できます。

HINT

破線も、［線幅］ツールで同様に変形できます。

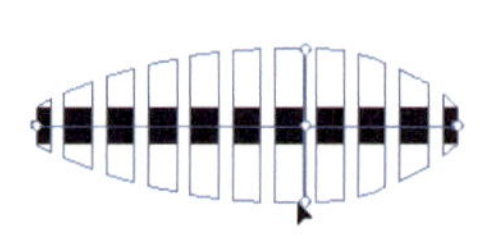

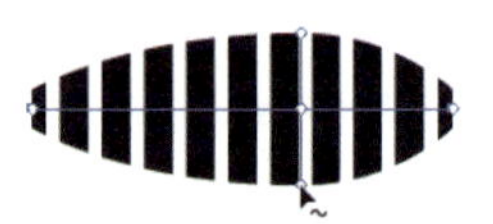

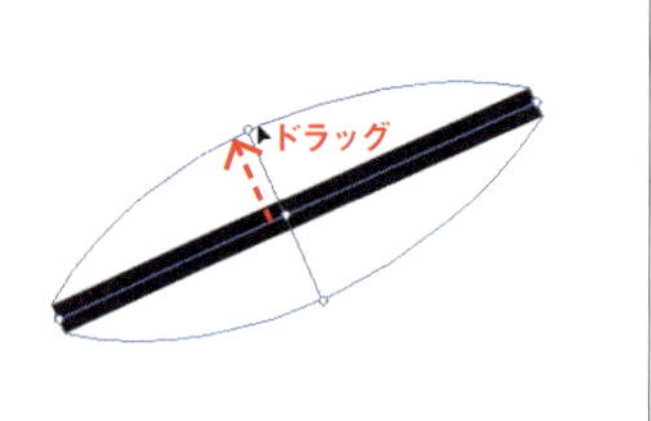

❷線上の膨らませたい部分にマウスポインタを合わせ、膨らませる方向にドラッグします。

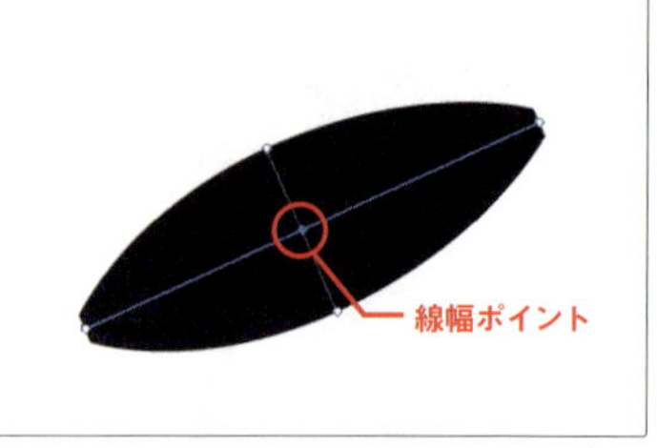

❸線上に線幅ポイントが作成され、線の輪郭が変形します。

線パネルのプロファイルで変形

線パネルの下側にある［プロファイル］には線の変形パターンがいくつか用意されています。

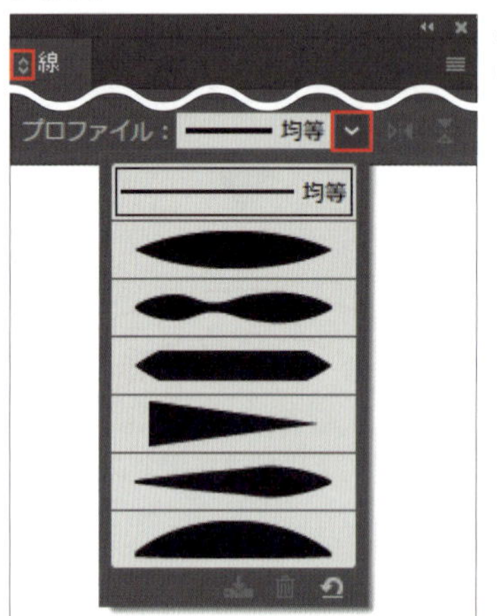

パネルに［プロファイル］が表示されていない場合は、パネルのタブの左側にある◆をクリックします。

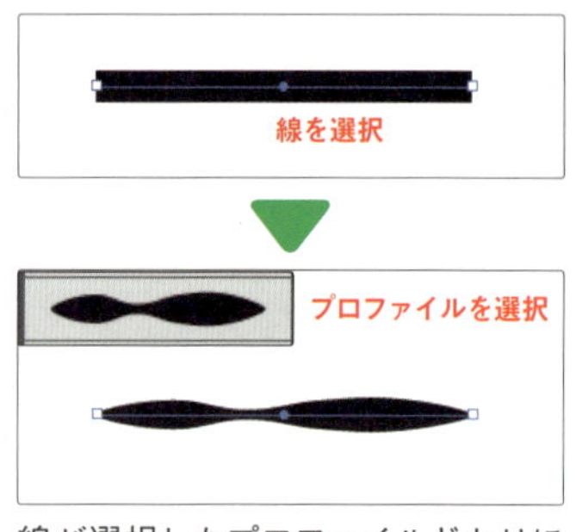

線が選択したプロファイルどおりに変形します。

線の変形の解除

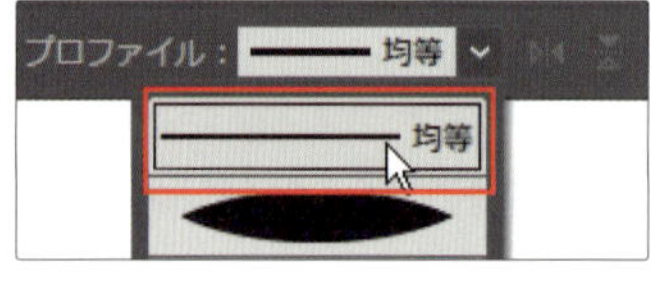

［線幅］ツールや線パネルのプロファイルで変形した線を元の線に戻すには、線パネルの［プロファイル］で「均等」を選択します。ただし、線幅は再設定する必要があります。

数値を指定して変形させる

線幅ポイントをダブルクリックすると、［線幅ポイントを編集］ダイアログボックスが表示され、線幅ポイントの幅を数値で設定できます。

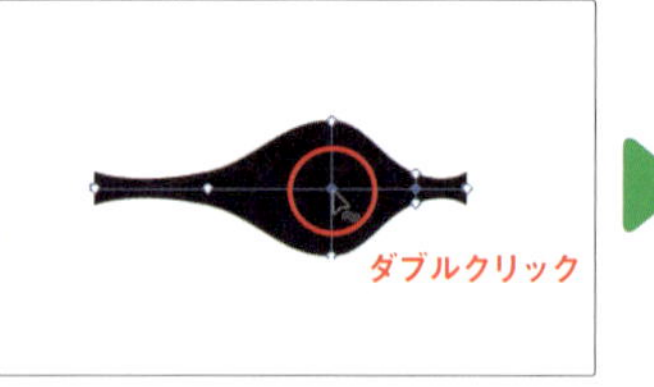

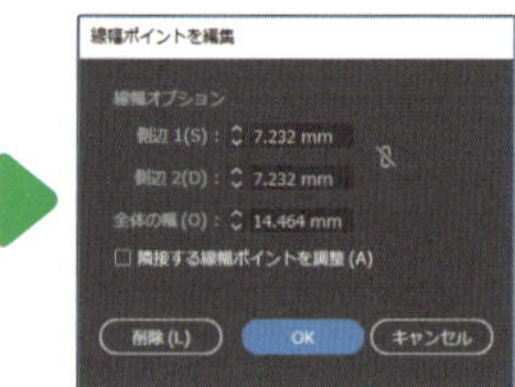

線幅ポイントの幅を数値で指定できます。

CHAPTER 3

13 線をつなげる

離れた線や重なった線をつなげる

ココがポイント

- パスを連結して線をつなげる
- [連結] ツールで線をつなげる

離れた線をつなげることができます。Illustrator CCで追加された[連結]ツールを使うと、交差した線もつなげられます。

 練習用ファイル：chap3_b➡3_13

パスを連結して線をつなげる

パスを連結して線をつなげるには２つの方法があります。

[連結] で線をつなげる

離れている線を新たな線でつなげます。

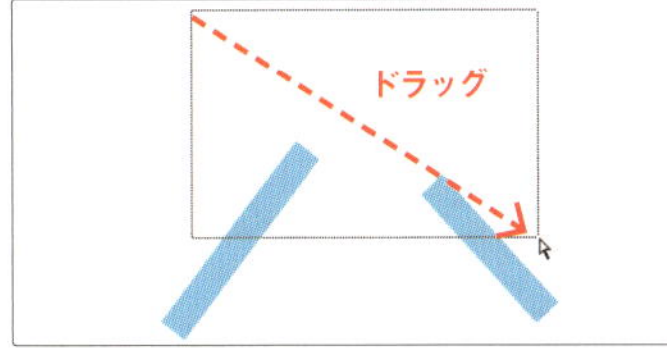

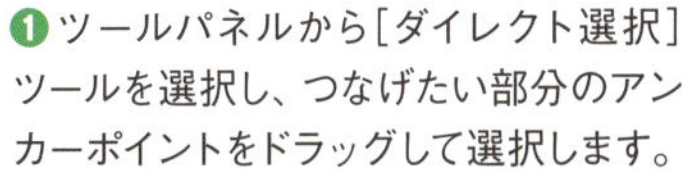

❶ツールパネルから[ダイレクト選択]ツールを選択し、つなげたい部分のアンカーポイントをドラッグして選択します。

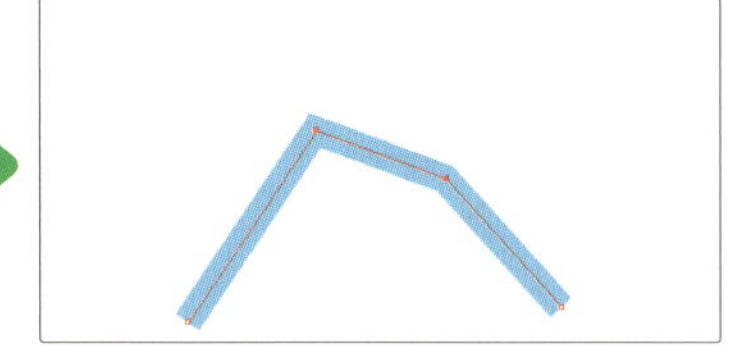

❸2本の線が新たな線でつながります。

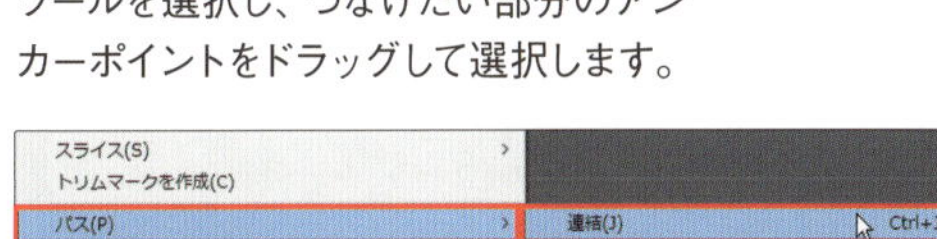

❷ [オブジェクト] メニューから [パス] → [連結] を選択します。

[平均] で線をつなげる

離れている２つのアンカーポイントを１つにまとめて、線をつなげます。

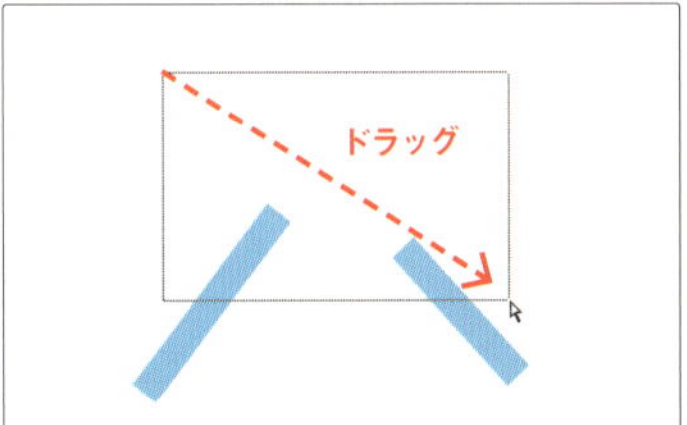

❶ツールパネルから[ダイレクト選択]ツールを選択し、つなげたい部分のアンカーポイントをドラッグして選択します。

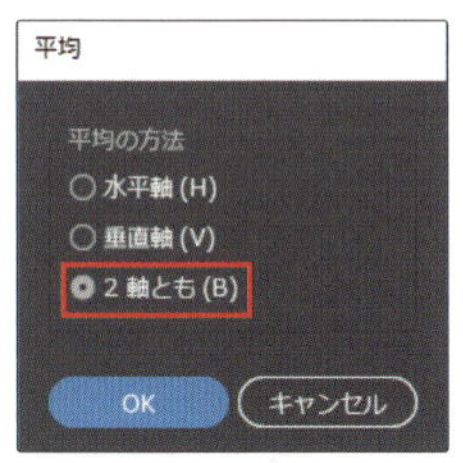

❷ [オブジェクト] メニューから [パス] → [平均] を選択し、[平均] ダイアログボックスで [2 軸とも] を選択して、[OK] ボタンをクリックします。

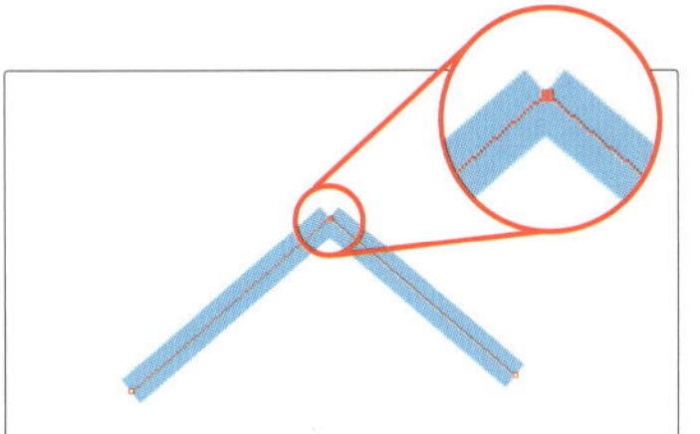

❸ 2 本の線がつながったように見えますが、アンカーポイントが重なっているだけで、まだ連結はしていません。

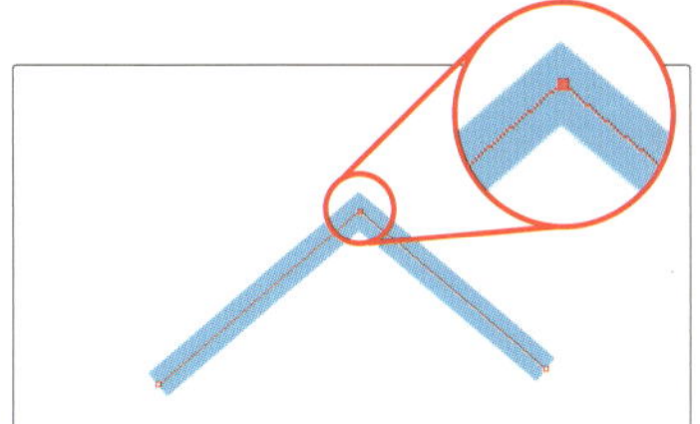

❹ [オブジェクト] メニューから [パス] → [連結] を選択すると、2 本の線がつながります。

HINT

[ペン] ツールでも、離れた線をつなげることができます。

SEE ALSO

[ペン] ツールでパスをつなげる ➡P.120

SHORTCUT

パスの [連結]：
Ctrl (command) + J

SHORTCUT

パスの [平均]：
Ctrl + Alt + J
(command + option + J)

NOTICE

Illustrator CS4 以前のバージョンでは、[連結] ダイアログボックスが表示されるので、[コーナー] または [スムーズ] を選択します。[コーナー] と [スムーズ] では適用範囲が変わります。

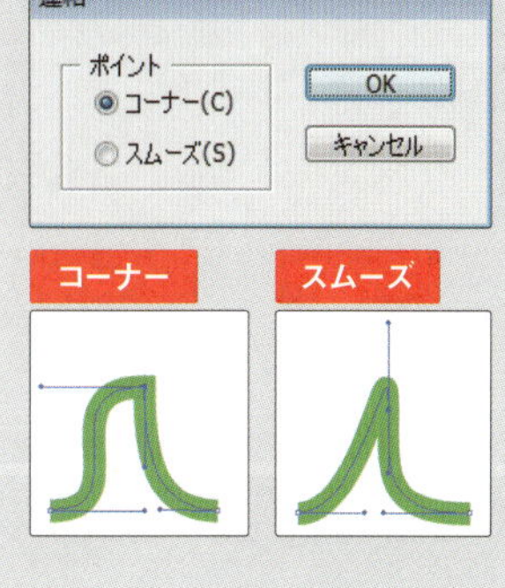

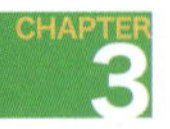

[連結] ツールでつなげる

[連結] ツールは、交差した線をつなげることができます。

交差した線をつなげる

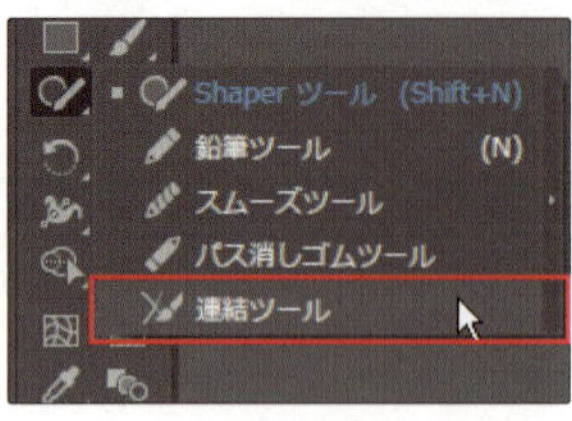

❶ツールボックスから [連結] ツールを選択します。

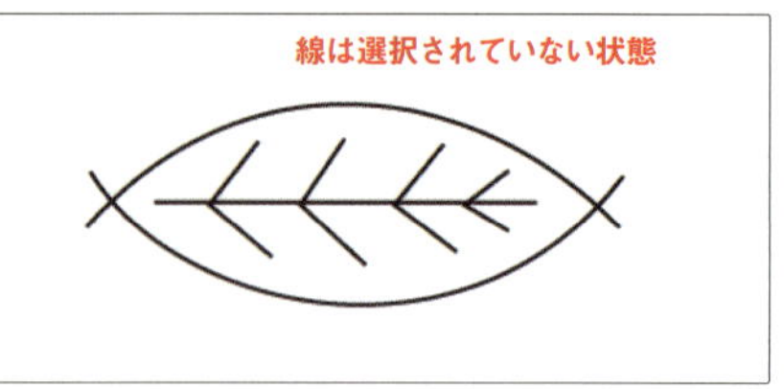

❷交差した線が選択されていないのを確認します。

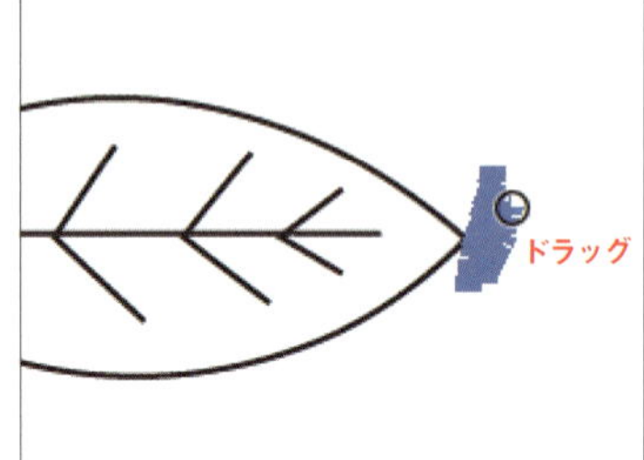

❸交差した線のはみ出した部分を消しゴムで消すようにドラッグします。

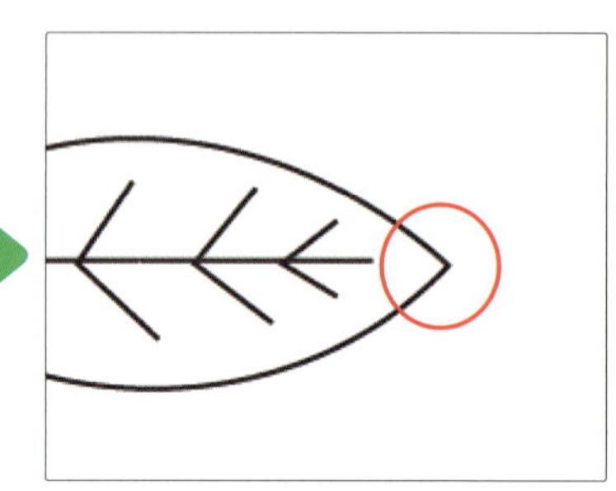

❹はみ出した部分が削除され、線が交差した部分でつながります。

離れた線を [連結] ツールでつなげる

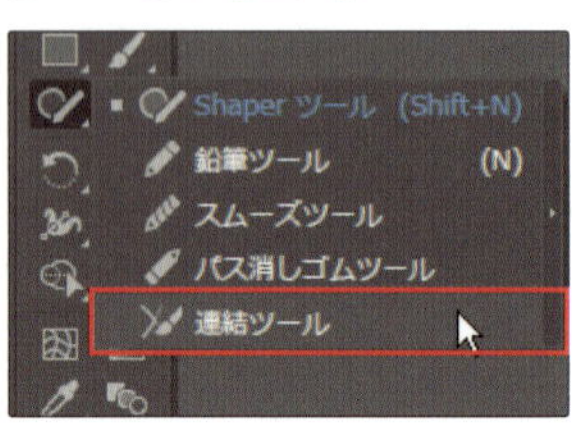

❶ツールボックスから [連結] ツールを選択します。

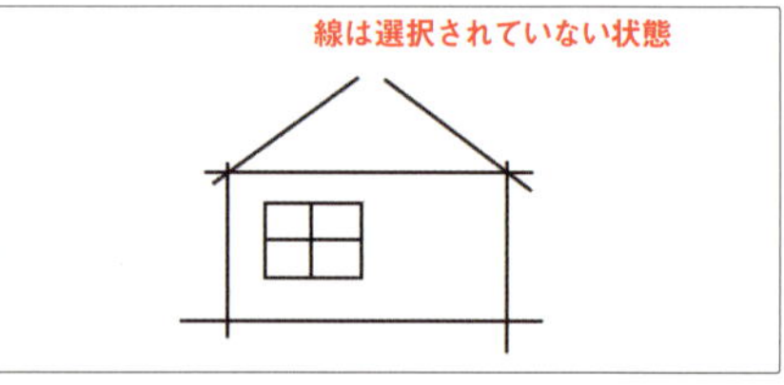

❷つなげる線が選択されていないのを確認します。

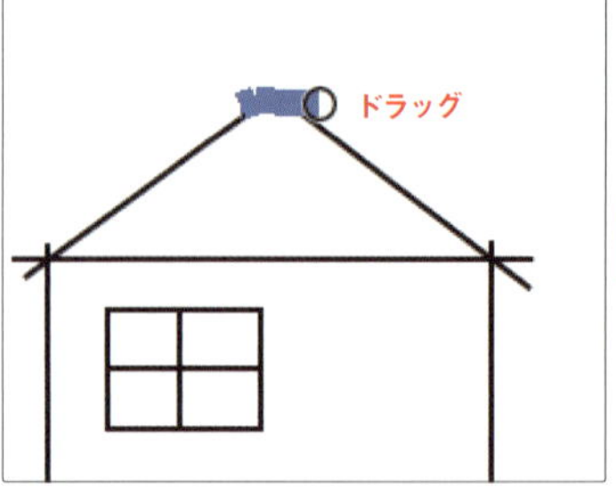

❸つなげたい部分を結びつけるようにドラッグします。

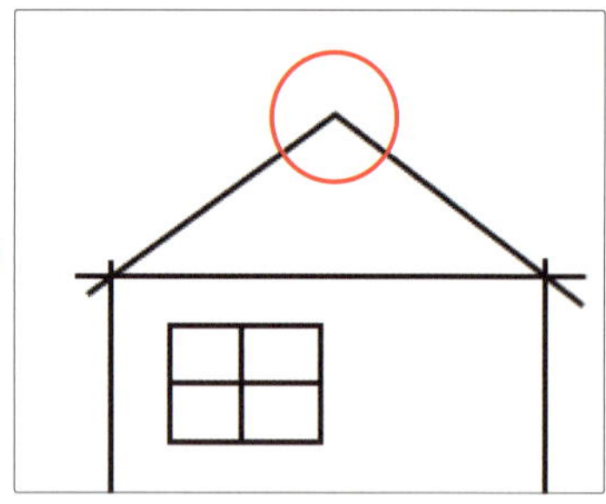

❹離れていた線がつながり、角が作成されます。

NOTICE

[連結] ツールは、Illustrator CC の機能です。

NOTICE

[連結] ツールは、線が選択されているとうまく適用されないことがあります。線をつなげる前にすべてのオブジェクトの選択を解除しておきましょう。

NOTICE

[連結] ツールは、過剰に飛び出したり、離れたりしている線を連結させることはできません。

CHAPTER 3 14

線を切りはなす

パスで線を切りはなす・消す

線を途中で切りはなすことができます。また、直感的な操作で線を消すこともできます。

ココがポイント

- [はさみ] ツールで切りはなす
- アンカーポイントで切りはなす
- [消しゴム] ツールで線を消す

 練習用ファイル：chap3_b→3_14

[はさみ] ツールで切りはなす

[はさみ] ツールは、アンカーポイントを追加して線を切りはなします。

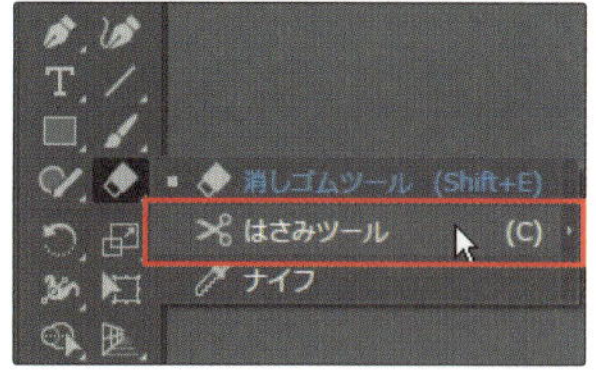

❶ツールボックスから [はさみ] ツールを選択します。

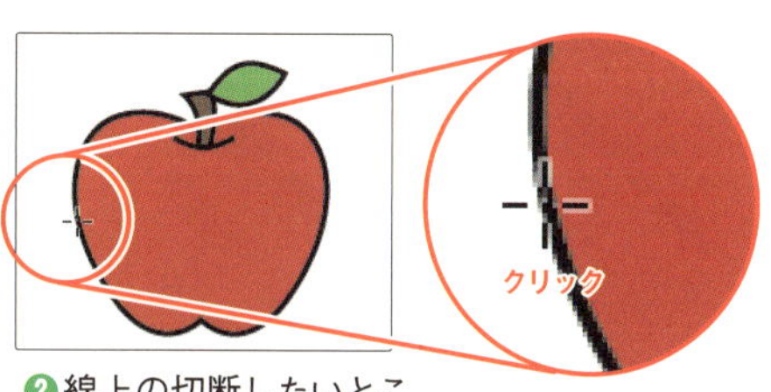

❷線上の切断したいところでクリックします。

❸アンカーポイントが追加されます。[ダイレクト選択] ツールでドラッグすると、線が切りはなされたことがわかります。

HINT

[はさみ] ツールは、あらかじめオブジェクトを選択しておく必要はありません。ただし、透明のオブジェクトなどは、あらかじめ選択しておくと作業しやすいでしょう。

アンカーポイントで切りはなす

コントロールパネルにある、[選択したアンカーポイントでパスを切断] ボタンは、アンカーポイントで線を切りはなします。

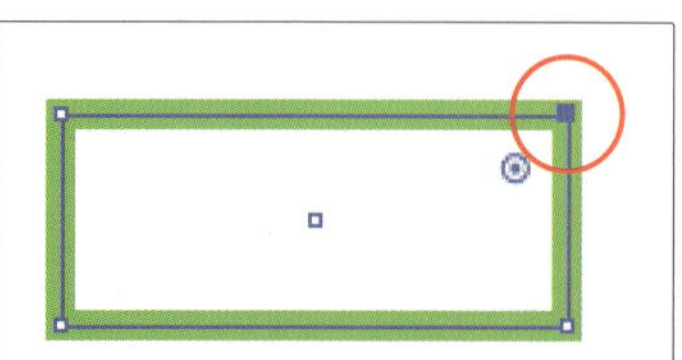

❶ [ダイレクト選択] ツールで切りはなすアンカーポイントを選択します。

アンカーポイント　アンカー：　コーナー：

❷コントロールパネルの [選択したアンカーポイントをパスで切断] ボタンをクリックします。

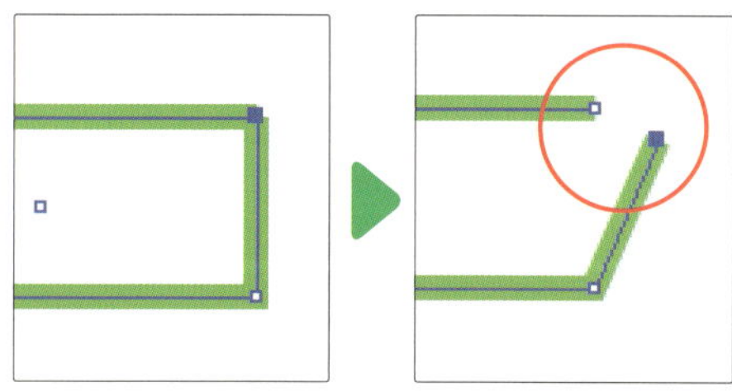

❸２つのアンカーポイントが重なっているので、見た目に変化はありません。[ダイレクト選択] ツールでドラッグすると、アンカーポイントで切りはなされたことがわかります。

HINT

[消しゴム] ツールは、あらかじめオブジェクトを選択しておく必要はありません。また、線だけでなく塗り部分を消すこともできます。

HINT

[パス消しゴム] ツールは、ドラッグした部分のパスやアンカーポイントを消すことができます。

SEE ALSO

[パス消しゴム] ツール ➡P.235

[消しゴム] ツールで線を消す

[消しゴム] ツールは、「消しゴム」のように、ドラッグした部分を消すことができます。

❶ツールボックスから [消しゴム] ツールを選択します。

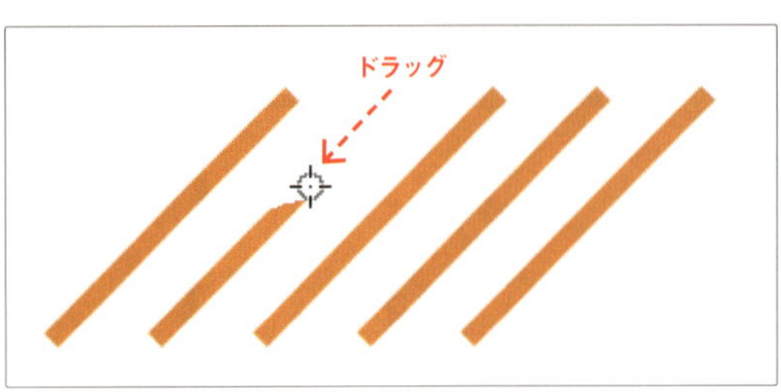

❷削除したい線を、消しゴムで消すようにドラッグします。

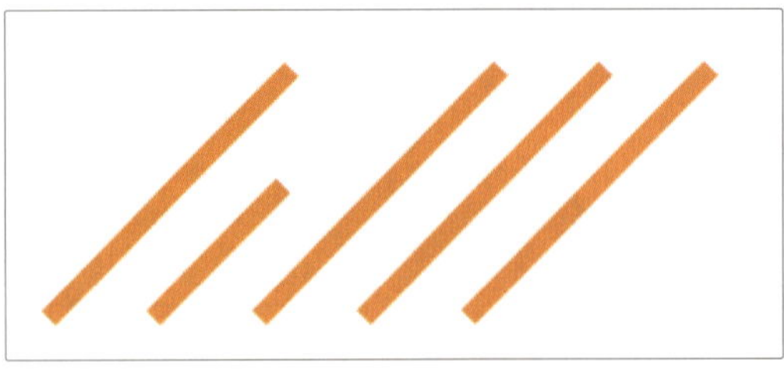

❸ドラッグした部分が削除されます。

[消しゴムツールオプション] ダイアログボックス

ツールボックスで[消しゴム] ツールをダブルクリックすると表示される[消しゴムツールオプション] ダイアログボックスでは、消しゴムの形や大きさを指定できます。

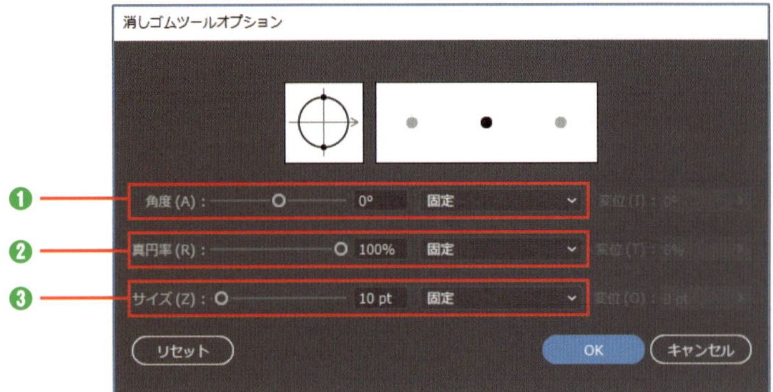

❶**角度**：[消しゴム] ツールの傾き角度を設定します。

❷**真円率**：[消しゴム] ツールの形を設定します。数値が小さいほど平たい形になります。

❸**サイズ**：[消しゴム] ツールの大きさを設定します。

CHAPTER 3

15 グループとロック

オブジェクトをまとめる・ロックする

作業中に誤って移動したり、編集したりしないように、複数のオブジェクトをグループ化したり、オブジェクトをロックすることができます。

ココがポイント

- 複数のオブジェクトを1つのグループにまとめる
- 移動したくないオブジェクトをロックする

 練習用ファイル：chap3_b→3_15

グループ

複数のオブジェクトをグループ化すると、まとめて選択できるようになります。

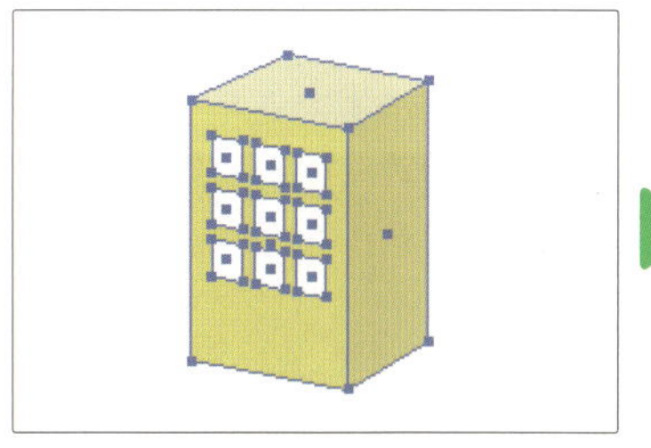

［選択］ツールで複数のオブジェクトを選択し、［オブジェクト］メニューから［グループ］を選択します。

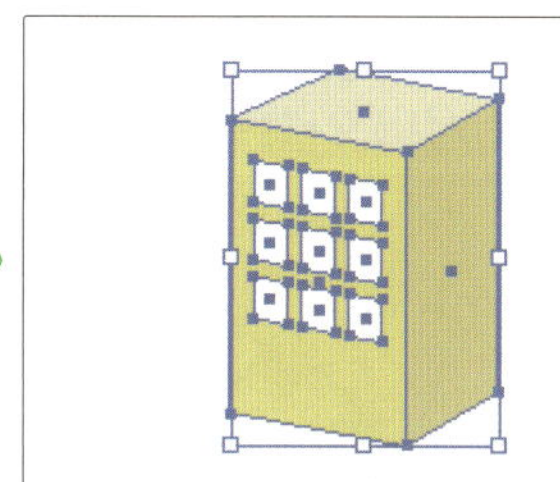

グループ化されたオブジェクトは、［選択］ツールで一部分をクリックするだけで、グループ内のオブジェクトすべてを選択できます。

［グループ選択］ツール

グループ内の一部のオブジェクトを選択します。

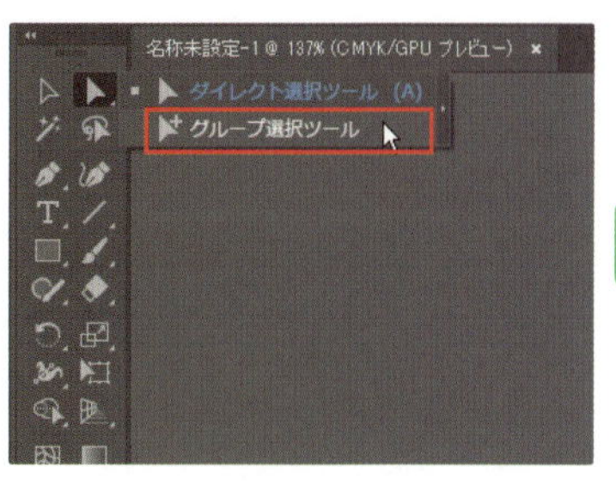

ツールパネルから［グループ選択］ツールを選択します。

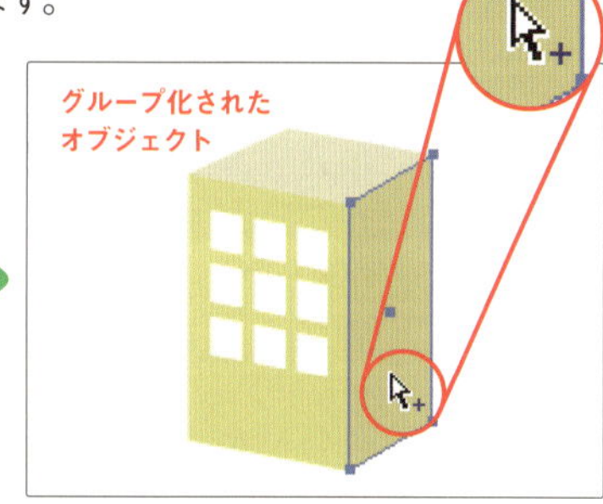

クリックすると、グループ内の一部のオブジェクトだけを選択できます。

ロック

オブジェクト、グループ化されたオブジェクトをロックすると、選択できなくなります。

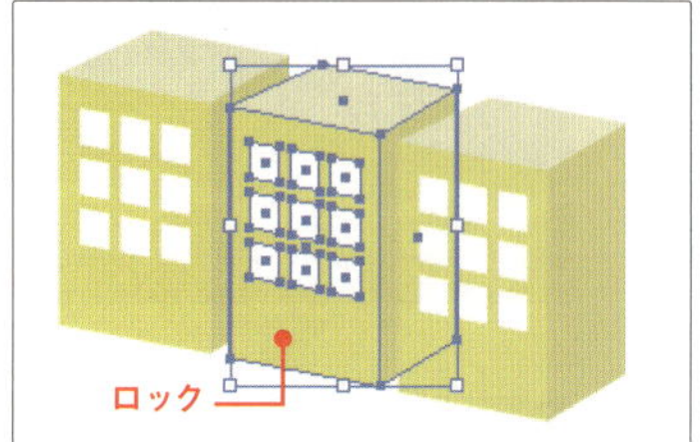

［選択］ツールでロックするオブジェクトを選択し、［オブジェクト］メニューから［ロック］→［選択］を選択します。

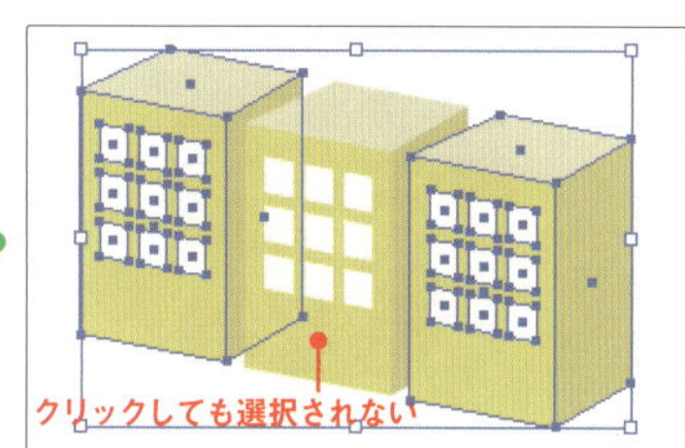

オブジェクトがロックされ、クリックしても選択されなくなります。

SHORTCUT

グループ化：
Ctrl（command）＋G

HINT

グループを解除するには、［オブジェクト］メニューから［グループ解除］を選択します。

SHORTCUT

グループ解除：
Ctrl（command）＋Shift＋G

HINT

［グループ選択］ツールでグループ化されたオブジェクトをダブルクリックすると、グループ内のオブジェクトすべてを選択できます。

SHORTCUT

選択中のオブジェクトをロック：
Ctrl（command）＋2

HINT

オブジェクトのロックを解除するには、［オブジェクト］メニューから［すべてをロック解除］を選択します。

SHORTCUT

すべてをロック解除：
Ctrl＋Alt＋2
（command＋option＋2）

16 レイヤー
レイヤーでオブジェクトを管理する

レイヤーは、複数のオブジェクトをまとめて操作・管理できる便利な機能です。この機能を利用すると、レイヤーごとにオブジェクトをまとめて選択したり、ロックしたりすることができます。

練習用ファイル：chap3_b→3_16

ココがポイント
- 新規レイヤーを作成する
- レイヤーの順序を入れ替える
- レイヤーをロックする
- レイヤーを非表示にする

レイヤーのしくみ

Illustratorのオブジェクトの重なり方は、すべてレイヤーパネルで管理できます。レイヤーは透明なシートのような働きをするため、オブジェクトを整理してレイヤーで分けておけば、効率よく作業が行えます。また、新規ドキュメントで用意されるレイヤーは1枚で、オブジェクトはすべてこのレイヤー上に作成されます。

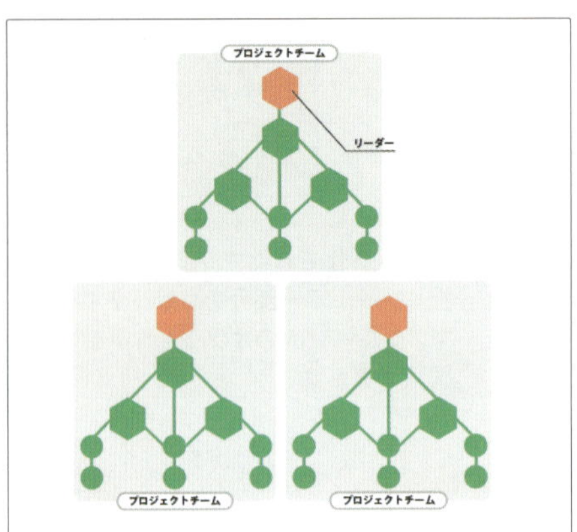

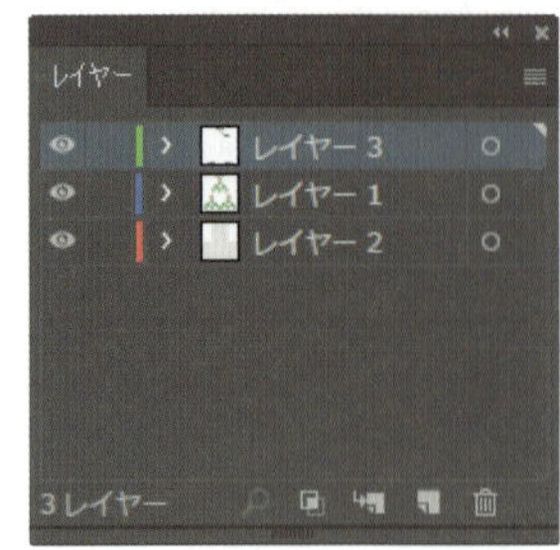

左図のオブジェクトは、下図のように3つのレイヤーに分かれています。

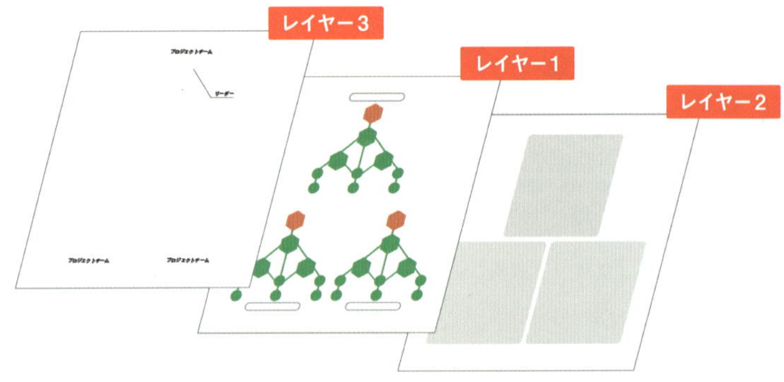

HINT
レイヤーパネルは、[ウィンドウ] メニューから [レイヤー] を選択すると表示されます。

新規レイヤーを作成

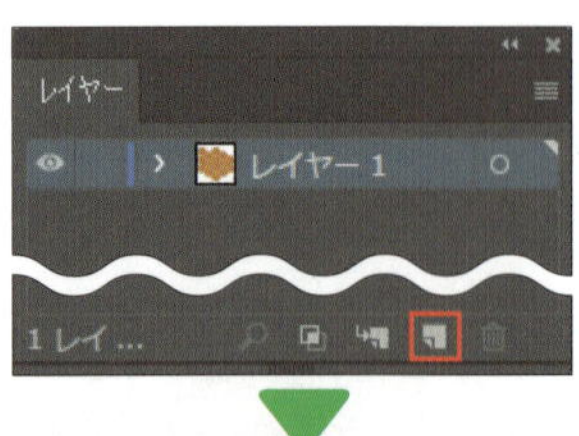

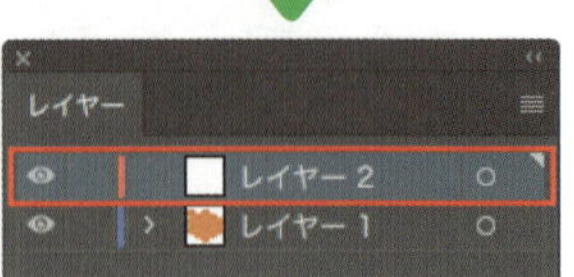

レイヤーパネルで、[新規レイヤーを作成] ボタンをクリックすると、新しいレイヤー（「レイヤー2」）が作成されます。

HINT
新規レイヤーは、レイヤーパネルの右上の[オプションメニュー] ボタンをクリックして表示されるオプションメニューから [新規レイヤー] を選択しても作成できます。表示される [レイヤーオプション] ダイアログボックスでは、レイヤー名や選択色を指定できます。

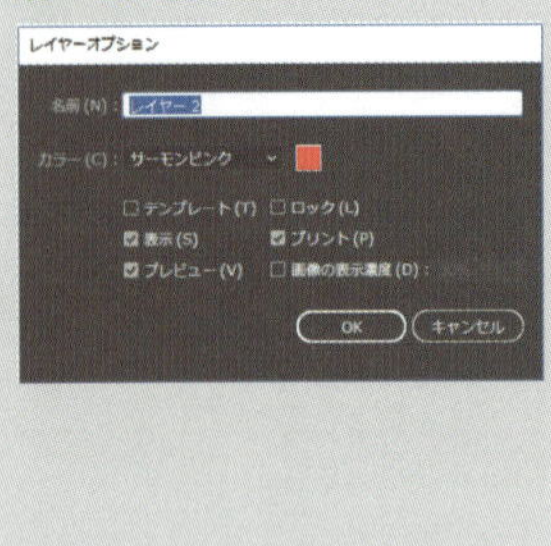

レイヤーの順序を変える

レイヤーの順序を入れ替えると、オブジェクトの重なり順が変わります。

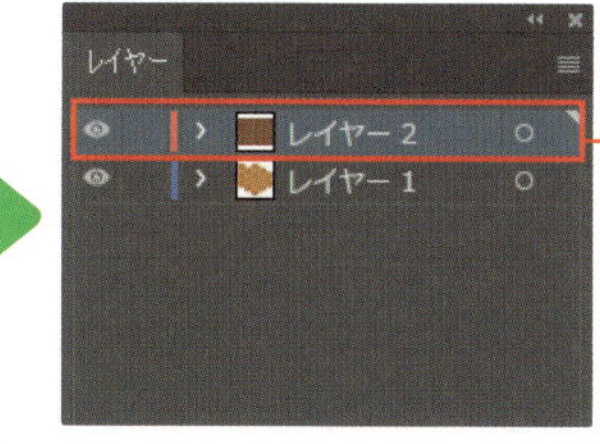

新しいレイヤーに大きな長方形が作成される

❶レイヤーパネルで新しいレイヤー（「レイヤー2」）をクリックして選択し、レイヤー1のオブジェクトより大きな長方形を作成します。

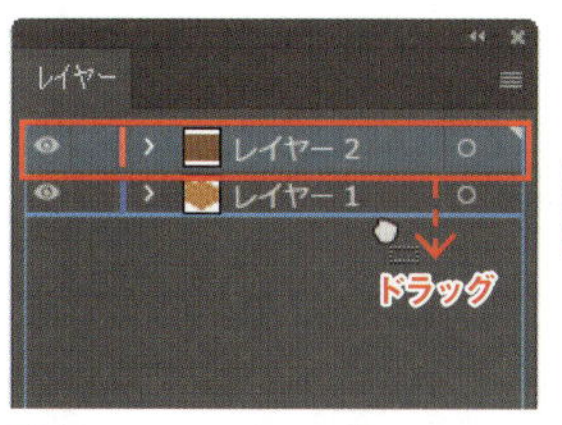

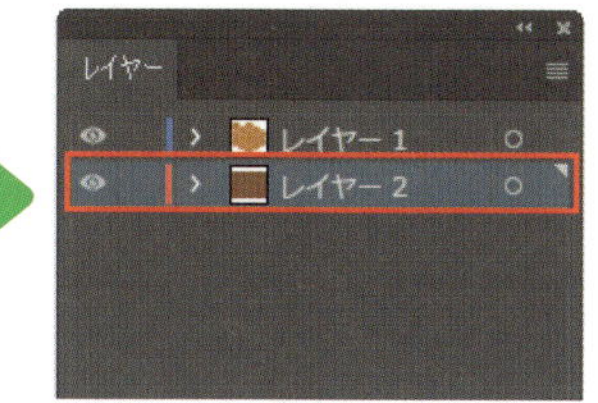

❷新しいレイヤー（「レイヤー2」）を最初からあったレイヤー（「レイヤー1」）の下にドラッグして、レイヤーの順序を入れ替えます。

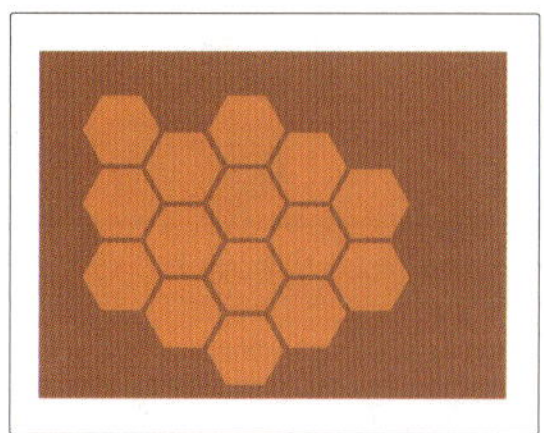

❸長方形がオブジェクトの背面に移動し、オブジェクトの背景となりました。

レイヤーをロックする

レイヤーをロックして、オブジェクトを選択できないようにします。

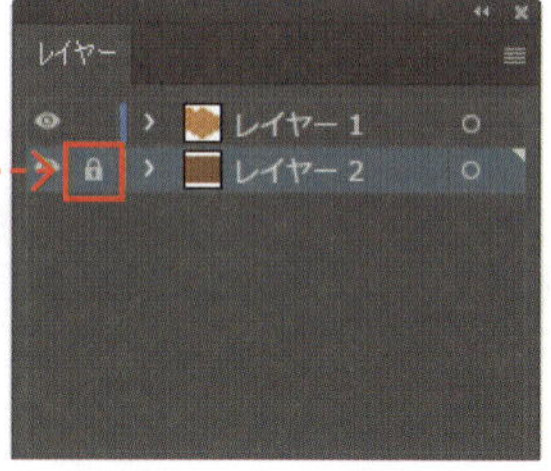

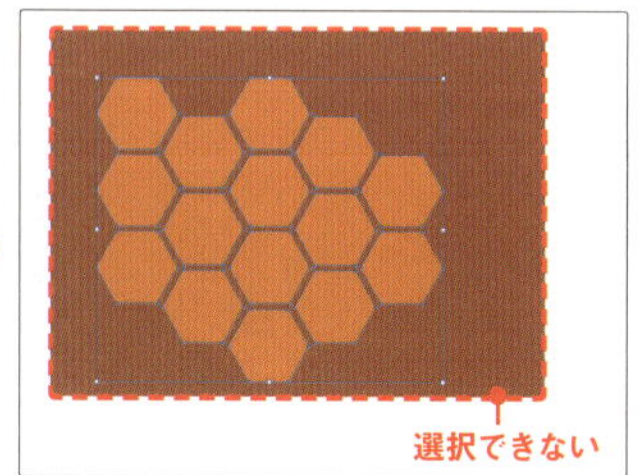

レイヤーパネルの左から２つめの■をクリックすると🔒になり、レイヤーがロックされます。ロックされたレイヤーのオブジェクトはすべて選択できなくなります。

レイヤーを非表示にする

レイヤーを非表示にして、オブジェクトが見えないようにします。

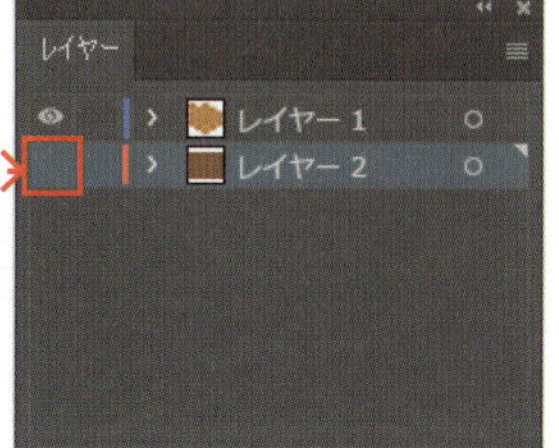

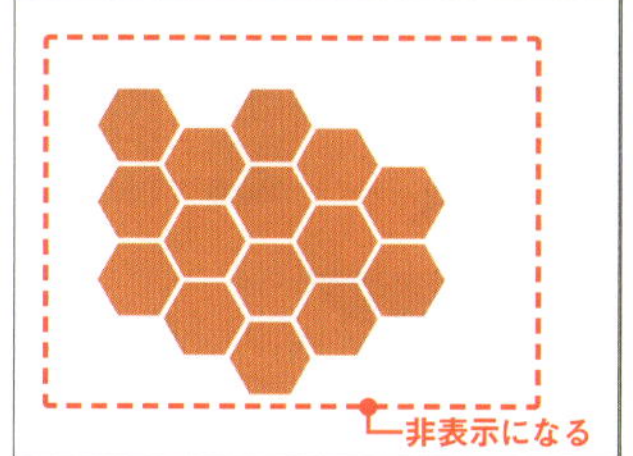

レイヤーパネルの一番左にある👁をクリックすると■になり、レイヤーが非表示になります。非表示のレイヤーのオブジェクトは見えなくなります。

レイヤーを削除するには、レイヤーパネルで削除するレイヤーを選択し、パネルの右下の🗑［選択項目を削除］ボタンをクリックします。パネルの右上の☰［オプションメニュー］ボタンをクリックし、［レイヤー（レイヤー名）を削除］を選択しても削除できます。

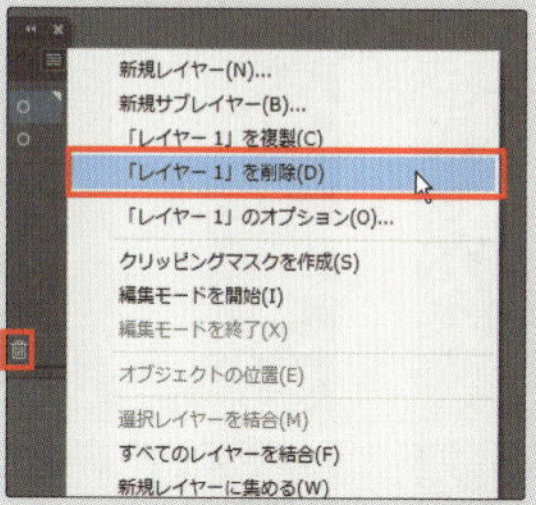

レイヤーのロックを解除するには、🔒をクリックして■にします。非表示にしたレイヤーを表示させるには、■をクリックして👁にします。

レイヤー名をダブルクリックして表示される［レイヤーオプション］ダイアログボックスで、レイヤー名や選択色、ロック、表示／非表示の設定がまとめて行えます。

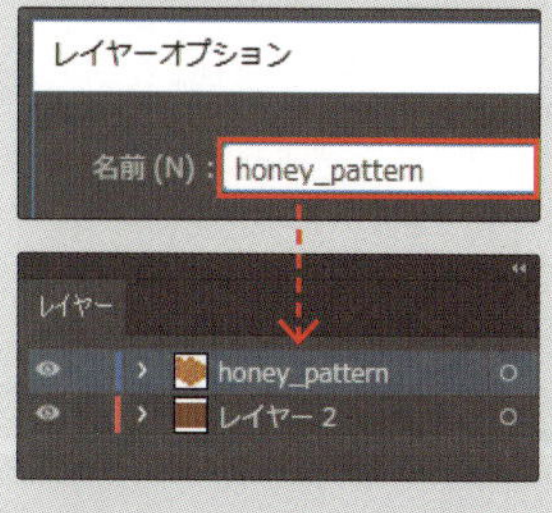

17 画面表示の操作

ズームイン／アウトと範囲の移動

画面表示は拡大／縮小したり、表示部分を移動させせることができます。キーボードからの操作を覚えておくと、とても便利です。

ココがポイント
- 一部分を拡大する
- アートボード全体を表示する
- 画面表示の範囲を移動させる

練習用ファイル：chap3_b→3_17

HINT

画面左下のズームレベル（P.22参照）では、表示倍率を数値で指定できます。ポップアップメニューから選択するか、数値ボックスに数値を入力します。

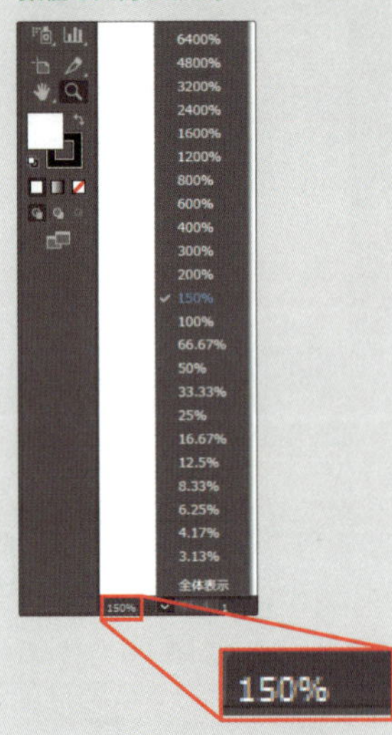

SHORTCUT

キー操作で一時的に［ズーム］ツールに切り替えられます。いちいちツールを選び直す手間が省けるので便利です。

拡大：
Ctrl（command）＋スペース

縮小：
Ctrl＋Alt＋スペース
（command＋option＋スペース）

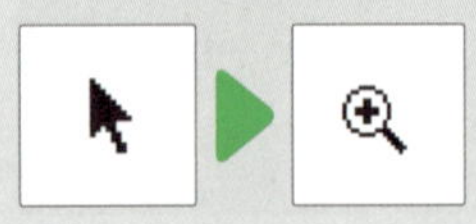

［ズーム］ツールで表示を拡大／縮小する

画面表示を拡大／縮小表示（ズームイン／アウト）するには、［ズーム］ツールを使用します。

❶ツールパネルから［ズーム］ツールを選択します。

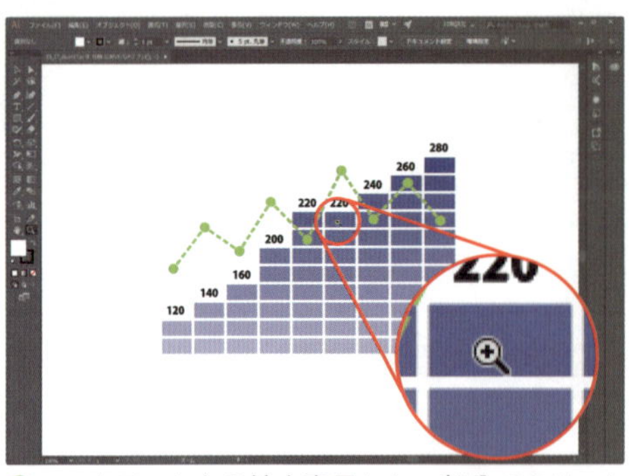

❷アートワーク上の拡大表示したい部分でクリックします。

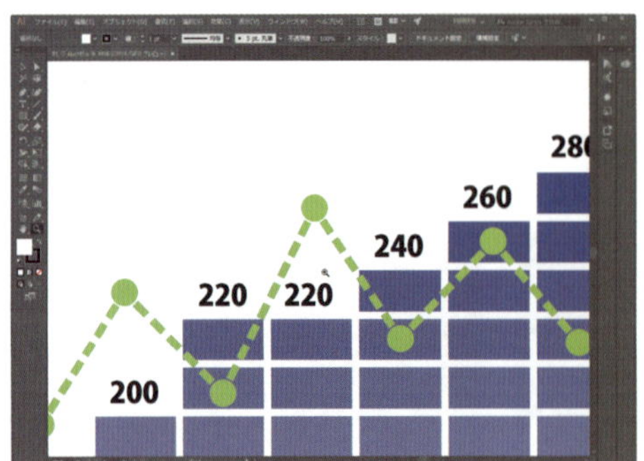

❸クリックした部分を中心として拡大表示されます。

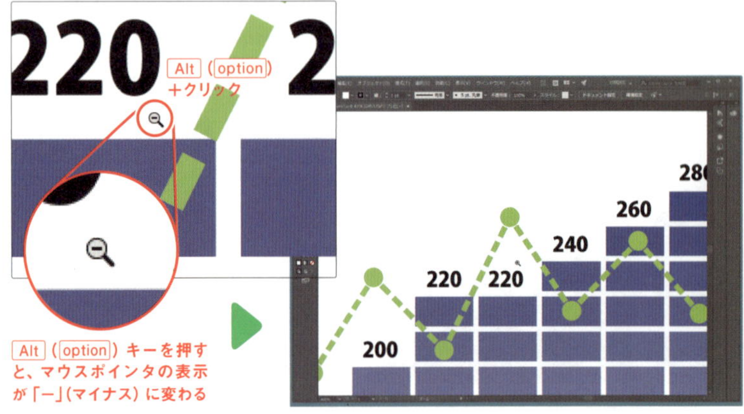

❹画面を縮小表示する場合には、Alt（option）キーを押しながらクリックします。

[手のひら] ツールで画面表示の範囲を移動させる

画面表示の範囲を移動させるには、[手のひら] ツールを使用します。

❶ツールパネルから [手のひら] ツールを選択します。

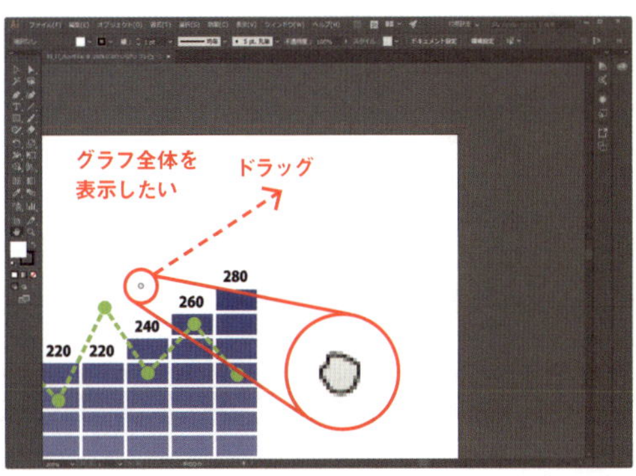

❷表示したいところをたぐりよせるようにドラッグします。

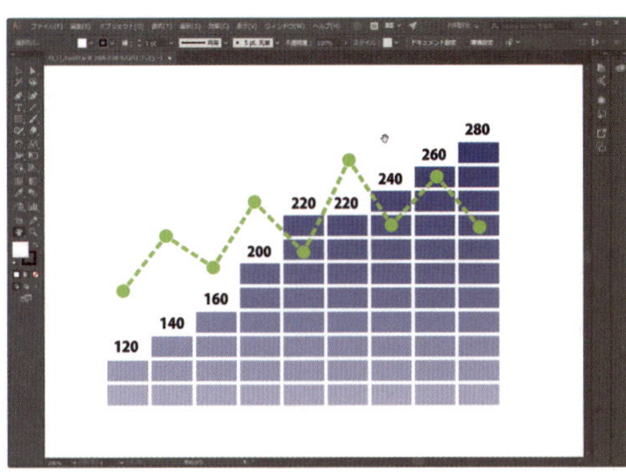

❸表示範囲が移動されます。

アートボード全体を表示させる

アートボード全体を表示させることができます。

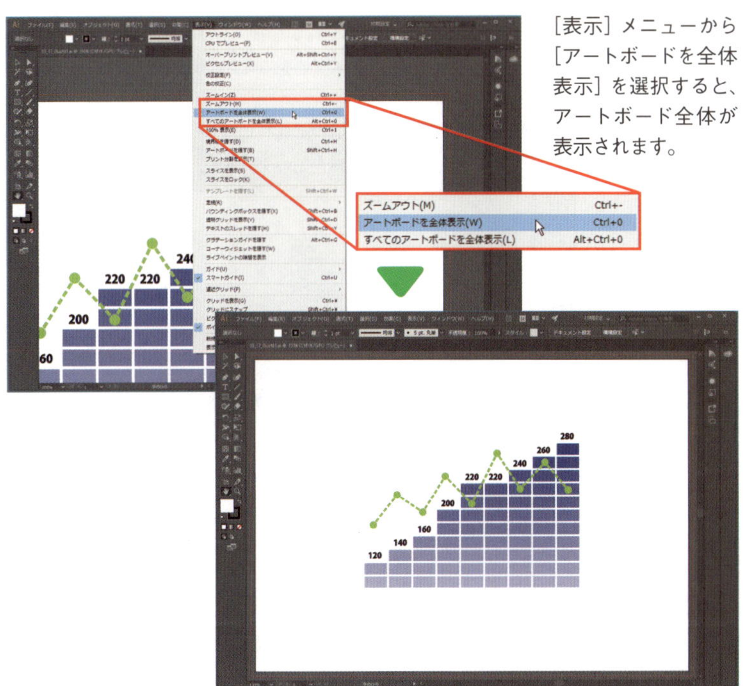

[表示] メニューから [アートボードを全体表示] を選択すると、アートボード全体が表示されます。

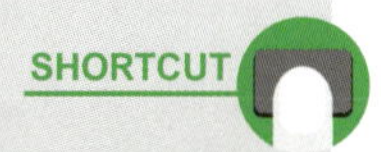

キー操作で一時的に [手のひら] ツールに切り替えられます。
[手のひら] ツールへの切り替え：
スペース

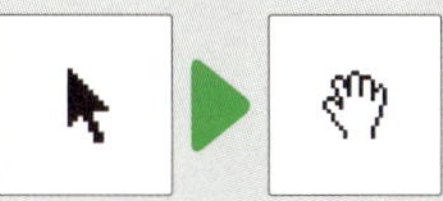

SHORTCUT

アートボード全体を表示：
Ctrl (command) +0

ナビゲーターパネルを利用する

[ズーム] ツールや [手のひら] ツールによる画面操作を、ナビゲーターパネルで行えます。

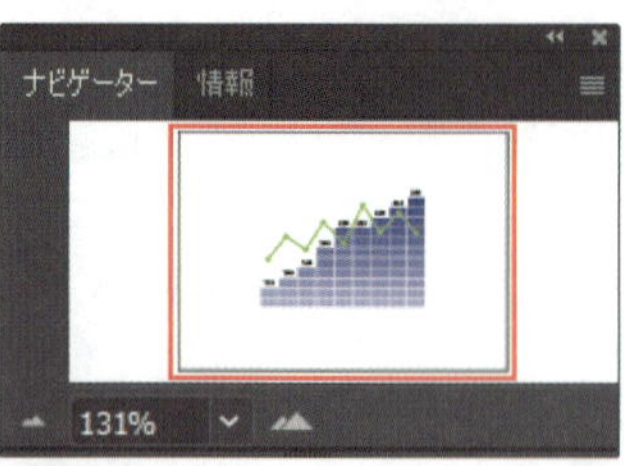

[ウィンドウ] メニューから [ナビゲーター] を選択すると、ナビゲーターパネルが表示されます。

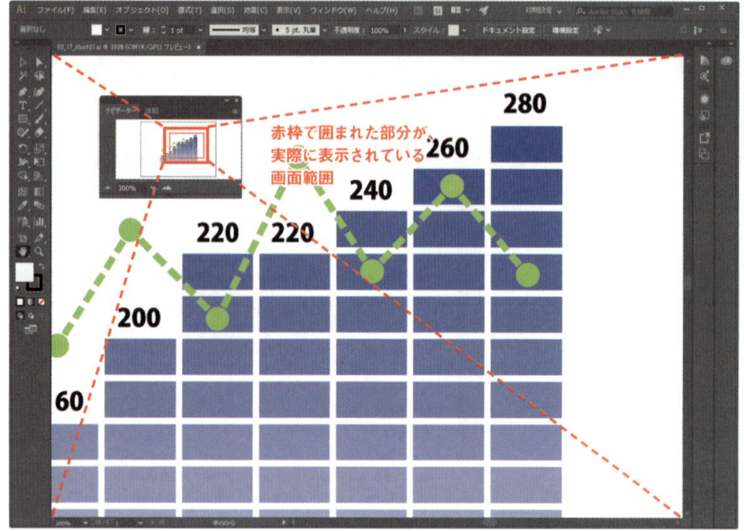

ナビゲーターパネルには、アートワーク（アートボード上のすべてのオブジェクト）がサムネールで表示されます。ナビゲーターでの操作は実際の画面表示と連動します。

NOTICE

Illustrator CS6 以前のバージョンのナビゲーターパネルには、ドラッグ操作で画面表示の倍率を変更できるズームスライダーが用意されています。

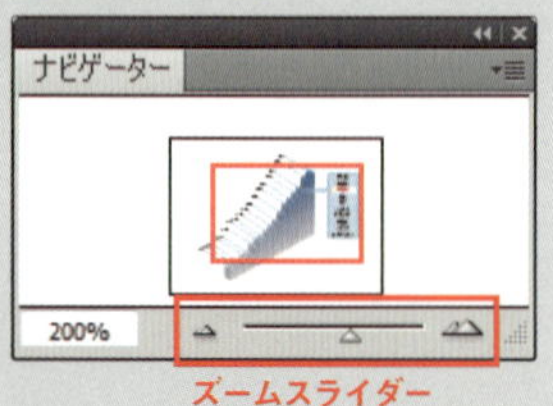

ナビゲーターパネルの使い方

ナビゲーターパネルの機能や名称を説明します。

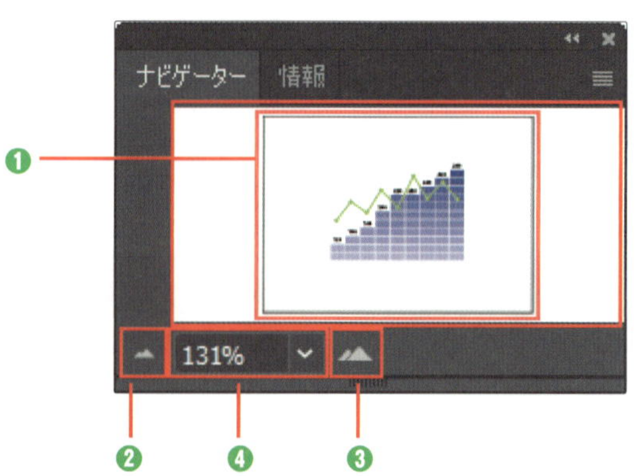

❶ビューボックス：[手のひら] ツールのように、ドラッグで画面表示の範囲を移動させます。

❷ズームアウトボタン：クリックすると縮小表示されます。

❸ズームインボタン：クリックすると拡大表示されます。

❹ズームボックス：画面表示の倍率を指定します。

CHAPTER 3

18 画像の配置

配置の方法と画像の管理

写真などの画像をアートボード上に貼り込むことを「配置」といいます。配置した画像は、リンクパネルを利用して、更新や管理が行えます。

ココがポイント

- 画像を配置する
- リンク画像と埋め込み画像の違いを知る
- 配置した画像を置き換える

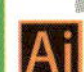
練習用ファイル：chap3_b → 3_18

画像を配置する

JPEGやPSD、PDF、BMPなどさまざまなファイル形式の画像を配置できます。

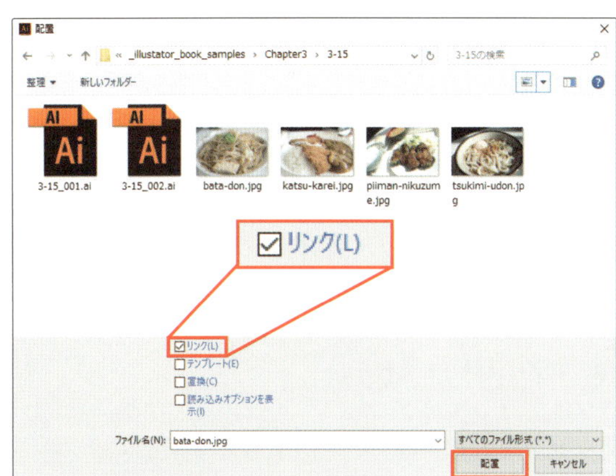

［ファイル］メニューから［配置］を選択し、表示される［配置］ダイアログボックスで配置する画像を選択します。ここでは［リンク］にチェックを入れて、［配置］ボタンをクリックします。

選択した画像が、リンク画像としてアートボード上に配置されます。

リンクと埋め込み

配置した画像には、「リンク画像」と「埋め込み画像」の２種類があります。

リンク画像には対角線が表示されます。配置後に元画像に変更を加えると、リンク画像にその変更が反映されます。

埋め込み画像には対角線が表示されません。配置後に元画像に変更を加えても、リンク画像にその変更は反映されません。

HINT

［リンク］にチェックを入れないと、埋め込み画像として配置されます。

HINT

配置できる画像のファイル形式は、［配置］ダイアログボックスの［ファイル名］（Mac版は［選択対象］）の右のポップアップメニューで確認できます。

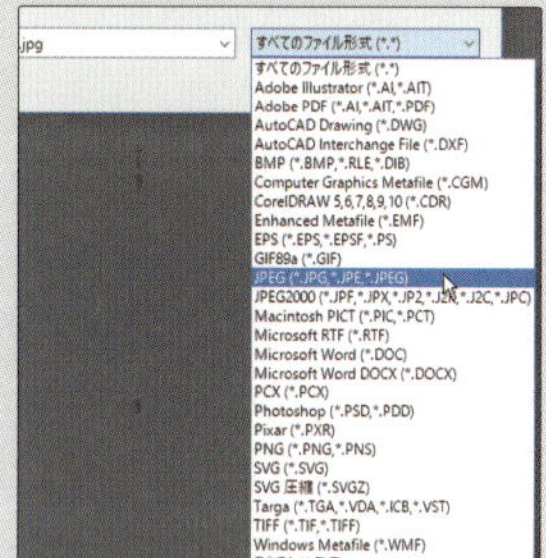

HINT

配置した画像は、Illustratorで作成したオブジェクトと同じように、変形ツールなどで変形できます。ただし、元の画像サイズ以上に拡大すると、画質が粗くなることがあるので、注意しましょう。

SEE ALSO

リンク画像の添付 ➡P.269

リンクパネルの使い方

［ウィンドウ］メニューから［リンク］を選択すると、リンクパネルが表示されます。リンクパネルでは、アイコン表示で配置した画像の状況を管理・確認できます。

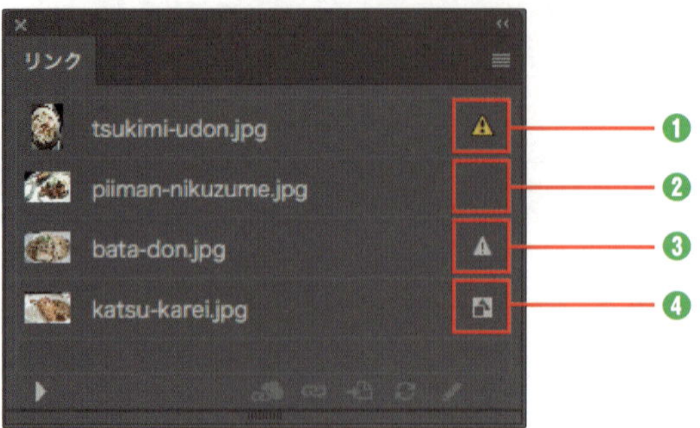

❶ **リンク画像（元画像に変更あり）**：元画像の変更がまだリンク画像に反映されていない状況です。変更を反映させるには、パネル下側の［リンクを更新］ボタンをクリックします。

❷ **リンク画像**：元画像に変更のない状態です。

❸ **リンク画像（リンク切れ）**：元画像をフォルダから移動したり、ゴミ箱に捨てたりしたことで、リンクが切れた状態です。リンク切れを解消するには、リンクを再設定する必要があります。

❹ **埋め込み画像**：元画像の変更は反映されません。

リンク画像を埋め込み画像にする

配置したリンク画像を選択し、リンクパネルの［オプションメニュー］ボタンから「画像を埋め込み」を選択すると、埋め込み画像になります。

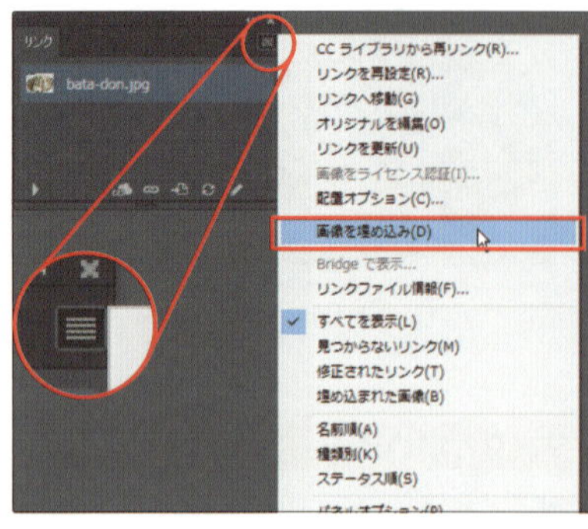

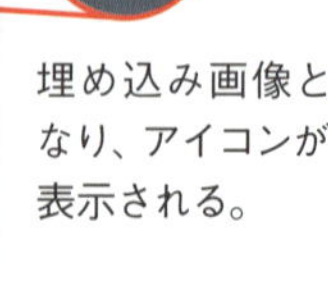

埋め込み画像となり、アイコンが表示される。

配置した画像の元画像を開く

❶［選択］ツールでリンク画像を選択します。

❷リンクパネルの［オリジナルを編集］ボタンをクリックするか、オプションメニューから「オリジナルを編集」を選択します。

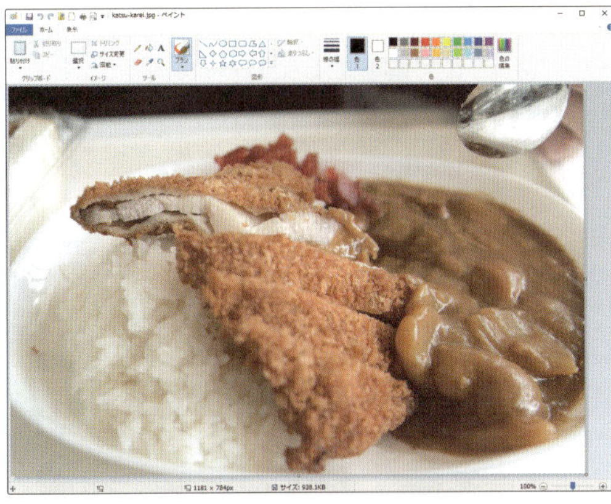

❸ペイントソフトなどが起動し、元画像が開きます。

SHORTCUT

元画像を開く：Alt（option）キーを押しながらリンク画像をダブルクリック

配置した画像を置き換える

❶リンク画像を選択し、［ファイル］メニューから［配置］を選択します。

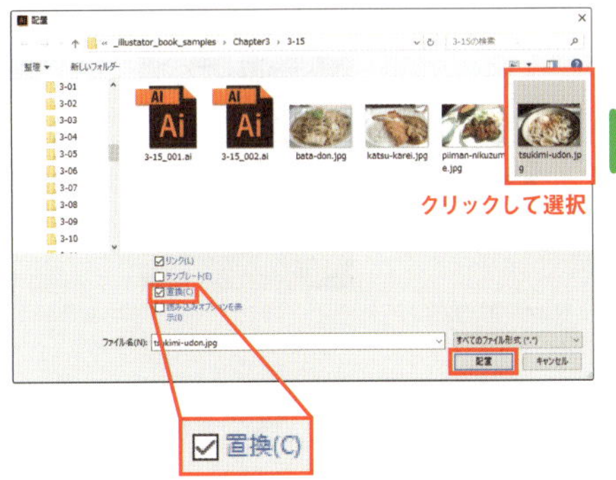

❷表示される［配置］ダイアログボックスで置き換える画像を選択し、［置換］にチェックを入れて［配置］ボタンをクリックします。位置はそのままで、画像が置き換えられます。

HINT

配置画像の置き換えは、リンク画像だけでなく、埋め込み画像でも行えます。
埋め込み画像を置き換えるとき、［リンク］にチェックを入れると、置き換え画像はリンク画像として配置されます。

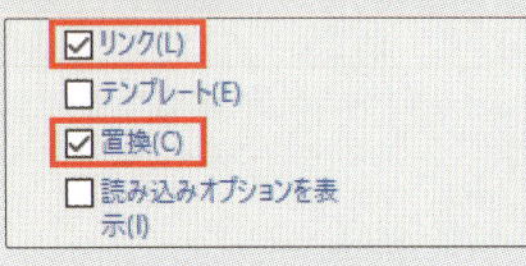

NOTICE

複数の画像を配置するのは、Illustrator CCの機能です。この機能の追加に伴い、画像を配置するときのマウスポインタの表示が変わりました。

HINT

配置する画像の順番は、[←][→]キーを押して変更できます。

NOTICE

大きさを指定して配置する方法は、Illustrator CCの機能です。

複数の画像を配置する

配置する画像は１つのフォルダにまとめておきます。

❶［ファイル］メニューから［配置］を選択して、画像のあるフォルダを選択します。

❷ Ctrl（command）キーを押しながら複数の画像を選択し、［配置］ボタンをクリックします。

❸画像の枚数を示すマウスポインタと、配置する画像のサムネールが表示されます。

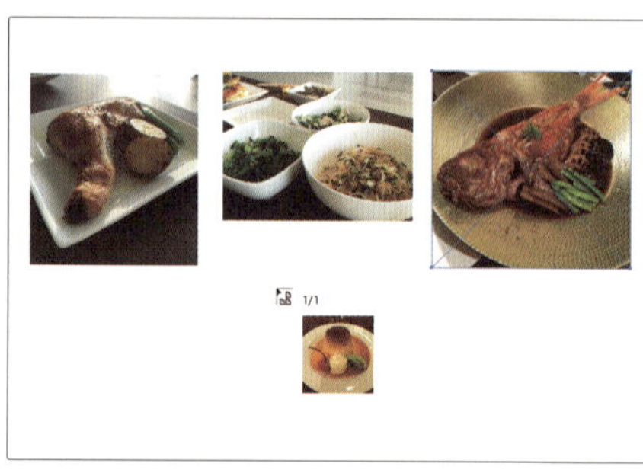

❹１枚目の画像を配置する位置でクリックします。

❺マウスポインタのサムネールで画像を確認し、次の画像を配置していきます。

大きさを指定して配置する

大きさを指定して画像を配置することができます。

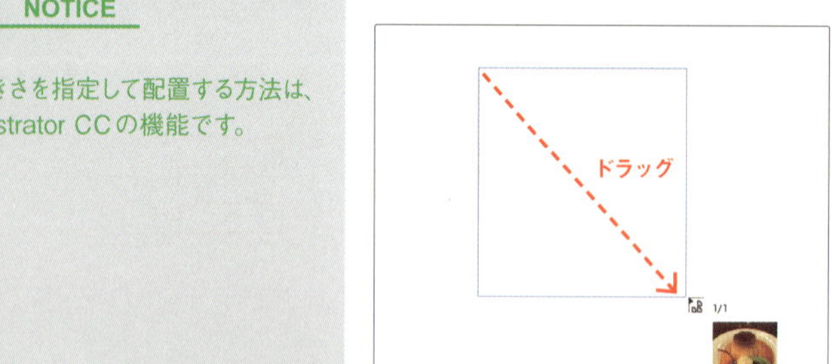

配置する画像を選択後、配置する位置でドラッグし、配置する大きさを指定します。

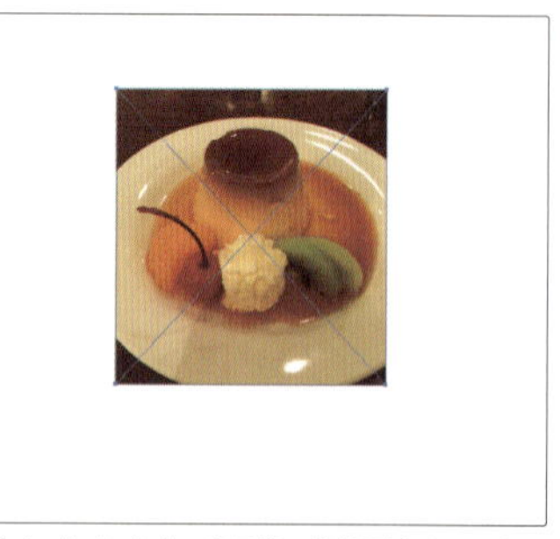

指定した大きさで画像が配置されます。

CHAPTER 3 19

マスク〈1〉

画像やオブジェクトを切り抜く

配置した画像を、一部分だけ見せたい場合や、任意の形状で切り抜きたい場合には、マスク機能を利用します。配置した画像だけでなく、作成したオブジェクトもマスクできます。

練習用ファイル：chap3_b➡3_19

ココがポイント

- 画像を切り抜いたように見せる
- 複数のオブジェクトでマスクを作成する
- マスクに色を付ける

クリッピングマスクとは

クリッピングマスクは、背面の画像やオブジェクトを、前面に置いた別のオブジェクトの形状で切り抜いたように見せる機能です。背面の画像やオブジェクトは、表示のうえで一部が見えなくなるだけで、実際に切り抜くわけではないので、いつでも元に戻せます。

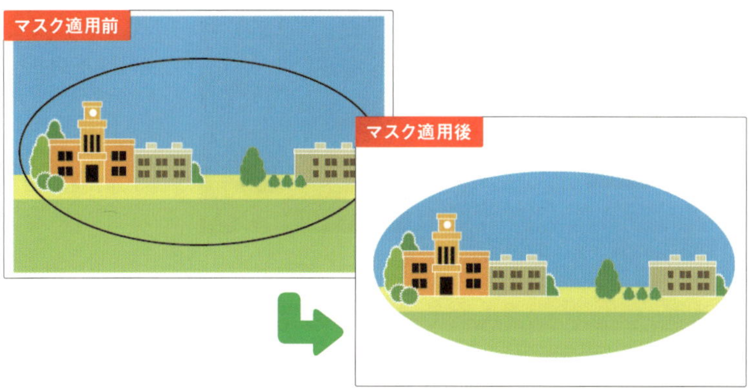

マスクを作成・解除する

マスクの作成

❶画像を配置し、その前面に、図形ツールなどで別のオブジェクト（ここでは提灯の形状）を作成します。

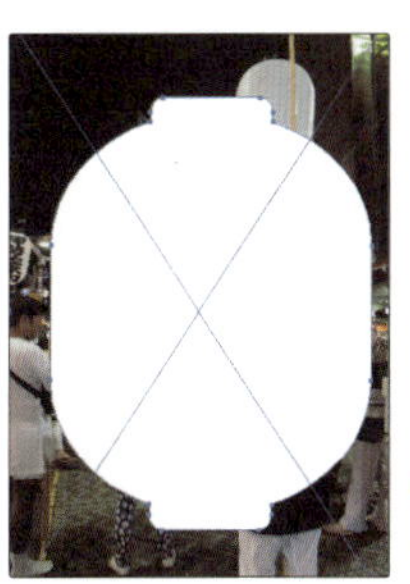

❷背面の画像と前面のオブジェクトの両方を選択します。

❸［オブジェクト］メニューから［クリッピングマスク］→［作成］を選択します。

SEE ALSO

不透明マスク ➡P.184

HINT

マスク用のオブジェクトは、必ず画像の前面にしておきます。前面になっていない場合は、画像を選択し、［オブジェクト］メニューから［重ね順］→［背面へ］を選んで、重ね順を入れ替えます。

SHORTCUT

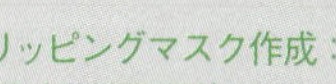

クリッピングマスク作成：
Ctrl（command）+7

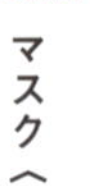

❹マスクが作成され、画像が提灯の形状で切り抜いたようになります。前面のマスク用のオブジェクトの塗りが「なし」(透明) になります。

マスクの解除

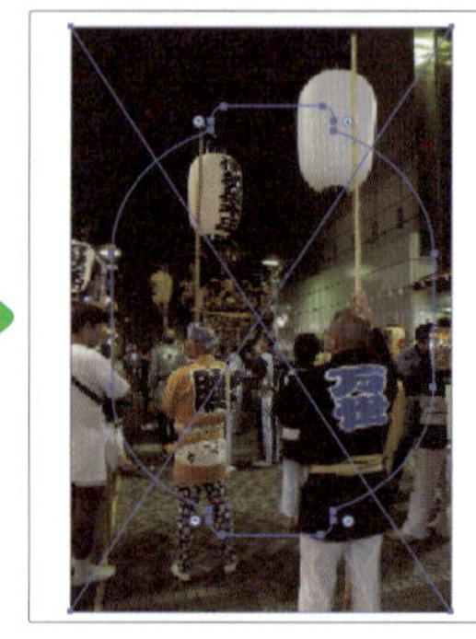

マスクされた画像を選択します。[オブジェクト] メニューから[クリッピングマスク] → [解除] を選択すると、マスクが解除されます。マスク用のオブジェクトの塗りは「なし」のままです。

SHORTCUT

クリッピングマスク解除：
Ctrl + Alt + 7
(command + option + 7)

複数のオブジェクトでマスクを作成する

複数のオブジェクトでマスクを作成することもできます。複数のオブジェクトは、あらかじめ複合パスにしておきます。

SEE ALSO

複合パス ➡P.186

SHORTCUT

複合パス作成：
Ctrl (command) +8

複合パス解除：
Ctrl + Alt + 8
(command + option + 8)

❶複数のマスク用のオブジェクトを作成して、すべて選択します。

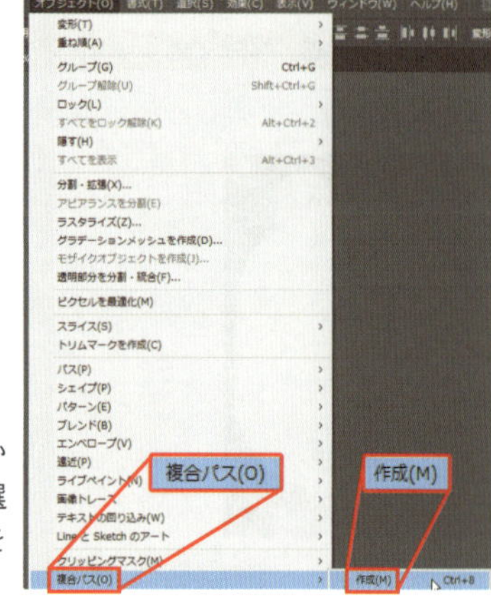

❷ [オブジェクト] メニューから [複合パス] → [作成] を選択し、複数のオブジェクトを複合パスにします。

❸背面の画像と複合パスになったオブジェクトを選択して、[オブジェクト] メニューから [クリッピングマスク] → [作成] を選択します。

❹背面の画像が複数のオブジェクトでマスクされます。

マスクに色を付ける

マスク用オブジェクトは、塗りや線に色を付けられます。

マスクに色を付ける

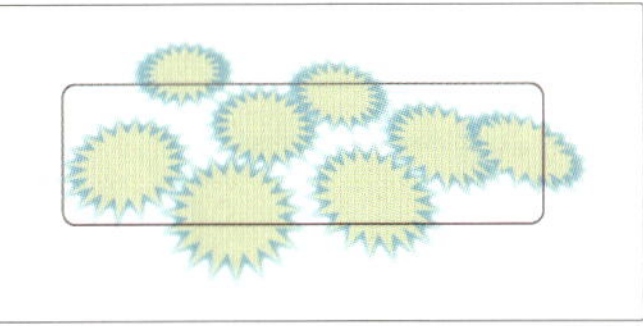

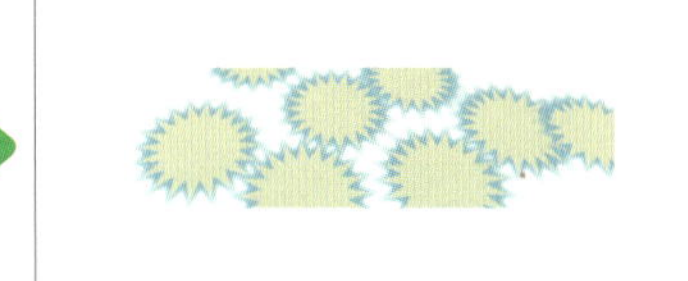

❶角丸四角形のオブジェクトでマスクを作成します。この時点では、マスク用のオブジェクトは、塗りも線も色は「なし」(透明) です。

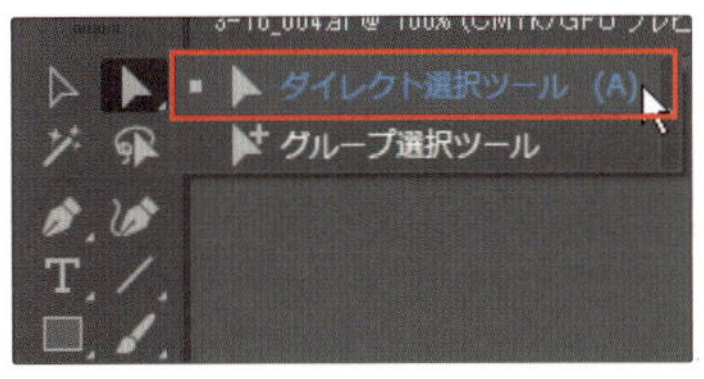

❷ツールパネルから［ダイレクト選択］ツールまたは［グループ選択］ツールを選択します。

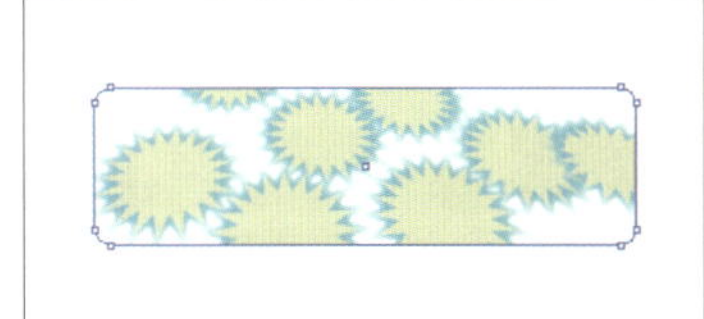

❸マスクしている前面のオブジェクトだけを選択します。

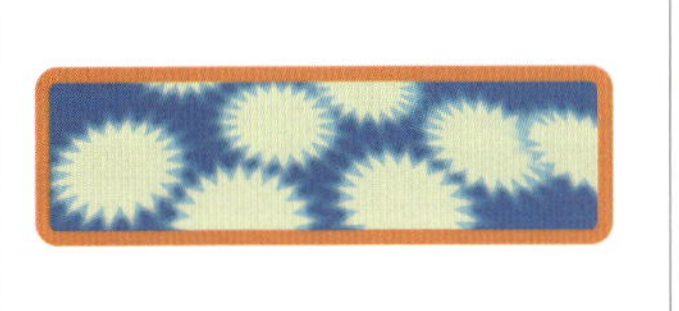

❹通常のオブジェクトと同様に、塗りや線に色を付けます（ここでは塗りに水色、線にオレンジ色を指定)。

複数のマスクに色を付ける

❶［選択］ツールで町並みのイラスト（背面）とサングラスのレンズ部分を選択してマスクを作成します。レンズ部分の塗りは透明になるため、マスクされた背景からサングラス本体の紫色が見えています。

❷マスクしている２枚のレンズ部分の塗りに、青→白のグラデーションを設定しました。

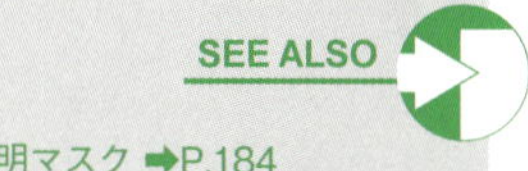

不透明マスク ➡P.184

20 テキスト〈1〉 文字の入力と文字の設定

[文字] ツールでは、横書き・縦書きで文字を入力できます。文字パネルでは、テキストや選択した文字のフォントや大きさなどを設定できます。

練習用ファイル：chap3_b ➡ 3_20

ココがポイント
- 文字を入力する
- 文字パネルの使い方
- 文字に色を付ける

NOTICE

Illustrator CS6 以前のバージョンでは、サンプルテキストは表示されません。

HINT

サンプルテキストの表示を解除するには、[編集] メニュー（Mac版は[Illustrator] メニュー）から[環境設定] の [テキスト] を選択して「新規テキストオブジェクトにサンプルテキストを割り付け」のチェックを外します。

SEE ALSO

ポイント文字とエリア内文字の違い ➡P.104

HINT

[文字] ツールを選択後にShiftキーを押すと、一時的に[文字(縦)] ツールに切り替わります。

SHORTCUT

文字入力の解除：
Ctrl（command）キーを押しながらアートボード上でクリック

[文字] ツールで文字を入力する

横書きで入力

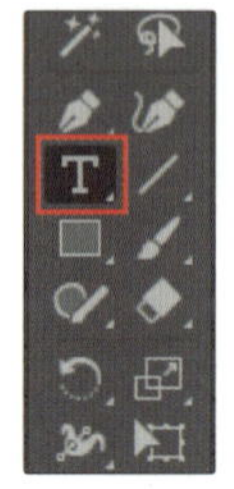

ツールパネルから[文字] ツールを選択します。

アートボード上でクリックすると、サンプルテキストが表示されます。

そのまま文字を入力すると、サンプルテキストは消えます。このように、始点でクリックして入力したものを「ポイント文字」といいます。

縦書きで入力

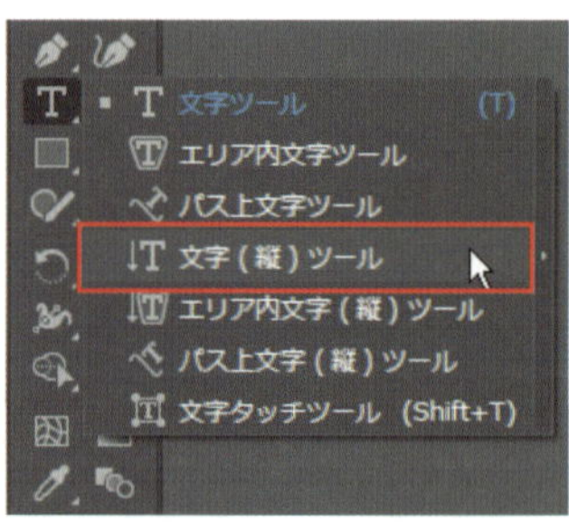

ツールパネルから [文字（縦）] ツールを選択します。

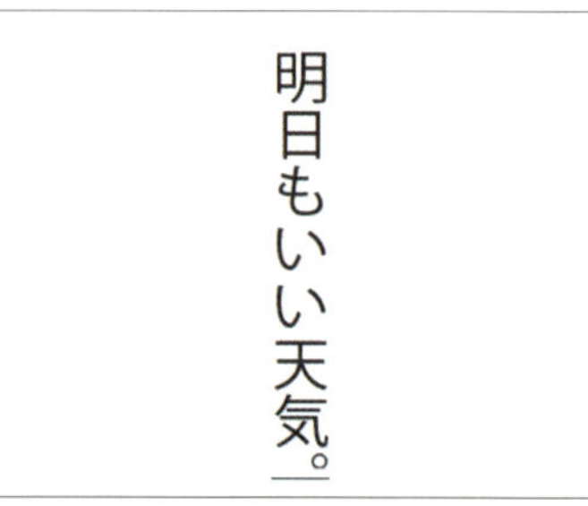

横書きと同様に文字を入力します。

文字入力の解除

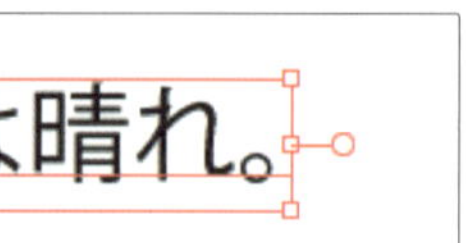

文字入力を終えたら、ツールパネルから他のツールを選択すると、文字入力が解除されます。

文字パネルの使い方

文字には、文字パネルでフォントや大きさ、行間、間隔などさまざまな設定ができます。文字パネルは、［ウィンドウ］メニューから［書式］→［文字］を選択して表示させます。

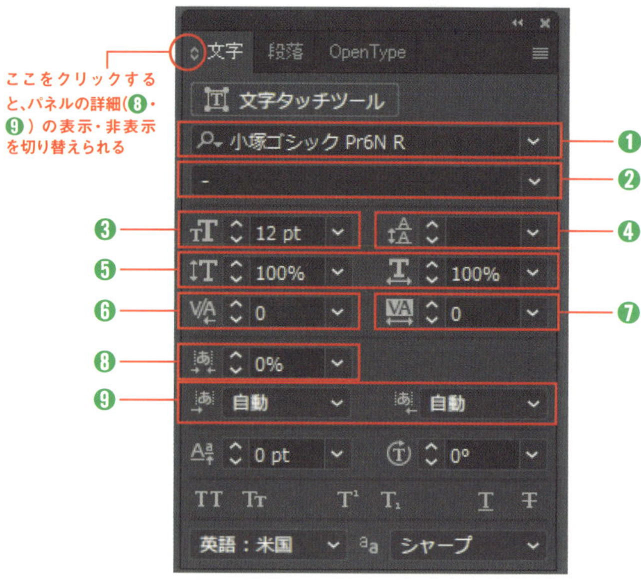

❶ フォント：文字の（フォントファミリ）を選びます。

❷ フォントスタイル：「Bold」「Light」などのフォントスタイルを選びます。

❸ フォントサイズ：文字の大きさを選びます。

❹ 行送り：文字の行間を設定します。

❺ 垂直比率・水平比率：文字を平体や長体にします。

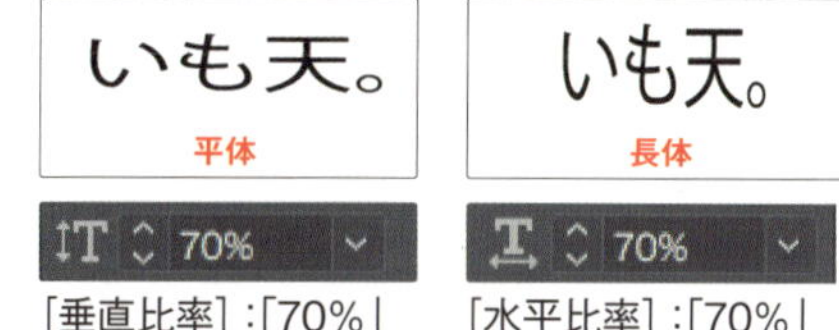

［垂直比率］：「70%」　［水平比率］：「70%」

❻ カーニング：文字の間隔を設定します。欧文用の機能ですが、和文にも適用できます。

自動：フォントの文字詰めが反映されます。

オプティカル：文字の形状に合わせた文字詰めになります。

和文等倍：欧文と和文が混在する場合、欧文にだけフォントの文字詰め情報が反映されます。

❼ トラッキング：特定範囲の文字間隔を設定します。英文字に適した機能です。

❽ 文字ツメ：文字の間隔を詰めます。和文に対応した機能です。

❾ アキを挿入（左／上）／アキを挿入（右／下）：文字間隔の空白を指定します。

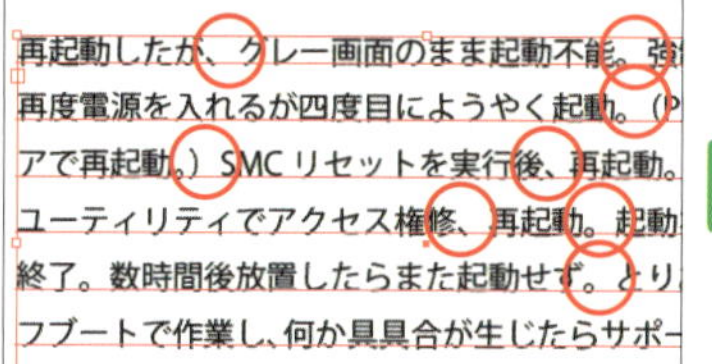

「アキを挿入（左／上）」と「アキを挿入（右／下）」をどちらも「ベタ」に指定すると、括弧や句読点などの前後の空きを詰められます。

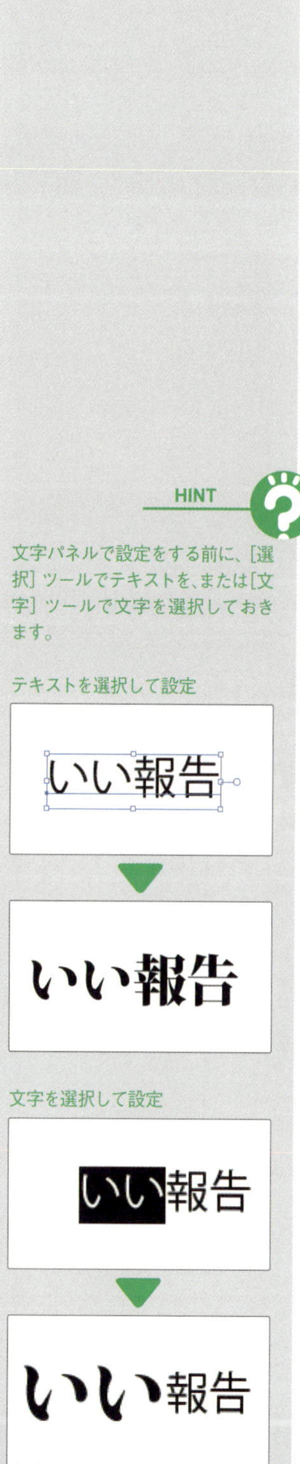

SEE ALSO
色を付ける ➡P.53

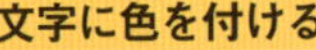

文字に色を付ける

テキストに色を付ける

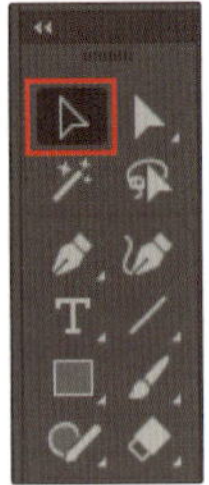

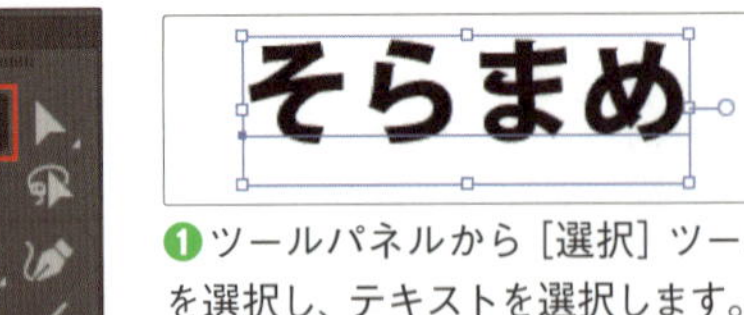

❶ツールパネルから［選択］ツールを選択し、テキストを選択します。

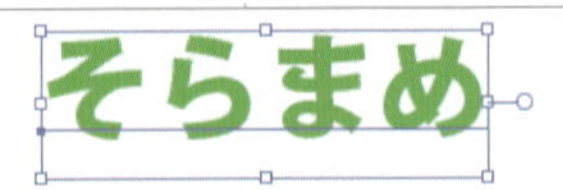

❸テキストに指定した色が付きます。

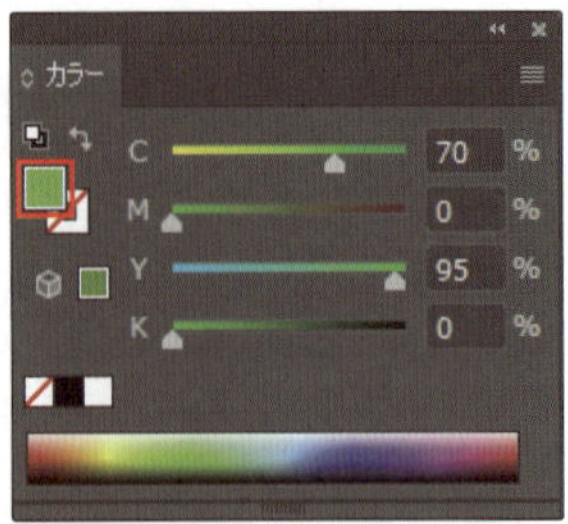

❷カラーパネルやスウォッチパネルで「塗り」ボックスを選択し、色を指定します。

選択した文字に色を付ける

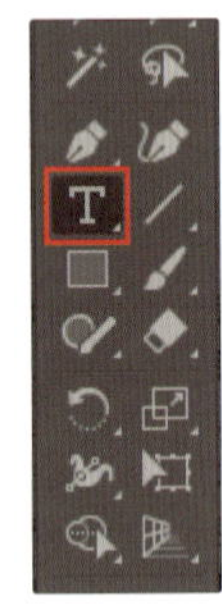

❶［文字］ツールで文字を選択し、色を指定します。

❷選択した文字だけに色が付きます。

フチ取り文字にする

文字の線に太さや色を設定すると、フチ取り文字になります。

SEE ALSO
線パネル ➡P.74

❶ツールパネルから［選択］ツールを選択し、テキストを選択します。

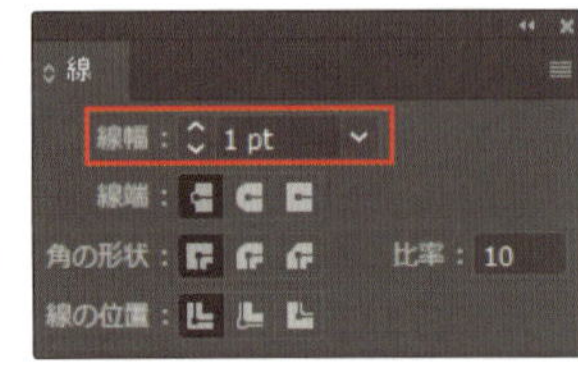

❷線パネルで線の太さを設定します。

❸テキストの各文字にフチが付きます。カラーパネルやスウォッチパネルで「線」ボックスを選択し、フチの色を指定することもできます。

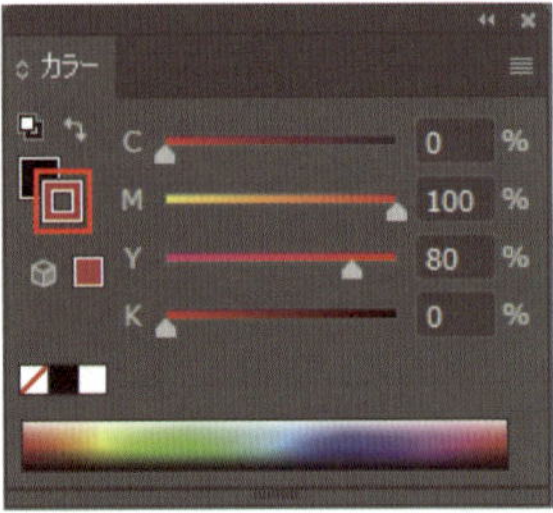

縦組み中の数字と欧文を調整する

縦組み中の数字を回転

［文字］ツールで数字を選択します。

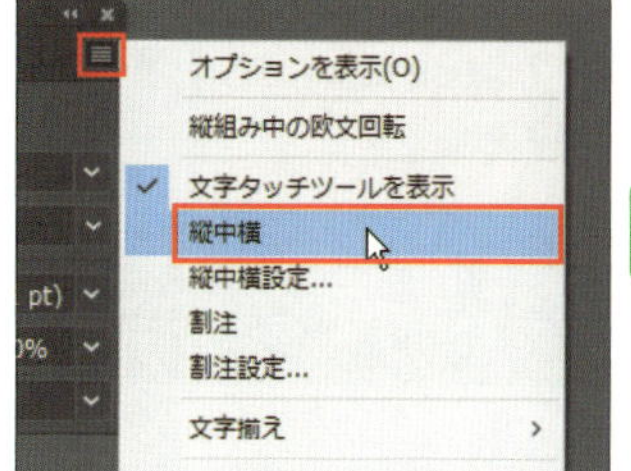

文字パネルの［オプションメニュー］ボタンをクリックし、「縦横中」を選択します。

数字が回転し、向きが変わります。

縦組み中の欧文を回転

［選択］ツールでテキストを選択します。

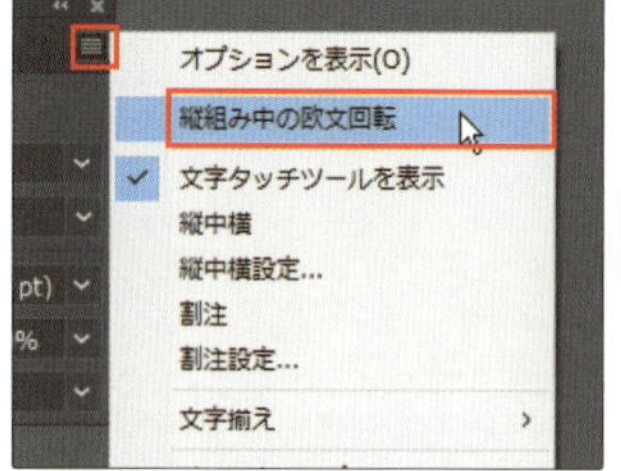

文字パネルの［オプションメニュー］ボタンをクリックし、「縦組み中の欧文を回転」を選択します。

欧文が回転し、向きが変わります。

異体字を入力する

Illustrator CCの異体字入力

［文字］ツールで異体字にする文字を選択します。

異体字が表示されるので、該当する文字をクリックで選択します。

字形パネル

Illustrator CS6 以前のバージョンで異体字を表示するには、字形パネルを使います。

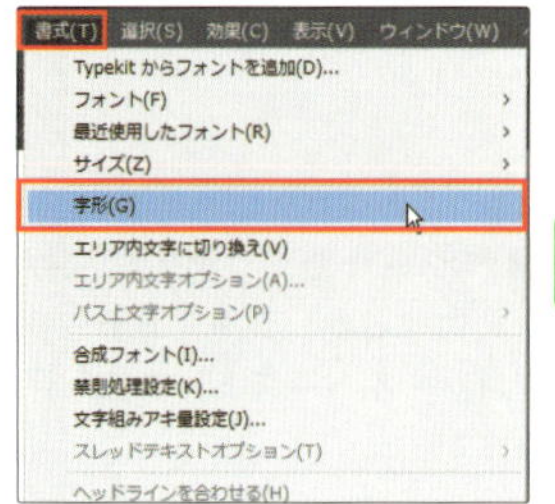

［書式］メニューから［字形］を選択し、字形パネルを表示します。

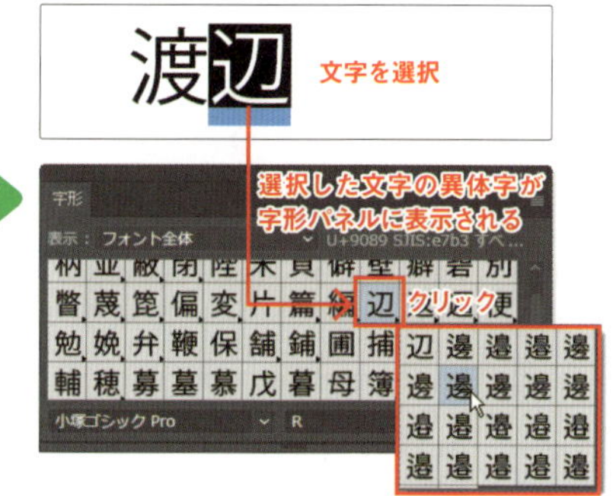

［文字］ツールで文字を選択すると、字形パネルに選択した文字の異体字が表示されます。該当する文字をクリックで選択します。

CHAPTER 3

基本操作と必須ツール

21 テキスト〈2〉

指定エリアに文字を流し込む・入力する

Wordなどで入力したテキストデータは、コピー＆ペーストでIllustratorに流し込めます。また、図形内や線に沿って文字を入力することもできます。

ココがポイント

- テキストデータを流し込む
- 指定したエリアに文字を入力する
- 図形内や線に沿って文字を入力する

練習用ファイル：chap3_c → 3_21

コピー＆ペーストでテキストデータを流し込む

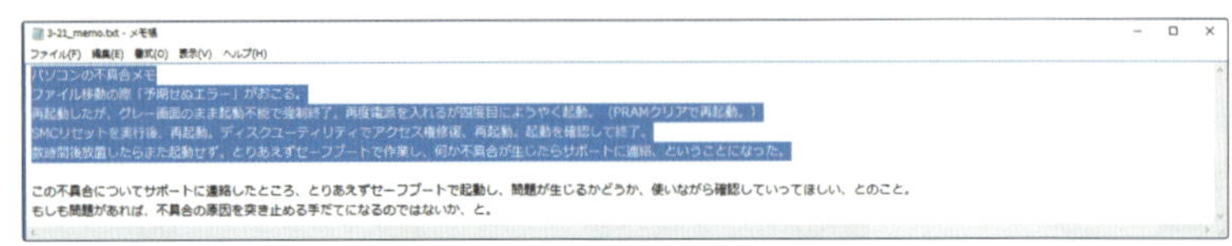

❶他のソフトで入力したテキストデータをコピーします。

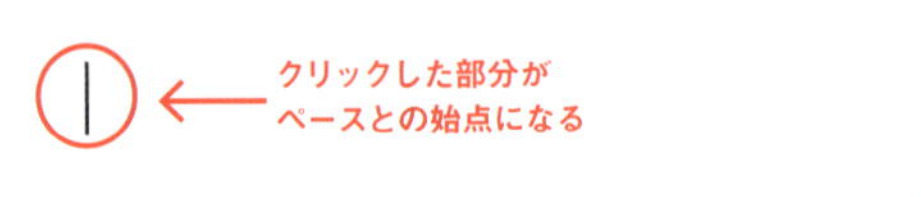

❷Illustratorのツールパネルから［文字］ツールを選択し、アートボード上でクリックします。

パソコンの不具合メモ
ファイル移動の際「予期せぬエラー」がおこる。
再起動したが、グレー画面のまま起動不能で強制終了。再度電源を入れるが四度目にようやく起動。（PRAM クリアで再起動。）
SMC リセットを実行後、再起動。ディスクユーティリティでアクセス権修復、再起動。起動を確認して終了。
数時間後放置したらまた起動せず。とりあえずセーフブートで作業し、何か不具合が生じたらサポートに連絡、ということになった。

❸ペーストすると、テキストデータが「ポイント文字」として流し込まれます。

指定したエリアに文字を入力する

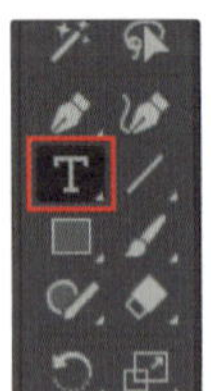

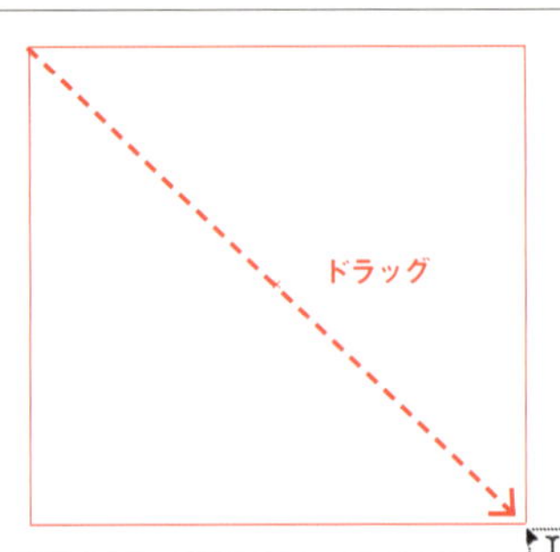

❶ツールパネルから［文字］ツールを選択し、長方形を作成するようにドラッグして、大まかに範囲を指定します。

パソコンの不具合メモ
ファイル移動の際「予期せぬエラー」がおこる。
再起動したが、グレー画面のまま起動不能で強制終了。再度電源を入れるが四度目にようやく起動。（PRAM クリアで再起動。）
SMC リセットを実行後、再起動。ディスクユーティリティでアクセス権修復、再起動。起動を確認して終了。
数時間後放置したらまた起動せず。とりあえずセーフブートで作業し、何か具具合が生じたらサポートに連絡、ということになった。

❷作成されたエリア内に文字を入力するか、テキストデータをコピー＆ペーストして流し込みます。

SHORTCUT

コピー：
コピーする文字を選択し、
Ctrl（command）＋C

ペースト：
ペーストする場所で、
Ctrl（command）＋V

HINT

テキストを縦書きで流し込む、または入力するには、Shiftキーを押しながらドラッグします。

HINT

文字が指定した範囲に入りきらないときは、リンク作成用の⊞マークが表示されます。

SEE ALSO

リンクの作成 ➡P.103

テキスト〈2〉

図形内に文字を入力する

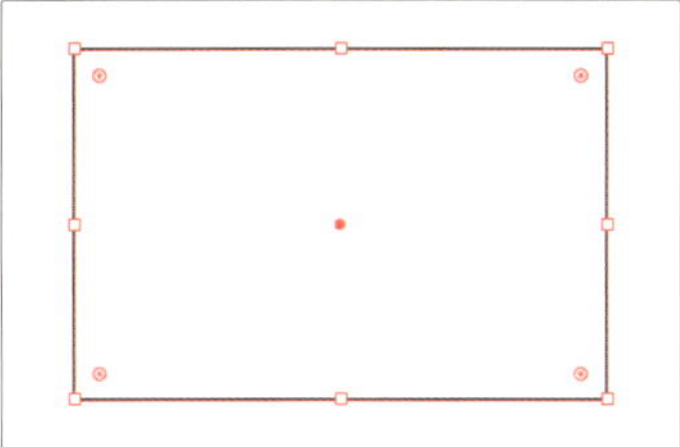

❶［長方形］ツールで長方形を作成します。

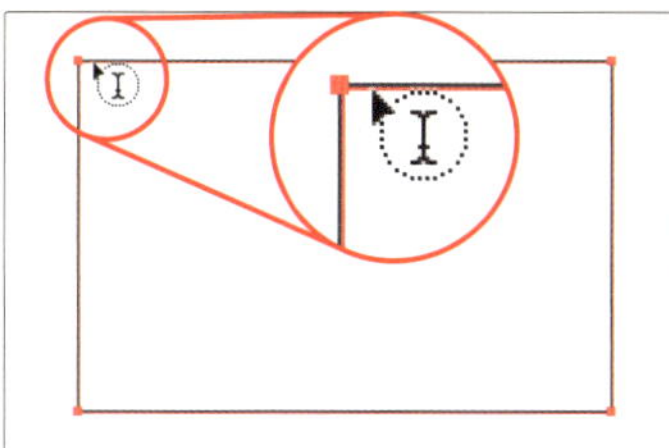

❷［文字］ツールを選択し、長方形の角の近くにマウスポインタを合わせると、形状が変わります。

パソコンの不具合メモ
ファイル移動の際「予期せぬエラー」がおこる。
再起動したが、グレー画面のまま起動不能で強制終了。
再度電源を入れるが四度目にようやく起動。（PRAM クリアで再起動。）
SMC リセットを実行後、再起動。ディスクユーティリティでアクセス権を修復後、再起動。起動を確認して終了。
数時間後放置したらまた起動せず。とりあえずセーフブートで作業し、何か不具合が生じたらサポートに連絡、ということになった。

❸クリックして長方形の塗りや線の色が消えたら、文字の入力（またはテキストデータの流し込み）ができます。図形内に入力した文字は「エリア内文字」となります。

線に沿って文字を入力する

直線や曲線などに沿って入力

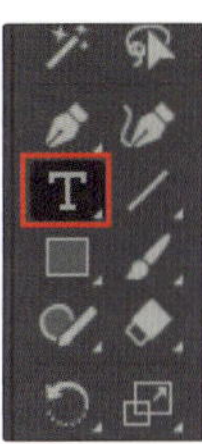

❶ツールパネルから［文字］ツールを選択します。

❷パス（ここでは曲線）上に［文字］ツールのマウスポインタを合わせると、形状が変わります。

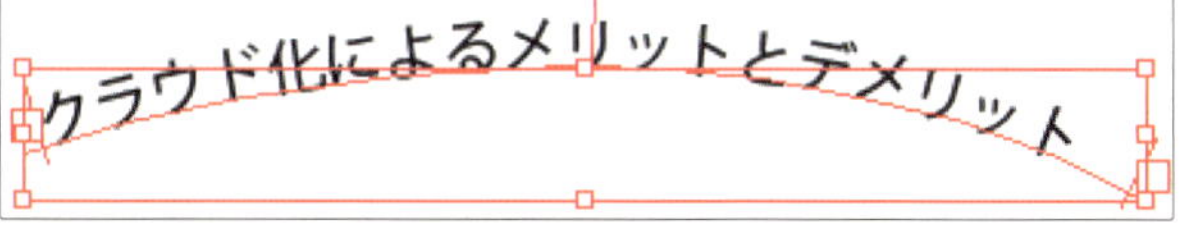

❸クリックしてパスが実線でなくなったら、文字の入力（またはテキストデータの流し込み）ができます。パスに沿って入力した文字は「エリア内文字」となります。

図形の線に沿って入力

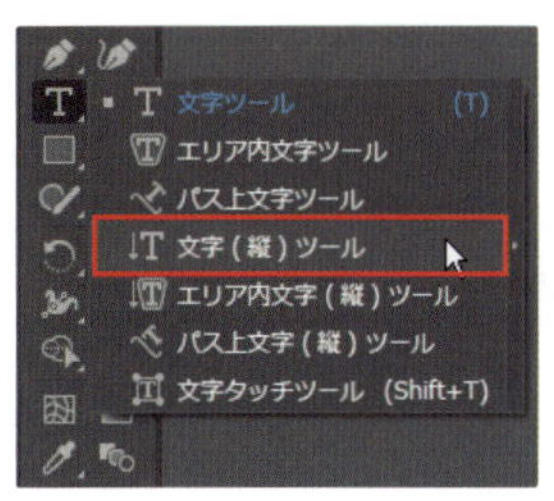

ツールパネルから［パス上文字］ツールを選択します。

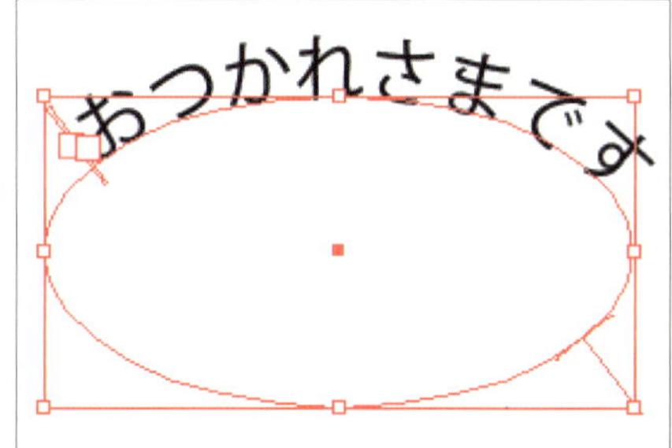

図形のパスの部分をクリックすると、図形の中ではなく、図形の線に沿って文字を入力できます。

HINT

オープンパス（閉じられていない図形）の場合は、［エリア内文字］ツールを使うと、文字を入力できます。

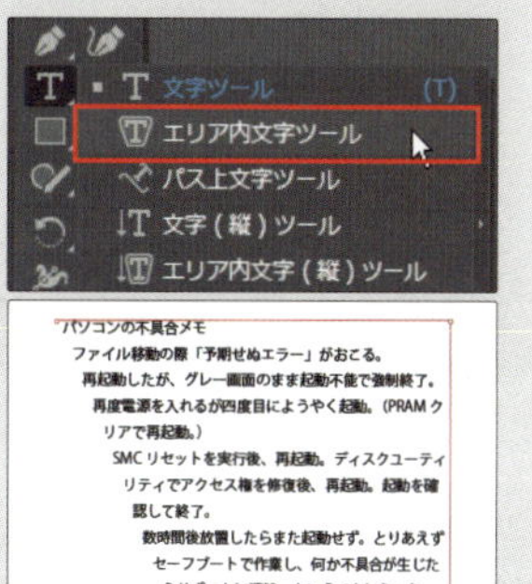

HINT

図形内に縦書きで文字を入力するには、Shiftキーを押しながら図形をクリックします。

HINT

線に沿って縦書きで文字を入力するには、Shiftキーを押しながらパスをクリックします。

HINT

図形内や線に沿って入力した「エリア内テキスト」が、範囲に入りきらないときは、リンク作成用のマークが表示されます。

SEE ALSO

リンクの作成 ➡P.103

HINT

［文字］ツールを選択中に Alt（option）キーを押すと、［パス上文字］ツールに切り替わります。

線に沿ったテキストを編集する

線に沿ったテキストは、「ブラケット」をドラッグすることで、位置の変更や反転ができます。

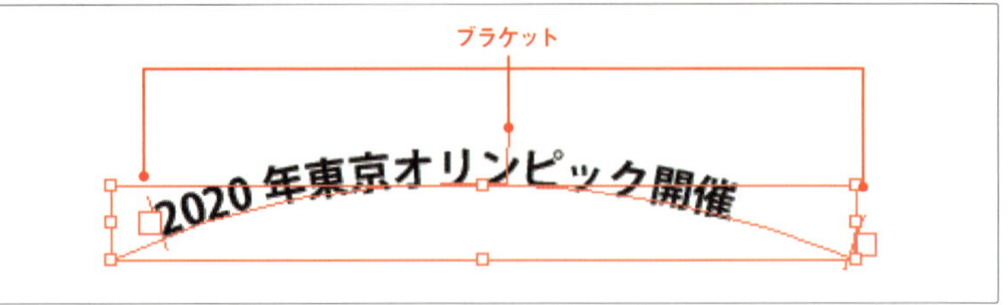

テキストの位置を変更する

ブラケットをドラッグすると、パス上でテキストの位置を変更できます。

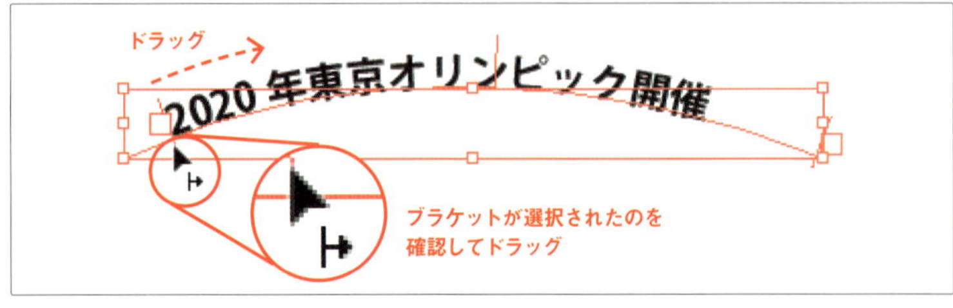

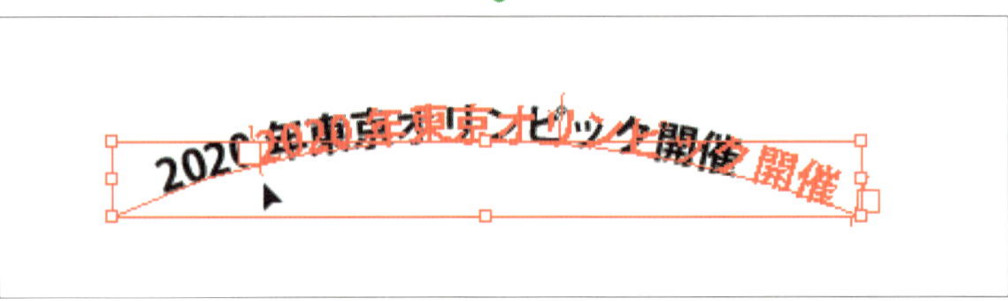

テキストを反転させる

中央のブラケットをパスの線を横切るようにドラッグすると、テキストを反転させられます。

リンクを作成する

「エリア内文字」がその範囲に入りきらず、あふれた場合は、リンクを作成してあふれた分を流し込めます。

テキストのリンク

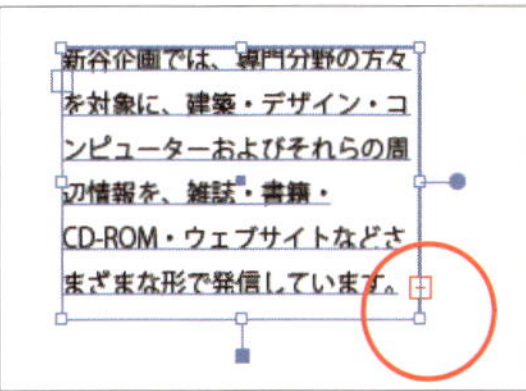

❶「エリア内テキスト」があふれると、+アイコンが表示されます。

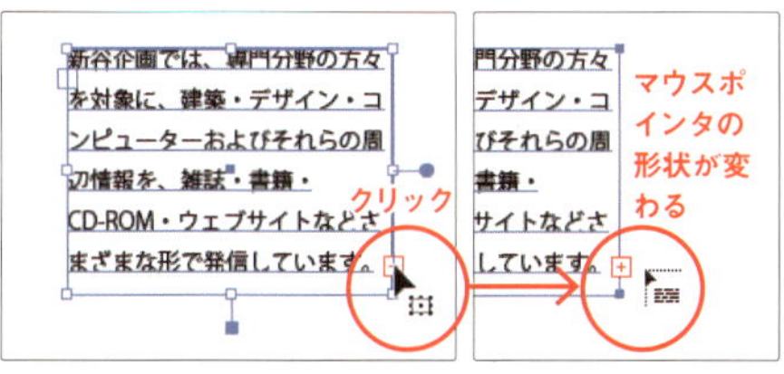

❷［選択］ツールで+アイコンをクリックすると、マウスポインタの形状が変わります。リンク作成の準備ができました。

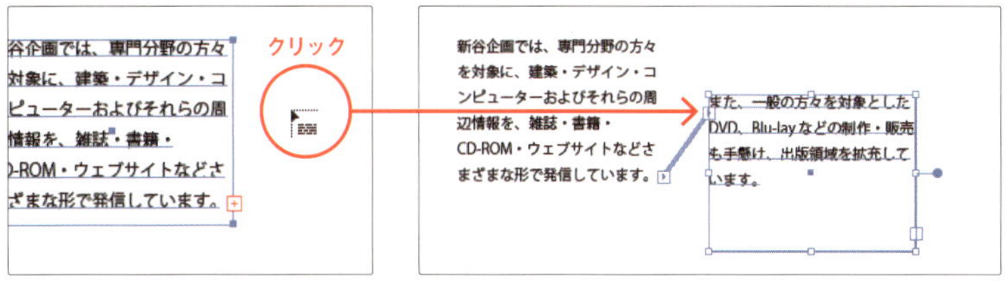

❸任意の場所でクリックすると、元と同じ大きさのテキストオブジェクトが作成され、あふれた分の文字が流し込まれます。

パスのリンク

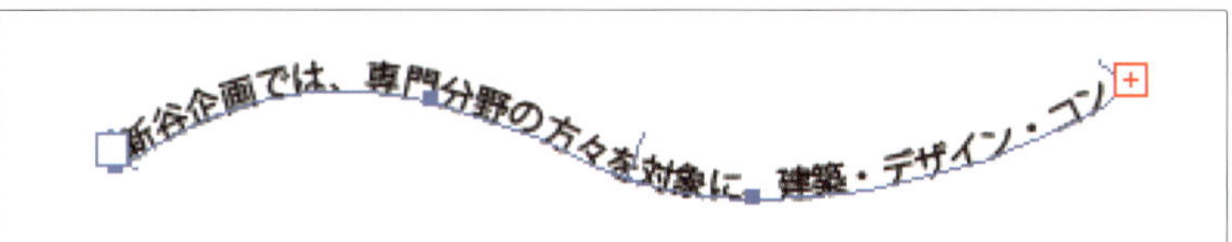

❶「エリア内文字」があふれていると、+アイコンが表示されます。

❷+アイコンをクリックすると、マウスポインタの形状が変わります。

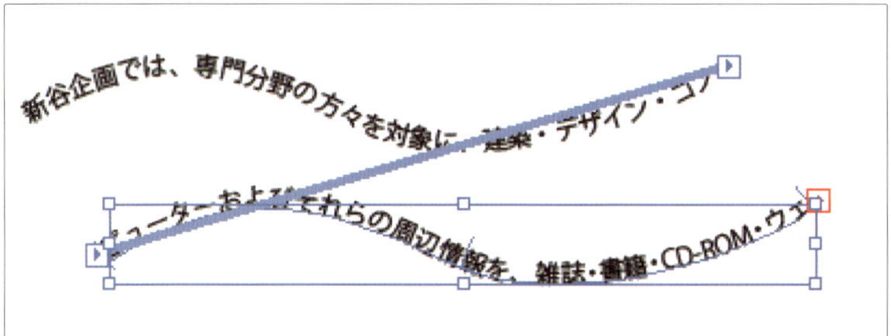

❸任意の場所でクリックすると、元と同じ形状・大きさのパスが作成され、あふれた分の文字が流し込まれます。

リンク先に入りきらない場合は、同様の操作でさらにリンクを作成します。

リンクを解除するには、元のテキストまたはパスの▶アイコンをダブルクリックします。

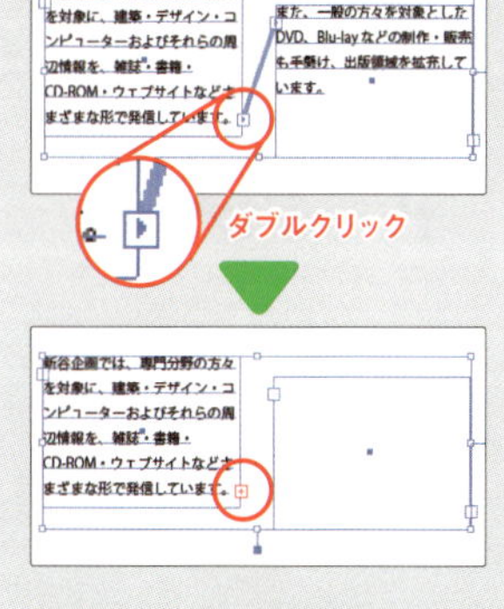

NOTICE

テキストのライブコーナーは、Illustrator CCの機能です。

HINT

ポイント文字とエリア内文字には次のような違いがあります。

ポイント文字
文字の折り返し：改行が必要
テキスト枠の拡大・縮小：文字のサイズが連動して変わる
リンク作成：不可
用途：見出しなど1、2行程度のテキスト

エリア内文字
文字の折り返し：エリアの幅に合わせて自動折り返し
テキスト枠の拡大・縮小：文字のサイズは変わらない
リンク作成：可
用途：文字量が増減するテキスト、長いテキスト

春夏秋冬

元の文字

ポイント文字の拡大

エリア内文字の拡大

テキストのライブコーナー

テキストには「エリア内文字」と「ポイント文字」があり、機能や用途が異なります（欄外「HINT」を参照）。そのため、用途と異なる「文字」にしてしまったり、途中で用途が変わったりした場合は、「文字」を切り替える必要があります。テキストのライブコーナーを使うと、この切り替えがとても簡単に行えます。

文字エリアの切り替え

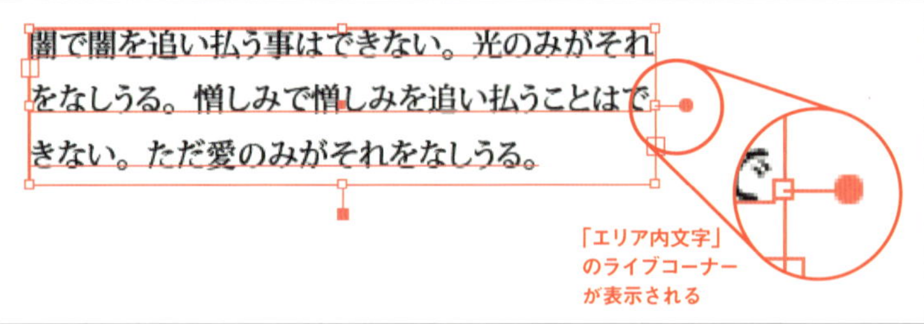

❶テキストを選択すると、バウンディングボックスの右側にライブコーナーが表示されます。

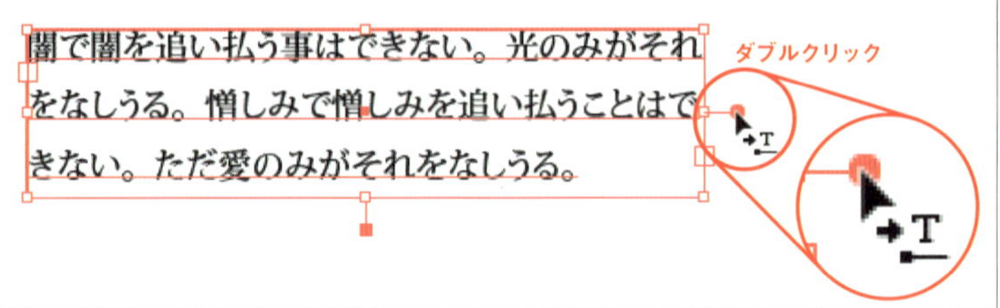

❷「エリア内文字」のライブコーナーにマウスポインタを合わせ、形状が変わったらダブルクリックします。

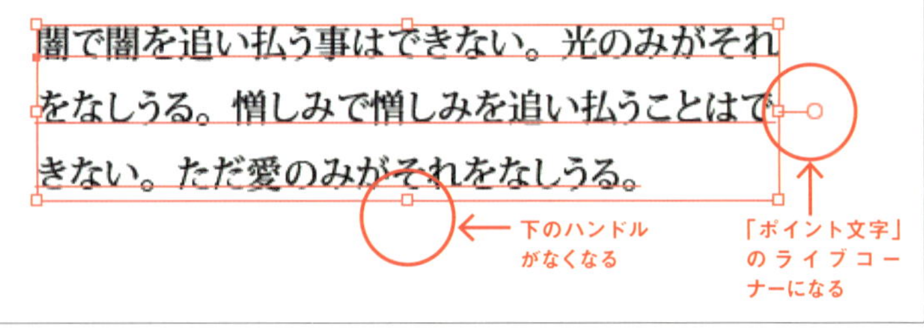

❸テキストが「エリア内文字」から「ポイント文字」に切り替わり、ライブコーナーの表示が変わります。

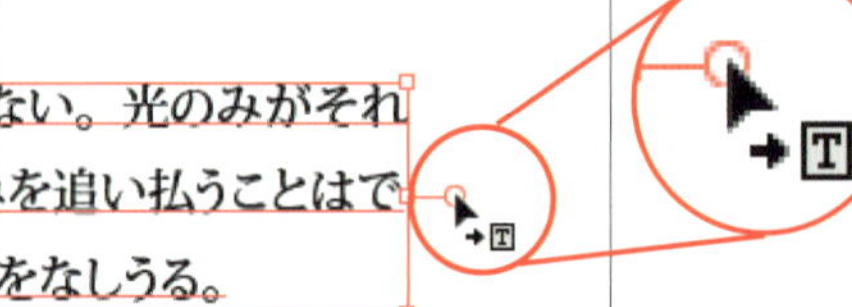

「ポイント文字」から「エリア内文字」への切り替えも、同様にライブコーナーのダブルクリックで行います。

「エリア内文字」のエリアの調整

「エリア内文字」があふれている場合、リンクを作成する他に、エリアを広げてあふれた文字を表示させる方法があります。

文字量に合わせてエリアの大きさを調整

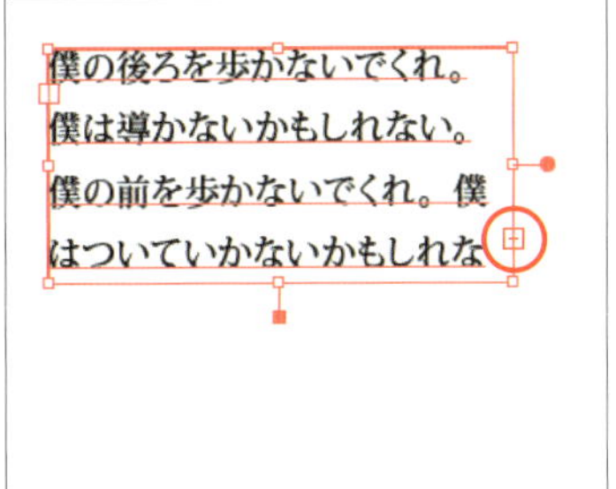

❶「エリア内文字」があふれていると、⊞アイコンが表示されます。

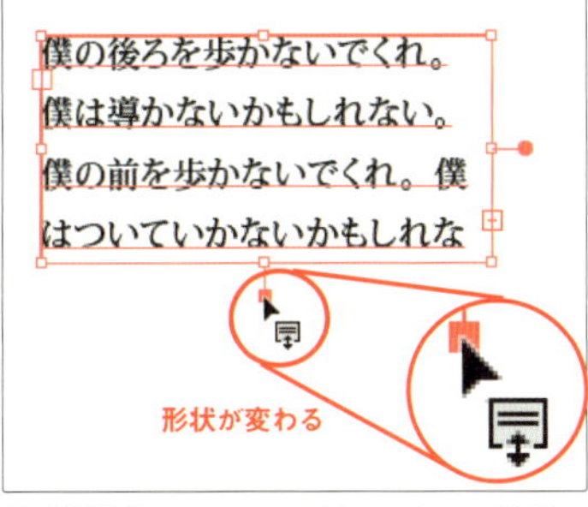

❷［選択］ツールでバウンディングボックス下のハンドルにマウスポインタを合わせると形状が変わります。

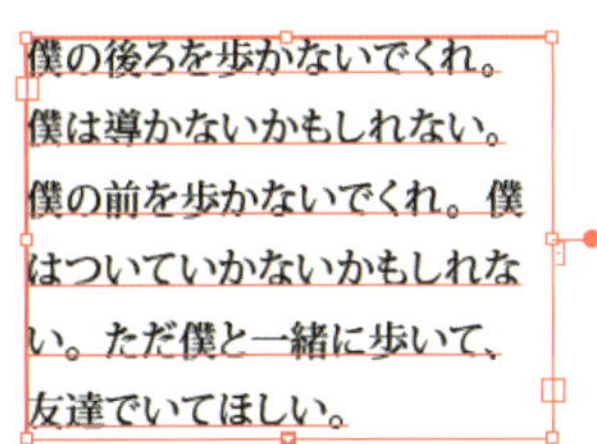

❸ハンドルをダブルクリックすると、テキストのエリアが下に広がり、文字がすべて表示されます。

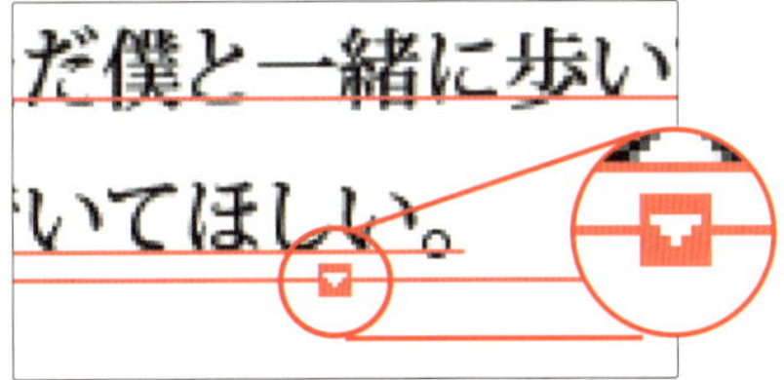

下のハンドルの表示が変わります。

文字の増減に合わせて自動でエリアの大きさを調整

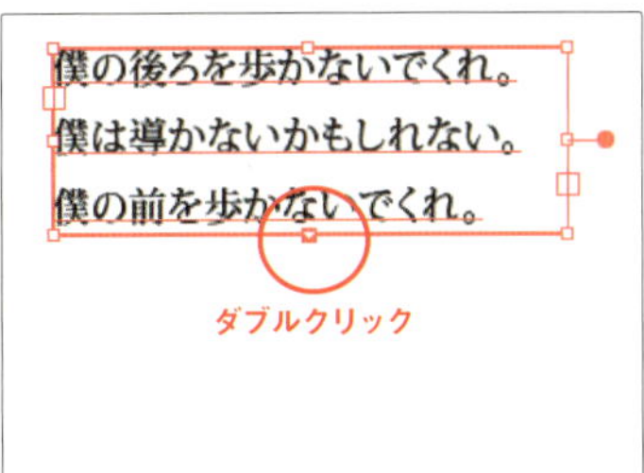

❶「エリア内文字」のバウンディングボックス下のハンドルをダブルクリックします。

❷ハンドルの表示が▼の状態でエリア内に文字を追加すると、自動的にエリアが広がり、文字を削除すると自動的にエリアが狭くなります。

「エリア内文字」のエリアの調整は、Illustrator CCの機能です。Illustrator CS6以前のバージョンで「エリア内文字」の範囲を調整するにはバウンディングボックスの□をドラッグします。

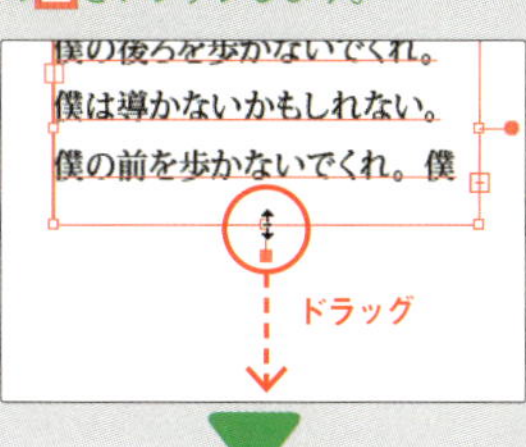

22 テキスト〈3〉
テキストの体裁を整える

ココがポイント
- 段落の行揃えを設定する
- 段落のインデントを設定する
- 段落間の間隔を設定する

段落パネルで、行揃えやインデント、段落前後の間隔などを設定し、テキストの体裁を整えることができます。

 練習用ファイル：chap3_c→3_22

段落パネルの使い方

段落パネルは、[ウィンドウ] メニューから[書式] →[段落] を選択して表示させます。[選択] ツールでテキストオブジェクトを選択するか、[文字] ツールで設定する段落内をクリックしてから、各種の設定をします。

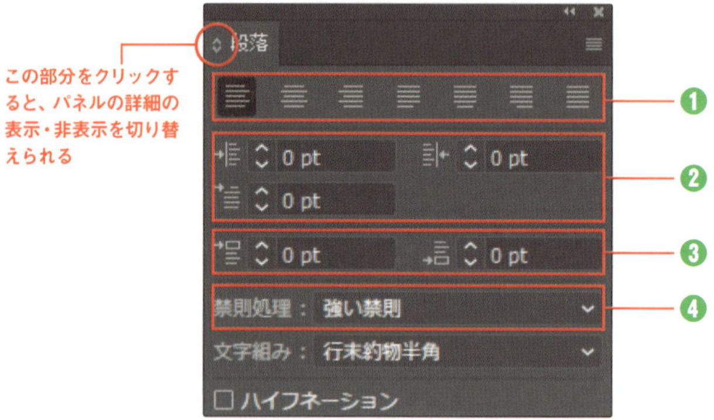

❶行揃え：行揃えには 7 種類のタイプがあります。

 **左揃え**

TEAM キノタは、「キノタ」のアイデンティティ
に賛同する法人・個人および学生を主体とした
団体、また運営に関わる技術者によって形成さ
れました。16003 年現在、江戸幕府と共に、
学生支援、クリエイター支援、コミュニケーショ
ン創出活動を行っております。

 **中央揃え**

TEAM キノタは、「キノタ」のアイデンティティ
に賛同する法人・個人および学生を主体とした
団体、また運営に関わる技術者によって形成さ
れました。16003 年現在、江戸幕府と共に、
学生支援、クリエイター支援、コミュニケーショ
ン創出活動を行っております。

 **右揃え**

TEAM キノタは、「キノタ」のアイデンティティ
に賛同する法人・個人および学生を主体とした
団体、また運営に関わる技術者によって形成さ
れました。16003 年現在、江戸幕府と共に、
学生支援、クリエイター支援、コミュニケーショ
ン創出活動を行っております。

 **均等配置（最終行左揃え）**

TEAM キノタは、「キノタ」のアイデンティティ
に賛同する法人・個人および学生を主体とした
団体、また運営に関わる技術者によって形成さ
れました。16003 年現在、江戸幕府と共に、
学生支援、クリエイター支援、コミュニケーショ
ン創出活動を行っております。

 **均等配置（最終行中央揃え）**

TEAM キノタは、「キノタ」のアイデンティティ
に賛同する法人・個人および学生を主体とした
団体、また運営に関わる技術者によって形成さ
れました。16003 年現在、江戸幕府と共に、
学生支援、クリエイター支援、コミュニケーショ
ン創出活動を行っております。

均等配置(最終行右揃え)

TEAM キノタは、「キノタ」のアイデンティティに賛同する法人・個人および学生を主体とした団体、また運営に関わる技術者によって形成されました。16003 年現在、江戸幕府と共に、学生支援、クリエイター支援、コミュニケーション創出活動を行っております。

TEAM キノタは、「キノタ」のアイデンティティに賛同する法人・個人および学生を主体とした団体、また運営に関わる技術者によって形成されました。16003 年現在、江戸幕府と共に、学生支援、クリエイター支援、コミュニケーション 創 出 活 動 を 行 っ て お り ま す。

❷インデント：段落単位でテキストオブジェクトの枠とテキストの左右の間隔の設定をします。

[左インデント]：「30pt」

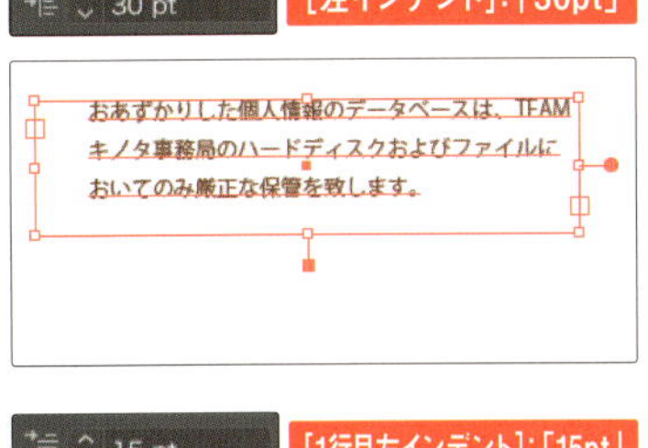

[右インデント]：「30pt」

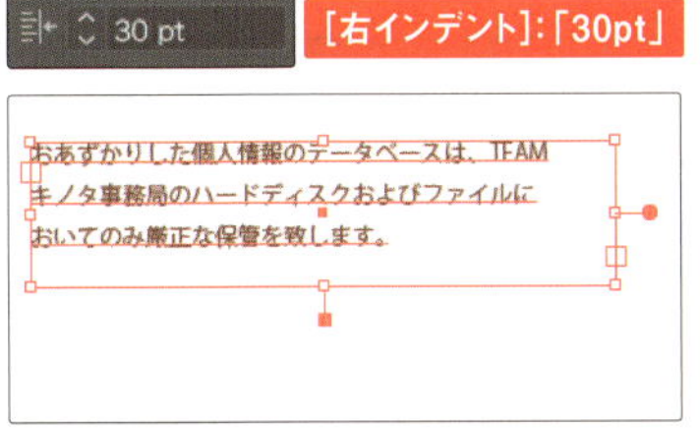

[1行目左インデント]：「15pt」

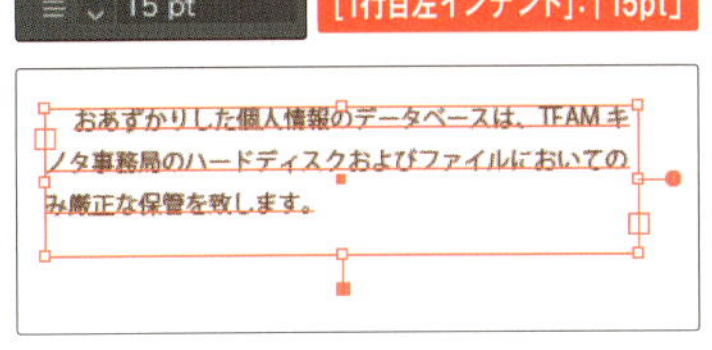

[左インデント]：「30pt」

[右インデント]：「30pt」

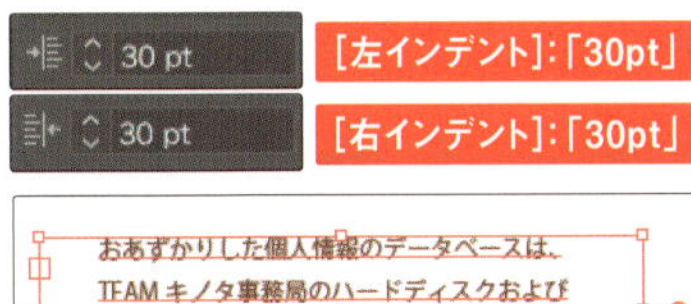

❸段落の間隔：段落が複数ある場合に、段落の前後の間隔を設定します。

[段落前のアキ]：「15pt」

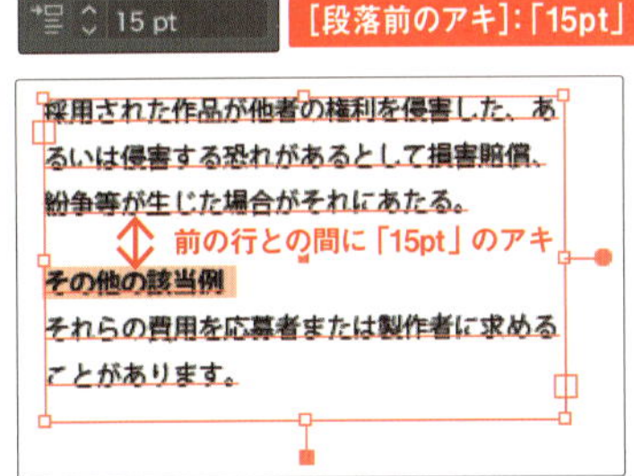

[段落後のアキ]：「15pt」

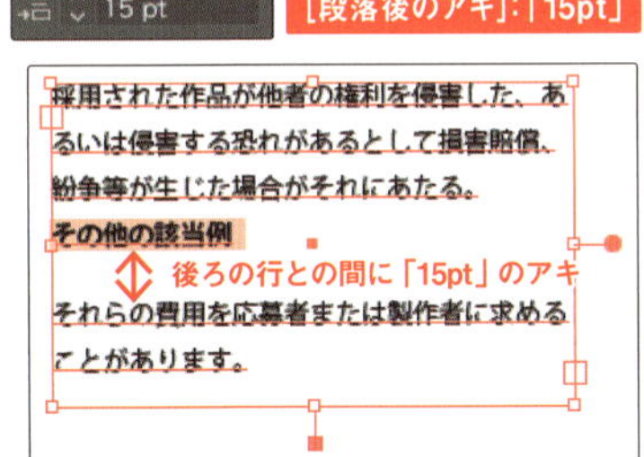

❹禁則処理：行頭や行末にあると読みにくい、あるいは紛らわしい文字を、前の行に追い込んだり、次の行に追い出したりする禁則処理を設定します。

禁則処理なし

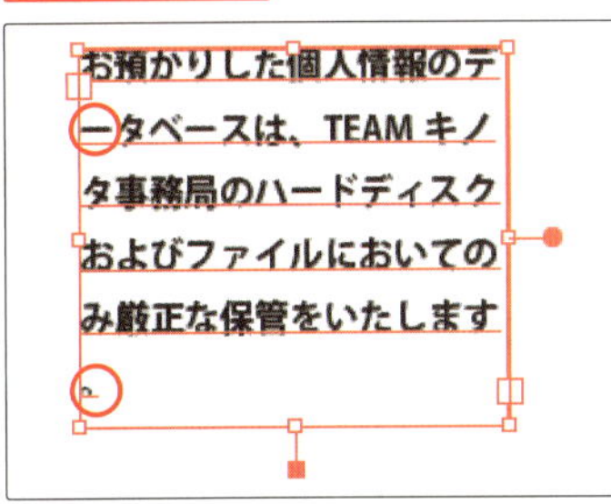

強い禁則処理

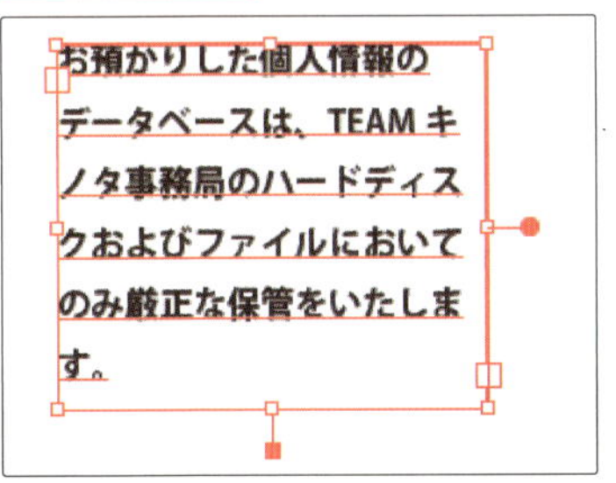

禁則対象となる文字には、行頭では「。」「、」「…」「？」「ー」(長音符号)(「っ」などの小文字も含める場合がある)や、「)」や「】」といった終わり括弧、行末では「(」「【」といった始め括弧などがあります。

23 定規とガイド
レイアウトの補助線を作成する

オブジェクトを整然とレイアウトするために、「定規」を利用して、補助線の役割を果たす「ガイド」を作成することができます。

練習用ファイル：chap3_c→3_23

ココがポイント
- 定規を表示させる
- ガイドを作成する
- ガイドをロックする

定規を表示させる

Illustratorではアートボード上に定規を表示できます。

［表示］メニューから［定規］→［定規を表示］を選択すると、アートボードの左側と上部に定規が表示されます。

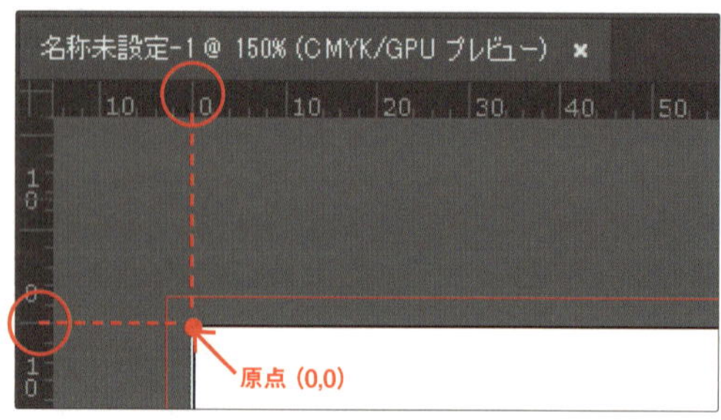

定規の原点（0,0）はアートボードの左上部分にあります。この定規を「ウィンドウ定規」といいます。

HINT

定規を非表示にするには、［表示］メニューから［定規］→［定規を隠す］を選択します。

HINT

（0,0）以外の位置を定規の原点として指定するには、左上の定規の交差部から原点にする位置までドラッグします。（0,0）以外の原点を指定した定規を「アートボード定規」といいます。

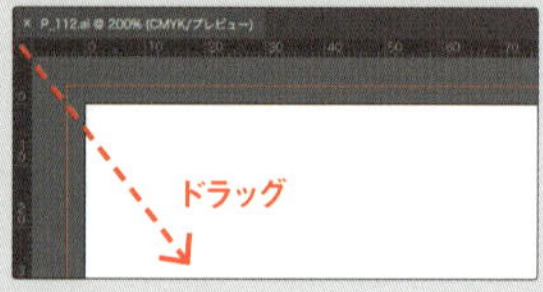

HINT

アートボード定規をウィンドウ定規に戻すには、［表示］メニューから［定規］→［ウィンドウ定規に変更］を選択します。

ガイドを作成する

定規を表示すると、ガイドを作成できます。ガイドはオブジェクトを配置する基準となるため、レイアウトを効率よく行えます。なお、ガイドは印刷されません。

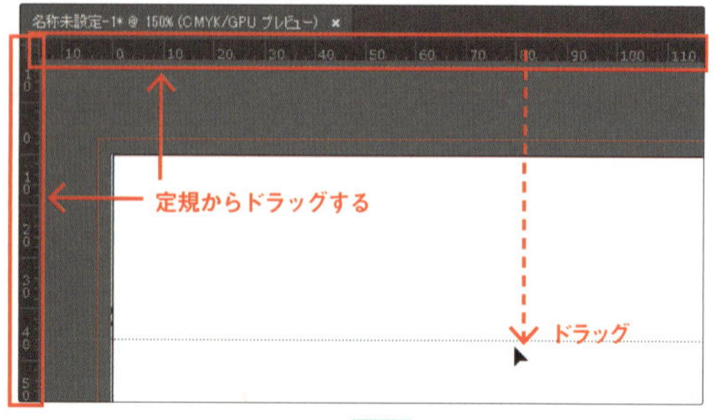

定規の目盛り部分からアートボード上にドラッグすると、ガイドが作成されます。左の定規から垂直線のガイド、上の定規から水平線のガイドを作成できます。

［選択］ツールを選択し、定規の目盛りを確認しながらドラッグして、目的の位置にガイドを合わせます。画面表示を拡大しておくと、より正確な位置にガイドを作成できます。

オブジェクトにガイドを合わせる

既存のオブジェクトの位置に合わせてガイドを作成することもできます。図ではタイトルのオブジェクトの下端にガイドを合わせています。

ガイドのロック

ガイドは選択や移動が可能なので、誤ってドラッグしてしまい、位置が変わってしまうことがあります。それを防ぐには、ガイドをロックしておきます。

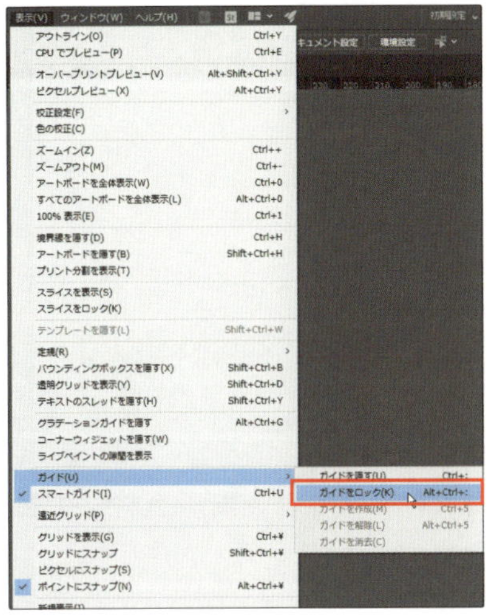

[表示] メニューから[ガイド]→[ガイドをロック] を選択します。

ガイドはロックされているため、[選択] ツールでオブジェクト全体を選択してもガイドは選択されません。

HINT

[表示] メニューから[ガイド]→[ガイドを隠す] を選択すると、一時的にガイドが表示されなくなります。また、[表示] メニューから[ガイド]→[ガイドを消去] を選択すると、アートボード上に配置したガイドがすべて削除されます。

オブジェクトをガイドにする

ガイドは、オブジェクトからも作成できます。自由な形のガイドを作成できます。

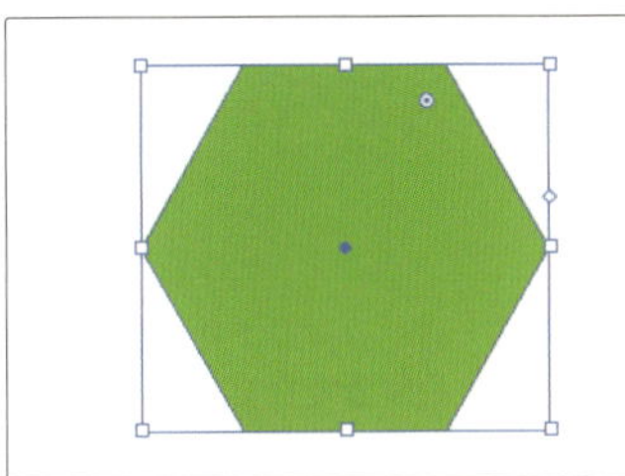

オブジェクトを選択して[表示] メニューから [ガイド] → [ガイドを作成] を選択します。

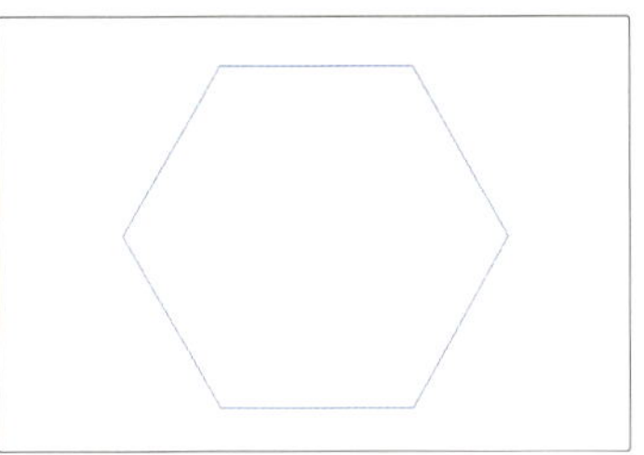

オブジェクトの辺や頂点がガイドになります。

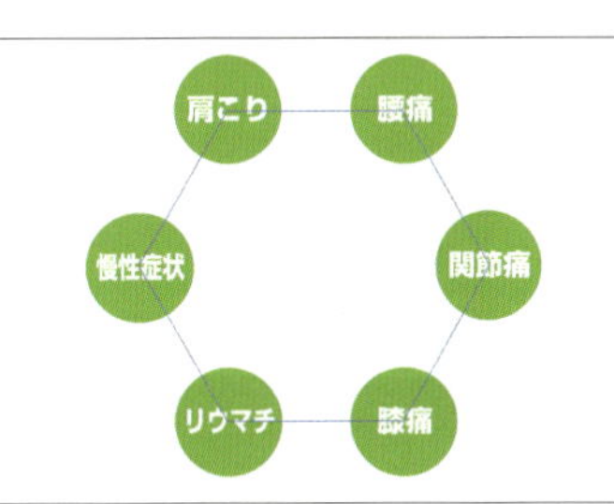

図のように、ガイド(ここでは頂点)に合わせて別のオブジェクトを配置できます。ガイドにしたオブジェクトは、ロックしておくと作業しやすくなります。

HINT

ガイドの色や線種は、[編集] メニュー (Mac版は [Illustrator] メニュー) から [環境設定] → [ガイド・グリッド] を選択し、表示される [環境設定] ダイアログボックスで設定・変更します。

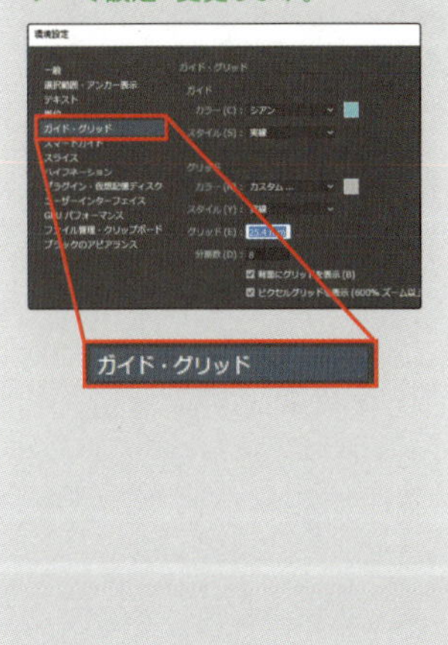

24 グリッド
グリッドに沿って配置する

ココがポイント
- グリッドを表示させる
- オブジェクトをグリッドにスナップさせる

オブジェクトを配置する目安として「グリッド」を表示できます。方眼紙のようなマス目を利用してオブジェクトを整然と配置しましょう。

 練習用ファイル：chap3_c→3_24

グリッドを表示する

［表示］メニューから［グリッドを表示］を選択すると、グリッドが表示されます。グリッドもガイドと同様、印刷されません。

HINT

［表示］メニューから［グリッドを隠す］を選択すると、表示したグリッドを非表示にできます。

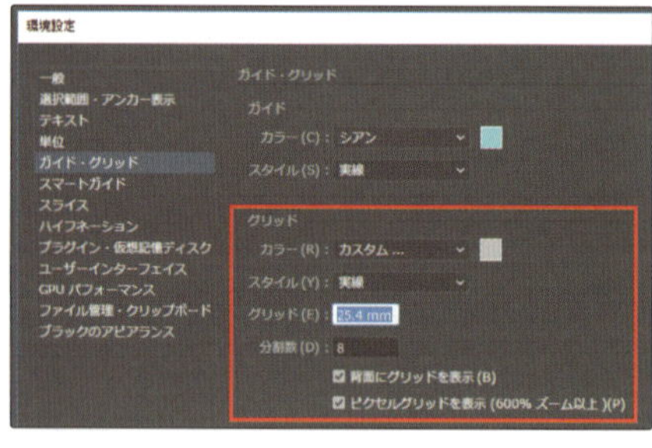

グリッドの色や線種、間隔は、［編集］メニュー（Mac版は［Illustrator］メニュー）から［環境設定］→［ガイド・グリッド］を選択し、表示される［環境設定］ダイアログボックスで設定・変更します。

グリッドにスナップ

［表示］メニューから［グリッドにスナップ］を選択すると、オブジェクトがグリッドにスナップ（自動的に吸着）し、簡単かつ正確にオブジェクトを配置できます。

HINT

［表示］メニューから［ポイントにスナップ］を選択すると、選択したアンカーポイントなどがガイドラインにスナップします。［ポイントにスナップ］はオブジェクトの端ではなく、マウスポインタで選択している部分がスナップします。

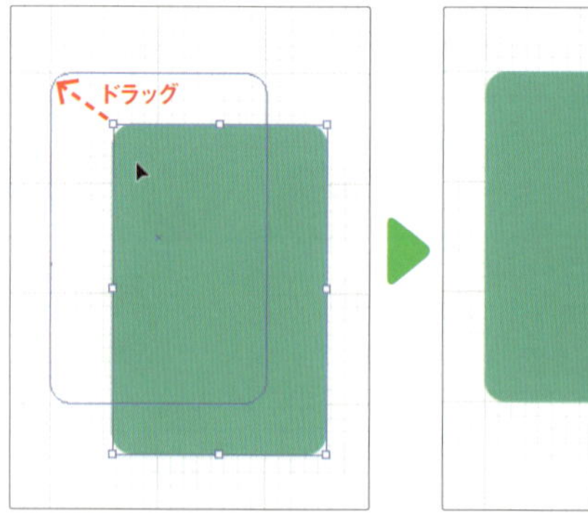

［グリッドにスナップ］を適用中は、オブジェクトをドラッグして移動する際などに、マス目に吸着するような操作感になります。

CHAPTER 3

25 スマートガイド オブジェクトを揃えて配置する

「スマートガイド」は、オブジェクトの作成・整列時に、既存のオブジェクトを基準にして一時的に「位置ガイド」を表示する機能です。

練習用ファイル: chap3_c → 3_25

ココがポイント

● 直感的な操作で既存のオブジェクトと位置を揃える

スマートガイドを利用する

初期設定では、スマートガイドが表示されるようになっています。

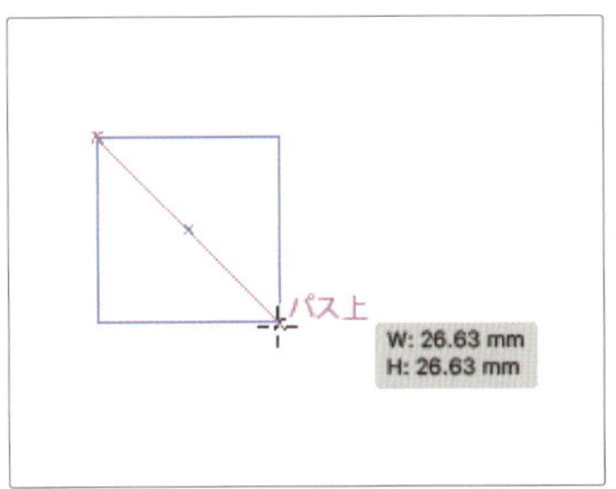

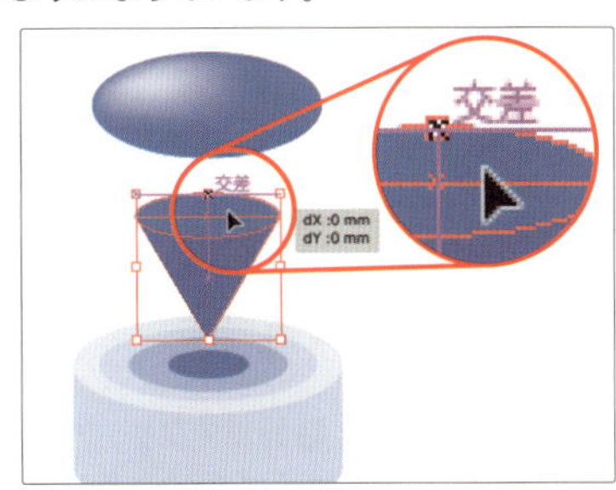

スマートガイドを設定すると、オブジェクトの作成や移動時に、さまざまな案内が表示されます。

スマートガイドでオブジェクトを揃える

スマートガイドを利用して、３つのオブジェクトの位置を揃えてみましょう。

❶中央のテキストをドラッグして移動し、左のイラストと上辺を揃えます。

❷右のイラストをドラッグして移動し、左のイラストと中心を揃えます。

❸それぞれの条件でオブジェクトの位置が揃います。

NOTICE

スマートガイドが表示されない場合、Illustrator CS3 以前のバージョンでは、［表示］メニューから［スマートガイド］を選択してスマートガイドを表示させます。

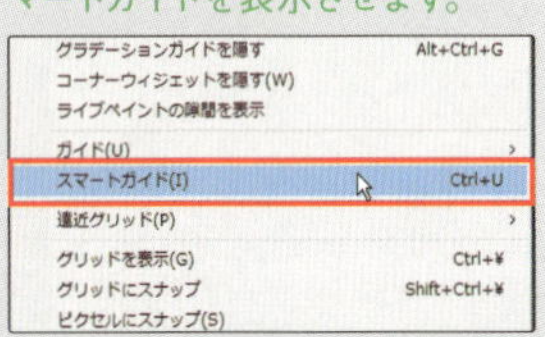

HINT

スマートガイドの表示内容は、［編集］メニュー（Mac版は［Illustrator］メニュー）から［環境設定］→［スマートガイド］を選択し、表示される［環境設定］ダイアログボックスで設定します。

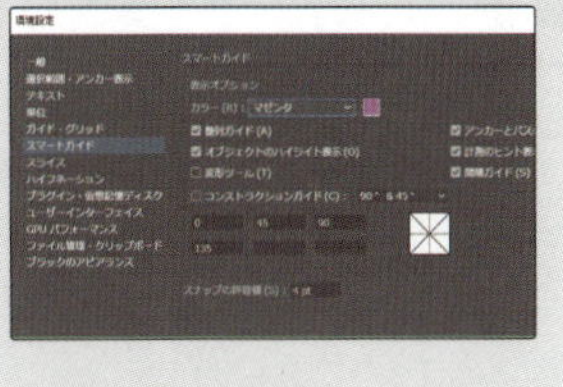

SEE ALSO

整列パネルでオブジェクトを揃える ➡P.134

26 ペンツール〈1〉
直線と曲線を作成する

[直線]ツールはドラッグ操作で線を作成するのに対し、[ペン]ツールはクリック操作で線を作成します。「線の形状を作成する」という感覚が近いでしょう。ここでは、直線と曲線の作成方法を解説します。

練習用ファイル：chap3_c ➡ 3_26

ココがポイント
- 直線を作成する
- 「クローズパス」で図形を作成する
- 曲線を作成する

SEE ALSO

[直線] ツール ➡P.72

直線を作成する

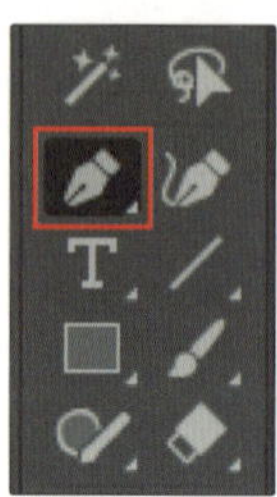
❶ツールパネルから[ペン]ツールを選択します。

❷始点でクリックします。アンカーポイントが作成されます。

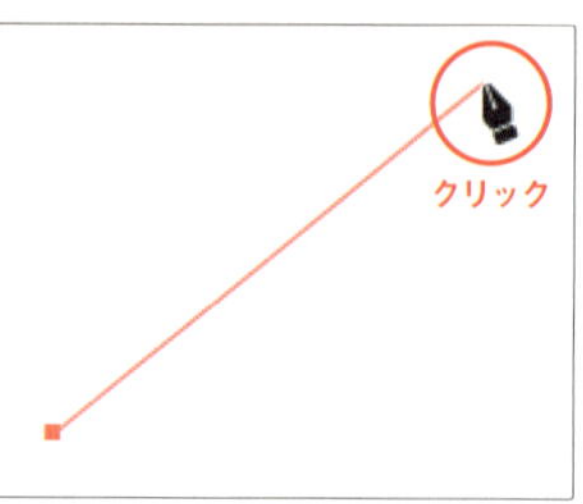

❸マウスポインタを移動し（ドラッグはしない）、終点でクリックします。アンカーポイントが作成されます。

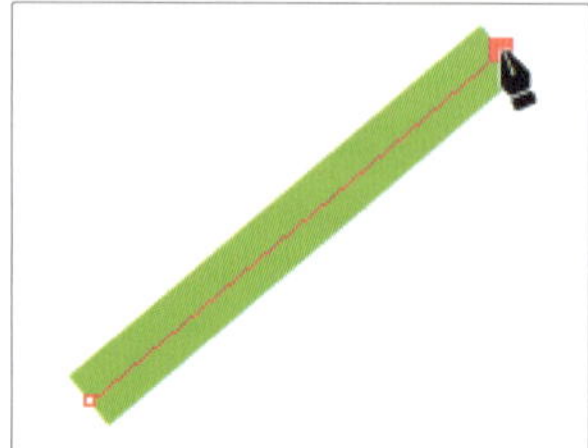
❹始点のアンカーポイントと終点のアンカーポイントを結ぶ直線のパスが作成されます。ツールパネルで［選択］ツールなど他のツールを選択し、線の作成を終了させます。

HINT

Shift キーを押しながらクリックすると、ドラッグの方向が45度単位に固定されます。

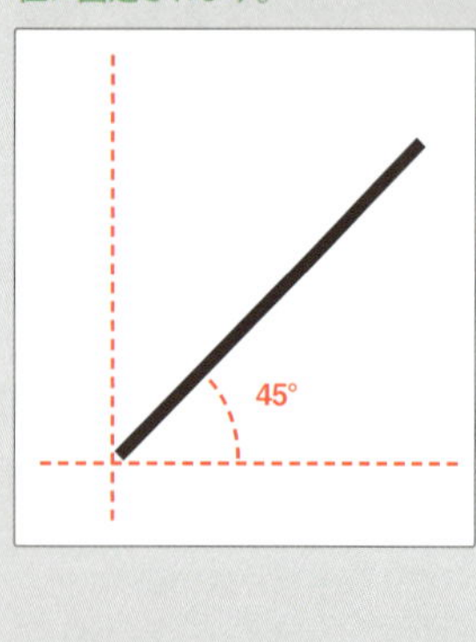

水平・垂直の線を作成する

❶［ペン］ツールで始点をクリックします。Shift キーを押しながらマウスポインタを水平方向へ移動し、終点をクリックします。

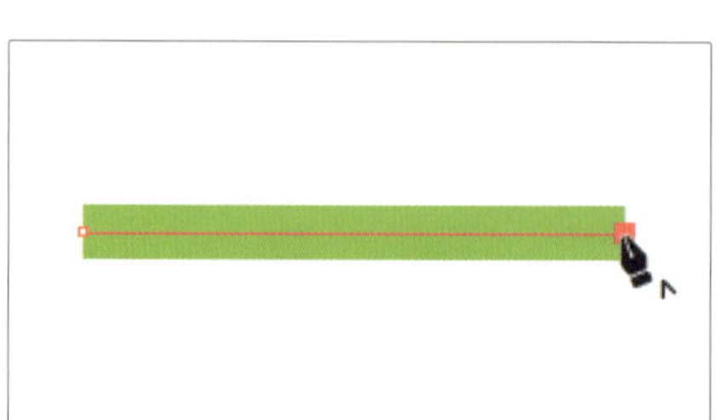
❷水平の線が作成されます。

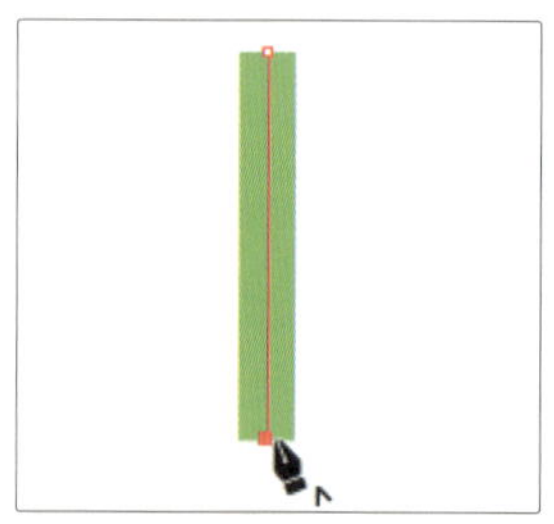
垂直の線を作成するには、始点をクリック後、Shift キーを押しながらマウスポインタを垂直方向へ移動し、終点をクリックします。

クローズパスで図形を作成する

複数の線をつないで、図形を作成することもできます。ちなみに、始点と終点が異なり、その間がつながっていないものを「オープンパス」、ここで作成する図形のように始点と終点が同じものを「クローズパス」といいます。

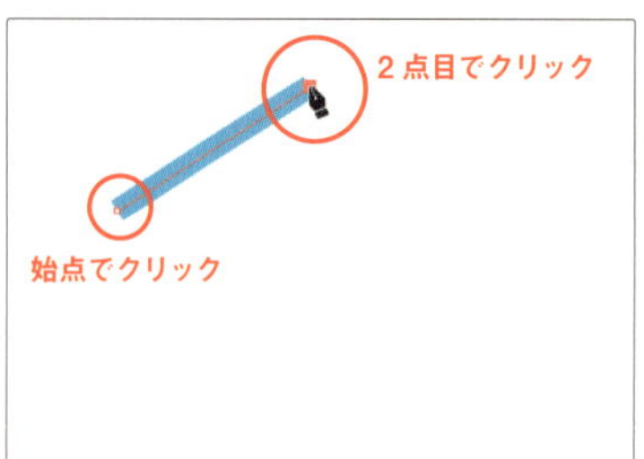

❶[ペン]ツールで始点と2点目をクリックし、線を作成します。

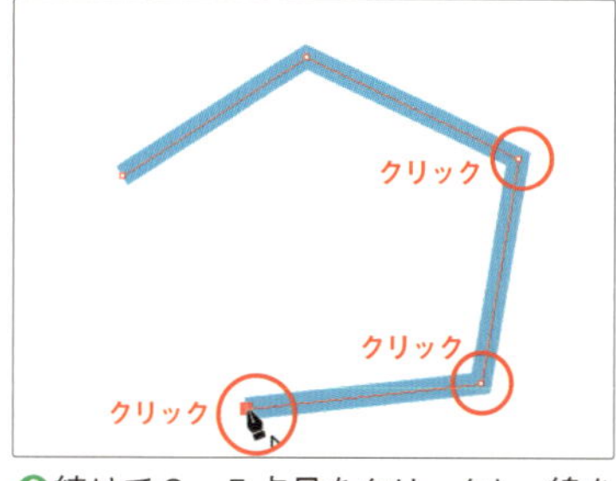

❷続けて3〜5点目をクリックし、線をつなげていきます。

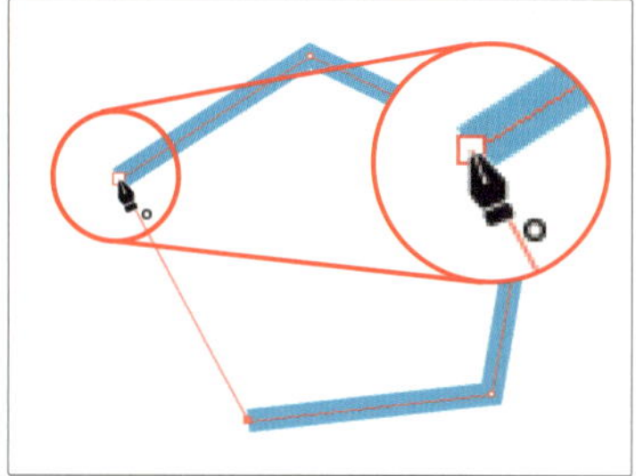

❸始点にマウスポインタを合わせると、形状が変わります。

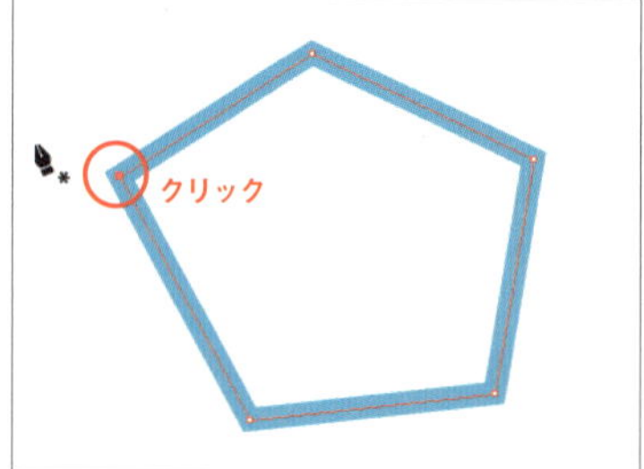

❹始点でクリックすると、クローズパスが作成されます。

HINT

オープンパス
始点と終点の間がつながっていない状態

クローズパス
始点と終点の間がつながった状態

複数の線を続けて作成する

線を作成した後に、別の線を続けて作成するには、いったんツールパネルの[ペン]ツールをクリックしてから次の線を描きます。

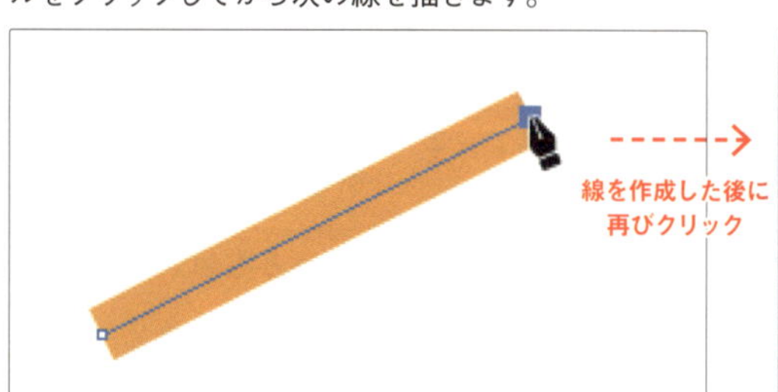

❶ [ペン] ツールで直線を作成します。

線を作成した後に再びクリック

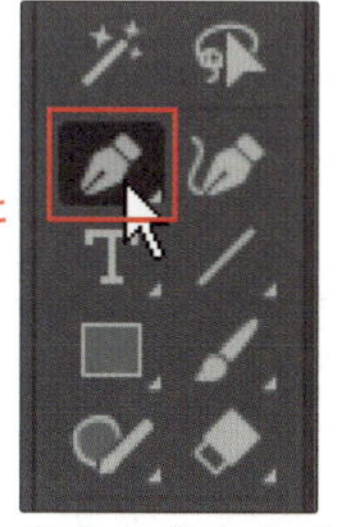

❷次の線を作成する前に、ツールパネルの[ペン]ツールをクリックします。

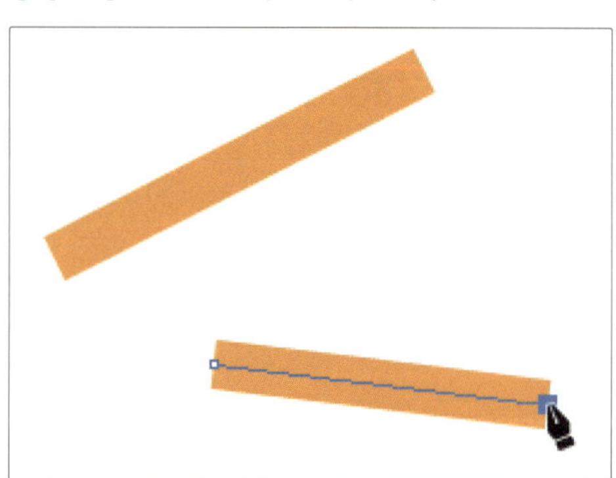

❸他の場所に別の線を作成できます。

HINT

線を作成した後にCtrl(command)キーを押すと、一時的に[選択]ツールに切り替わります。
Ctrl(command)キーを押したままアートボード上でクリックすると、[ペン]ツールで描いた線の選択が解除されます。
Ctrl(command)キーから指をはなすと[ペン]ツールに戻るので、別の線を作成できます。

HINT

ドラッグすると、アンカーポイントの左右にハンドル（方向線）が作成されます。このハンドルの長さや方向で曲線の形状をコントロールします。

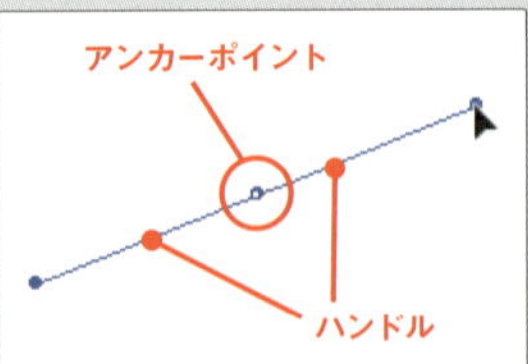

HINT

クリック位置が適切でない場合は、右クリックして［ペンの取り消し］を選択すると、クリック前の状態に戻せます。

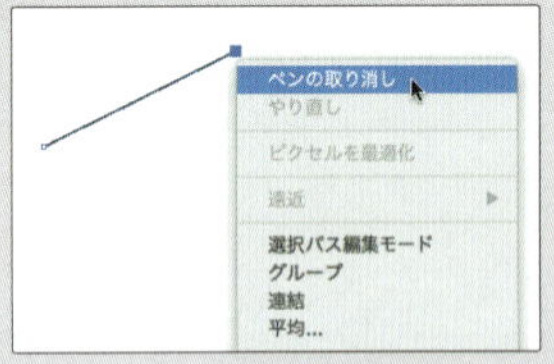

HINT

始点でドラッグするとき、マウスボタンを押したまま左にドラッグすると、図のような曲線になります。

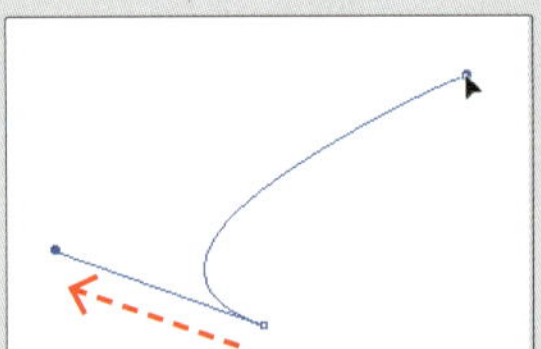

HINT

２点目でドラッグするとき、マウスボタンを押したまま右にドラッグすると、図のような曲線になります。

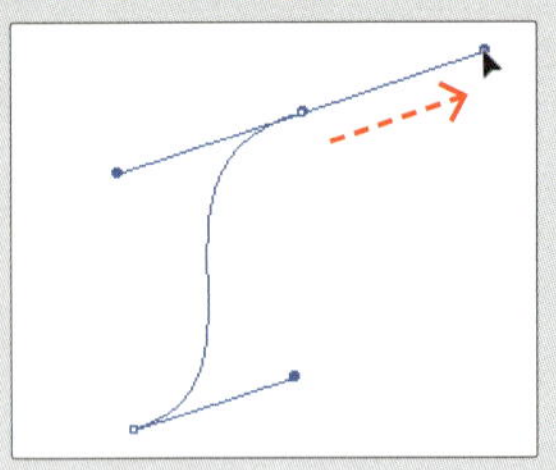

曲線を作成する

［ペン］ツールでは、クリックとドラッグ操作で曲線を作成します。

クリックしてからドラッグする

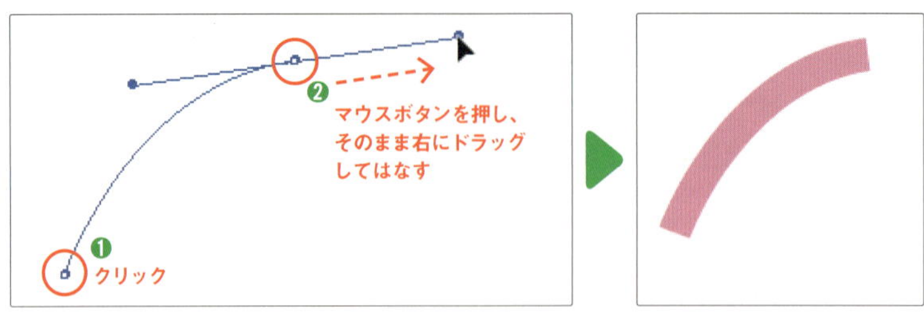

❶始点をクリックします。❷２点目でマウスボタンを押したまま右にドラッグして、ボタンから指をはなします。右図のような曲線になります。

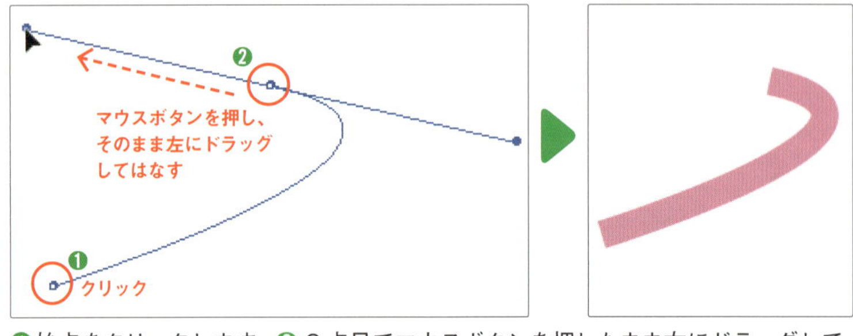

❶始点をクリックします。❷２点目でマウスボタンを押したまま左にドラッグして、ボタンから指をはなします。右のドラッグとは反対側に膨らんだ曲線になります。

ドラッグしてからクリックする

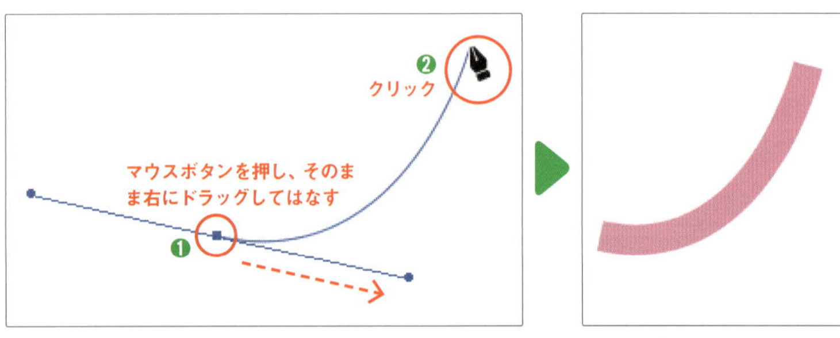

❶始点でマウスボタンを押したまま右にドラッグして、ボタンから指をはなします。
❷２点目をクリックします。右図のような曲線になります。

ドラッグしてからさらにドラッグする

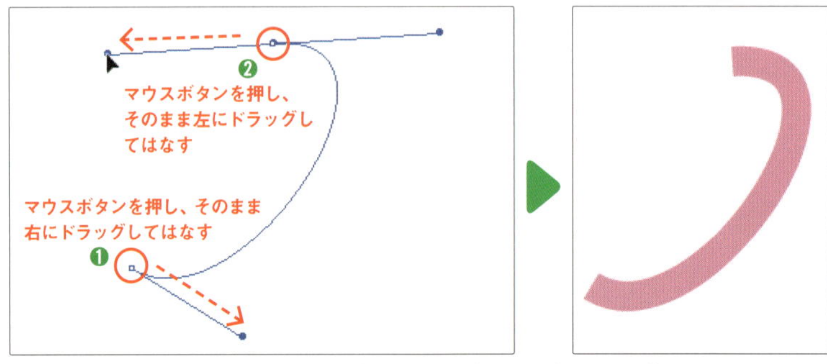

❶始点でマウスボタンを押したまま右にドラッグして、ボタンから指をはなします。
❷2点目ではマウスボタンを押したまま左にドラッグして、ボタンから指をはなします。右図のような曲線になります。

CHAPTER 3

27 ペンツール〈2〉

曲線や直線がつながった線を作成する

[直線]ツールや[曲線]ツールでは、単体の直線や曲線しか作成できませんが、[ペン] ツールでは、連続した曲線、直線と曲線がつながった線などを作成できます。

 練習用ファイル: chap3_c ➡ 3_27

ココがポイント

- 連続した曲線を作成する
- 曲線に直線がつながった線を作成する
- 直線に曲線がつながった線を作成する

連続した曲線を作成する

連続した曲線にはいろいろな種類があります。ここでは基本的な３パターンの曲線の作成方法を紹介します。

同方向にドラッグしてＳ字形をつなげる

❶始点でマウスボタンを押したまま右下にドラッグして、ボタンから指をはなします。

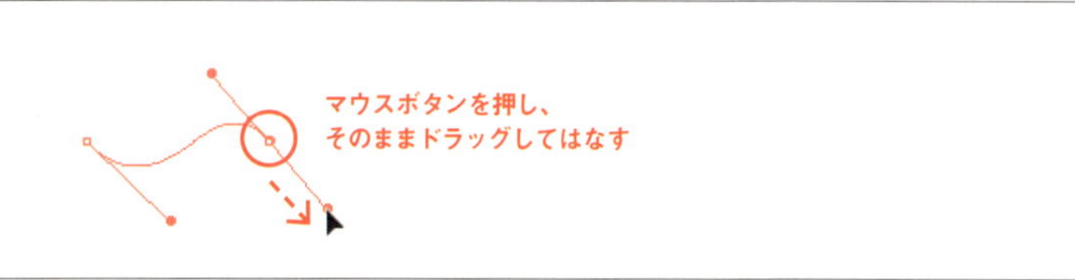

❷マウスポインタを始点から水平の位置に移動します。２点目でもマウスボタンを押したまま右下にドラッグして、ボタンから指をはなします。

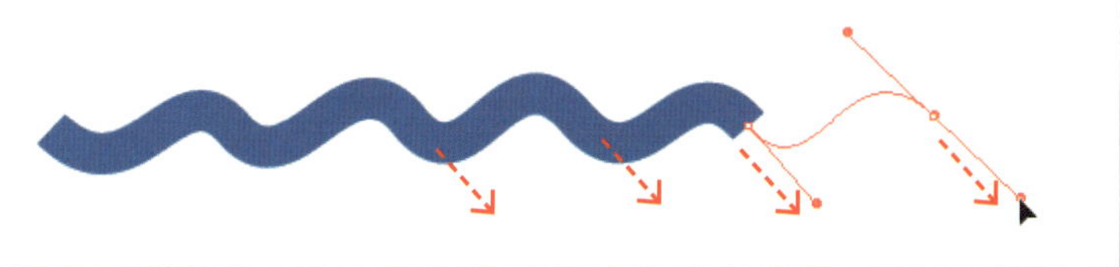

❸手順❶❷の操作を繰り返すと、波のような曲線を作成できます。アンカーポイントの左右に作成されるハンドルをすべて同じ方向にドラッグするのがポイントです。

反対方向にドラッグして山と谷をつなげる

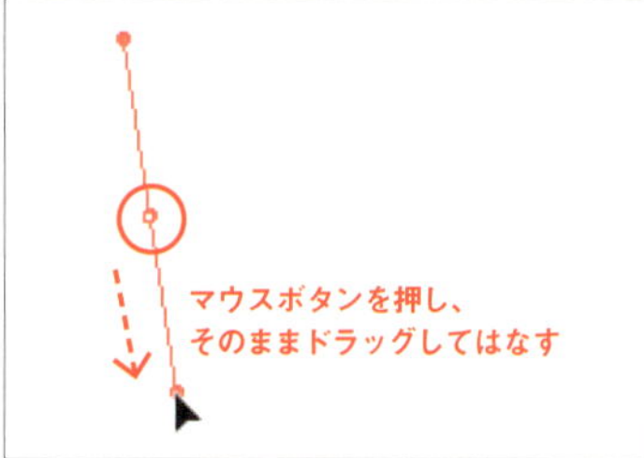

❶始点でマウスボタンを押したまま下にドラッグして、ボタンから指をはなします。

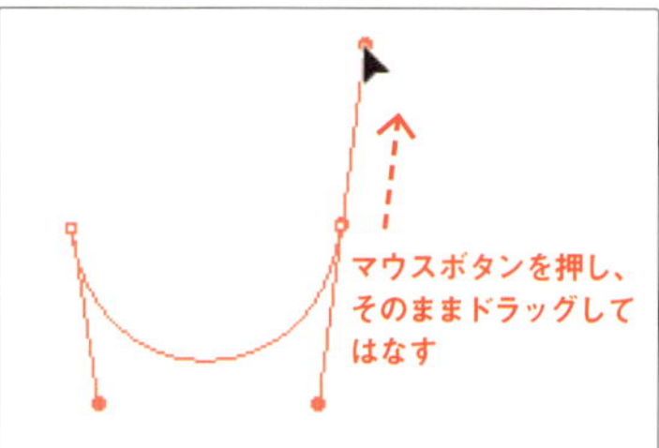

❷マウスポインタを始点から水平の位置に移動します。２点目ではマウスボタンを押したまま上にドラッグして、ボタンから指をはなします。

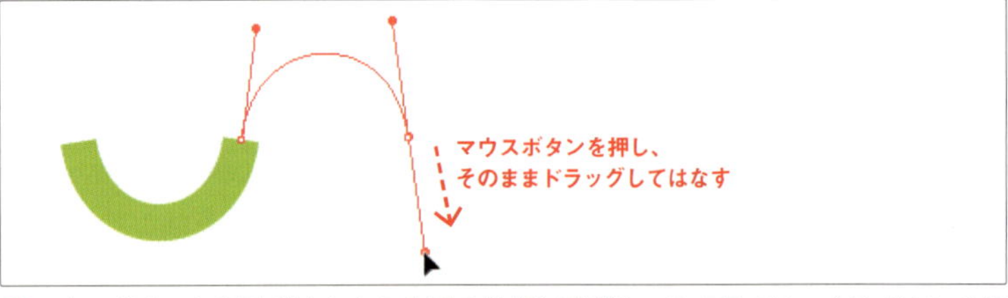

❸マウスポインタを再び始点から水平の位置に移動し、3点目ではマウスボタンを押したまま下にドラッグして、ボタンから指をはなします。

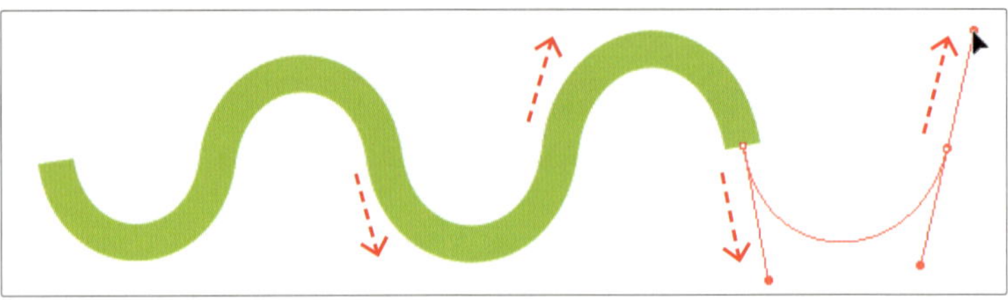

❹手順❶～❸の操作を繰り返すと、山と谷のような曲線になります。ハンドルのドラッグする方向を交互にするのがポイントです。

Alt（option）キーを押しながら、山をつなげる

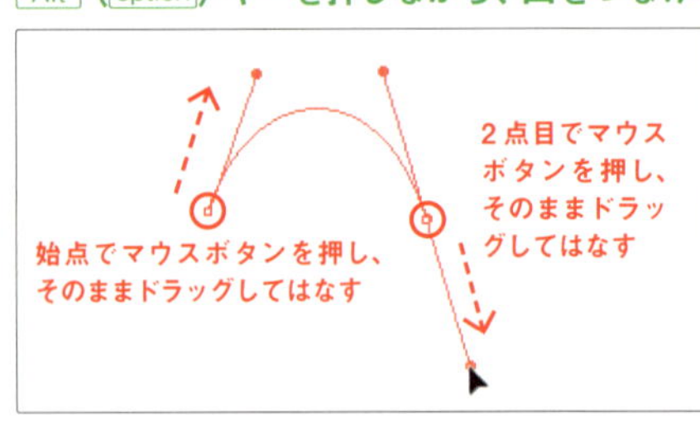

❶始点でマウスボタンを押したまま上にドラッグして、ボタンから指をはなします。マウスポインタを始点から水平の位置に移動させ、2点目でマウスボタンを押したまま下にドラッグして、ボタンから指をはなします。

HINT

Alt（option）キーを押しながらドラッグすると、アンカーポイントに新たなハンドルを作成できます。

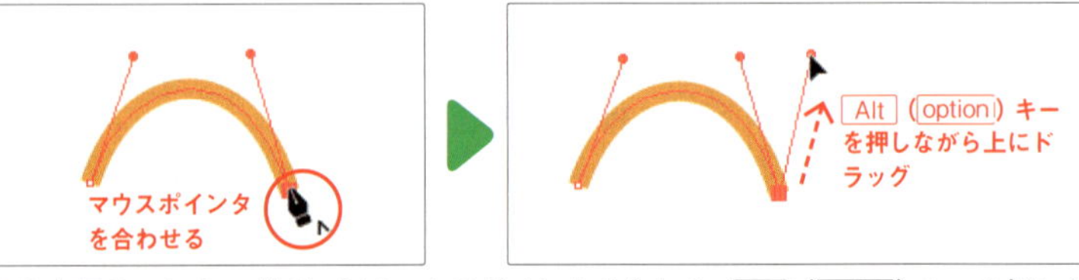

❷2点目のアンカーポイントにマウスポインタを合わせ、Alt（option）キーを押しながらマウスボタンを押したまま上にドラッグして、ボタンから指をはなします。新たなハンドルが作成されます。

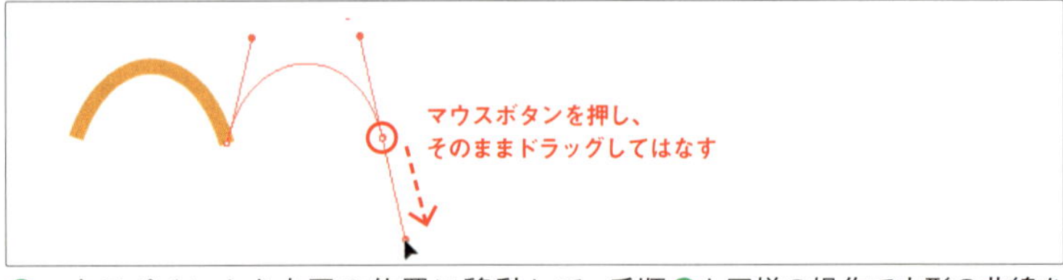

❸マウスポインタを水平の位置に移動して、手順❶と同様の操作で山形の曲線をもう1つ作成します。

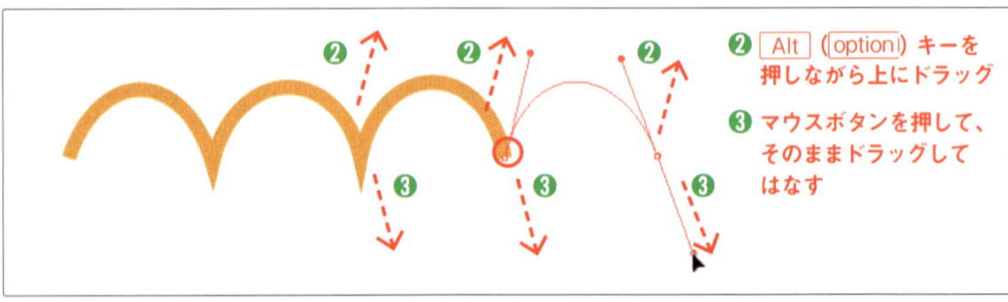

❹手順❷～❸の操作を繰り返すと、山が連なったような線が作成されます。Alt（option）キーを押しながらドラッグし、新たなハンドルを作成するのがポイントです。

曲線に直線がつながった線を作成する

曲線に直線がつながった線を作成します。連続した曲線と同様に、[ペン] ツールのちょっとしたルールがあります。

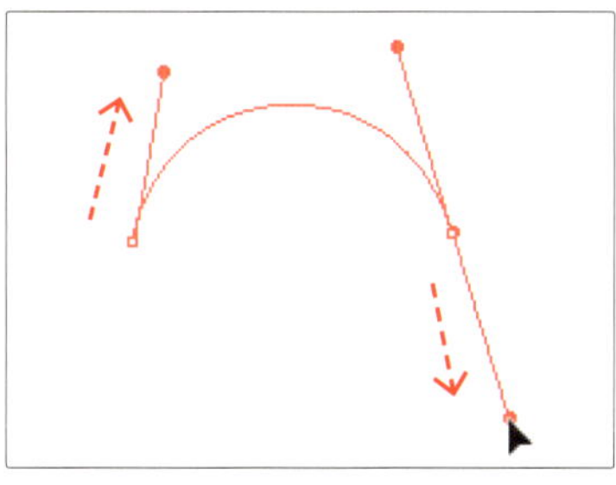

❶P.116 の手順❶と同様の操作で山形の曲線を作成します。

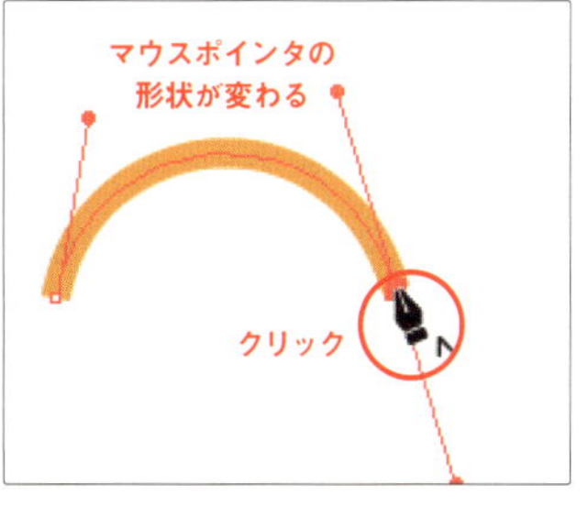

❷ 2 点目のアンカーポイントをクリックすると、右（下）側のハンドルが削除されます。

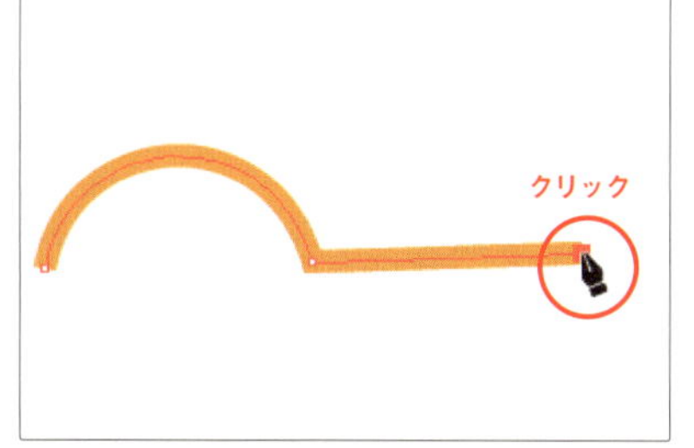

❸ 3 点目でクリックすると、曲線に続けて直線が作成されます。

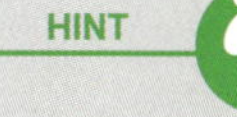

ハンドルのあるアンカーポイントをクリックすると、ハンドルが削除されます。

直線に曲線がつながった線を作成する

直線に曲線がつながった線を作成します。連続した曲線と同様に、[ペン] ツールのちょっとしたルールがあります。

❶始点と 2 点目でクリックし、直線を作成します。

❷ 2 点目のアンカーポイントにマウスポインタを合わせます。

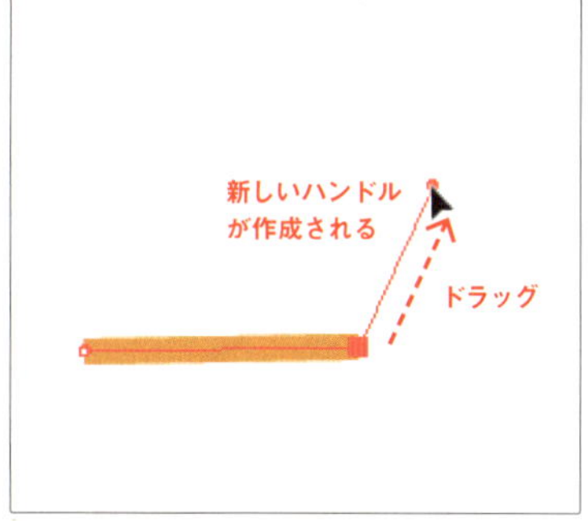

❸ 2 点目のアンカーポイントをマウスボタンを押したまま上にドラッグしてボタンから指をはなすと、新しいハンドルが作成されます。

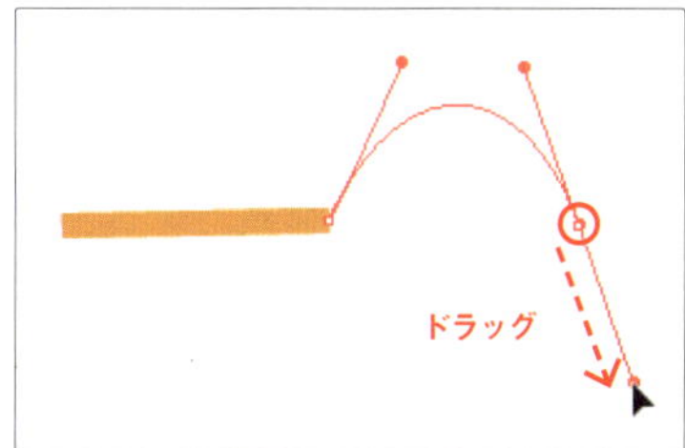

❹マウスポインタを水平の位置に移動して、3 点目でマウスボタンを押したまま下にドラッグしてボタンから指をはなすと、直線に続けて曲線が作成されます。

[曲線] ツールで曲線を作成する

[曲線] ツールを使うと、クリック操作だけで曲線を作成できます。

[曲線] ツールで曲線を作成する

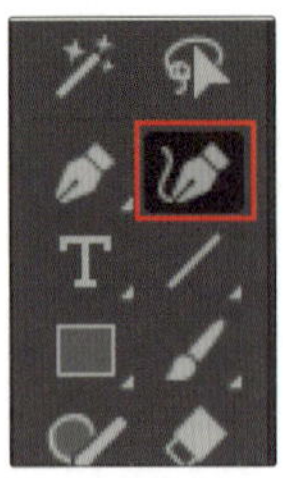

❶ツールパネルから [曲線] ツールを選択します。

❷始点をクリックすると、アンカーポイントが作成されます。

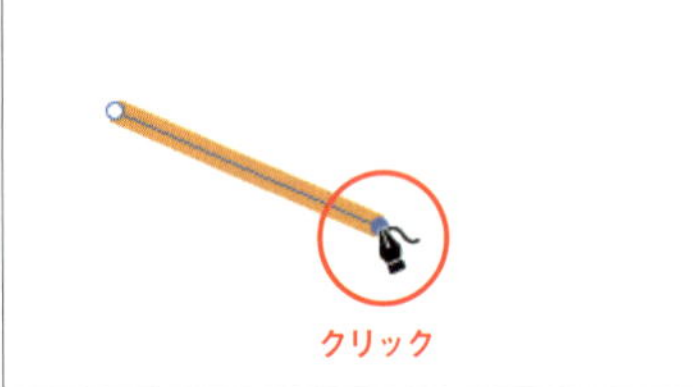

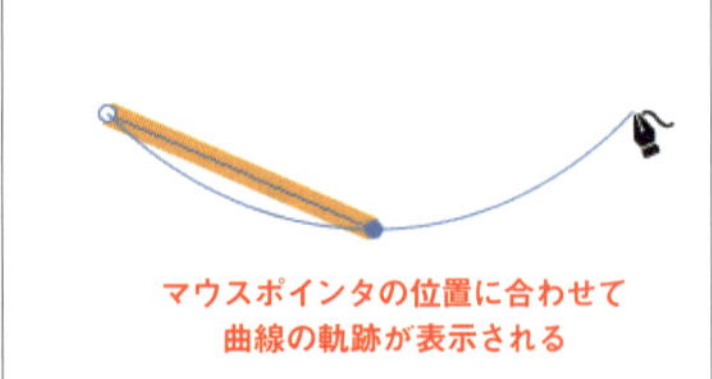

❸ 2点目をクリックし、マウスポインタを移動すると、自動的に曲線の軌跡が表示されます。

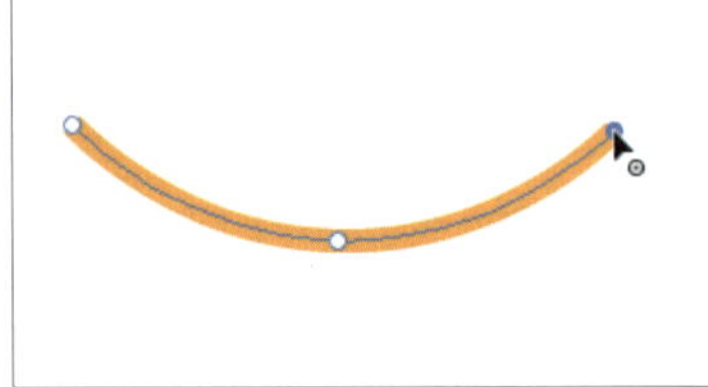

❹ 3点目をクリックすると、曲線が作成されます。ツールパネルで [選択] ツールなど他のツールを選択し、曲線の作成を終了させます。

[曲線] ツールで円を作成する

[曲線] ツールでクローズパスにすると、円を作成できます。

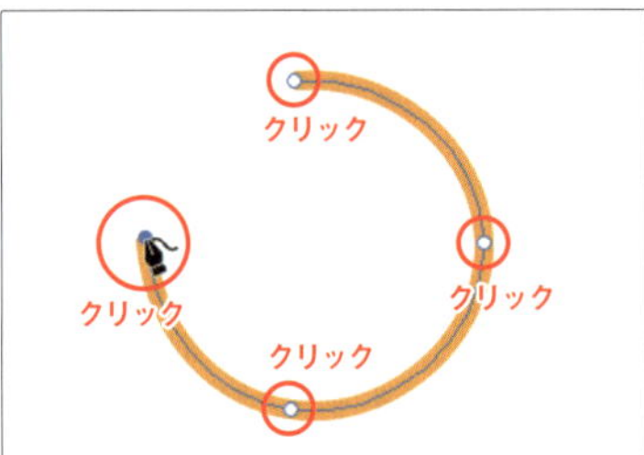

❶ [曲線] ツールで円弧を描くように4カ所でクリックします。

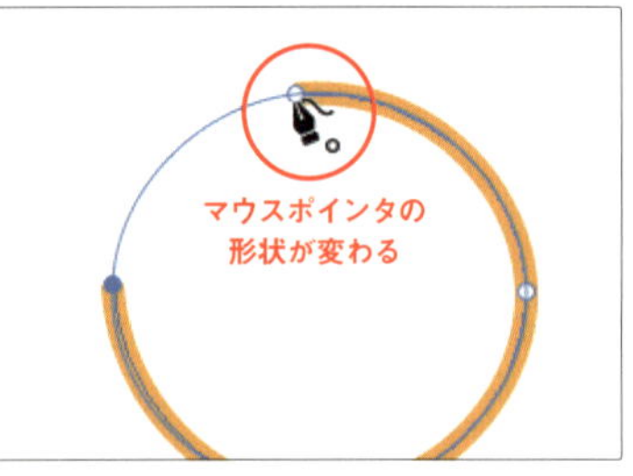

❷始点のアンカーポイントにマウスポインタを合わせると、形状が変わります。

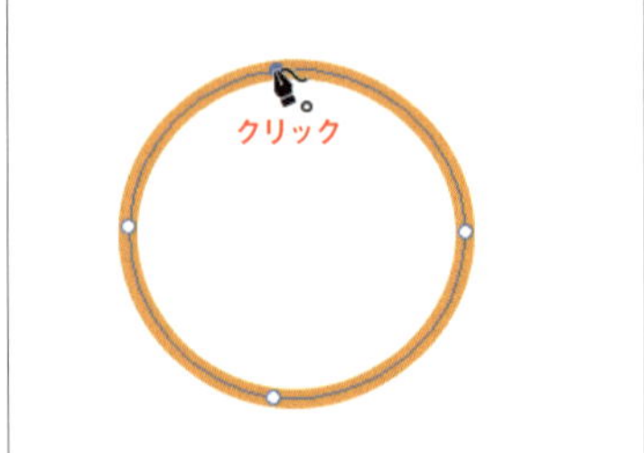

❸始点でクリックすると、円が作成されます。

NOTICE

[曲線] ツールは、Illustrator CC の機能です。

HINT

[曲線] ツールでジグザグ状にクリックしていくと、波線を作成できます。

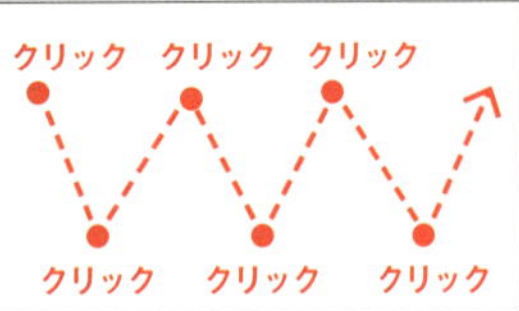

[曲線] ツールで図のようにクリックします。

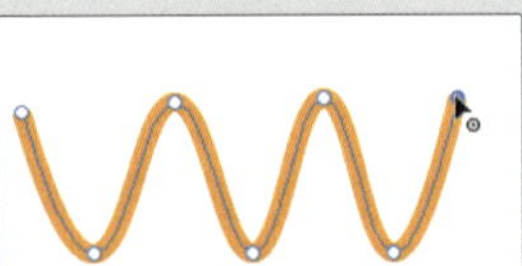

クリック操作だけで波線が作成できます。

SEE ALSO

クローズパス ➡P.113

[曲線] ツールで直線を描く

❶ [曲線] ツールで始点と2点目をクリックします。

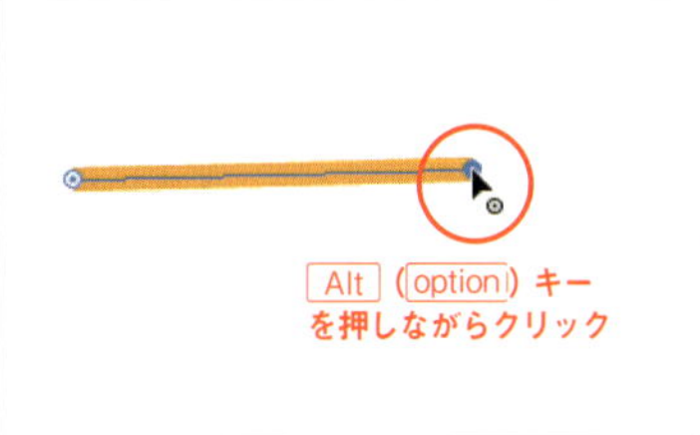

❷ 2点目のアンカーポイントを Alt (option) キーを押しながらクリックします。

❸ 曲線の軌跡が表示されなくなります。3点目をクリックしても曲線にならずに、直線になります。

[曲線] ツールで曲線と直線がつながった線を作成させる

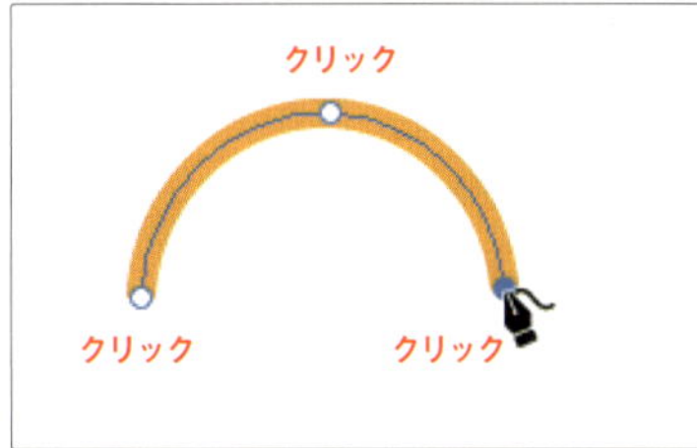

❶ [曲線] ツールで3点をクリックして半円を描きます。

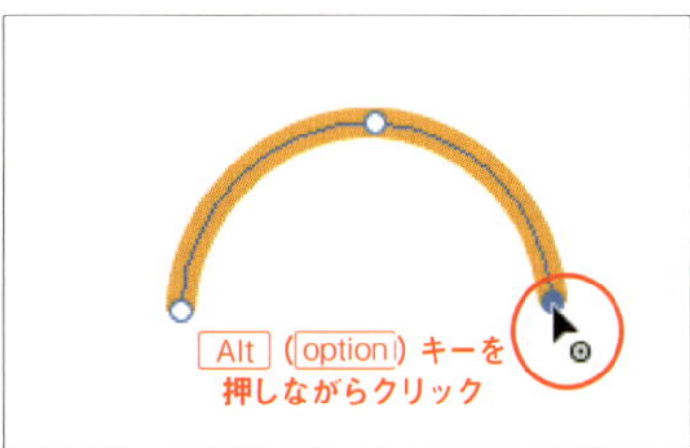

❷ 3点目のアンカーポイントを Alt (option) キーを押しながらクリックします。

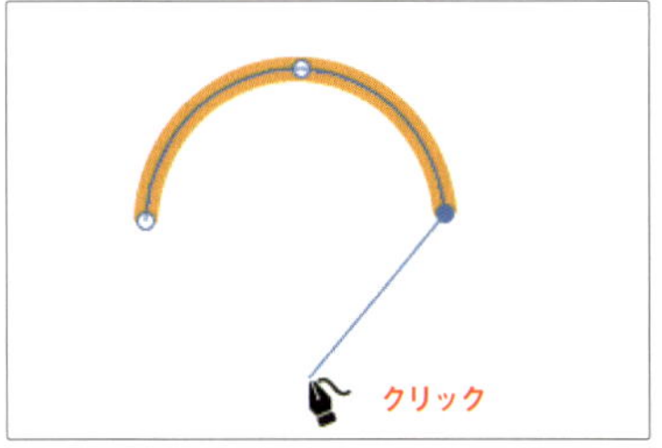

❸ 4点目でクリックして、曲線に続けて直線を作成します。

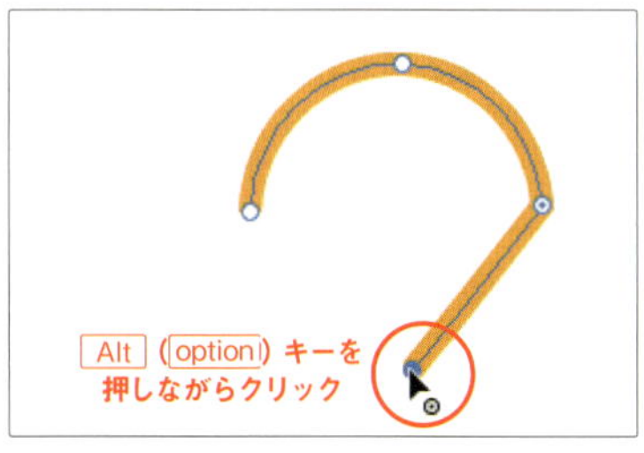

❹ 次も直線を作成するので、4点目のアンカーポイントを Alt (option) キーを押しながらクリックします。

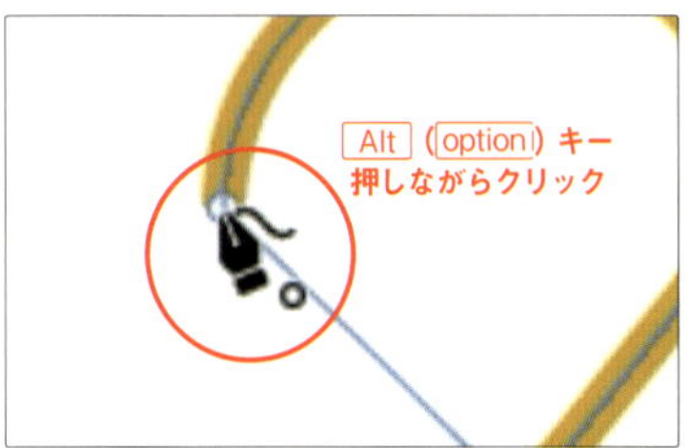

❺ 始点で Alt (option) キーを押しながらクリックします。

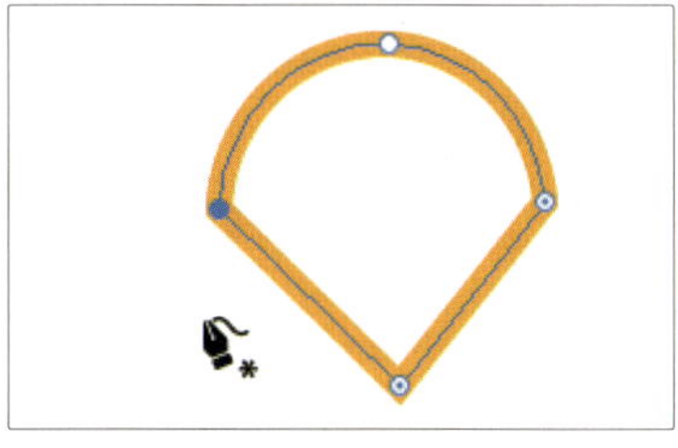

❻ 直線が作成され、クローズパスになります。

CHAPTER 3

28 ペンツール〈3〉
オブジェクトを編集する

[ペン] ツールはオブジェクトを作成するだけでなく、線をつないだり、アンカーポイントを追加・削除することもできます。また、[ペン]ツールと他のツールを併用すると、図形を編集できます。

練習用ファイル：chap3_c → 3_28

ココがポイント
- 線をつなげる
- アンカーポイントを追加・削除する
- ハンドルを追加・削除する

HINT

アンカーポイントにマウスポインタを合わせたときの形状で、行える操作が確認できます。

端のアンカーポイントにパスを追加する

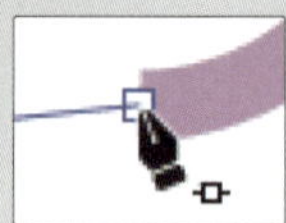
アンカーポイントにパスを連結する

線をつなげる

離れているアンカーポイントの間にパスを追加し、2本の線をつなげて1本の線（オブジェクト）にします。

線を直線でつなげる

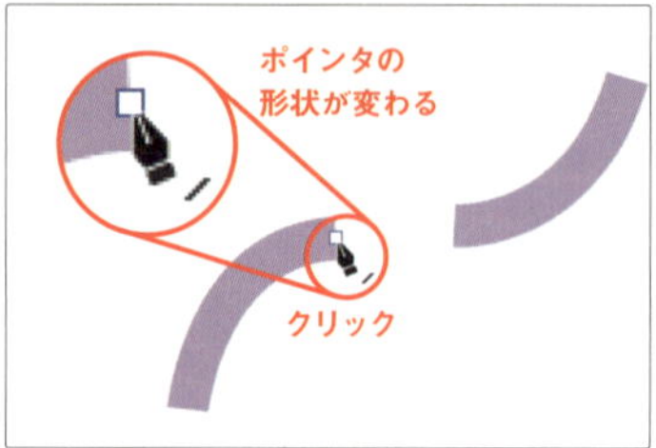

❶一方の線の端のアンカーポイントにマウスポインタを合わせ、ポインタの形状が変わったらアンカーポイントをクリックします。

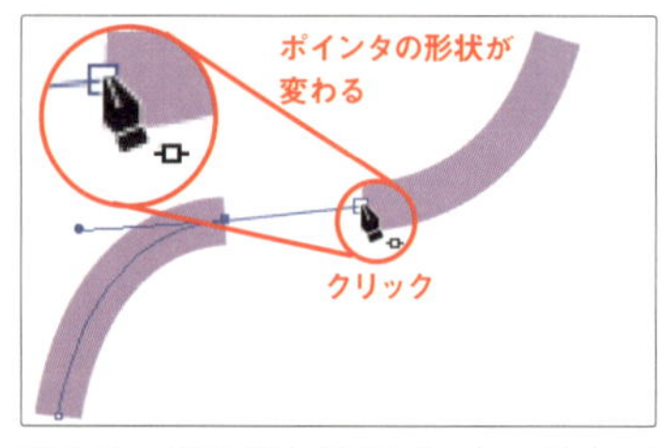

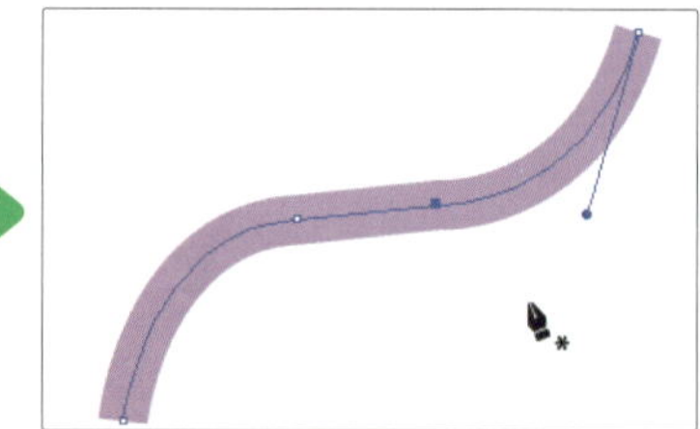

❷もう一方の線の端のアンカーポイントにマウスポインタを合わせ、形状が変わったらアンカーポイントをクリックします。パスが作成され、線がつながります。

直線を曲線でつなげる

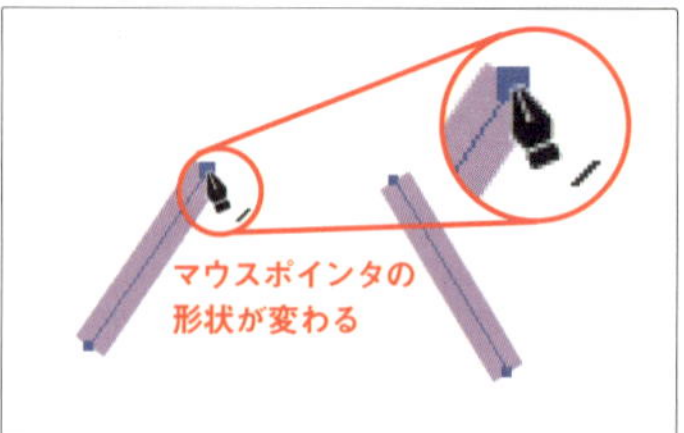

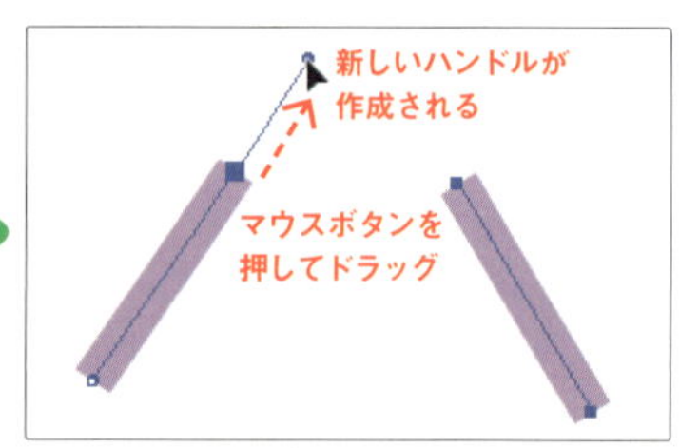

❶離れている線の端のアンカーポイントにマウスポインタを合わせ、マウスボタンを押したまま上にドラッグして指をはなします。新たなハンドルが作成されます。

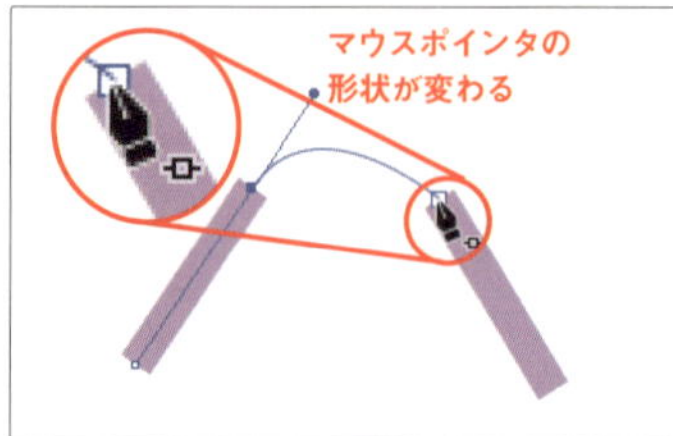

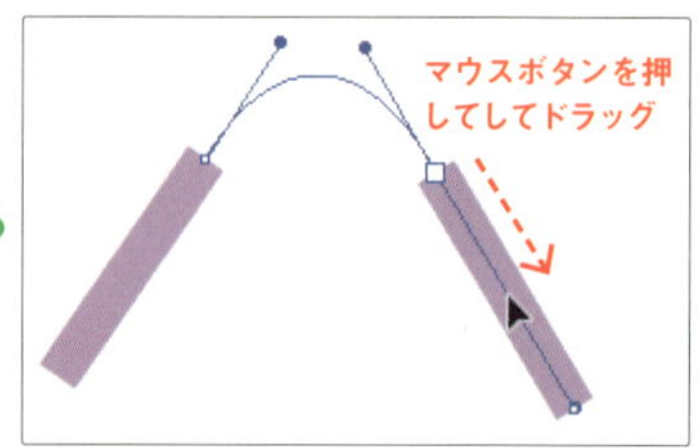

❷もう一方の線の端のアンカーポイントにマウスポインタを合わせ、マウスボタンを押したまま下にドラッグして指をはなします。このとき、つなげる側の線に沿ってドラッグすると、スムーズな曲線でつながります。

アンカーポイントの追加と削除

［ペン］ツールは、アンカーポイントを追加・削除できます。あらかじめ［選択］ツールでオブジェクトを選択しておくと、アンカーポイントが表示され、作業しやすくなります。

アンカーポイントの追加

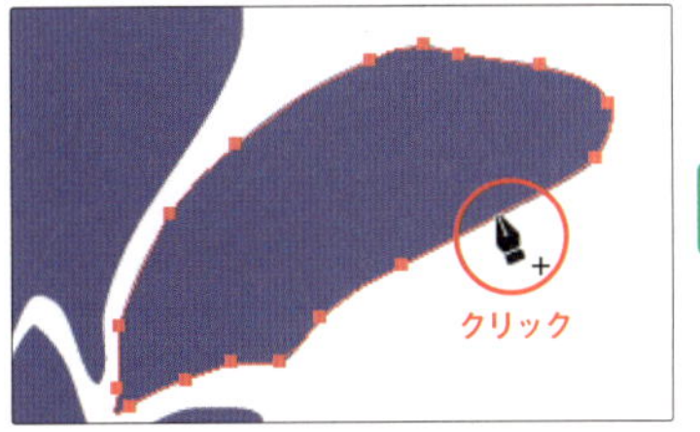

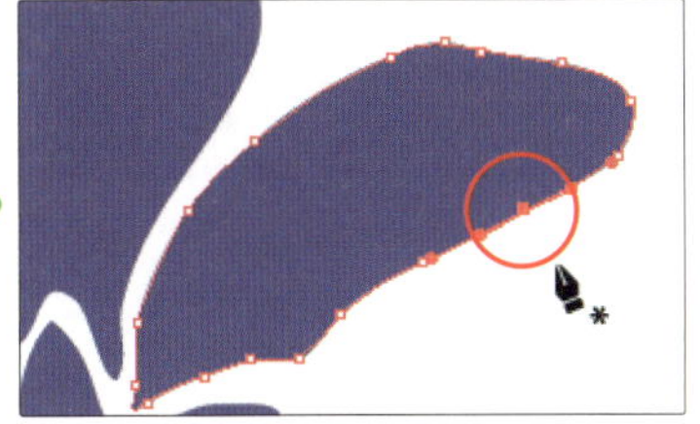

［ペン］ツールを選択し、マウスポインタをパスに近づけ、形状が変わったらクリックします。パス上にアンカーポイントが追加されます。

アンカーポイントの削除

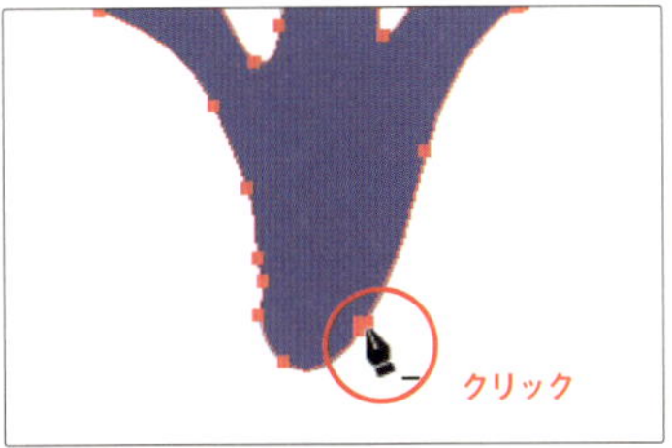

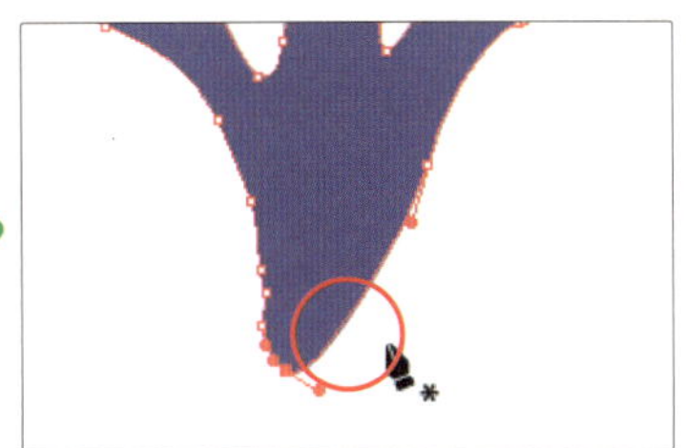

［ペン］ツールを選択し、マウスポインタをアンカーポイントに近づけ、形状が変わったらクリックします。クリックすると、アンカーポイントが削除されます。

［ダイレクト選択］ツールで編集する

［ダイレクト選択］ツールで、線やオブジェクトのアンカーポイントやハンドルを編集できます。

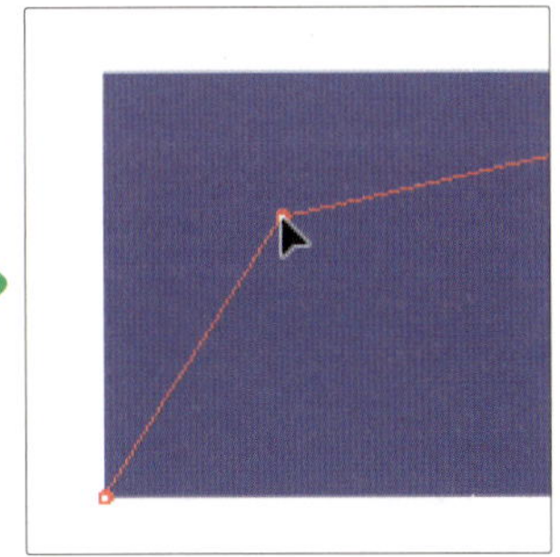

［ダイレクト選択］ツールで、選択したアンカーポイントをドラッグして移動できます。

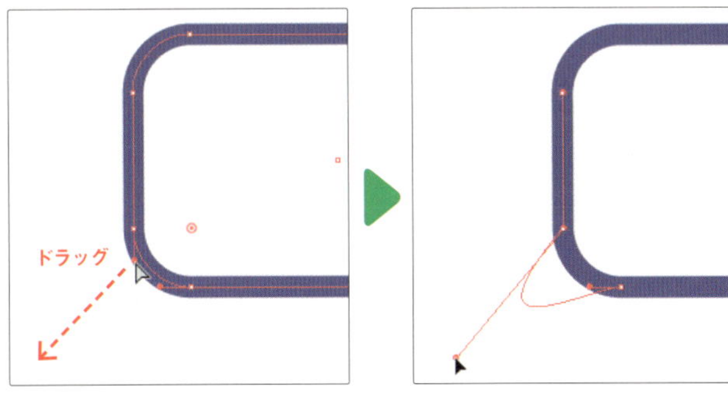

［ダイレクト選択］ツールで、選択したアンカーポイントのハンドルをドラッグし、曲線の形状を調整できます。

実はツールパネルには、［アンカーポイントの追加］ツール、［アンカーポイントの削除］ツールがあります。［ペン］ツールでアンカーポイントの追加・削除ができるのは、自動的にこれらのツールに切り替わっているためです。

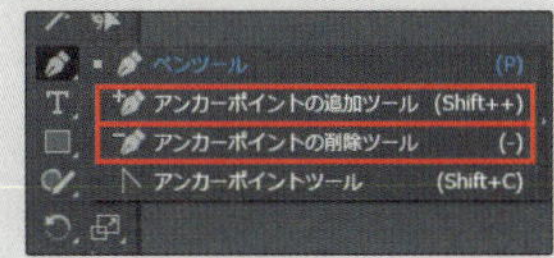

ハンドルの削除・追加と移動

［アンカーポイント］ツールは、ハンドルを削除・追加できます。

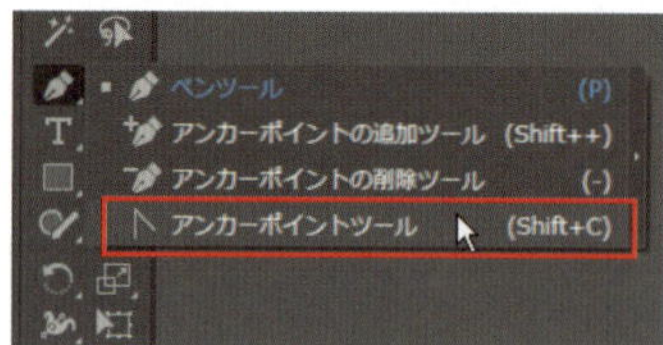

［アンカーポイント］ツールは、［ペン］ツールでマウスポインタを押したままにすると表示されます。

ハンドルを削除して、角を作成する

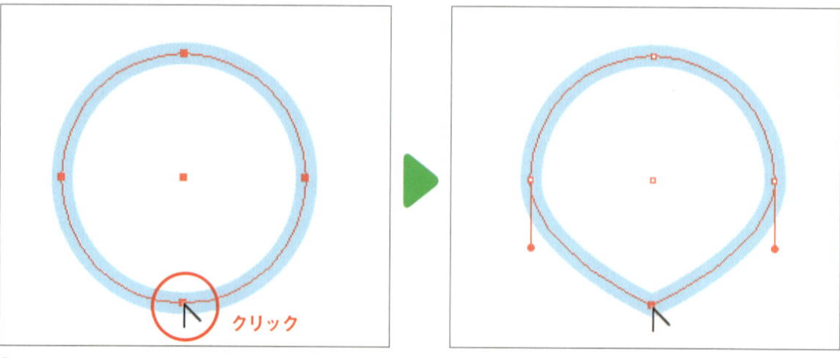

［アンカーポイント］ツールで曲線上のアンカーポイントをクリックします。曲線の丸みがなくなり、角ができます。

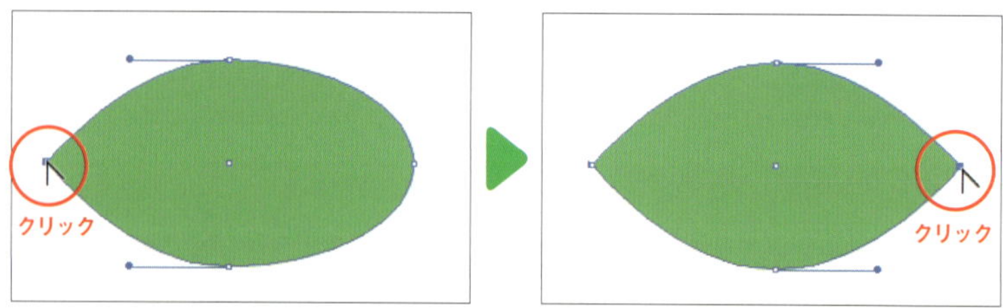

楕円形の両側に角を作成すると、葉のような形になります。

ハンドルを追加して、曲線にする

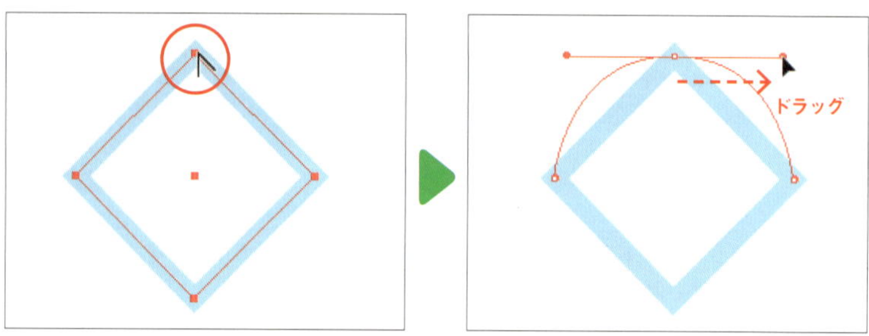

❶［アンカーポイント］ツールで、角のアンカーポイントを水平方向にドラッグします。

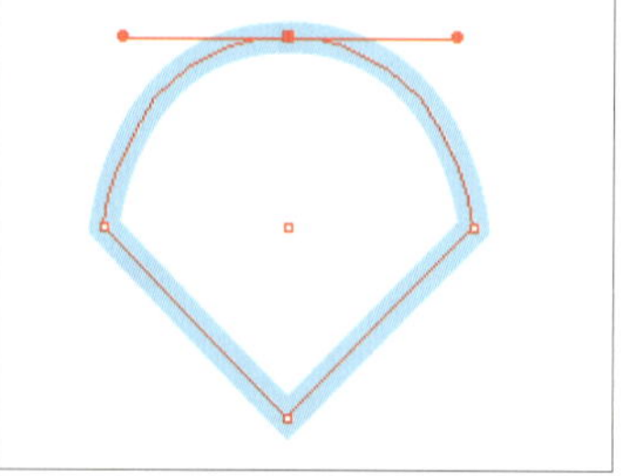

❷ハンドルが追加され、角が曲線になります。

> **NOTICE**
>
> Illustrator CS5 以前のバージョンでは、［アンカーポイント］ツールが［アンカーポイントの切り替え］ツールとなっています。

ハンドルを移動して変形する

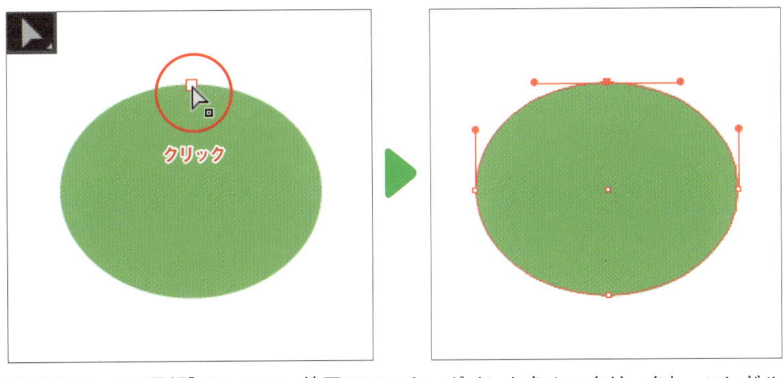

❶［ダイレクト選択］ツールで、楕円のアンカーポイントを１つクリックし、ハンドルを表示させせます。

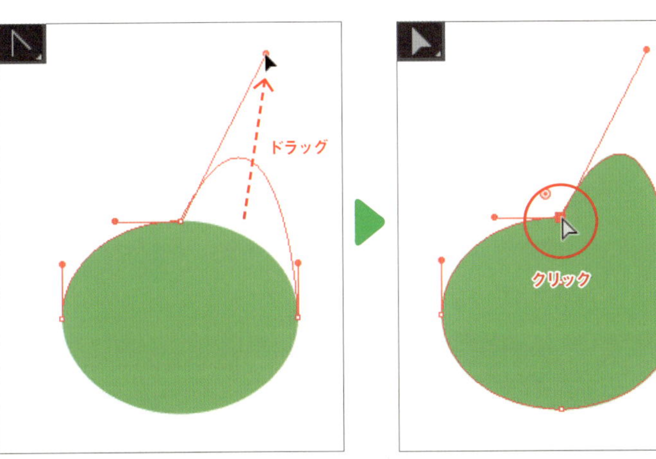

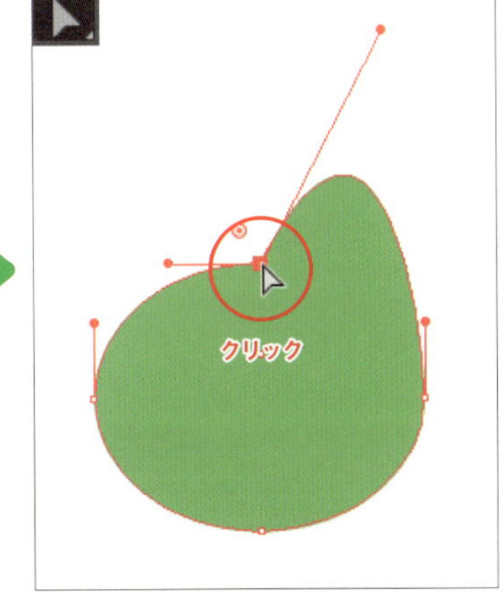

❷［アンカーポイント］ツールを選択し、一方のハンドルをドラッグで移動します。

❸再度［ダイレクト選択］ツールを選択し、手順❶と同じアンカーポイントをクリックします。

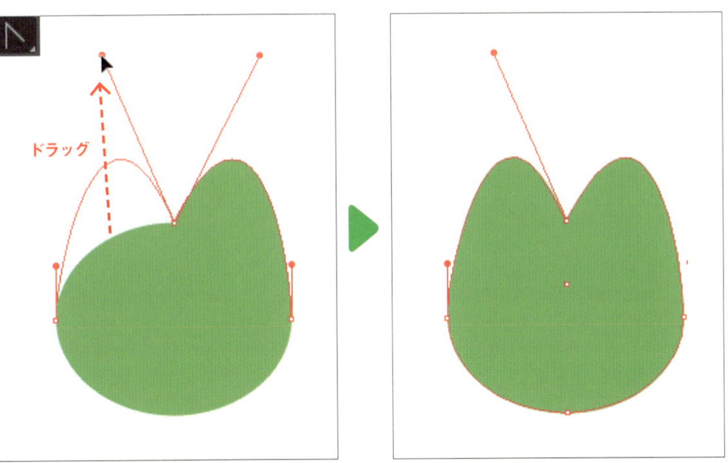

❹再度［アンカーポイント］ツールを選択し、もう一方のハンドルもドラッグで移動させます。

HINT

［ダイレクト選択］ツールでも、Alt（option）キーを押しながらドラッグすることで、ハンドルを移動できます。

パスを編集して、オブジェクトを変形する

楕円形を3つのツールで変形する

［ペン］［ダイレクト選択］［アンカーポイント］ツールを使ってオブジェクトを変形できます。左図の楕円のオブジェクトに右図の動物の耳のような形を加えます。

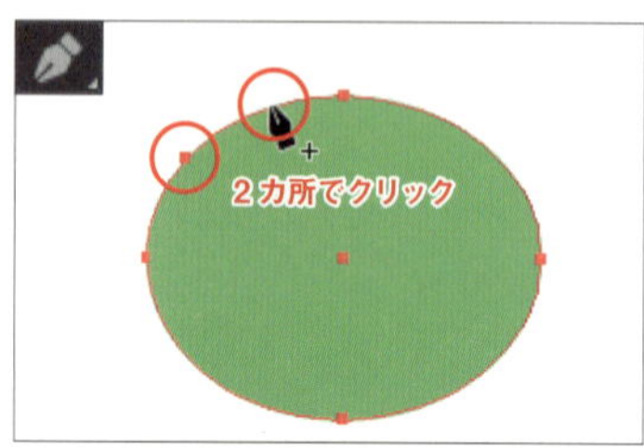

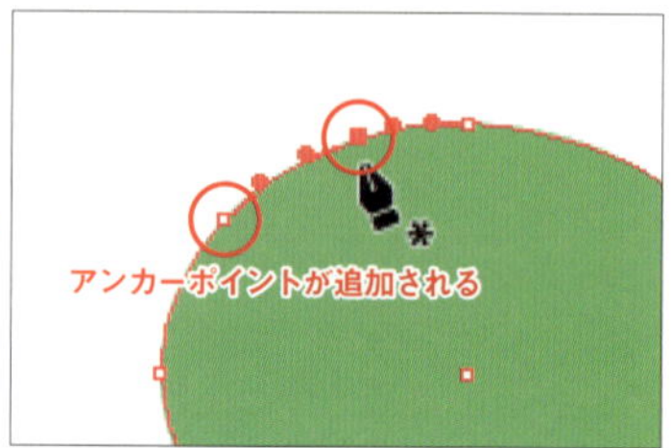

❶［ペン］ツールで楕円のパス上の2カ所でクリックすると、アンカーポイントが2つ追加されます。

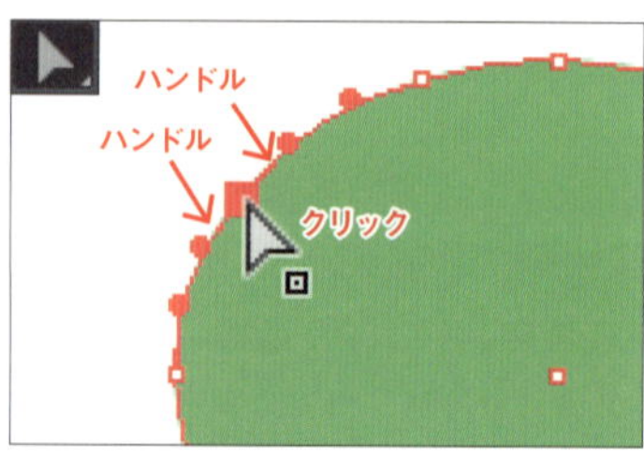

❷［ダイレクト選択］ツールで追加した左側のアンカーポイントを選択し、ハンドルを表示させます。

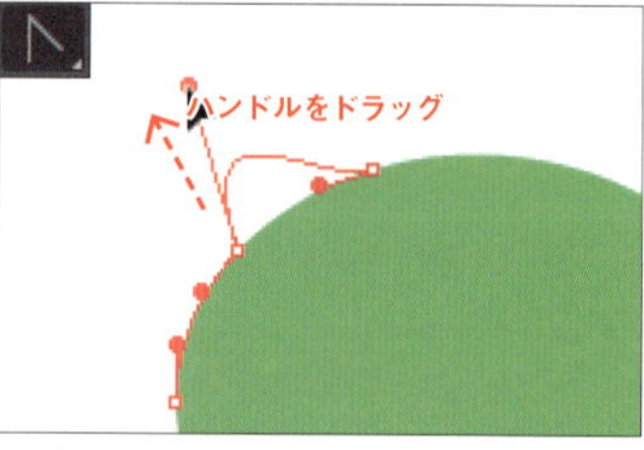

❸［アンカーポイント］ツールで左のハンドルをドラッグし、パスを変形させます。

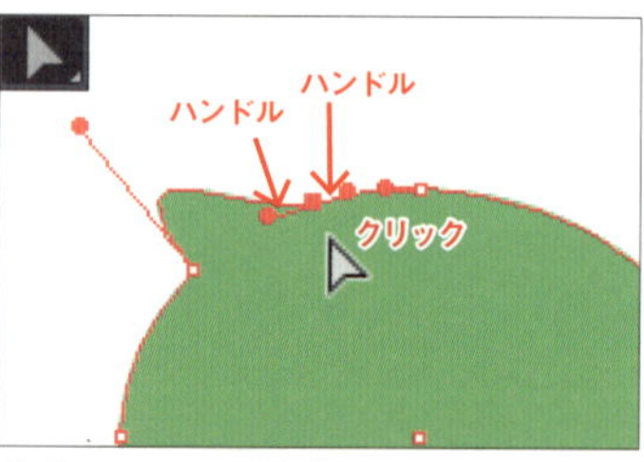

❹［ダイレクト選択］ツールで追加した右側のアンカーポイントを選択し、ハンドルを表示させます。

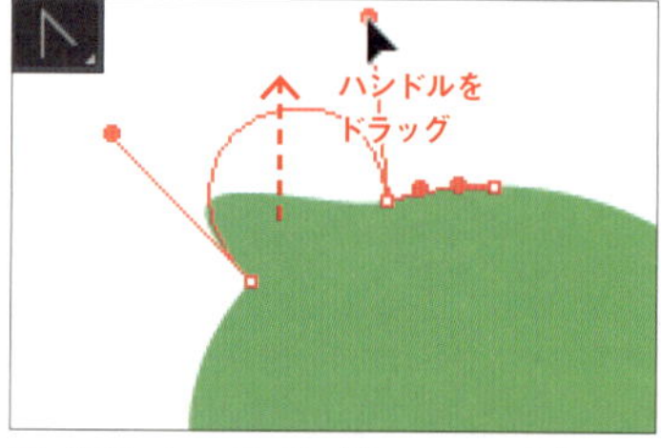

❺［アンカーポイント］ツールで右のハンドルをドラッグし、パスを変形させます。

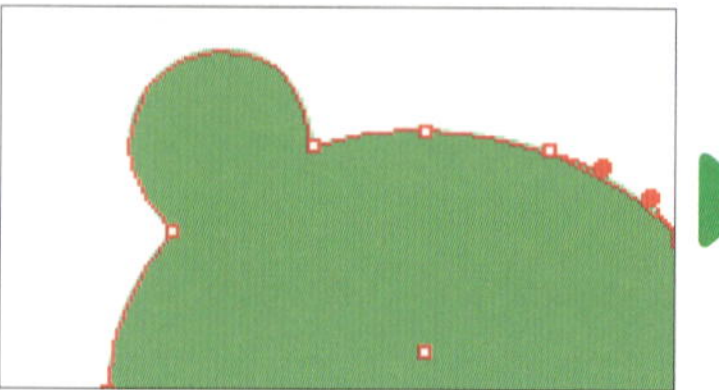

❻2つのパスが変形し、耳のような形になります。右側も同様の手順でパスを変形させ、動物の耳のような形にします。

CHAPTER 3

29 パスのアウトライン

線そのものを図形化する

パスをアウトライン化すると、線を図形にすることができます。アウトライン化した線は、図形のように塗りを設定できるほか、より自由に変形できます。

ココがポイント
- 図形の線をアウトライン化する
- 破線をアウトライン化する

 練習用ファイル：chap3_c➡3_29

パスのアウトライン

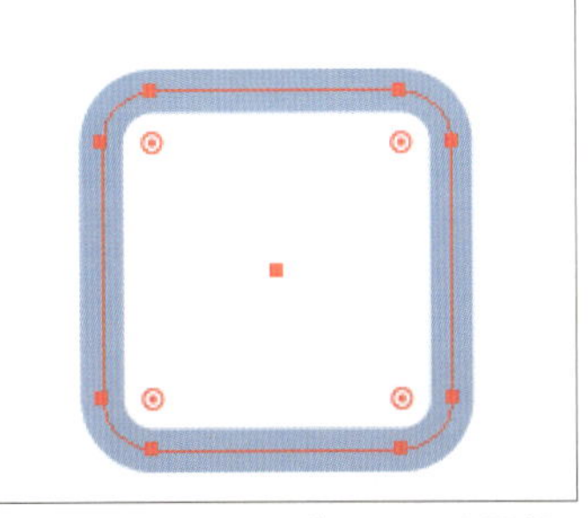

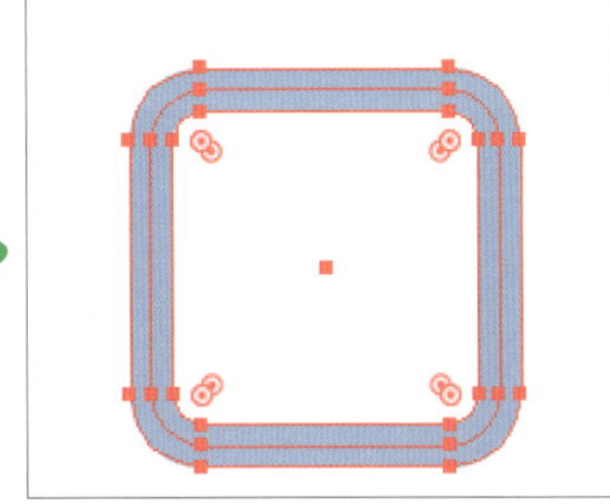

線を設定してあるオブジェクトを選択し、[オブジェクト] メニューから [パス] → [パスのアウトライン] を選択します。オブジェクトの線がアウトライン化され、図形と同様の編集が行えるようになります。

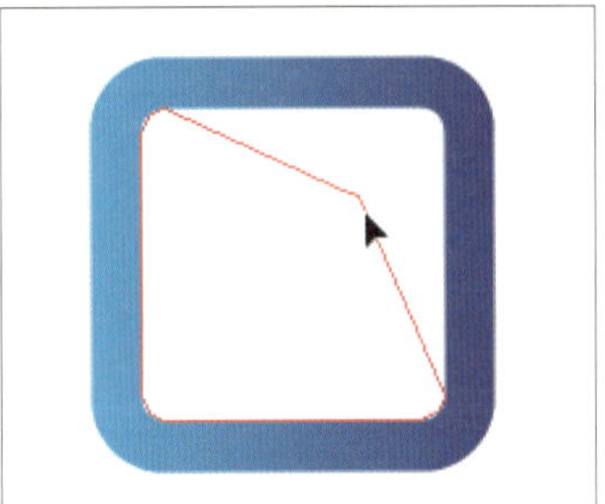

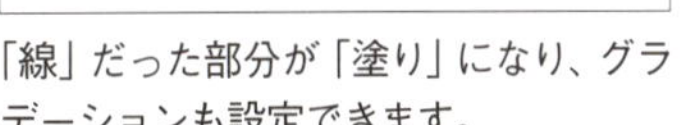

「線」だった部分が「塗り」になり、グラデーションも設定できます。

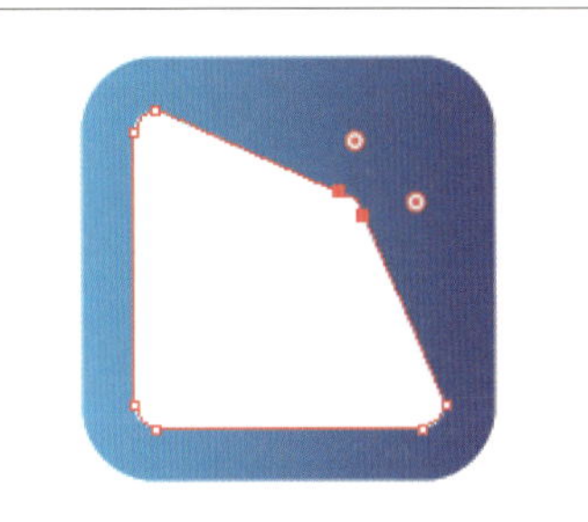

図形化したので自由に変形できます。

破線のアウトライン化

破線もアウトライン化できます。破線を選択し、[オブジェクト] メニューから [パス] → [パスのアウトライン] を選択すると、破線がアウトライン化されます。

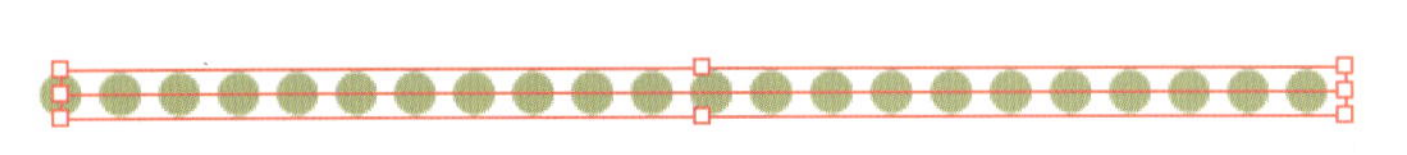

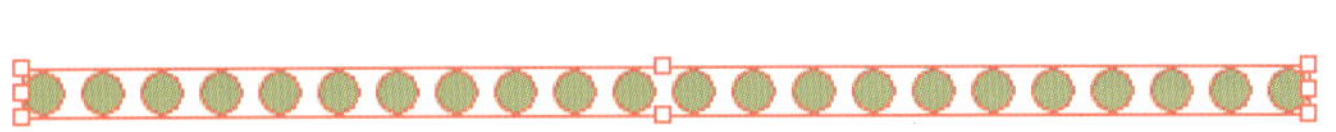

HINT

線をアウトライン化すると、自動的に複合パスになります。

SEE ALSO

複合パス ➡P.186

HINT

作例の破線は線パネルで以下のように設定しています。

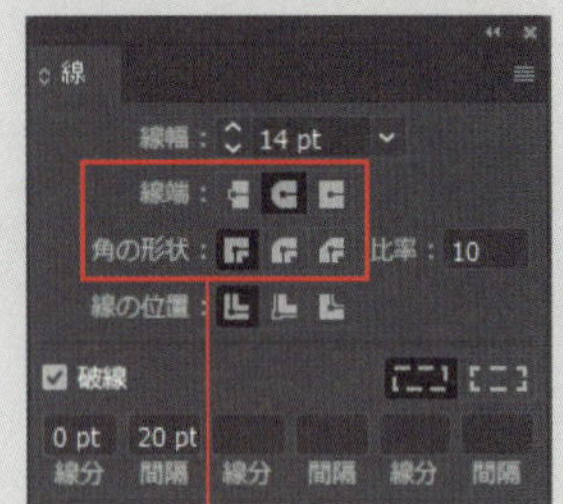

線端の形状もアウトライン化されます。

NOTICE

Illustrator CS2 以前のバージョンでは、[オブジェクト] メニューから [透明部分を分割・統合] を選択して、破線をアウトライン化します。

30 パスのオフセット

オブジェクトの輪郭を広げる・縮める

「パスのオフセット」とは、指定したパスの外側または内側に均等な間隔で同じ形状のパスを作成する機能です。文字をフチ取りにするような効果を、オブジェクトに適用できます。

 練習用ファイル： 
chap3_c ➡ 3_30

ココがポイント

- 外側に広げた・内側に縮めた輪郭を作成する
- 文字を太らせる

NOTICE

［パスのオフセット］と［拡大・縮小］は、似て非なる機能です。両者で同じオブジェクトを広げる（拡大する）と、図のように異なる結果になります。

元のオブジェクト

［拡大・縮小］ツール

オフセット

パスのオフセットを作成する

外側に広げた輪郭を作成する

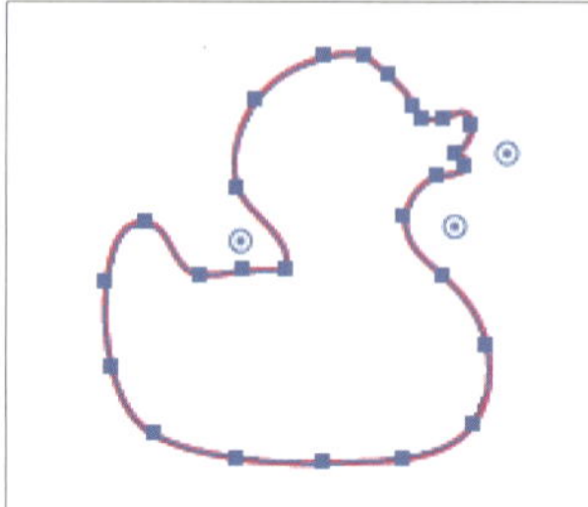

❶オブジェクトを選択し、［オブジェクト］メニューから［パス］→［パスのオフセット］を選択します。

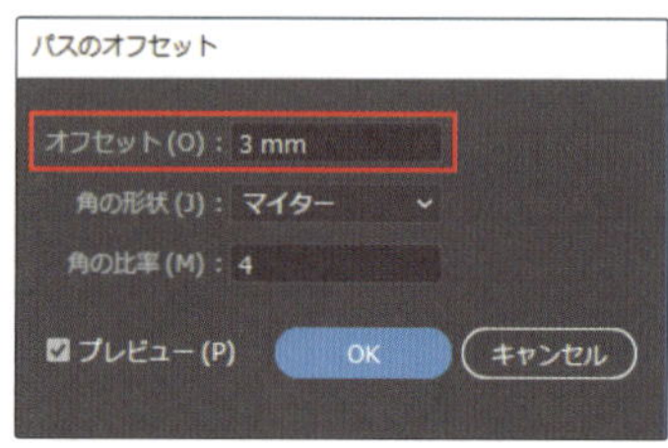

❷表示される［パスのオフセット］ダイアログボックスで、［オフセット］に「3mm」と入力し、［OK］ボタンをクリックします。

❸元のパスの3mm外側に一回り大きいパスが作成されます。

内側に縮めた輪郭を作成する

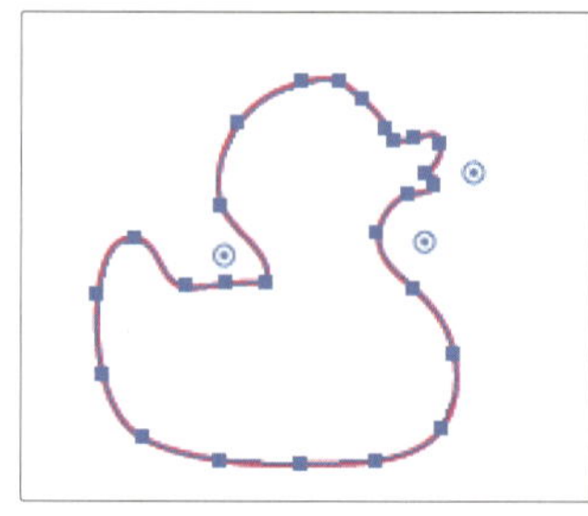

❶オブジェクトを選択し、［オブジェクト］メニューから［パス］→［パスのオフセット］を選択します。

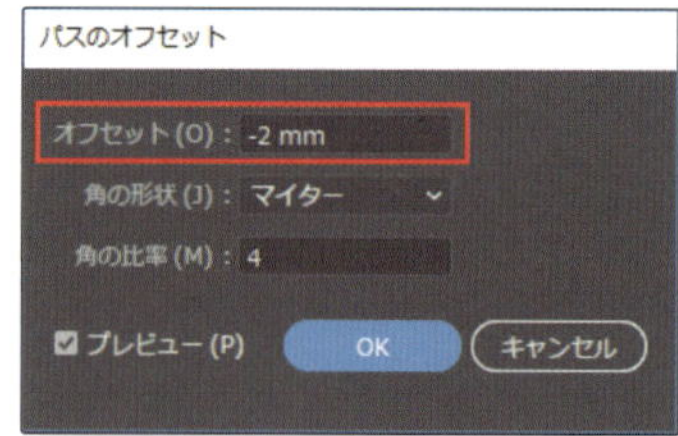

❷表示される［パスのオフセット］ダイアログボックスで、［オフセット］に「-2mm」と入力し、［OK］ボタンをクリックします。

❸元のパスの2mm内側に一回り小さいパスが作成されます。

角の形状の設定

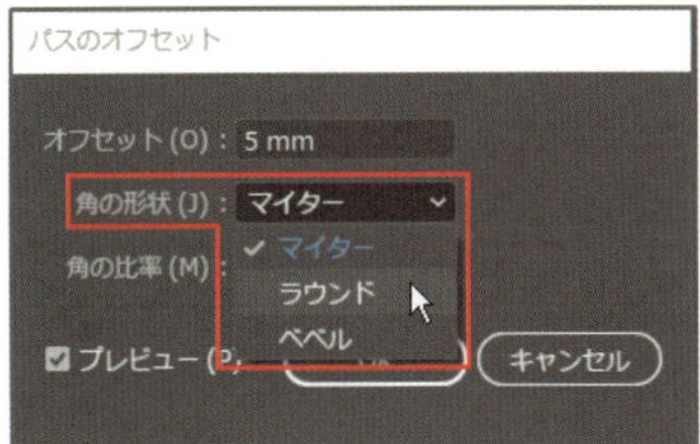

[パスのオフセット] ダイアログボックスの[角の形状] では角の形状を選択できます。

マイター

ラウンド

ベベル

文字を太らせる

文字をアウトライン化し、パスのオフセットを適用すると、文字を太らせることができます。

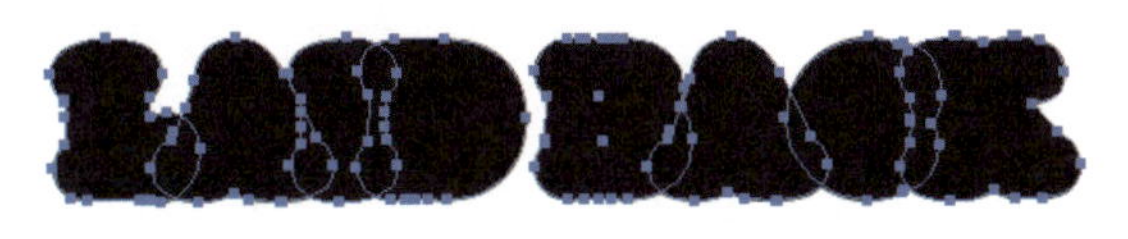

❶文字をアウトライン化します。

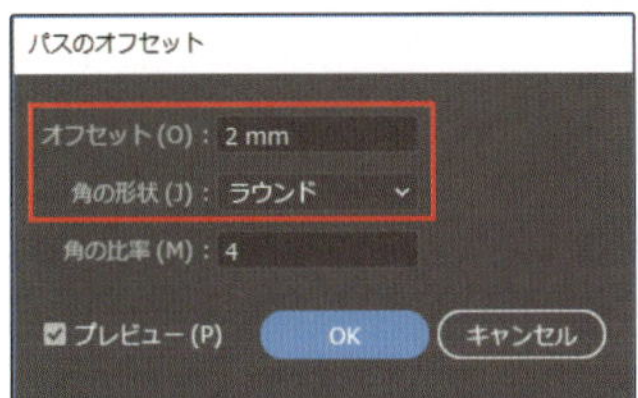

❷すべてのパスが選択された状態で、[オブジェクト] メニューから [パスのオフセット] を選択します。[オフセット] に幅を入力し (ここでは「2mm」)、[角の形状] を設定して (ここでは「ラウンド」)、[OK] ボタンをクリックします。

❸元のパスの外側にパスが作成され、文字が太ります。

❹オフセットで作成されたパスに線幅 (ここでは「1pt」)、塗りと線の色 (ここでは「黄」と「黒」) を設定します。さらに作成されたパスを少し右下にずらすと、インパクトのある袋文字になります。

SEE ALSO

文字のアウトライン化 ➡P.179

HINT

文字など複合パスになっているオブジェクトにパスのオフセットを適用すると、元のオブジェクトとオフセットされたパスがグループ化されます。一度に選択されて作業しにくい場合は、[オブジェクト] メニューから [グループ解除] を選択し、グループを解除しましょう。

グローバルカラーとマスクでメンバーズカードを作る

簡単な図形を組み合わせてカードをデザインしてみましょう。濃度を調整できる「グローバルカラー」を利用すると、統一感のある色違いのパターンを簡単に作成できます。

1 メンバーズカードのサイズを決める

メンバーズカードの多くは、一般的な名刺サイズと同じ、幅91×高さ55mmです。［長方形］ツールで幅91×高さ55mmの長方形を作成します 1-1。
作成した長方形を選択し、［表示］メニューから［ガイド］→［ガイドを作成］を選択します。この長方形を目安にオブジェクトを配置していきます。

数値を指定して正確なサイズで図形を作成する ➡P.41
オブジェクトをガイドにする ➡P.109

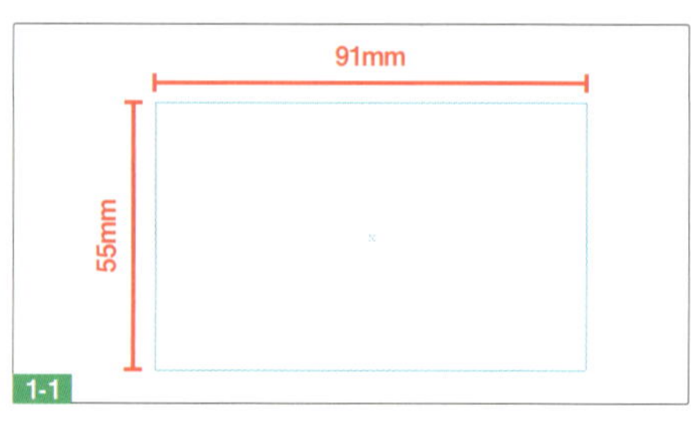

1-1

2 スウォッチにグローバルカラーを登録する

スウォッチパネルの［新規スウォッチ］ボタンをクリックして、新たなカラーを登録します。ここでは色を「M45%、Y100%」とし、［グローバル］にチェックを入れます 2-1。

新規スウォッチを作成 ➡P.59

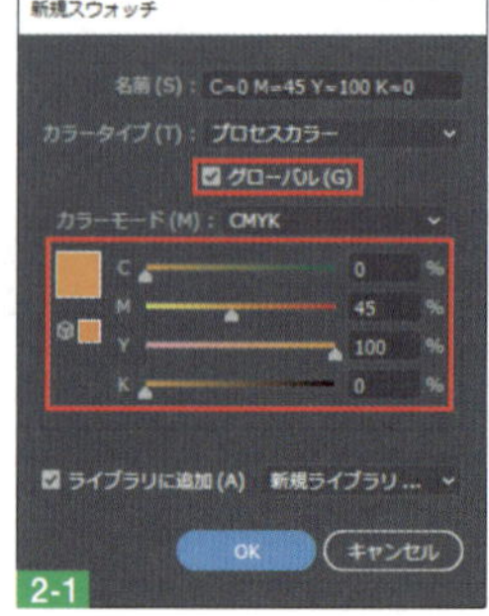

2-1

3 グローバルカラーを使ってベースを作る

ガイドよりひと回り大きい長方形を作成して、塗りに *2* で登録したグローバルカラーを指定します。これが背景になります。[楕円形] ツールで、Shiftキーを押しながら正円をいくつか作成して、ガイドを目安に配置します 3-1。正円の塗りにも背景と同じグローバルカラーを指定します。このとき、カラーパネルでグローバルカラーの濃度を変えて、背景と正円の色に濃淡を付けます 3-2。これがメンバーズカードのベースになります。

正円を作成する ➡P.40
グローバルカラーの濃度を調節 ➡P.59

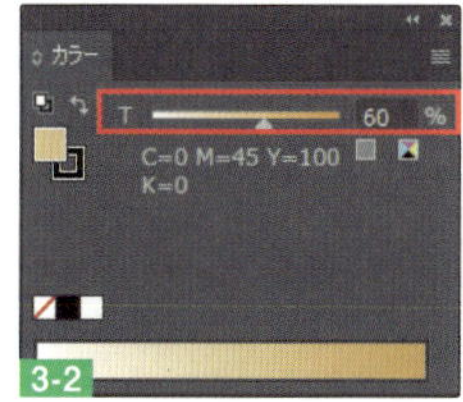

3-2

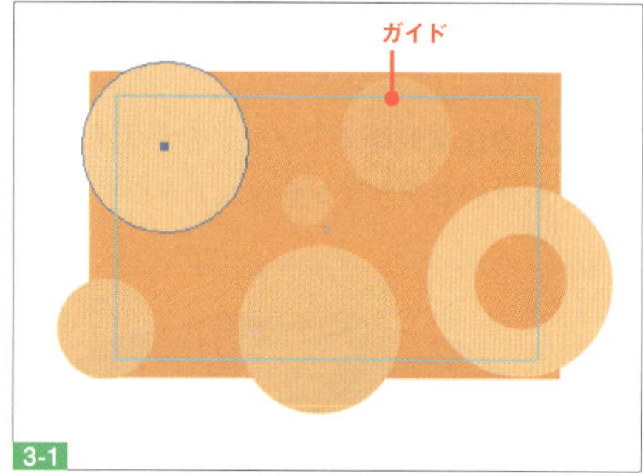

3-1

4 ベースの色違いのパターンを作る

ベースから裏面を作成します。裏面用のグローバルカラー「C55%、M70%、Y100%」をスウォッチに登録しておきます 4-1。
3 で作成した長方形と正円をすべて選択して、コピー＆ペーストします。ペーストした長方形と正円をすべてを選択して、塗りに裏面用のグローバルカラーを指定します。色は変わりますが、濃淡は変わりません 4-2。
表面と裏面のそれぞれに、テキストなどを配置します 4-3。

コピー＆ペースト ➡P.37
文字を入力する ➡P.96

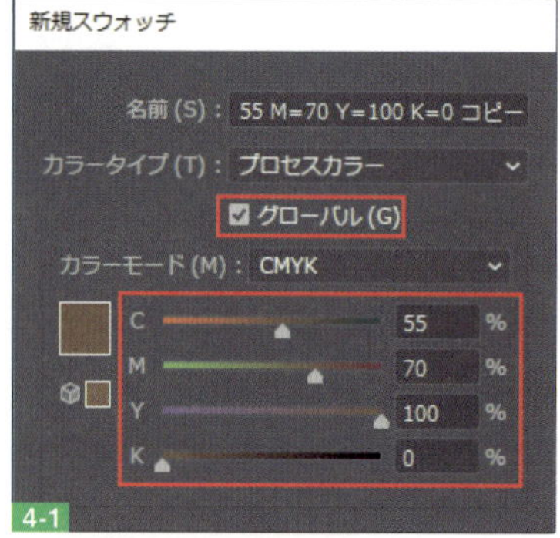

4-1

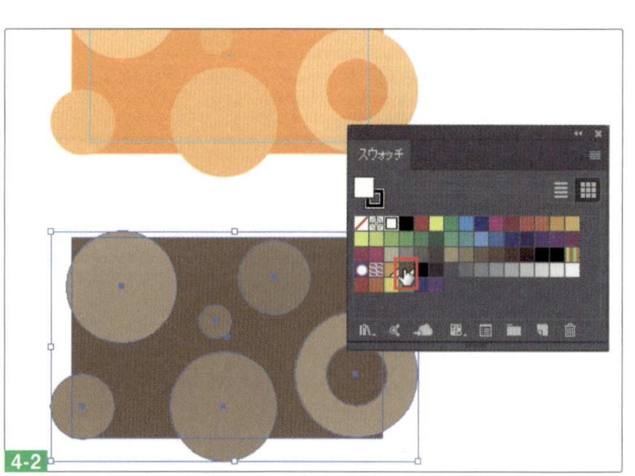

4-2

4-3

5 はみ出した部分をマスクする

表面、裏面ごとにオブジェクトをグループ化します。マスク用に、*1* のガイドと同じ大きさの長方形を作成して、ガイドと同じ位置に配置します 5-1。表面のグループ化したオブジェクトと、マスク用の長方形を選択して、マスクを作成します 5-2。裏面も同様にマスクを作成します。
印刷会社などに印刷を依頼する場合は、トンボ（トリムマーク）を作成します。

グループ化 ➡P.83
マスクを作成する ➡P.93
トリムマークの作成 ➡P.265

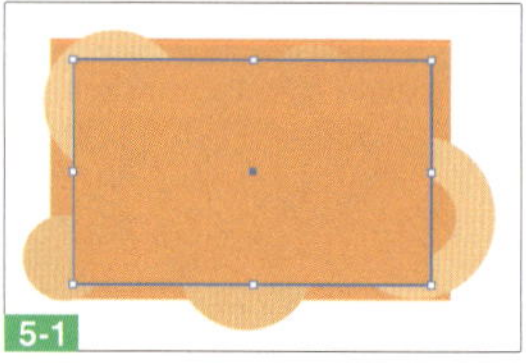
5-1

5-2

DESIGN NOTE VOL.2

パターンを組み合わせて自由にデザインするTシャツ

ここでは自由な発想でTシャツをデザインしてみましょう。文字の置き方やパターンの組み合わせを工夫するだけで、個性的なデザインを作成できます。

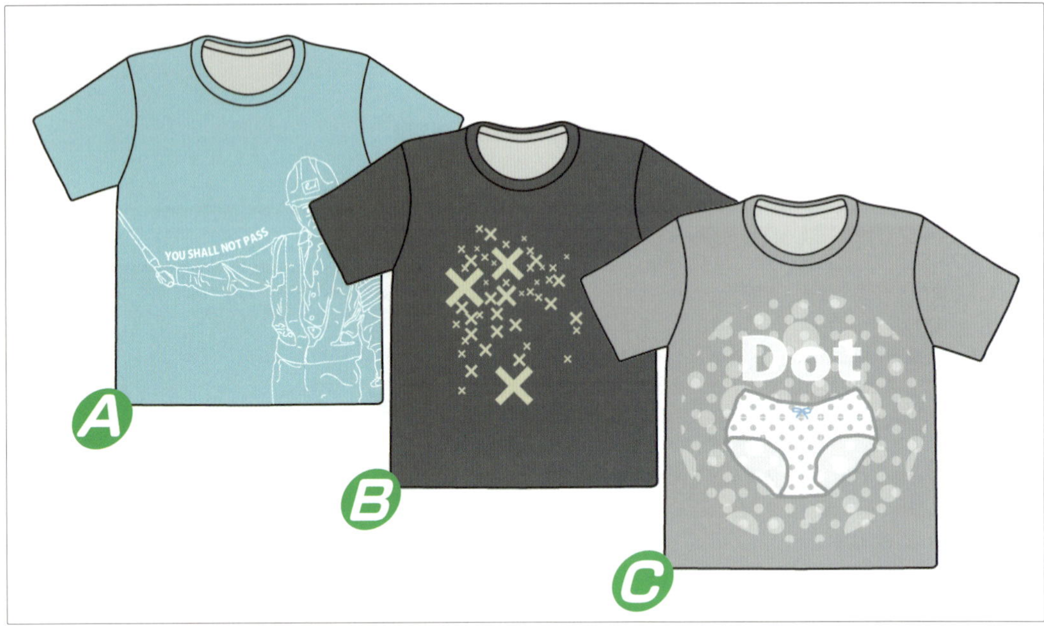

A-1 オブジェクトをマスクする

同じオブジェクトやイラストでも、どこに配置するかで印象ががらりと変わります。いろいろなレイアウトを試してみましょう。Tシャツの形状のオブジェクトでマスクを作成すると、仕上がりのイメージになります A-1 。Illustratorで作成したオブジェクトの他に、写真やイラスト、素材集などの気に入ったアイテムを利用できます。

画像を配置する ➡P.89
マスクを作成する ➡P.93

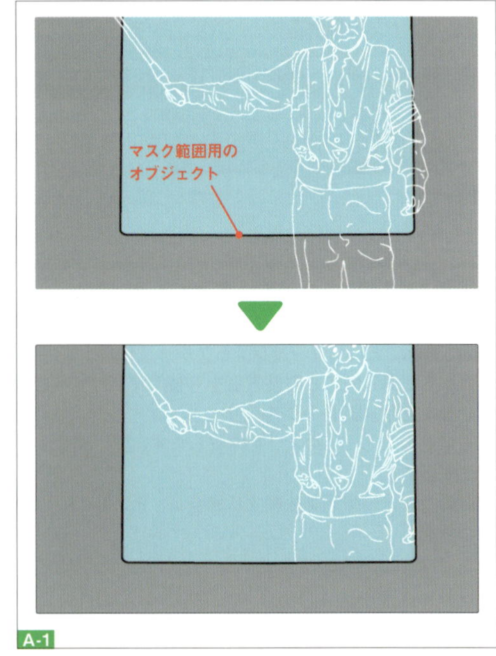

A-1

A-2 イラストに沿って文字を配置

配置したオブジェクト（ここではイラストの腕の部分）に沿うように、［ペン］ツールで曲線を作成しますA-2-1。この線に沿うように、［パス上文字］ツールで文字を流し込みます。文字の大きさや色などを設定して、デザインを完成させますA-2-2。

［ペン］ツールで曲線を作成する ➡P.114
線に沿って文字を入力する ➡P.101

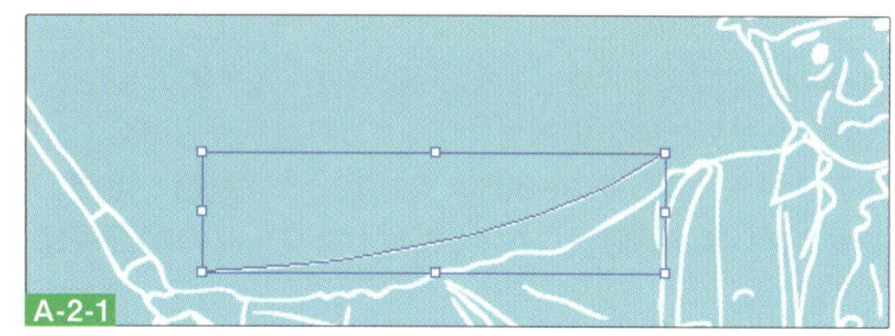
A-2-1

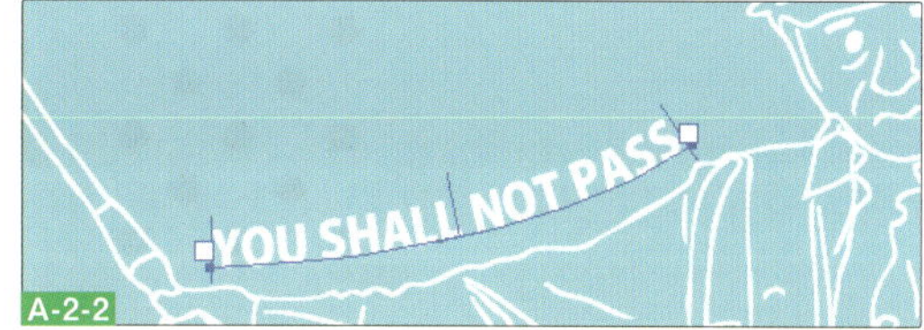

A-2-2

B 文字をいろいろな大きさで配置

文字は、「均整のとれた」オブジェクトとして利用できます。例えば、「+」（プラス）も図のように散りばめることで、Tシャツの絵柄になります。あらかじめ配置する範囲を決めておくと、バランスよくオブジェクトを配置できます。長方形を作成して、ガイドにするとよいでしょうB-1。ここでは、いろいろな大きさの「+」を回転し、配置していますB-2。

文字を入力する ➡P.96
オブジェクトの回転 ➡P.61
オブジェクトをガイドにする ➡P.109

B-1　B-2

C パターンを利用してオリジナルの模様を作成

スウォッチライブラリに用意されている「パターン」の柄は、拡大・縮小や回転によってバリエーションを増やせます。さらに複数のパターンを合成すれば、簡単にオリジナルの模様を作成できます。

ここでは、スウォッチライブラリの中から、［パターン］→［ベーシック］→［ベーシック_点］にある「10dpi 30%」の水玉模様のスウォッチを使用しています。このスウォッチをアートボード上にドラッグしますC-1。［拡大・縮小］ダイアログボックスで比率を350%に指定して拡大しますC-2。

スウォッチライブラリ ➡P.58
数値で指定する［拡大・縮小］ ➡P.62

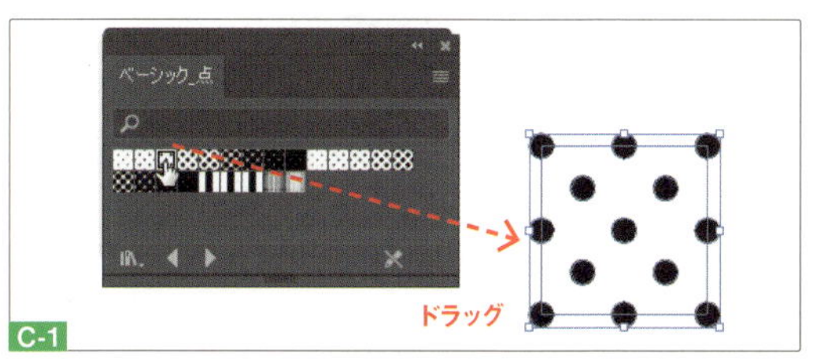

C-1

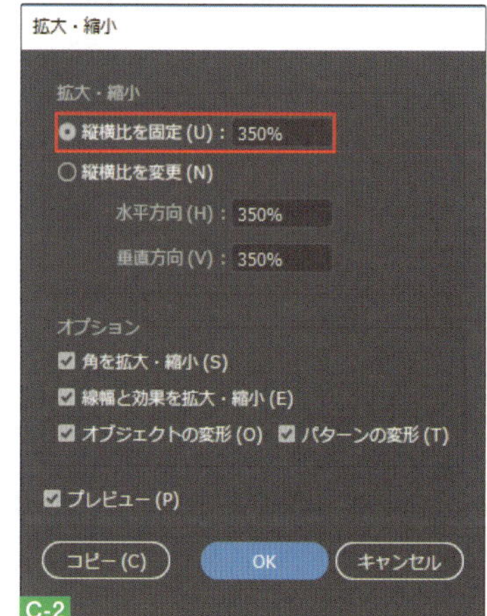

C-2

模様の色を変えてみましょう。[選択]ツールで拡大した水玉模様の全体を選択します。[グループ選択]ツールで、Shiftキーを押しながら外側の枠線をクリックして選択から外し、水玉だけが選択された状態にしますC-3。塗りに、スウォッチパネルのグレー（ここではK30%）を指定しますC-4。再度、[選択ツール]で水玉模様の全体を選択し、スウォッチパネルにドラッグしますC-5。これで、拡大したグレーの水玉模様のスウォッチが登録されます。

[グループ選択] ツール ➡P.83

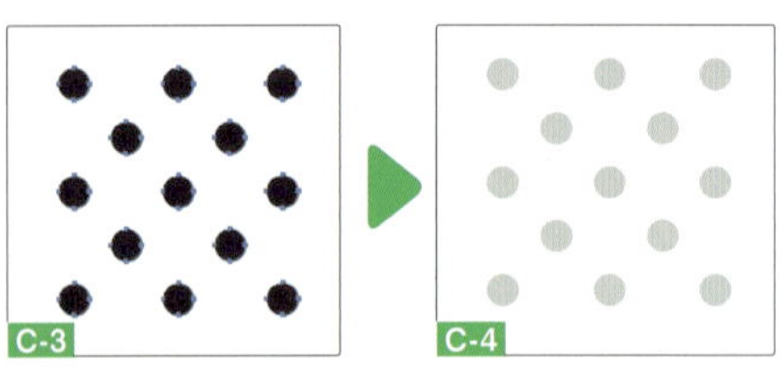
C-3　C-4

C-5

水玉模様を3パターン用意しましょう。正円を作成し、塗りに登録したグレーの水玉模様を指定しますC-6。この正円を2つコピーします。[拡大・縮小]ダイアログボックスで[オブジェクトの変形]のチェックを外し、水玉（パターン）だけを拡大します。1つ目のコピーは400%C-7、2つ目のコピーの正円は180%C-8に拡大します。180%拡大した正円はさらに、[回転]ツールで水玉（パターン）だけを「-30度」回転させますC-9。

C-6

パターンの変形 ➡P.241
数値で指定する[回転] ➡P.63

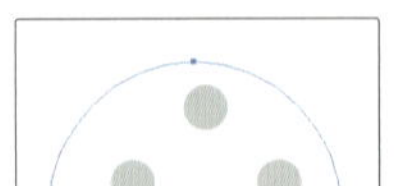

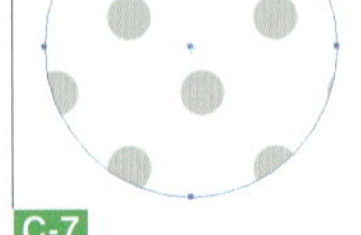
C-7

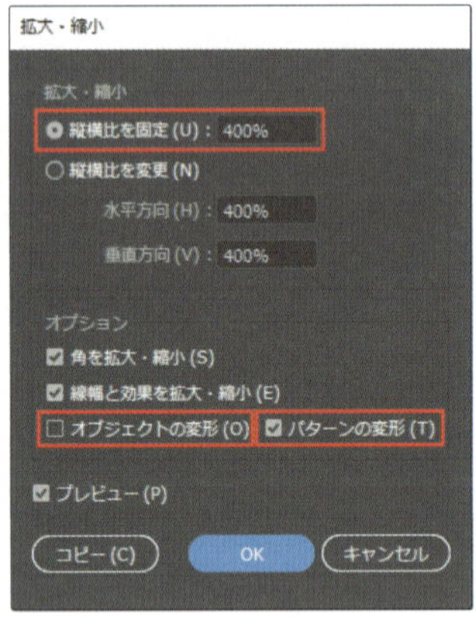

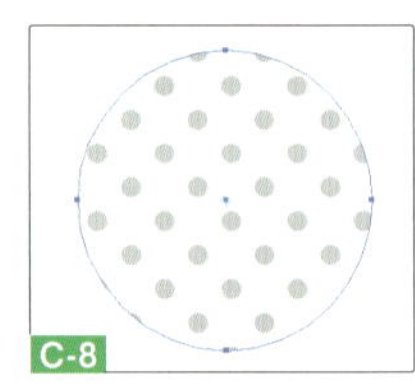
C-8

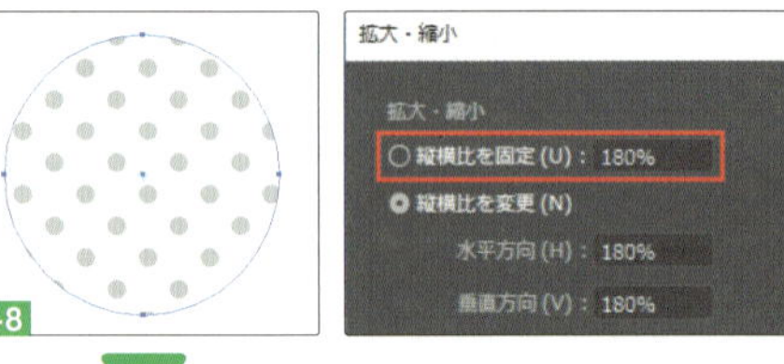

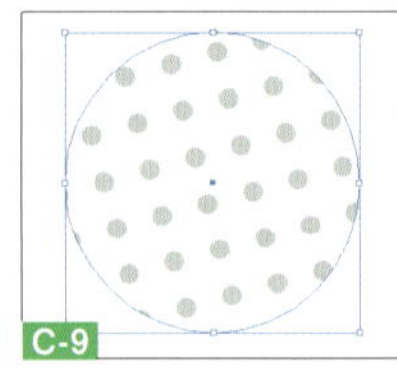
C-9

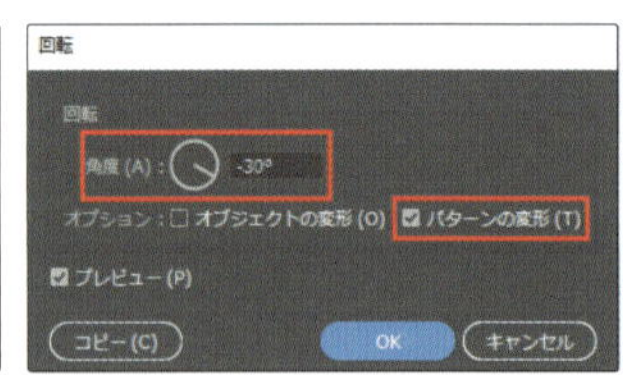

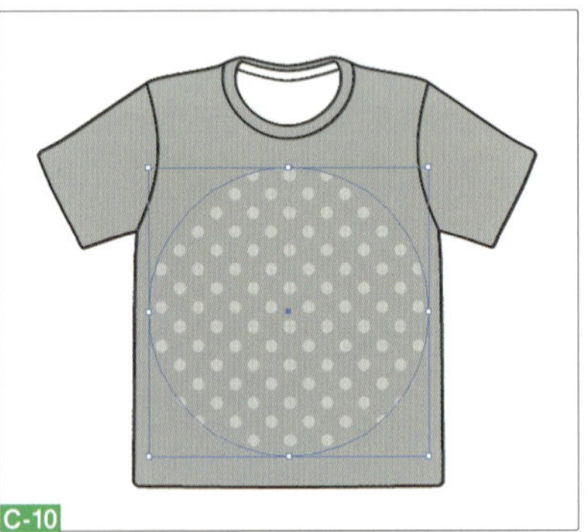
C-10

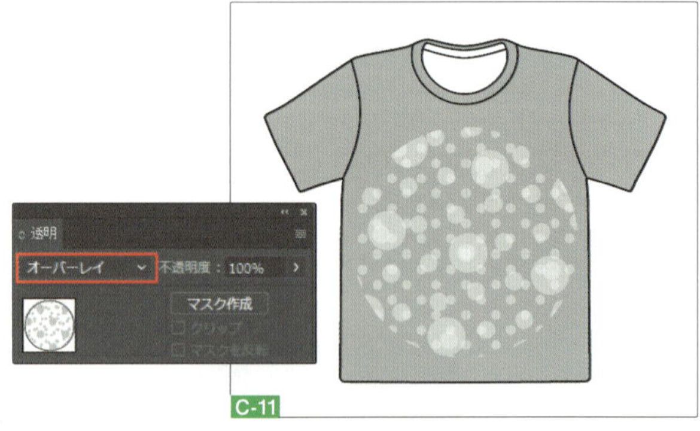

C-11

最後に3パターンの水玉模様を合体させましょう。3つの正円を、Tシャツの同じ位置に重ねて配置しますC-10。透明パネルで描画モードを「オーバーレイ」に設定すると、水玉の重なった部分の色が変わりますC-11。
元は1つのパターンでも、大きさや角度を変えることで、オリジナルの模様を作成できます。

描画モードの選択 ➡P.142

使わずにはいられない！

効率アップの便利機能

本章で紹介する機能を使えば、きれいなドキュメントを“さらっ”と作れます。

CHAPTER 4

4 01 整列
複数のオブジェクトの位置を揃える・規則的に配置する

整列パネルを利用すると、バラバラに配置されたオブジェクトの位置を、ボタン1つで揃えることができます。整列がスムーズに行えれば、作業効率は格段にアップします。

練習用ファイル：chap4_a→4_01

ココがポイント
- オブジェクトの左・右・上・下を揃える
- オブジェクトを等間隔に配置する
- オブジェクトを指定した間隔で配置する

整列パネルの使い方

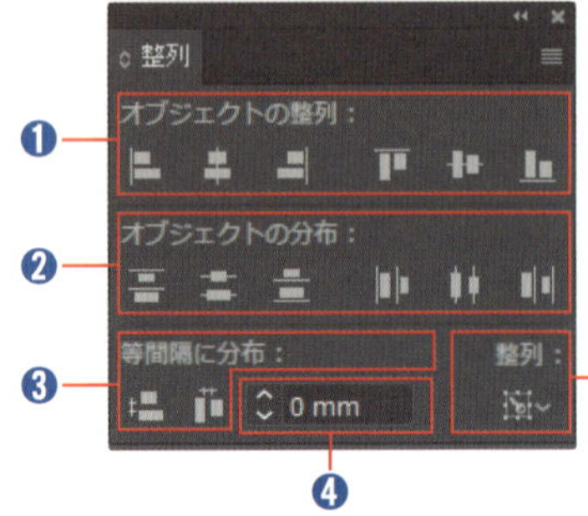

整列パネルは、［ウィンドウ］メニューから［整列］を選択して表示させます。位置を揃えたいオブジェクトをすべて選択後、キーオブジェクト（基準とするオブジェクト）をクリックして再選択して、パネルのいずれかのボタンをクリックします。

❶ オブジェクトの整列

元の配置

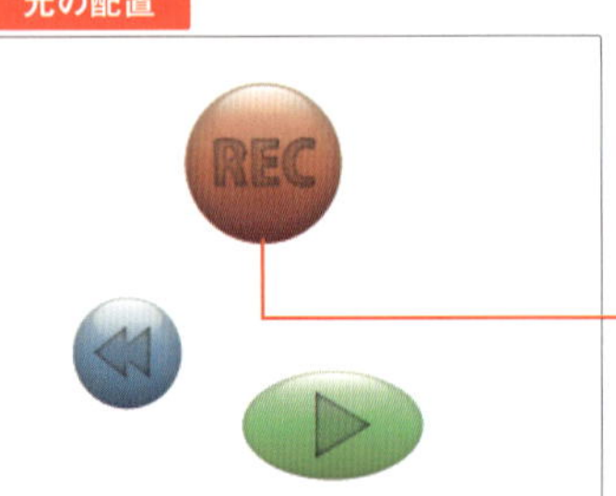

キーオブジェクトを基準にしてオブジェクトを整列させます。水平方向と垂直方向の両方を指定することもできます。

水平方向左に整列

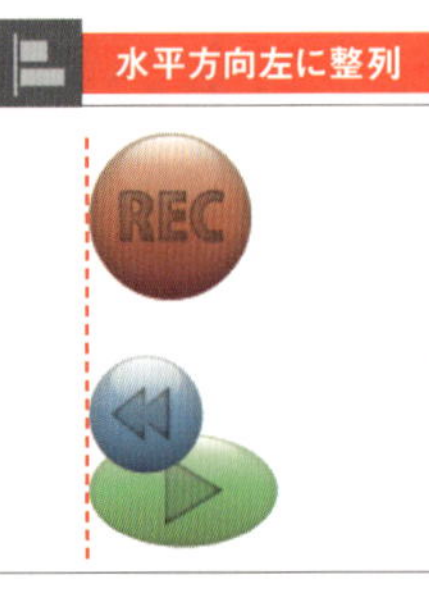

水平方向中央に整列

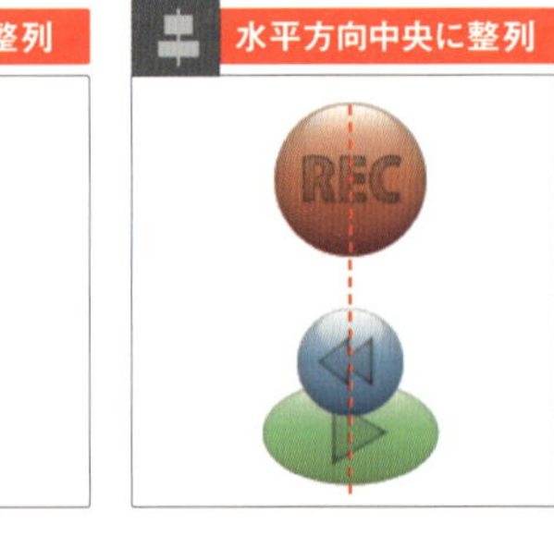

水平方向右に整列

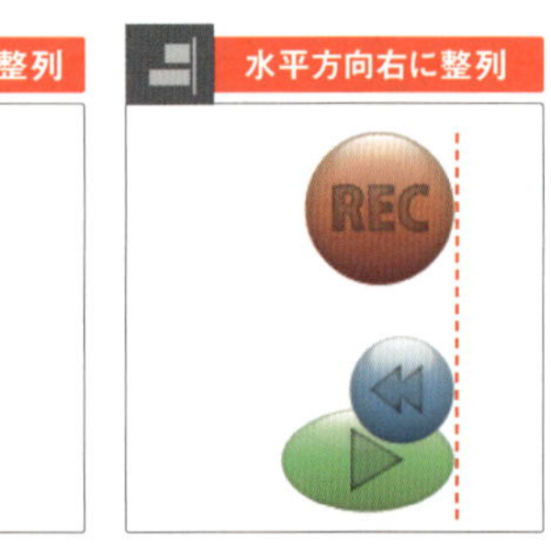

垂直方向上に整列

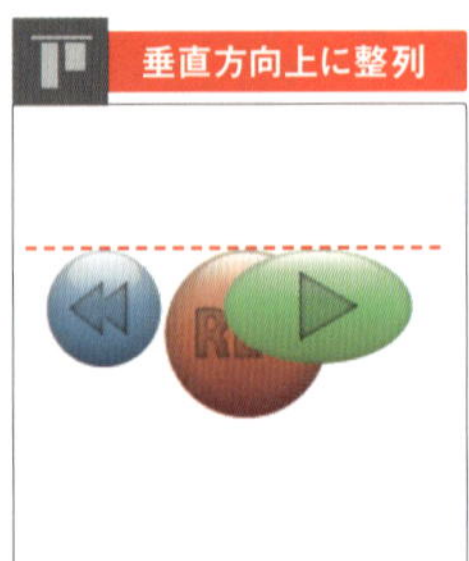

垂直方向中央に整列

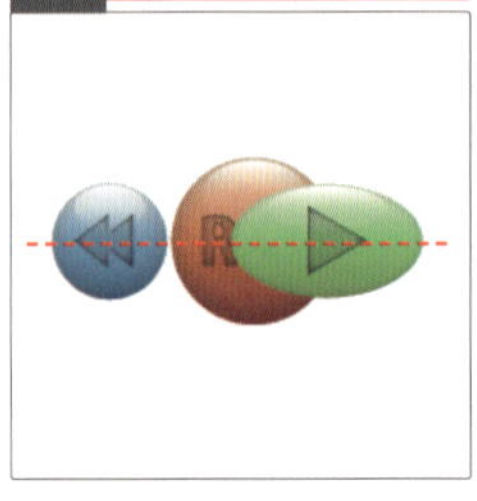

垂直方向下に整列

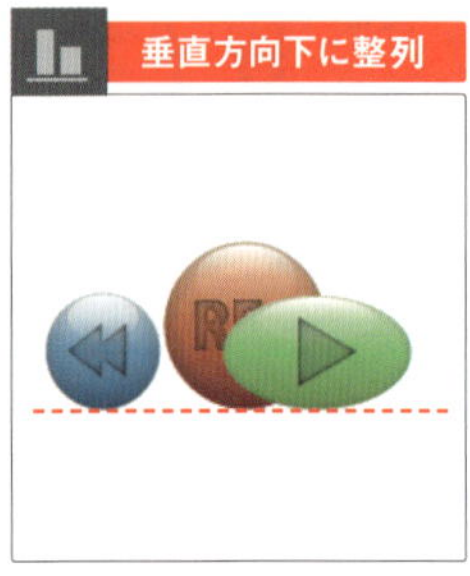

HINT

キーオブジェクトをクリックするときに、Shiftキーを押す必要はありません（Shiftキーを押しながらクリックすると、選択が解除されます）。Illustrator CS4以降のバージョンでは、キーオブジェクトが、ひと目で確認できるように太い輪郭線で囲まれます。

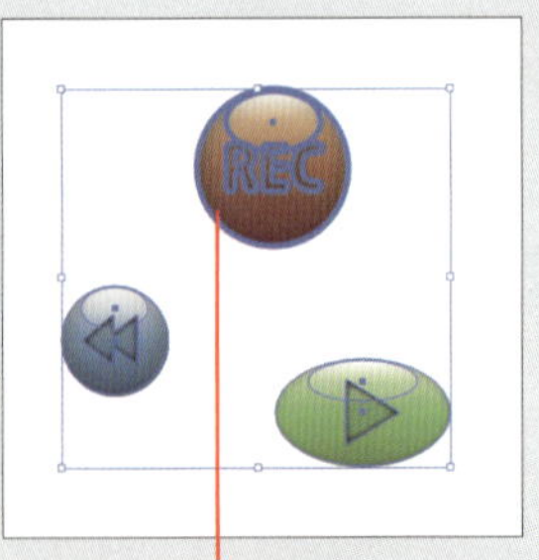

HINT

整列にグループ化されたオブジェクトが含まれている場合、グループ全体に整列が適用されるため、グループ内のオブジェクトの位置は変わりません。

❷ オブジェクトの分布

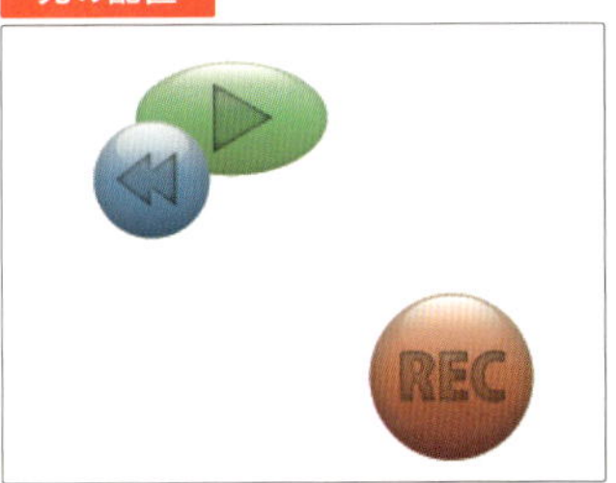

等間隔に並んだ軸を基準にしてオブジェクトを分布させます。

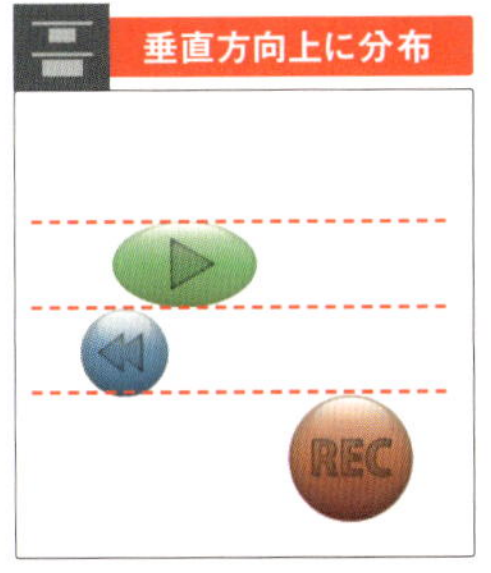

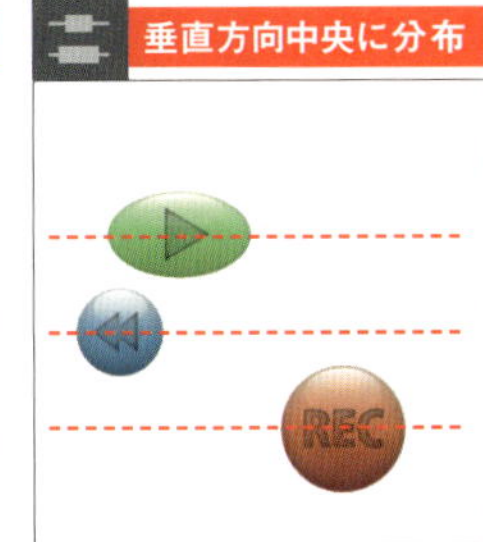

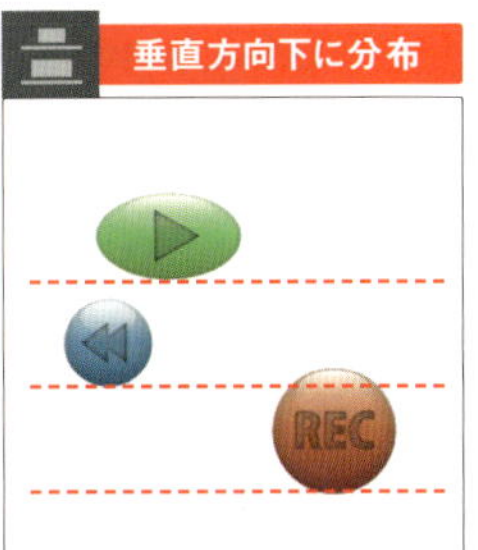

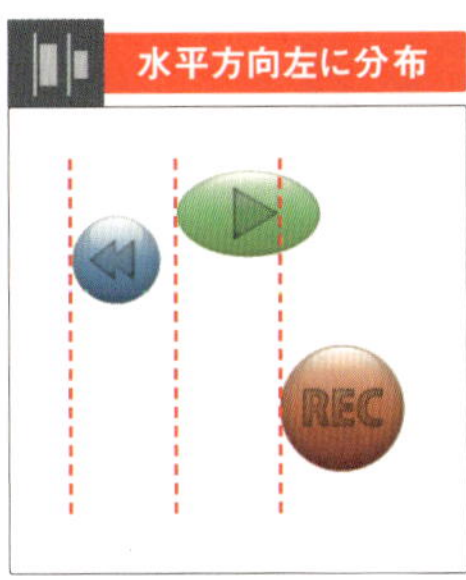

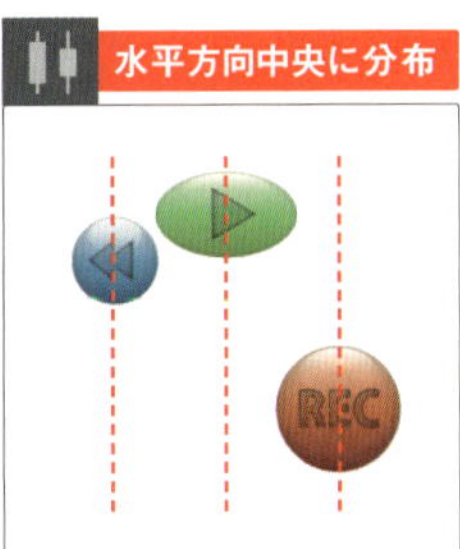

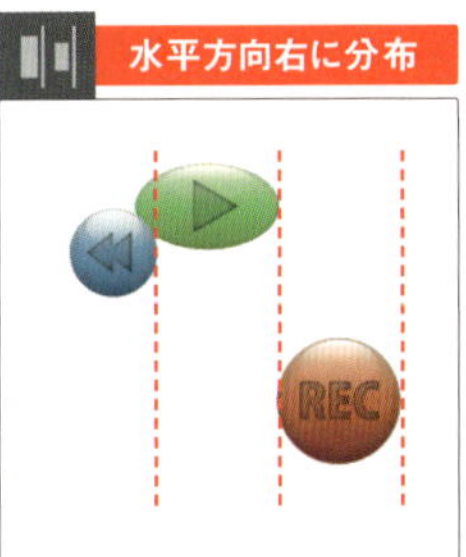

❸ 等間隔に分布

オブジェクトを等間隔に分布させます。

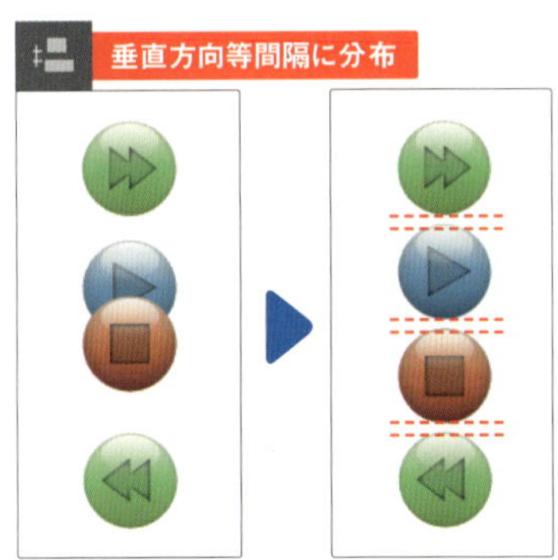

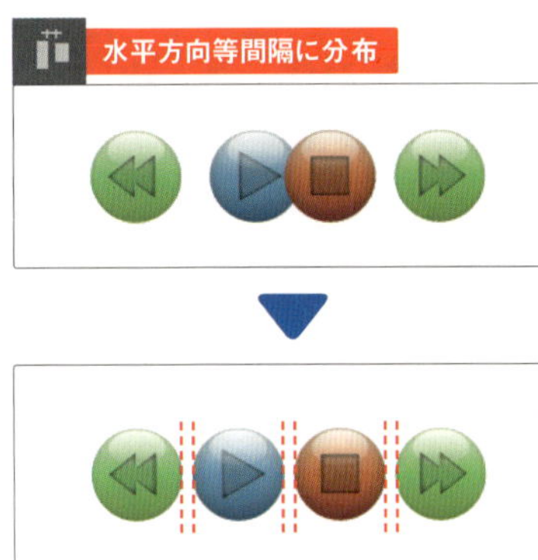

❹ 間隔

「等間隔に分布」の間隔を指定します。この場合は、基準とするキーオブジェクトを指定する必要があります。

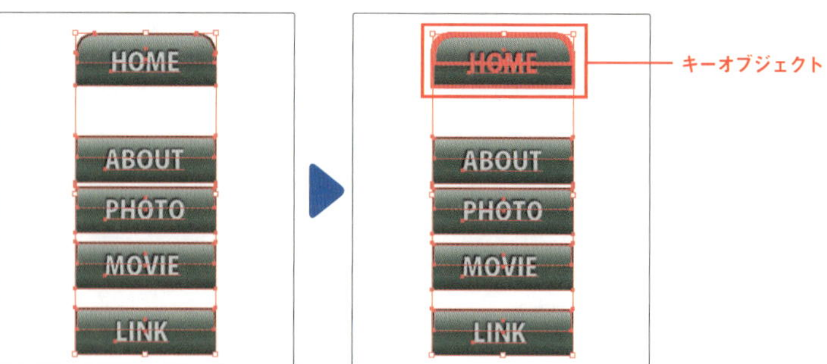

整列させるオブジェクトをすべて選択します。キーオブジェクトをクリックで再選択します。

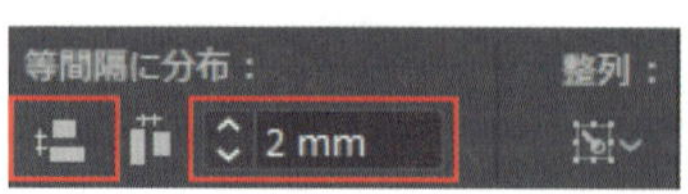

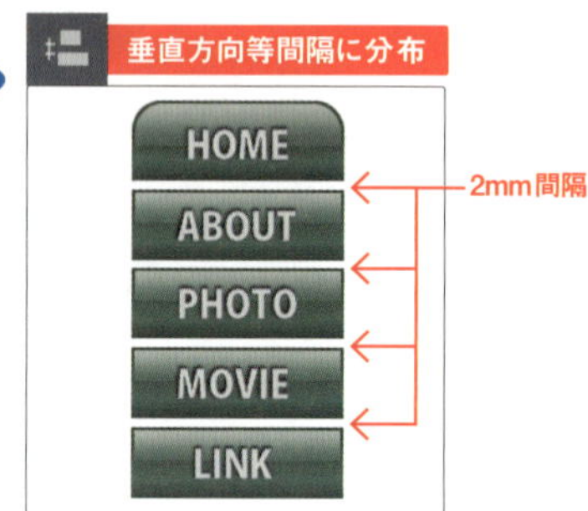

整列パネルの間隔のボックスに「2mm」と入力し、[垂直方向等間隔に分布] ボタンをクリックすると、オブジェクトが縦に 2mmの間隔で並びます。

❺ 整列の基準

オブジェクトを基準にして整列させるほかに、アートボードを基準にして整列させることができます。

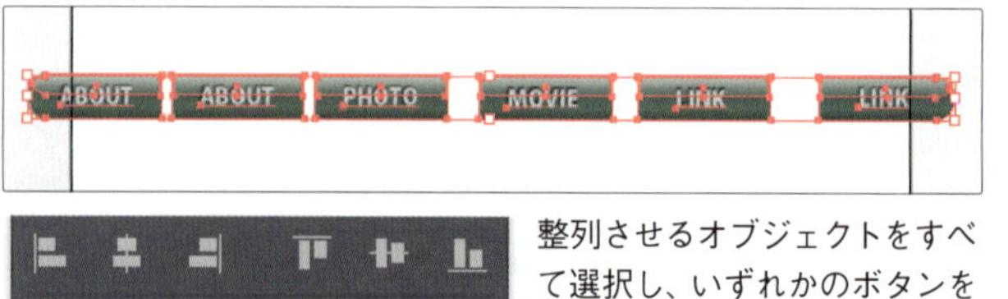

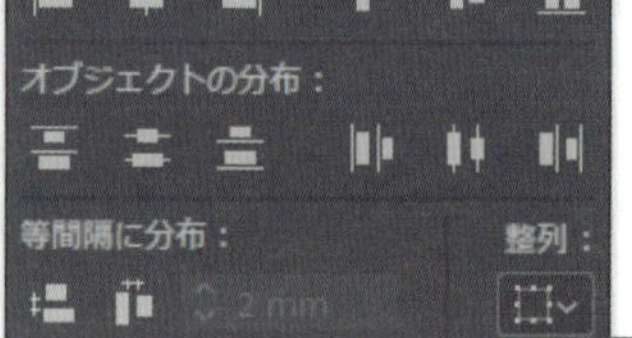

整列させるオブジェクトをすべて選択し、いずれかのボタンをクリックして、[アートボードに整列] を選択します。

[水平方向等間隔に分布] ボタンをクリックすると、オブジェクトがアートボードの幅を基準にして等間隔に整列します。

NOTICE

Illustrator CS2 以前のバージョンでは、整列パネルの をクリックして表示されるオプションメニューから [アートボードに整列] を選択します。

HINT

整列と分布は、初期設定ではオブジェクトのパスを基準とします。このため、線幅が大きく異なるオブジェクトでは、左右や上下の端が揃いません。線幅を含めたオブジェクト全体で位置を揃えるには、整列パネルの右上の [オプションメニュー] ボタンから「プレビュー境界を使用」を選択し、チェックを入れます。

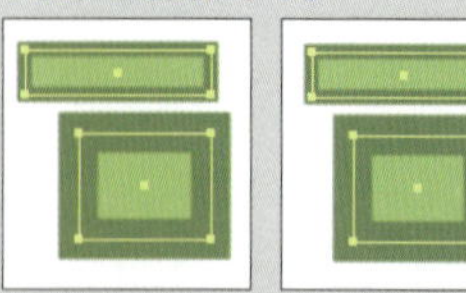

「プレビュー境界を使用」のチェックなし(左図)とチェックあり(右図)の右揃えの適用結果

CHAPTER 4

02 図形の分割・合体

[ナイフ][はさみ]ツールとパスファインダーの使い方

[ナイフ]ツールや[消しゴム]ツールでは、オブジェクトを分割できます。また、パスファインダーパネルを利用すると、ボタン1つでオブジェクトをさまざまな条件で分割・合体できます。

 練習用ファイル: chap4_a→ 4_02

ココがポイント

- オブジェクトを分割する
- パスファインダーパネルで合体・分割する
- シェイプ形成ツールで合体する

[ナイフ]ツールで分割

[ナイフ]ツールは、自由自在にオブジェクトを分割します。

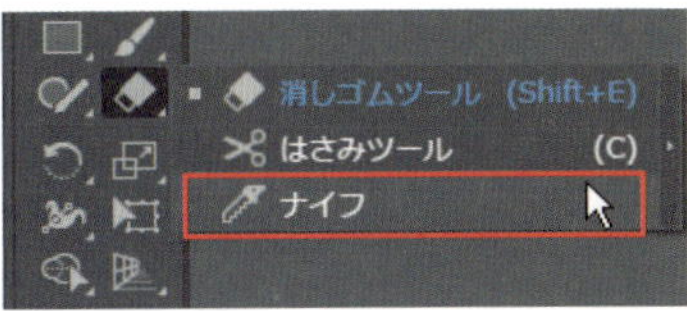

❶ツールパネルから[ナイフ]ツールを選択します。

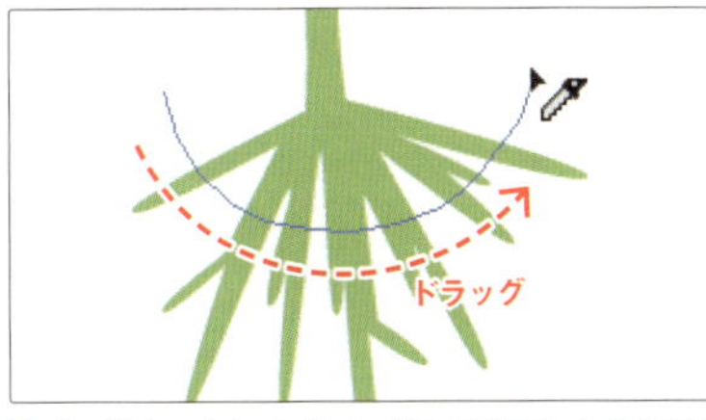

❷オブジェクト上をナイフで切るようにドラッグします。

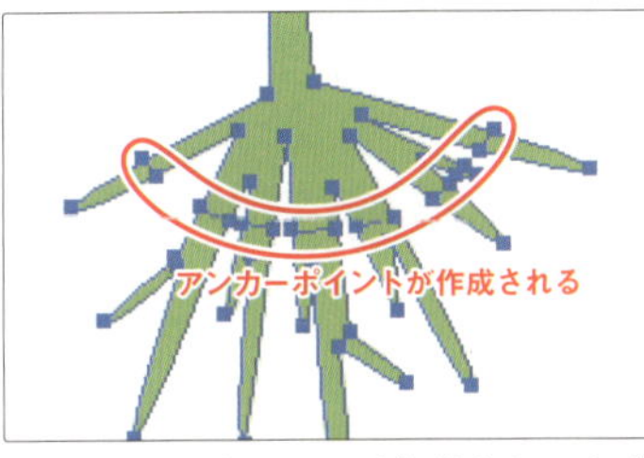

❸アンカーポイントが作成され、オブジェクトが分割されます。

❹オブジェクトを選択して移動すると、分割された状態が確認できます。

直線で分割する

Alt (option) キーを押しながらドラッグすると、直線で分割できます。
さらに、Alt (option) +Shiftキーを押しながらドラッグすると、45度単位の直線で分割できます。

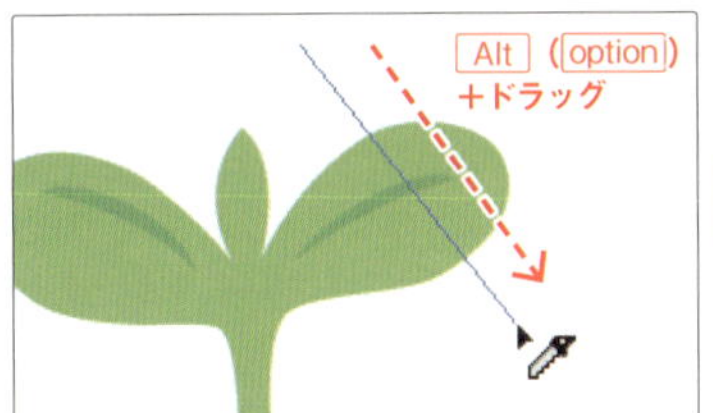

Alt (option) キーを押しながらドラッグします。

オブジェクトが直線で分割されます。

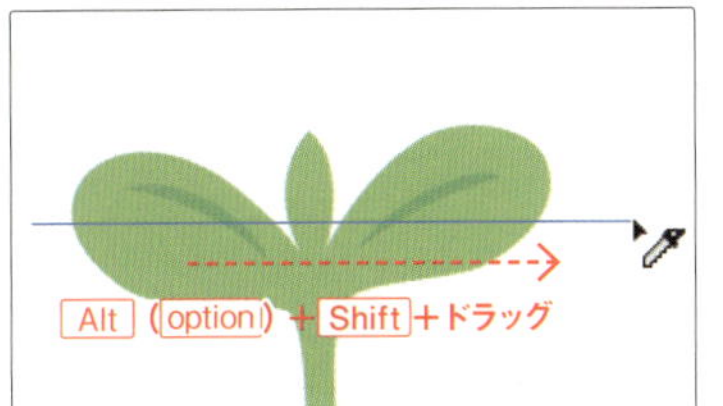

Alt (option) +Shiftキーを押しながら水平方向にドラッグします。

オブジェクトが水平に分割されます。

NOTICE

Illustrator CS2以前のバージョンでは、[はさみ]ツール内に[ナイフ]ツールが格納されています。

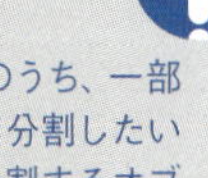

HINT

複数のオブジェクトのうち、一部のオブジェクトだけを分割したい場合は、あらかじめ分割するオブジェクトを選択しておきます。

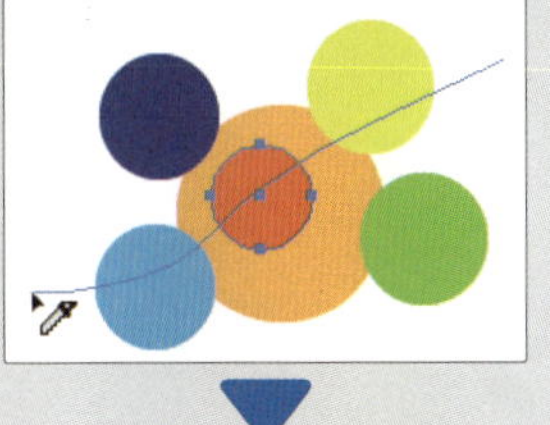

HINT

[消しゴム] ツールは、あらかじめオブジェクトを選択しておく必要はありません。

SEE ALSO

[消しゴム] ツールで線を消す
➡P.82

HINT

Alt (option) キーを押しながらドラッグすると、長方形状にオブジェクトを削除できます。

HINT

「複合シェイプ」は、複数のオブジェクトから構成されるオブジェクトです。見た目は合体・分割されていても、元のオブジェクトが残っているので、再編集が可能です。

[消しゴム] ツールで分割

[消しゴム] ツールは、オブジェクトの一部を削除して分割します。

❶ツールボックスから [消しゴム] ツールを選択します。

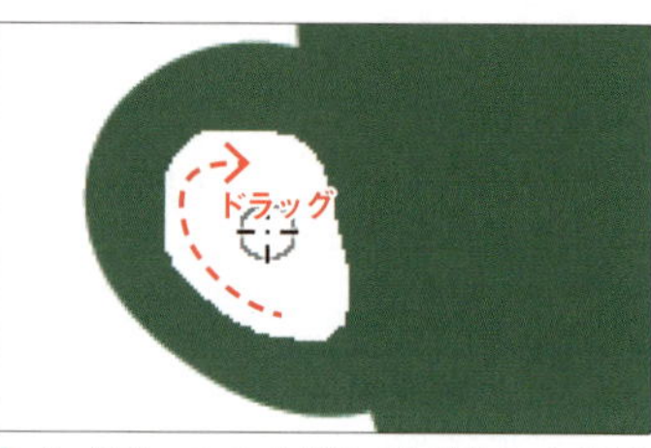

❷オブジェクの左側に飛び出した部分を、円を描くようにドラッグします。

❸ドラッグした部分が削除され、鍋の取っ手ができます。

❹ Shift キーを押しながらドラッグし、水平の線状に削除すると、鍋のフタができます。

❺オブジェクトをすべて選択すると、[消しゴム] ツールでオブジェクトがフタと鍋に分割された状態が確認できます。

パスファインダーパネルで合体・分割

パスファインダーパネルでは、複数のオブジェクトを組み合わせて合体や分割ができます。

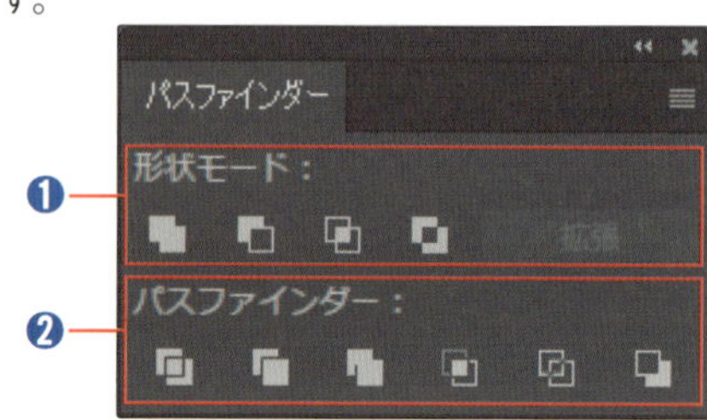

パスファインダーパネルは [ウィンドウ] メニューから [パスファインダー] を選択して表示させます。オブジェクトを選択して、[形状モード] または [パスファインダー] のいずれかのボタンをクリックします。

❶ 形状モード

複数のオブジェクトの重なり順から、合体や型抜きをします。複合シェイプも作成できます。

元の形状

背面オブジェクトに前面オブジェクトを追加して合体させます。

背面オブジェクトが、前面オブジェクトの形状で型抜きされます。

背面オブジェクトと前面オブジェクトの重なり合う部分が残ります。

背面オブジェクトと前面オブジェクトの重なり合う部分が切り抜かれます。

❷ パスファインダー

オブジェクトの線や塗りをなくして、オブジェクトを分割します。元のオブジェクトが残ったままの「複合シェイプ」と異なり、見えなくなった部分は削除されるため、再編集はできません。

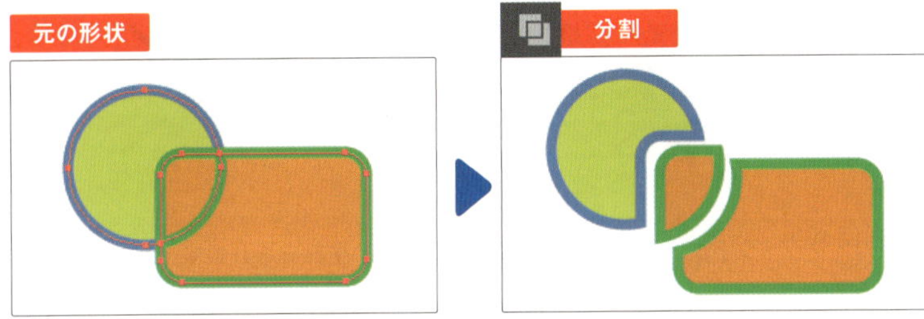

オブジェクトが重なり合う部分の境界線で分割されます。

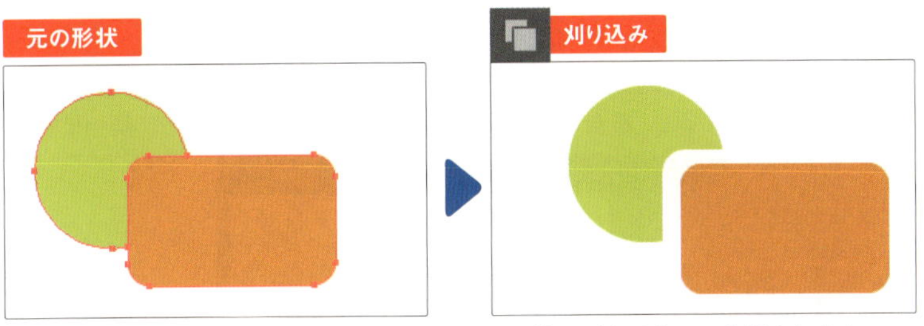

すべての線と、オブジェクトが重なり合う部分の塗りがなくなり、分割されます。

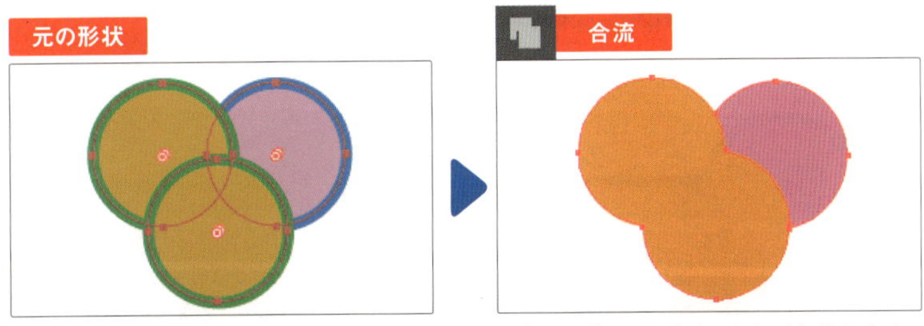

すべての線がなくなり、隣接する、または重なり合う同色のオブジェクトが合体します。

HINT

形状モードでは、Alt（option）キーを押しながらパスファインダーパネルのボタンをクリックすると、「複合シェイプ」を作成できます。

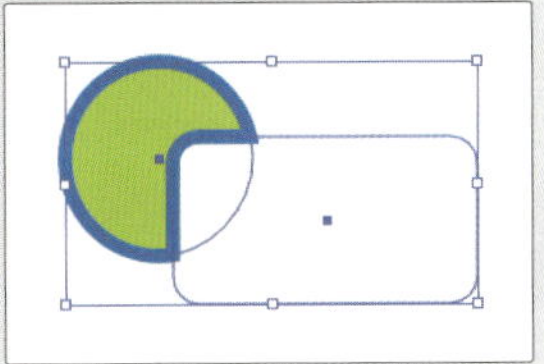

NOTICE

Illustraotr CS3 以前のバージョンでは、「複合シェイプ」作成の操作が逆になります。パスファインダーのボタンをクリックすると複合シェイプが作成され、Alt（option）キーを押しながらボタンをクリックすると複合シェイプになりません。

複合シェイプの解除 ➡P.140

元の形状

切り抜き

最前面のオブジェクトで型抜きされ、その範囲外は削除されます。線もすべてなくなります。

元の形状

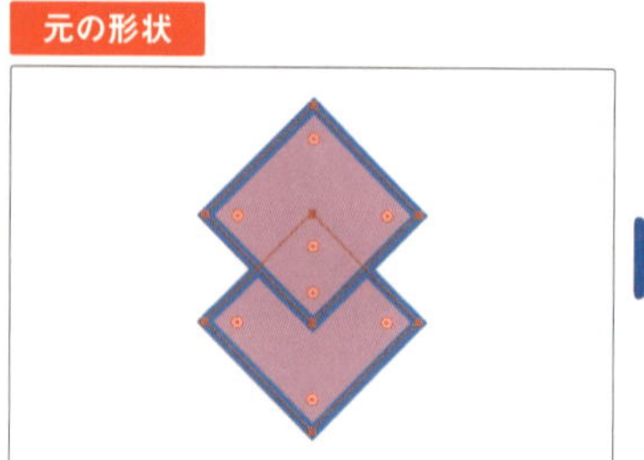

アウトライン

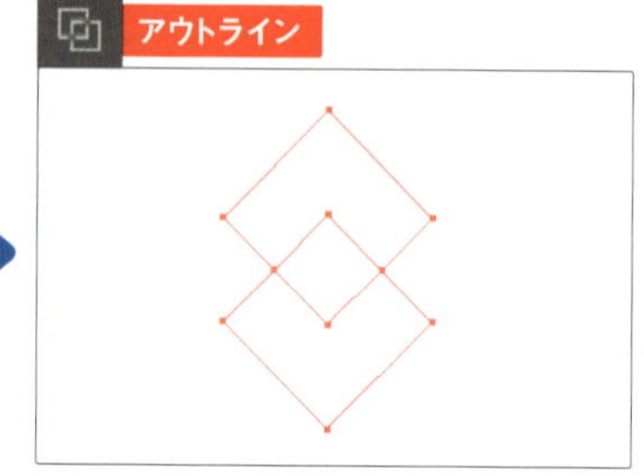

すべての塗りがなくなり、線は分割されます。線には塗りの色が適用されます。

元の形状

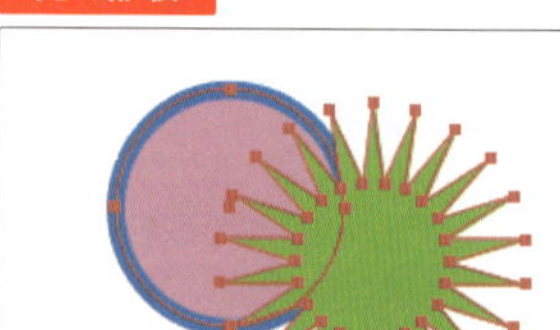

背面オブジェクトで型抜き

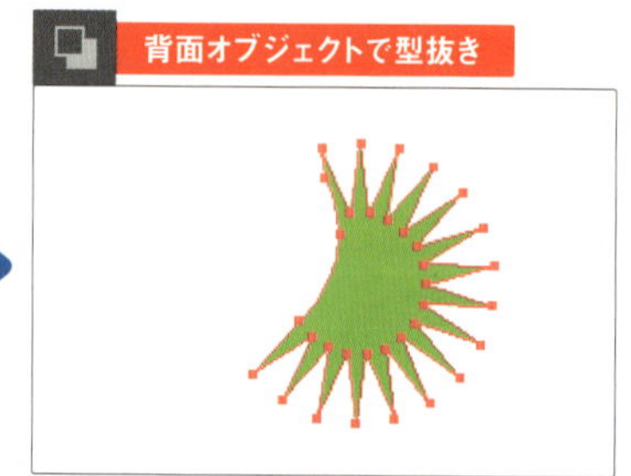

前面のオブジェクトが、背面のオブジェクトの形状で型抜きされます。

複合シェイプの解除

パスファインダーパネルの右上の[オプションメニュー]ボタンから「複合シェイプを解除」を選択すると、複合シェイプを分割・合体前のオブジェクトに戻せます。

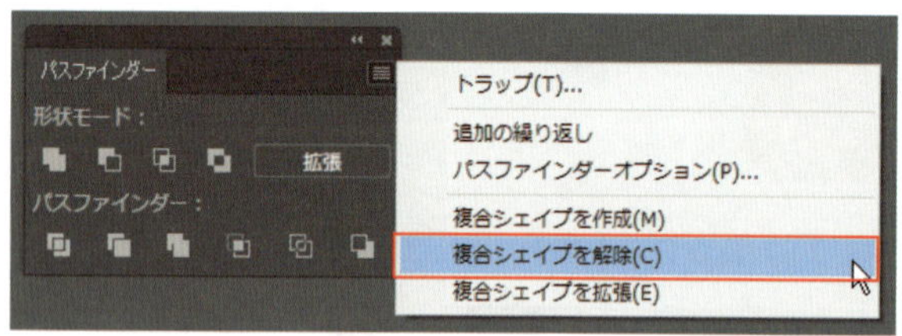

SEE ALSO

複合シェイプ ➡P.138

[シェイプ形成] ツールで合体

[シェイプ形成] ツールは、重なり合う複数のオブジェクトの一部だけを合体させることができます。

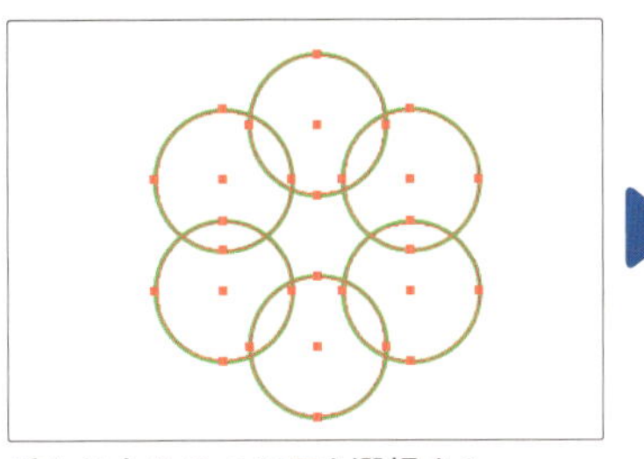

重なり合う６つの円を選択する。

ツールパネルから[シェイプ形成] ツールを選択します。

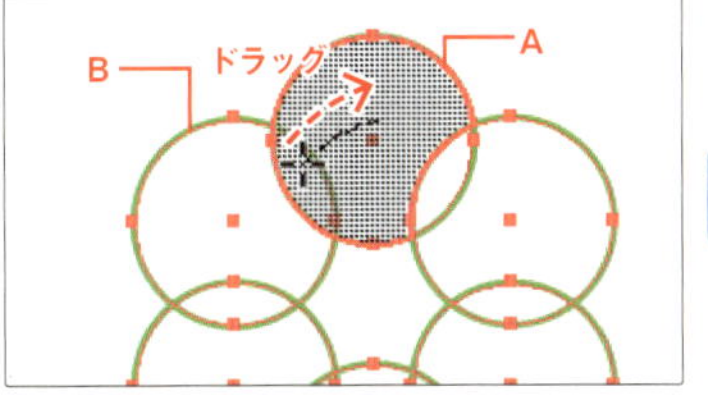

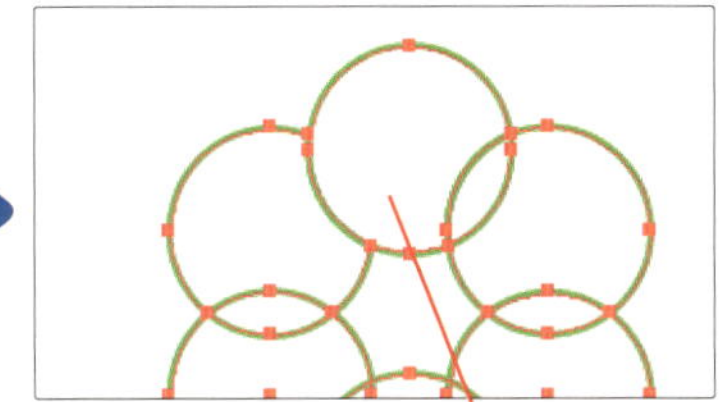

AとBの２つの円は、図のようにドラッグすると、円が重なり合う部分が合体します。合体するとAの円は少し欠けた月のような形状になります。

合体後の
オブジェクト

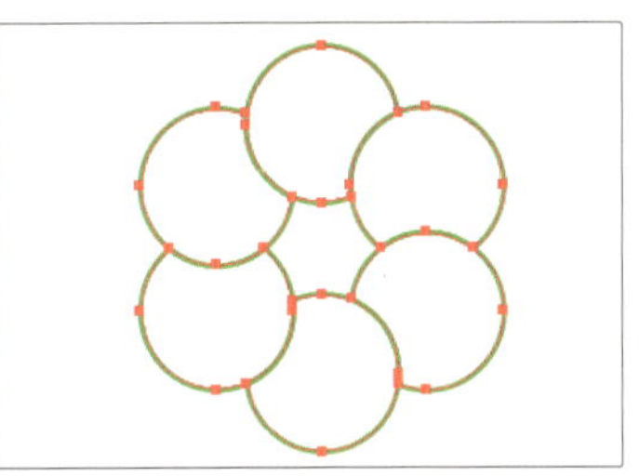

同じ操作を繰り返すと、図のように少し欠けた月の形状が重なり合ったオブジェクトを簡単に作成できます。

隙間のあるオブジェクトを合体させる

隙間のあるオブジェクトを合体するには、[シェイプ形成ツールオプション] ダイアログボックスで設定します。

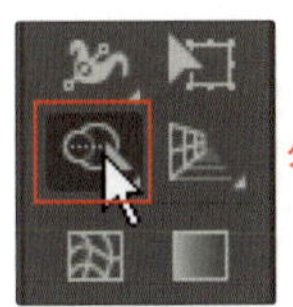

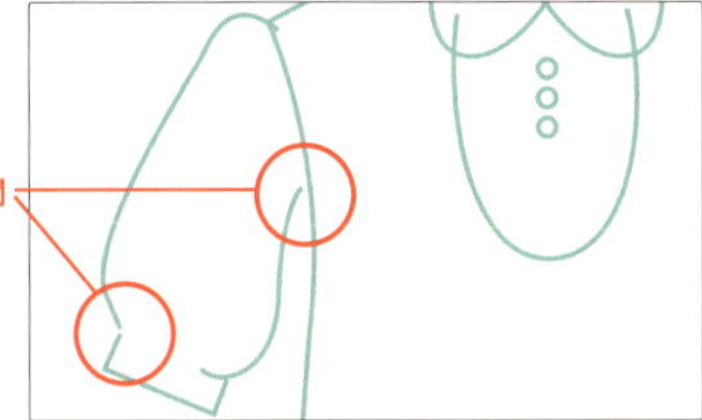

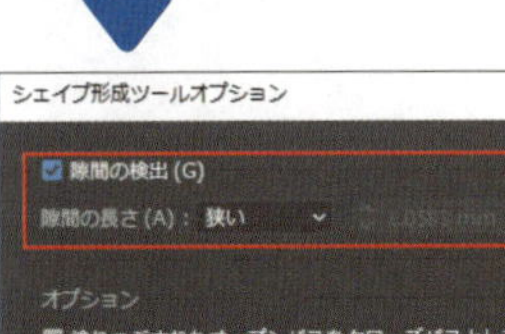

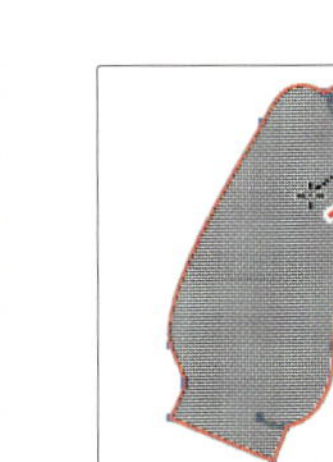

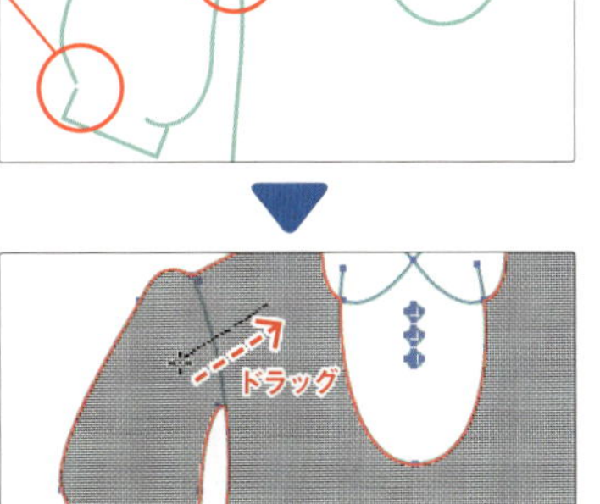

ツールパネルの [シェイプ形成] ツールをダブルクリックして、[シェイプ形成ツールオプション] ダイアログボックスを表示させます。[隙間の検出] にチェックを入れてから図のようにドラッグすると、隙間が補完されてオブジェクトが合体します。

Illustrator CS4 以前のバージョンには [シェイプ形成] ツールがありません。そのため、パスファインダーパネルの [パスファインダー] の「分割」でオブジェクトを分割した後、重なり合った見え方になるよう、オブジェクトを選択してから [形状モード] の「合体」を適用します。

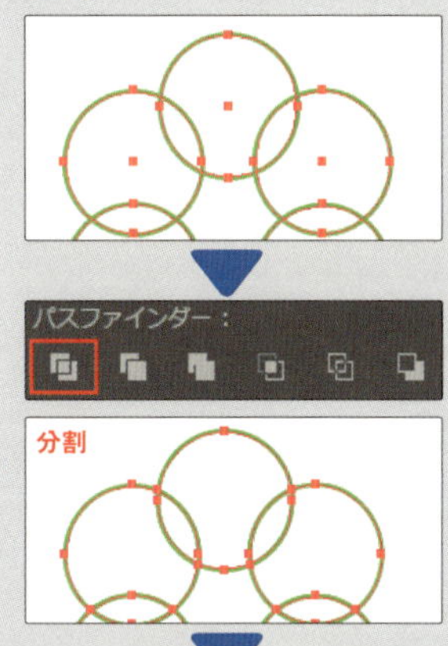

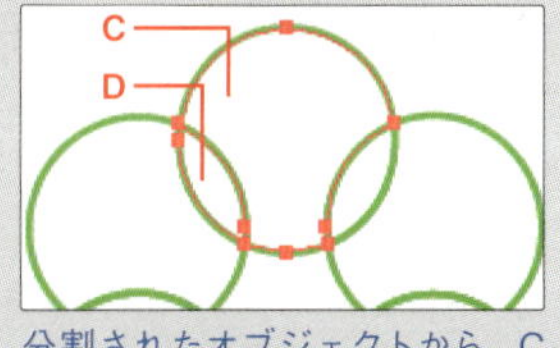

分割されたオブジェクトから、CとDの部分を選択します。

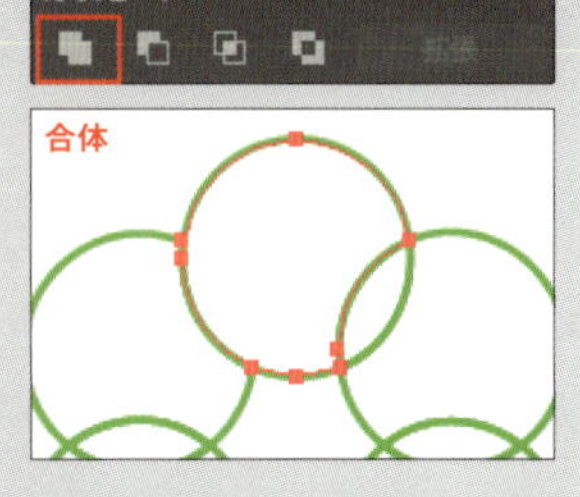

4 03 透明効果 オブジェクトを透明にする

ココがポイント
- オブジェクトを半透明にする
- 16の描画モードを知る

オブジェクトを透明や半透明にするには、透明パネルを使用します。透明のオブジェクトを重ねることで、幅広い表現が可能になります。

練習用ファイル： chap4_a→  4_03

HINT

「不透明度」は、数値が小さいほど透明度が高くなります。100%が不透明で、0%が完全な透明です。

透明パネルの使い方

透明パネルは、［ウィンドウ］メニューから［透明］を選択して表示させます。

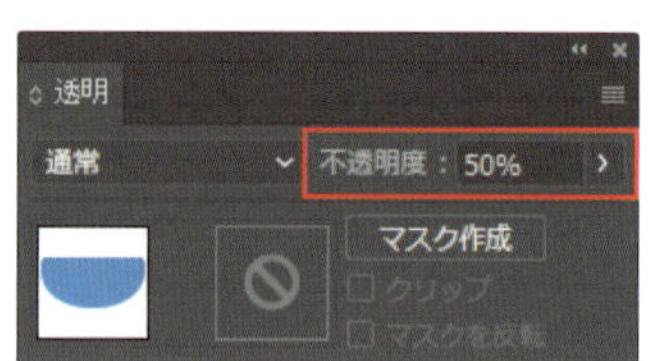

オブジェクトを選択し、透明パネルの［不透明度］に「50%」と入力します。

オブジェクトが半透明になり、背面にあるオブジェクトがうっすらと見えるようになります。

描画モードの選択

描画モードは、前面と背面のオブジェクトの色をブレンドさせる機能です。16の描画モードがありますが、色の組み合わせなどによっては、ほとんど変化しないこともあります。複数の描画モードを試して、目的に合うものを選ぶとよいでしょう。

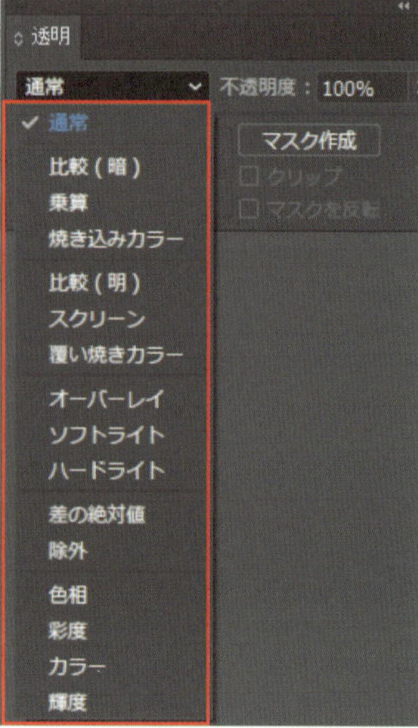

元の画像

前面のオブジェクトに描画モードを設定

通常

初期設定ではこのモードです。オブジェクトに不透明度を設定しなければ、重なる部分は変化しません。

比較（暗）

背面より前面の色が暗い場合、色が乗算されて暗くなります。背面の色が暗い場合は、「乗算」のようになります。

乗算

背面の色と前面に重なる色を掛け合わせます。おおよそ暗い感じになります。

焼き込みカラー

背面の色をより暗く濃く反映させますが、白い部分は変化しません。

比較（明）

背面より前面の色が明るい場合、背面の色を置き換えて明るくなります。背面の色が明るい場合は「スクリーン」のようになります。

スクリーン

背面の色と前面の色の色合いを反転して掛け合わせます。重なった部分は常に明るい感じになります。

覆い焼きカラー

背面の色をより明るく反映させますが、黒い部分は変化しません。

オーバーレイ

背面の色の明るさに応じて「乗算」か「スクリーン」にします。背面の色の色合いや濃度は保持されるので、重ねてもビビッドな印象が残ります。

ソフトライト

重ねた部分が明るくなります。「オーバーレイ」よりもソフトな印象になります。

ハードライト

重ねた部分が明るくなります。「ソフトライト」よりも強い印象になります。

差の絶対値

背面と前面の色の、明度の高いほうから低いほうを引いて適用されます。だいたい黒くなります。

除外

「差の絶対値」と同様の効果ですが、「差の絶対値」よりもややソフトに反映されます。

色相

背面の色の輝度と彩度に、前面の色の色合いが反映されます。

彩度

背面の色の輝度と色合いに、前面の色の彩度が反映されます。

カラー

背面の色の輝度に、前面の色の色合いと輝度が反映されます。

輝度

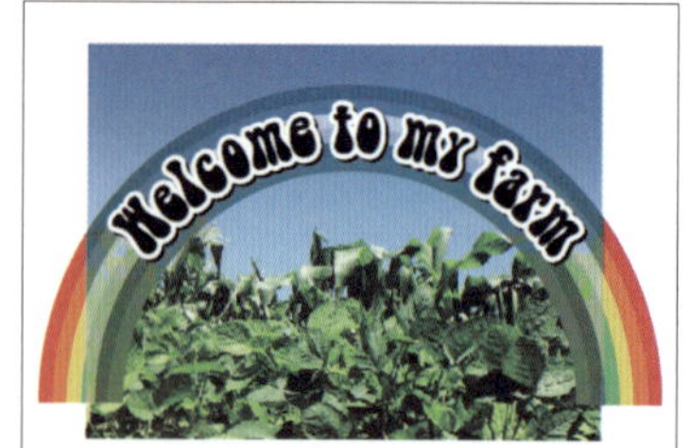

背面の色の色合いと彩度に、前面の色の明るさが反映されます。

CHAPTER 4

04 矢印にする

線に矢印を付ける

図の説明や解説に欠かせないのが矢印です。線にはさまざまな種類の矢印を付けられます。矢印は線の両端に付けられるため、寸法線などにも利用可能です。

練習用ファイル：chap4_a→4_04

ココがポイント

- 線に矢印を付ける
- 矢印の形状や大きさを設定する

線に矢印を付ける

矢印は、線パネルで設定します。

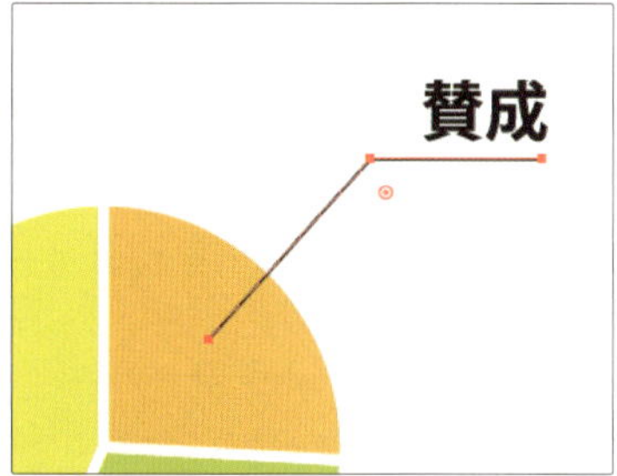

❶線を選択します。

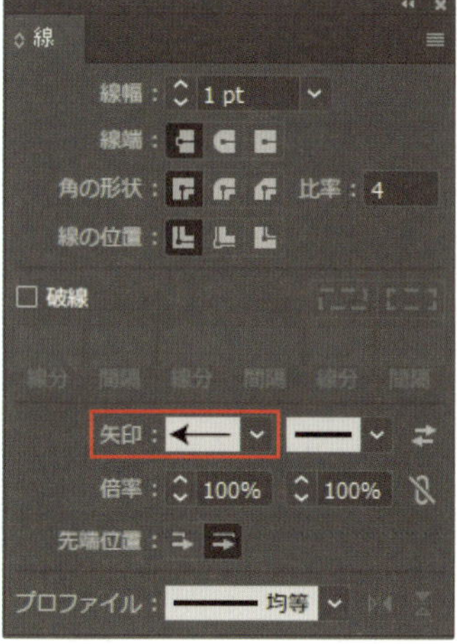

❷線パネルの［矢印］で、始点の矢印の種類を選択します。

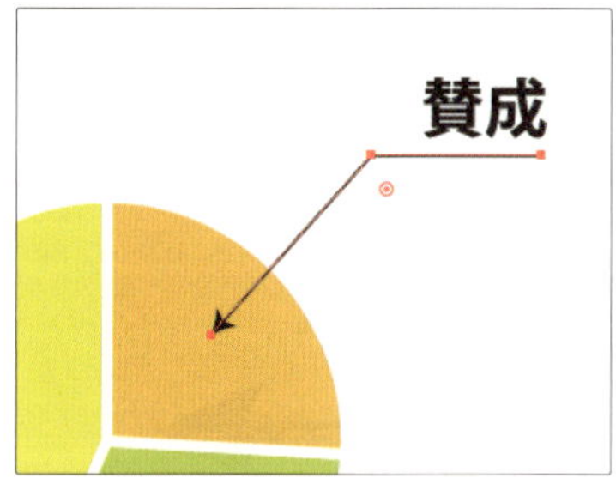

❸線に矢印が付きます。

線パネルの矢印の設定

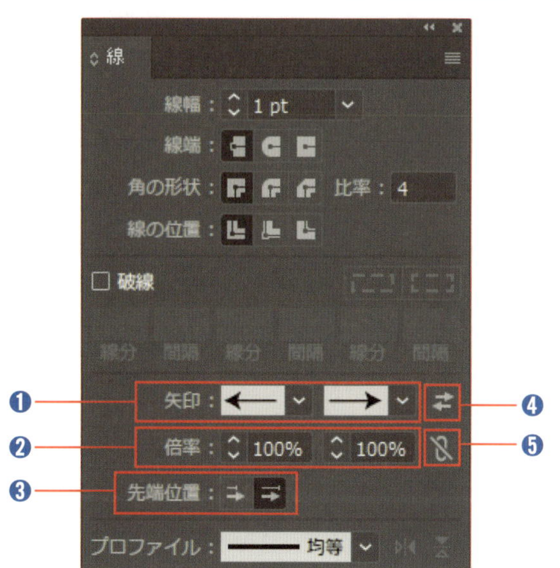

HINT

Illustrator CCでは、矢印が39種類用意されています。

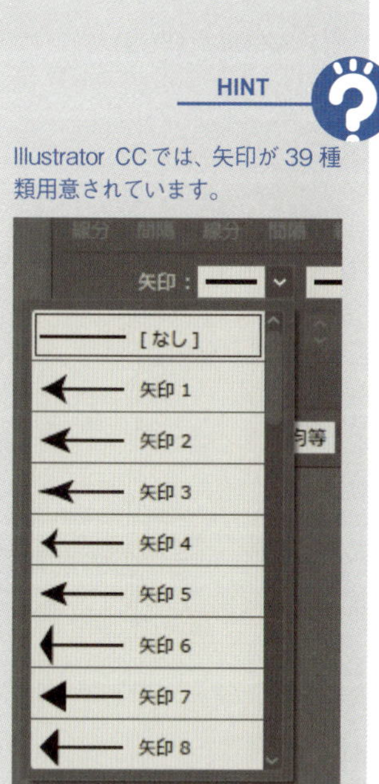

HINT

線では、作成時に先にクリックした方が「始点」になります。そのため、水平線では左側が、垂直線では上側が始点とは限りません。

❶始点と終点の矢印の種類

始点と終点のそれぞれに、矢印の種類を指定します。種類の組み合わせによって、切り取り線や寸法線なども表現できます。

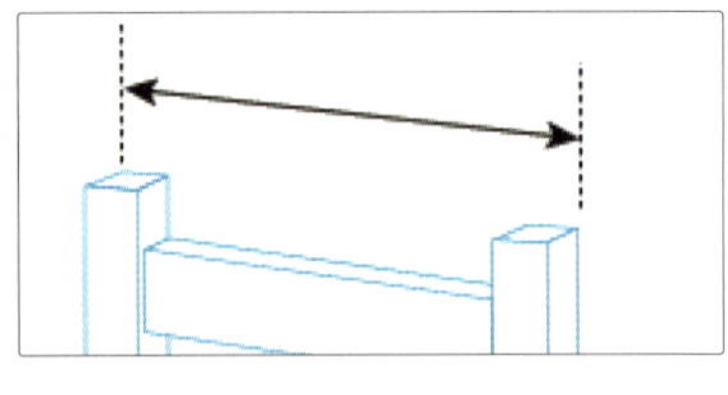
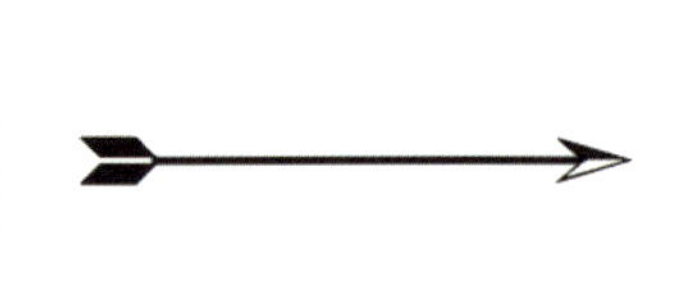
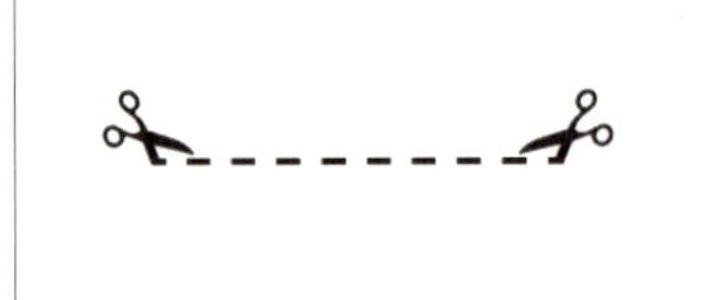
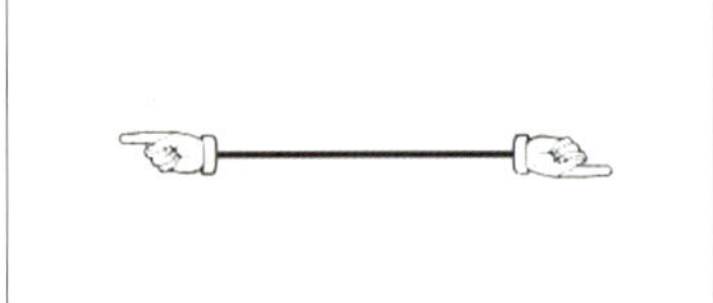

❷始点と終点の倍率

始点と終点のそれぞれに、線幅に対する比率で矢印の大きさを指定します。線の太さはそのままで、矢印の大きさだけを変えます。

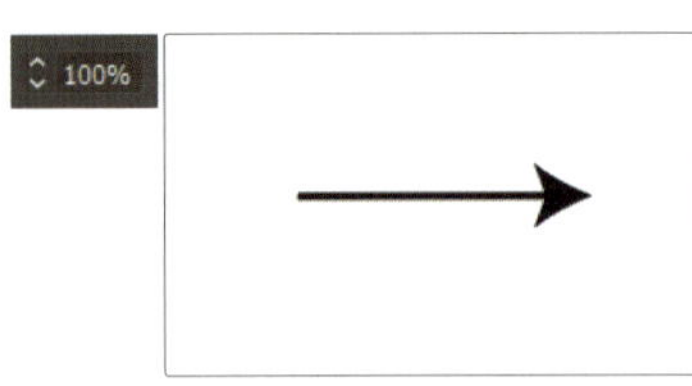

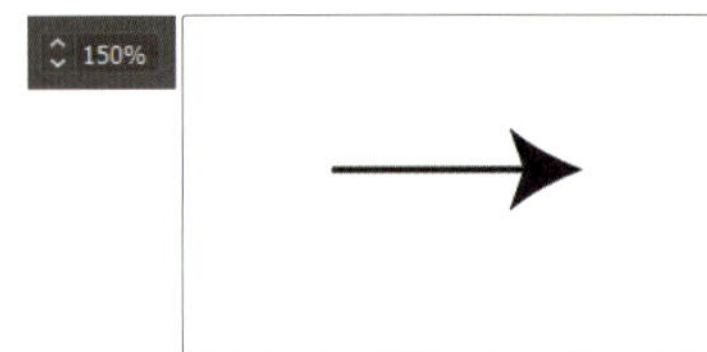

❸先端位置

パスに対する矢印の先端の位置を指定します。

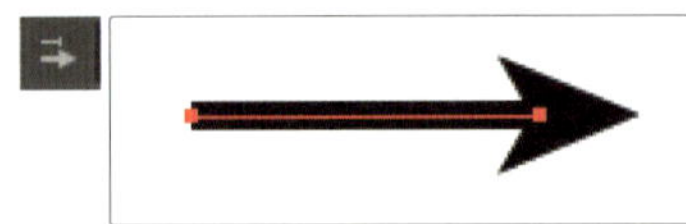
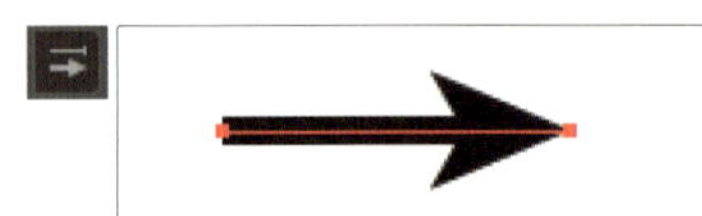

❹始点と終点の矢印の種類の入れ替え

指定された始点の矢印の種類と、終点の矢印の種類とを入れ替えます。
片方が［なし］の場合は、矢印の向きが反対になります。

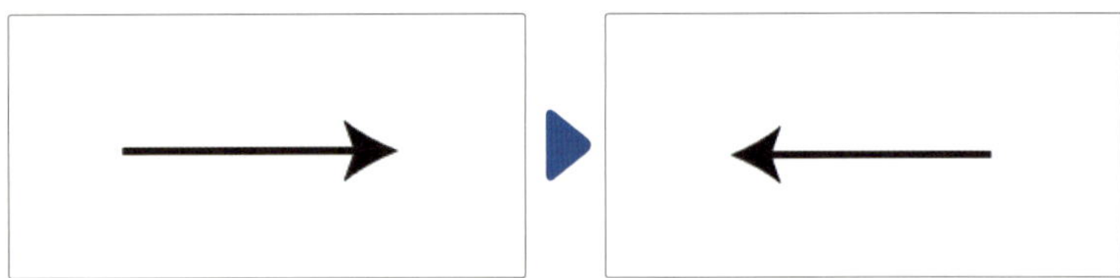

❺始点と終点の倍率のリンク

このボタンをオンにしておくと、❷でどちらか一方の倍率を変更したときに、もう一方の倍率も連動して変わります。

CS4 以前の「矢印にする効果」

ここでは、Illustrator CS4 以前のバージョンでの矢印の設定方法を説明します。

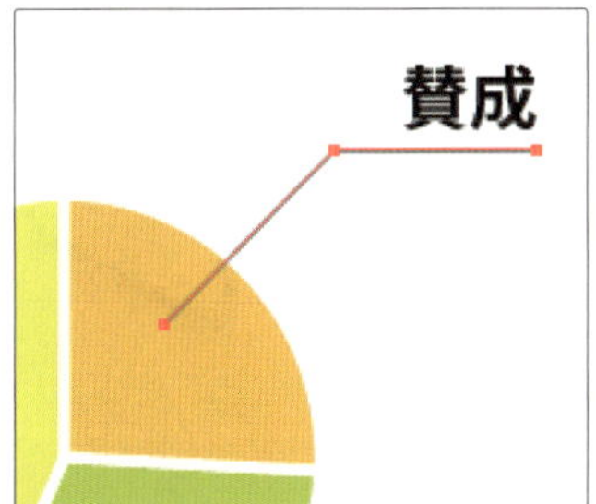

❶線を選択します。

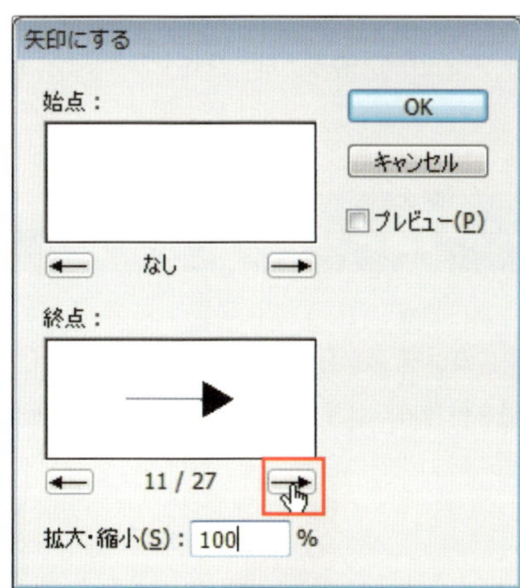

❷[効果] メニューから[スタイライズ] →[矢印にする] を選択します。表示される [矢印にする] ダイアログボックスで、⟵⟶ボタンをクリックして使いたい矢印の種類を選択して、[OK] ボタンをクリックします。

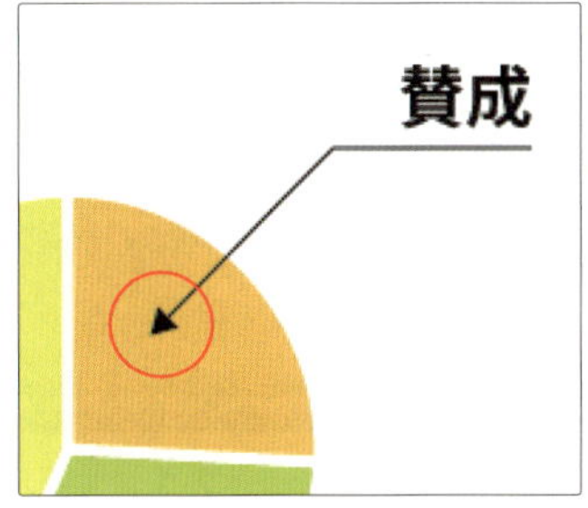

❸線が矢印になります。

Illustrator CS3 以前のバージョンでは、[フィルタ] メニューにも[矢印にする] があり、同様の結果を得られます。ただし、[フィルタ] メニューで適用した場合は、後から変更できません。

矢印にする効果を変更する

「矢印にする効果」は、アピアランスパネルで後から変更できます。アピアランスパネルは、[ウィンドウ] メニューから [アピアランス] を選択して表示させます。

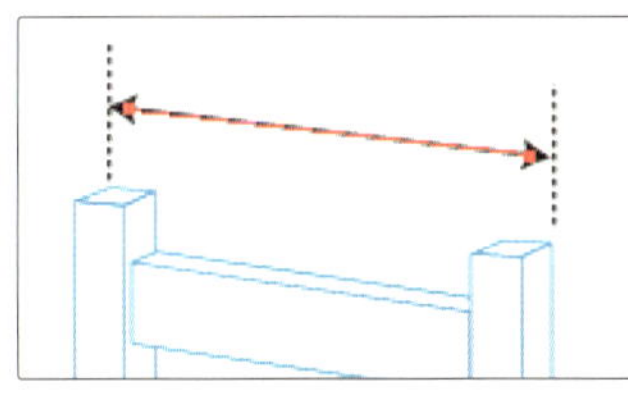

❶オブジェクトを選択します。

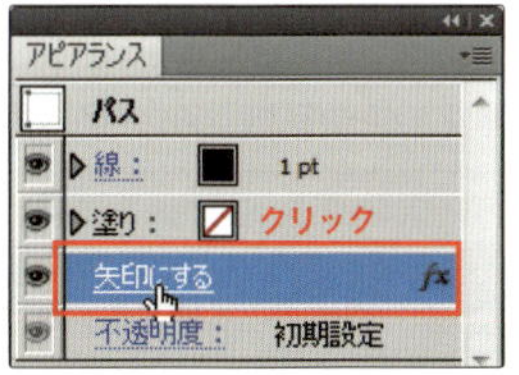

❷アピアランスパネルで「矢印にする」の項目名をクリックします。

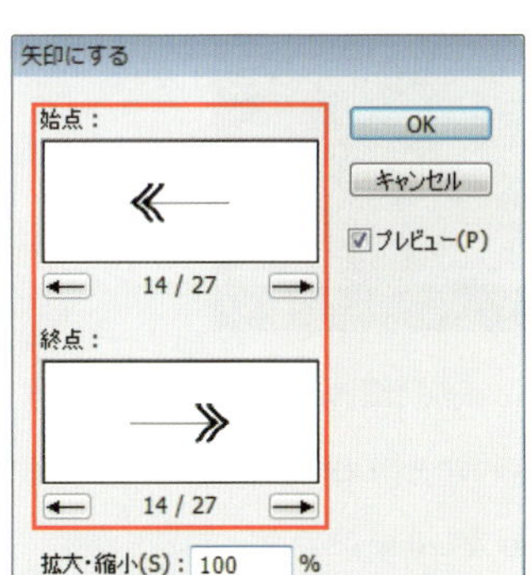

❸ [矢印にする] ダイアログボックスが表示されるので、矢印を変更します。

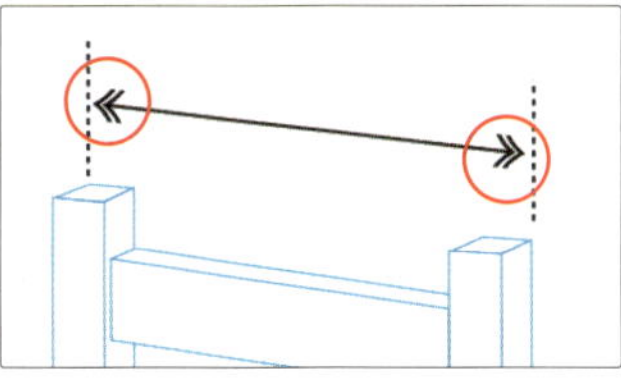

❹変更した矢印になります。

効果を取り消すには、アピアランスパネルで項目を選択し、右下の [選択した項目を削除] ボタンをクリックします。

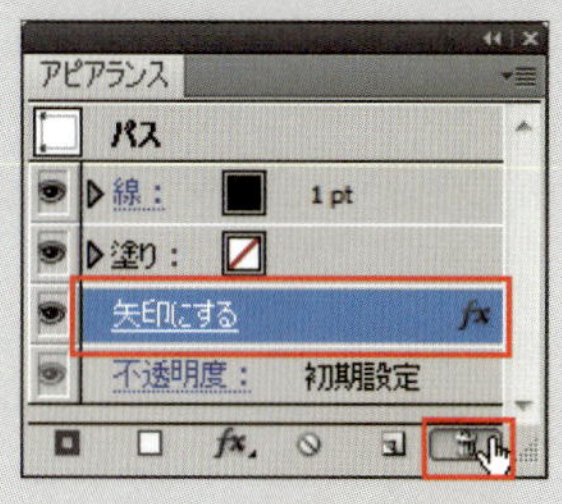

4 05 影を付ける ドロップシャドウ効果

オブジェクトに影を付ける「ドロップシャドウ効果」は、タイトルや画像を引き立てる際に効果的です。

 練習用ファイル：chap4_a→4_05

ココがポイント
- オブジェクトに影を付ける
- グループに影を付ける
- ドロップシャドウ効果を後から変更する

NOTICE

Illustrator CS3以前のバージョンでは、［フィルタ］メニューにも［ドロップシャドウ］があり、同様の効果を得られます。ただし、［フィルタ］メニューで適用した場合は、後から変更できません。

ドロップシャドウ効果

影を付けるには「ドロップシャドウ効果」を使います。

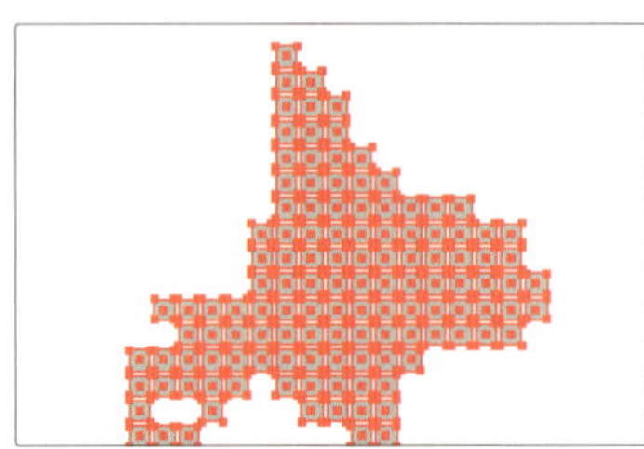

❶オブジェクトを選択します。

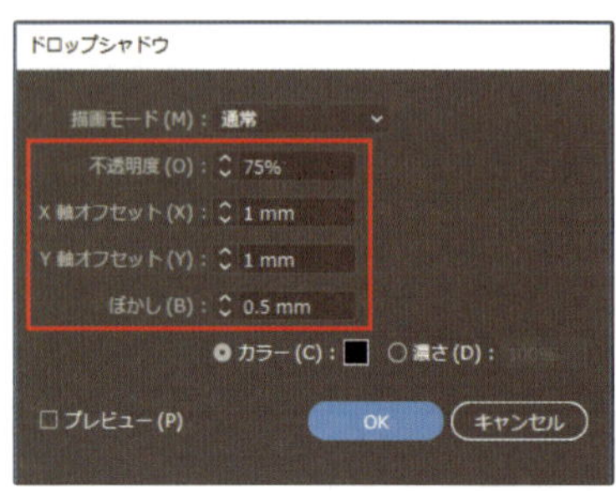

❷［効果］メニューから［スタイライズ］→［ドロップシャドウ］を選択します。表示される［ドロップシャドウ］ダイアログボックスで、［不透明度］に「75」、［X軸オフセット］に「1mm」、［Y軸オフセット］に「1mm」、［ぼかし］に「0.5mm」と入力して、［OK］ボタンをクリックします。

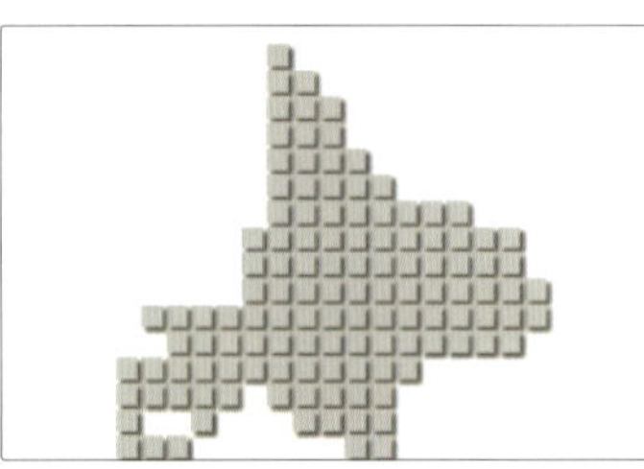

❸オブジェクトに影が付きます。

［ドロップシャドウ］ダイアログボックスの設定

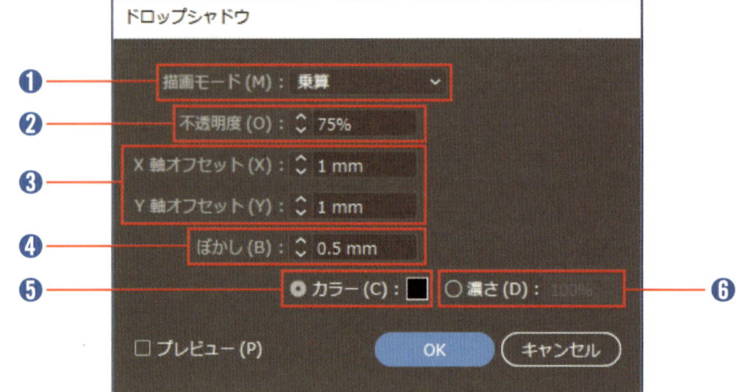

❶**描画モード**：描画モードを選択します。描画モードの詳細はP.142参照。

❷**不透明度**：不透明度（0％が透明、100％が不透明）を設定します。

❸**X軸オフセット／Y軸オフセット**：影の位置を設定します。

❹**ぼかし**：影のぼかし具合を設定します。

❺**カラー**：影の色を設定します。

❻**濃さ**：影の濃さを設定します。

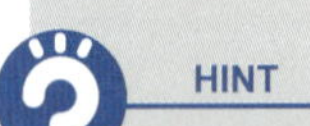

HINT

X軸・Y軸オフセットの設定は、次のように行います。
右にずらす：X軸値を増やします。
左にずらす：X軸値を減らします。
上にずらす：Y軸値を減らします。
下にずらす：Y軸値を増やします。

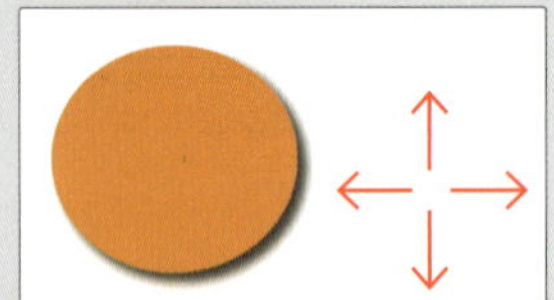

グループに影を付ける

単体のオブジェクトと同様に、グループ化されたオブジェクトにも影を付けられます。

❶グループを選択します。［効果］メニューから［スタイライズ］→［ドロップシャドウ］を選択します。

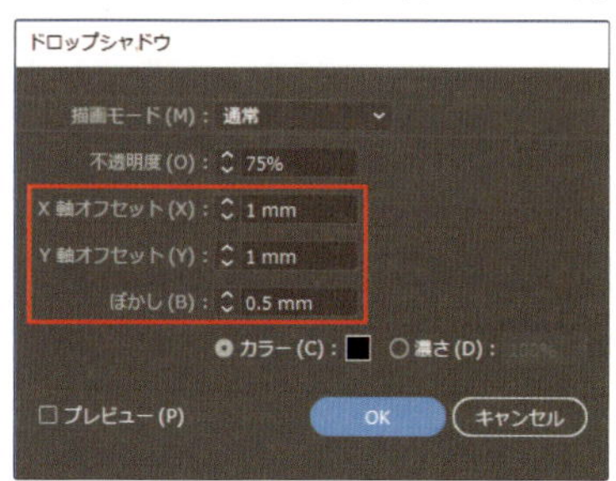

❷表示される［ドロップシャドウ］ダイアログボックスで、［X軸オフセット］と［Y軸オフセット］に「1mm」、［ぼかし］に「0.5mm」と入力して［OK］ボタンをクリックします。

❸グループに影が付きます。

グループ化されていないオブジェクトにドロップシャドウを適用すると、オブジェクトごとに影が付きます。

ドロップシャドウ効果を変更する

「ドロップシャドウ効果」は、アピアランスパネルで後から変更できます。アピアランスパネルは、［ウィンドウ］メニューから［アピアランス］を選択して表示させます。

❶オブジェクトを選択します。

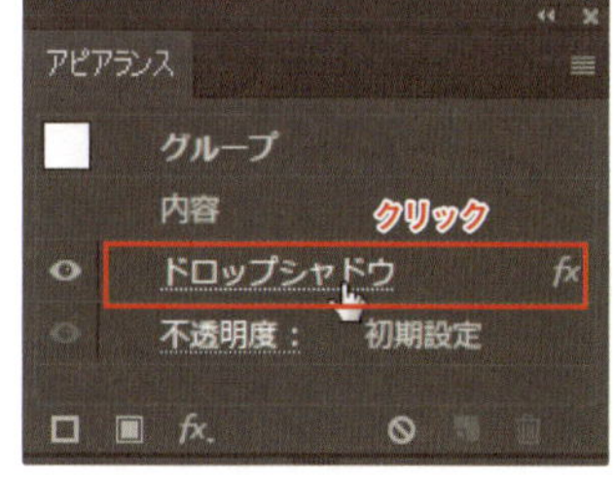

❷アピアランスパネルで「ドロップシャドウ」の項目名をクリックします。

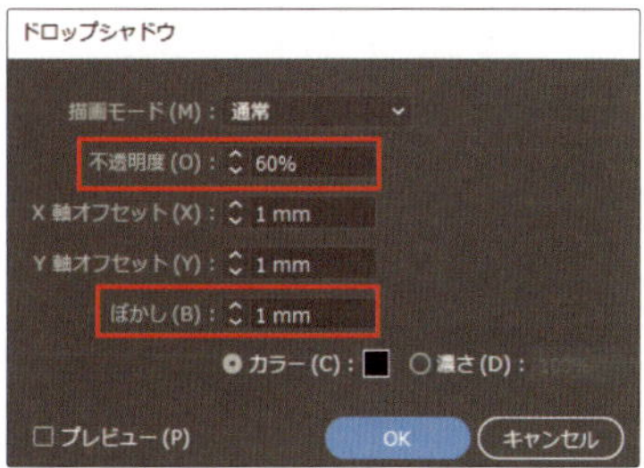

❸［ドロップシャドウ］ダイアログボックスで、［不透明度］を「60%」に、［ぼかし］を「1mm」に変更し、［OK］ボタンをクリックします。

❹ドロップシャドウ効果が変わります。

Illustrator CS3 以前のバージョンで効果を変更するには、アピアランスパネル上の項目を「ダブルクリック」して再設定します。

効果を取り消すには、アピアランスパネルで項目をクリックで選択し、右下の［選択した項目を削除］ボタンをクリックします。

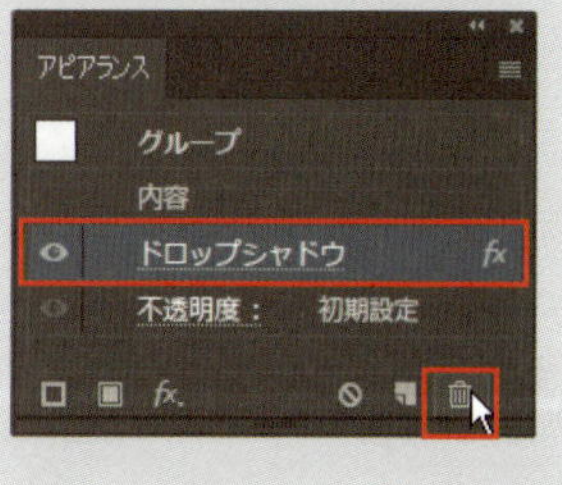

06 輪郭をぼかす
ぼかし効果

オブジェクトの輪郭をぼかすと、やわらかなイメージを演出できます。透明効果などと併用すると、さらに軽やかな雰囲気を出すことができます。

ココがポイント
- オブジェクトをぼかす
- ぼかし効果を後から変更する

練習用ファイル：chap4_a→4_06

ぼかし効果

輪郭をぼかすには、「ぼかし効果」を使います。

❶オブジェクトを選択します。

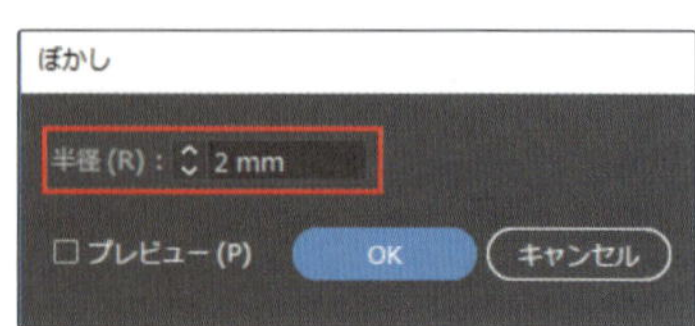

❷［効果］メニューから［スタイライズ］→［ぼかし］を選択します。表示される［ぼかし］ダイアログボックスで、［ぼかしの半径］に「2mm」と入力して、［OK］ボタンをクリックします。

❸オブジェクトの輪郭がぼけます。

NOTICE

Illustrator CS3以前のバージョンでは、［フィルタ］メニューにも［ぼかし］があり、同様の効果を得られます。ただし、［フィルタ］メニューで適用した場合は、後から変更できません。

ぼかし効果を変更する

「ぼかし効果」は、アピアランスパネルで後から変更できます。アピアランスパネルは、［ウィンドウ］メニューから［アピアランス］を選択して表示させます。

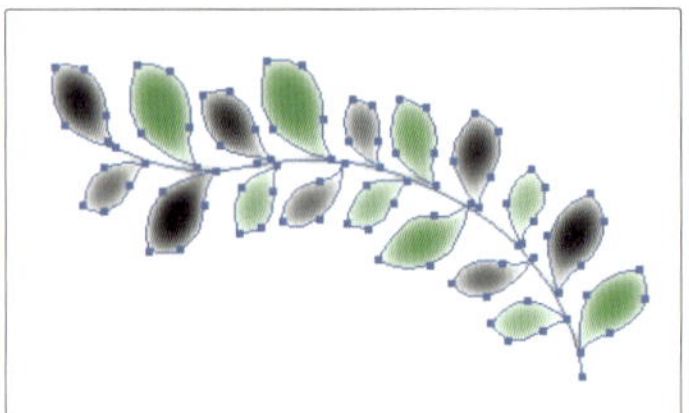

❶オブジェクトを選択します。

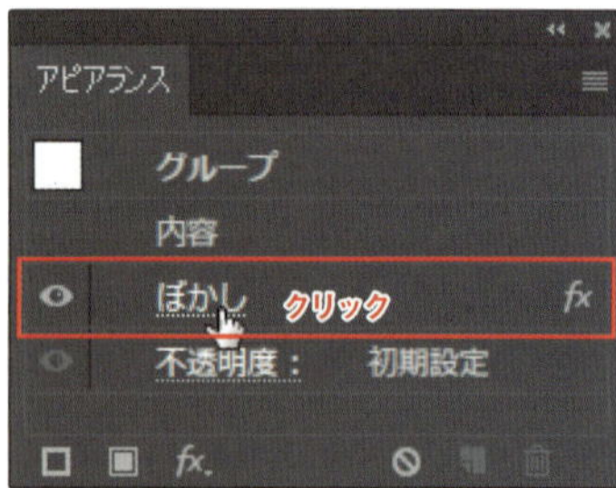

❷アピアランスパネルで「ぼかし」の項目名をクリックします。

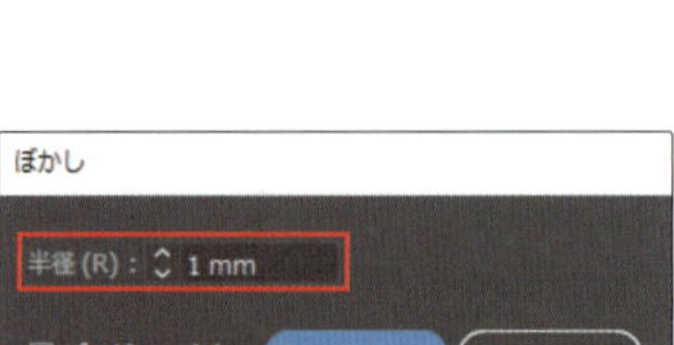

❸［ぼかし］ダイアログボックスが表示されるので、［ぼかしの半径］を「1mm」に変更し、［OK］ボタンをクリックします。

❹ぼかし効果が変わります。

NOTICE

Illustrator CS3以前のバージョンで効果を変更するには、アピアランスパネル上の項目を「ダブルクリック」して再設定します。

HINT

効果を取り消すには、アピアランスパネルで項目をクリックで選択し、右下の［選択した項目を削除］ボタンをクリックします。

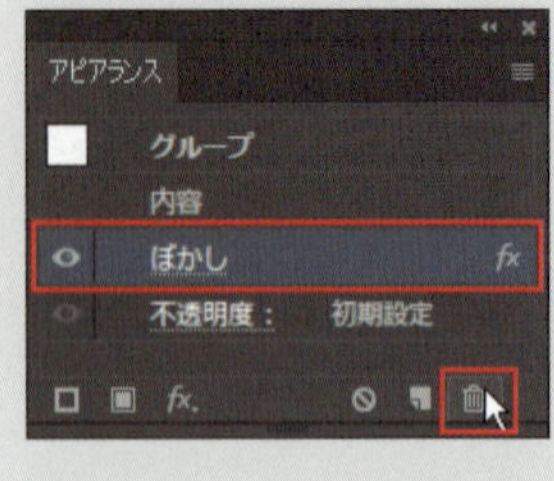

CHAPTER 4 07 立体的にする 3D効果

オブジェクトを押し出したり、回転させたりして立体化すると、存在感のあるタイトル文字やアイコンを作成できます。3D効果は、後からアピアランスパネルで変更できます。

練習用ファイル：chap4_a→4_07

ココがポイント

- 押し出しでオブジェクトを立体化する
- 回転体でオブジェクトを立体化する
- 立体にオブジェクトを貼り付ける

オブジェクトを押し出す

オブジェクトなどを立体的にするには、「押し出し・ベベル効果」を使います。

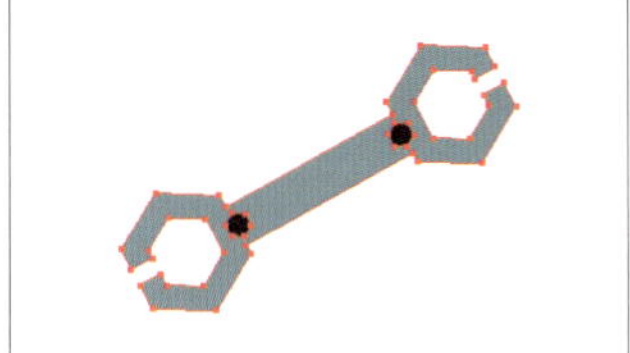

❶オブジェクトを選択します。

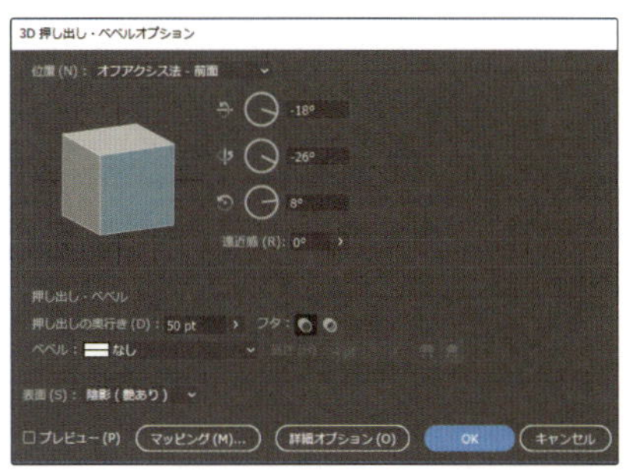

❷［効果］メニューから［3D］→［押し出し・ベベル］を選択します。表示される［3D 押し出し・ベベルオプション］ダイアログボックスで、図のような初期設定のまま［OK］ボタンをクリックします。

❸オブジェクトが立体化されます。

HINT

同様の操作で、文字も立体化できます。

押し出し・ベベル効果を変更する

「押し出し・ベベル効果」は、アピアランスパネルで後から変更できます。アピアランスパネルは、［ウィンドウ］メニューから［アピアランス］を選択して表示させます。

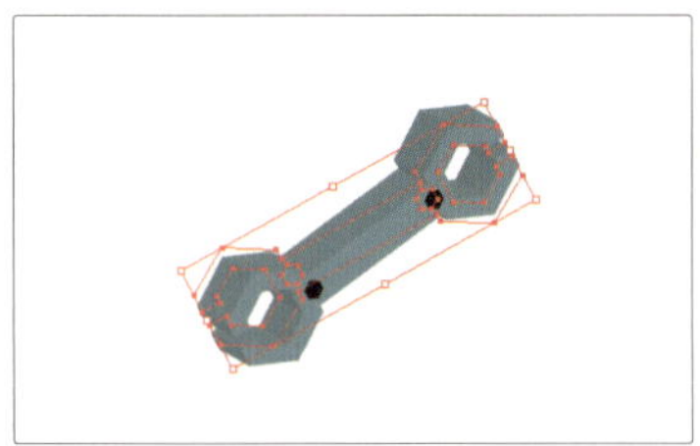

❶オブジェクトを選択します。

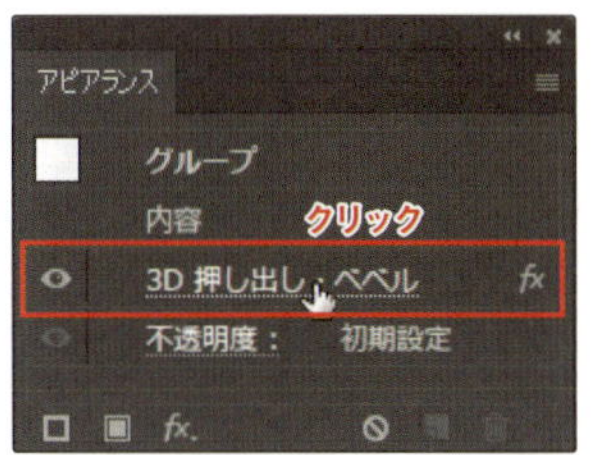

❷アピアランスパネルで「3D 押し出し・ベベル」の項目名をクリックします。

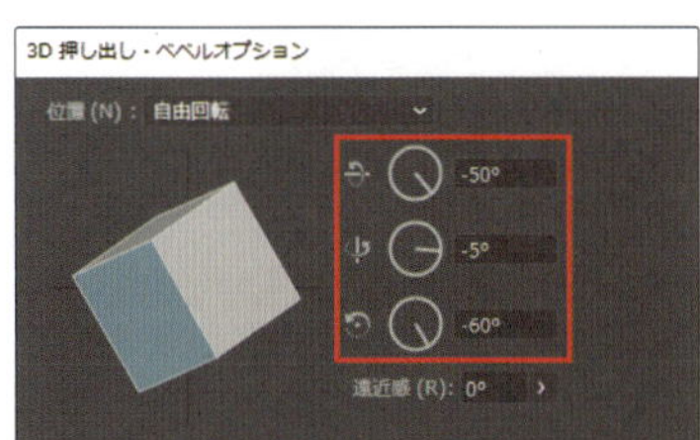

❸［3D 押し出し・ベベルオプション］ダイアログボックスで、回転角度を上から「-50°」「-5°」「-60°」に変更し、［OK］ボタンをクリックします。

❹オブジェクトの向きと傾きが変わります。

NOTICE

Illustrator CS3 以前のバージョンで効果を変更するには、アピアランスパネル上の項目を「ダブルクリック」して再設定します。

HINT

効果を取り消すには、アピアランスパネルで項目をクリックで選択し、右下の［選択した項目を削除］ボタンをクリックします。

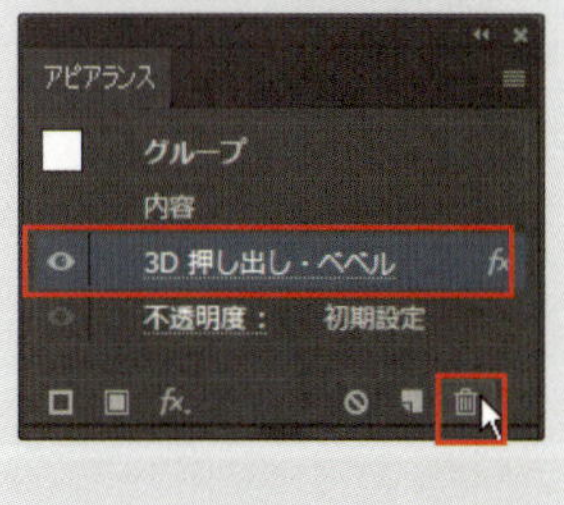

[3D 押し出し・ベベルオプション] ダイアログボックスの設定

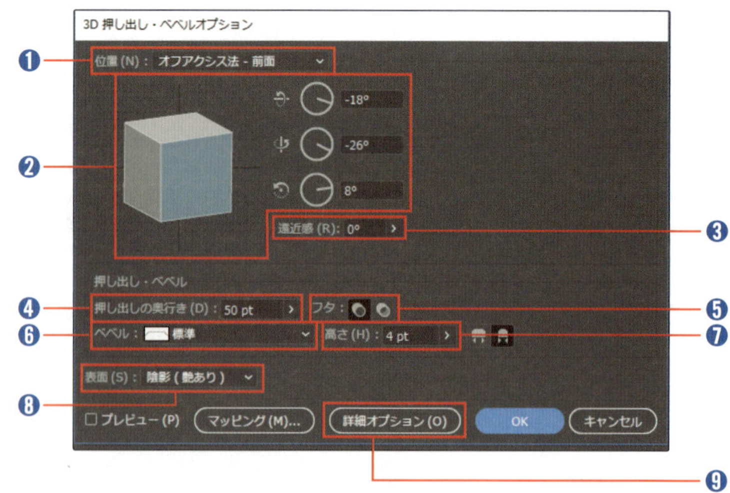

❶**位置**：あらかじめ用意されているオブジェクトを押し出す方向や位置の設定を選択できます。

❷サンプルの図形をドラッグして押し出す方向や位置を調整します。

❸**遠近感**：遠近感の設定をします。

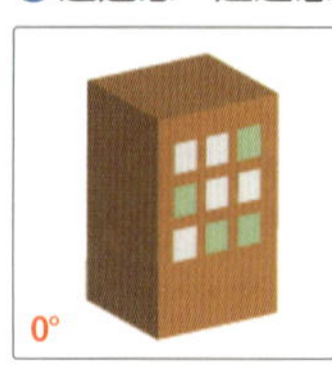

❹**押し出しの奥行き**：押し出しの奥行きを設定します。

❺**フタ**：前・後面のオブジェクトの有無を指定します。前面のオブジェクトがないと空洞になります。

❻**ベベル**：縁を面取りします。❼で高さを設定する必要があります。

❼**高さ**：ベベルのエッジの高さを設定します。

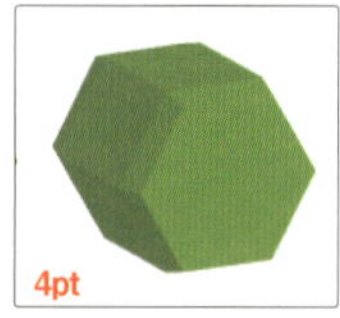

❽**表面**：表面に艶を出す設定ができます。艶の有無の他に、ワイヤフレームに設定することもできます。

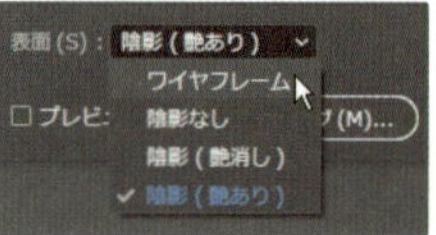

❾ [詳細オプション] ボタン：❽で「陰影（艶消し）」または「陰影（艶あり）」を選んだ場合にクリックすると、詳細オプションが表示されます。詳細オプションでは光の方向を指定できます。

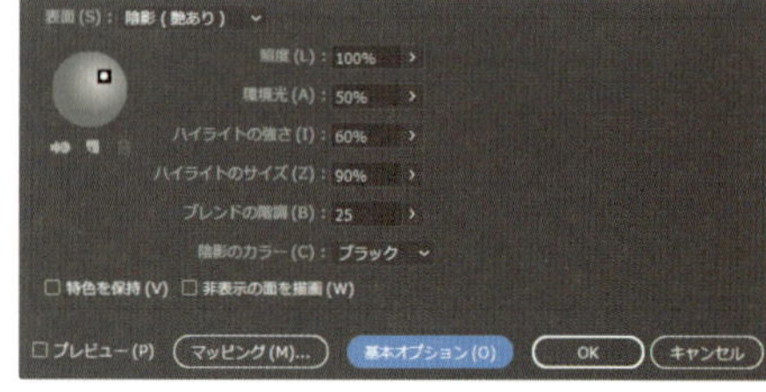

HINT

❷は、数値を入力して設定することもできます。

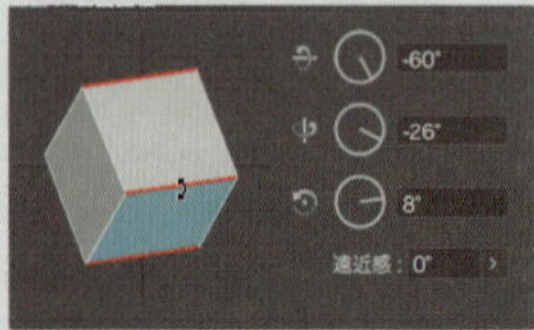

：[X軸を中心とした回転角度を指定]

：[Y軸を中心とした回転角度を指定]

：[Z軸を中心とした回転角度を指定]

HINT

ベベルの適用位置を、元のオブジェクトに対して外側（拡張）か内側（縮小）かを選択できます。

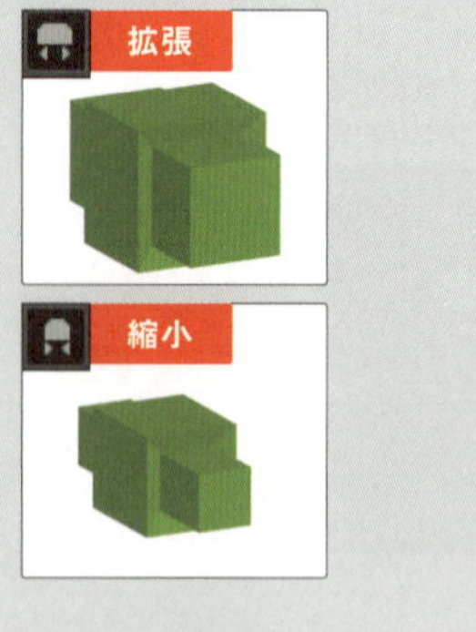

オブジェクトを回転させる

円柱や球体などの立体的なオブジェクトは、「回転体効果」を使って作成します。

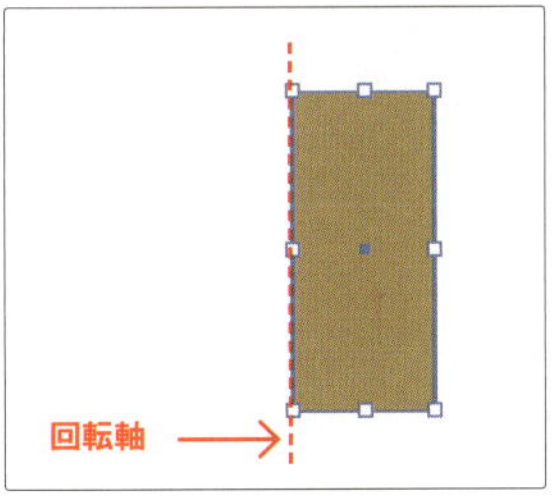

❶オブジェクトを選択します。

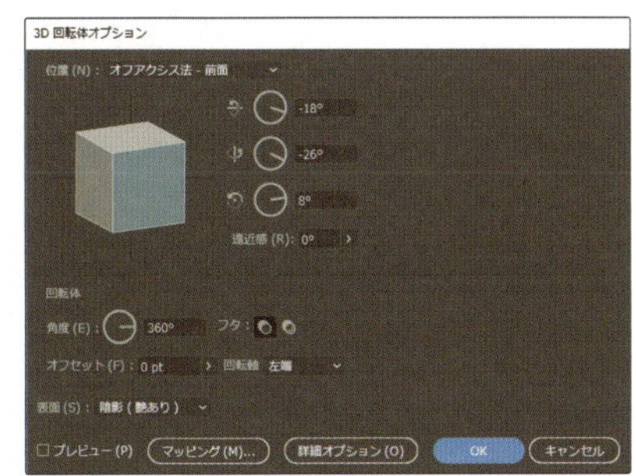

❷[効果] メニューから[3D] → [回転体] を選択します。表示される[3D回転体オプション] ダイアログボックスで、図の初期設定のまま [OK] ボタンをクリックします。

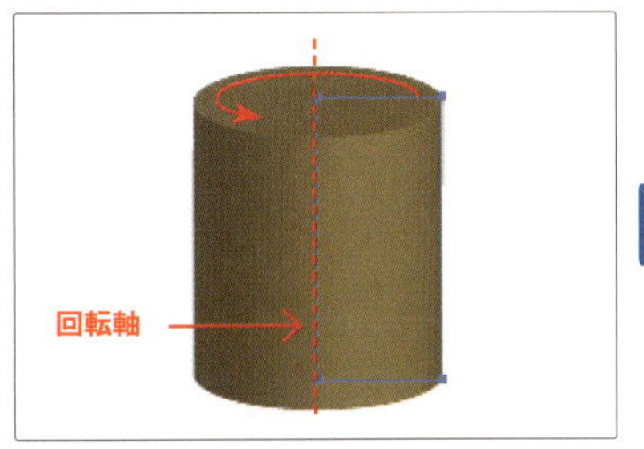

❸長方形の左の縦辺を軸にして回転した円柱になります。

回転体効果を変更する

「回転体効果」は、アピアランスパネルで後から変更できます。アピアランスパネルは、[ウィンドウ] メニューから [アピアランス] を選択して表示させます。

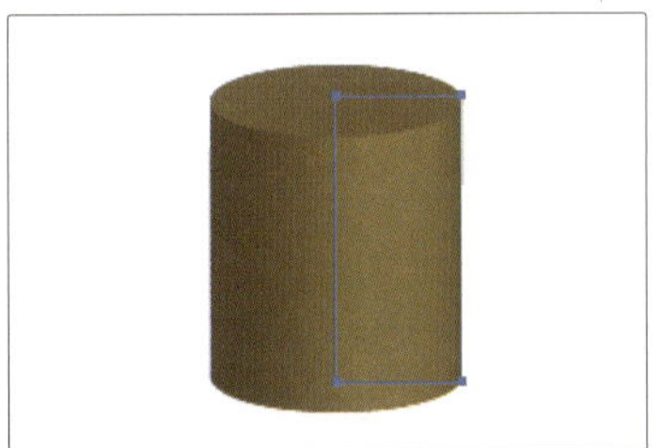

❶オブジェクトを選択します。

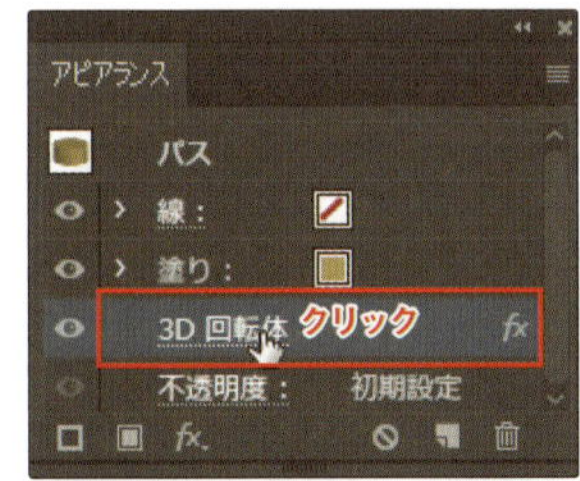

❷アピアランスパネルで「3D 回転体」の項目名をクリックします。

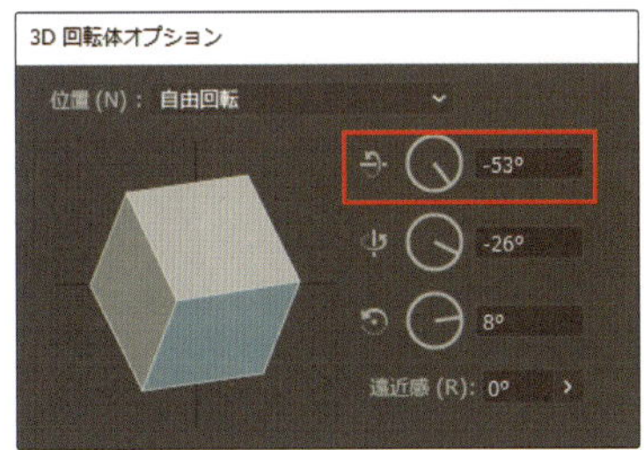

❸ [3D回転体オプション] ダイアログボックスが表示されるので、を「-53°」に変更し、[OK] ボタンをクリックします。

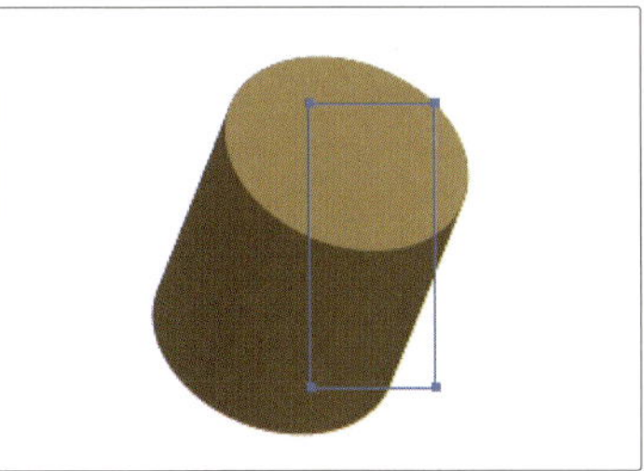

❹円柱の傾きが変わります。

NOTICE

Illustrator CS3 以前のバージョンで効果を変更するには、アピアランスパネル上の項目をダブルクリックして再設定します。

HINT

効果を取り消すには、アピアランスパネルで項目をクリックで選択し、右下の[選択した項目を削除] ボタンをクリックします。

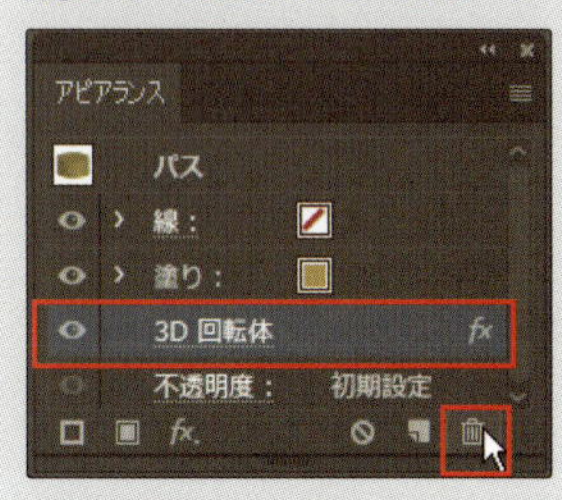

［3D 回転体オプション］ダイアログボックスの設定

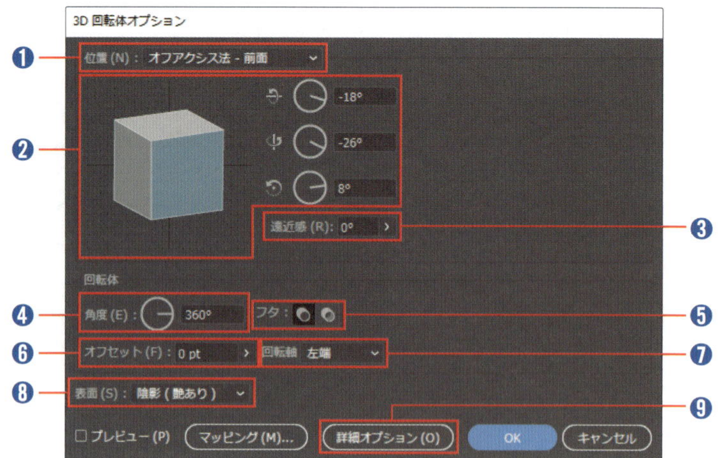

❶❷❸❽❾［3D 押し出し・ベベルオプション］ダイアログボックスと同じ(P.152)。

❹**角度**：回転角度を設定します。初期設定では 360 度の設定になっています。

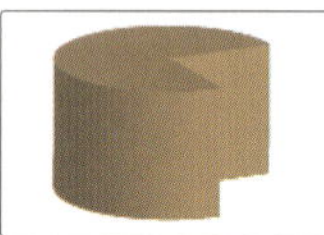
270 度の回転体

87 度の回転体

❺**フタ**：❶❷で角度の指定をした場合に有効です。上・下面のフタの有無を指定します。

❻**オフセット**：回転の軸の位置を設定します。

❼**回転軸**：回転軸をオブジェクトの右か左に指定します。

回転体効果でさまざまな形状を作成

「回転体効果」では、アイデア次第でさまざまなオブジェクトを作成できます。

カプセル形状

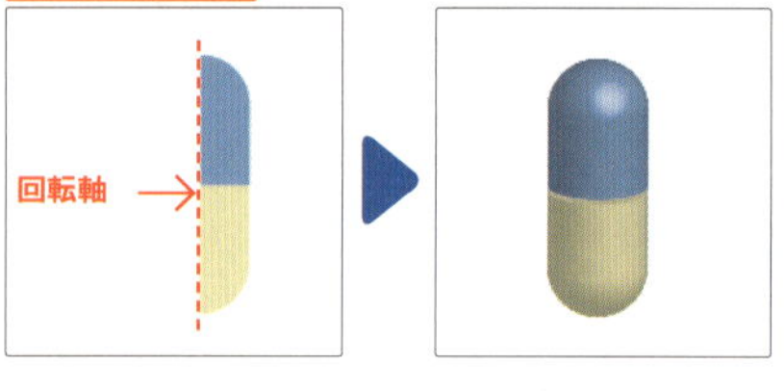

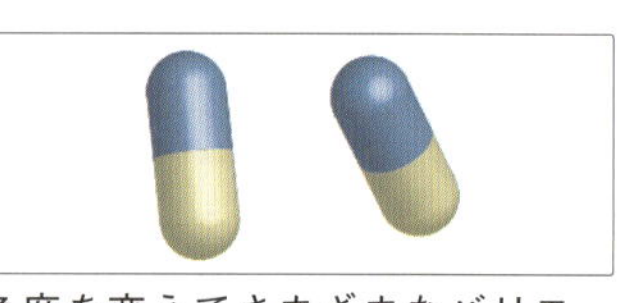
角度を変えてさまざまなバリエーションを作成。

リング形状

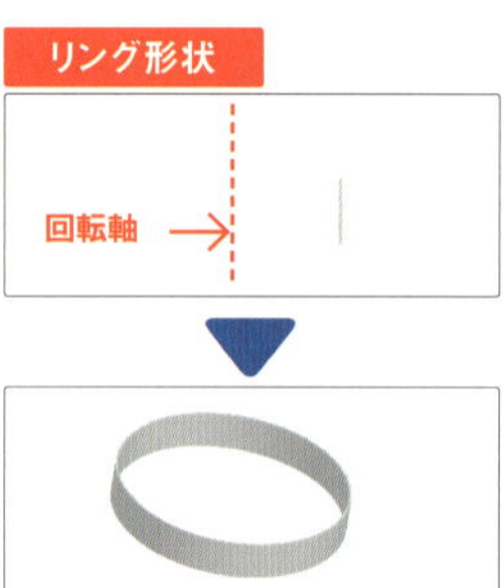

［回転軸］を「左端」、［オフセット］を約「135pt」に設定

ピン形状

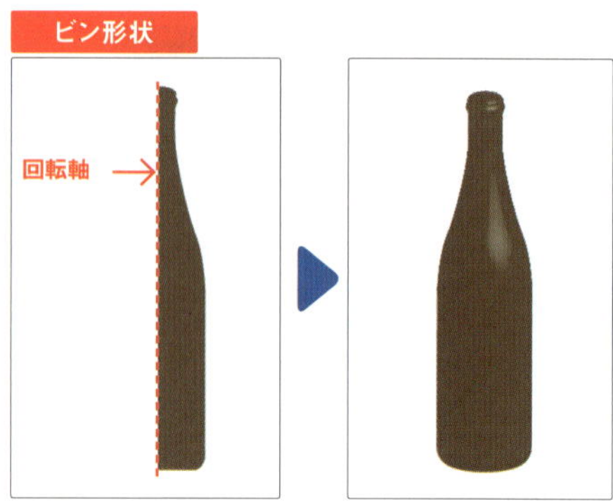

マッピング

「押し出し・ベベル効果」や「回転体効果」で作成した立体の側面には、シールのようにオブジェクトを貼り付けられます。

シンボルパネルへの登録

立体に貼るオブジェクトは、あらかじめシンボルパネルに登録しておきます。

❶[ウィンドウ] メニューから[シンボル] を選択してシンボルパネルを表示させます。貼り付けるオブジェクトをシンボルパネルへドラッグ&ドロップします。

シンボルオプション
名前 (N)： maltbeer
書き出しタイプ (E)： ムービークリップ
シンボルの種類： ダイナミックシンボル
スタティックシンボル
基準点：

❷表示される [シンボルオプション] ダイアログボックスで、[名前] にシンボル名を入力して、[OK] ボタンをクリックします。

❸シンボルパネルにオブジェクトが登録されます。

マッピングの設定

マッピングは、回転体効果で使用する [3D 回転体オプション] ダイアログボックスで設定します。

❶回転体を設定したオブジェクトを選択します。

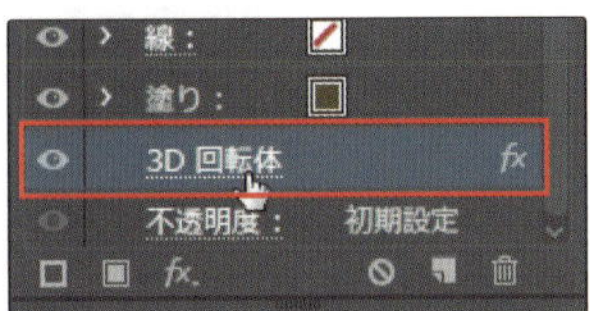

❷アピアランスパネルで「3D回転体」の項目名をクリックします。

❸ [3D 回転体オプション] ダイアログボックスの [マッピング] ボタンをクリックします。

❹表示された [アートをマップ] ダイアログボックスで、[シンボル] で登録したオブジェクトを選択し、[表面] で貼る面を選択して [OK] ボタンをクリックします。

❺ビン形状に沿ってラベルがマッピング (貼り付け) されます。

シンボル ➡P.244

[3D 回転体オプション] ダイアログボックスと [アートをマップ] ダイアログボックスの [プレビュー] にチェックを入れると、効果を確認しながら設定できます。

[表面] で選択した面は赤のワイヤーフレームで表示されます。

08 パースを付ける

遠近グリッドを利用してオブジェクトにパースを付ける

遠近グリッドツールを利用すると、Illustratorで正確なパースを作成できます。

ココがポイント
- 遠近グリッドを作成する
- 遠近グリッドにオブジェクトを配置する

 練習用ファイル：chap4_a→4_08

NOTICE

[遠近グリッド]ツールは、Illustrator CS5以降のバージョンの機能です。

HINT

遠近グリッドには1点遠近法、2点遠近法、3点遠近法の3種類があります。初期設定では2点遠近法が表示されます。他の遠近法を表示するには、[表示]メニューの[遠近グリッド]からそれぞれの遠近法を選択します。

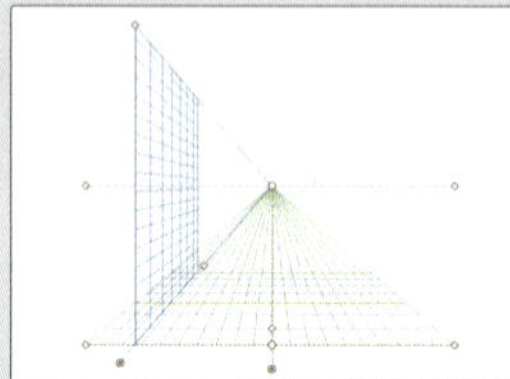

1点遠近法

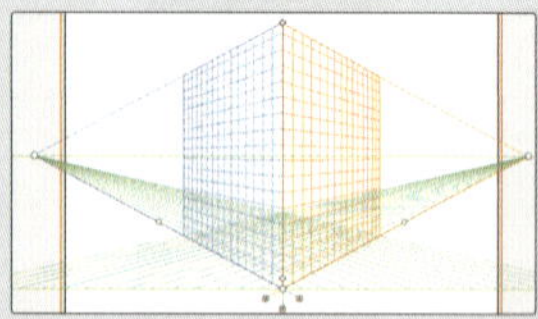

2点遠近法

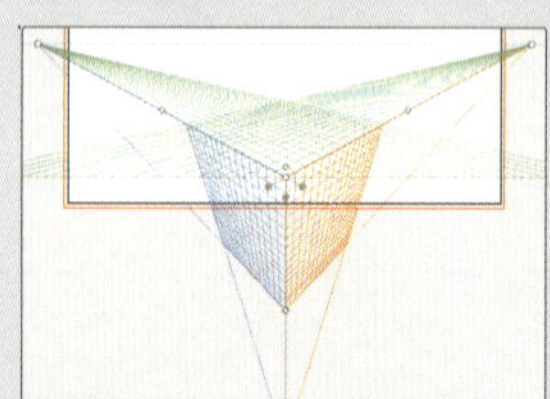

3点遠近法

HINT

遠近グリッドを非表示にするには、[表示]メニューから[遠近グリッド]→[グリッドを隠す]を選択します。

[遠近グリッド]ツール

ツールパネルから[遠近グリッド]ツールを選択すると、遠近グリッドが表示されます。

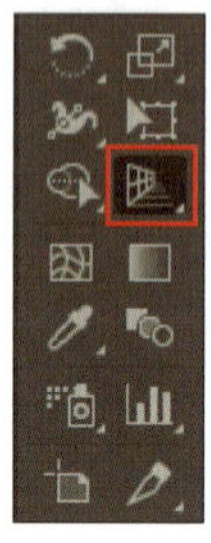

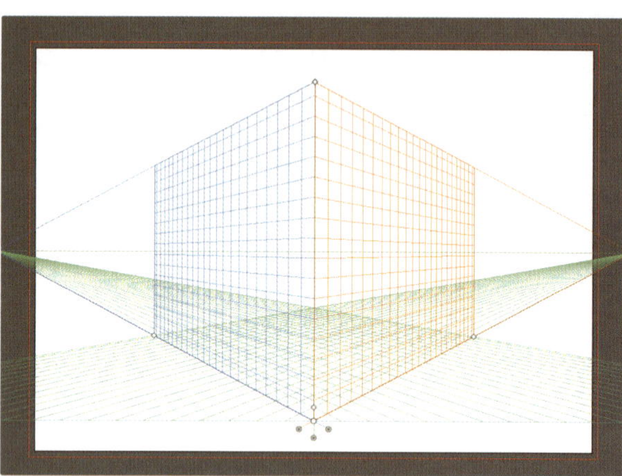

遠近グリッドの操作

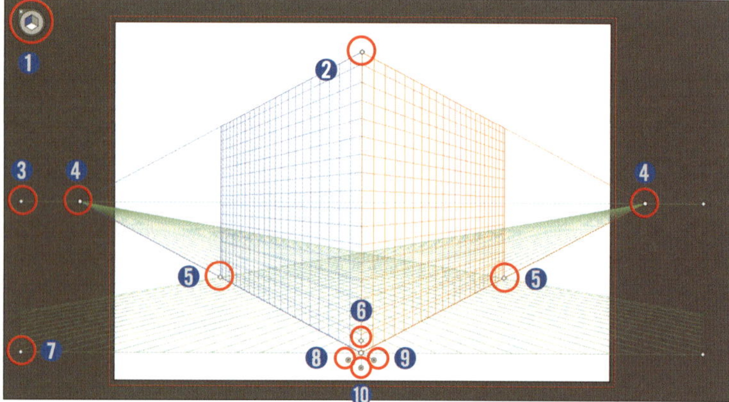

❶選択面ウィジェット（次ページ参照）。

❷垂直方向のグリッドの高さを調節します。

❸水平線の位置を調節します。

❹消失点。左右それぞれの位置を水平線上で調節します。

❺左右グリッド面の範囲を調節します。

❻全体のグリッドの間隔を調節します。

❼グリッド全体を移動します。

❽右面のグリッドを調節します。

❾左面のグリッドを調節します。

❿水平面のグリッドを調節します。

遠近グリッドに沿ったオブジェクトを作成する

遠近グリッドを利用すると、遠近感のあるオブジェクトを簡単に作成できます。

グリッドに合わせてオブジェクトを配置する

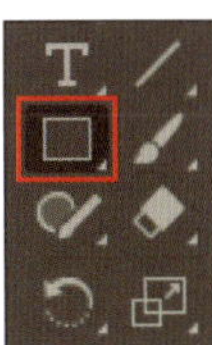

❶遠近グリッドを表示させた状態で、ツールパネルから［長方形］ツールを選択します。

❷遠近グリッドに表示されるウィジェットで、図形を配置したい面（ここでは左面）をクリックで選択します。

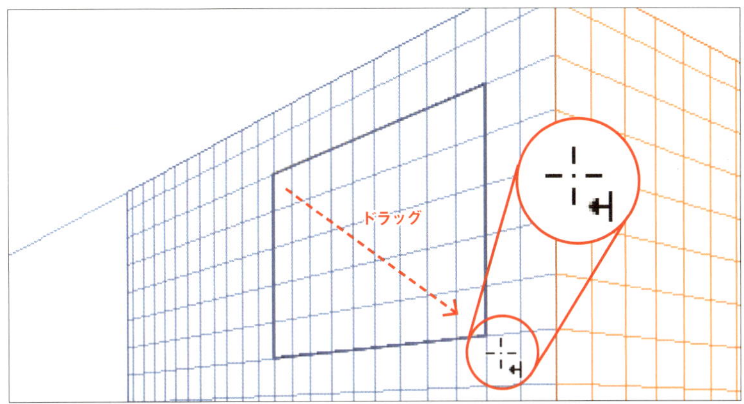

❸マウスポインタの形状が変わります。［長方形］ツールで左面上に図形を作成すると、左面のグリッドに沿った遠近感のあるオブジェクトになります。

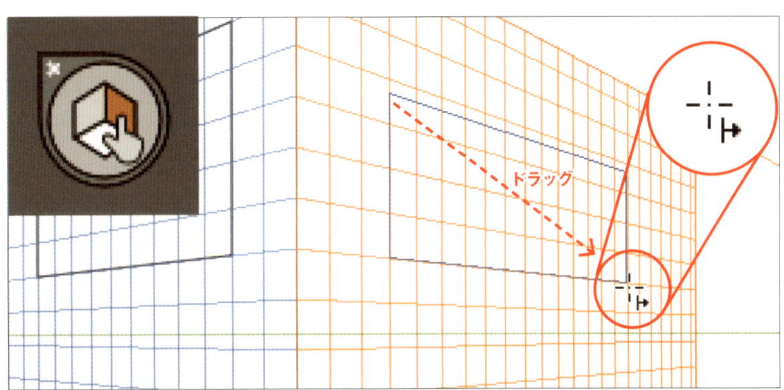

❹ウィジェットで右面を選択します。マウスポインタが右面用になり、右面のグリッドに沿ったオブジェクトを作成できます。

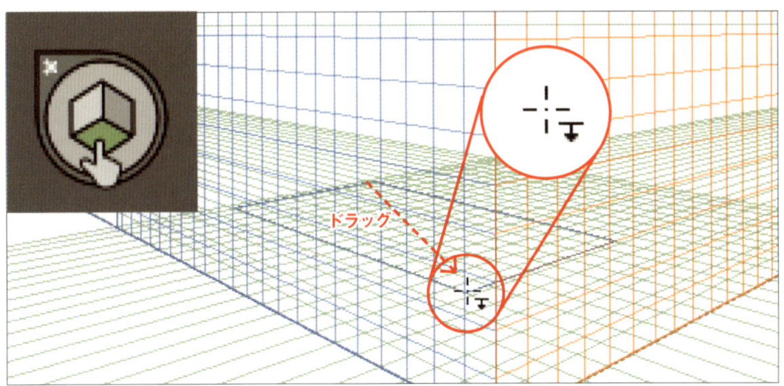

❺ウィジェットで下面を選択します。マウスポインタが水平面用になり、水平面のグリッドに沿ったオブジェクトを作成できます。

遠近グリッドに配置するオブジェクトは、［長方形］ツール以外の図形ツールでも作成できます。

グリッドに合わせずにオブジェクトを配置する

遠近グリッドに合わせないで通常のオブジェクトを作成するには、ウィジェットの面の外側を選択します。

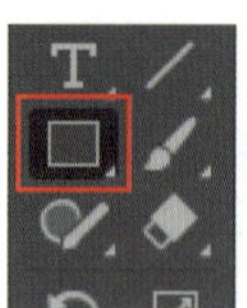
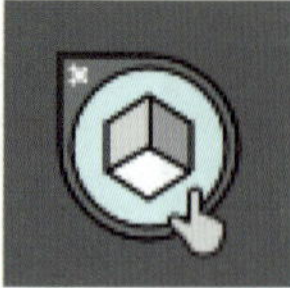

ツールパネルから図形ツールを選択し、ウィジェットで面の外側を選択します。

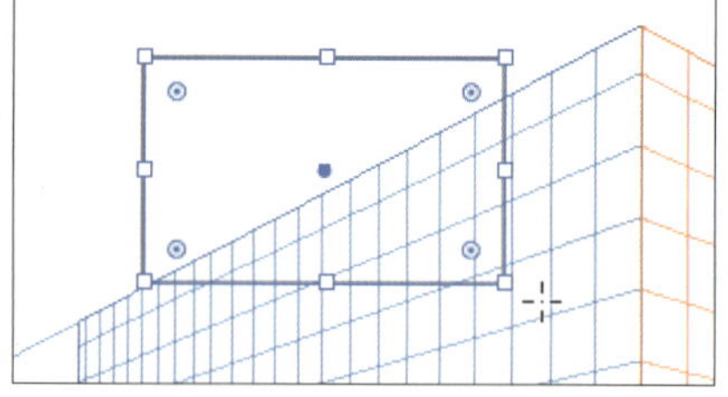

グリッドと無関係にオブジェクトが作成されます。

[遠近図形選択] ツールでオブジェクトを移動する

遠近グリッドに配置した図形を変更・移動するには、[遠近図形選択] ツールを使います。

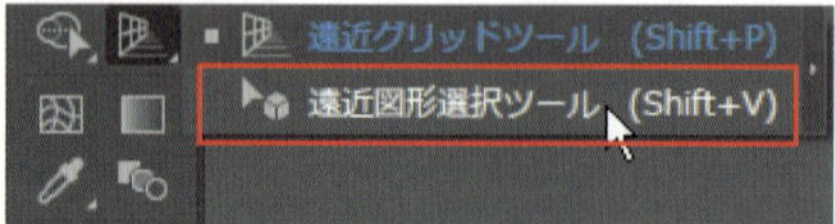

❶ツールパネルから [遠近図形選択] ツールを選択します。

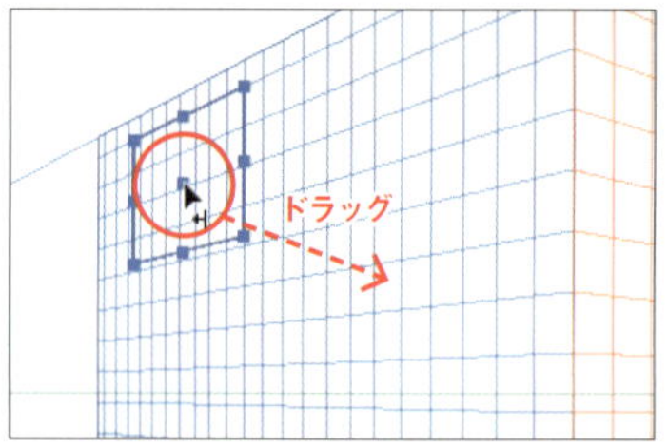

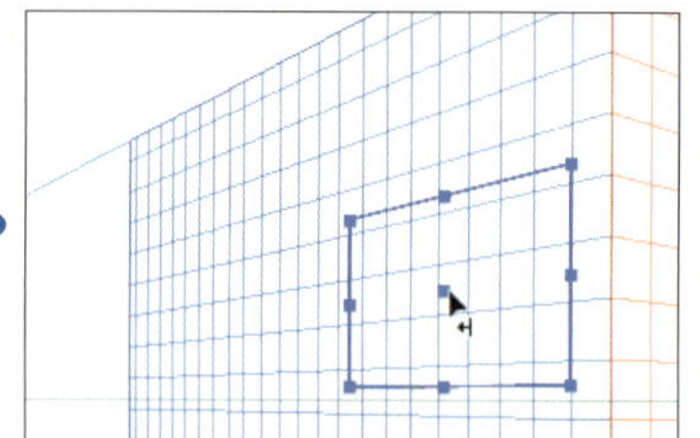

❷遠近グリッドに配置したオブジェクトをドラッグすると、遠近感を保ちながら移動できます。

グリッドに合わせてテキストを配置する

テキストも遠近グリッドに合わせて配置できます。

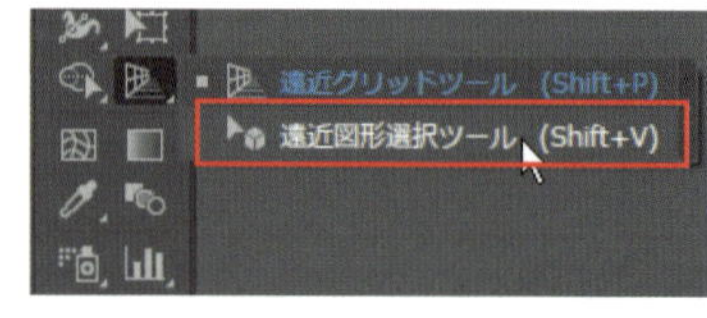

❶ [文字] ツールで文字を入力し、ツールパネルから [遠近図形選択] ツールを選択します。

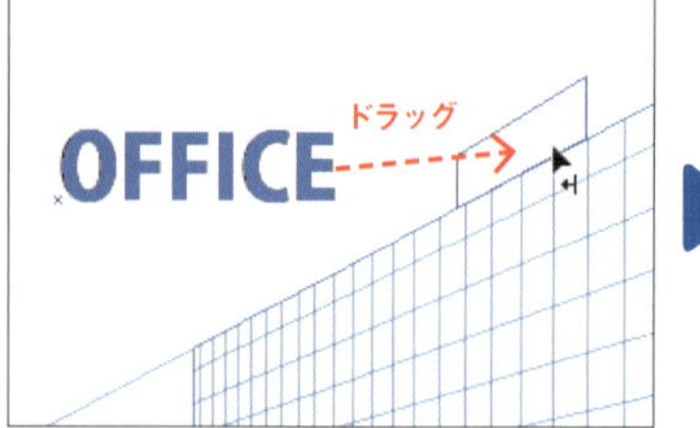

❷テキストをドラッグで遠近グリッドに移動すると、テキストが遠近グリッドに合わせて配置されます。ただし、一度遠近グリッドに配置したテキストは、文字の変更や追加ができなくなります。

イラストのパースに沿ってオブジェクトを配置する

遠近グリッドを利用して、イラストのパースに沿ってオブジェクトを配置します。

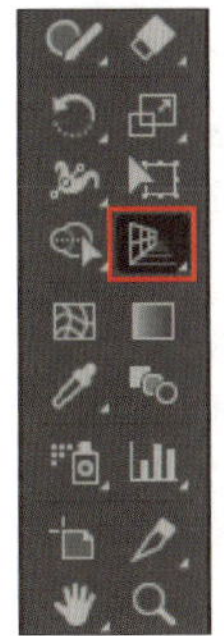
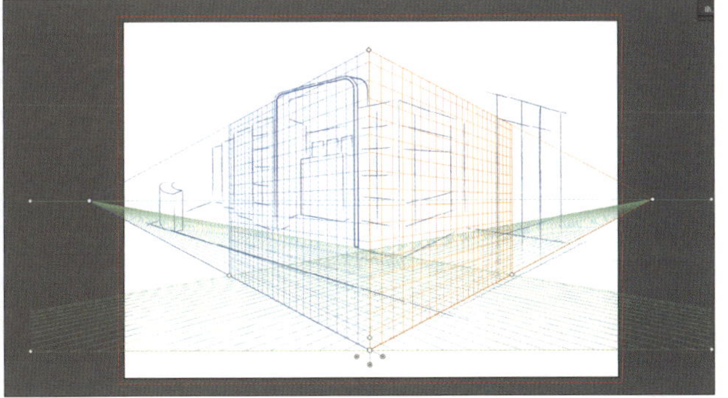

❶練習用ファイルを開き、ツールパネルから［遠近グリッド］ツールを選択して、遠近グリッドを表示させます。

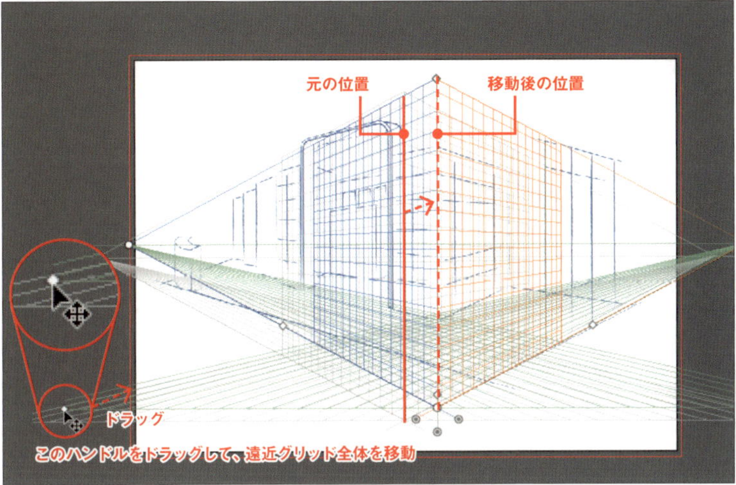

❷図で示したハンドルをドラッグすると、遠近グリッド全体を移動できます。イラストの中央の位置と遠近グリッドの中央の位置が合うように、遠近グリッド全体の位置を調整します。

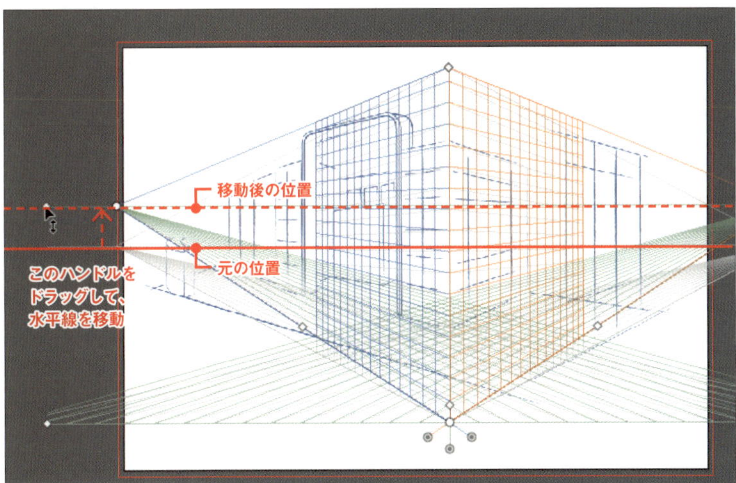

❸図で示したハンドルを上にドラッグして、水平線の位置を調整します。

遠近グリッドで使用する練習用ファイルは、あらかじめ画像を配置済みです。また、配置するオブジェクトをシンボルに登録してあります。

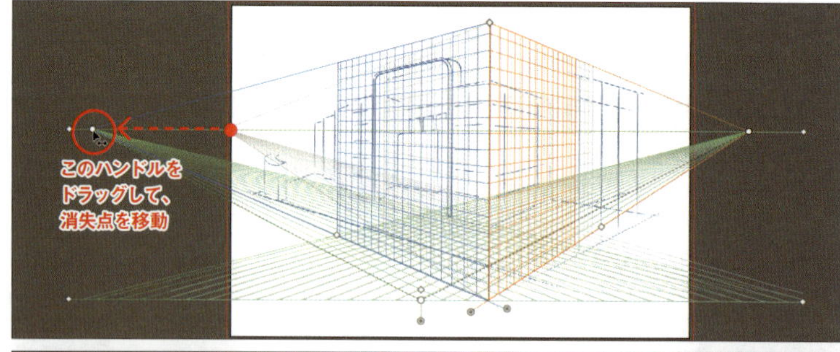

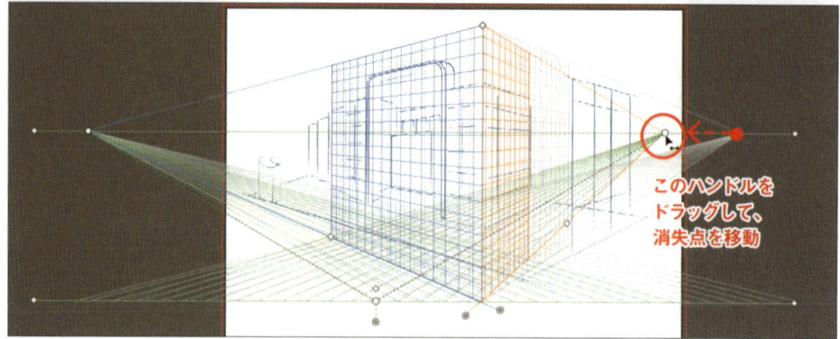

❹図で示した左右のハンドルをドラッグして、イラストのパースに沿うように消失点の位置を調整します。

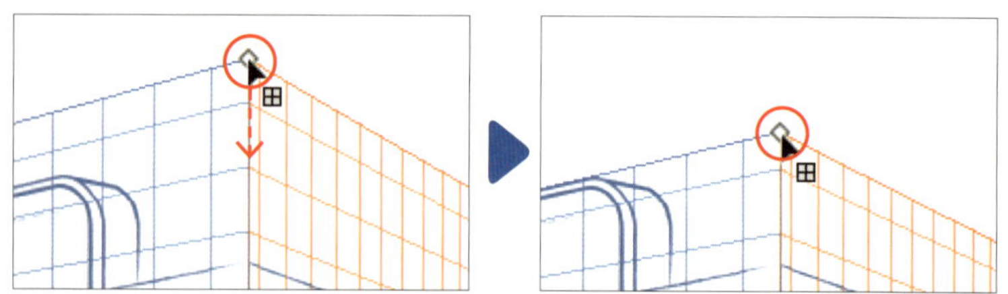

❺図で示したハンドルをドラッグして、垂直方向のグリッドの高さを調整します。

オブジェクトを配置する

❶［ウインドウ］メニューから［シンボル］を選択してシンボルパネルを表示させます。登録済みの「RECYCLE」ロゴのオブジェクトをドラッグして配置します。

❷ツールパネルから［遠近図形選択］ツールを選択し、ウィジェットで配置する面（ここでは左面）を選択します。

❸オブジェクトをドラッグで遠近グリッドに配置すると、オブジェクトがイラストのパースに沿って変形します。ここではオブジェクトを少し縮小しています。

HINT

消失点はアートボードの外側に大幅に移動します。消失点を移動するときには、画面をズームアウトして、十分な範囲を表示させてから作業しましょう。

HINT

遠近グリッドに配置するオブジェクトは、必ずしもシンボルに登録しておく必要はありません。ただし、一度遠近グリッドに配置して、変形したオブジェクトは元に戻せないので、シンボルに登録しておくか、コピーしたオブジェクトを配置するとよいでしょう。

SEE ALSO

シンボル ➡P.244

CHAPTER 4 09

手描き風にする
落書き効果

ココがポイント
- 手描き風にする
- 手描きのタッチを後から変更する

手描きタッチの雰囲気を出すには、落書き効果を利用します。落書き効果では、11 種類のスタイルからタッチを選べます。

練習用ファイル：chap4_a→4_09

落書き効果

手描きタッチにするには、「落書き効果」を使います。

❶オブジェクトを選択します。

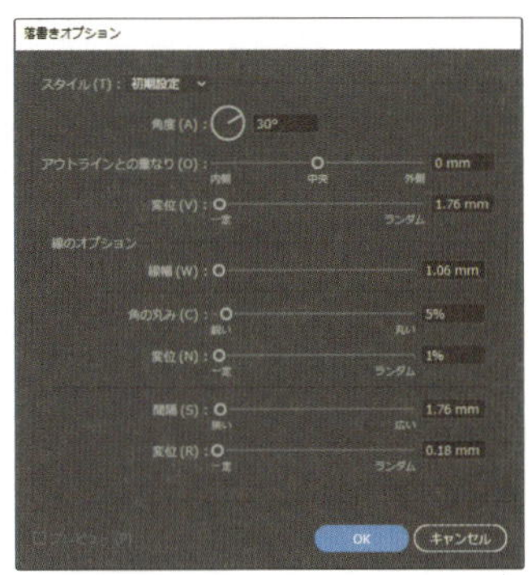
❷［効果］メニューから［スタイライズ］→［落書き］を選択します。表示される［落書きオプション］ダイアログボックスで、図の初期設定のまま［OK］ボタンをクリックします。

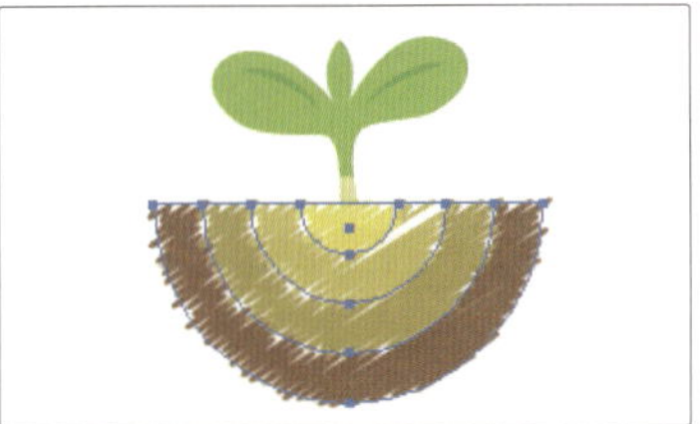
❸オブジェクトが手描き風になります。

落書き効果を変更する

「落書き効果」は、アピアランスパネルで後から変更できます。アピアランスパネルは、［ウィンドウ］メニューから［アピアランス］を選択して表示させます。

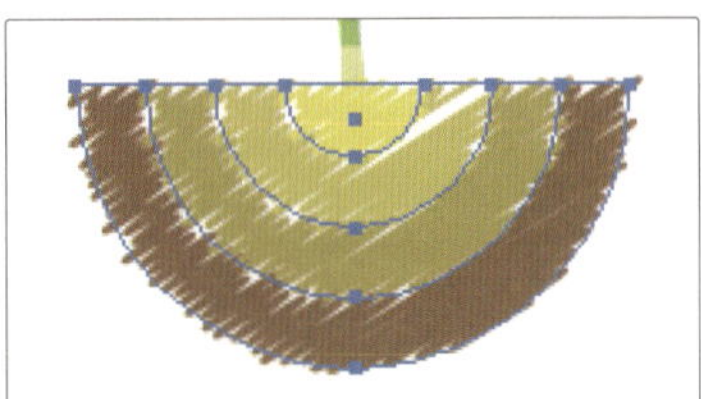
❶オブジェクトを選択します。

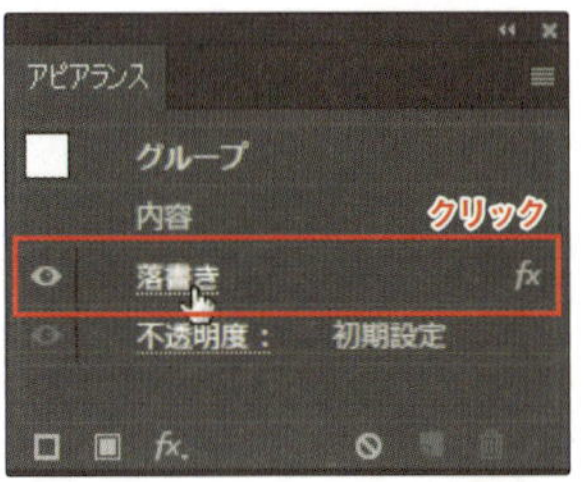

❷アピアランスパネルで「落書き」の項目名をクリックします。

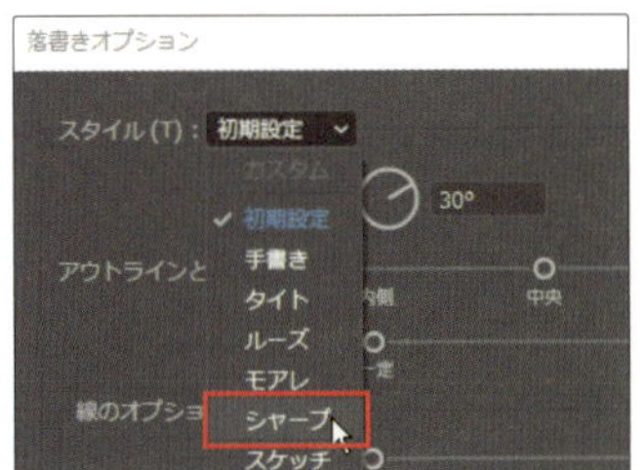

❸［落書きオプション］ダイアログボックスが表示されるので、［スタイル］を（ここでは［シャープ］に）変更し、［OK］ボタンをクリックします。

❹手描きタッチの風合いが変わります。

HINT

Illustrator CS3 以前のバージョンで効果を変更するには、アピアランスパネル上の項目をダブルクリックして再設定します。

HINT

効果を取り消すには、アピアランスパネルで項目をクリックで選択し、右下の［選択した項目を削除］ボタンをクリックします。

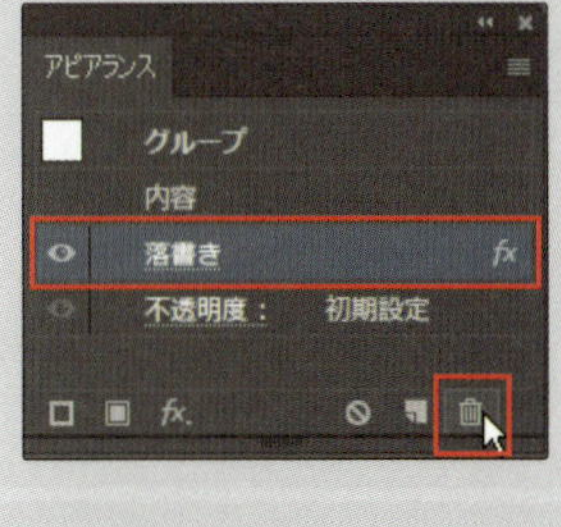

[落書きオプション] ダイアログボックスの設定

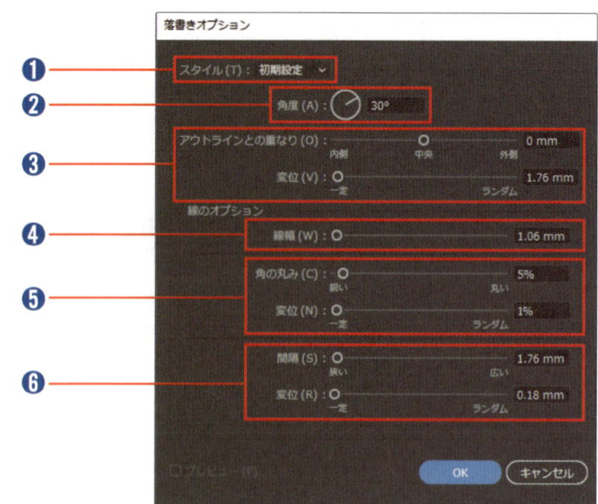

❶**スタイル**：あらかじめ用意されている落書きのスタイルを選択できます。

❷**角度**：落書き線の角度を設定します。

❸**アウトラインとの重なり**：元のオブジェクトの輪郭から、落書きの線をどのくらいはみ出させるかを指定します。[変位] で落書き線の変化の度合いを調整します。

❹**線幅**：落書き線の太さを設定します。

❺**角の丸み**：落書き線が折り返すときの丸み具合を設定します。[変位] で変化の度合いを調整します。

❻**間隔**：落書き線の間隔を設定します。[変位] で変化の度合いを調整します。

CHAPTER 4

10 グラフィックスタイル

ボタン１つで派手な装飾

グラフィックスタイルは、ボタンをクリックするだけで文字やオブジェクトにさまざまなスタイル、効果を付けられる機能です。スタイルはあらかじめライブラリに用意されており、オリジナルのスタイルを追加することもできます。

ココがポイント
- グラフィックスタイルライブラリの使い方
- 文字に3D効果を付ける
- オリジナルのグラフィックスタイルを作成する

 練習用ファイル：chap4_a→4_10

グラフィックスタイルパネル

グラフィックスタイルライブラリは、グラフィックスタイルパネルで管理します。グラフィックスタイルパネルは、［ウィンドウ］メニューから［グラフィックスタイル］を選択して表示させます。

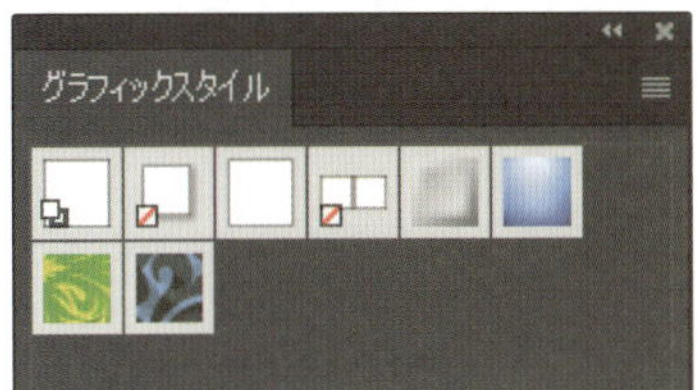

グラフィックスタイルを利用する

グラフィックスタイルライブラリを利用して、文字に効果を付けます。

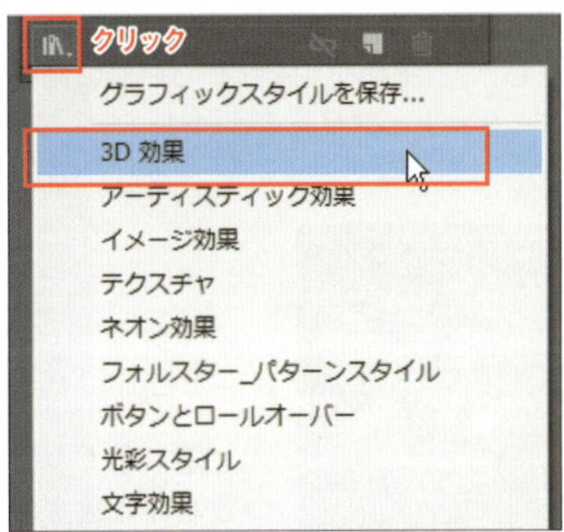

❶グラフィックスタイルパネルの左下の［グラフィックスタイルライブラリを開く］ボタンをクリックして、「3D効果」を選択します。

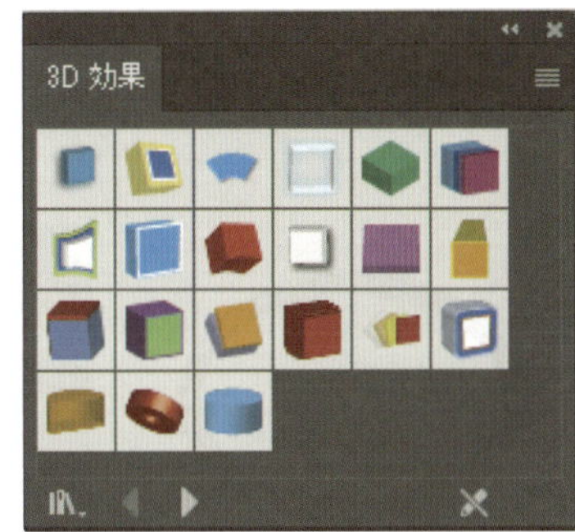

❷グラフィックスタイルパネルとは別に、3D効果のライブラリが表示されます。

❸効果を付ける文字を選択します。

❹ 3D効果のライブラリで「3D効果 6」をクリックすると、文字が立体化されます。文字が選択された状態で別のグラフィックスタイルのボタンをクリックすると、効果を変更できます。

NOTICE

グラフィックスタイルパネルに初期設定で登録されているグラフィックスタイルは、Illustratorのバージョンによって異なります。図はIllustrator CCのものです。

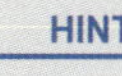

NOTICE

Illustrator CS2以前のバージョンでは、グラフィックスタイルパネルの［オプションメニュー］ボタンをクリックして、［グラフィックスタイルライブラリを開く］を選択します。

HINT

効果を付けた後に、文字を入力し直しても効果はそのままです。

グラフィックスタイルを解除する

グラフィックスタイルは、後から解除できます。

❶グラフィックスタイルで効果を付けたオブジェクトを選択します。

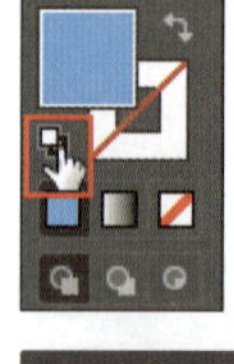

❷ツールパネルの をクリックします。

❸グラフィックスタイルが解除され、白の塗りと黒の線になります。

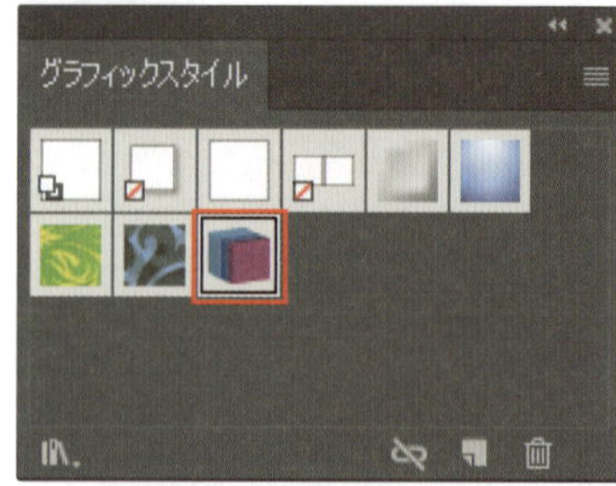

❹一度利用したグラフィックスタイルはグラフィックスタイルパネルに登録されるので、後から再利用できます。

オリジナルのグラフィックスタイルを作成する

オリジナルのグラフィックスタイルを作成するには、アピアランスパネルを利用します。

HINT

アピアランスパネルは、[ウィンドウ] メニューから [アピアランス] を選択して表示させます。

アピアランスとは

通常オブジェクトに設定できる線と塗りは、1つずつです。アピアランス機能を使うと、1つのオブジェクトに複数の線と塗りを設定でき、その設定を後から簡単に変更できます。基本的な線と塗りが「普段着」だとすると、アピアランスは「ドレスアップ」しているようなイメージです。

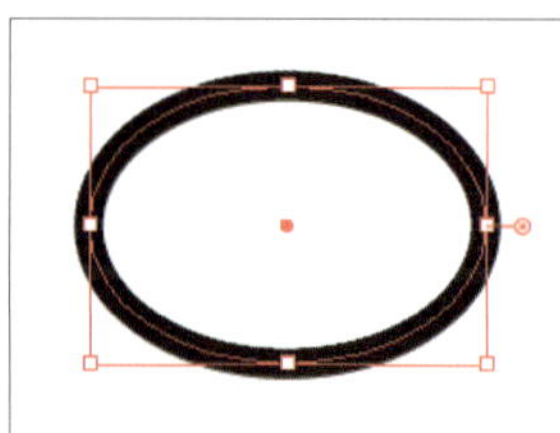

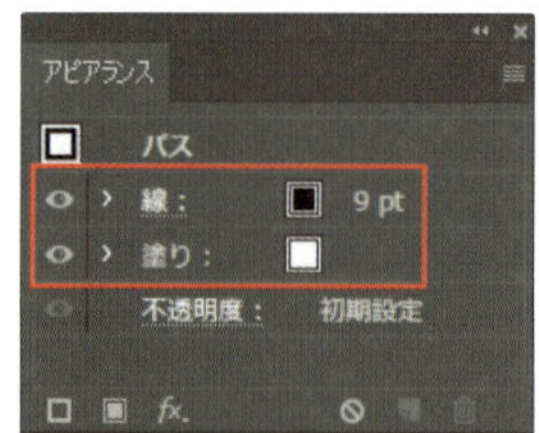

線と塗りを1つずつ設定した通常のオブジェクト。

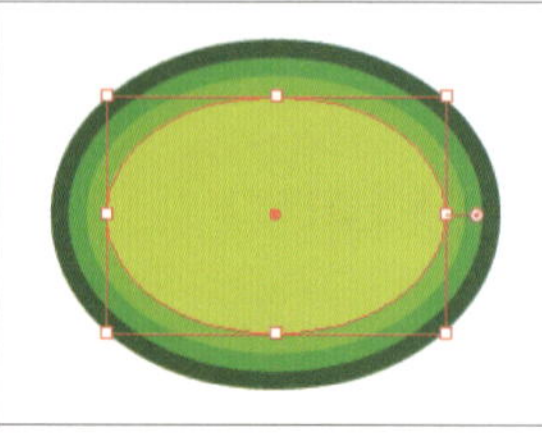

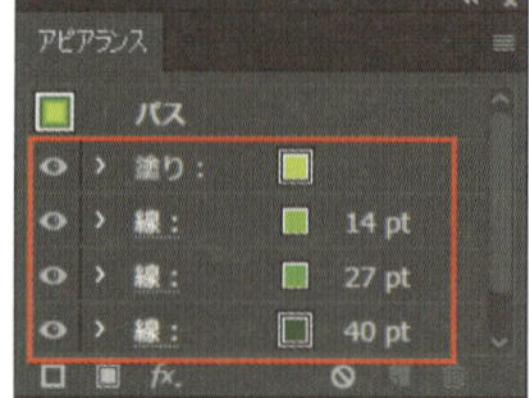

アピアランスで線に3つの設定をしたオブジェクト。見た目は違いますが、線の形状は上のオブジェクトと同じです。

アピアランスでオブジェクトを作成する

アピアランスを利用して、地図などに利用できる線路を作成します。

❶[直線] ツールで線を作成し、[選択] ツールで選択します。

❷アピアランスパネルの左下の▣［新規線を追加］ボタンをクリックするか、右上の☰［オプションメニュー］ボタンをクリックして「新規線を追加」を選択します。一番上に「線」の項目が追加されます。

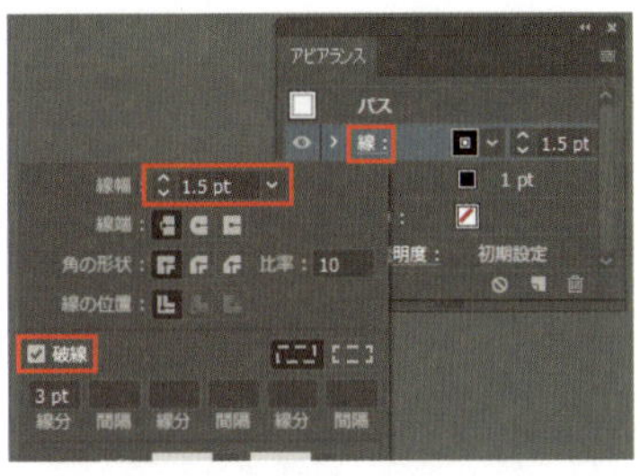

❸上の「線」の項目名をクリックし、［線幅］に「1.5pt」と入力して、［破線］にチェックを入れます。

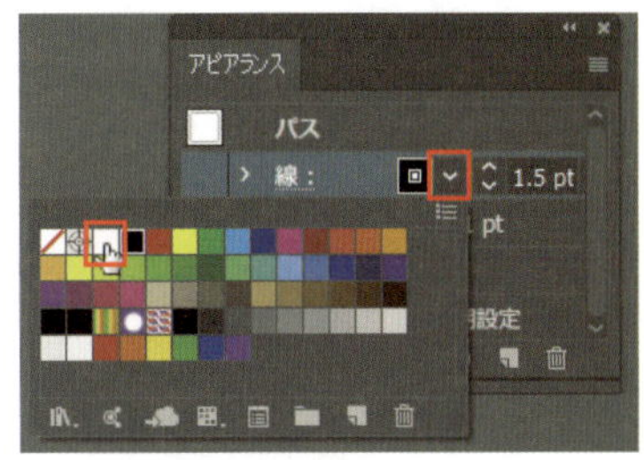

❹上の「線」の色の⌄をクリックし、ポップアップ画面で白を選択します。

❺下の「線」は線幅の変更だけなので、アピアランスパネルの線幅に直接「2pt」と入力して Enter （return）キーを押します。

❻黒い線の上に白い破線が重なり、線路のようになります。

作成したアピアランスをグラフィックスタイルに登録する

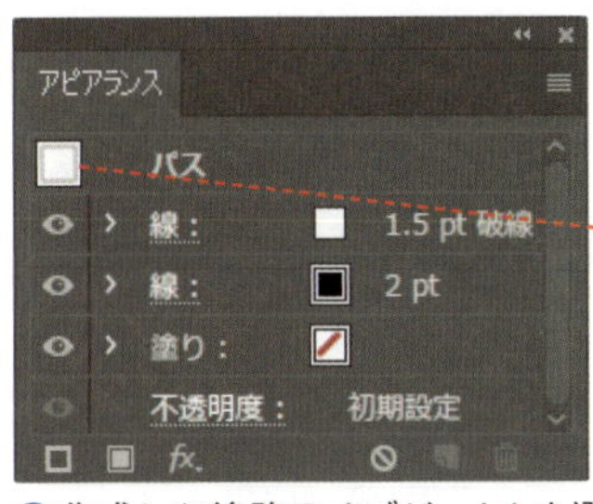

❶作成した線路のオブジェクトを選択し、アピアランスパネルのサムネールをグラフィックスタイルパネルにドラッグ&ドロップします。

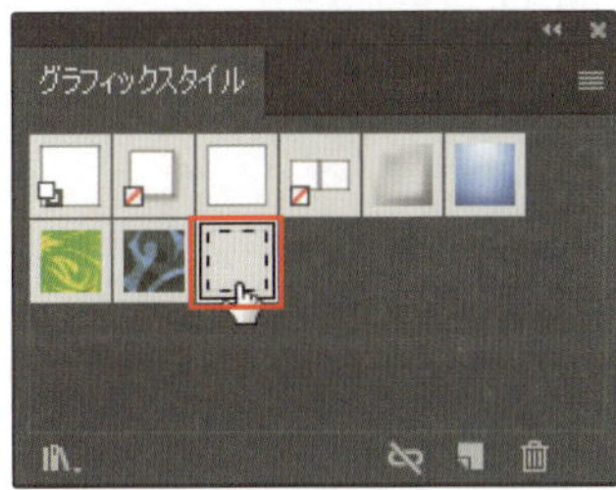

❷線路のアピアランスがグラフィックスタイルとして登録されます。次回から、このボタンをクリックするだけで、線から線路を作成できます。

NOTICE

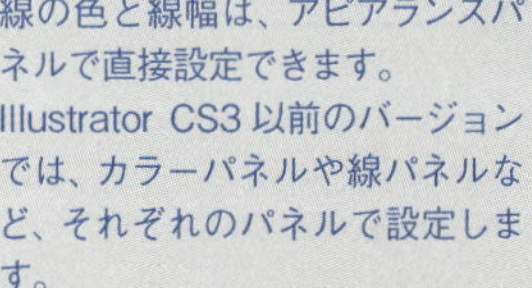

線の色と線幅は、アピアランスパネルで直接設定できます。Illustrator CS3 以前のバージョンでは、カラーパネルや線パネルなど、それぞれのパネルで設定します。

SEE ALSO

破線の設定 ➡P.74

HINT

アピアランスの設定後、線を変形したり切断したりしても、線路の見かけは保たれます。

HINT

グラフィックスタイルはファイルごとに管理されるため、登録したアピアランスは他のファイルでは利用できません。登録したグラフィックスタイルを他のファイルでも使い回すには、グラフィックスタイルを適用したオブジェクト自体をコピー&ペーストする方法が手軽で確実です。

4 11 カラーの編集
オブジェクト全体の色合いを変える

選択したオブジェクトのカラーをまとめて変更すると、イラストなどの印象を変えたり、レイアウトのイメージに適した色合いに変えることができます。

 練習用ファイル：chap4_a→4_11

ココがポイント
- オブジェクトの色合いを変える
- 複数のオブジェクトの色を混ぜ合わせる
- 彩度を調整する

NOTICE

Illustrator CS2 以前のバージョンでは、[フィルタ] メニューの [カラー] から選択します。

カラーバランスの調整

赤みを濃く、青みを薄くといった色合いの変更は、カラーバランスで調整します。

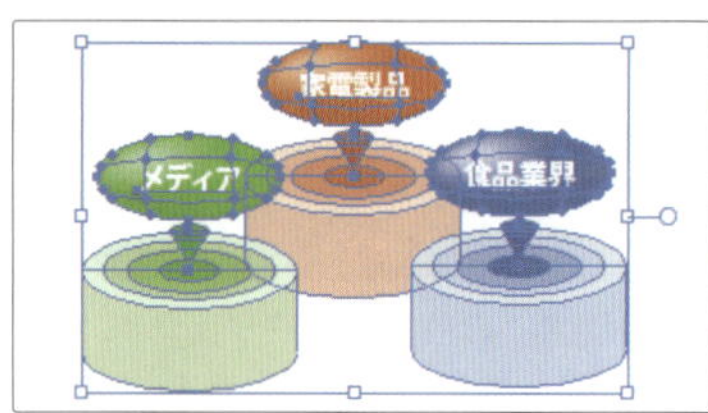

❶色合いを変えるオブジェクトを選択し、[編集] メニューから [カラーを編集] → [カラーバランス調整] を選択します。

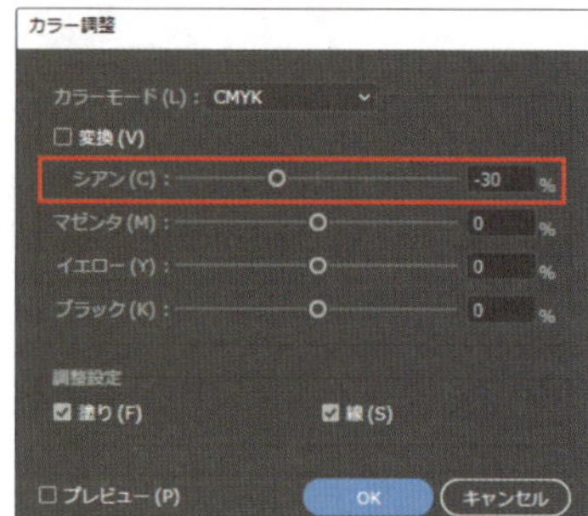

❷表示される [カラー調整] ダイアログボックスで、[シアン] に「-30」と入力して、[OK] ボタンをクリックします。

❸オブジェクト全体のシアン（青み）が薄くなります。

カラー反転

色合いを反転させることができます。

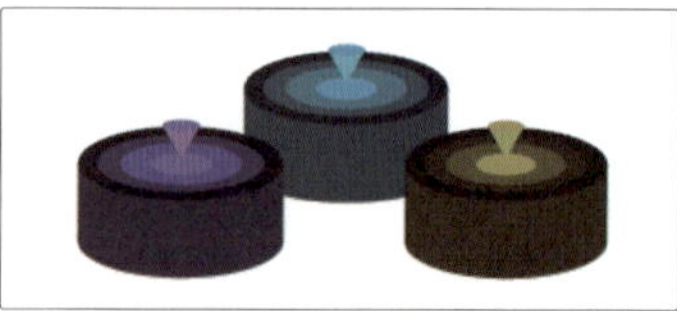

オブジェクトを選択し、[編集] メニューから [カラーを編集] → [カラー反転] を選択すると、まったく別の色合いになります。

HINT

カラー反転は補色のような色合いに変換しますが、厳密には補色ではありません。正確な補色に変換するには、オブジェクトを選択し、カラーパネルのオプションメニューから [補色] を選択します。

グレースケールに変換

色合いをカラーからグレースケール（階調のある白黒）に変更できます。

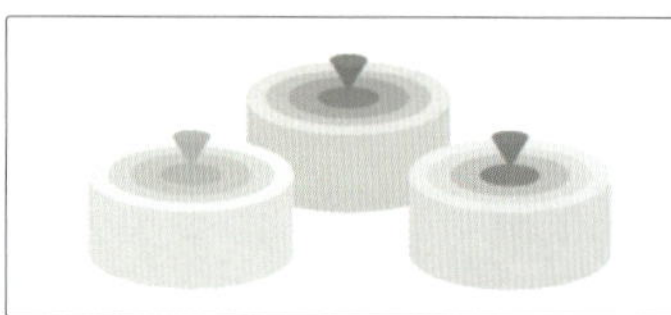

オブジェクトを選択し、[編集] メニューから [カラーを編集] → [グレースケールに変換] を選択すると、色がグレースケールに変換されます。

HINT

グレースケールの濃度を調整するには、[編集] メニューから [カラーを編集] → [カラーバランス調整] を選択して、設定します。

上下・前後・左右のオブジェクトの色を混ぜ合わせる

オブジェクトの位置関係に合わせて、色を混ぜ合わせることができます。オブジェクトが3つ以上ある場合に利用できます。

上下にブレンド

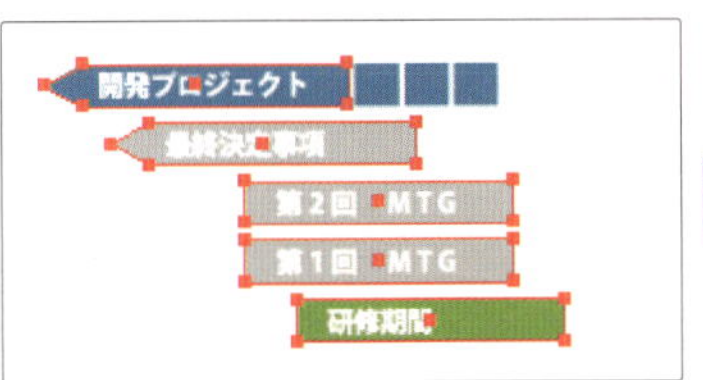

オブジェクトを選択し、[編集] メニューから [カラーを編集] → [上下にブレンド] を選択します。一番上のオブジェクトの色から一番下のオブジェクトの色にかけて、その間のオブジェクトの色が段階的に変化します。

前後にブレンド

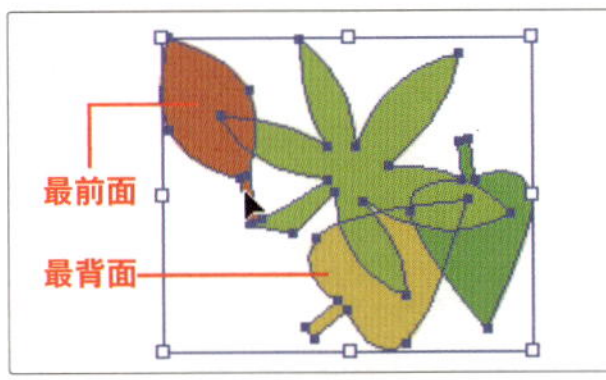

オブジェクトを選択し、[編集] メニューから [カラーを編集] → [前後にブレンド] を選択します。最前面のオブジェクトの色から最背面のオブジェクトの色にかけて、その間のオブジェクトの色が段階的に変化します。

左右にブレンド

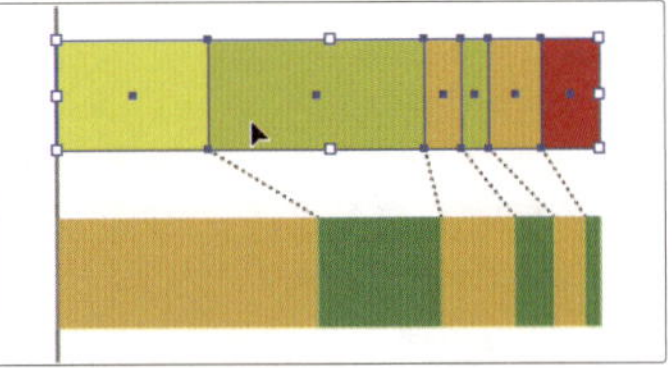

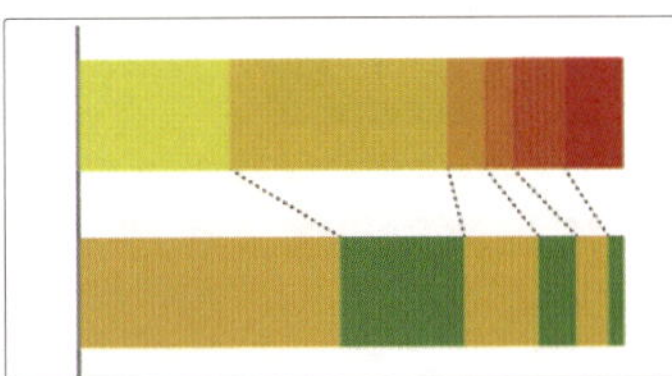

オブジェクトを選択し、[編集] メニューから [カラーを編集] → [左右にブレンド] を選択します。一番左のオブジェクトの色から一番右のオブジェクトの色にかけて、その間のオブジェクトの色が段階的に変化します。

彩度調整

彩度を調整すると、色合いはそのままで、濃度を変えられます。

❶オブジェクトを選択し、[編集] メニューから [カラーを編集] →[彩度調整] を選択します。

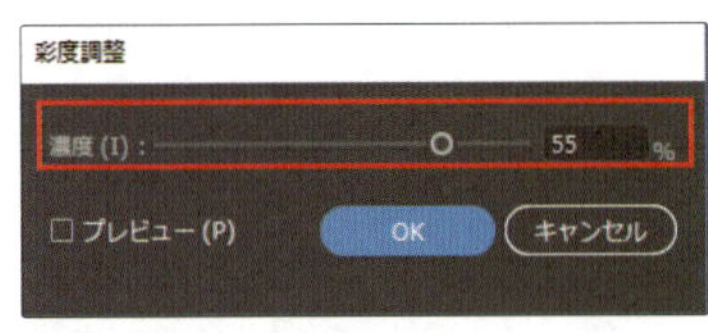

❷表示される [彩度調整] ダイアログボックスで、[濃度] に「55」と入力して、[OK] ボタンをクリックします。

❸ここでは彩度の濃度を上げたので、オブジェクト全体の色が濃くなります。

SEE ALSO

[ブレンド] ツールで色と形を徐々に変える ➡P.216

12 カラーの再配色

指定した色に変更する

複数のオブジェクトの色合いを一度に変更する機能も備えられています。また、複数の色を１色の階調に変換することもできます。

ココがポイント
- 複数のオブジェクトの色合いを一度に変更する
- 複数の色を１色で表現する

練習用ファイル：chap4_a→4_12

一度に全体の色を変える

オブジェクトの色を一度に変更するには、再配色機能を利用します。

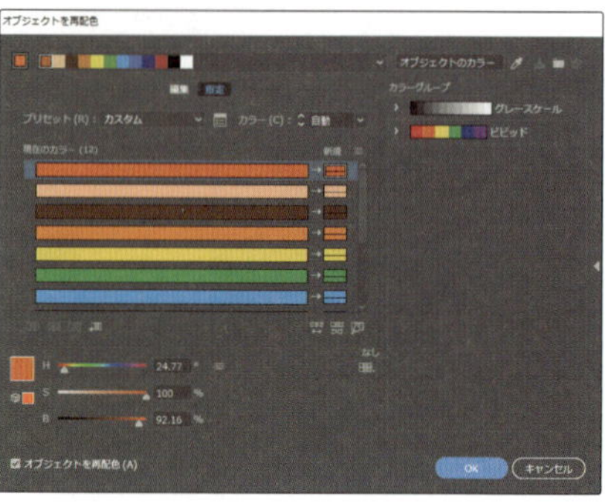

❶色を変えるオブジェクトを選択します。

❷［編集］メニューから［カラーを編集］→［オブジェクトを再配色］を選択すると、［オブジェクトを再配色］ダイアログボックスが開きます。

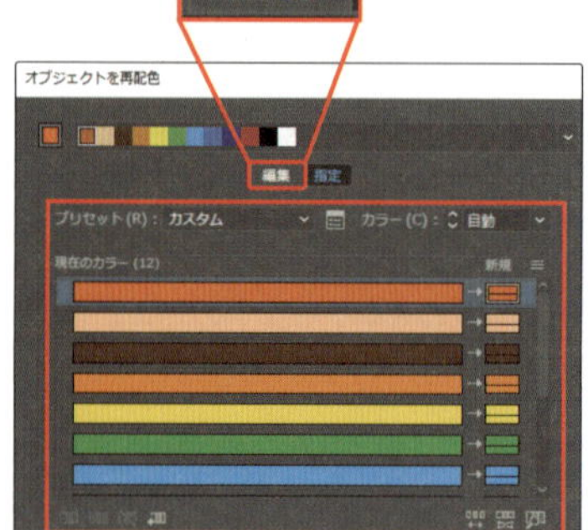

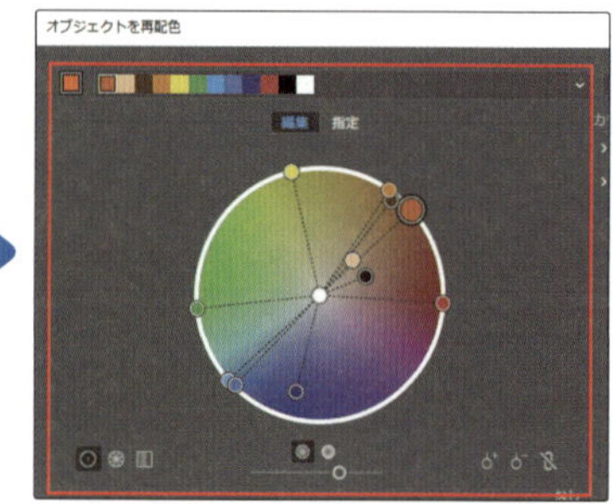

❸［編集］タブを選択すると、［オブジェクトを再配色］ダイアログボックスに変わります。

❹選択したオブジェクトに使用されている色が、カラーホイール上に円形で示されます。

HINT

コントロールパネルの［オブジェクトを再配色］をクリックしても、ダイアログボックスを開くことができます。

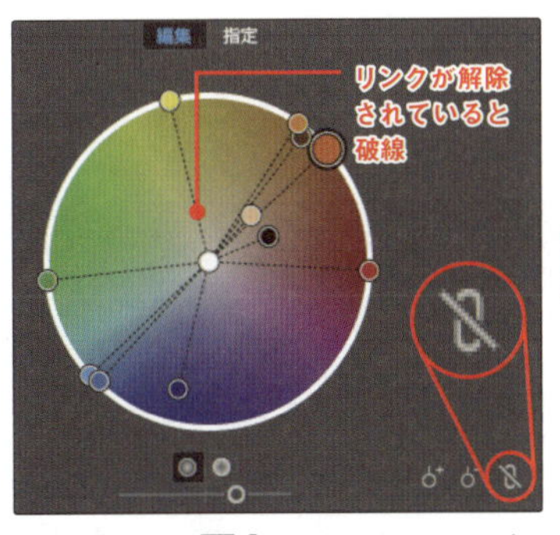

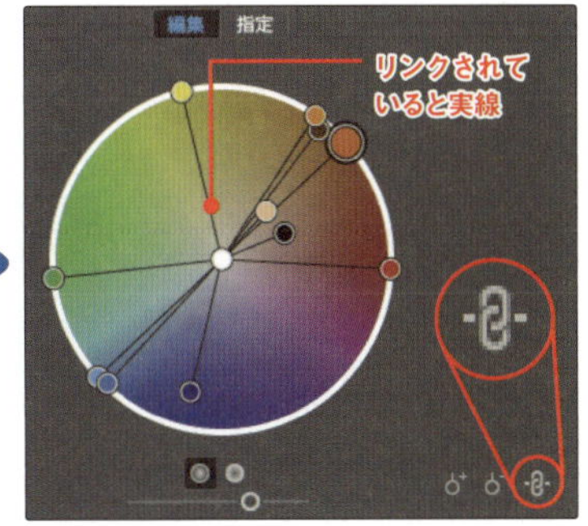

❺右下にある [ハーモニーカラーをリンク] ボタンをクリックしてリンク状態にすると、カラーホイールの破線が実線に変わります。

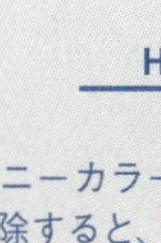

HINT

[ハーモニーカラーをリンク] ボタンを解除すると、個別に色を変更できます。

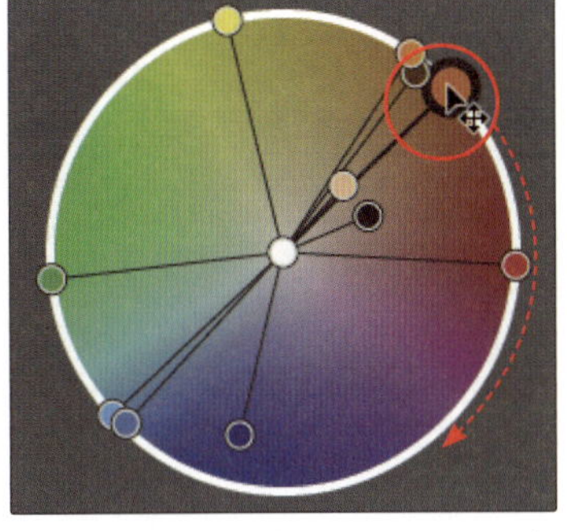
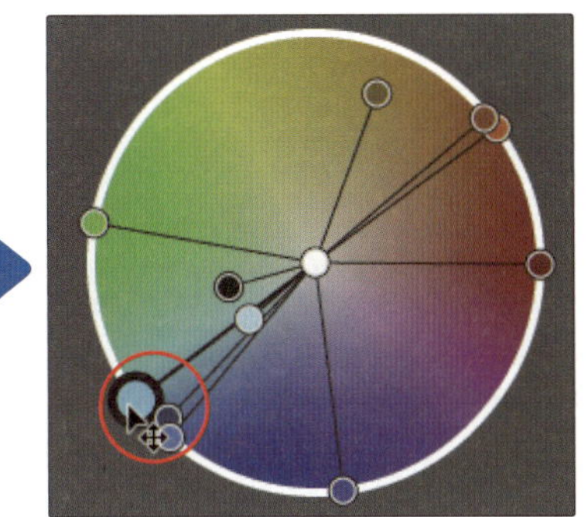

❻カラーホイール上のベースカラーをドラッグで移動すると、全体のトーン（色調）を変更できます。ここでは、ベースカラーがオレンジから水色に変わっています。

HINT

再配色機能では、パターンなどの色も同様に変更できます。色が変更されたパターンは、スウォッチパネルに自動的に追加されます。

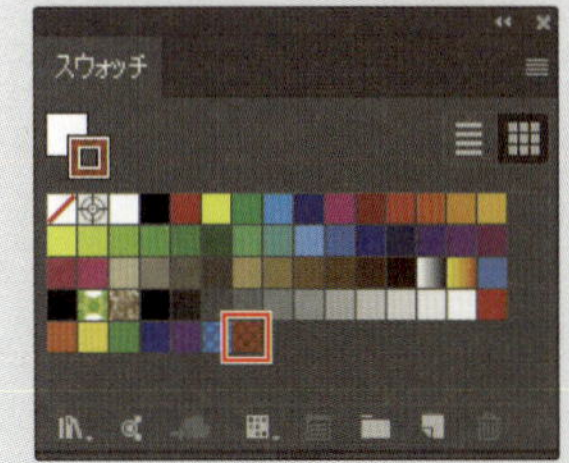

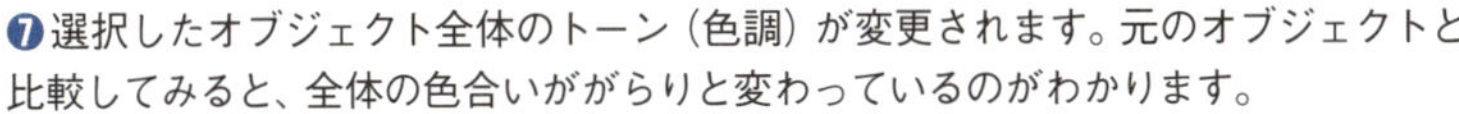

❼選択したオブジェクト全体のトーン（色調）が変更されます。元のオブジェクトと比較してみると、全体の色合いががらりと変わっているのがわかります。

作業中に色を元に戻す

[オブジェクトを再配色] ダイアログボックスで作業中に、変更した色を元のオブジェクトの色に戻すことができます。

[選択したオブジェクトからカラーを取得] ボタンをクリックすると、オブジェクトが元の色に戻ります。

HINT

ここでは、1色に変換するので[カラー]で「1」を選択しています。2色に変換するなら「2」、3色に変換するなら「3」を選択します。

複数の色を1色に変換する

複数の色が使われたオブジェクトの色を、1色に統一することができます。

❶複数の色が使われたオブジェクトを選択します。

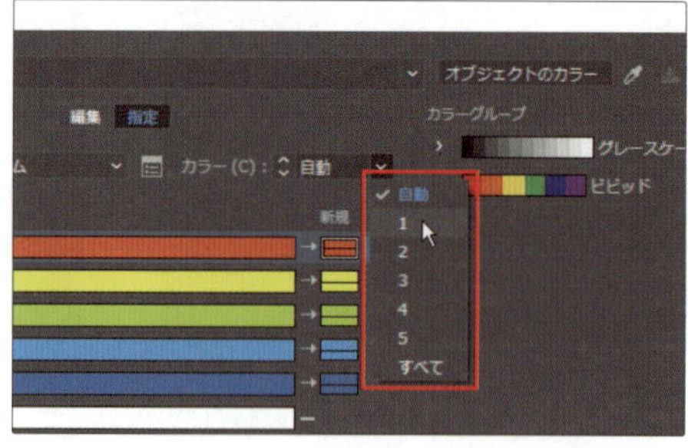

❷[編集]メニューから[カラーを編集]→[オブジェクトを再配色]を選択して、[カラー]で「1」を選択します。

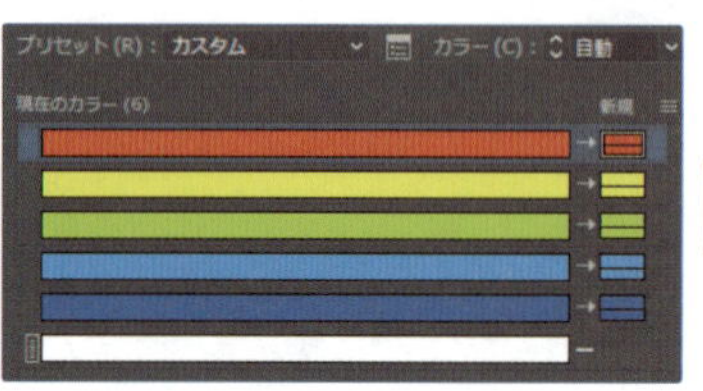

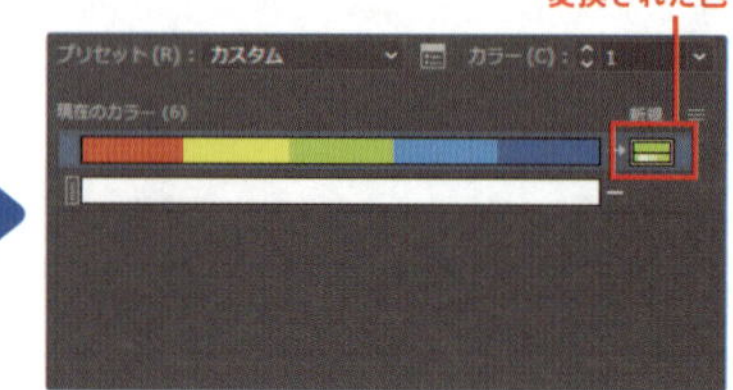

❸複数の色が全体の濃度を調整しながら1色に変換されます。

❹画面表示を確認すると、オブジェクトが1色に変換されています。

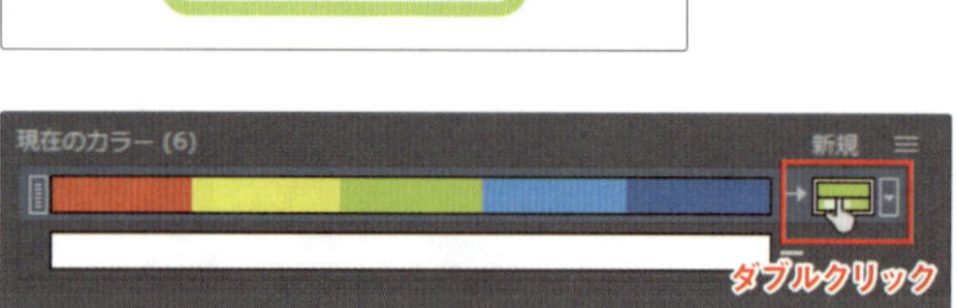

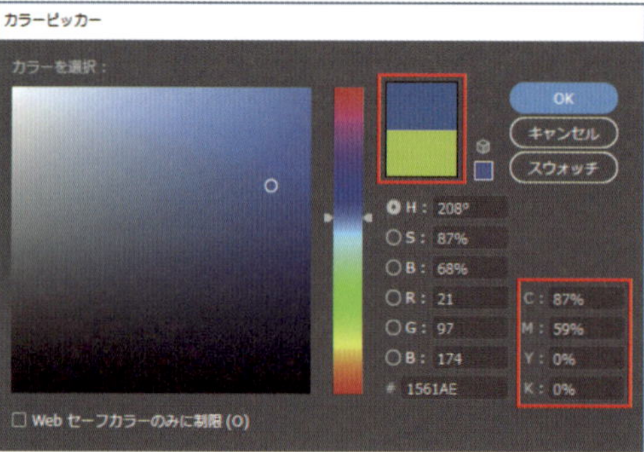

❺[新規]の色をダブルクリックします。表示される[カラーピッカー]ダイアログボックス上でクリックして、黄緑色を青に変更します。

❻複数の色が使われたオブジェクトが、手順❺で指定した青1色に統一されます。

CHAPTER 4

13 連続コピー

オブジェクトを移動・回転・変形させながら連続してコピーする

［変形の繰り返し］は、オブジェクトを移動・回転・変形させながら連続してコピーする際にとても便利な機能です。ショートカットキーでの操作がスピーディーなのでお勧めです。

練習用ファイル：chap4_a➡4_13

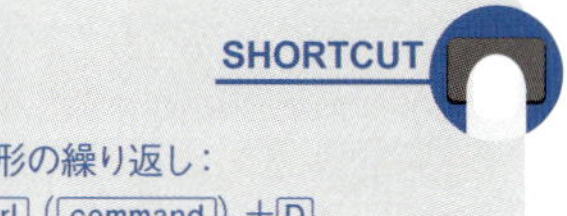

ココがポイント
- キー操作で連続コピー
- 等間隔で移動・回転させて連続コピー
- 拡大して連続コピー

連続移動コピー

オブジェクトを Alt（option）キーを押しながらドラッグすると、コピーできます（P.48参照）。また、Ctrl（command）＋Dキーを押すと、等間隔でコピーを作成できます。水平または垂直の位置へコピーするには、Shiftキーを追加します。

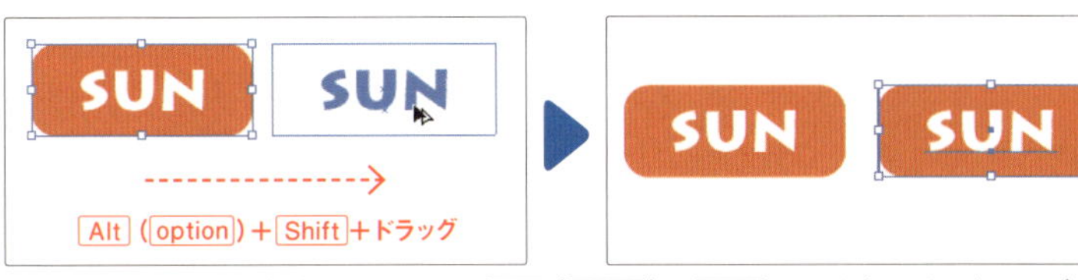

❶ここでは水平に移動させるため、Alt（option）＋Shiftキーを押しながらオブジェクトをドラッグしてコピーします。

❷コピーされたオブジェクトが選択されているのを確認し、Ctrl（command）＋Dキーを押します。オブジェクトが等間隔でコピーされます。

❸続けて4回 Ctrl（command）＋Dキーを押し、さらに4つ等間隔でコピーを作成します。

❹コピーしたオブジェクトの色や文字を変更して、カレンダーの曜日にします。

連続回転コピー

［回転］ツールで Alt（option）キーを押しながら基点をクリックすると、基点から正確な位置に回転コピーできます。また、Ctrl（command）＋Dキーを押すと、同じ角度で回転したコピーを作成できます。

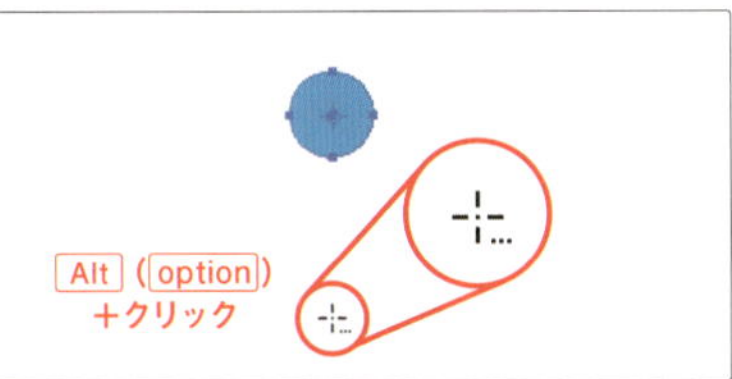

❶コピーするオブジェクトを選択します。［回転］ツールを選択し、回転の中心点を Alt（option）キーを押しながらクリックします（マウスポインタの形状が変わります）。

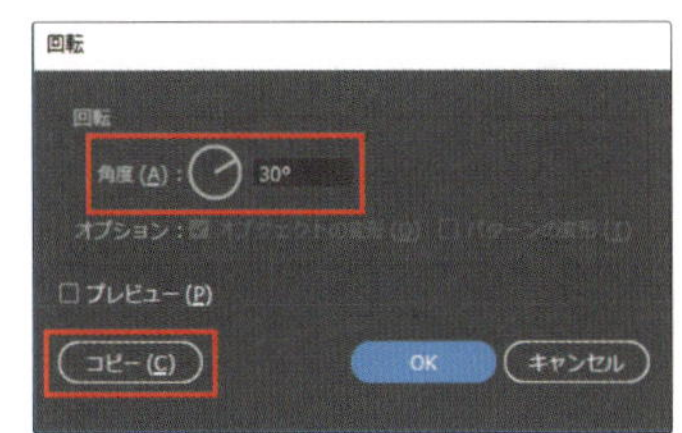

❷表示される［回転］ダイアログボックスで、［角度］に「30°」と入力して、［コピー］ボタンをクリックします。

SHORTCUT

変形の繰り返し：
Ctrl（command）＋D

SHORTCUT

45度単位の位置へのコピー：
Alt（option）＋Shift＋ドラッグ

SEE ALSO

正確な位置に移動する ➡P.48

SHORTCUT

正確な位置に移動したオブジェクトも、Ctrl（command）＋Dで連続コピーできます。

SEE ALSO

［回転］ツール ➡P.63

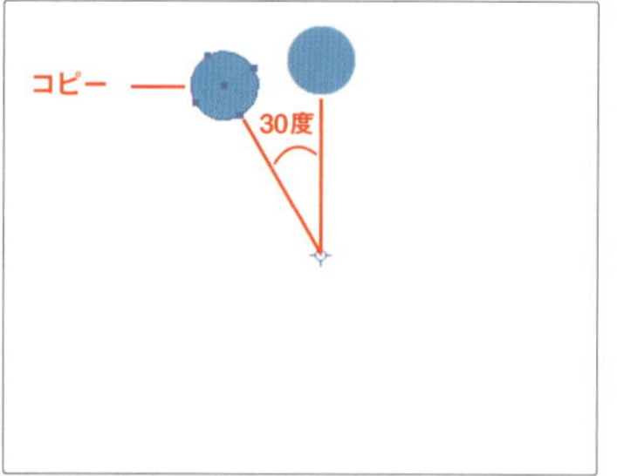

❸手順❶でクリックした場所を中心に、反時計回りに30度の位置にオブジェクトがコピーされます。

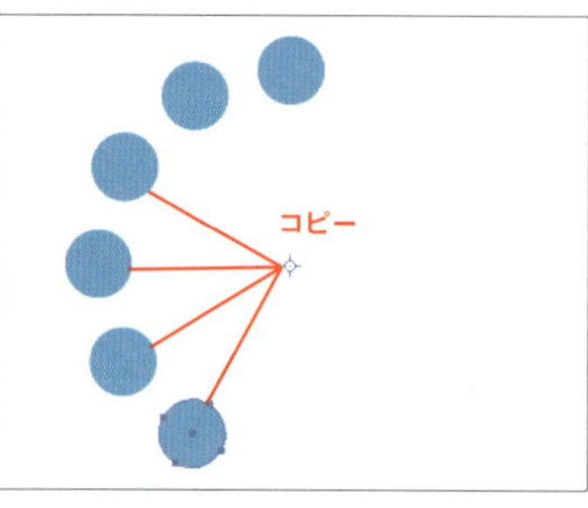

❹コピーされたオブジェクトが選択されているのを確認し、続けてCtrl（command）＋Dキーを押します。オブジェクトが同じ角度で回転した位置にコピーされます。

連続回転コピーの使用例

連続回転コピーで花を作成します。

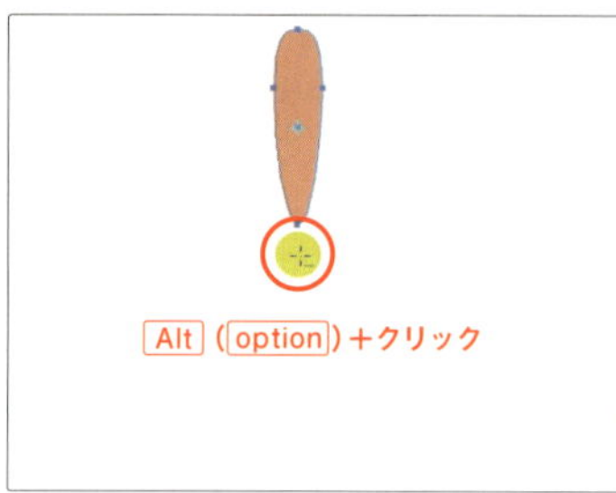

一枚の花びらを花の中心を起点に30度単位で連続回転コピーすると、花を作成できます。

連続拡大・縮小コピー

［拡大・縮小］ツールで連続拡大・縮小コピーができます。

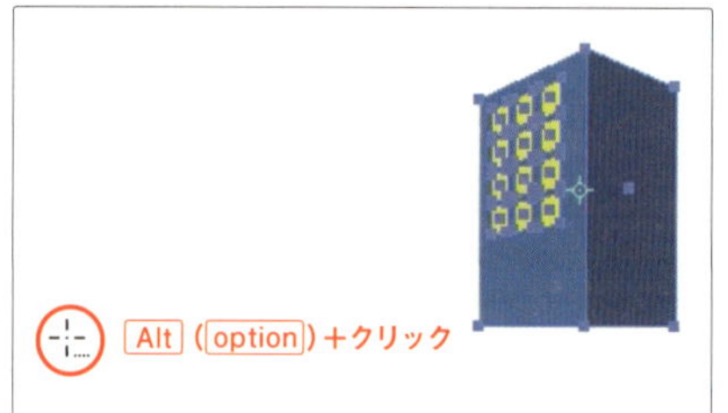

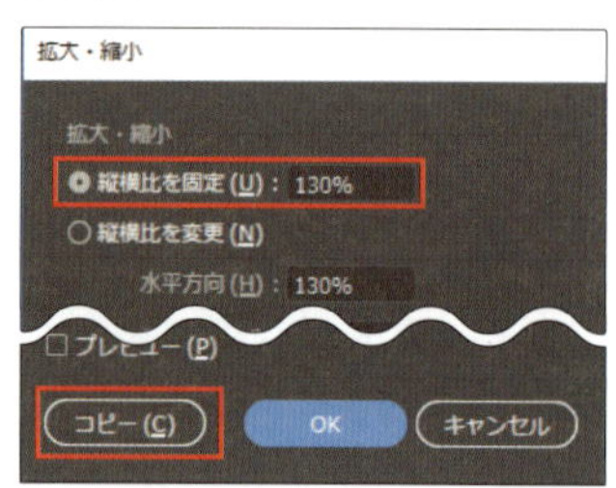

❶コピーするオブジェクトを選択します。［拡大・縮小］ツールを選択し、オブジェクトのない場所でAlt（option）キーを押しながらクリックします。

❷［拡大・縮小］ダイアログボックスで［縦横比を固定］に「130％」と入力し、［コピー］ボタンをクリックします。

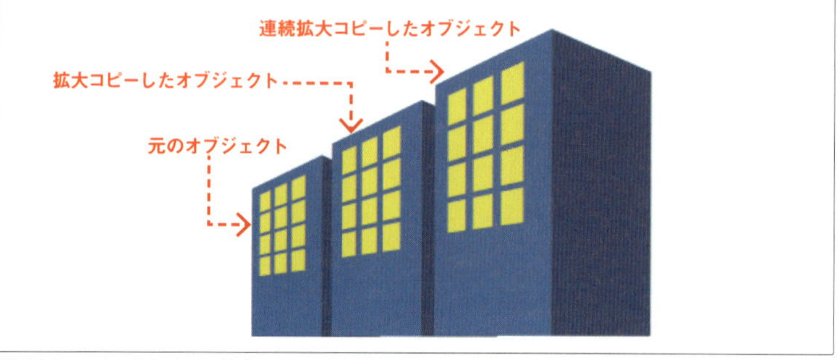

❷拡大コピーされたオブジェクトが選択されたまま、Ctrl（command）＋Dキーを押すと、さらにオブジェクトが130%拡大コピーされます。

［拡大・縮小］ツール ➡P.62

［拡大・縮小］ツールでマイナス値を入力すると、連続縮小コピーとなります。

HINT

同様に、［シアー］ツールでも連続コピーできます。

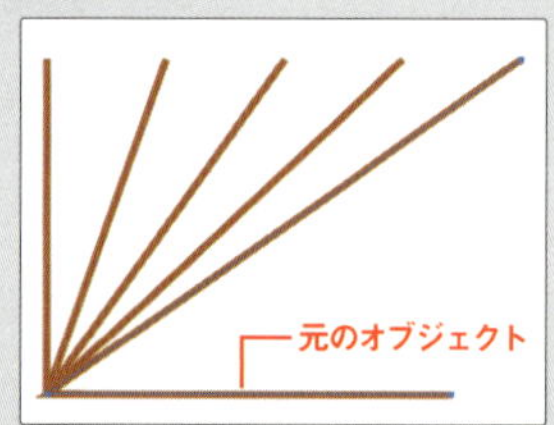

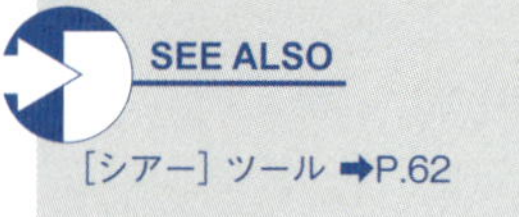

［シアー］ツール ➡P.62

CHAPTER 4

14 個別に変形

複数のオブジェクトを個別に変形させる

複数のオブジェクトのすべてを同じ方向に向けたり、それぞれ違う方向に向けたり、個別に変形できます。

ココがポイント

- 複数のオブジェクトを同様に変形させる
- 複数のオブジェクトをランダムに変形させる

 練習用ファイル：chap4_a → 4_14

同様に変形させる

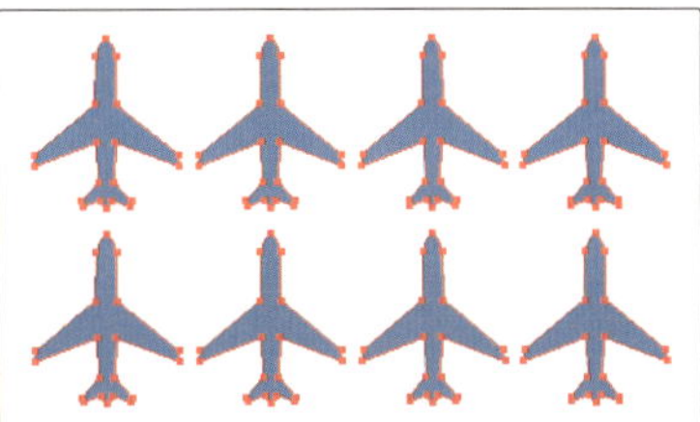

❶複数のオブジェクトをすべて選択します。

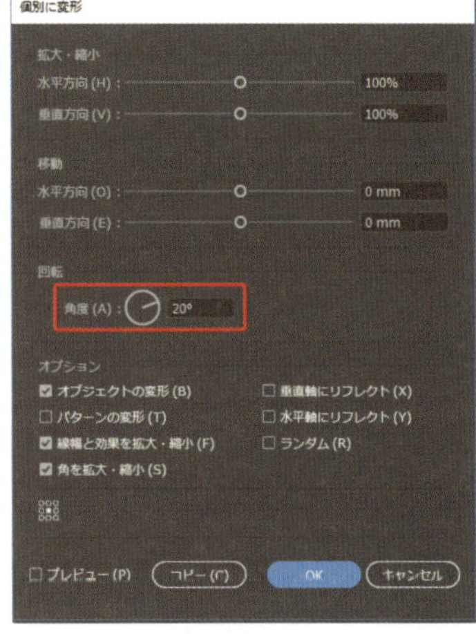

❷［オブジェクト］メニューから［変形］→［個別に変形］を選択します。表示される［個別に変形］ダイアログボックスで、［回転］の［角度］に「20°」と入力して、［OK］ボタンをクリックします。

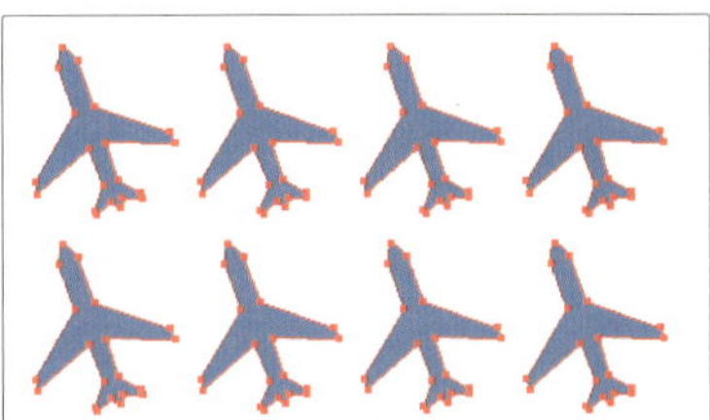

❸すべてのオブジェクトが20度回転します。

ランダムに変形させる

［個別に変形］ダイアログボックスで［ランダム］にチェックを入れると、オブジェクトごとに異なる変形となります。

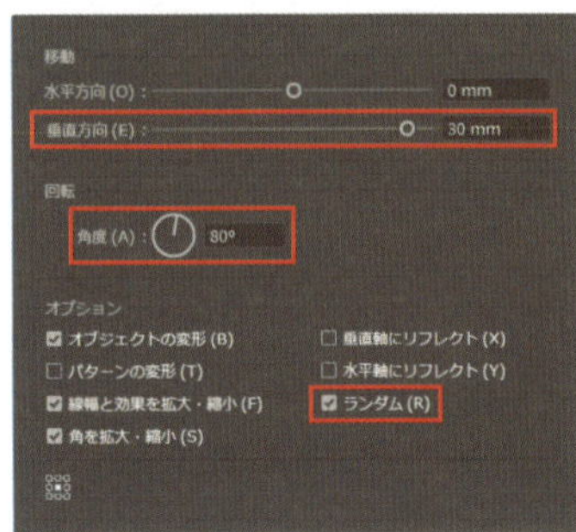

❶［個別に変形］ダイアログボックスで、［移動］の［垂直方向］に「30 mm」、［回転］の［角度］に「80°」と入力し、［ランダム］にチェックを入れて、［OK］ボタンをクリックします。

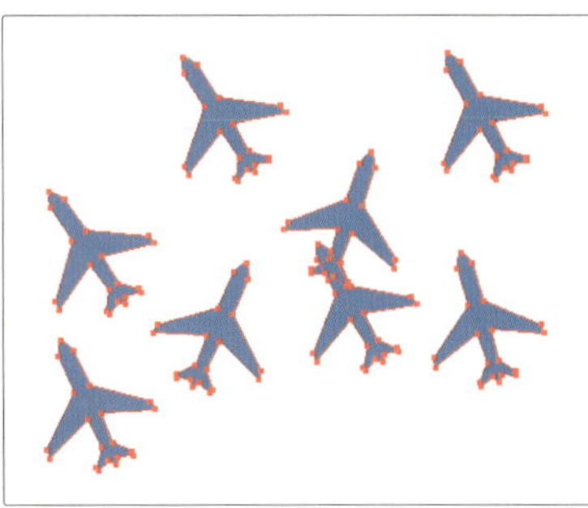

❷オブジェクトごとに、垂直の位置と角度がバラバラに変化します。

NOTICE

複数のパーツで作成されたオブジェクトは、グループ化されているかどうかで変形の結果が変わります。

電話機１台ごとに受話器と本体がグループ化されている場合、グループごとに回転しています。

グループ化されていない場合、受話器と本体がバラバラに回転しています。

15 テキスト〈4〉

タブで文字位置を揃える・段落ごとに文字位置を揃える

タブで文字の位置を揃えたり、段落ごとに字下げして整理すると、テキストが読みやすくなります。

ココがポイント
- タブで文字位置を揃える
- 段落パネルで文字位置を揃える
- テキストを回り込ませる

 練習用ファイル：chap4_a→4_15

タブパネルの使い方

文字の揃え方や揃える位置はタブパネルで指定します。タブパネルは、［ウィンドウ］メニューから［書式］→［タブ］を選択すると、選択したテキスト上に表示されます。

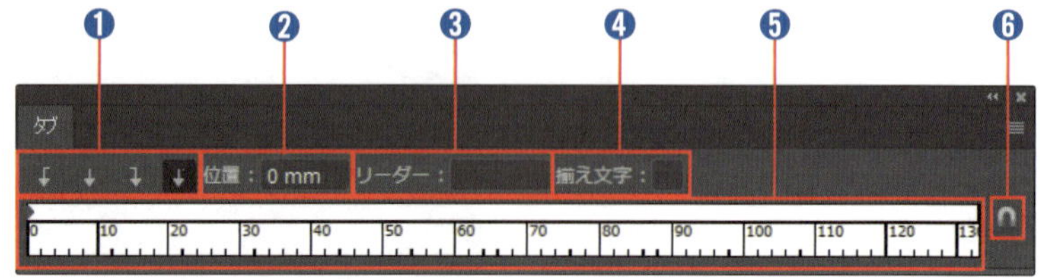

❶タブ揃えボタン

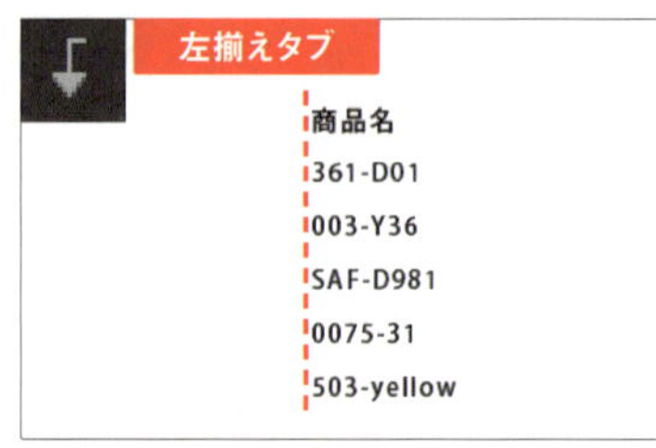

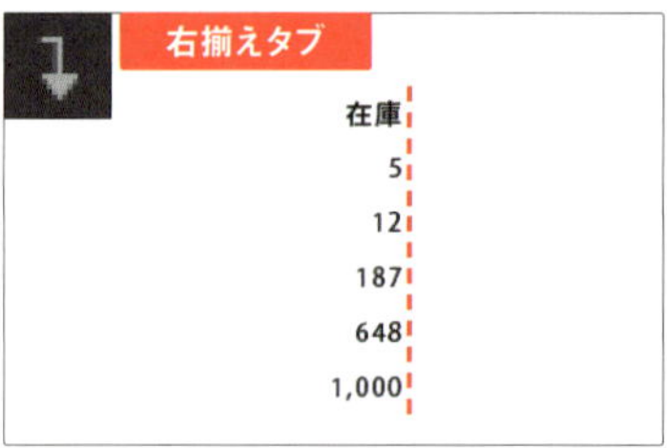

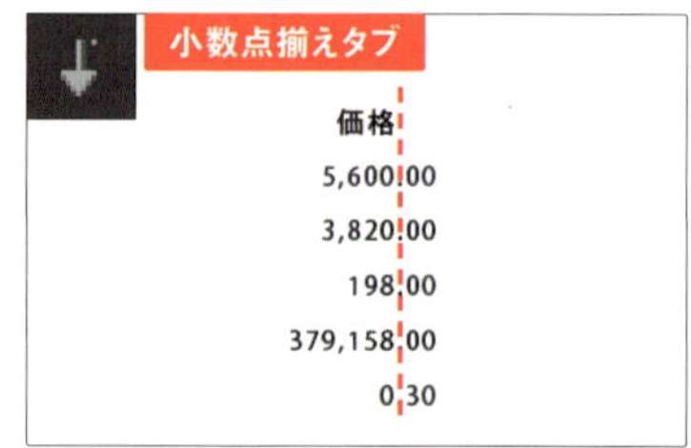

❷位置：タブの位置を数値で指定します。

❸リーダー：タブに埋め込む文字を指定します。

❹揃え文字：小数点揃えタブで基準とする文字（「,」や「.」など）を指定します。

❺タブ定規：タブの種類や位置を確認・変更できます。

❻［テキスト上にパネルを配置］ボタン：［ズーム］ツールで表示範囲を変更したときなどに、タブパネルがテキストから離れてしまうことがあります。その際、このボタンをクリックすると、タブパネルがテキスト上に移動します。

発注内容

メーカー	商品名	価格	在庫	発送
GIN's	361-D01	5,600.00	5	sun
MEYO	003-Y36	3,820.00	12	mon
Pelo's	SAF-D981	198.00	187	1week
GB	0075-31	379,158.00	648	3day
tabon	503-yellow	0.30	1,000	5day

テキスト上にタブパネルがある状態

タブを追加する

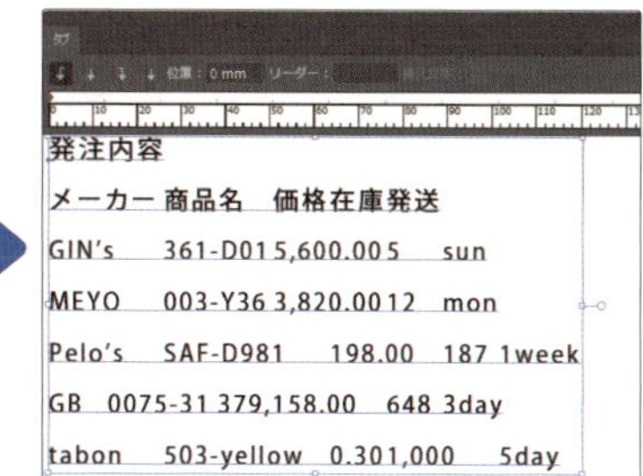

❶タブを入力してあるテキストを選択し、[ウィンドウ] メニューから[書式] →[タブ] を選択して、タブパネルを表示させます。

❷タブ揃えボタンの「左揃えタブ」をクリックし、[位置] に「40mm」と入力します。

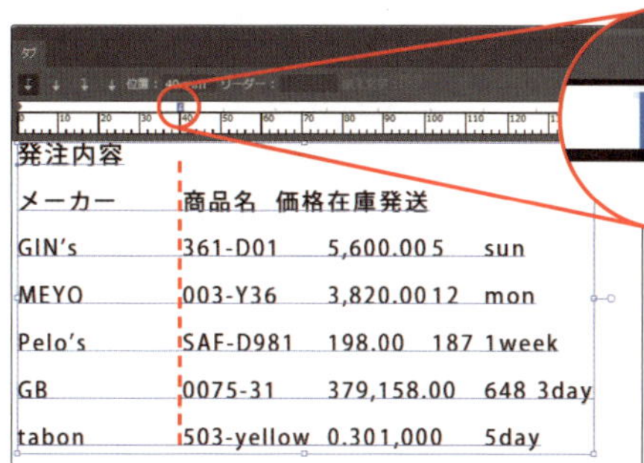

❸タブ定規にタブが追加され、40mmの位置で、商品名の項目の左端が揃います。

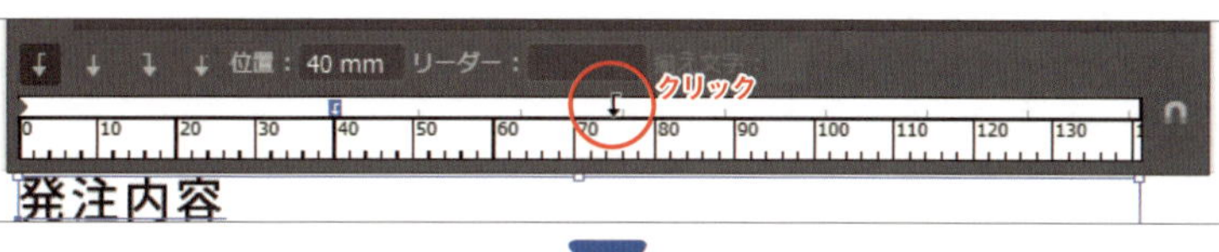

❹タブ定規でタブを追加する場合は、タブ定規の任意の位置でクリックします。タブ揃えの種類と位置は後から変更できます。

タブを削除する

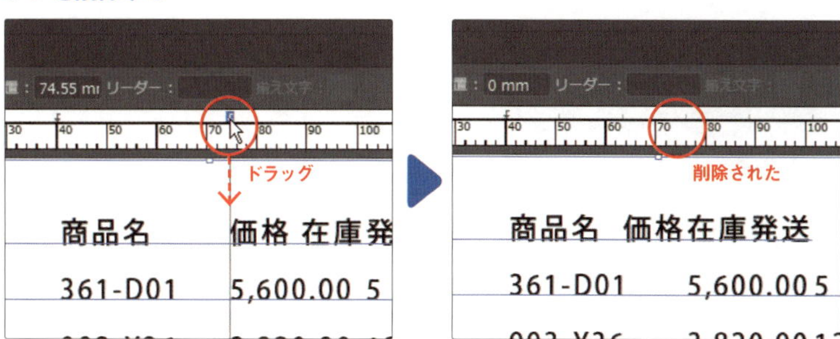

タブを削除する場合は、タブ定規上の削除したいタブを、タブパネルの外へドラッグします。

HINT

タブは[Tab]キーを押して入力します。この作例では、メーカーと商品名の間にタブが入力されています。

タブの位置は、タブをドラッグして変更することもできます。

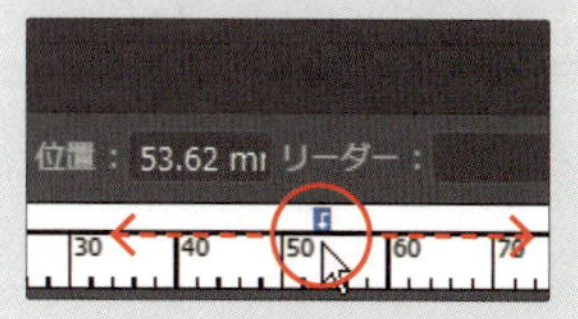

リーダーを挿入する

タブの空白部分に点などを「リーダー」として入れることができます。

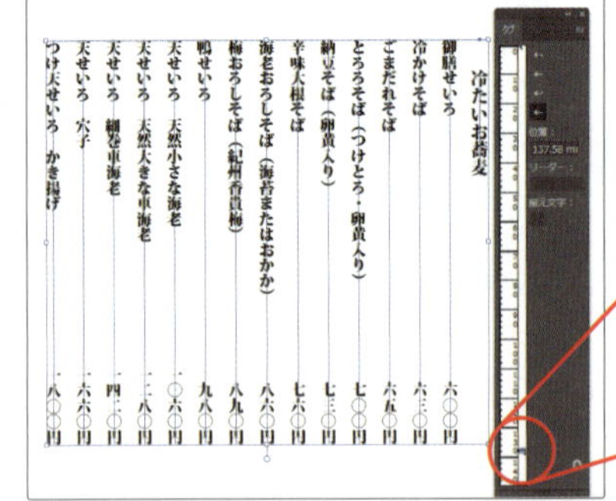

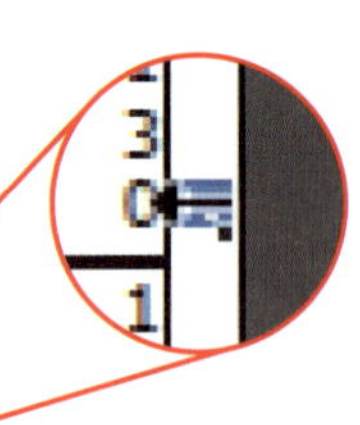

❶タブを入力してあるテキストを選択し、タブ定規上のタブをクリックして選択します。

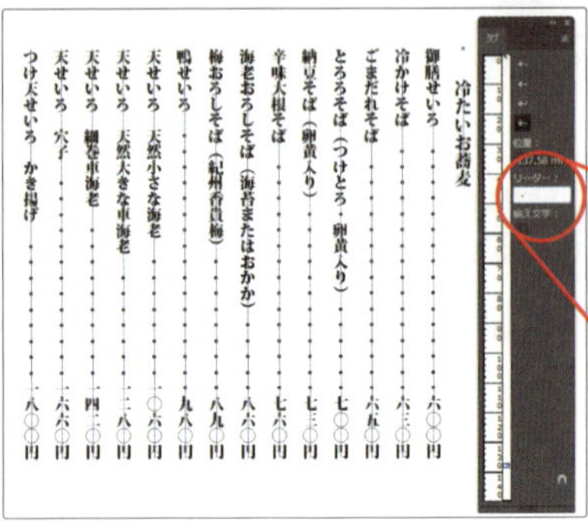

❷タブが選択された状態で［リーダー］に任意の文字（ここでは「・」）を入力します。

冷たいお蕎麦
御膳せいろ・・・・・・・・・・・・六〇〇円
冷かけそば・・・・・・・・・・・・六三〇円
ごまだれそば・・・・・・・・・・・六五〇円
とろろそば（つけとろ・卵黄入り）・・・・・七〇〇円
納豆そば（卵黄入り）・・・・・・・・七三〇円
辛味大根そば・・・・・・・・・・・七六〇円
海老おろしそば（海苔またはおかか）・・・・八六〇円
梅おろしそば（紀州香貴梅）・・・・・・八九〇円
鴨せいろ・・・・・・・・・・・・・九八〇円
天せいろ　天然小さな海老・・・・・・一〇六〇円
天せいろ　天然大きな車海老・・・・・一二八〇円
天せいろ　細巻車海老・・・・・・・・一四二〇円
天せいろ　穴子・・・・・・・・・・・一六六〇円
つけ天せいろ　かき揚げ・・・・・・・一八〇〇円

❸メニュー品目と価格の間に、指定した「・」がリーダーとして入力されます。

縦書き文字では、タブパネルも縦表示になります。

この作例では、あらかじめメニュー品目と価格の間にタブが入力されており、下揃えタブが設定されています。

段落パネルで文字の位置を揃える

段落パネルで段落ごとに行頭の位置を揃える、行頭を下ることができます。

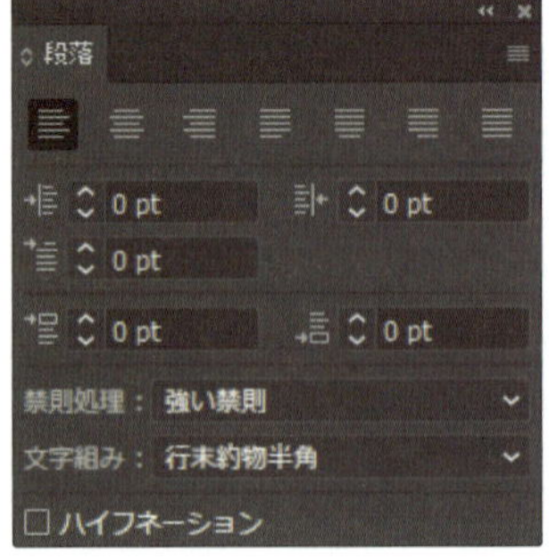

段落パネルは［ウィンドウ］メニューから［書式］→［段落］を選択して表示させます。

段落パネルの使い方 ➡P.106

インデントの設定

インデントの設定で、行頭の位置を調整できます。

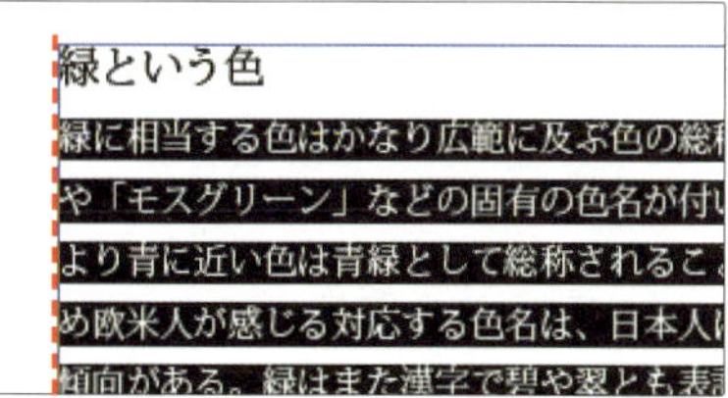

❶［文字］ツールで本文部分を選択します。見出しの「緑という色」は選択していません。

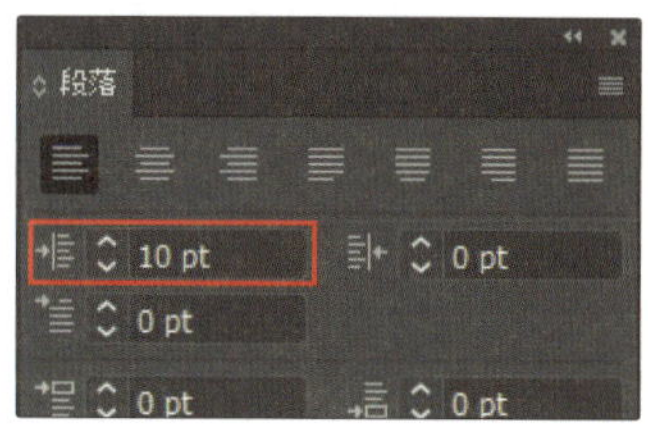

❷段落パネルの［左インデント］に「10pt」と入力します。

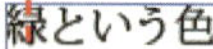

❸本文部分の行頭が、見出しよりも10pt右に移動します。

ぶら下がりインデントの設定

ぶら下がりインデントを設定すると、段落の１行目と２行目以降とで行頭の位置を変えることができ、文章がより読みやすくなります。ここでは、「1.蒸す」「2.冷ます」「3.炒る」「4.揉む」の工程を明確にするため、１行目左インデントを設定します。

緑茶の作り方
1.蒸　す：お湯を十分に沸騰させた蒸し器に、薄く全体に広げて２０～３０秒。途中はしでかき混ぜる。
全体がむらにならないように。青臭い香りが甘くなればいいです。
2.冷ます：取り出したらざるとかに広げてうちわであおいで十分冷まします。
3.炒　る：ホットプレートの上をきれいにして、またはフライパンの上に和紙（できればうどんこなんかをよく溶いてかきまぜながら煮たものをハケでぬって乾かした和紙）をおいて、ごく弱火でその上においで炒ります。
4.揉　む：水分がとんだら、茶葉を両手で挟み拝むように揉む。水分が出てきたらまた炒るを繰り返す。
だんだん力を加えていって、水分が出なくなったら和紙の上に広げて乾燥させます。

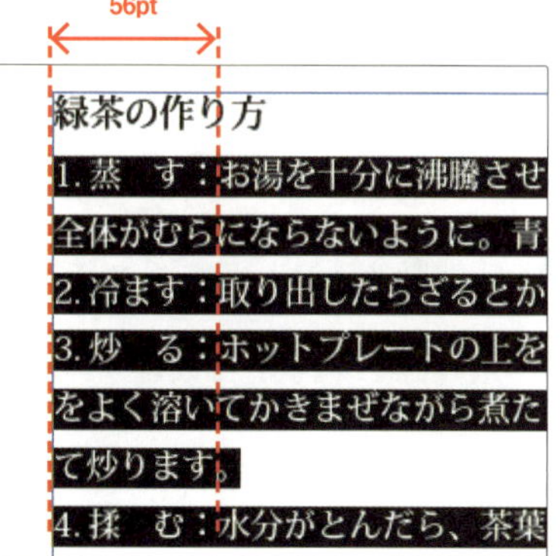

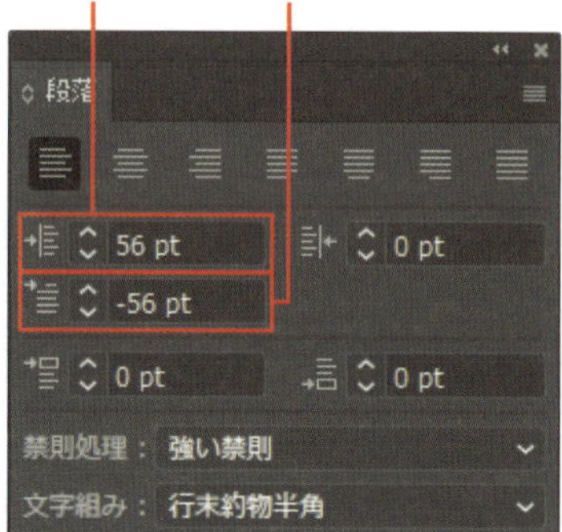

❶「1.蒸す」「2.冷ます」「3.炒る」「4.揉む」の直後の「:」部分で、各段落の２行目以降を揃えます。［文字］ツールで見出し以外の段落を選択し、段落パネルの［左インデント］に「56pt」、さらに［１行目左インデント］に「–56pt」と入力します。

HINT

インデントは段落単位で設定できます。そのため、テキスト内に複数の異なるインデントを設定することが可能です。テキストのすべてを選択した場合は、すべての段落に同じインデントが設定されます。

HINT

ぶら下がりインデントは、タブパネルでも設定できます。ダブ定規の左端にある下側の小さな三角マーカーをドラッグして右に移動します。

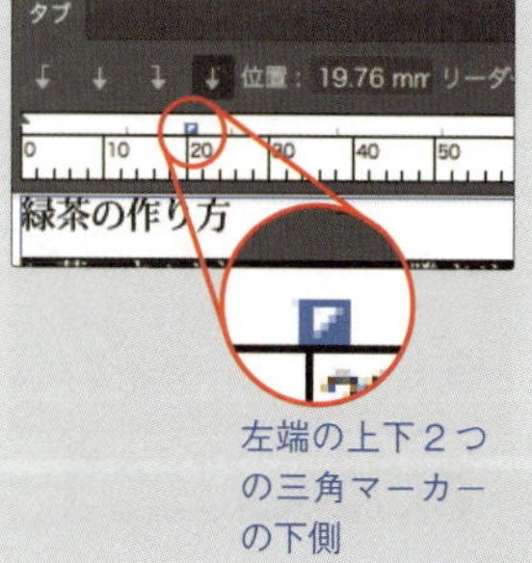

左端の上下２つの三角マーカーの下側

緑茶の作り方

1. 蒸　す：お湯を十分に沸騰させた蒸し器に、薄く全体に広げて２０～３０秒。途中はしでかき混ぜる。
全体がむらにならないように。青臭い香りが甘くなればいいです。
2. 冷ます：取り出したらざるとかに広げてうちわであおいで十分冷まします。
3. 炒　る：ホットプレートの上をきれいにして、またはフライパンの上に和紙（できればうどんこなんかをよく溶いてかきまぜながら煮たものをハケでぬって乾かした和紙）をおいて、ごく弱火でその上において炒ります。
4. 揉　む：水分がとんだら、茶葉を両手で挟み揉むように揉む。水分が出てきたらまた炒るを繰り返す。だんだん力を加えていって、水分が出なくなったら和紙の上に広げて乾燥させます。

❷「1.蒸す」「2.冷ます」「3.炒る」「4.揉む」の２行目以降の文章が、「:」の位置で揃いました。段落全体を「左インデント」で56pt移動した後に、各段落の１行目を［1行目左インデント］で-56pt移動した状態になっています。

改行された行頭を揃える

段落内に改行があると、ぶら下がりインデントが適用されません。この場合は、改行ごとに［1行目左インデント］を設定し直します。

緑茶の作り方
1. 蒸　す：お湯を十分に沸騰させた蒸し器に、薄く全体に広げて２０～３０秒。途中はしでかき混ぜる。
全体がむらにならないように。青臭い香りが甘くなればいいです。
2. 冷ます：取り出したらざるとかに広げてうちわであおいで十分冷まします。
3. 炒　る：ホットプレートの上をきれいにして、またはフライパンの上に和紙（できればうどんこなんかをよく溶いてかきまぜなが

❶改行後の行頭はぶら下がりインデントが適用されないため、１行目の「1.蒸す」と同じ位置になっています。改行後の部分を［文字］ツールで選択します。

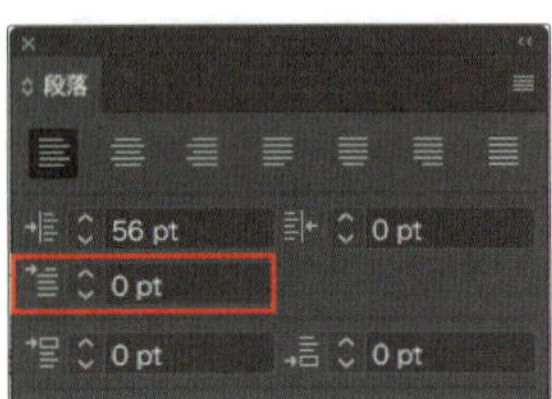

❷段落パネルで［1行目左インデント］に「0」と入力します。

緑茶の作り方
1. 蒸　す：お湯を十分に沸騰させた蒸し器に、薄く全体に広げて２０～３０秒。途中はしでかき混ぜる。
全体がむらにならないように。青臭い香りが甘くなればいいです。
2. 冷ます：取り出したらざるとかに広げてうちわであおいで十分冷まします。
3. 炒　る：ホットプレートの上をきれいにして、またはフライパンの上

❸改行後の行頭が、「:」の位置に揃います。

SEE ALSO
最背面に移動 ➡P.38
エリア内文字の入力 ➡P.100
エリア内文字への切り替え ➡P.104

HINT

［オブジェクト］メニューから［テキストの回り込み］→［テキストの回り込みオプション］を選択すると、ダイアログボックスの［オフセット］で、文字と写真などの間隔を設定できます。

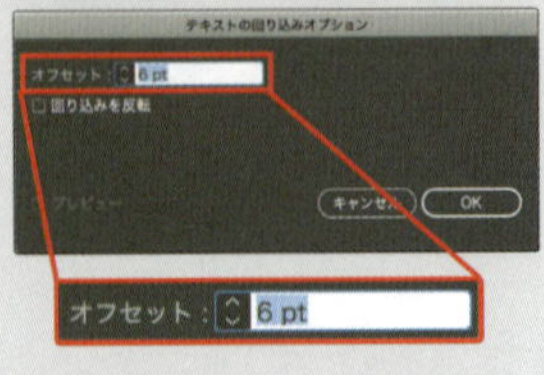

テキストの回り込み

テキストは、回り込ませる画像やオブジェクトの背面に配置しておきます。また、テキストは「エリア内文字」である必要があります。

霊岸橋 は、永代通りを大手町方面から永代方面に向って、日本橋茅場町から新川地区に渡る亀島川に架かる橋である。
この亀島川は日本橋川側に分流する支流で川の目の橋である南高橋の先いうより運河とか水路と

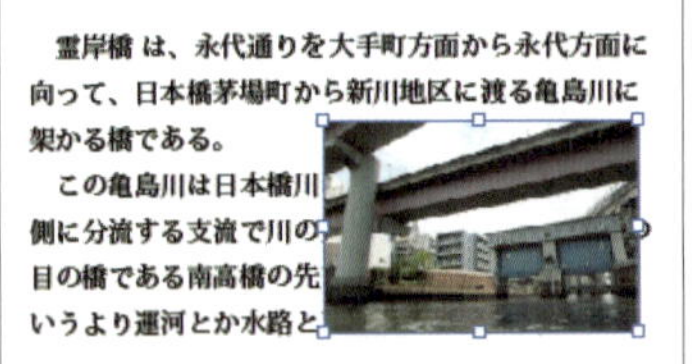

▶

霊岸橋 は、永代通りを大手町方面から永代方面に向って、日本橋茅場町から新川地区に渡る亀島川に架かる橋である。
この亀島川は日本橋川にある茅場橋の先から右岸側に分流する支流で川の全長は約 1km と短く、５つ目の橋である南高橋の先で隅田川に合流する。川というより運河とか水路といったイメージが強い。

写真を選択し、［オブジェクト］メニューから［テキストの回り込み］→［作成］を選択すると、テキストが写真を回り込んで（避けて）配置されます。

CHAPTER 4 16

テキスト〈5〉 文字のアウトライン化・変形

文字をアウトライン化すると、オブジェクトのように自由に変形できます。また、エンベロープ機能を使うと、ぐにゃりと曲げたような文字を作成できます。

ココがポイント
- 文字のアウトライン化
- エンベロープ機能で文字を変形
- 文字タッチツールで変形

練習用ファイル：chap4_b→4_16

文字のアウトライン化

文字をアウトライン化して、オブジェクトに変えます。

❶テキストを選択し、［書式］メニューから［アウトラインを作成］を選択すると、テキストの各文字がアウトライン化されます。

❷アウトライン化した文字は、［ダイレクト選択］ツールなどで、変形させることができます。

文字の「抜き」部分をなくす

アウトライン化した文字は、「抜き」部分を削除できます。

❶アウトライン化した文字のグループを解除し、［選択］ツールで「B」だけを選択します。［オブジェクト］メニューから［複合パス］→［解除］を選択すると、文字の「抜き」部分が見えなくなります。

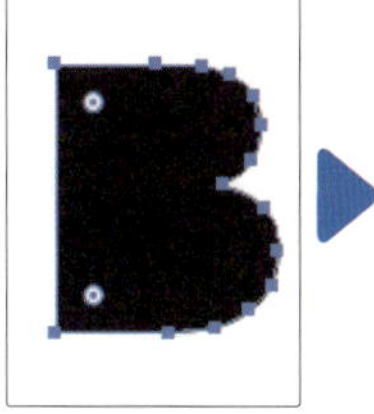

❷「抜き」部分のオブジェクトを削除し、別のオブジェクトを配置します。

❸配置した別のオブジェクトと、「B」のオブジェクトを選択し、［オブジェクト］メニューから［複合パス］→［作成］を選択すると、新しい「抜き」部分となります。

NOTICE

Illustrator CSでは、［文字］メニューから［アウトラインを作成］を選択します。

HINT

アウトライン化した文字は、文字の変更や追加はできません。

HINT

アウトライン化した文字はグループ化されています。文字を１つずつ選択するには、［オブジェクト］メニューから［グループ解除］を選択してグループを解除します。

SEE ALSO

複合パス ➡P.186

エンベロープ機能で変形

エンベロープは、オブジェクトや文字をパスやグリッドに沿って変形させる機能です。[ワープで作成][メッシュで作成][最前面のオブジェクトで作成]の3種類があります。

ワープで作成

用意されている[スタイル]に沿って、オブジェクトや文字を変形させます。

❶[選択]ツールでテキストを選択し、[オブジェクト]メニューから[エンベロープ]→[ワープで作成]を選択します。

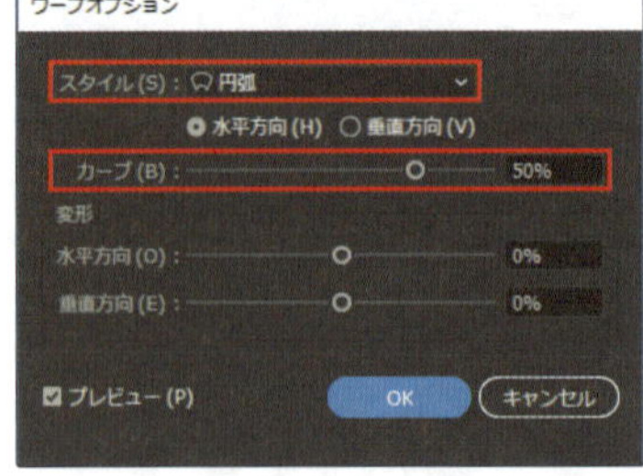

❷[ワープオプション]ダイアログボックスの[スタイル]で「円弧」を選択し、[カーブ]に「50%」と入力して、[OK]ボタンをクリックします。

❸テキストが扇型に変形します。

[ワークオプション]ダイアログボックスの設定

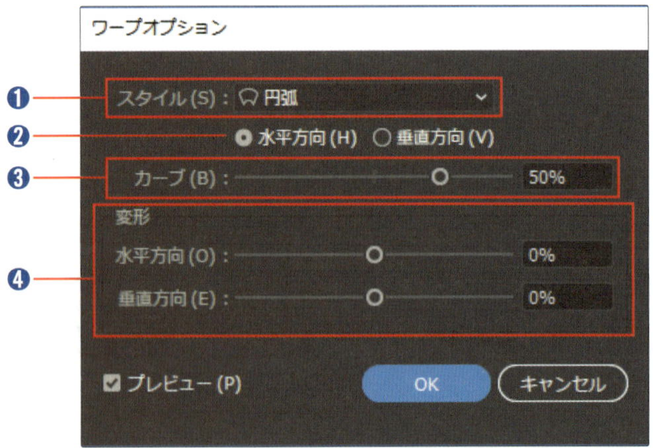

❶**スタイル**：あらかじめ用意されている変形のスタイルを選択します。スタイルは15種類用意されています。以下はスタイルの一例です。

下弦

でこぼこ

上昇

❷**水平方向・垂直方向**：ワープの方向を選択します。

❸**カーブ**：ワープの湾曲具合を設定します。

❹**変形**：ワープの形を水平・垂直の方向に変形させます。

HINT

[スタイル]の「波形」は、2行以上のテキストなどで作成すると、より効果的です。

メッシュで作成

メッシュポイントを移動することで、文字を変形させます。

❶テキストを選択し、[オブジェクト]メニューから[エンベロープ]→[メッシュで作成]を選択します。

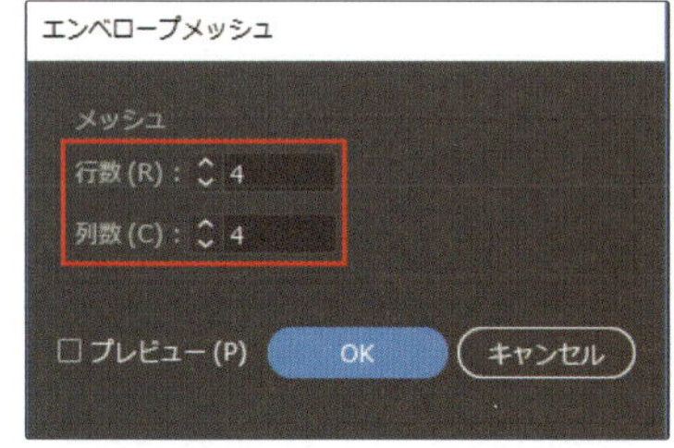

❷表示される[エンベロープメッシュ]ダイアログボックスで、[行数]と[列数]に入力して(ここではいずれも「4」)、[OK]ボタンをクリックします。

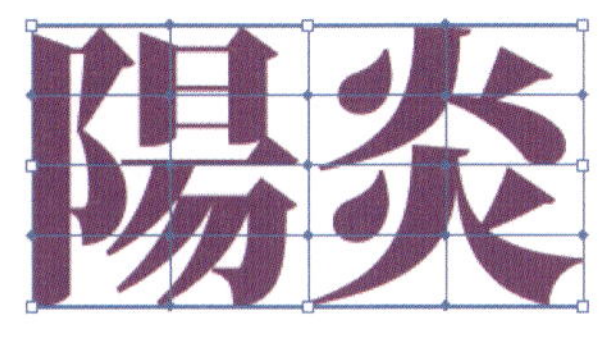

❸4行×4列のメッシュが作成されます。

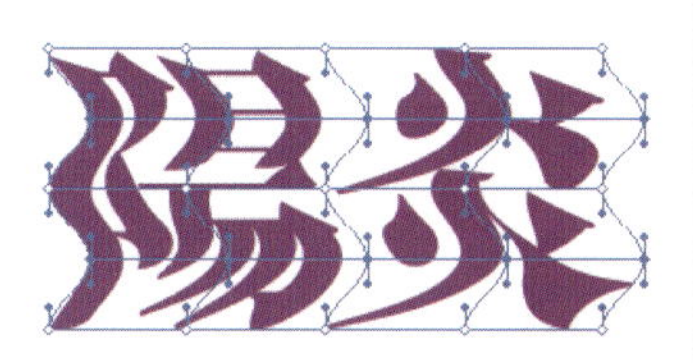

❹[ダイレクト選択]ツールでメッシュポイントをクリックし、表示されるハンドルをドラッグすると、テキストが変形します。

最前面のオブジェクトで作成

文字の前面にオブジェクトを作成し、そのオブジェクトに沿って文字を変形させます。

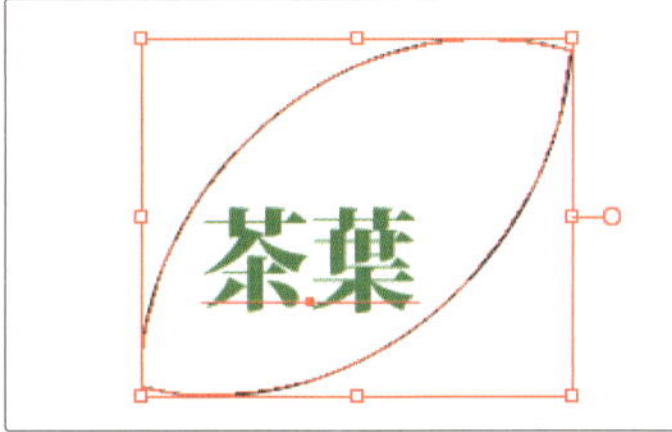

❶テキストとオブジェクトを選択します。このとき、オブジェクトは必ず最前面にしてください。

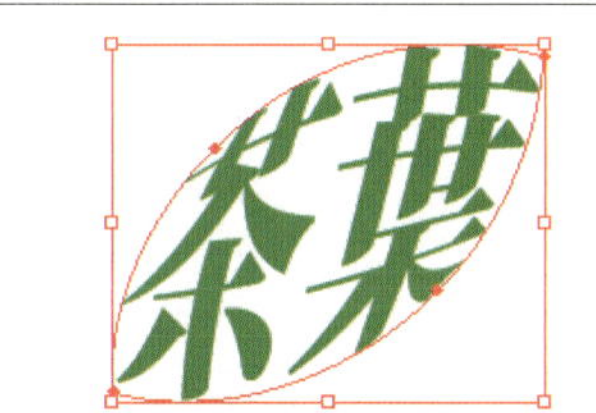

❷[オブジェクト]メニューから[エンベロープ]→[最前面のオブジェクトで作成]を選択します。テキストがオブジェクトに沿って変形します。

エンベロープで変形後に文字を編集

エンベロープで変形した後でも、文字の修正や追加が行えます。

❶エンベロープで変形したテキストを選択し、[オブジェクト]メニューから[エンベロープ]→[オブジェクトを編集]を選択します。

❷編集する文字を選択し、ここでは「e」を「a」に変更します。

❸文字を変更しても、テキストの形状は変わりません。

HINT

エンベロープの解除

エンベロープの変形を取り消して元の状態に戻すには、[オブジェクト]メニューから[エンベロープ]→[解除]を選択します。

エンベロープの拡張

エンベロープで変形させた状態で、エンベロープ機能のない普通のオブジェクトにするには、[オブジェクト]メニューから[エンベロープ]→[拡張]を選択します。

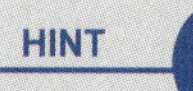

HINT

エンベロープによる変形を変更するには、[オブジェクト]メニューから[エンベロープ]→[エンベロープを編集]を選択します。

NOTICE

［文字タッチ］ツールは、Illustrator CCの機能です。

文字タッチツールで変形

［文字タッチ］ツールを利用すると、文字の属性を保ったまま文字を個別に変形できます。

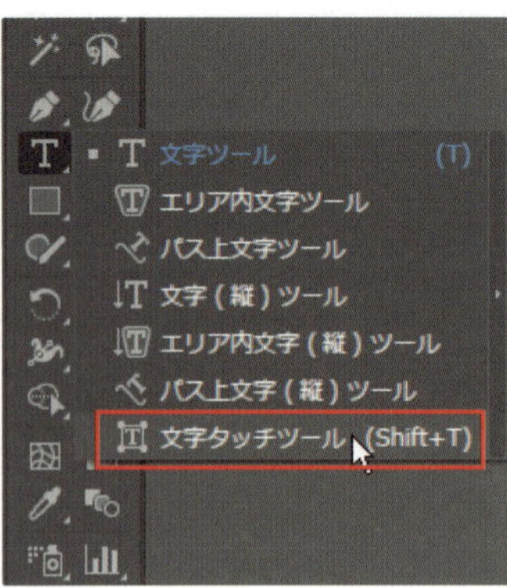

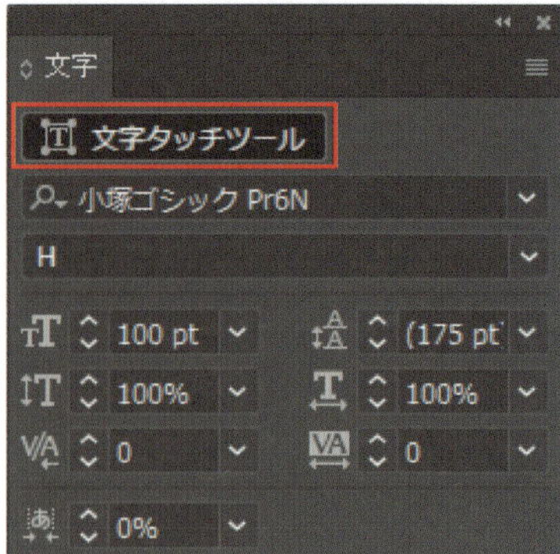

［文字タッチ］ツールを使うには、ツールパネルから選択するか、文字パネルの［文字タッチツール］をクリックします。

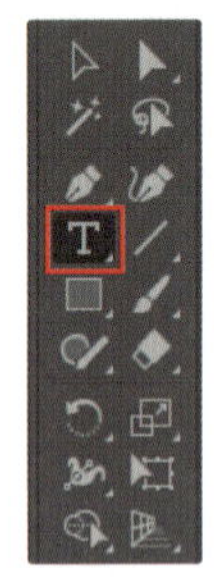

HAPPY

❶ツールパネルから［文字］ツールを選択して、文字を入力します。

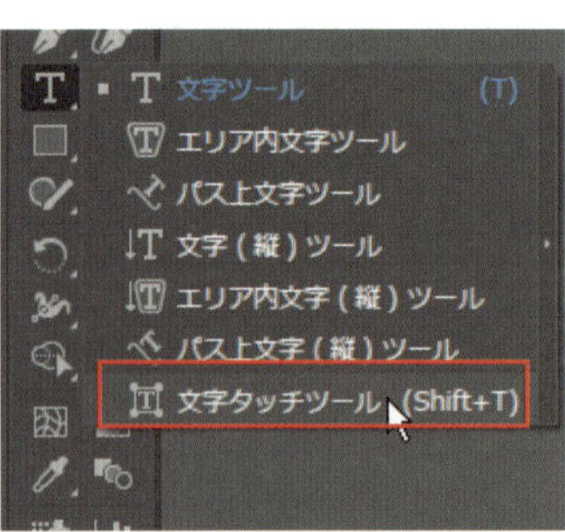

❷ツールパネルから［文字タッチ］ツールを選択すると、マウスポインタの形状が変わります。

❸変形させる文字（ここでは「A」）をクリックで選択すると、文字の周りに変形用のハンドルが表示されます。

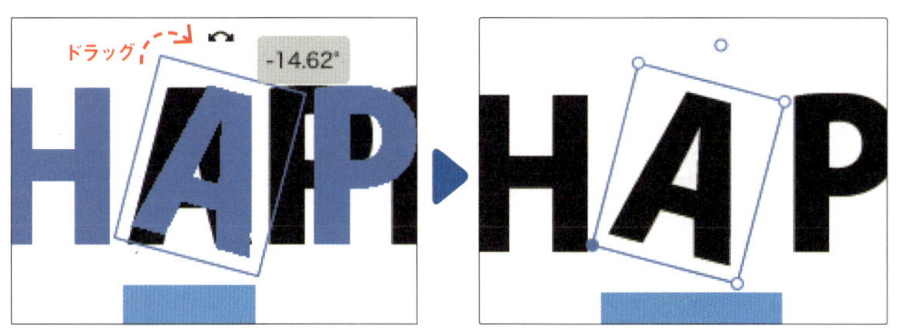

❹上部のハンドルを左右にドラッグすると、文字が傾きます。

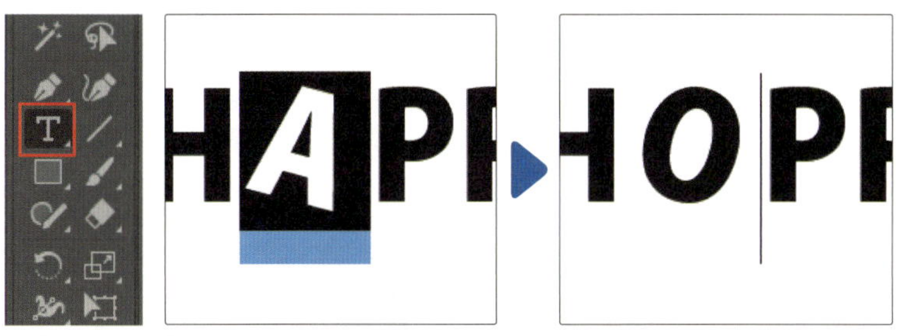

❺［文字タッチ］ツールで変形した後でも、文字の変更が可能です。

［文字タッチ］ツールの操作方法

［文字タッチ］ツールは、ハンドルをドラッグすることで、文字を個別に回転・拡大・縮小・移動できます。

❶文字を回転させます。

❷文字を移動します。

❸文字を垂直方向に変形します。

❹文字を縦横等倍で拡大・縮小します。

❺文字を水平方向に変形します。

［文字タッチ］ツールで選択している状態で色を変更することもできます。

17 マスク〈2〉

不透明マスクでオブジェクトをぼかす

不透明マスクでは、マスクオブジェクトを使用して背面のオブジェクトの透明度を変化させます。グレースケールのグラデーションをマスクオブジェクトにすることで、徐々に透けていくような効果を得られます。

ココがポイント
- 不透明マスクを作成する
- 不透明マスクを編集する

練習用ファイル：chap4_b→4_17

不透明マスクの作成

不透明マスクは、透明パネルで作成します。透明パネルは、［ウィンドウ］メニューから［透明］を選択して表示させます。

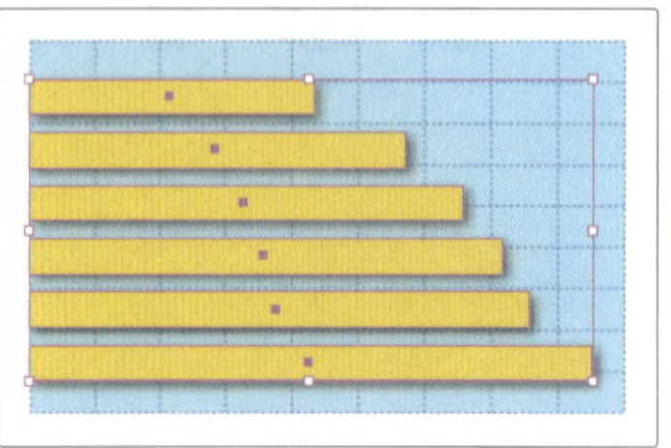
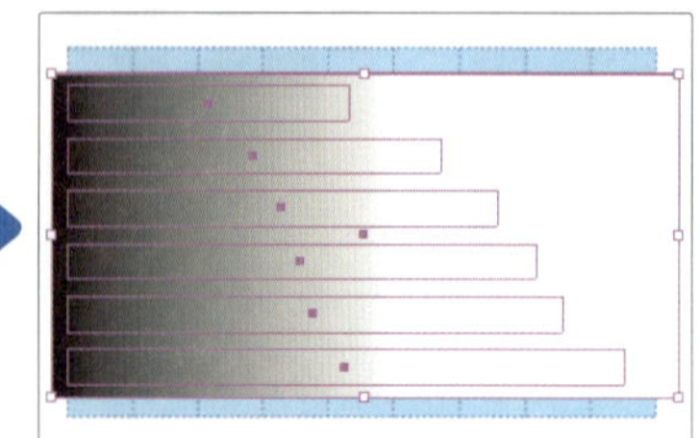

❶グラフのオブジェクトの前面に、グレースケールのグラデーションのオブジェクトを重ねて、水色の背景以外のすべてのオブジェクトを選択します。

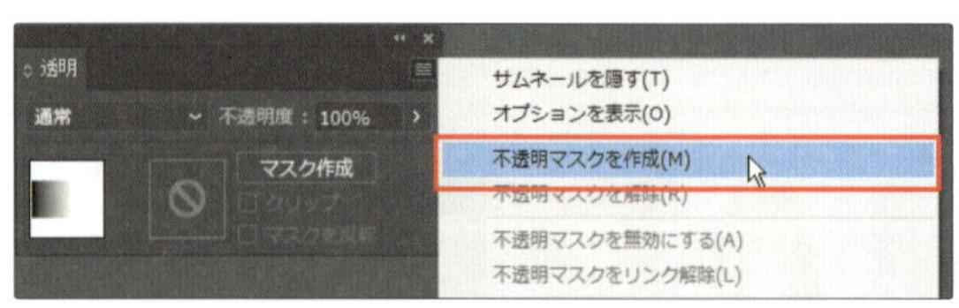

❷透明パネルの［オプションメニュー］ボタンをクリックして、「不透明マスクを作成」を選択します。

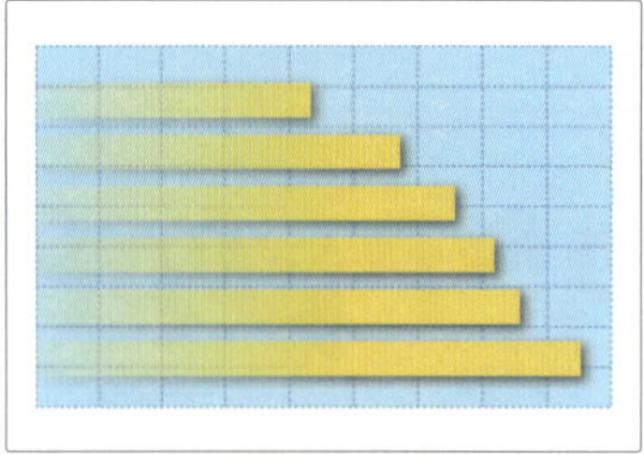

❸グラフのオブジェクトがグレースケールのグラデーションのオブジェクトでマスクされ、ぼかしをかけたように透けます。

不透明マスクの解除

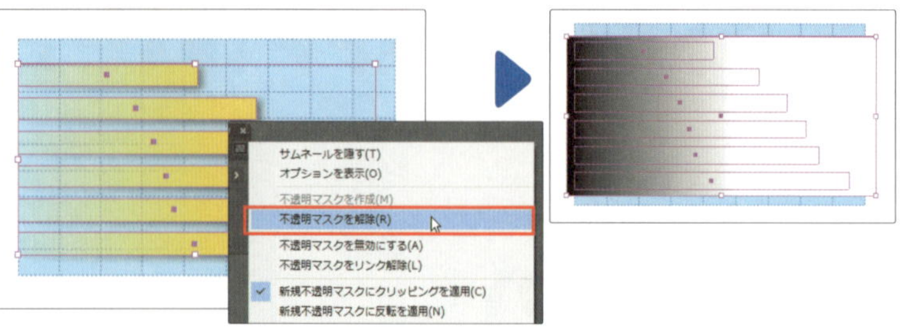

不透明マスクが作成されたオブジェクトを選択し、透明パネルのオプションメニューから「不透明マスクを解除」を選択すると、マスクが解除されます。

HINT

透明パネルのタブの左にある◇をクリックすると、オプションやサムネールの表示／非表示を切り替えられます。

表示

透明
通常　不透明度：100%
解除
クリップ
マスクを反転
描画モードを分離　グループの抜き
不透明マスクで形状の抜きを定義

非表示

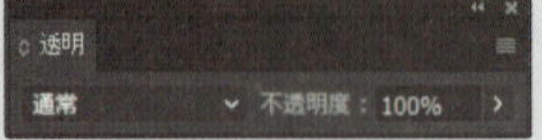

不透明マスクの編集

不透明マスクは後から編集できます。

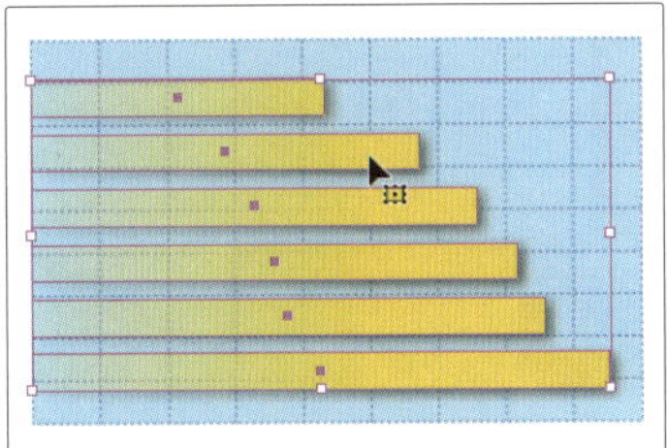

❶不透明マスクが作成されたオブジェクトを選択します。

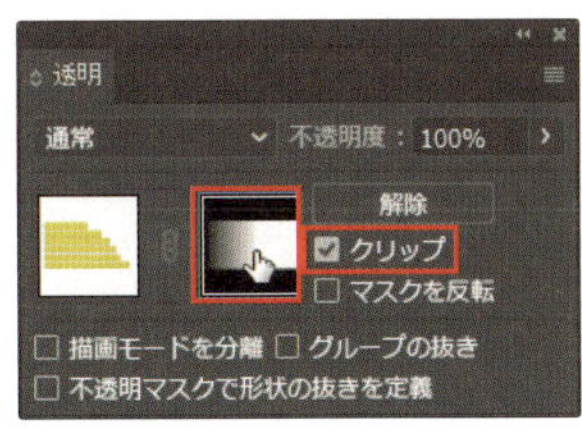

❷透明パネルの右にある［クリップ］にチェックが入っているのを確認して、不透明マスクのサムネールをクリックします。

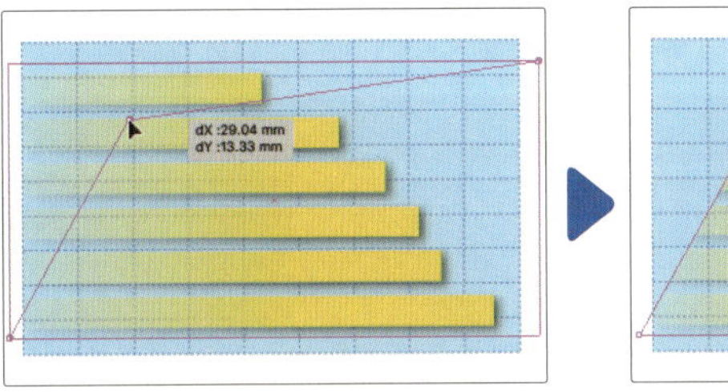

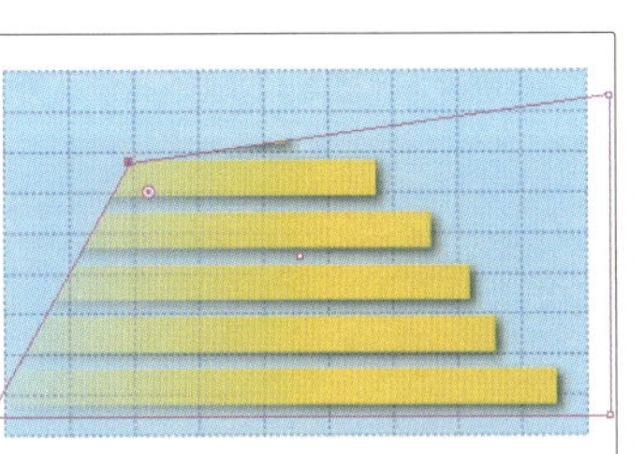

❸マスクオブジェクトが選択できるようになり、変形などの編集が行えます。

不透明マスクの不透明度を変更

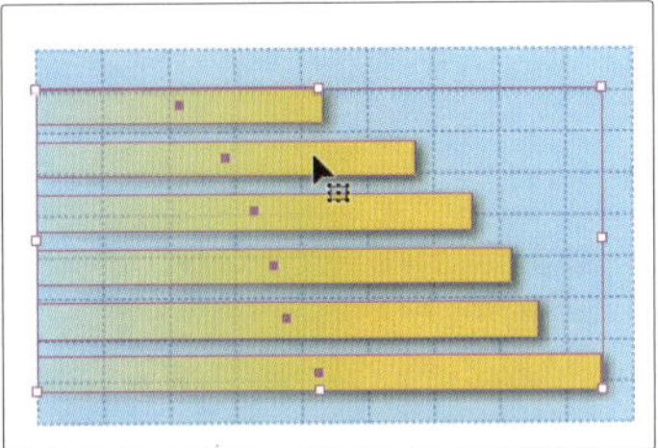

❶不透明マスクが作成されたオブジェクトを選択します。

❷透明パネルで不透明マスクのサムネールをクリックします。

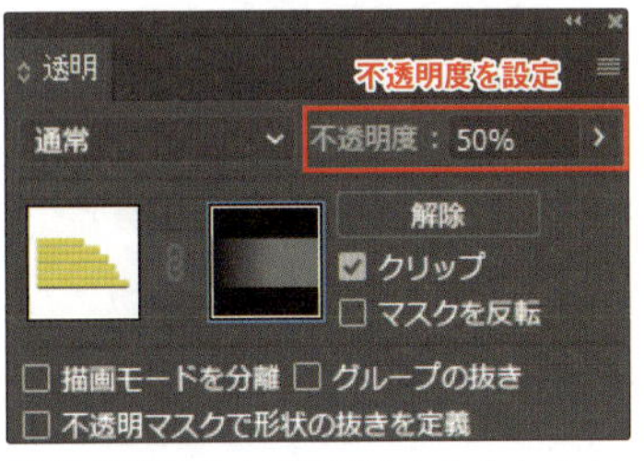

❸［不透明度］に「50%」と入力します。

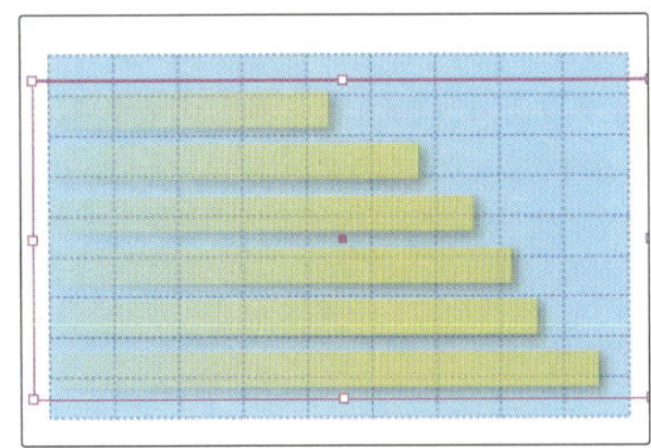

❹オブジェクトの色味が薄くなり、全体がより透けた表示になります。

不透明マスクの反転

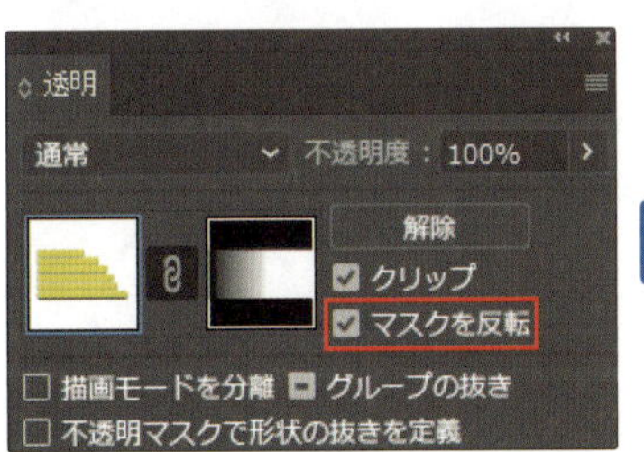

透明パネルで［マスクを反転］にチェックを入れると、不透明マスクが反転します。

透明パネルで、不透明マスクのサムネールを Alt （option）キーを押しながらクリックすると、画面上に不透明マスクオブジェクトだけが表示されるようになります。

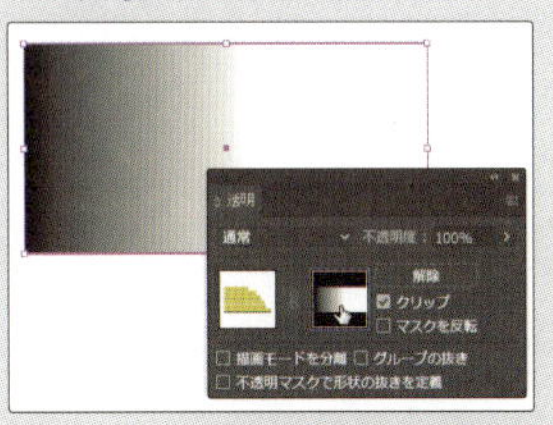

不透明マスクの編集が終わったら、透明パネルでアートワークのサムネールをクリックして、編集モードを終了させます。

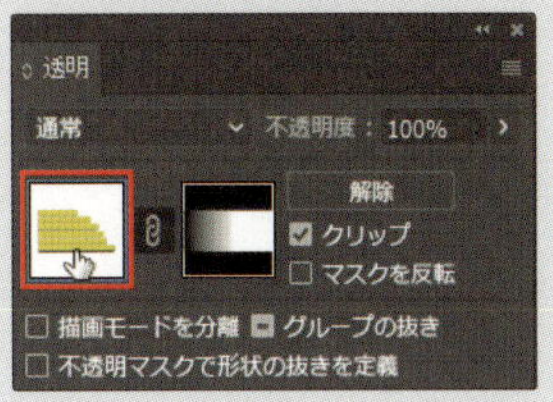

4 18 複合パス オブジェクトに穴を開ける

ドーナツ型などを作成するには、オブジェクトに穴を開けて、そこから背面がのぞけるような「抜き」にする必要があります。このようにオブジェクトに穴を開けるには、「複合パス」を使います。

練習用ファイル：chap4_b→4_18

ココがポイント
- 複合パスの作成
- 属性パネルで「抜き」を調整

複合パスとは

複合パスは、複数のパスをまとめて１つのパスとして扱う機能です。オブジェクトが重なる部分は「抜き」になるという特徴があります。

複合パスにすると、すべてのパスの塗りと線が同じ色になり、オブジェクトが重なっている部分は「抜き」（透明）になります。

複合パスの作成

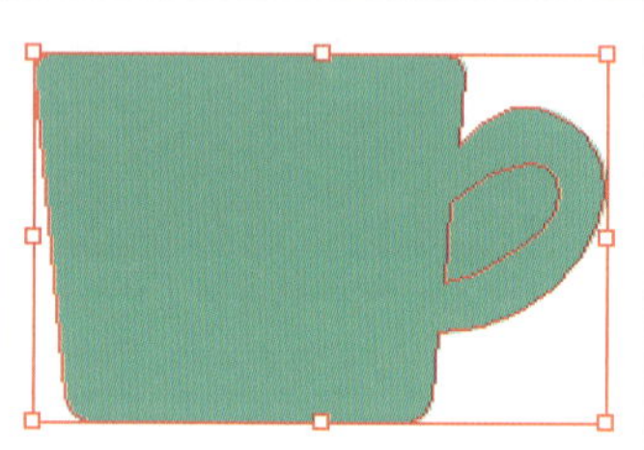

❶マグカップの外側と把手の内側部分を選択します。[オブジェクト]メニューから[複合パス]→[作成]を選択します。

❷把手の内側部分は、オブジェクトが重なっているため、「抜き」になります。

属性パネルで「抜き」を調整

いくつも重なったパスを複合パスにすると、１カ所しか抜けない場合があります。このような場合は、属性パネルで調整します。

❶この作例では眼鏡の右レンズ部分や左右のつるの下部分が「抜き」になっていません。

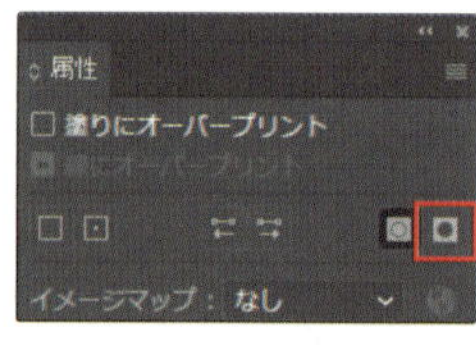

❷［ウィンドウ］メニューから［属性］を選択して属性パネルを表示し、［塗りに奇偶規則を使用］ボタンをクリックします。

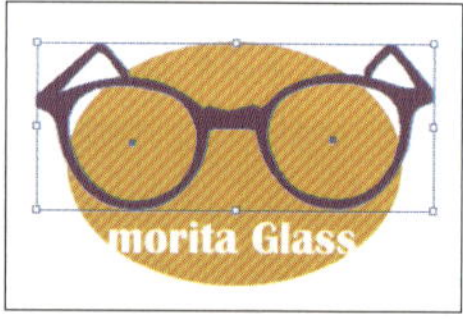

❸右レンズ部分や左右のつる部分にも「抜き」が設定されます。

CHAPTER 4

19 ライブペイント

パスが閉じていない線画に着色する

ライブペイントは、線だけで作成された、イラストや図面などに着色できる機能です。

ココがポイント

- ライブペイントグループを作成する
- ライブペイントで着色する
- ライブペイントを編集する

練習用ファイル：chap4_b→4_19

ライブペイントグループの作成

ライブペイントで着色するオブジェクトは、ライブペイントグループにしておく必要があります。

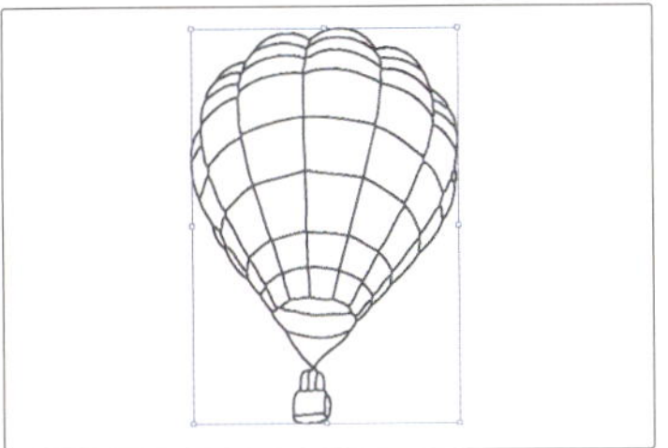

❶線だけで作成されたオブジェクトをすべて選択します。

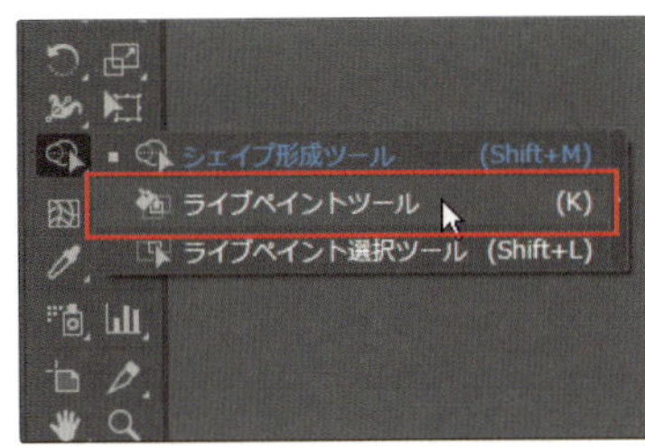

❷ツールパネルから［ライブペイント］ツールを選択します。

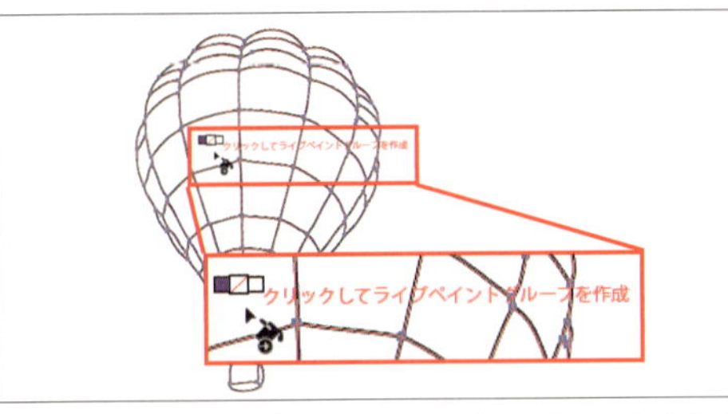

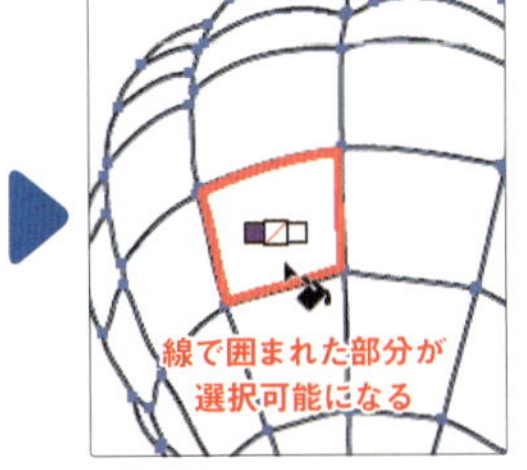

❸選択しているオブジェクトにマウスポインタを合わせると、「クリックしてライブペイントグループを作成」と表示されます。クリックするとオブジェクトがライブペイントグループになり、線で囲まれた部分を選択できるようになります。

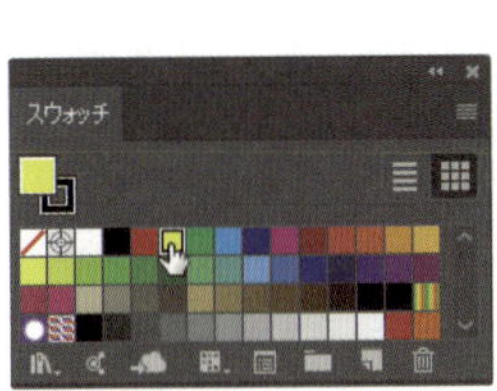

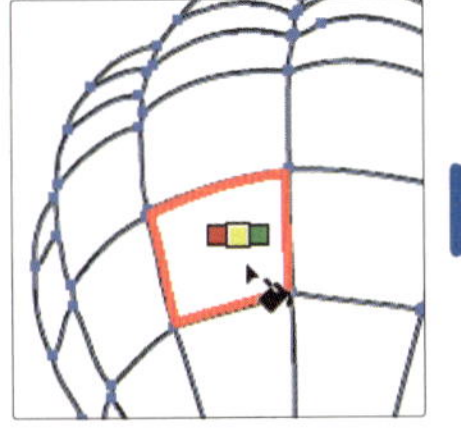

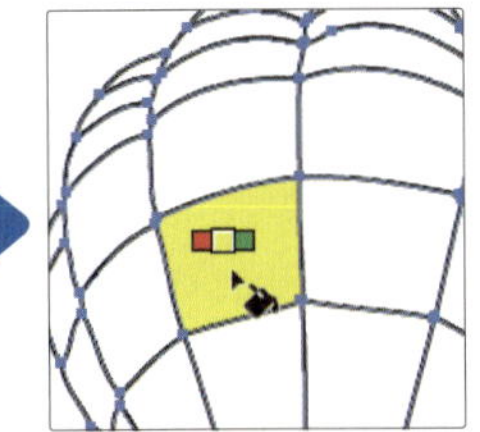

❹スウォッチパネルやカラーパネルで色を選択して着色できます。

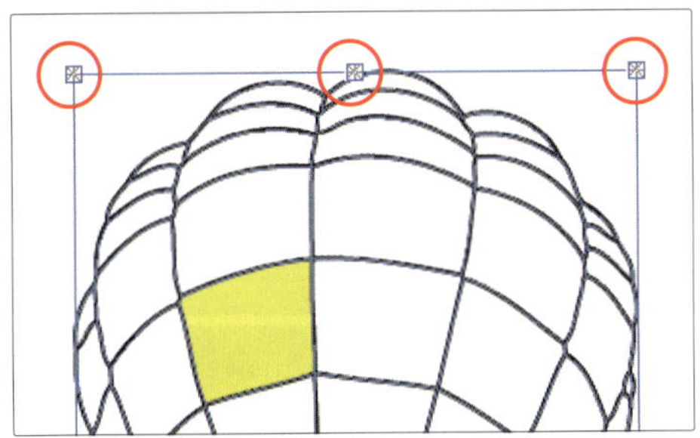

❺オブジェクトがライブペイントグループになると、選択範囲のハンドルの形状が変わります。

NOTICE

ライブペイントは、Illustrator CS2 以降の機能です。

NOTICE

オブジェクトを選択していない状態で［ライブペイント］ツールを選択すると、図のようなアラート画面が表示されます。必ずライブペイントにするオブジェクトを選択してから適用しましょう。

CHAPTER 4 効率アップの便利機能

ライブペイント

ライブペイントの着色

塗りへの着色

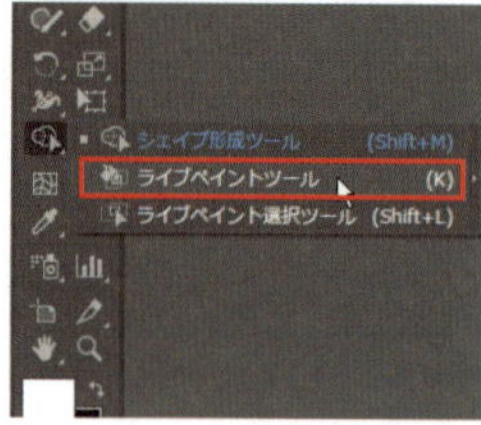

❶ツールパネルから［ライブペイント］ツールを選択します。

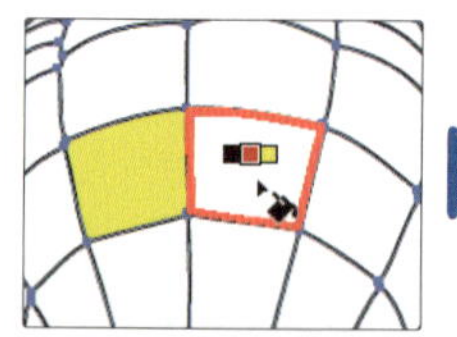

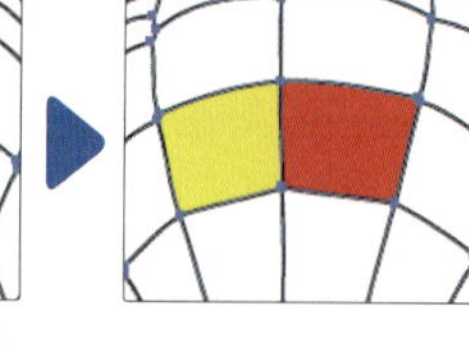

❷スウォッチパネルで塗りの色を選択し、ライブペイントグループ上でクリックして着色します。

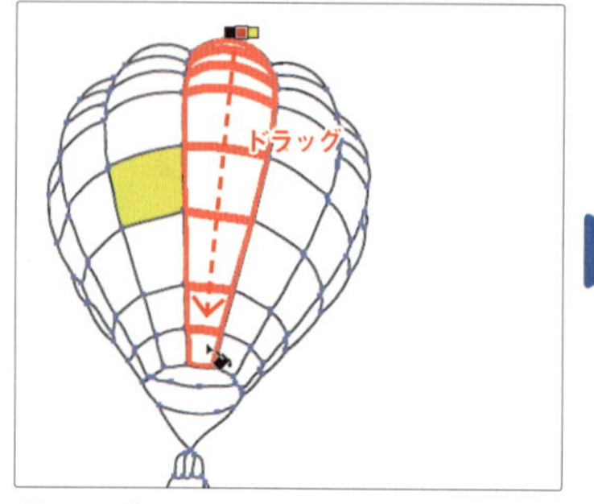

❸ライブペイントグループ上でドラッグすると、ドラッグした範囲に着色できます。

線への着色

❶ツールパネルから［ライブペイント］ツールを選択し、スウォッチパネルで線の色を選択します。

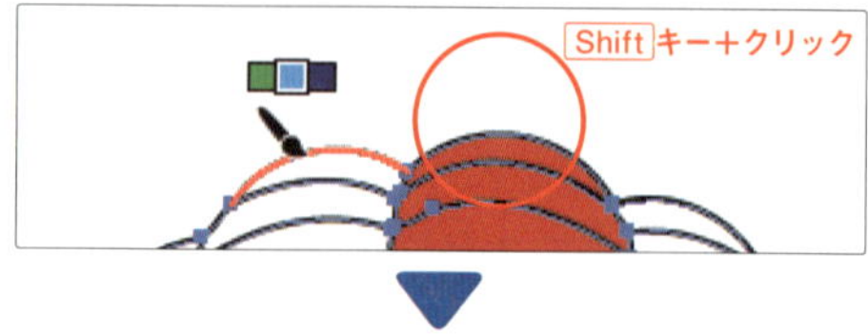

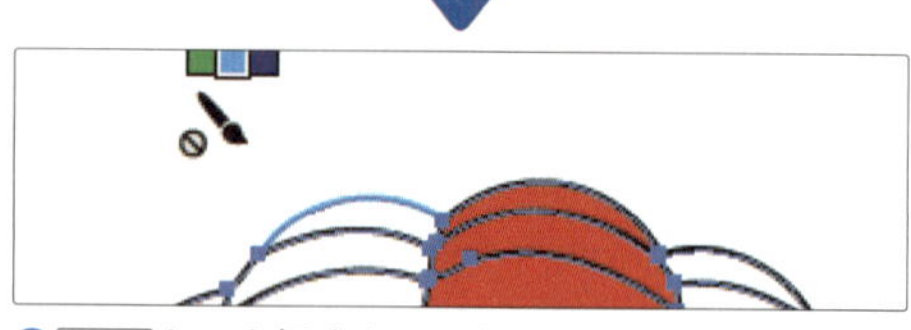

❷ Shift キーを押すと、マウスポインタの形状が変わります。Shift キー押したままクリックして、線に着色します。

ライブペイントの選択

ライブペイントの塗りや線は、［ライブペイント選択］ツールで選択します。

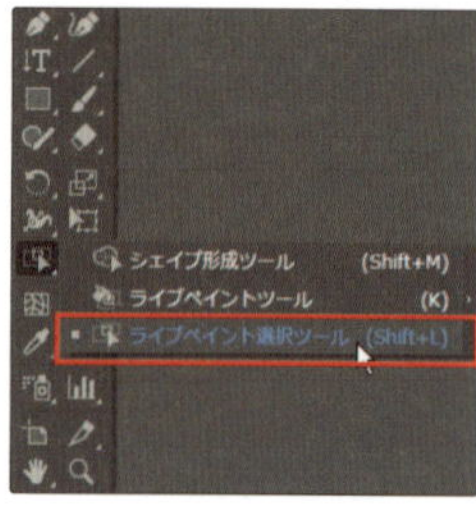

❶ツールパネルから［ライブペイント選択］ツールを選択します。

❷クリックで塗りを選択すると、網点表示になります。

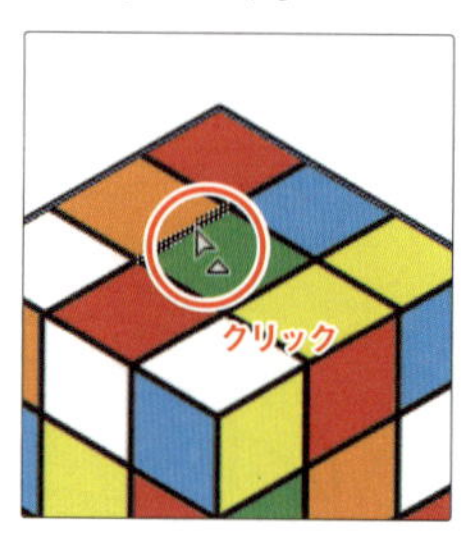

❸クリックで線を選択すると、網点表示になります。

HINT

スウォッチパネルで色を選択した場合、［ライブペイント］ツールのマウスポインタには3つの色が表示されます。これはスウォッチパネルで選択した色とその両隣の色です。ライブペイントの操作中に ← → キーを押すと、スウォッチパネルを使わずに、選択色を変えられます。

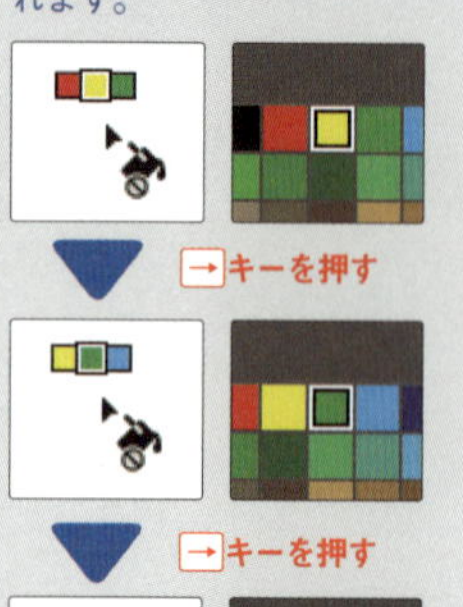

HINT

塗りと同様に、線も、ドラッグして複数の範囲に着色できます。

SEE ALSO

隙間を［隙間オプション］で補完
➡P.193

ドラッグで選択

［ライブペイント選択］ツールでドラッグでドラッグすると、範囲に含まれる塗りと線を一度に選択できます。

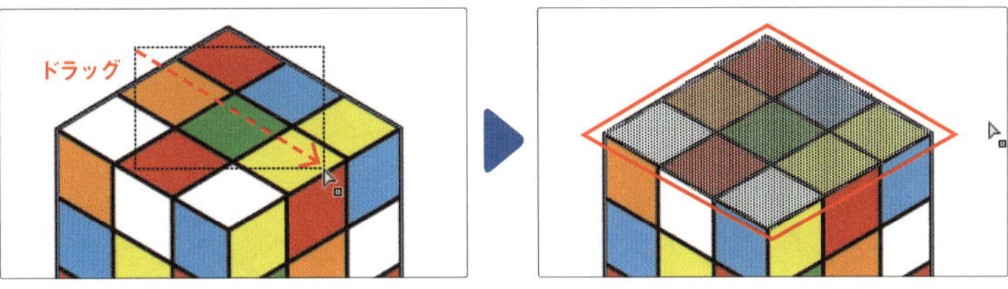

ダブルクリックで選択

［ライブペイント選択］ツールでダブルクリックすると、隣接する同色の塗りと線を一度に選択できます。

1 つの線をダブルクリックします。

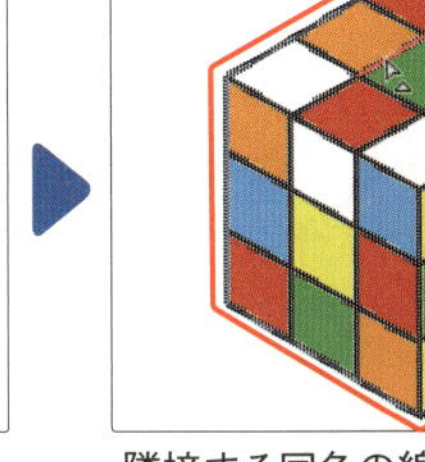

隣接する同色の線が選択されます。

トリプルクリックで選択

［ライブペイント選択］ツールは、トリプルクリックでライブペイントグループ内の同色の塗りや線を一度に選択できます。

緑色の塗りをトリプルクリックします。

ライブペイントグループ内の同色の塗りが選択されます。

ライブペイントの解除と拡張

ライブペイントを解除すると、ライブペイントで着色した色は削除されます。また、ライブペイントを拡張すると、ライブペイントで着色した色を保持した状態で、通常のオブジェクトになります。

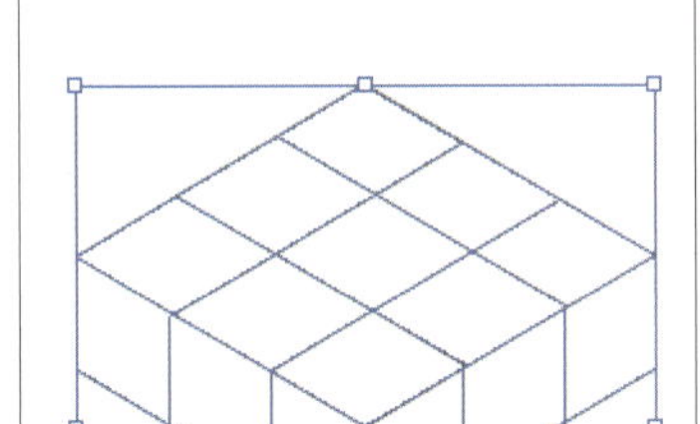

［オブジェクト］メニューから［ライブペイント］→［解除］を選択すると、ライブペイントで着色した色が削除され、黒い線のパスだけになります。

［オブジェクト］メニューから［ライブペイント］→［拡張］を選択すると、ライブペイントの着色を保持したまま、通常のオブジェクトになります。

HINT

線に隙間があると、塗りをダブルクリックしても、隣接する同色の塗りを正しく選択できないことがあります。

SEE ALSO

ライブペイントの隙間オプション ➡P.193

NOTICE

Illustrator CS2では、ライブペイントグループをダブルクリックすると、グレーの二重線のバウンディングボックスが表示され、編集モードになります。グレーのバウンディングボックス内では、パスを追加できます。グレーのバウンディングボックスの外をクリックすると、編集モードが終了します。

HINT

編集モードにしなくても、[ダイレクト選択] ツールなどでパスを移動できます。

NOTICE

Illustrator CS4以降のバージョンでは、編集モードにすると「レイヤー1」などのレイヤーが追加されます。CS3以前のバージョンではレイヤーは追加されません。

ライブペイントの編集

ライブペイントグループで線を移動したり、オブジェクトを追加したりするには、ライブペイントの編集モードにします。

❶ [選択] ツールでライブペイントグループをダブルクリックします。

❷ライブペイントの編集モードになり、左上に [ライブペイント] と表示されます。

❸編集モードでは、通常のオブジェクトと同様に各種ツールで選択・移動・変形などが行えます。

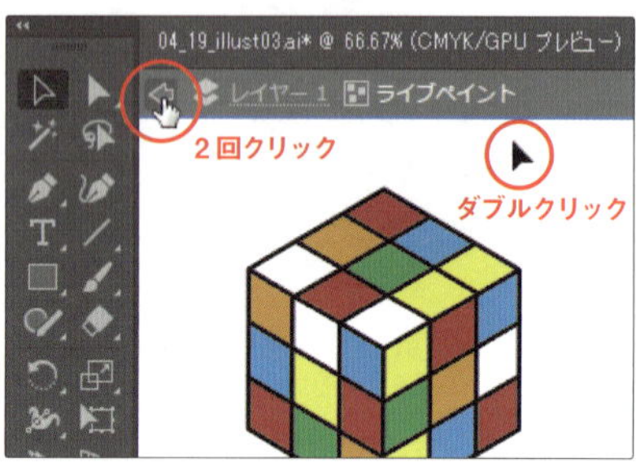

❹左上の矢印を2回クリックするか、アートボード上でダブルクリックすると、編集モードが終了します。

オブジェクトの追加

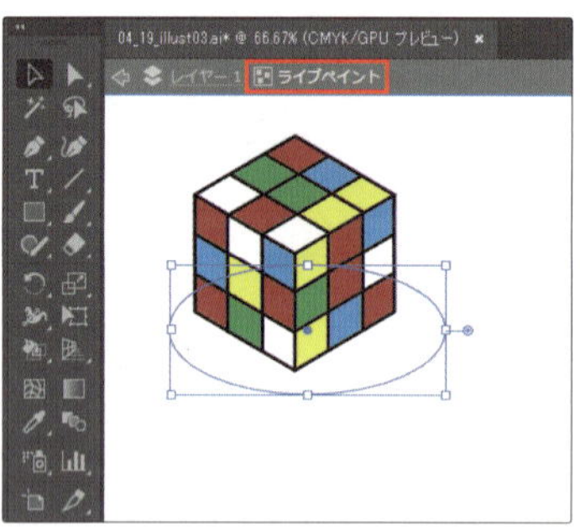

❶ライブペイントグループの編集モードにして、楕円形を（ここではライブペイントグループの前面に）作成します。

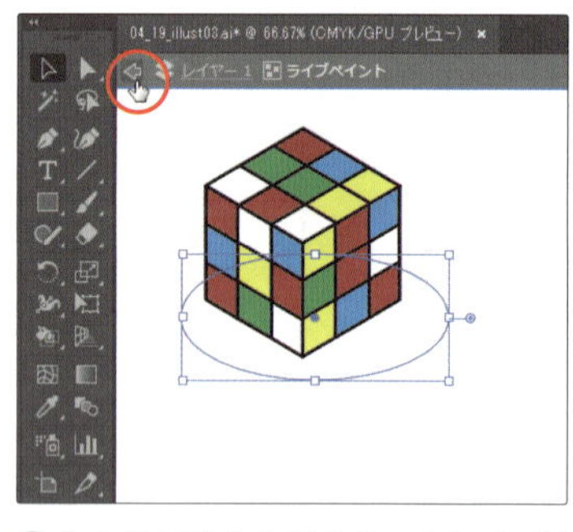

❷左上の矢印を2回クリックして、編集モードを終了します。

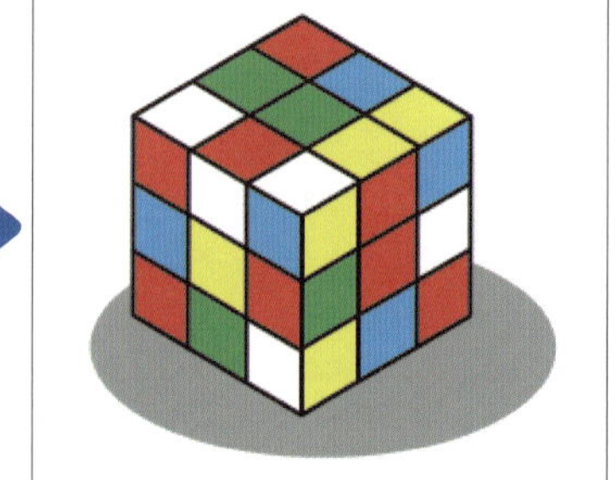

❸ [ライブペイント] ツールで、追加した楕円形に着色します。

CHAPTER 4 20

画像トレース

画像をトレースして線画にする

画像トレースは、JPEG形式やBMP形式などの画像ファイル（ラスターイメージ ➡P.16 参照）を、線画（ベクターイメージ ➡P.16 参照）に変換する機能です。

練習用ファイル：chap4_b➡4_20

ココがポイント

- スキャンした画像をトレースする
- トレース画像にライブペイントで着色する
- トレース画像の隙間を埋める

画像をトレースする

手描きのイラストや文字などをスキャンした画像をトレースします。

❶［ファイル］メニューから［配置］を選択し、スキャンした画像を配置します。

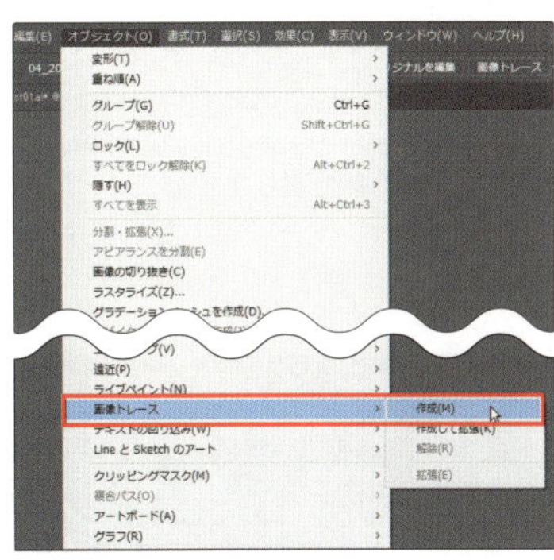

❷配置した画像を選択して、［オブジェクト］メニューから［画像トレース］→［作成］を選択します。

❸トレースのプレビューが表示されます。拡大してもくっきりとした輪郭が保たれています。ただし、この状態ではまだ編集することはできません。

❹［オブジェクト］メニューから［画像トレース］→［拡張］を選択して、トレースを確定します。画像がベクターイメージになり、各種ツールで編集できるようになります。

NOTICE

画像トレースはIllustrator CS2以降のバージョンの機能です。なお、Illustrator CS2～CS6では機能名が「ライブトレース」となっています。

SEE ALSO

画像の配置 ➡P.89

HINT

画像トレースの作成は、コントロールパネルからも操作できます。

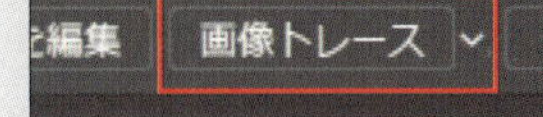

HINT

元の画像の解像度が高いほど、正確にトレースできますが、高解像度でデータが重くなると処理速度が遅くなります。

HINT

画像トレースの拡張は、コントロールパネルでも操作できます。

色数を指定して画像をトレースする

❶［ファイル］メニューから［配置］を選択し、画像を配置します。

❷配置した画像を選択して、［オブジェクト］メニューから［画像トレース］→［作成］を選択すると、白黒でトレースされます。

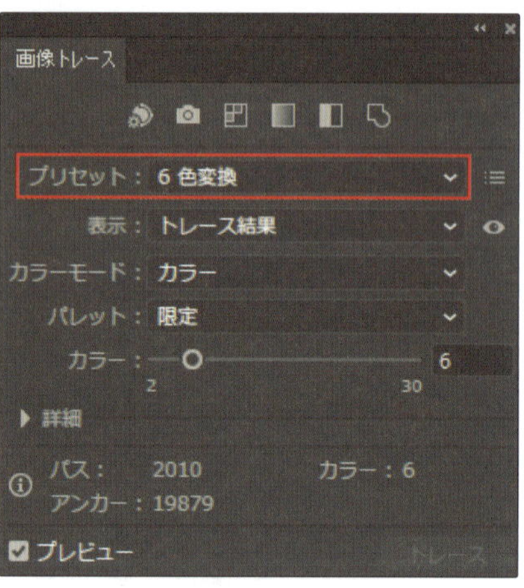

❸画像が選択された状態で、［ウィンドウ］メニューから［画像トレース］を選択します。画像トレースパネルが表示されるので、［プリセット］で「6 色変換」を選択します。

❹画像が 6 色でトレースされます。

❺［オブジェクト］メニューから［画像トレース］→［拡張］を選択してトレースを確定すると、画像がベクターイメージになります。

NOTICE

Illustrator CS5 以前のバージョンで、画像トレースパネルの操作を行うには、［オブジェクト］メニューから［ライブトレース］→［トレースオプション］を選択します。

HINT

画像トレースのプリセットはコントロールパネルでも選択できます。さまざまなプリセットが用意されており、拡張でトレースを確定する前にプリセットを試すことができます。

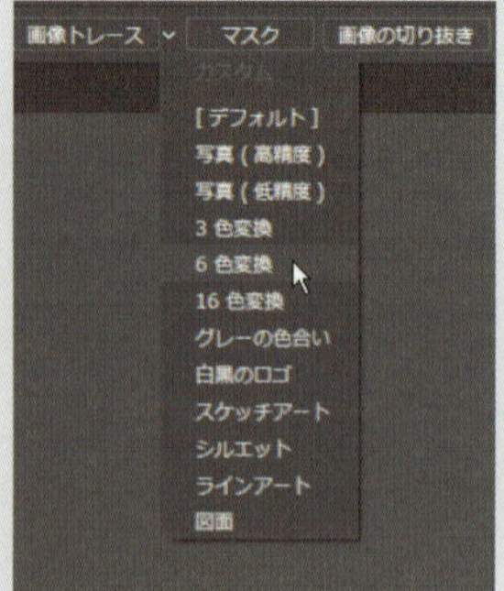

HINT

色数の多い画像ほど、［カラー変換（6 色）］の効果がわかりやすくなります。

トレースした画像にライブペイントで着色する

トレースしたイラストの着色には、ライブペイントが便利です。

❶［選択］ツールでトレースしたイラストを選択します。

❷［オブジェクト］メニューから［ライブペイント］→［作成］を選択します。

❸イラストがライブペイントグループになり、［ライブペイント］ツールで着色できるようになります。

ライブペイントの隙間オプション

トレースでできてしまった隙間は、［隙間オプション］で補完できます。

❶トレースしたイラストを選択し、［オブジェクト］メニューから［ライブペイント］→［作成］を選択します。

❷［ライブペイント］ツールで着色すると、隙間があるために、意図した部分以外も着色されます。イラストを選択し、［オブジェクト］メニューから［ライブペイント］→［隙間オプション］を選択します。

SEE ALSO

ライブペイントグループの作成 ➡P.187

NOTICE

Illustrator CS5 以前のバージョンでは、［オブジェクト］メニューから［ライブトレース］→［ライブペイントに変換］を選択しても操作できます。

SEE ALSO

ライブペイントの着色 ➡P.188

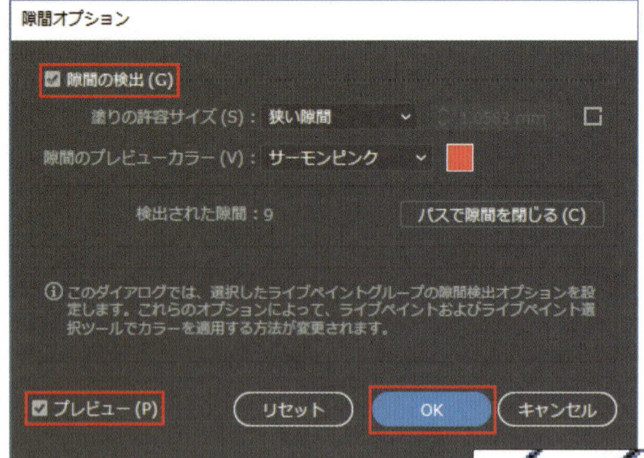

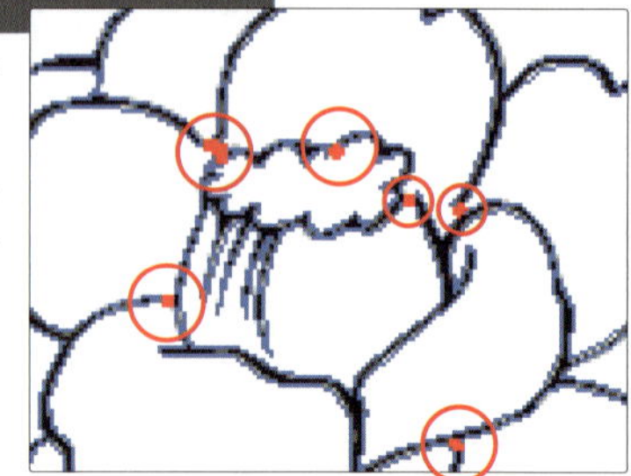

❸表示される[隙間オプション] ダイアログボックスで[隙間の検出] と[プレビュー] にチェックを入れると、隙間が[隙間のプレビューカラー] の色（ここではサーモンピンク）で表示されます。[OK] をクリックすると、表示された隙間が補完されます。

❹見た目に変化はありませんが、隙間が補完され、意図した部分に着色できるようになります。

[隙間オプション] ダイアログボックスの設定

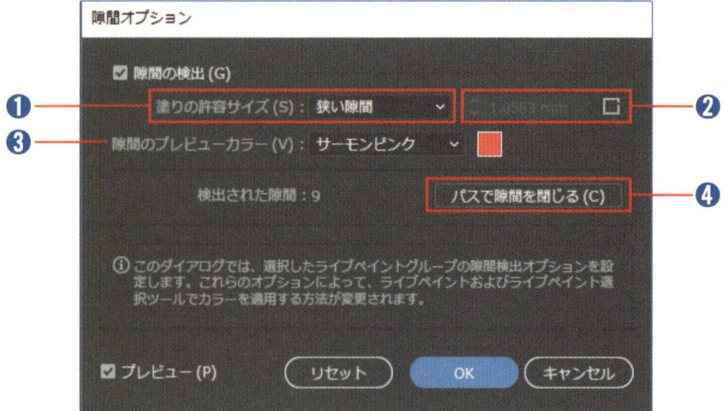

❶**塗りの許容サイズ**：隙間の広さを「狭い」「中程度」「広い」「カスタム」から選択します。

❷**カスタム**：❶でカスタムを選択した場合に、隙間の広さを数値で指定します。

❸**隙間のプレビューカラー**：検出された隙間の表示色を設定します。

❹**パスで隙間を閉じる**：検出された隙間をパスで閉じます。

CHAPTER 4

21 グラフ〈1〉

基本的なグラフを作成する

Illustratorでは数値データを元にグラフを作成できます。9種類のグラフが用意されているので、用途によって使い分けることができます。

 練習用ファイル：chap4_b→4_21

ココがポイント

- データを入力してグラフを作成する
- グラフを編集する
- 外部データを利用してグラフを作成する

グラフを作成する

どの種類のグラフも、あらかじめグラフ全体のサイズを決めてから作成します。

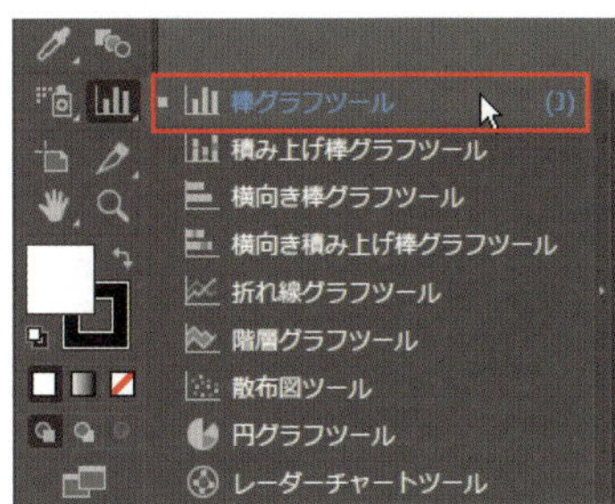

❶ツールパネルで任意のグラフツール（ここでは［棒グラフ］ツール）を選択します。

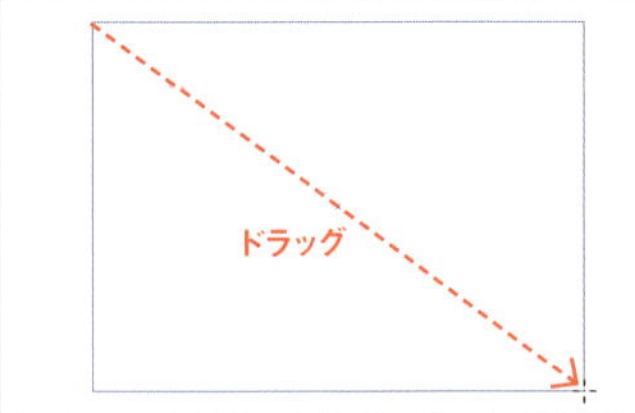

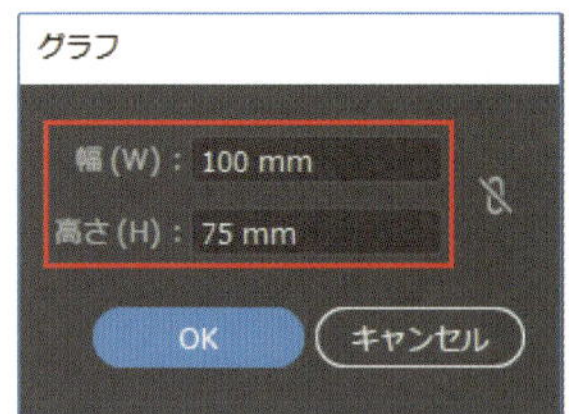

❷アートボード上でドラッグして範囲を決めるか、クリックすると表示される［グラフ］ダイアログボックスで［幅］［高さ］に数値を入力して、グラフのサイズを指定します。

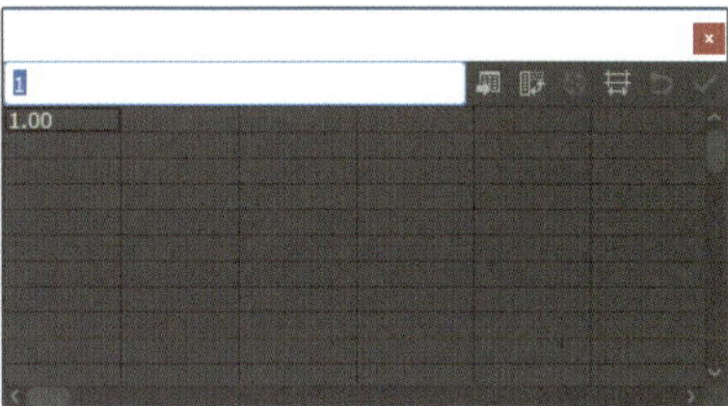

❸アートボード上に指定したサイズのグラフの原型が作成され、データを入力するグラフデータウィンドウが表示されます。

入力テキストボックス　クリック

	A社	B社	C社
"2005"	5.50	2.00	9.00
"2006"	6.40	7.00	7.00
"2007"	9.70	8.00	10.00
"2008"	10.20	8.40	9.30
"2009"	10.20	9.00	9.80
"2010"	10.20	9.00	9.00
"2011"	11.80	10.00	10.10
"2012"	12.00	10.50	10.50

❹入力するセルをクリックし、入力テキストボックスにデータを入力します。すべてのデータを入力したら、✓［適用］ボタンをクリックして、右上の×ボタンをクリックして閉じます。

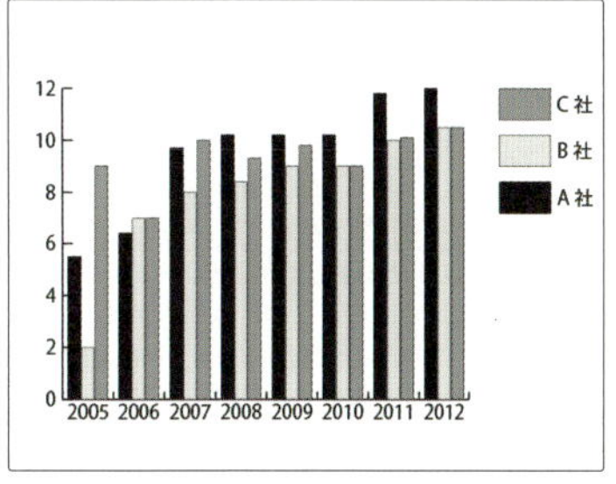

❺入力したデータのグラフが作成されます。

HINT

凡例や項目を入力する

凡例や項目も、グラフデータウィンドウで入力します。作例の年度など、数字だけの項目は、グラフの数値データと区別するために、「"2005"」と半角の二重引用符で数字を括っておきます。

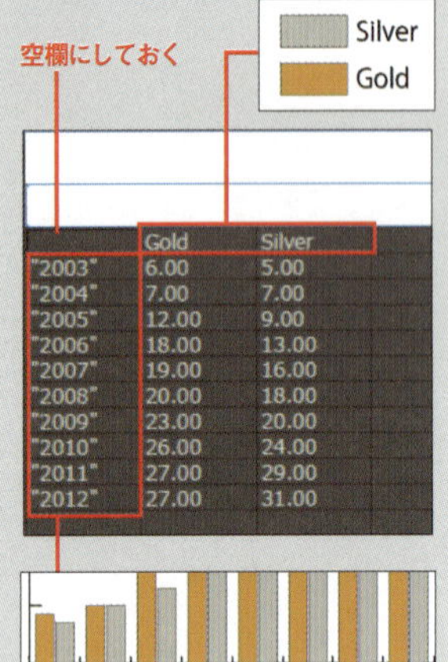

	Gold	Silver
"2003"	6.00	5.00
"2004"	7.00	7.00
"2005"	12.00	9.00
"2006"	18.00	13.00
"2007"	19.00	16.00
"2008"	20.00	18.00
"2009"	23.00	20.00
"2010"	26.00	24.00
"2011"	27.00	29.00
"2012"	27.00	31.00

グラフデータウィンドウの使い方

グラフのデータは、グラフデータウィンドウで入力します。

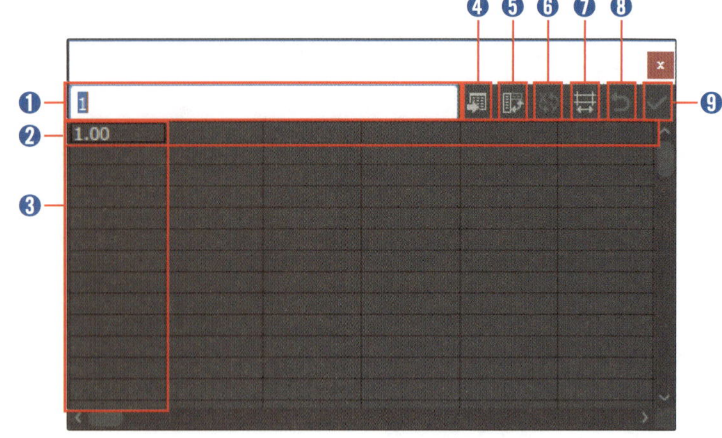

❶**入力テキストボックス**：数値や文字を入力します。

❷**行**：Tabキーを押すと、次の列のセルに移動します。

❸**列**：Enter（return）キーを押すと、次の行のセルに移動します。

❹**データの読み込み**：外部データを読み込みます（P.201 参照）。

❺**行列置換**：行と列の数値を入れ換えます。

❻**xyを入れ換え**：散布図などのx軸とy軸とを入れ換えます。

❼**セル設定**：セルの幅や桁数を設定します。

❽**復帰**：入力したデータを消去します。

❾**適用**：入力データをグラフに反映させます。

グラフの種類

Illustratorでは、全部で9種類のグラフを作成できます。ここでは、グラフの種類とデータの入力例を紹介します。

棒グラフ

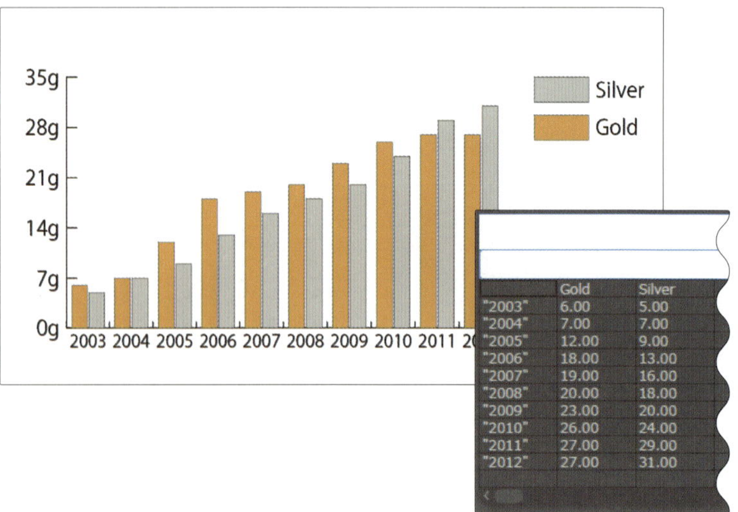

	Gold	Silver
"2003"	6.00	5.00
"2004"	7.00	7.00
"2005"	12.00	9.00
"2006"	18.00	13.00
"2007"	19.00	16.00
"2008"	20.00	18.00
"2009"	23.00	20.00
"2010"	26.00	24.00
"2011"	27.00	29.00
"2012"	27.00	31.00

積み上げ棒グラフ

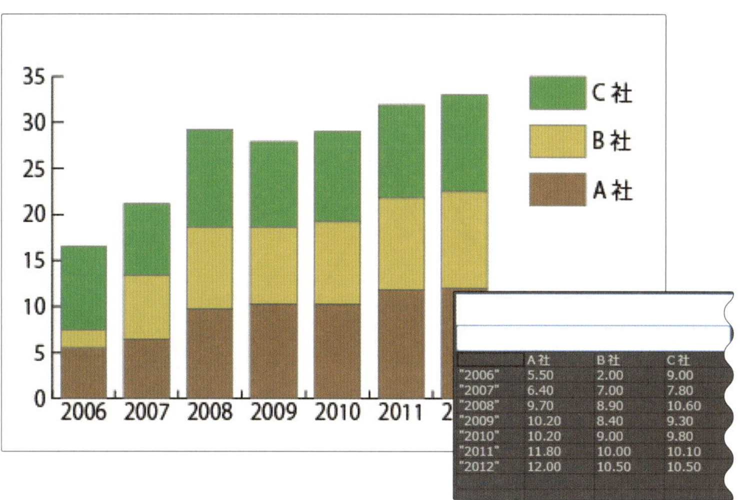

	A社	B社	C社
"2006"	5.50	2.00	9.00
"2007"	6.40	7.00	7.80
"2008"	9.70	8.90	10.60
"2009"	10.20	8.40	9.30
"2010"	10.20	9.00	9.80
"2011"	11.80	10.00	10.10
"2012"	12.00	10.50	10.50

横向き棒グラフ

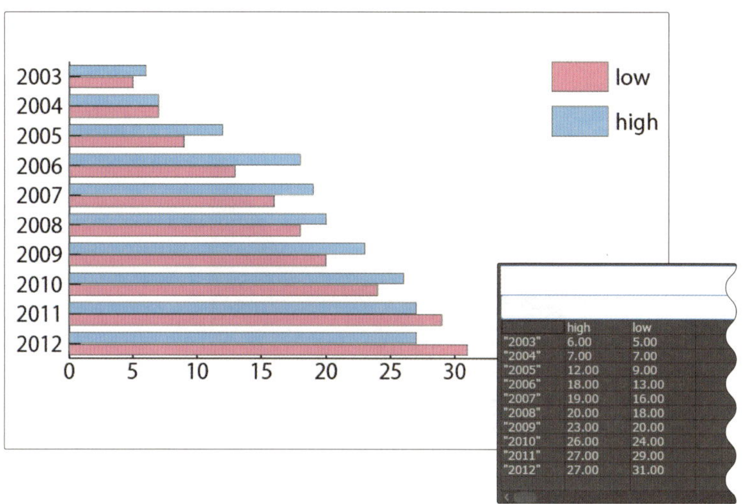

	high	low
"2003"	6.00	5.00
"2004"	7.00	7.00
"2005"	12.00	9.00
"2006"	18.00	13.00
"2007"	19.00	16.00
"2008"	20.00	18.00
"2009"	23.00	20.00
"2010"	26.00	24.00
"2011"	27.00	29.00
"2012"	27.00	31.00

横向き積み上げ棒グラフ

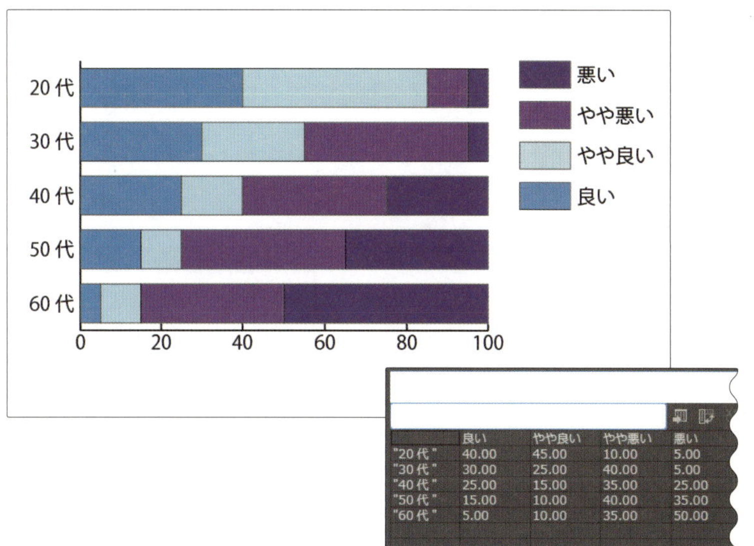

	良い	やや良い	やや悪い	悪い
"20 代"	40.00	45.00	10.00	5.00
"30 代"	30.00	25.00	40.00	5.00
"40 代"	25.00	15.00	35.00	25.00
"50 代"	15.00	10.00	40.00	35.00
"60 代"	5.00	10.00	35.00	50.00

折れ線グラフ

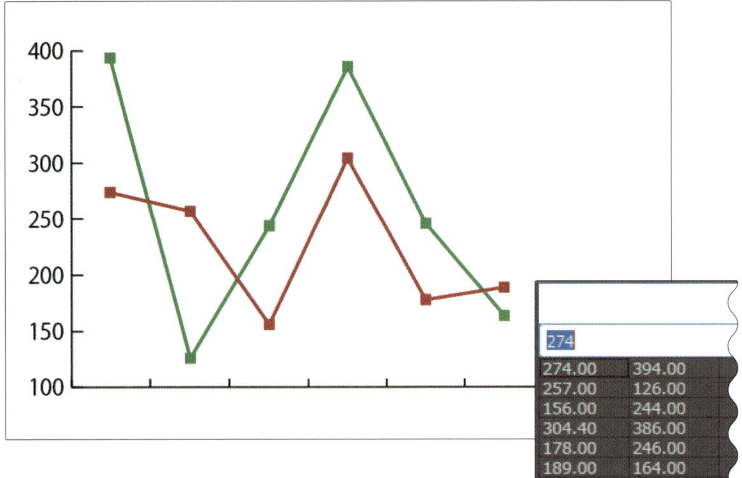

階層グラフ

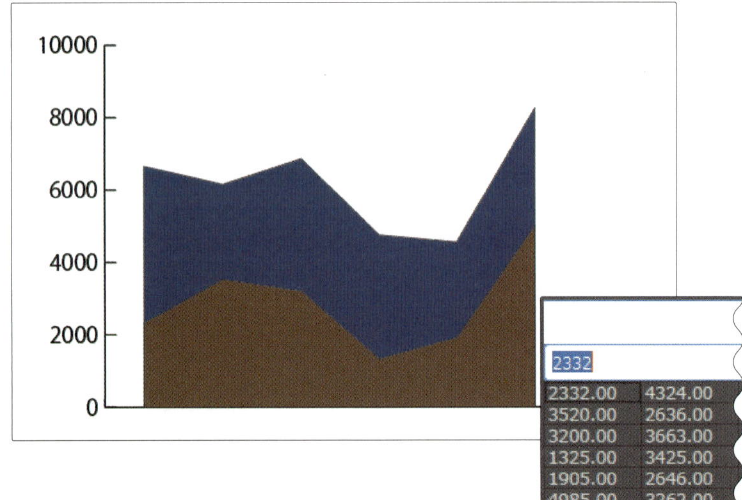

散布図

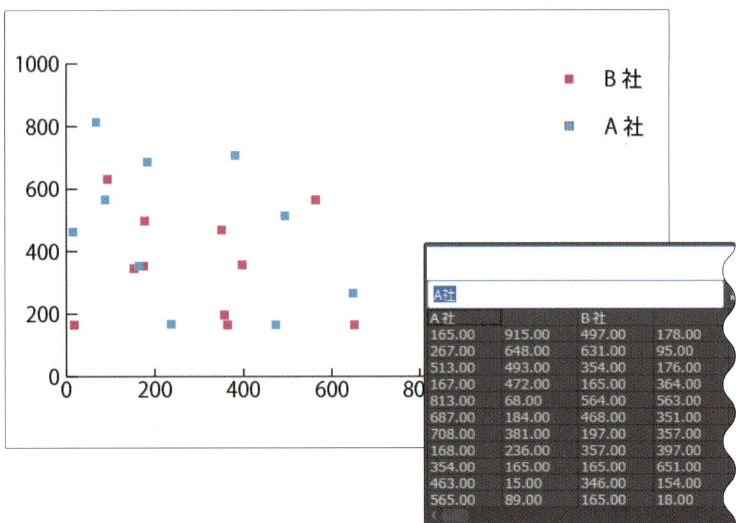

HINT

散布図の項目

棒グラフなどの数値入力とは異なり、２つの数値から位置決めをする散布図は、項目を入力する場所が他のグラフとは異なります。P.196 の棒グラフを参照して違いを確認してください。

円グラフ

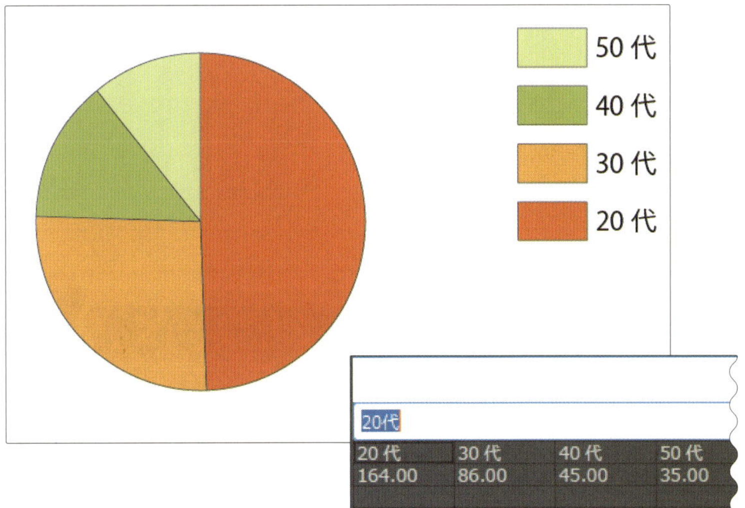

レーダーチャート

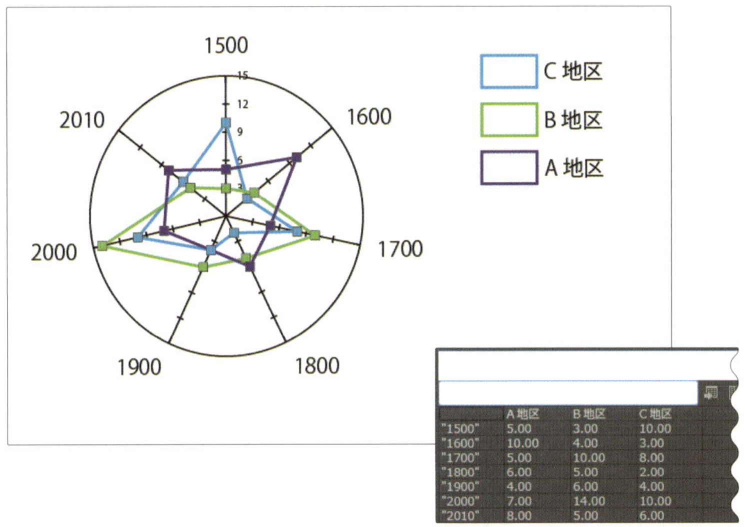

	A 地区	B 地区	C 地区
"1500"	5.00	3.00	10.00
"1600"	10.00	4.00	3.00
"1700"	5.00	10.00	8.00
"1800"	6.00	5.00	2.00
"1900"	4.00	6.00	4.00
"2000"	7.00	14.00	10.00
"2010"	8.00	5.00	6.00

グラフの編集

グラフのデータは、後から編集することができます。

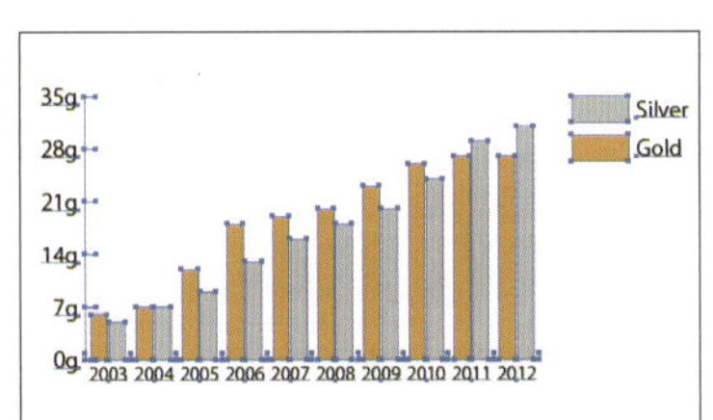

	Gold	Silver
"2003"	6.00	5.00
"2004"	7.00	7.00
"2005"	12.00	9.00
"2006"	18.00	13.00
"2007"	19.00	16.00
"2008"	20.00	18.00
"2009"	23.00	20.00
"2010"	26.00	24.00
"2011"	27.00	29.00
"2012"	27.00	31.00

❶［選択］ツールでグラフを選択します。

❷［オブジェクト］メニューから［グラフ］→［データ］を選択して、グラフデータウィンドウを表示させます。

HINT

円グラフの項目

円グラフでは、項目を1行目に、数値を2行目に入力します。

20 代	30 代	40 代	50 代
164.00	86.00	45.00	35.00

HINT

グラフは、グループ化されています。グループを解除すると、グラフのデータが消去され、数値の変更などができなくなるので注意しましょう。

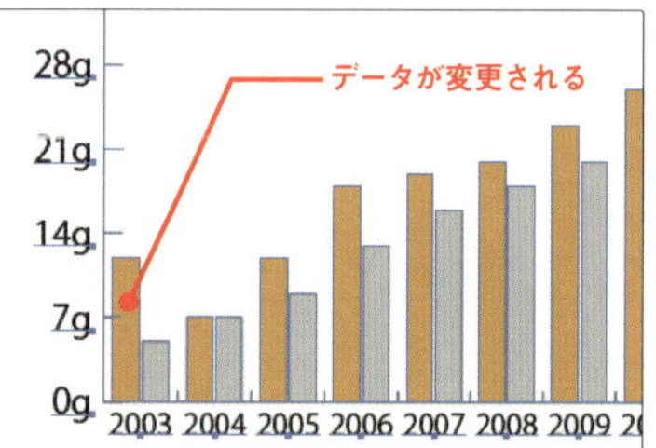

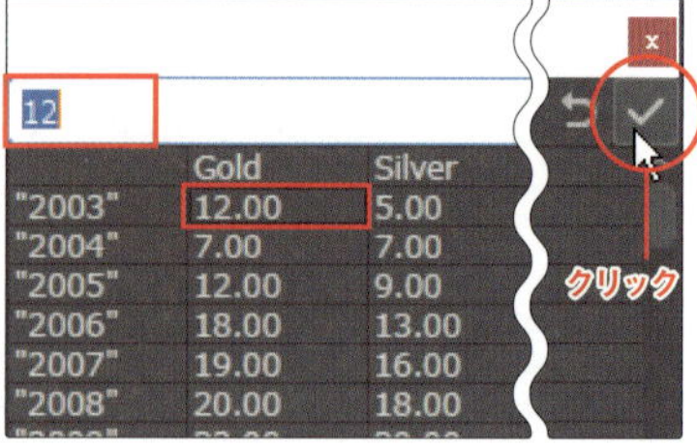

❸変更するデータのセルをクリックします。[入力テキストボックス]に現在の数値(ここでは6)が表示されます。

❹[入力テキストボックス]に変更する数値(ここでは「12」)を入力します。☑[適用]ボタンをクリックすると、変更がグラフに反映されます。

グラフの設定

グラフの目盛りや座標の最小・最大値など、グラフの表示方法は、[グラフ設定]ダイアログボックスで指定します。

元のグラフ

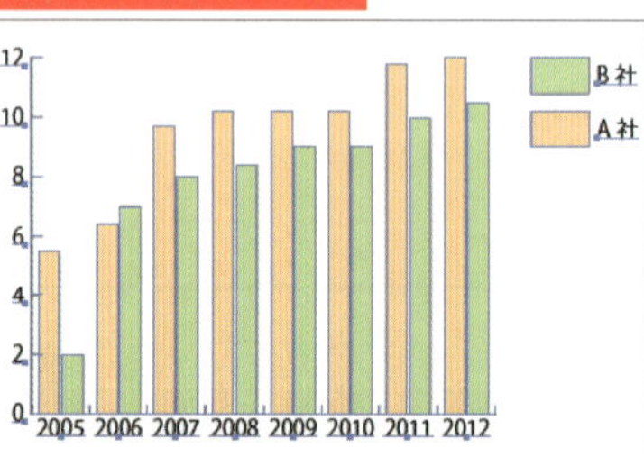

❶グラフを選択し、[オブジェクト]メニューから[グラフ]→[設定]を選択するか、[グラフ]ツールをダブルクリックします。

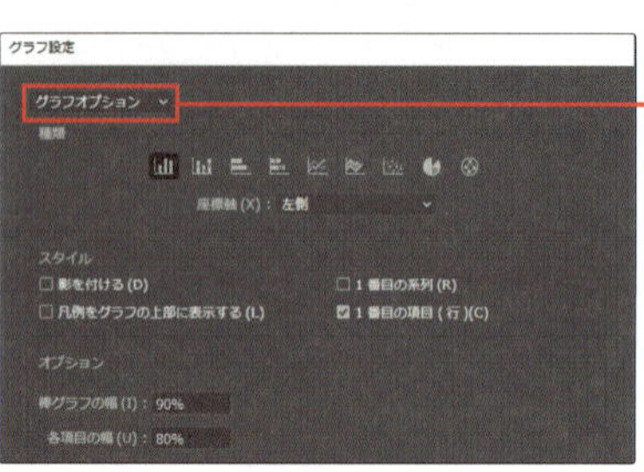

❷[グラフ設定]ダイアログボックスが表示されるので、[グラフオプション][数値の座標軸][項目の座標軸]で各項目を設定します。

[グラフオプション]の設定

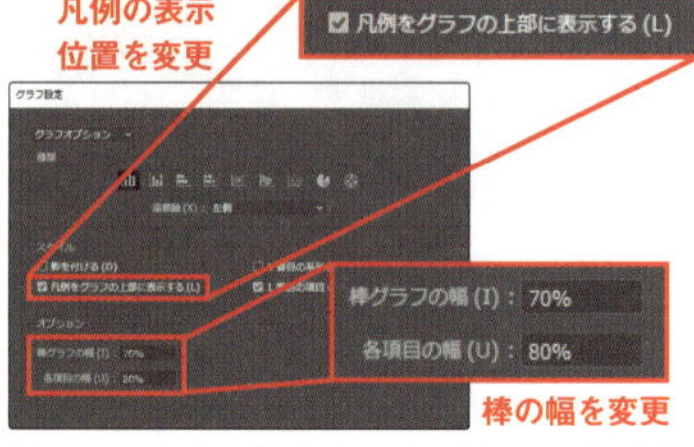

❸ここでは、[グラフオプション]を図のように設定します。

[数値の座標軸]の設定

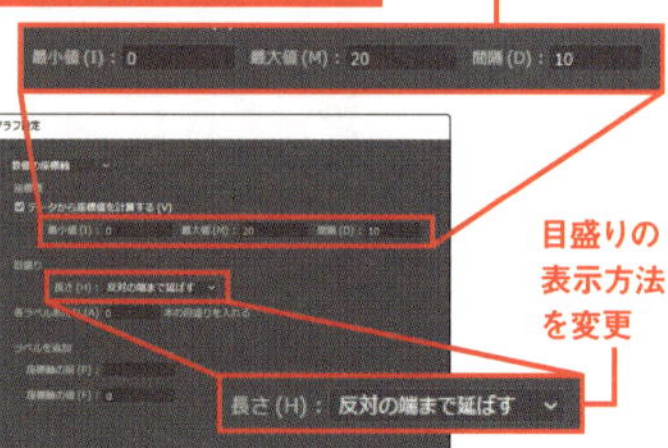

❹ここでは、[数値の座標軸]を図のように設定します。

HINT

[グラフオプション]の[種類]で別のグラフを選択すると、グラフの種類を変更できます。

積み上げ棒グラフ

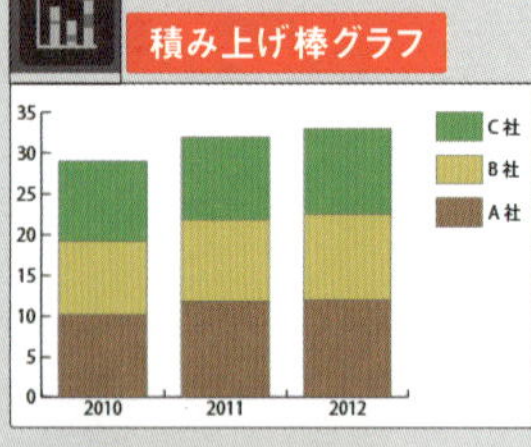

横向き棒グラフ

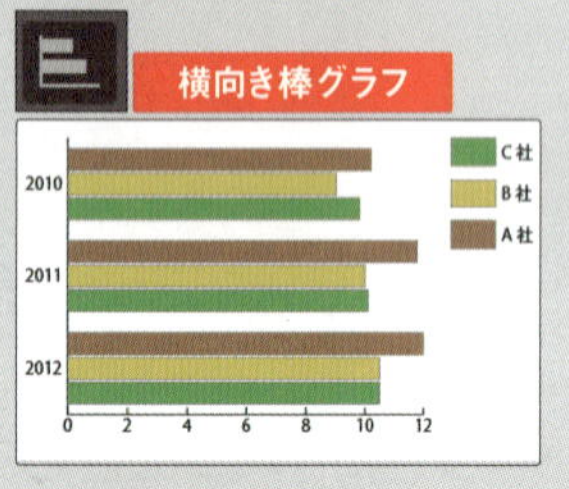

設定後のグラフ

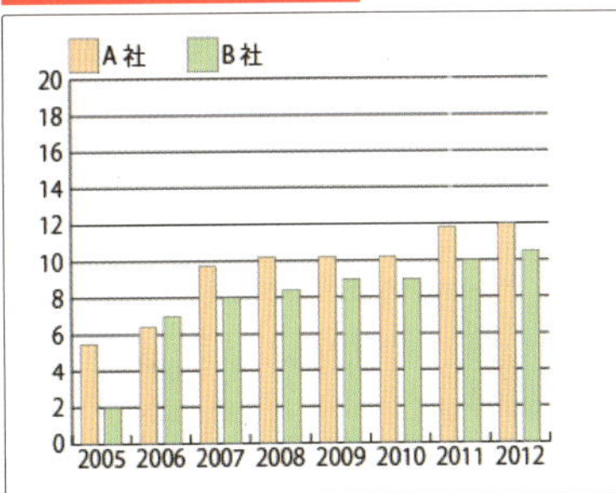

❺元のグラフとは表示が変わります。

タブで区切ったテキストデータ（図）などの外部データを読み込むには、グラフデータウィンドウで [データの読み込み] ボタンをクリックして、表示される [グラフデータの読み込み] ダイアログボックスで、テキストデータが入力されたファイルを選択し、[OK] をクリックします。

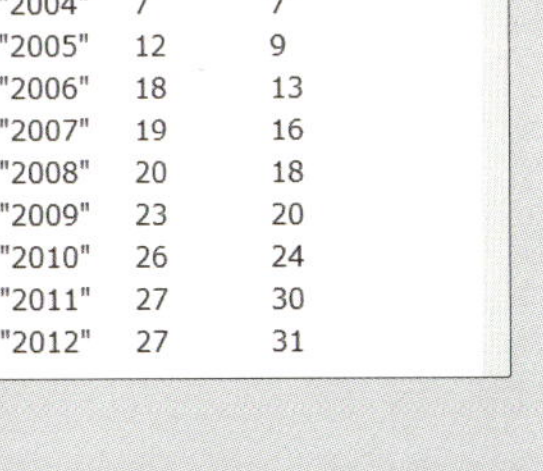

	high	low
"2003"	6	5
"2004"	7	7
"2005"	12	9
"2006"	18	13
"2007"	19	16
"2008"	20	18
"2009"	23	20
"2010"	26	24
"2011"	27	30
"2012"	27	31

項目が年度など数字だけのデータの場合は、「"2003"」と半角の二重引用符で数字を括っておく必要があります。

外部データを利用する

Microsoft ExcelやMicrosoft Wordなどで入力したデータを利用して、グラフを作成できます。

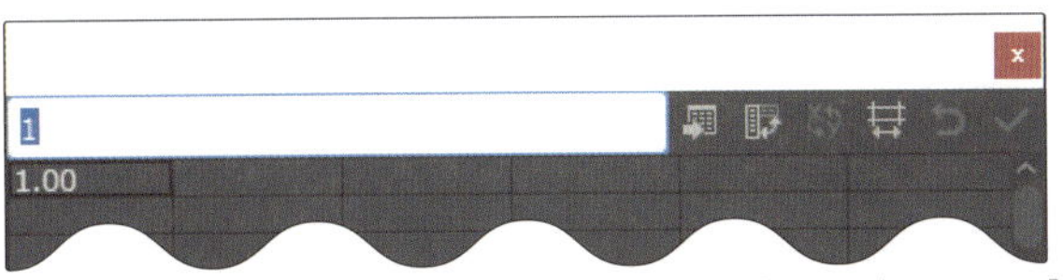

❶［グラフ］ツールで任意のグラフツールを選択して（ここでは［棒グラフツール］）、グラフのサイズを指定し、グラフデータウィンドウを表示させます。

	A	B	C
1		high	low
2	"2003"	6	5
3	"2004"	7	7
4	"2005"	12	9
5	"2006"	18	13
6	"2007"	19	16
7	"2008"	20	18
8	"2009"	23	20
9	"2010"	26	24
10	"2011"	27	29
11	"2012"	27	31
12			
13			

❷ここでは、Microsoft Excelで、グラフにするデータをコピーします。

	high	low
"2003"	6.00	5.00
"2004"	7.00	7.00
"2005"	12.00	9.00
"2006"	18.00	13.00
"2007"	19.00	16.00
"2008"	20.00	18.00
"2009"	23.00	20.00
"2010"	26.00	24.00
"2011"	27.00	29.00
"2012"	27.00	31.00

❸グラフデータウィンドウで、データを貼り込む最初のセル（ここでは左上のセル）をクリックしてデータをペーストし、［適用］ボタンをクリックします。

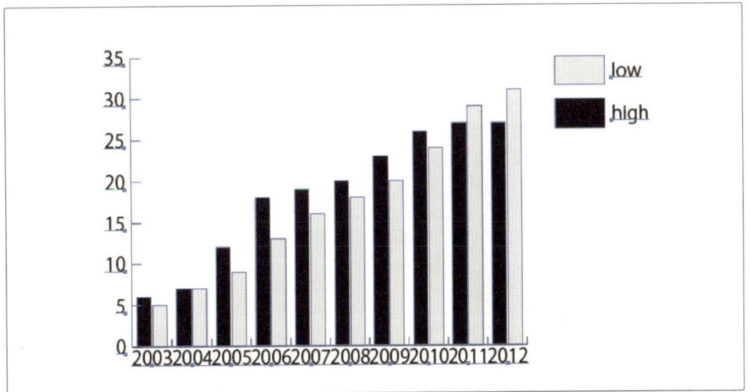

❹コピー＆ペーストしたデータのグラフが作成されます。

4 22 グラフ〈2〉 見やすいグラフにする

グラフに色を付けて見やすくしましょう。また、棒グラフ・折れ線グラフ・散布図・レーダーチャートでは、イラストを利用することができます。

練習用ファイル：chap4_b➡4-22

ココがポイント
- グラフに色を付ける
- グラフの種類を混在させる
- グラフにイラストを利用する

HINT

グラフは、各系列ごとにグループ化されています。［グループ選択］ツールでダブルクリックすると、グループごとに系列を選択できます。

SEE ALSO

スウォッチパネルで色を付ける ➡P.56

グラフに色を付ける

棒グラフなどは、系列ごとに色を分けると、見やすいグラフになります。

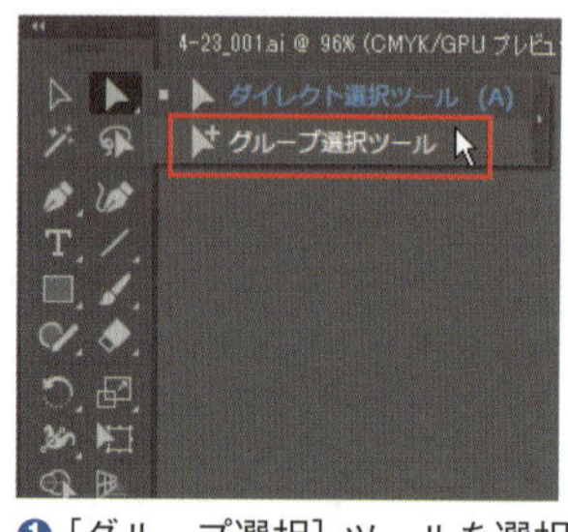

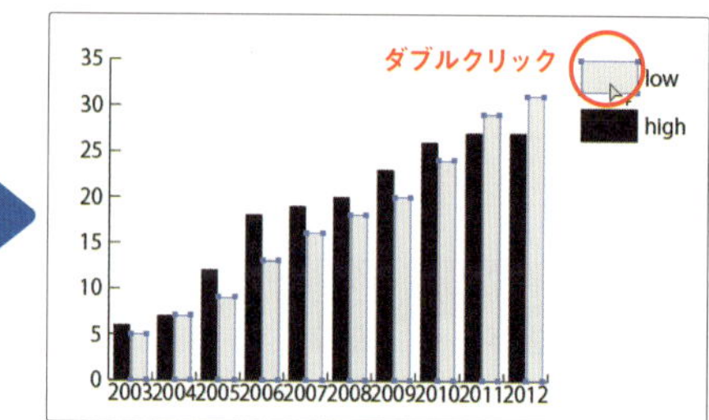

❶［グループ選択］ツールを選択し、棒グラフの色を付ける系列の棒、または凡例をダブルクリックします。その系列がすべて選択されます。

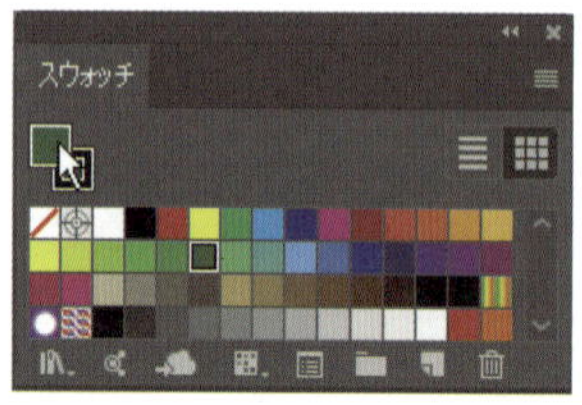

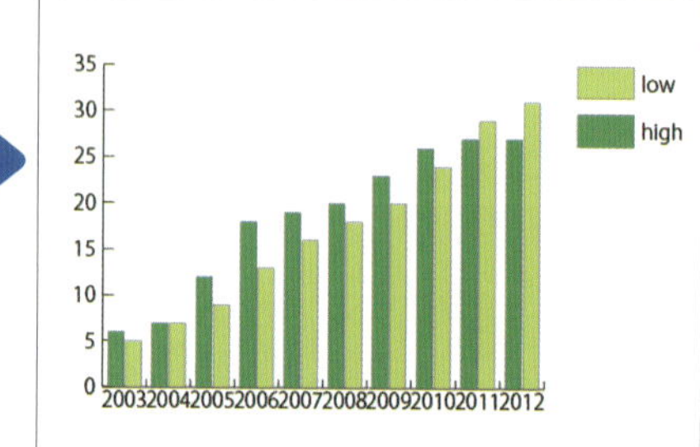

❷スウォッチパネルなどで任意の色をクリックします。系列の色が変わります。

グラフの種類を混在させる

ここでは棒グラフの一系列を折れ線グラフに変換します。

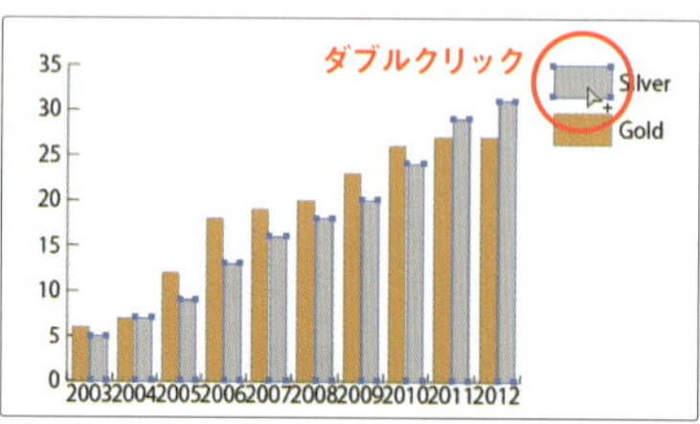

❶［グループ選択］ツールで任意の系列をダブルクリックして選択します。

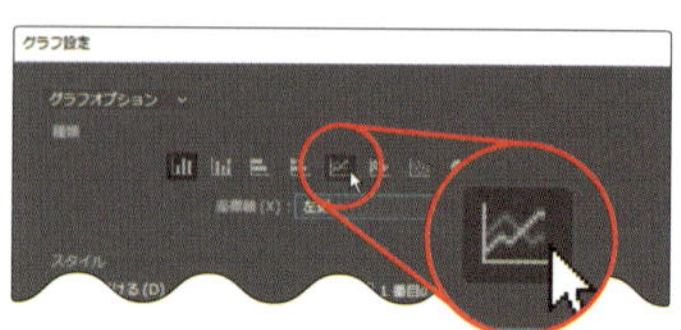

❷［オブジェクト］メニューから［グラフ］→［設定］を選択し、表示される［グラフ設定］ダイアログボックスで「折れ線グラフ」を選択します。

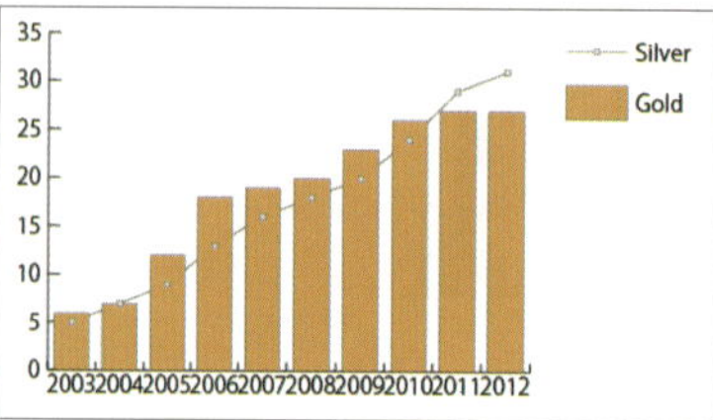

❸手順❶で選択した系列が折れ線グラフになります。

グラフにイラストを利用する

グラフをイラストを利用するには、イラストに加えて、大きさの基準となる長方形を作成します。長方形は、線も塗りも「なし」に設定して、必ず最背面に配置します。

イラストを作成する

棒グラフ用のイラスト

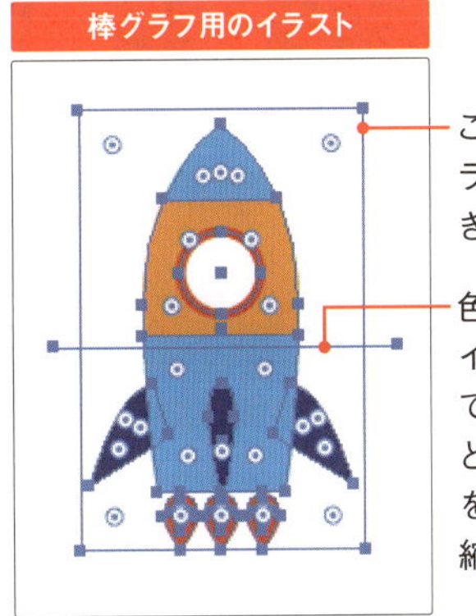

この長方形がイラスト全体の大きさになります。

色のない線をガイドラインとして設定しておくと、ガイドラインを基準にして伸縮させられます。

マーカー用のイラスト

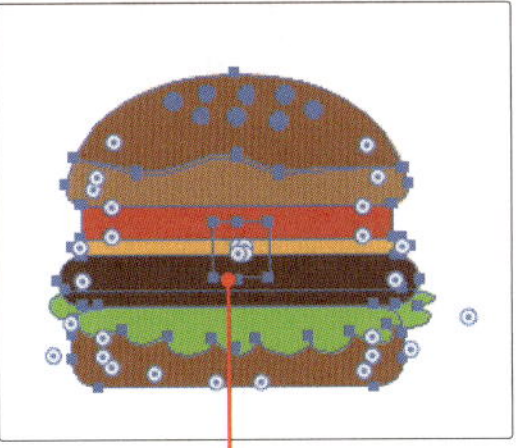

この長方形がマーカーの大きさになります。ここではマーカーよりかなり大きいイラストにしています。

イラストを登録する

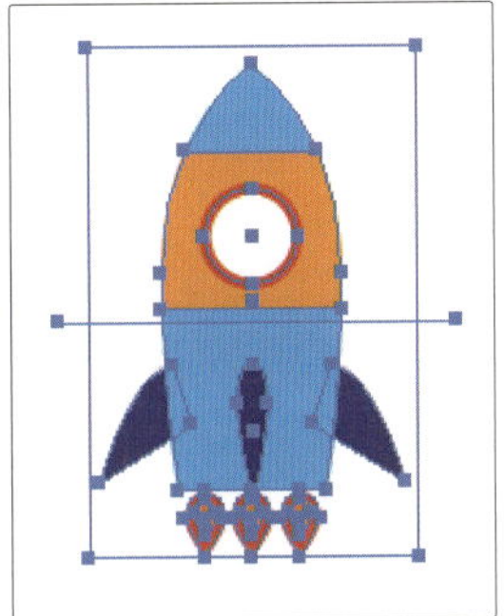

❶イラストを選択して、[オブジェクト]メニューから[グラフ]→[デザイン]を選択します。

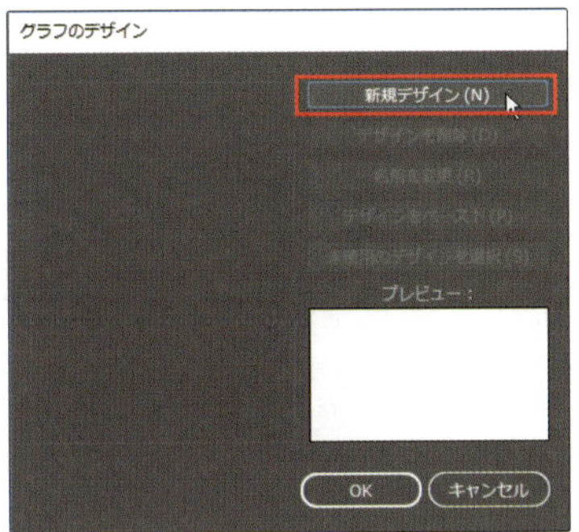

❷表示される［グラフのデザイン］ダイアログボックスで、［新規デザイン］ボタンをクリックします。

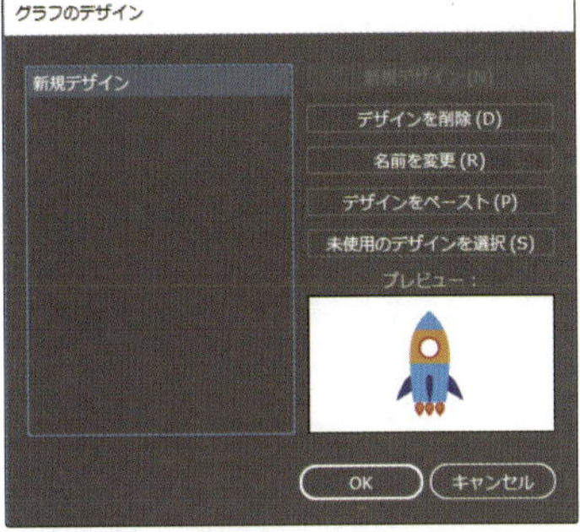

❸イラストが「新規デザイン」としてリストに登録されます。

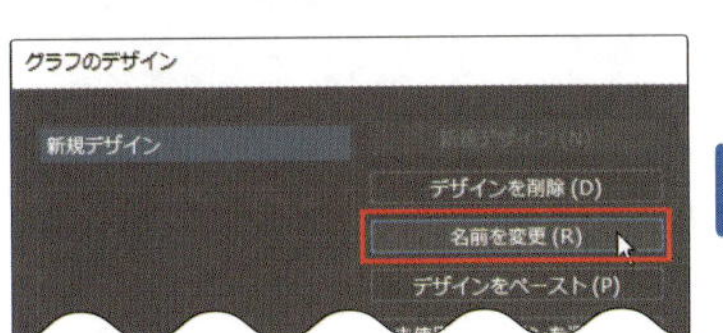

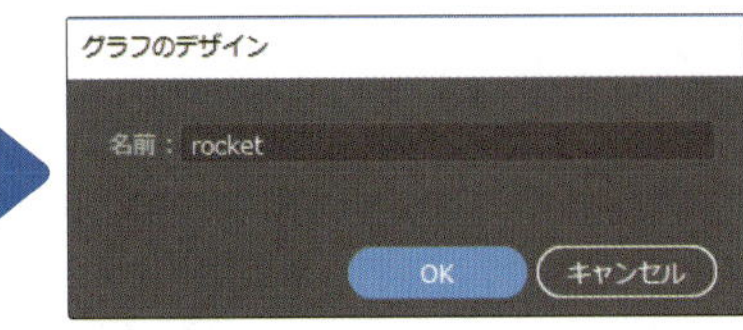

❹イラストに名前を付ける場合は、［名前を変更］ボタンをクリックし、表示されるダイアログボックスの［名前］に名前（ここでは「rocket」）を入力し、［OK］ボタンをクリックします。元の画面で［OK］ボタンをクリックすると、イラストに名前が付きます。

SEE ALSO

最背面へ配置 ➡P.38

HINT

マーカー用のイラストは、折れ線グラフ・散布図・レーダーチャートに適用できます。

HINT

［グラフデザイン］ダイアログボックスでは、登録したデザインの削除やペーストが行えます。

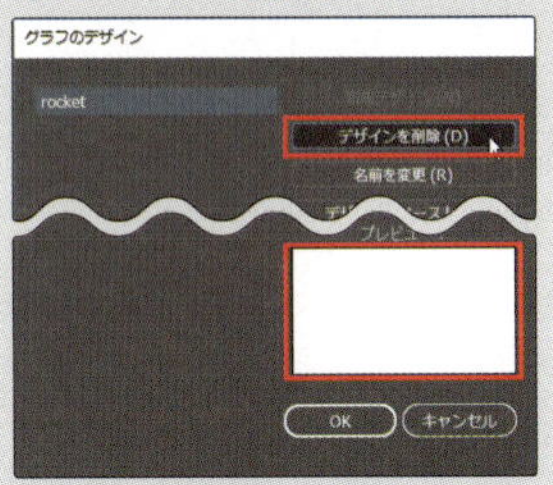

［デザインを削除］ボタンを押すとデザインが削除されます。

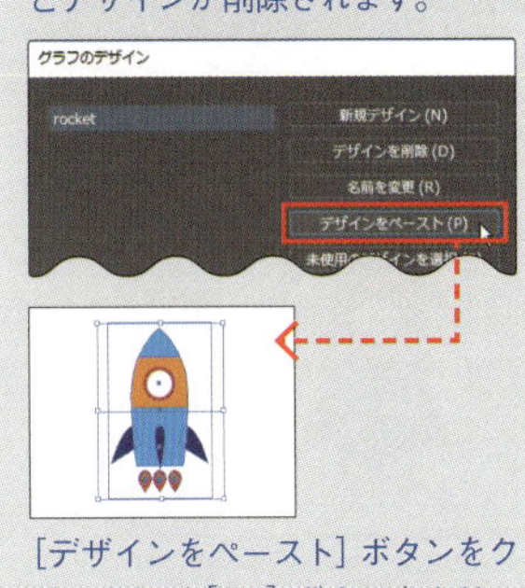

［デザインをペースト］ボタンをクリックして［OK］ボタンをクリックすると、登録したオブジェクトがアートボード上にペーストされます。

登録したイラストを棒グラフに利用

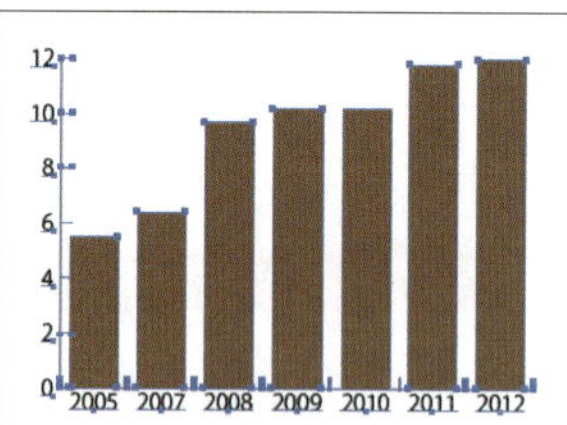

❶グラフを選択して、[オブジェクト] メニューから [グラフ] → [棒グラフ] を選択します。

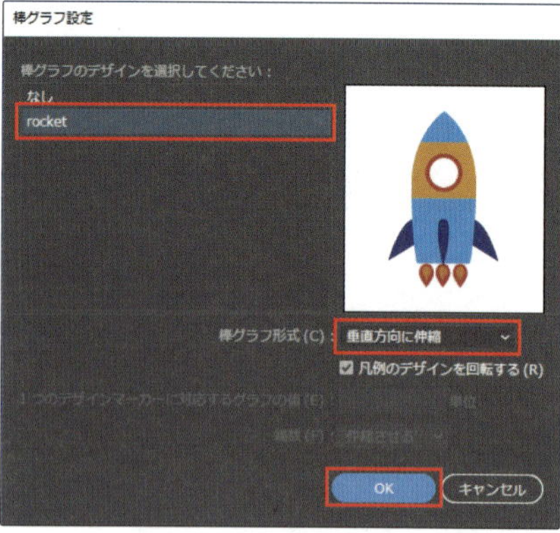

❷表示される [棒グラフ設定] ダイアログボックスで、登録したイラストを選択します。[棒グラフ形式] で [垂直方向に伸縮] を選択し、[OK] ボタンをクリックします。

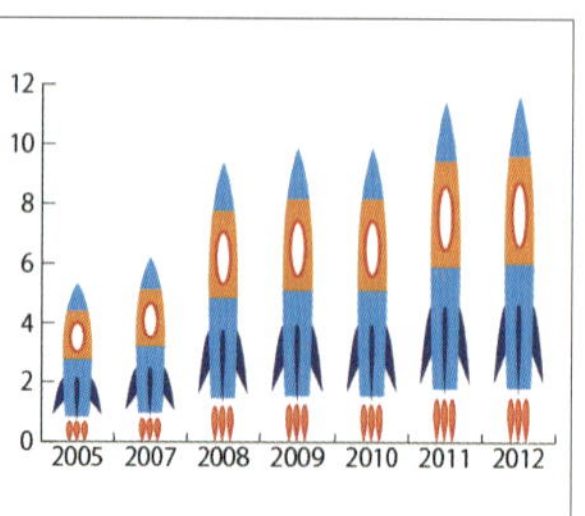

❸グラフの棒がイラストで表示されます。

[棒グラフ設定] ダイアログボックスの設定

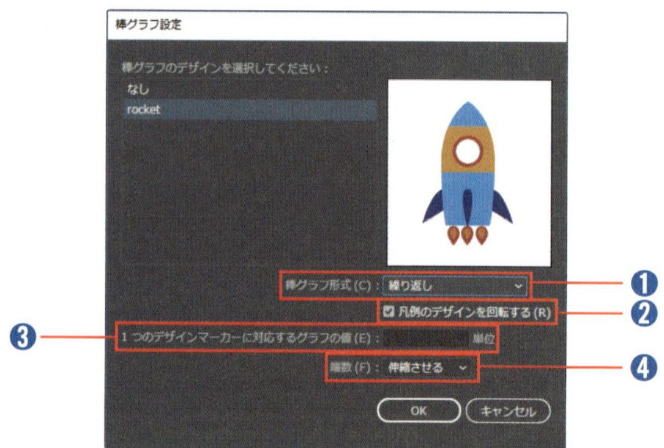

❶棒グラフ形式：イラストをどのように配置するかを指定します。

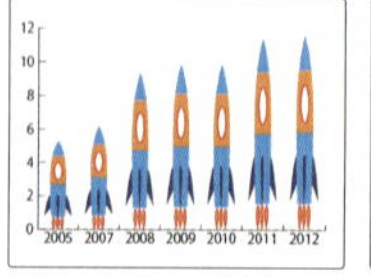
垂直方向に伸縮

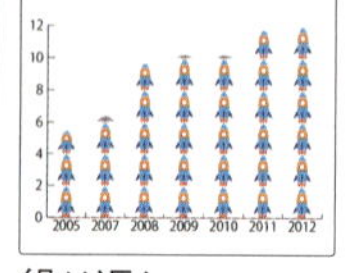
縦横均一に伸縮

繰り返し

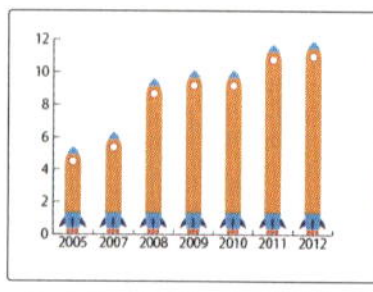
ガイドライン間を伸縮

❷凡例のイラストを回転する：チェックを入れると、凡例用のイラストが回転します。

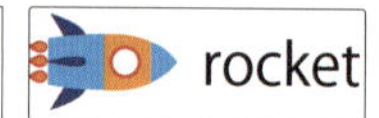

❸繰り返しの単位：❶で [繰り返し] を選択した場合に、繰り返す単位を指定します。

❹端数：❶で [繰り返し] を選択した場合に、イラストの端数分を伸縮させる (右図) か、イラストの途中で区切る (左図) かを選択します。

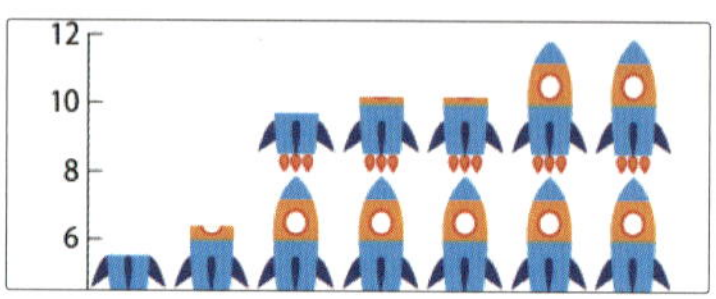

[ガイドライン間を伸縮] は、登録したイラストに配置したガイドラインを基準に伸縮されます。

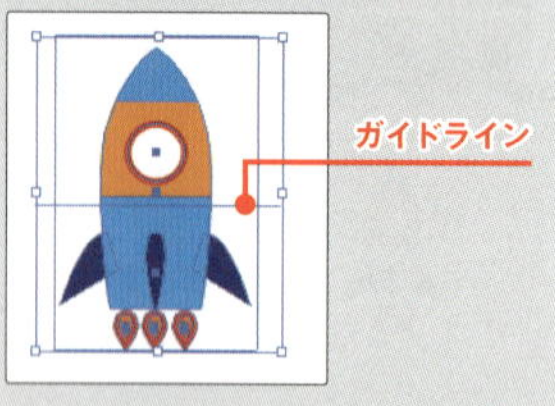

登録したイラストを折れ線グラフに利用

❶イラストを「burger」という名であらかじめ登録しておきます。

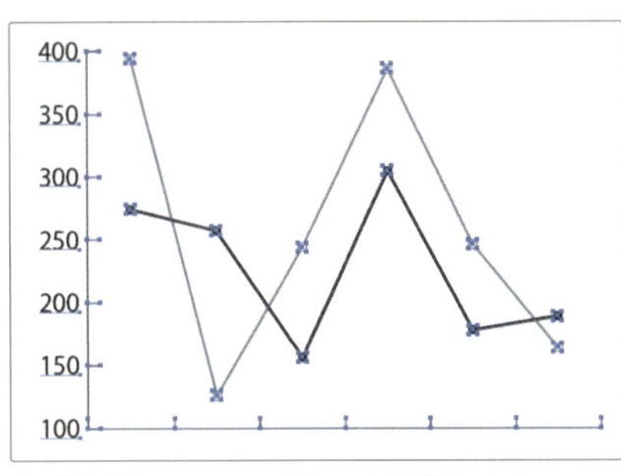

❷［選択］ツールでグラフを選択します。

❸［オブジェクト］メニューから［グラフ］→［マーカー］を選択します。［グラフのマーカー］ダイアログボックスで「burger」を選択して、［OK］ボタンをクリックします。

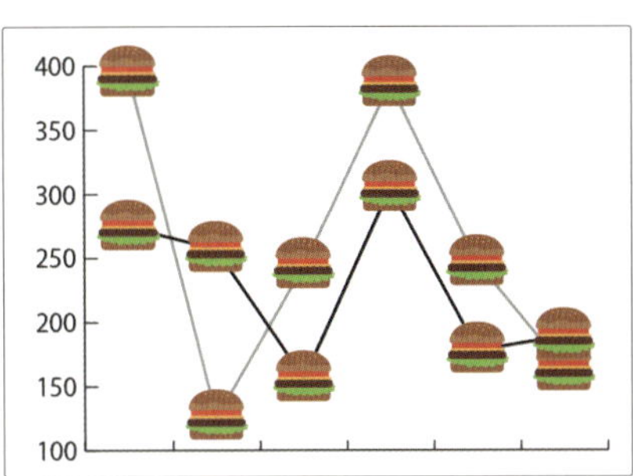

❹マーカーがイラストで表示されます。

グラフ内のイラストに数値を表示する

グラフ用のイラスト内に数値データを表示できます。

❶棒グラフ用のイラスト上に「%30」というテキストを配置して、登録します。

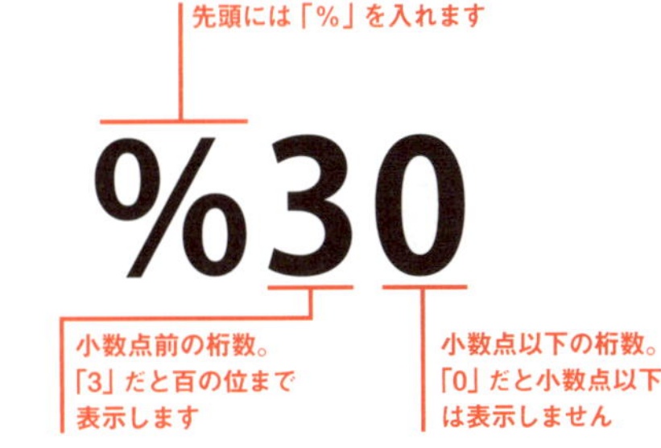

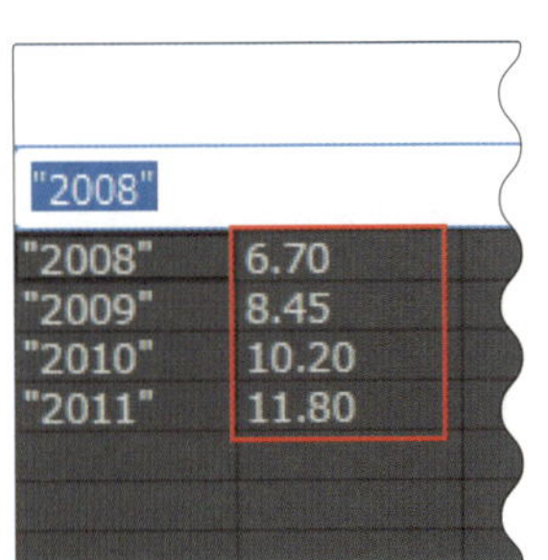

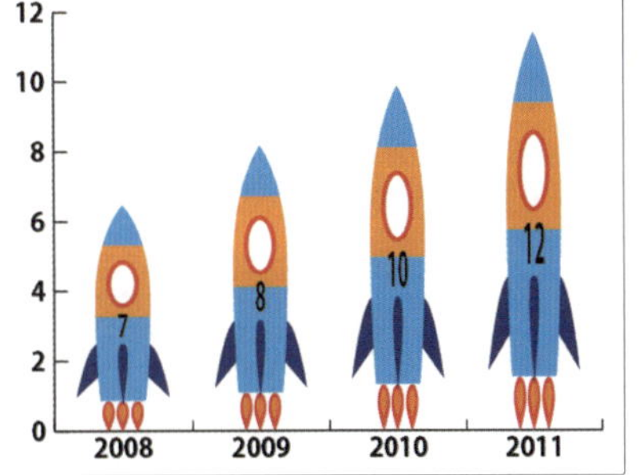

❷グラフのイラストに数値データが表示されます。小数点以下を非表示に設定したので、数値が四捨五入されています。

HINT

マーカー用のイラストは、イラストと合わせて作成しておいた長方形に対して大きさが決まります。図のように長方形よりも大きめにイラストを作成しておくと、目立つマーカーデザインになります。

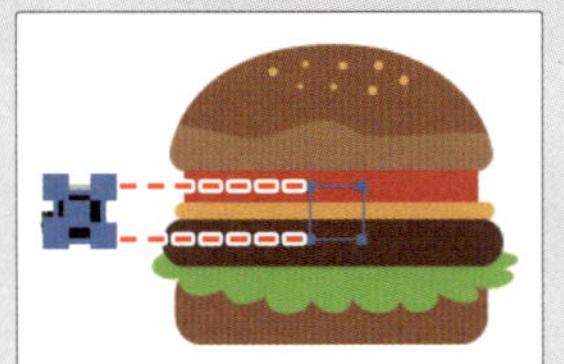

HINT

例えば「168.179」という数値データは、

%30 → 168
%31 → 168.2
%32 → 168.18
%33 → 168.179

と表示されます。

小数点以下が省略される場合には、四捨五入されます。

図は「%31」と配置した場合のグラフです。小数点第1位までが表示されています。

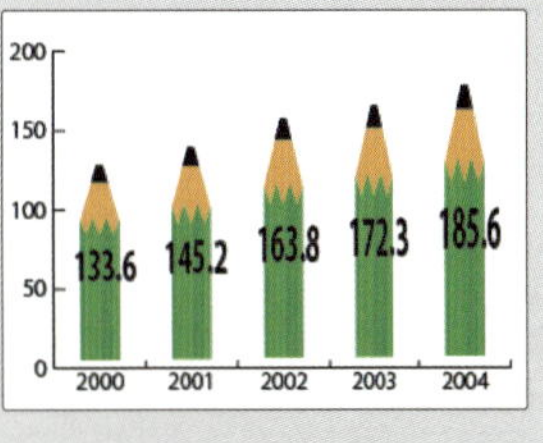

23 表の作り方
グラフィカルな表を作る

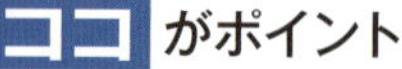

ココがポイント
- 立体的な表を作成する
- 長方形グリッドツールを利用して表を作成する
- ライブペイントで表に着色する

Illustratorには表作成機能がなく、長方形や線で作成した枠や背景の上にテキストを配置して表を作ります。豊富な描画機能を利用すると、個性的でグラフィカルな表になります。

練習用ファイル：chap4_b→4_23

SEE ALSO
連続移動コピー ➡P.171

HINT
連続コピー後にオブジェクトの間隔を調整したい場合は、端のオブジェクトを移動してから整列パネルを利用します。

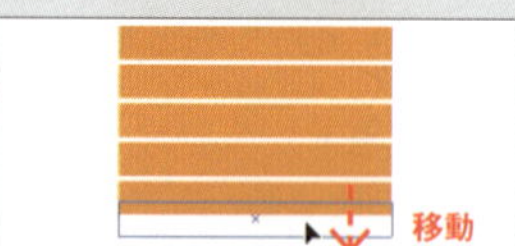

間隔をもう少し広げたい場合、一番端のオブジェクトを離します。

すべてのオブジェクトを選択し、整列パネルから［垂直方向等間隔に分布］を実行すると、等間隔になります。

SEE ALSO
グローバルカラー ➡P.59

HINT
左右に濃度を変化させる場合は、［編集］メニューから［カラーを編集］→［左右にブレンド］を選択します。

立体的な表を作成する

表のベース作り

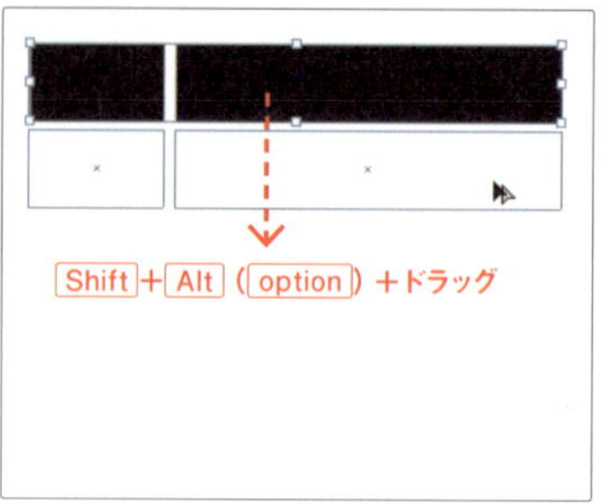

❶マス目の元となる２つの長方形を作成して選択し、Shift＋Alt（option）キーを押しながら下にドラッグし、任意の位置にコピーします。

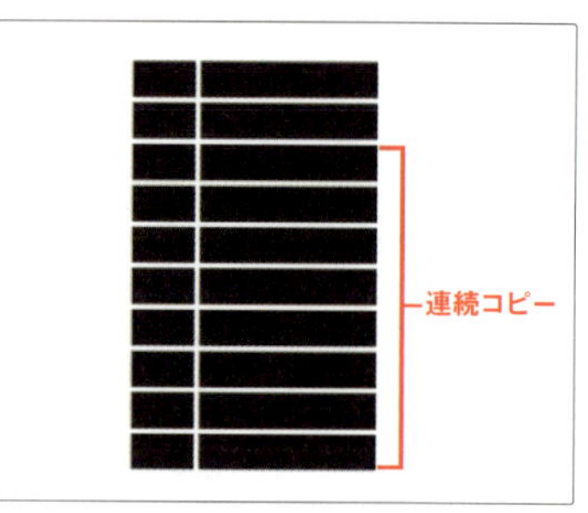

❷コピーされた長方形が選択された状態で、Ctrl（command）＋Dキーを押すと、等間隔で長方形が連続コピーされます。

グローバルカラーで色付け

スウォッチパネルのグローバルカラーを利用すると、複数のオブジェクトの色を一度に変更できます。表に利用すると便利です。

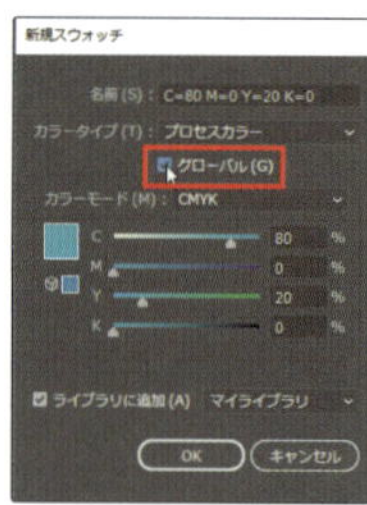

❶スウォッチパネルで新規スウォッチを作成します。［新規スウォッチ］ダイアログボックスで任意の色を設定して、［グローバル］にチェックを入れます。

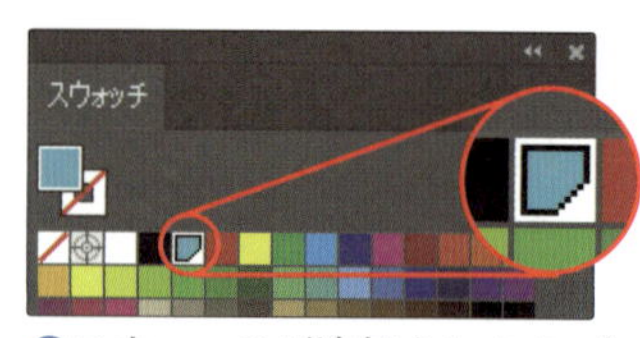

❷スウォッチが追加されます。白い三角の付いたグローバルカラーのアイコンになっています。

❸すべての長方形を選択し、塗りにグローバルカラーを指定します。一番上の長方形だけを選択して、カラーパネルで濃度を変えます。

❹すべての長方形を選択し、［編集］メニューから［カラーを編集］→［上下にブレンド］を選択すると、徐々に濃度が変化します。

❺右側の長方形の色を変えます。色を変える長方形を選択します。

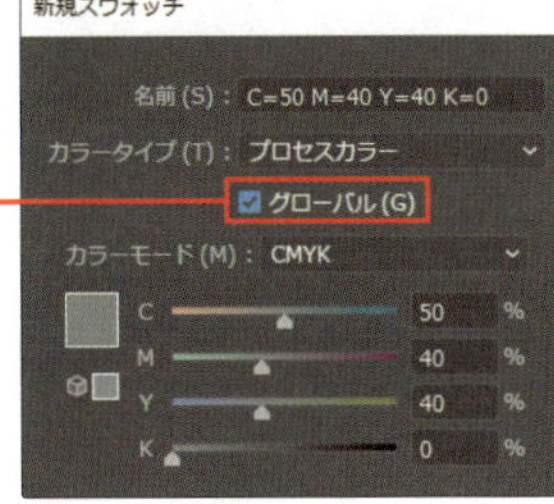

他のグローバルカラーを登録

❻スウォッチパネルで、あらかじめ登録しておいた、他のグローバルカラー（ここではグレー）を選択します。グローバルカラー同士なので、濃度を保ったまま、色が変わります。

立体効果を適用する

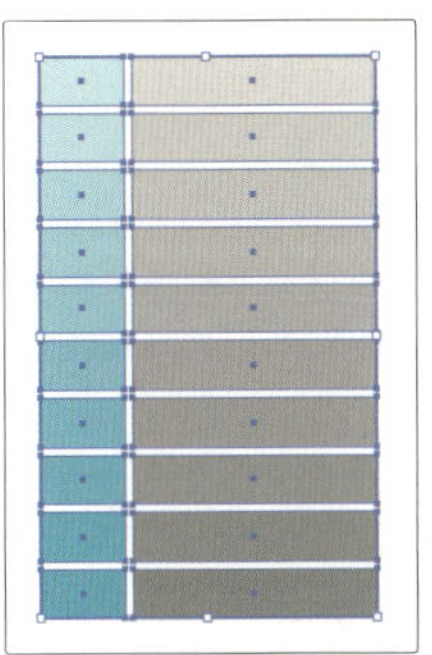

❶すべての長方形を選択し、[効果] メニューから[3D] →[押し出し・ベベル] を選択します。

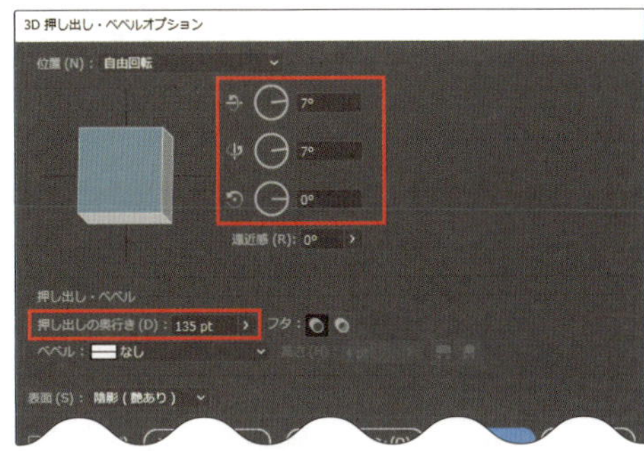

❷表示される [3D押し出し・ベベルオプション] ダイアログボックスで、[X軸を中心とした回転角度を指定] と[Y軸を中心とした回転角度を指定] を「7°」、[Z軸を中心とした回転角度を指定] を「0°」に設定します。[押し出しの奥行き] は「135pt」と長めに設定し、[OK] ボタンをクリックします。

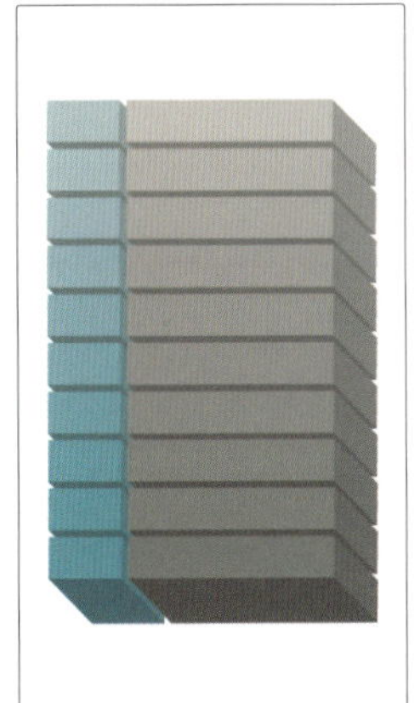

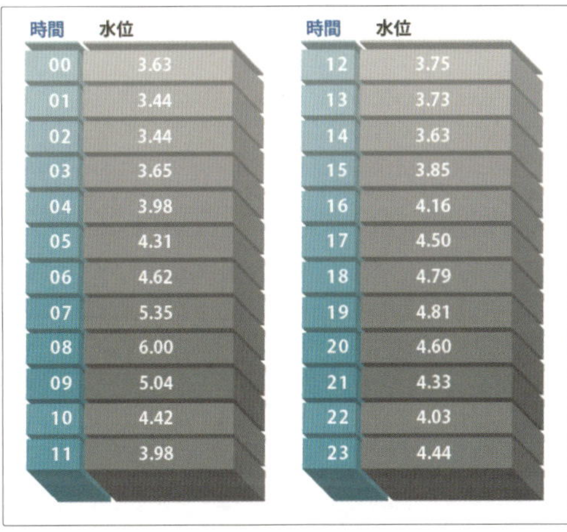

時間	水位
00	3.63
01	3.44
02	3.44
03	3.65
04	3.98
05	4.31
06	4.62
07	5.35
08	6.00
09	5.04
10	4.42
11	3.98

時間	水位
12	3.75
13	3.73
14	3.63
15	3.85
16	4.16
17	4.50
18	4.79
19	4.81
20	4.60
21	4.33
22	4.03
23	4.44

❸長方形が立体的になります。テキストを前面に配置して表を完成させます。

NOTICE

[3D押し出し・ベベル] オプションダイアログボックスで、[X軸を中心とした回転角度を指定] や [Y軸を中心とした回転角度を指定] の数値を大きくしすぎると、長方形が変形してしまうので注意しましょう。図はX軸とY軸の数値をそれぞれ「25°」と大きい値に設定したため、長方形が変形してしまった例です。

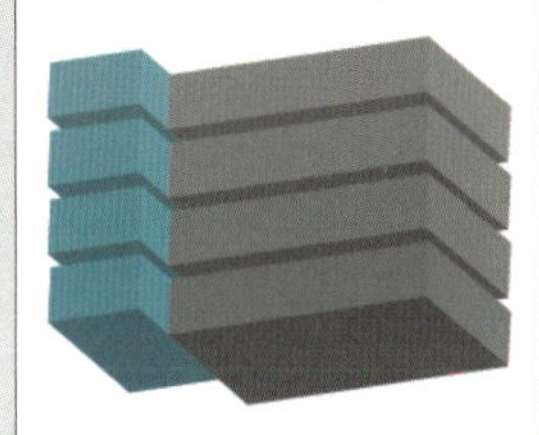

HINT

[長方形グリッド] ツールで、ドラッグ中に行と列の数を増減させることができます。

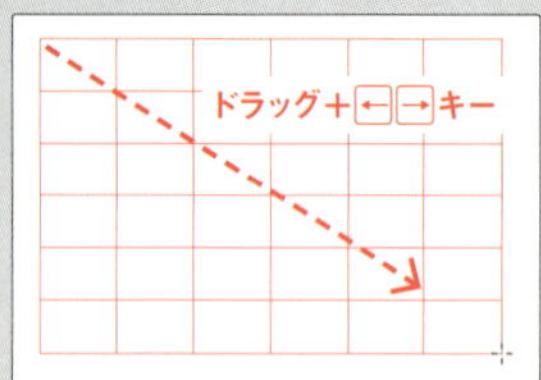

ドラッグ中に→キーを押すと列が増え、←キーを押すと列が減ります。

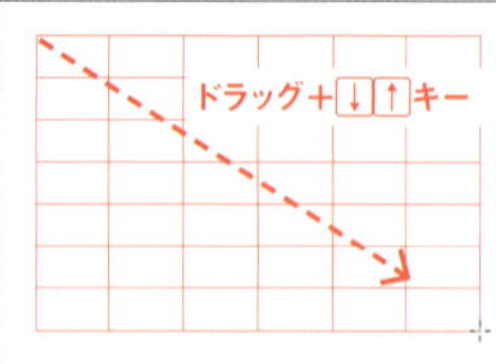

ドラッグ中に↑キーを押すと行が増え、↓キーを押すと行が減ります。

SEE ALSO

ライブペイントの着色 ➡P.188

[長方形グリッド] で表を作成する

[長方形グリッド] ツールは、ドラッグするだけで等間隔のマス目を作成できます。さらに [ライブペイント] ツールを利用すると、マス目に着色できます。

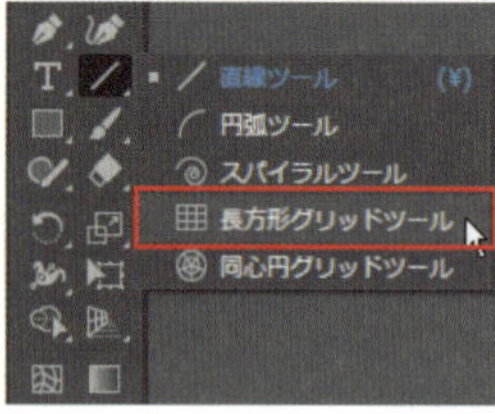

❶ツールパネルで [長方形グリッド] ツールをダブルクリックします。

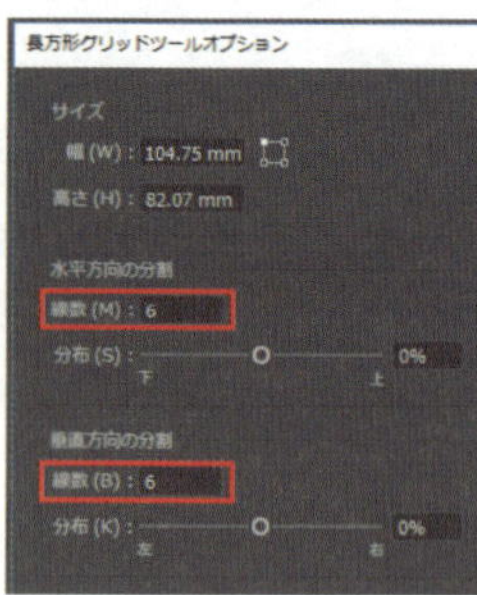

❷表示されるダイアログボックスで水平方向の分割の [線数] に「6」、垂直方向の分割の [線数] に「6」と入力し、[OK] ボタンをクリックします。[線数] は区切り線に相当するので、作る表の列・行の数より1つ少ない数を入力します。

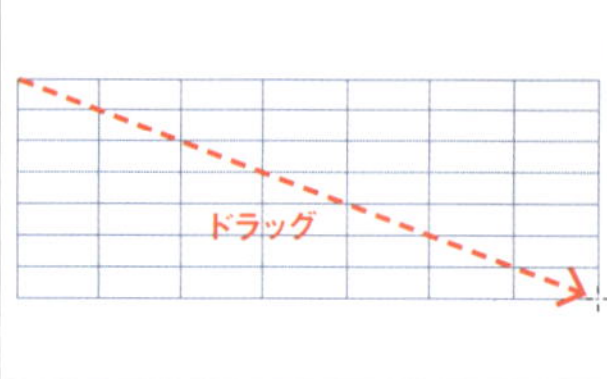

❸ドラッグして、7行×7列のマス目を作成します。

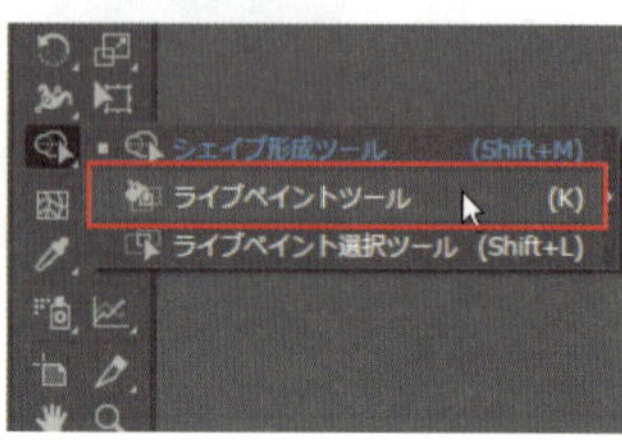

❹ツールパネルから [ライブペイント] ツールを選択します。

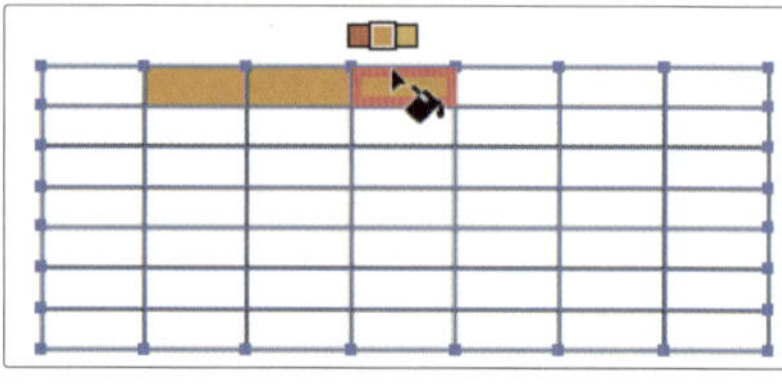

❺1行目の2列目から4列目のマス目までドラッグして着色します。同じように、他のマス目にも着色します。

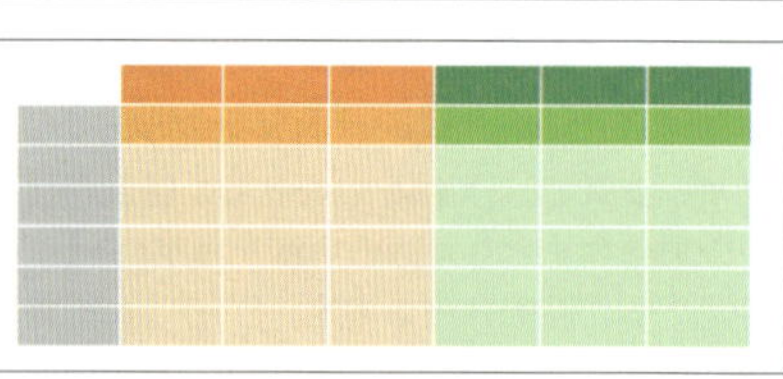

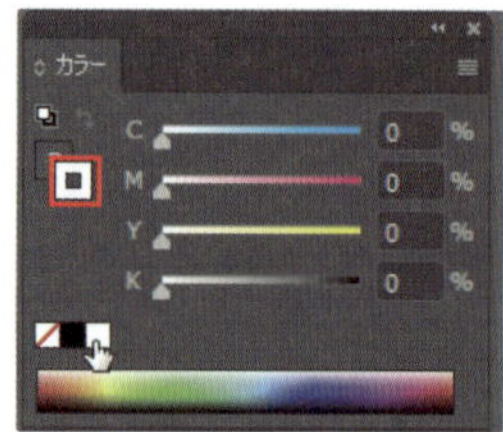

❻ [選択] ツールで、長方形グリッドを選択し、カラーパネルなどで線の色を白にします。線の色が白いと、優しい雰囲気の表になります。

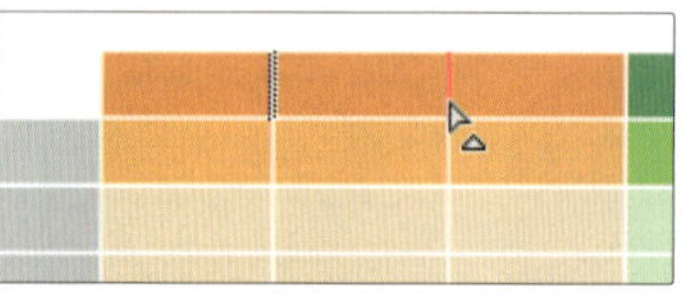

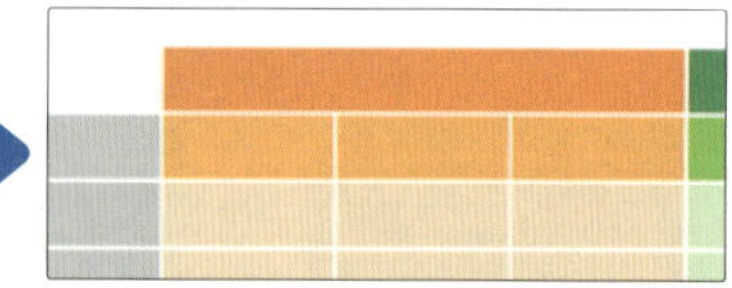

❼いくつかのマス目を1つに合体させる場合は、[ライブペイント選択] ツールで区切り線を選択し、線の色を「なし」にします。

	通勤定期料金表			通学定期料金表		
キロ	1ヶ月	3ヶ月	6ヶ月	1ヶ月	3ヶ月	6ヶ月
3km	5,210	14,850	28,140	3,130	8,930	16,910
4km	6,440	18,360	34,780	4,040	11,520	21,820
5km	8,040	22,920	43,420	5,050	14,400	27,270
6km	9,650	27,510	52,100	6,060	17,280	32,700
7km	11,260	32,100	60,810	7,070	20,150	18,180

❽テキストを前面に配置して表を完成させます。

幅の異なるオブジェクトで表を作成する

オブジェクの幅が異なり、間隔が揃っていない場合も、整列パネルを利用して等間隔に並べると、見やすい表になります。

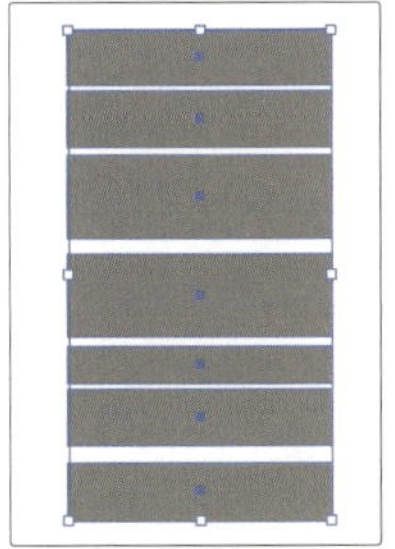

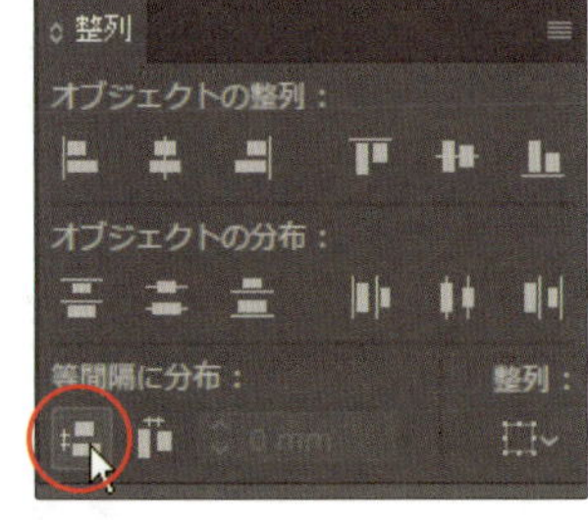

❶すべての長方形を選択します。

❷整列パネルの[垂直方向等間隔に分布]をクリックすると、長方形が等間隔で並びます。

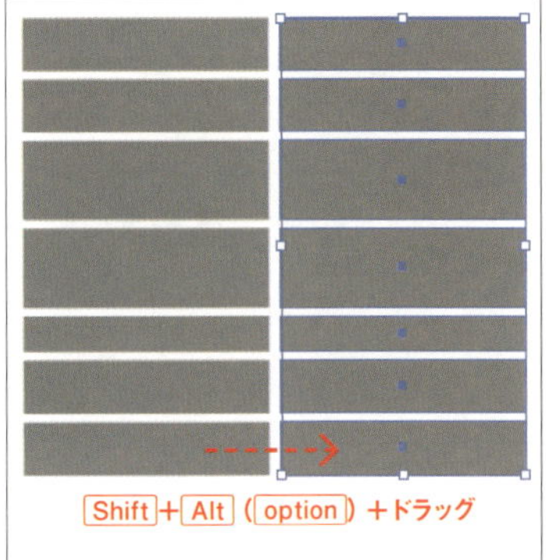

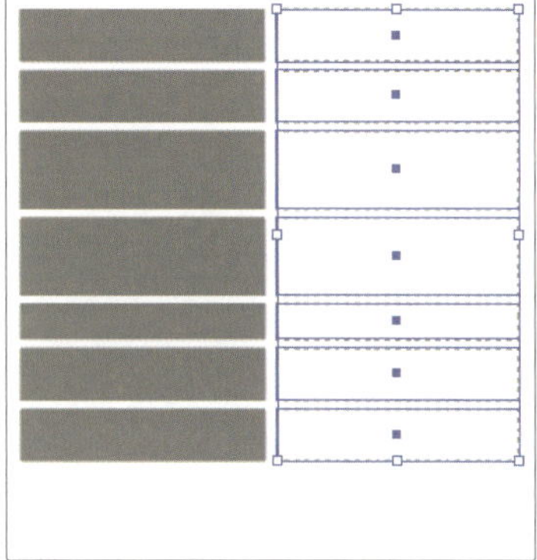

❸すべての長方形を選択し、Shift + Alt (option) キーを押しながら右にドラッグしてコピーします。

❹コピーした長方形だけが選択された状態で、線を破線にし、塗りを「なし」にします。さらに、[ダイレクト選択]ツールで、仕切りとなる線以外の線を選択し、削除します。

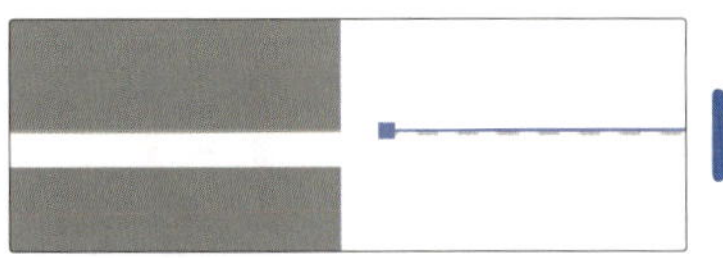

❺破線を選択し、左の長方形の間の中心になるように、矢印キーなどで微調整します。

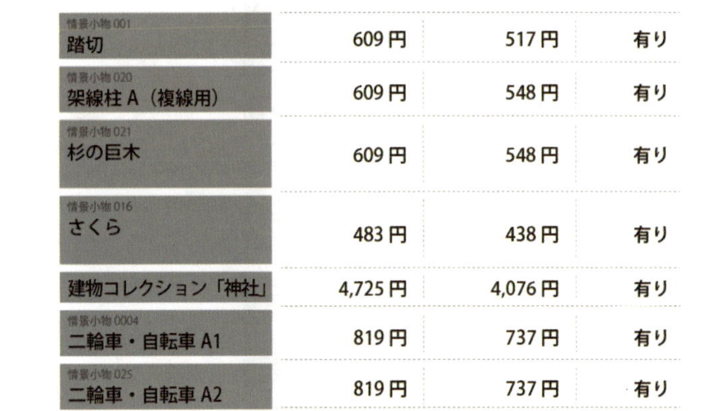

情景小物 001 踏切	609円	517円	有り
情景小物 020 架線柱 A（複線用）	609円	548円	有り
情景小物 021 杉の巨木	609円	548円	有り
情景小物 016 さくら	483円	438円	有り
建物コレクション「神社」	4,725円	4,076円	有り
情景小物 0004 二輪車・自転車 A1	819円	737円	有り
情景小物 025 二輪車・自転車 A2	819円	737円	有り

❻テキストを前面に配置します。ここでは列の仕切りも破線で作成し、塗りと線を混在させた表にしています。

整列パネルの使い方 ➡P.134

破線 ➡P.74
作例では図のような設定の破線にしています。

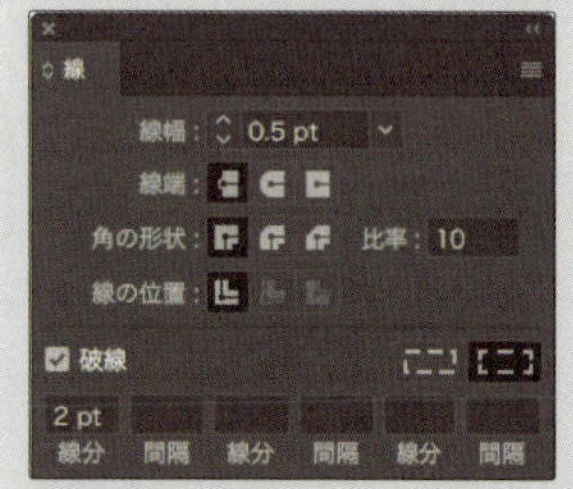

ロゴの作成

文字を利用して、手軽に作成できるロゴを紹介します。[ペン] ツールなどは使用せず、既存のブラシや効果などを利用するので、イラストを描くのが苦手な方でも簡単に作成できます。

A 手描きのような効果を付ける

テキスト（ここでは塗りにオレンジ色を適用）を選択して、[効果] メニューから [スタイライズ] → [角を丸くする] を選択します。[角を丸くする] ダイアログボックスで [半径] に「0.2mm」と入力して、文字を変形します A-1。

テキストを選択したまま、ブラシライブラリから [アート] → [アート_木炭・鉛筆] と選択して、「木炭（丸い）」ブラシを適用します。文字の線（輪郭）に装飾効果が付きます A-2。

テキストを選択したまま、線パネルで [線幅] に「0.25pt」と入力すると、文字の輪郭が手描きのような雰囲気になります A-3。

「角を丸くする」効果で角丸にする ➡P.42
ブラシライブラリ ➡P.76
線の太さを変える ➡P.73

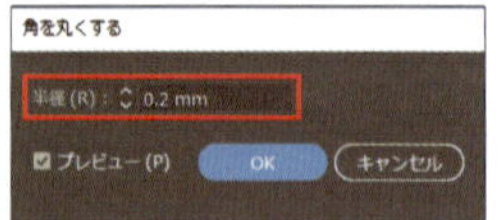

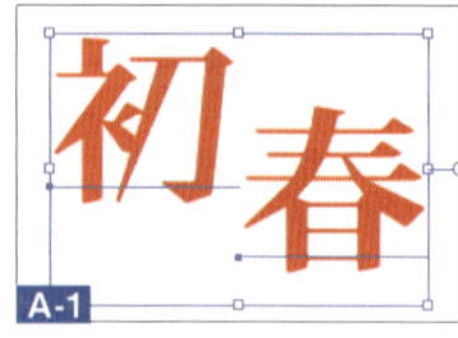
A-1

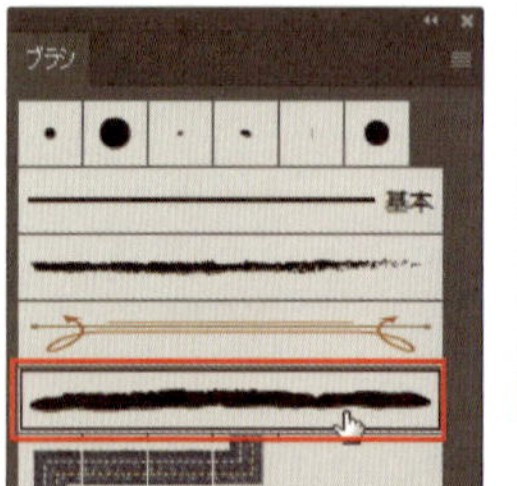

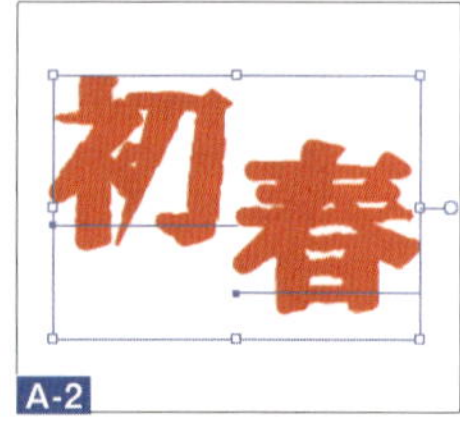
A-2

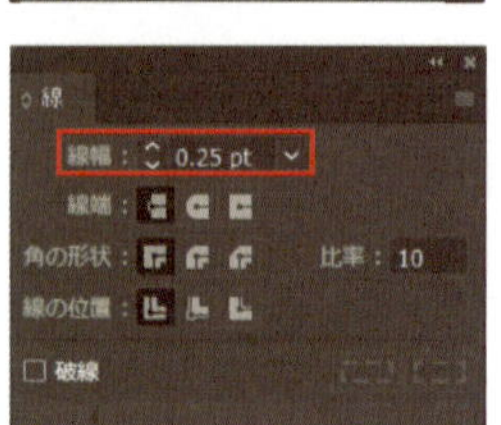

A-3

B プレートのような風合いを出す

プレートの文字は、金属に打ち出されます。やや丸みを帯びた文字にすることで、そうした風合いを出すことができます。テキストを選択し、［効果］メニューから［スタイライズ］→［角を丸くする］を選択します。［角を丸くする］ダイアログボックスで［半径］を「1mm」に設定すると、文字の輪郭が丸くなり、プレートに打ち出した文字のような雰囲気になります B-1 。

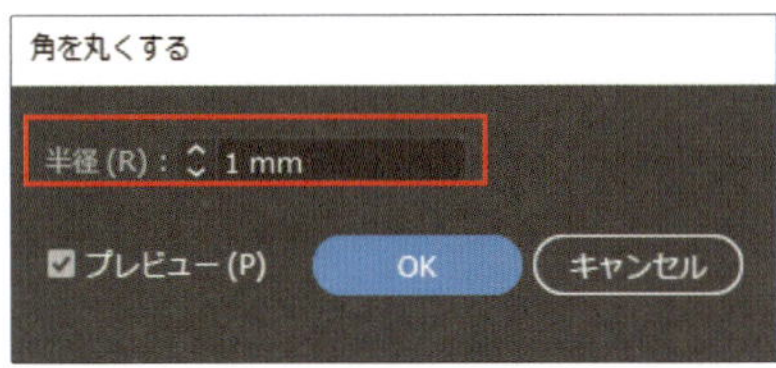

B-1

さらに周りを囲んでいる枠にも、同様に［角を丸くする］を適用します B-2 。
プレートのオブジェクトの塗りには、ややくすんだ寒色系の色を適用して、金属の雰囲気を出します。

B-2

「角を丸くする」効果で角丸にする ➡P.42

C エンブレムのような飾り枠を作る

［長方形］ツールで、飾りのベースとなる正方形を作成します。重なった部分が明るくなるように、この正方形を選択して、透明パネルで［描画モード］を「スクリーン」に、［不透明度］を「100%」に設定します C-1 。
正方形を選択して、［回転］ツールをダブルクリックします。［回転］ダイアログボックスで、［角度］に「15°」と入力して、［コピー］ボタンをクリックします。正方形の重なった部分の色が明るくなります C-2 。
コピーされた正方形が選択された状態で、Ctrl（command）＋D キーを4回押すと、正方形が15度ずつ回転した位置に連続コピーされます C-3 。
6つの正方形が重なった中央部分はかなり明るくなるので、ここに文字を配置します。

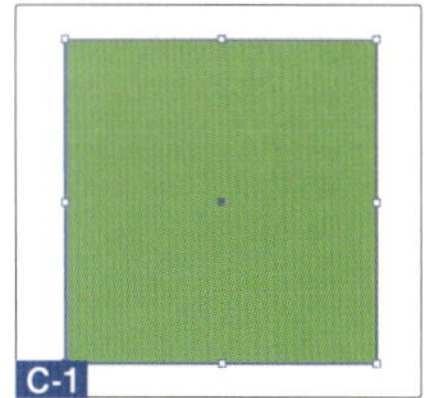
C-1

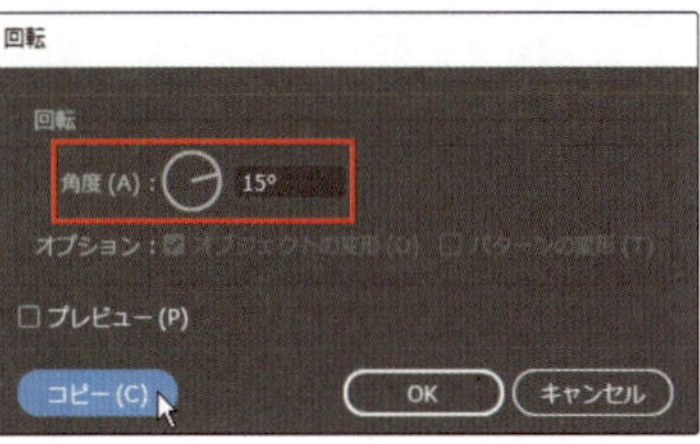

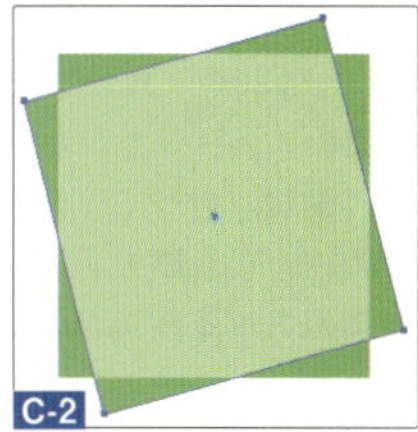
C-2

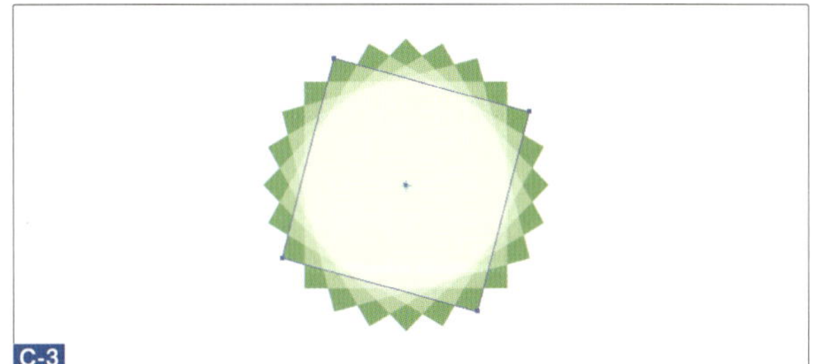
C-3

描画モードの選択 ➡P.142
正確な角度で［回転］ ➡P.63
連続回転コピー ➡P.171

DESIGN NOTE VOL.4

見やすいレイアウト

情報が的確に伝わるように、レイアウトを整理します。文字を揃えたり、大きさを変えたりする作業が重要になります。ここでは効果的な文字の強弱の付け方や、読みやすい文字の揃え方を紹介します。

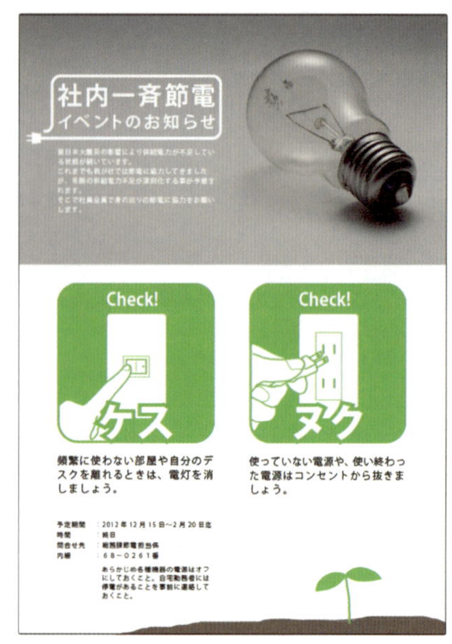

1 全体の雰囲気

ここでは「社内一斉節電イベントのお知らせ」の告知ポスターを作成します。ここで重要なのは、

・すっきりとまとめて、伝えたい情報に意識を向ける
・イラストを使い、視覚的に理解しやすくする
・文字情報を判読しやすくする

節電のイメージをわかりやすく伝えるため、メインイメージに電球を使用し、全体を寒色系にまとめています。節電のような自粛を促すような内容では、暖色系よりも寒色系の方が雰囲気が合います。

これらを踏まえて、内容がわかりやすいすっきりとしたレイアウトにしていきます。また、タイトルの書体には、ゴシック体を使用しました 1-1 。この作例では、明朝体の柔らかなイメージ 1-2 よりも、ゴシック体の強いイメージの方が、内容をより強く意識させられます。

1-1

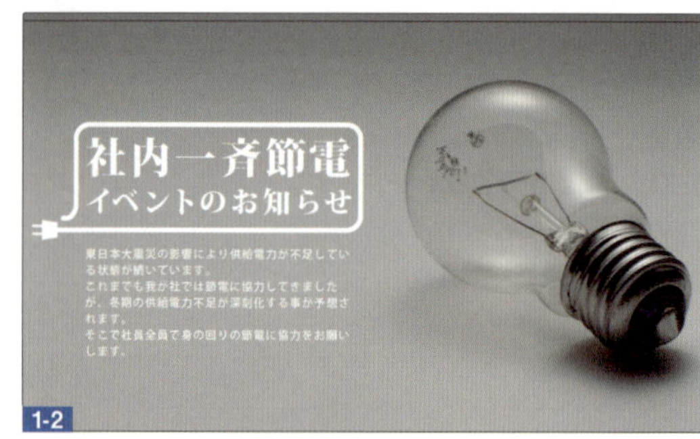

1-2

2 文字の強弱やイラストを使ってわかりやすく

この告知ポスターでは、「節電のお知らせ」の他に、「節電の方法」もしっかりと伝える必要があります。

節電の方法である、「消す」「抜く」という行動をイラストにし、さらに文字を「ケス」「ヌク」とカタカナにして紙面で一番大きなサイズにします。これで、節電方法が「わかりやすく」かつ「目立つ」レイアウトになります。

3 文字やオブジェクトの位置を揃える

メインの電球の写真は、上部に大胆に配置して節電のイメージを明確にしながら、中央に「ケス」「ヌク」のアイコンを配置することで、節電方法までをスムーズに伝えるポスターになりました。白、緑、グレーといった優しい自然な色使いで見る側の気持ちを落ち着かせ、色数を抑えることで「節電」という抑制的なメッセージも演出しています。

イメージで注意喚起を促し、さらに読ませるレイアウトにするため、全体を大きく2つのブロックで構成します。ここではレイアウト作業をしやすいように、2つのブロックにガイドラインを引いて目安にします。タイトル、リード文、イラスト、概要文など、主要な要素の位置をガイドラインに合わせて揃えることで、すっきりとした印象に仕上がります。

ガイドを作成する ➡P.108

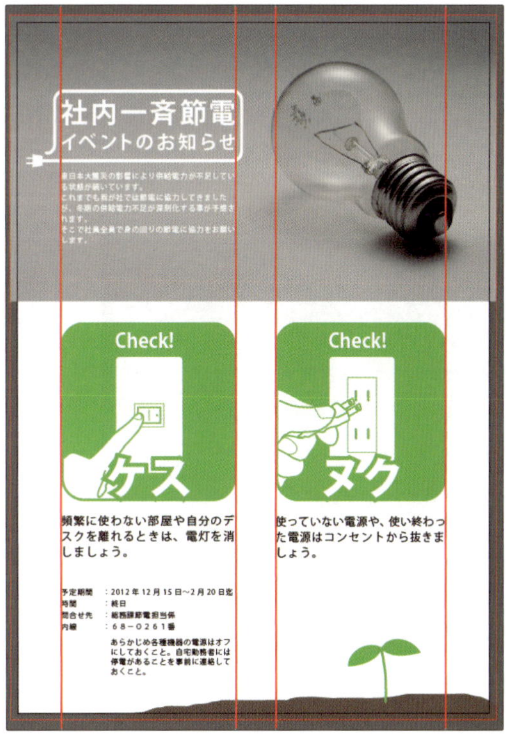

4 項目の位置をタブで揃える

紙面の左下には、告知の内容をまとめてあります。各項目の「:」以降の位置を左揃えにします。

［ウィンドウ］メニューから［書式］→［タブ］を選択して、タブパネルを表示させます。「:」の位置にタブを入力してあるため、左揃えタブを設定すると、「:」以降が左揃えになります 4-1 。

項目の最後には、備考があります。この部分を「:」の位置に揃えるには、備考部分を選択し、段落パネルで［左インデント］を「55pt」に設定します。これで、備考部分が「:」の位置に揃います 4-2 。

タブを追加する ➡P.175
インデントの設定 ➡P.177

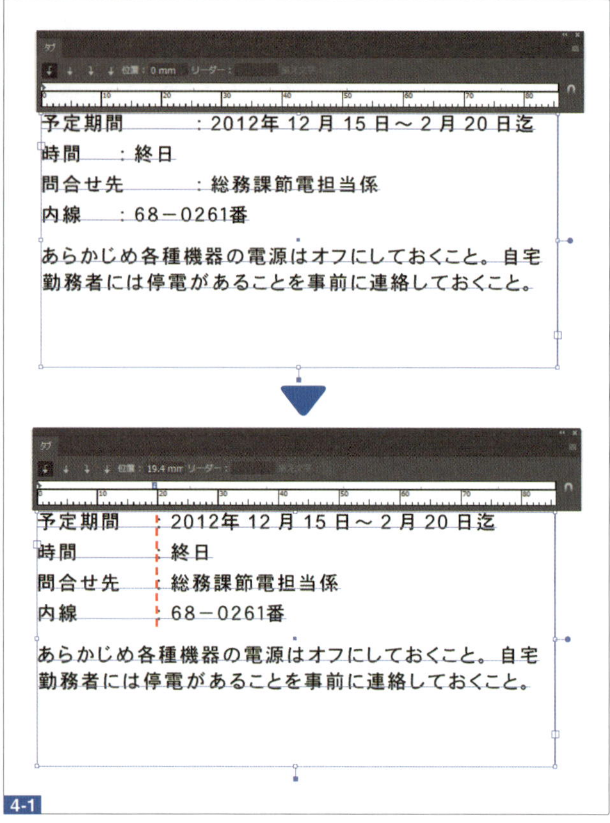

4-1

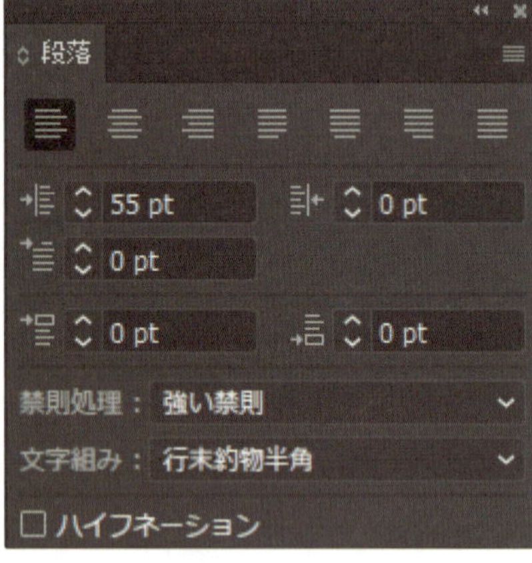

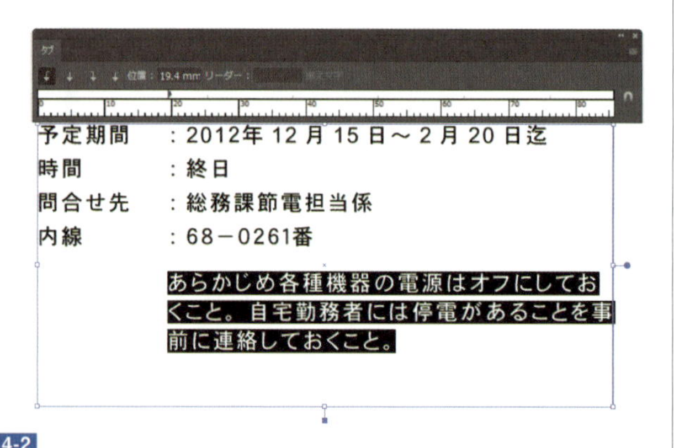

4-2

覚えておいて損はない！

Illustrator ならではの描画機能

ここまでできれば言うことなし。
あなたのアートワークが“きらっ”と光ります。

CHAPTER 5

CHAPTER 5 Illustratorならではの描画機能

ブレンド

5 01 ブレンド

オブジェクトの色と形を徐々に変える

対象となる２つのオブジェクト間を補完し、少しずつ形状や色が変化する中間オブジェクトを作成するのが「ブレンド」機能です。徐々に形状や色が変化するため、流れるような表現が可能です。

練習用ファイル：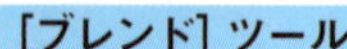

chap5→5_01

ココがポイント
- ２つのオブジェクトをブレンドする
- 中間オブジェクトの数を変更する
- ブレンド軸を変更する

［ブレンド］ツール

オブジェクトをブレンドするには、ツールパネルの［ブレンド］ツールを利用します。

❶ツールパネルから［ブレンド］ツールを選択します。

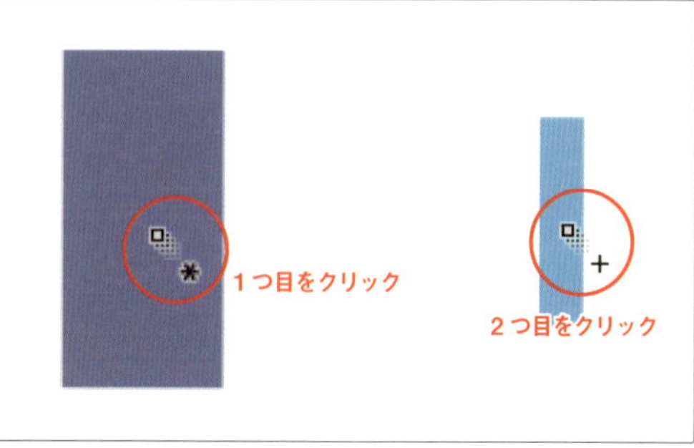

❷ブレンド元となるそれぞれのオブジェクト上でクリックします。

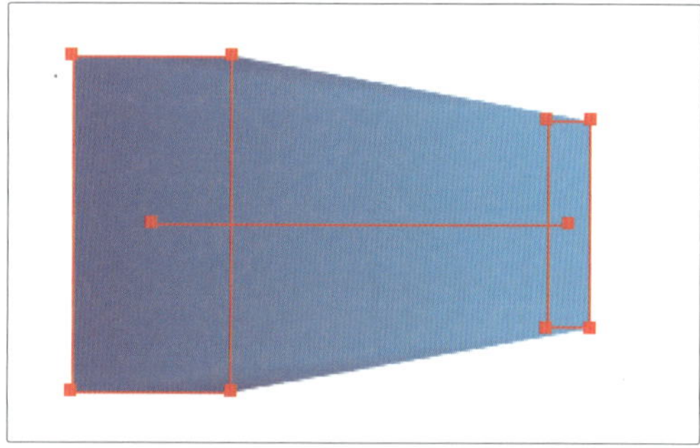

❸２つのオブジェクトがブレンドされ、色と形状が徐々に変化する中間オブジェクトが作成されます。

HINT

手順❸の後、［オブジェクト］メニューから［ブレンド］→［拡張］を選択して、オブジェクトを選択すると、オブジェクトのブレンドの様子がよくわかります。

プレビュー表示

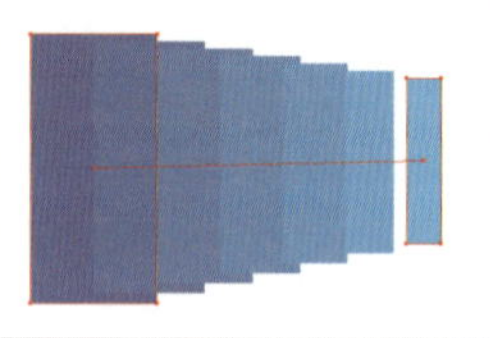

作成された中間オブジェクトの構造

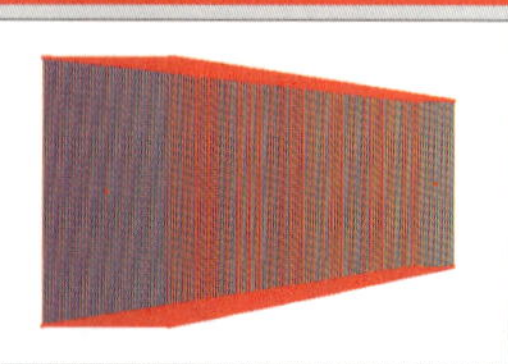

中間オブジェクトの数を指定

中間オブジェクトの数は、［ブレンドオプション］ダイアログボックスで指定します。

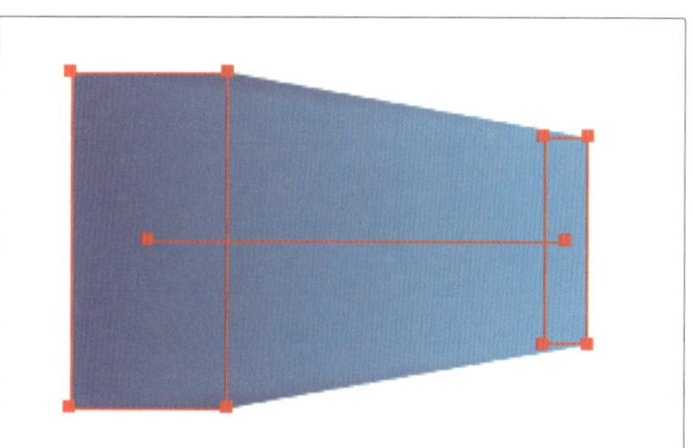

❶ブレンドしたオブジェクトを選択します。

❷ツールパネルで［ブレンド］ツールをダブルクリックします。

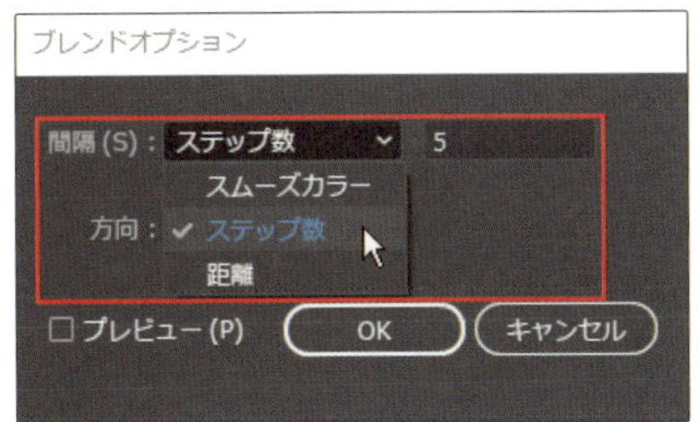

❸表示される［ブレンドオプション］ダイアログボックスの［間隔］で「ステップ数」を選択し、その右のボックスに「5」と入力して［OK］ボタンをクリックします。

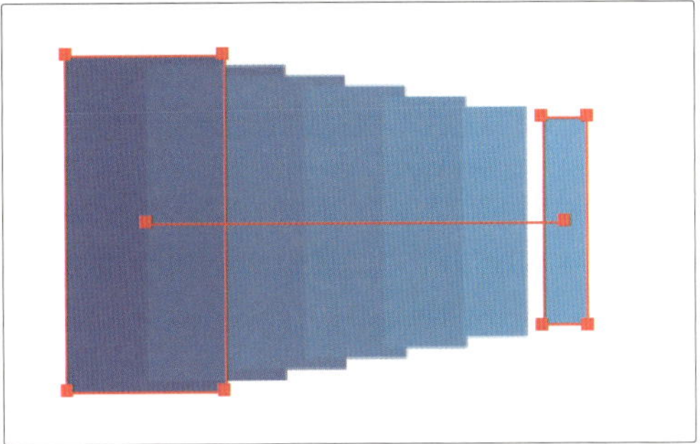

❹中間オブジェクトの数が 5 つになります。

ブレンド軸の変更と置き換え

ブレンド軸の変更

ブレンドで作成された中間オブジェクトは、「ブレンド軸」というパスに沿って配置されます。このブレンド軸を変形させると、中間オブジェクトの位置もパスに沿って変化します。

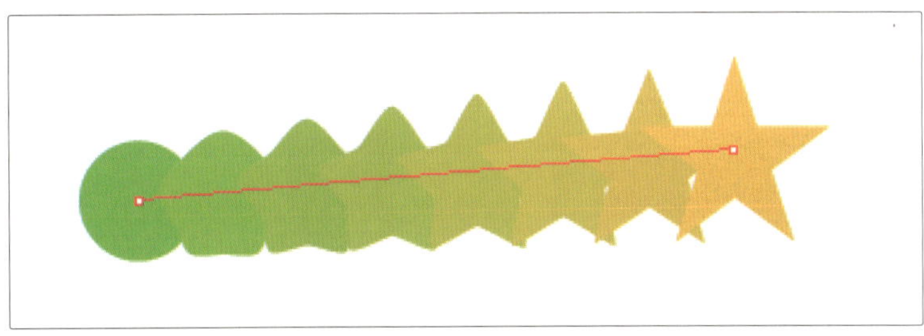

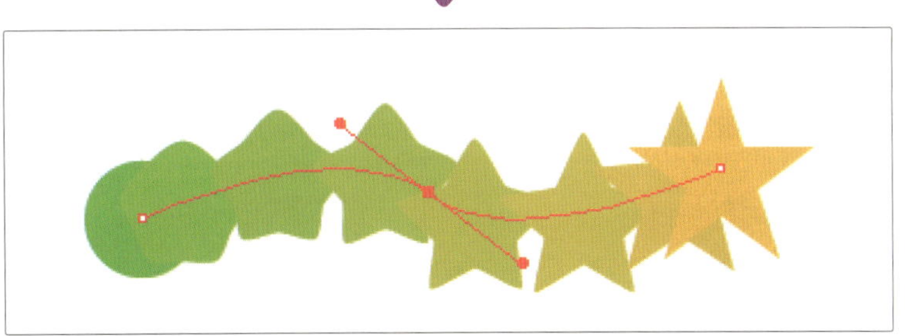

［ペン］ツールや［ダイレクト選択］ツールなどを使ってブレンド軸を変形すると、中間オブジェクトの位置が変形したブレンド軸に沿って変化します。

HINT

ブレンド軸が曲線の場合、[ブレンドオプション] ダイアログボックスで[方向] を[パスに沿う] にすると、中間オブジェクトを曲線に沿った方向に配置できます。

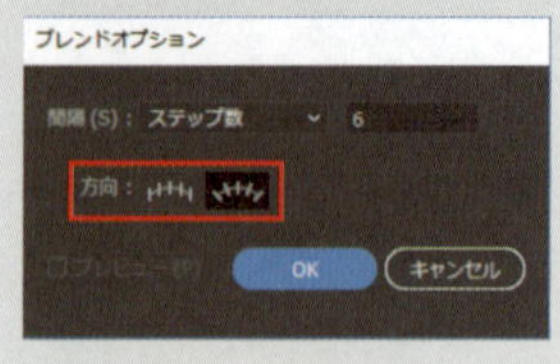

垂直方向

パスに沿う

ブレンド軸の置き換え

ブレンド軸は、他のパスに置き換えることができます。

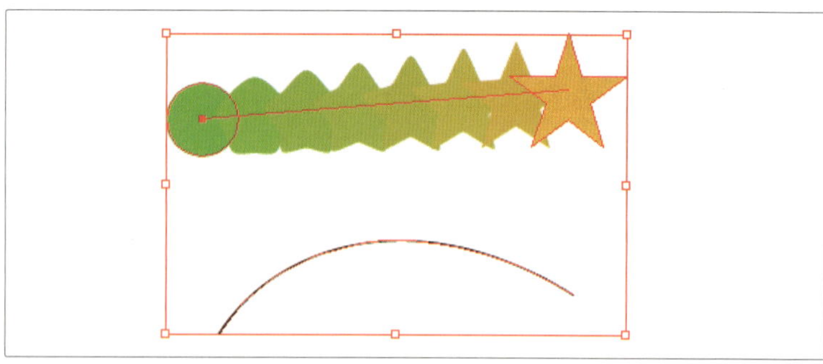

❶ [ペン] ツールなどで置き換えるパスを作成しておきます。ブレンドしたオブジェクトと、あらかじめ作成したパスを選択します。

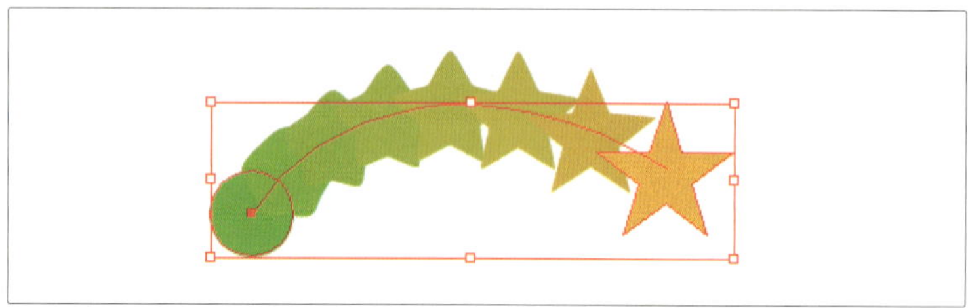

❷ [オブジェクト] メニューから [ブレンド] → [ブレンド軸を置き換え] を選択すると、パスが置き換わり、中間オブジェクトの位置が変わります。

ブレンドの解除と拡張

ブレンドを解除するには、[オブジェクト] メニューから [ブレンド] → [解除] を選択します。また、[オブジェクト] メニューから [ブレンド] → [拡張] を選択すると、中間オブジェクトを編集できるようになります。

ブレンドの解除

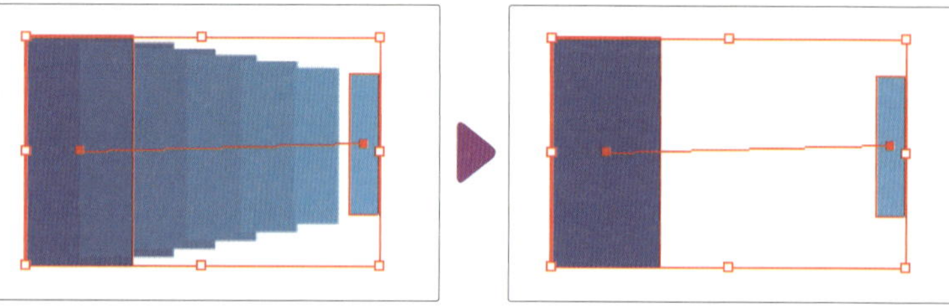

[オブジェクト] メニューから [ブレンド] → [解除] を選択すると、ブレンドが解除され、中間オブジェクトがなくなります。

ブレンドの拡張

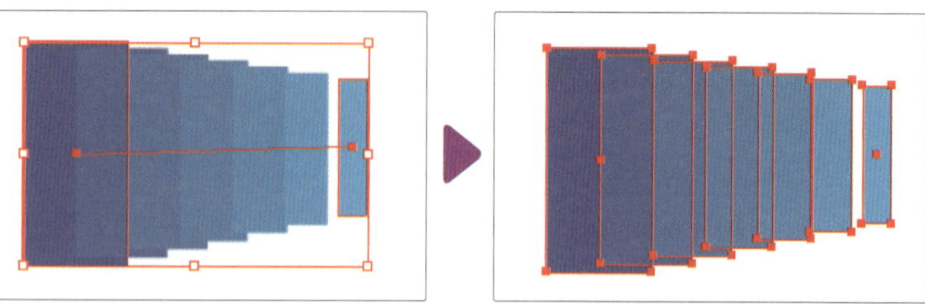

[オブジェクト] メニューから [ブレンド] → [拡張] を選択すると、中間オブジェクトも通常のオブジェクトと同様に編集できるようになります。

CHAPTER 5 02

グラデーション

オリジナルのグラデーションを作成する

グラデーションは、スウォッチパネルにあらかじめ用意されているライブラリから適用することもできますが、ここではオリジナルのグラデーションの作成方法を解説します。

ココがポイント

- グラデーションを作成する
- グラデーションをスウォッチパネルに登録する

練習用ファイル：chap5 → 5_02

グラデーションの適用

グラデーションは、グラデーションパネル、またはカラーパネルから適用します。

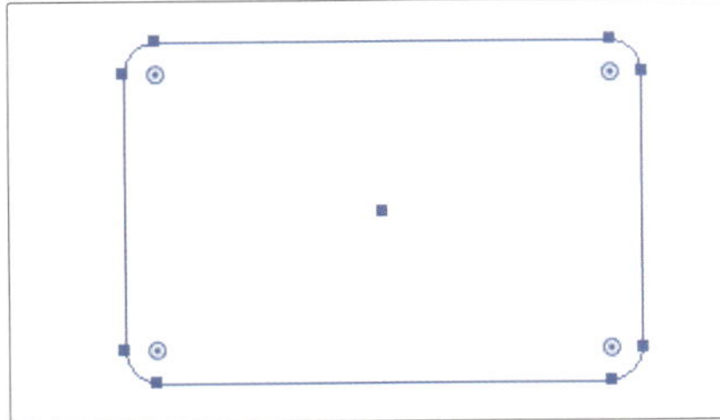

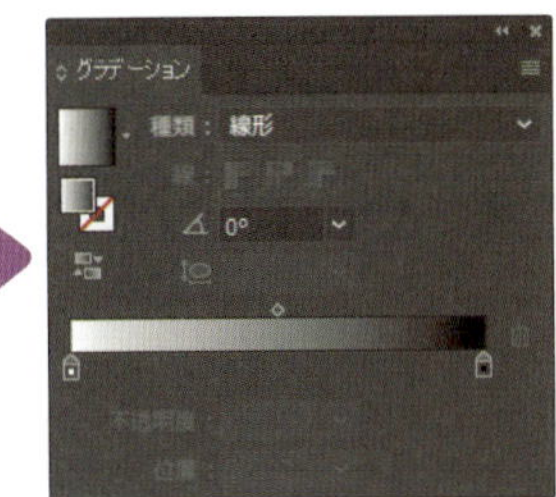

❶オブジェクトを選択し、［ウィンドウ］メニューから［グラデーション］を選択して、グラデーションパネルを表示させます。

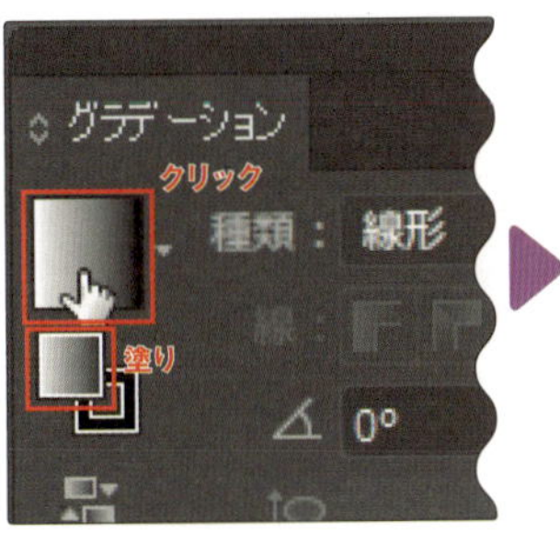

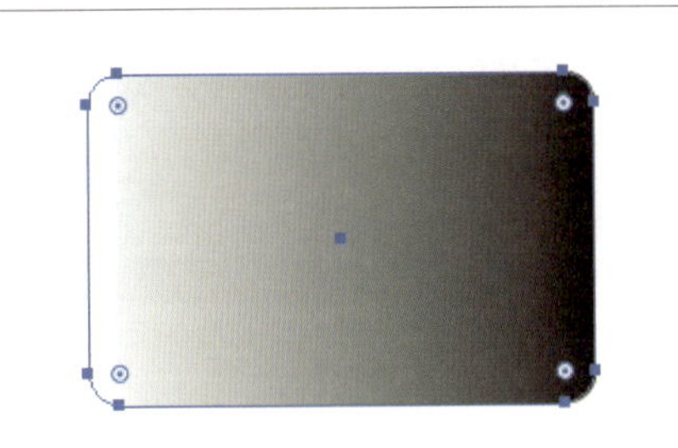

❷塗りが選択されているのを確認し、グラデーションパネルの［グラデーションの塗り］をクリックします。オブジェクトの塗りが、白から黒のグラデーションになります。

グラデーションの色を変更

❶塗りにグラデーションが適用されているオブジェクトを選択します。

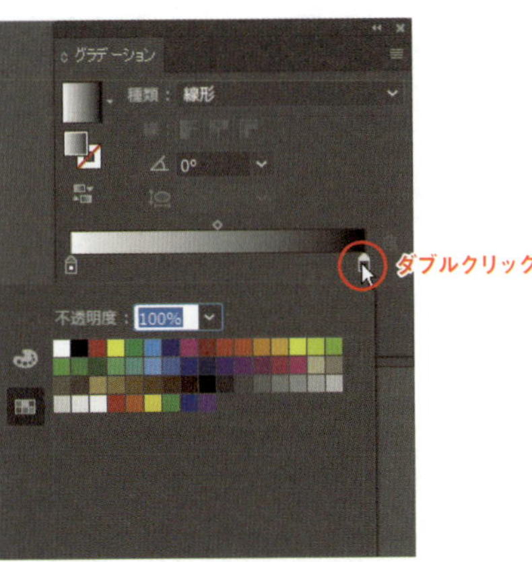

❷グラデーションパネルのグラデーションスライダの下にある右側（ここでは黒）の分岐点をダブルクリックすると、スウォッチパネルが表示されます。

HINT

グラデーションの始点と終点の色は、グラデーションパネルの「グラデーションスライダ」の「分岐点」で指定します。［反転グラデーション］ボタンをクリックすると、始点と終点の分岐点の色が入れ替わり、グラデーションが反転します。

NOTICE

Illustrator CS3以前のバージョンでグラデーションの色を変更するには、分岐点をクリックして、カラーパネルで色を選択します。

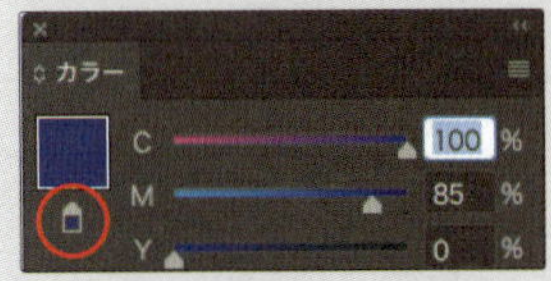

分岐点を選択すると、塗りの下に分岐点のアイコンが表示されます。

HINT

分岐点をダブルクリックして、スウォッチパネルが表示されない場合は、左側の［スウォッチ］ボタンをクリックしてください。

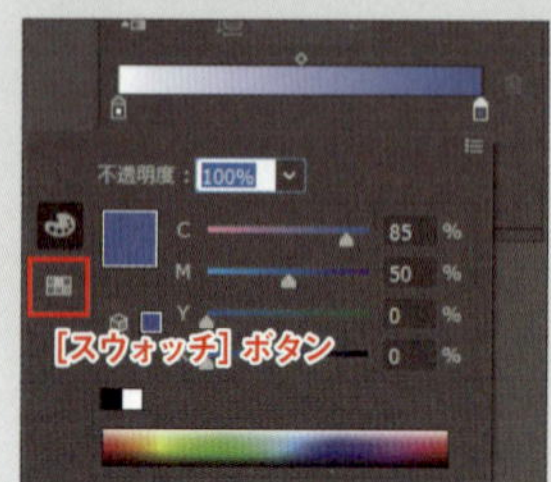

カラーパネルが表示されている状態

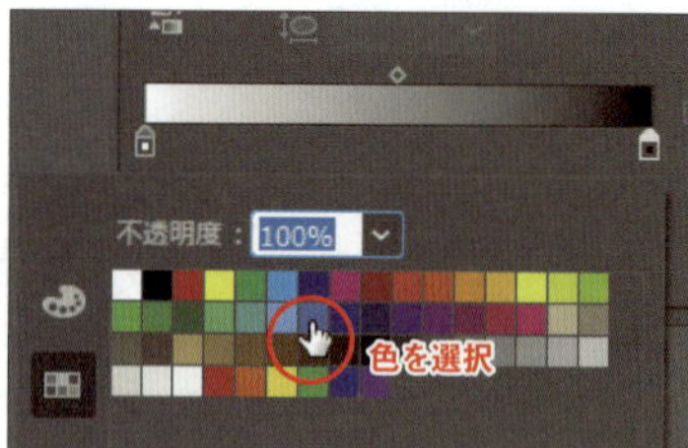

❷グラデーションの色をクリックで選択します。

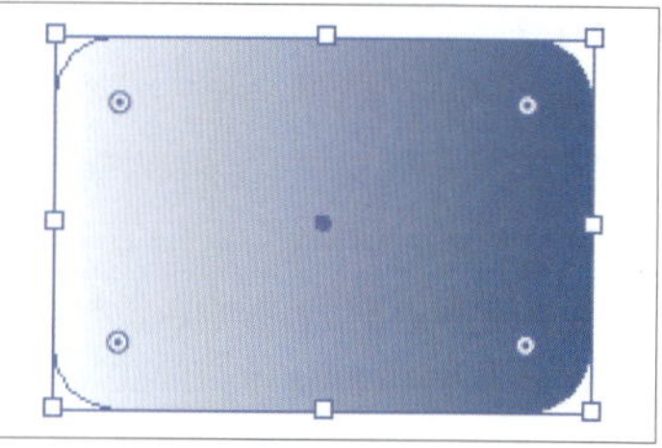
❸グラデーションの色が変わります。

グラデーションの不透明度を変更する

グラデーションには、不透明度を設定できます。

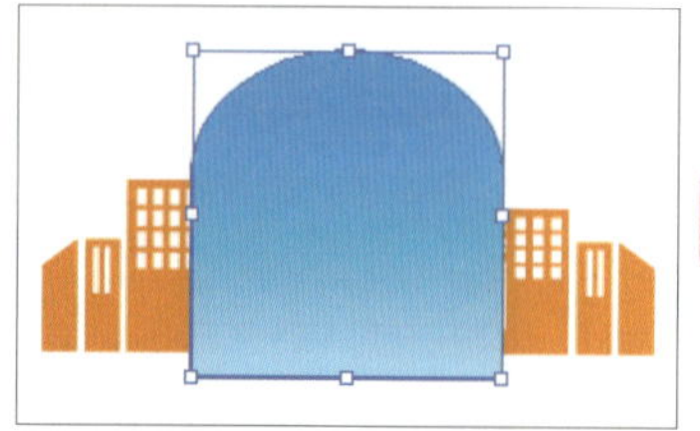
❶塗りにグラデーションが適用されたオブジェクトを選択し、グラデーションパネルで左側の分岐点をクリックで選択します。

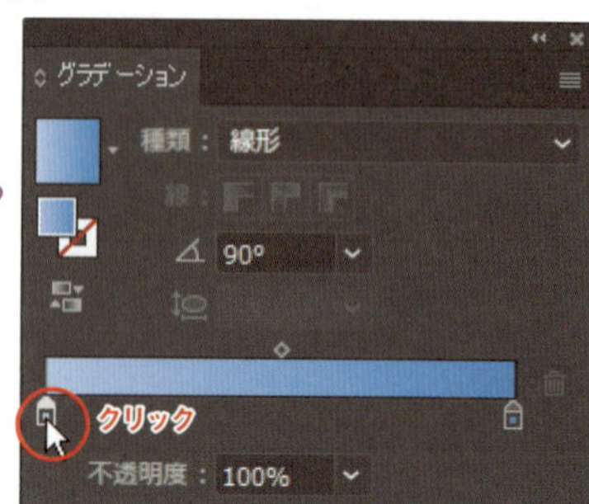

❷グラデーションスライダの下にある［不透明度］に「50%」と入力します。

❸グラデーションが半透明になり、背景が透けて見えます。

NOTICE

グラデーションへの不透明度の設定は、Illustrator CS4以降のバージョンの機能です。

グラデーション色の追加・削除

グラデーションスライダに分岐点を追加して、色の変化を増やすことができます。また、分岐点を削除することもできます。

分岐点の追加

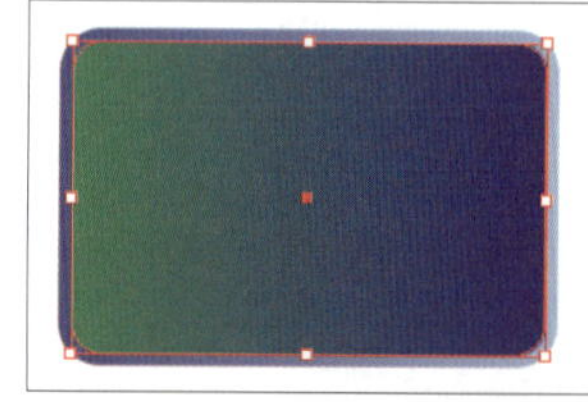
❶塗りにグラデーションが適用されたオブジェクトを選択します。

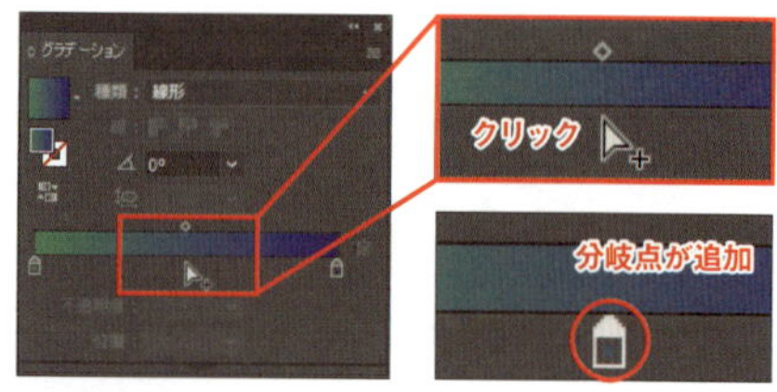

❷グラデーションスライダの下をクリックすると、分岐点が追加されます。

❸追加された分岐点をダブルクリックして、スウォッチパネルで色を選択します。

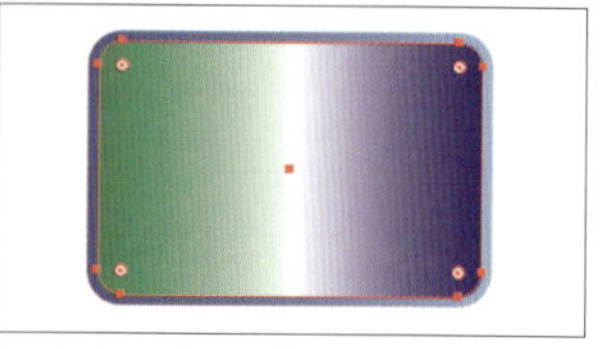
❹ 3色のグラデーションになります。

HINT

分岐点を左右にドラッグして位置を変えると、グラデーションもそれに合わせて変化します。

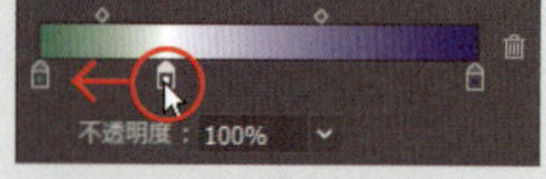
追加した分岐点を左にドラッグ

分岐点の削除

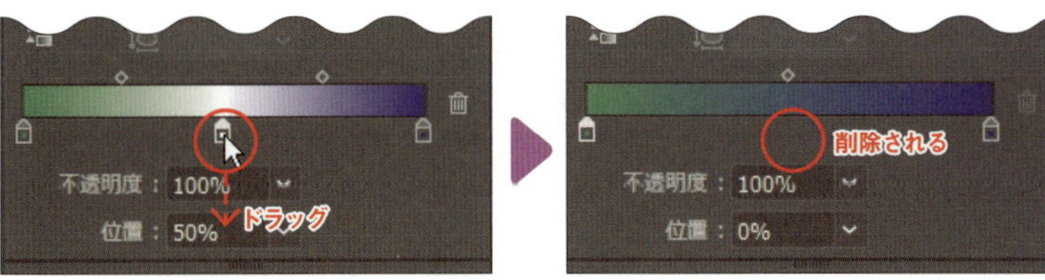

分岐点を下方向にドラッグすると、削除されます。

グラデーションの種類

グラデーションの種類には、線形と円形があります。

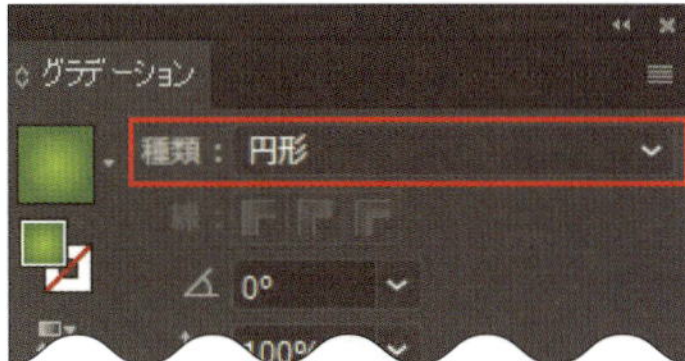

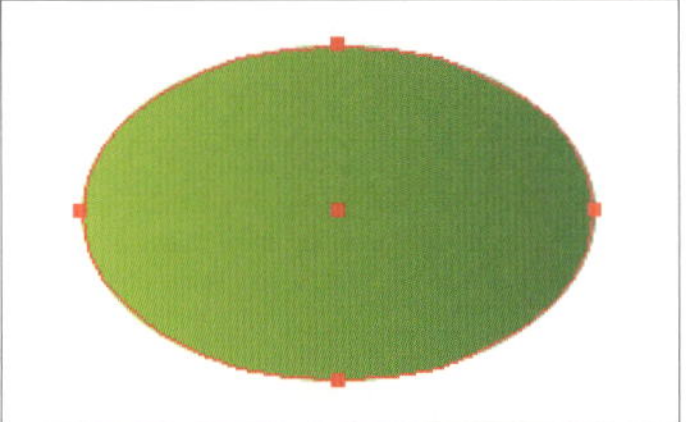

初期設定ではグラデーションの種類は、水平方向に色が変化する「線形」になっています。

「円形」では、円の中心から放射状に広がるグラデーションになります。

［グラデーション］ツールで適用範囲を変更

［グラデーション］ツールでは、グラデーションの始点と終点、グラデーションの方向を設定できます。

線形グラデーションの操作

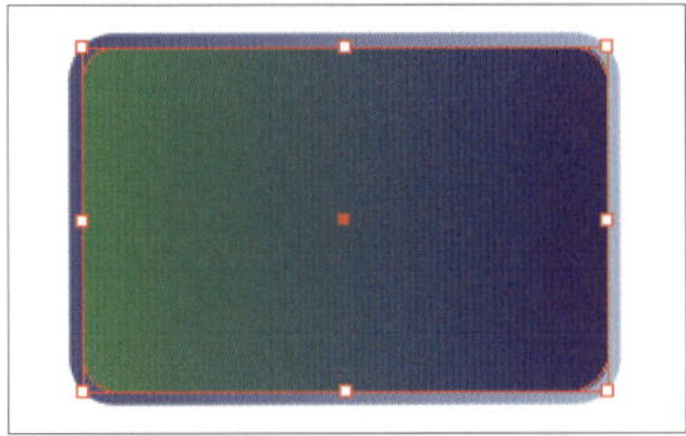

❶塗りにグラデーションが適用されたオブジェクトを選択します。

❷ツールパネルから［グラデーション］ツールを選択します。

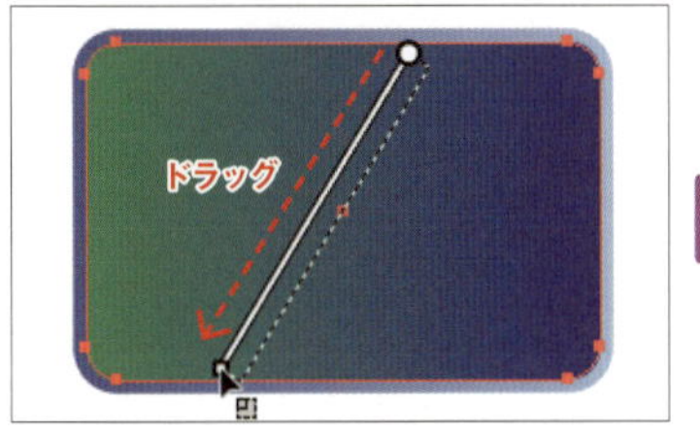

❸上から下へ少し斜めにドラッグすると、グラデーションの向きが水平方向から斜めに変わります。

NOTICE

グラデーションガイドは、Illustrator CS4 以降のバージョンの機能です。グラデーションガイドが表示されない場合は、［表示］メニューから［グラデーションガイドを表示］を選択します。

HINT

グラデーションの角度はグラデーションパネルでも設定できます。

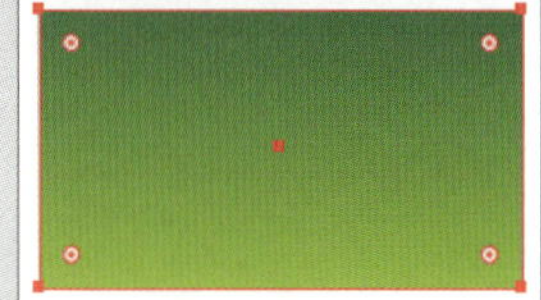

角度 90 度（垂直方向）のグラデーション

円形グラデーションの操作

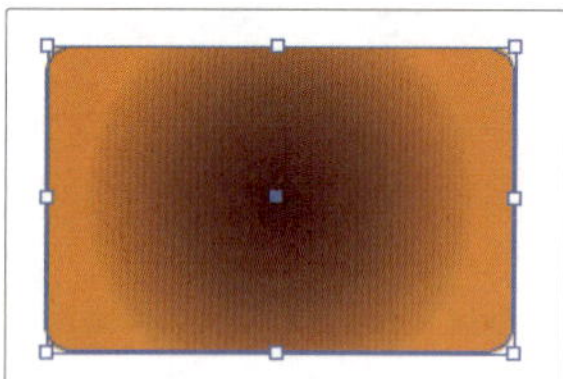

❶塗りに円形のグラデーションが適用されているオブジェクトを選択します。

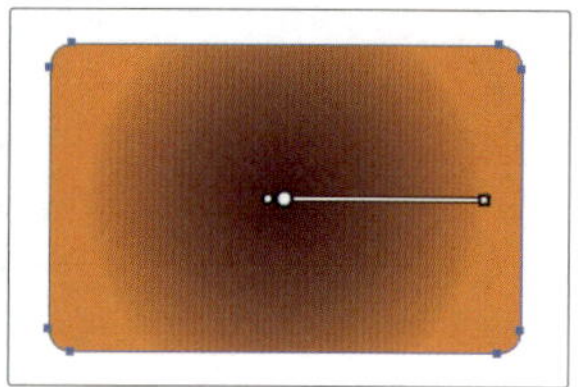

❷ツールパネルから［グラデーション］ツールを選択すると、円形のグラデーションガイドが表示されます。

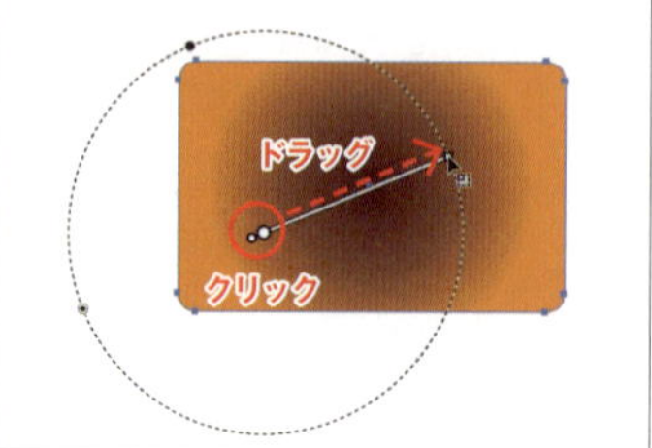

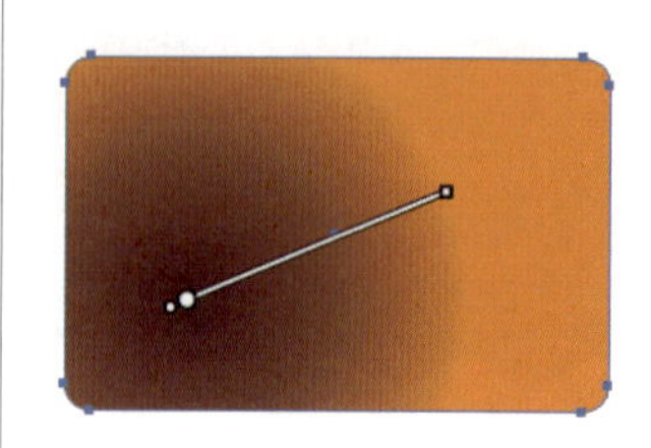

❸オブジェクトの左下の位置でクリックし（始点）、ボタンを押したまま右上へと斜めにドラッグして、ボタンを離します（終点）。始点と適用範囲によって、同じグラデーションでも印象の異なる表現になります。

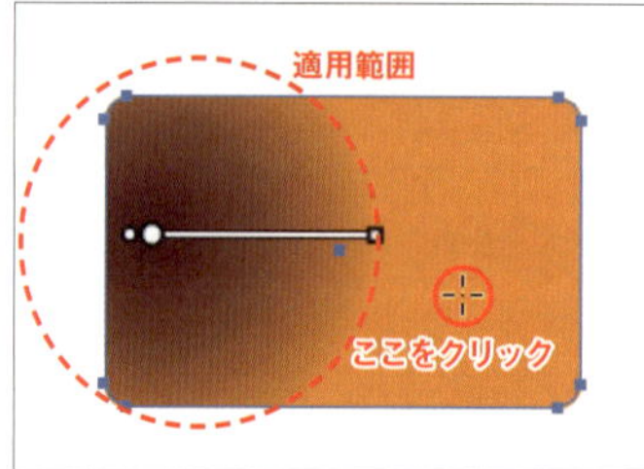

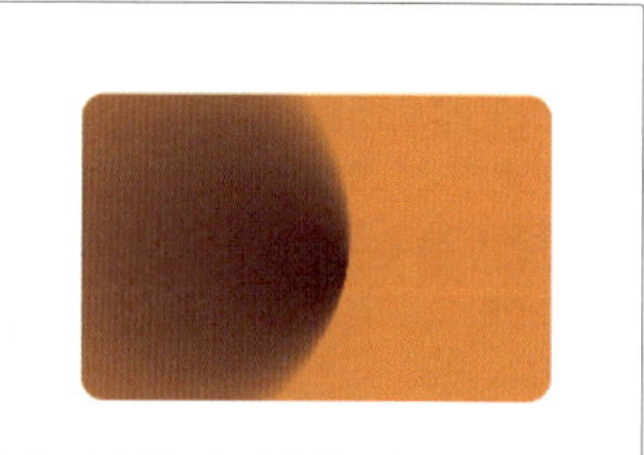

❹グラデーションの適用範囲（点線で囲った部分）外でクリックして始点を変更すると、図のように偏った円形グラデーションになります。

NOTICE

グラデーションガイドは、Illustrator CS4以降のバージョンの機能です。グラデーションガイドが表示されない場合は、［表示］メニューから［グラデーションガイドを表示］を選択します。

グラデーションガイドの操作

オブジェクト上に表示されるグラデーションガイドでも、グラデーションの設定が行えます。

線形グラデーションのグラデーションガイド

グラデーションの角度の指定や、色の変更・追加・削除ができます。また、色の不透明度も変更できます。

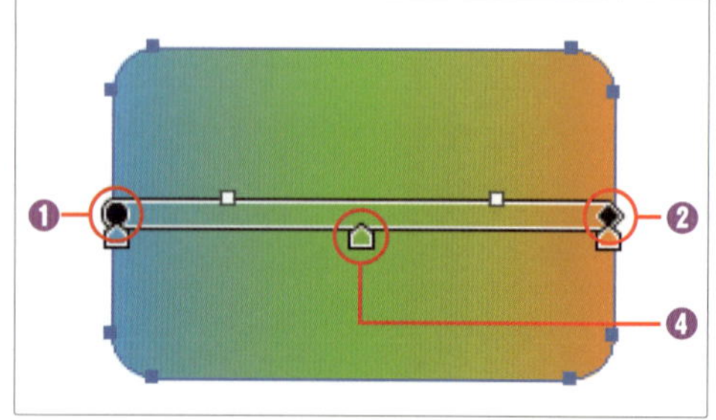

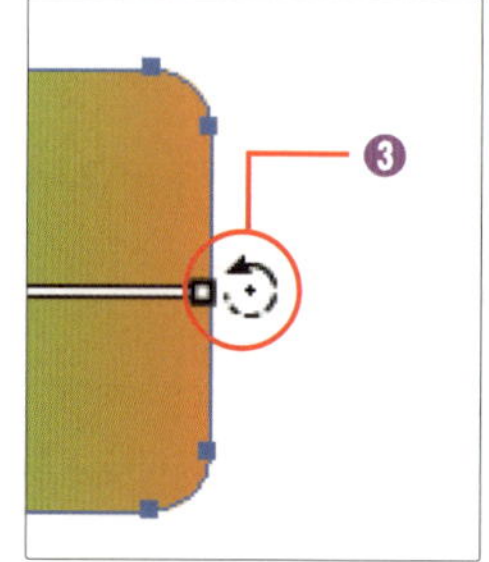

［グラデーション］ツールを選択し、グラデーションガイドにマウスポインタを合わせると、分岐点などが表示されます。

❶ **グラデーションの始点：** ドラッグして、位置を調整できます。

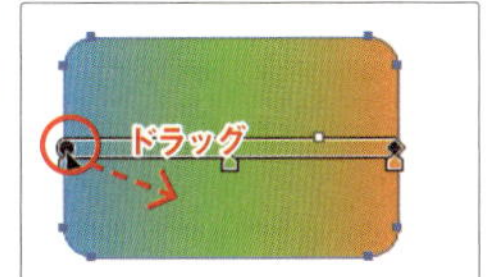

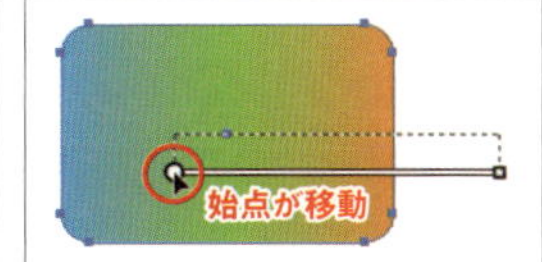

❷ **グラデーションの終点：** ドラッグして、適用範囲を調整できます。

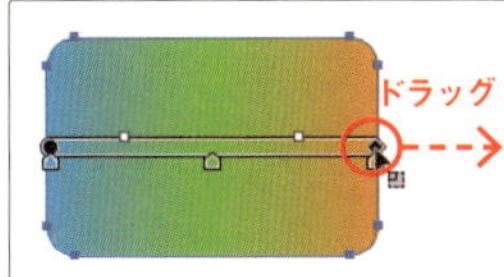

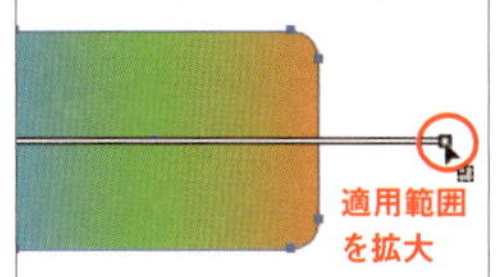

❸ **グラデーションの角度：** 終点の横にマウスポインタを合わせ、ドラッグすると、角度を変えられます。

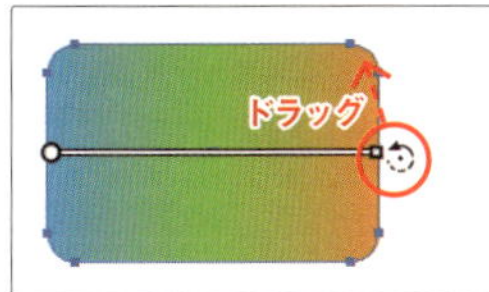

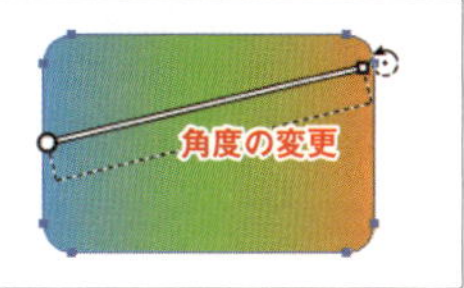

❹ **分岐点：** ダブルクリックすると、スウォッチパネルが表示され、色や不透明度を変更できます。分岐点の追加・削除も行えます。

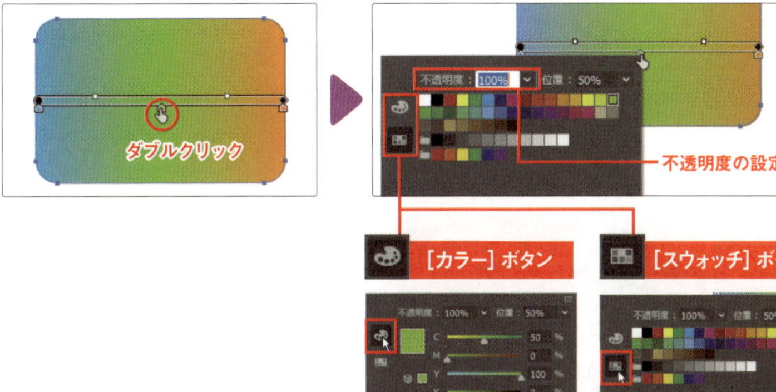

円形グラデーションのグラデーションガイド

グラデーションの角度の指定や色の操作の他にも、始点の場所や円形の形などを変更できます。

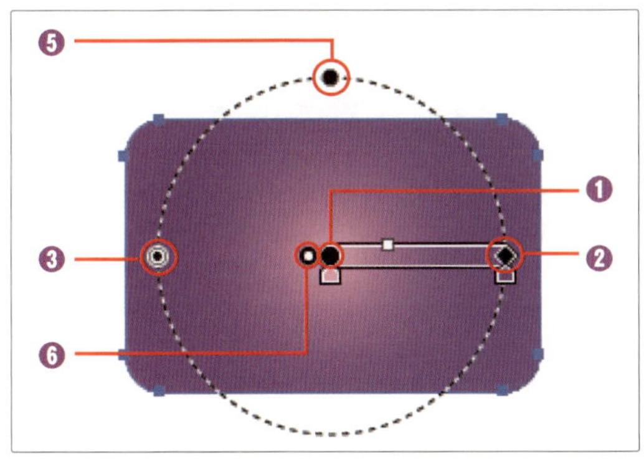

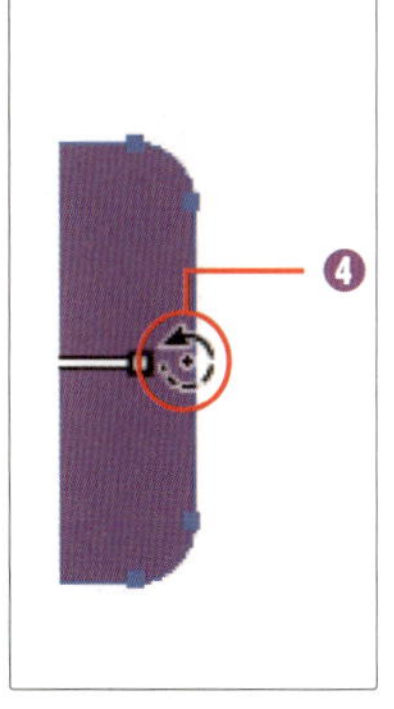

❶ **グラデーションの始点：** ドラッグして、始点の位置を調整できます。

❷ **グラデーションの終点：** ドラッグして、適用範囲を調整できます。

❸ **適用範囲：** グラデーションの終点と同じように、適用範囲を調整できます。

❹ **グラデーションの角度：** グラデーションの終点の横にマウスポインタを合わせ、ドラッグすると、角度を変えられます。

HINT

グラデーションガイド上で色のカラーモードを変更するには、[スウォッチ] ボタンをクリックし、右上にある [オプションメニュー] ボタンをクリックしてカラーモードを選択します。

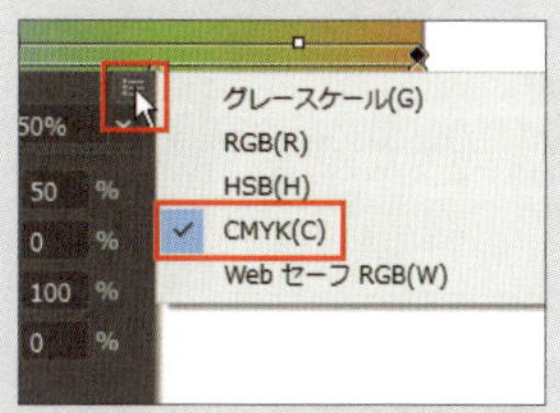

カラーモードに「CMYK」を選択したところ

❺グラデーションの適用範囲を楕円形に変形できます。

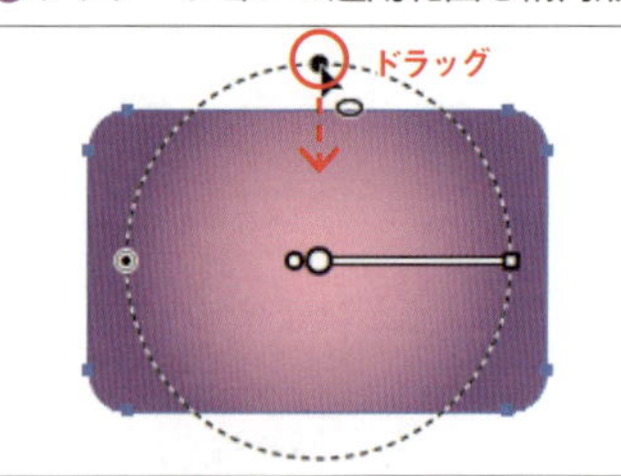

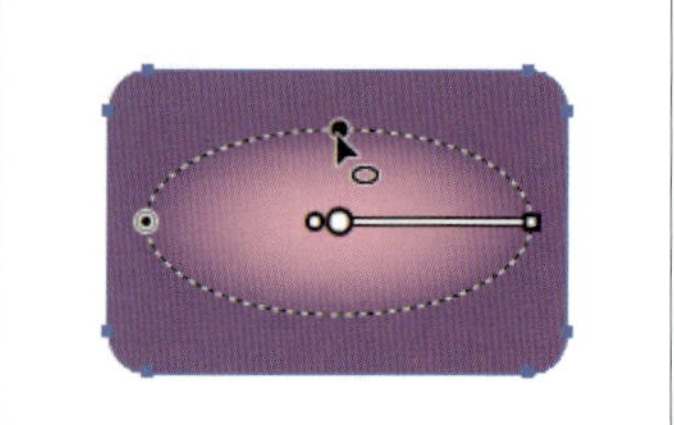

❻適用範囲を保ったまま、始点の位置を自由に移動できます。

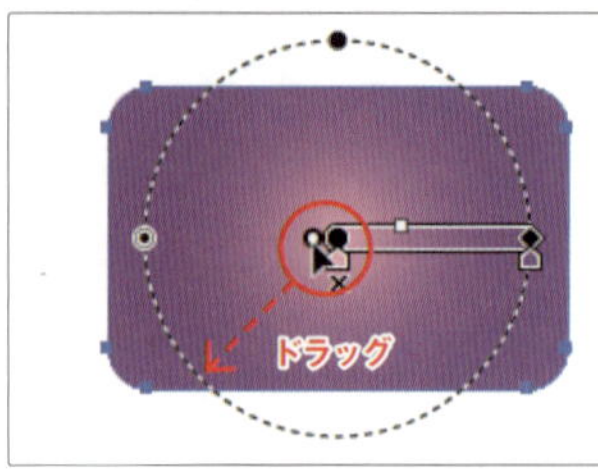

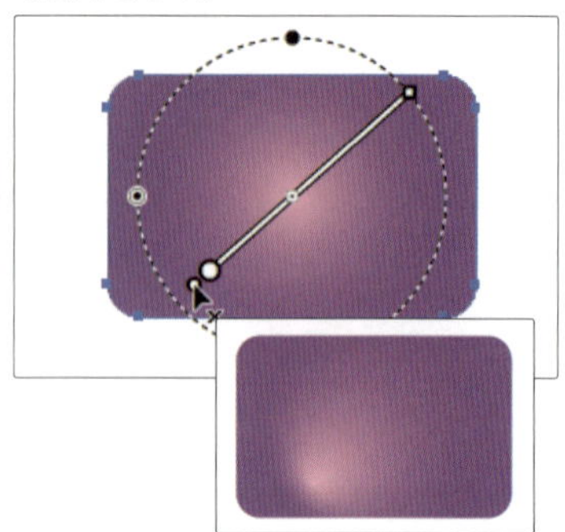

グラデーションの登録

作成したグラデーションをスウォッチパネルに登録しておくと、別のオブジェクトにも同じグラデーションをクリックするだけで適用できます。

HINT

作成したグラデーションが線に適用されている場合には、「線」ボックスから登録します。

NOTICE

線へのグラデーションの設定は、Illustrator CS6以降のバージョンの機能です。

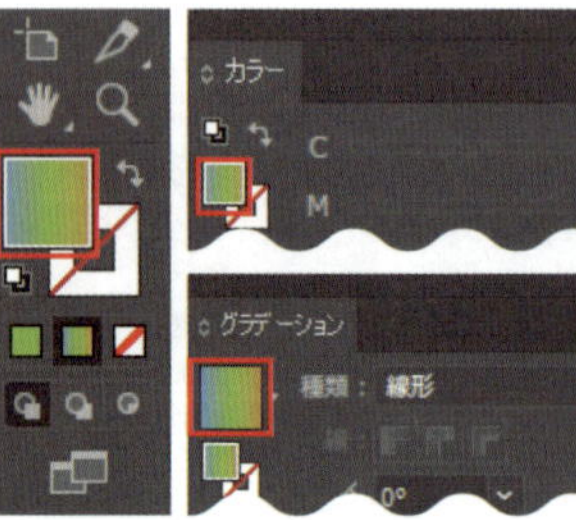

❶グラデーションは、ツールパネルの「塗り」ボックス(左)、カラーパネルの「塗り」ボックス(右上)、グラデーションパネルの「塗り」ボックス(右下)の3カ所のいずれかからスウォッチパネルに登録できます。

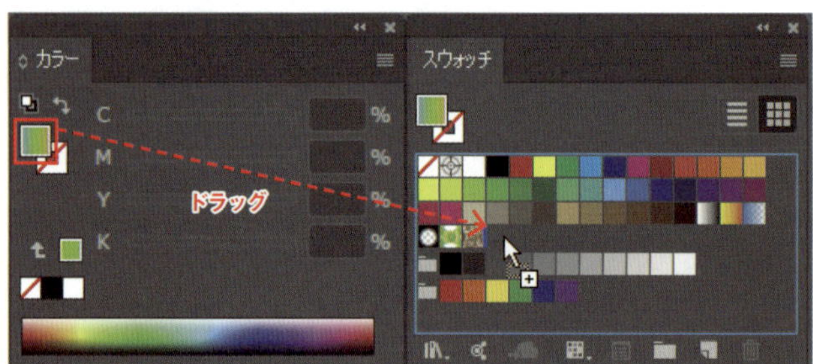

❷いずれか(ここではカラーパネル)の「塗り」ボックスから、作成したグラデーションをスウォッチパネルにドラッグします。

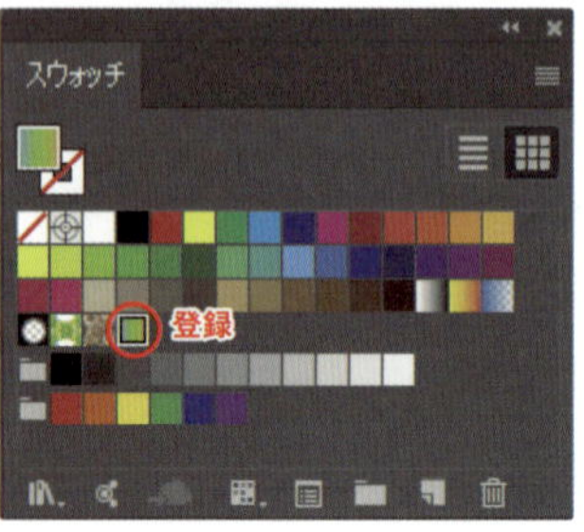

❸スウォッチパネルにグラデーションが登録されます。

CHAPTER 5 03

ブラシ〈1〉

ブラシ機能の使い方

ブラシ機能を使うと、線を装飾できます。ブラシには5つのの種類があり、それぞれに特徴的な表現となります。

練習用ファイル： chap5 ➔ 5_03

ココがポイント

- ブラシの種類を知る
- ブラシを使う

ブラシの種類

ブラシ機能には、5種類の表現方法があります。

カリグラフィペンで描いたような効果です。線の幅を変化させることができます。

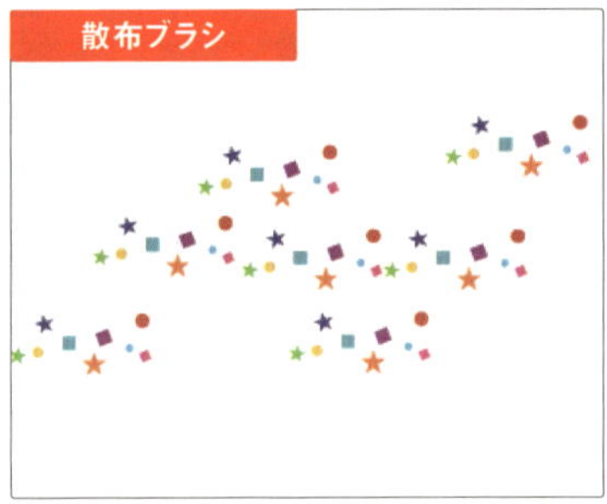

イラストなどのオブジェクトをパスに沿って配置します。

チョークや木炭で描いたような風合いの線を描くことができます。

5つのタイルによって、角の形状などを指定できます。額縁のようなイメージを作成するのに向いています。

本物の筆で描いたような自然な風合いの線を描くことができます。

Illustrator CS4以前のバージョンには、「絵筆ブラシ」の機能はありません。

HINT

ブラシパネルでは、ブラシにマウスポインタを合わせると、ブラシ名が表示されます。

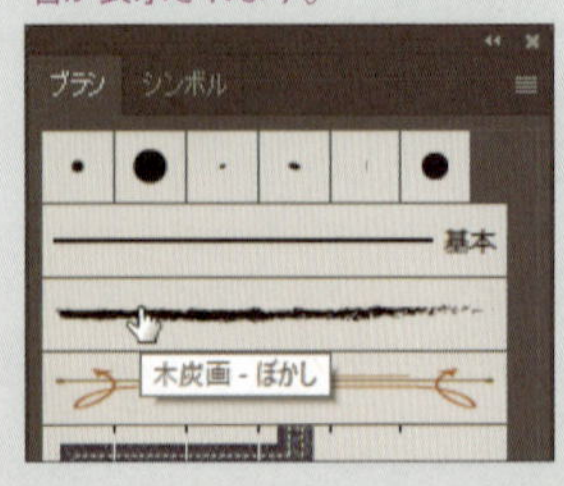

HINT

ブラシの設定をなくして通常の線にするには、[ブラシストロークを削除]ボタンをクリックします。

また、描いたブラシの設定を変更するには、変更するブラシオブジェクトを選択して、[選択中のオブジェクトのオプション]ボタンをクリックします。表示される[ストロークオプション]ダイアログボックスで変更します。

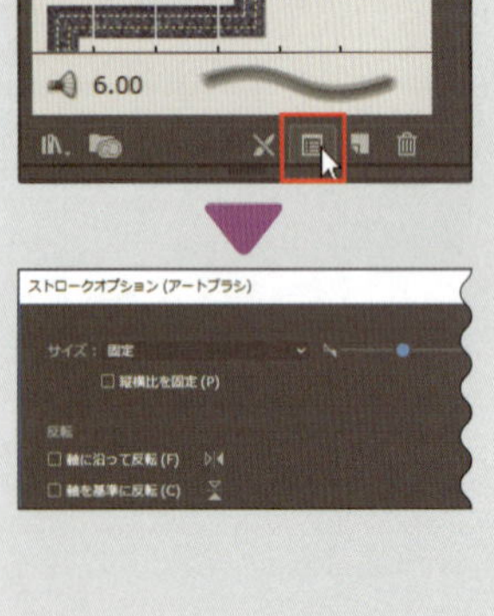

[ブラシ] ツールとブラシパネル

ブラシで線を描くには、[ブラシ] ツールを用います。ブラシの種類はブラシパネルから選択します。

❶ツールパネルから[ブラシ]ツールを選択します。

❷ドラッグで自由な線を描くと、軌跡が滑らかに補正され、均等な幅の線ではなく、強弱のある線になります。ここでは、「カリグラフィブラシ」を選択しています。

ブラシの種類を選ぶ

ブラシの種類はブラシパネルで選択します。

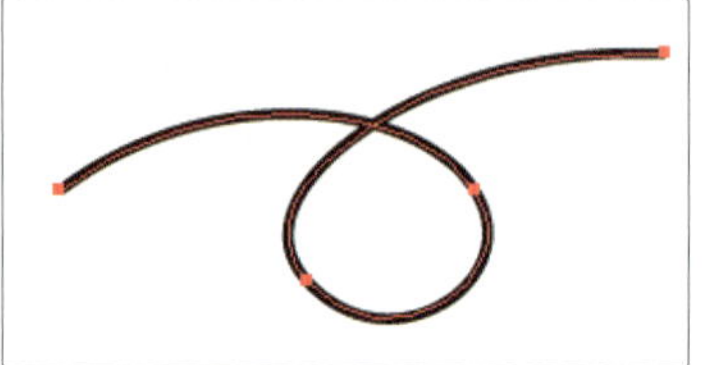

❶[ブラシ]ツールで線を描き、[選択]ツールで選択します。

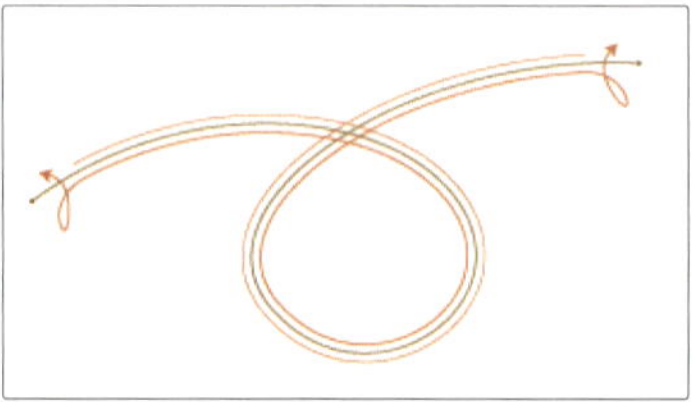

❸線の装飾が変わります。

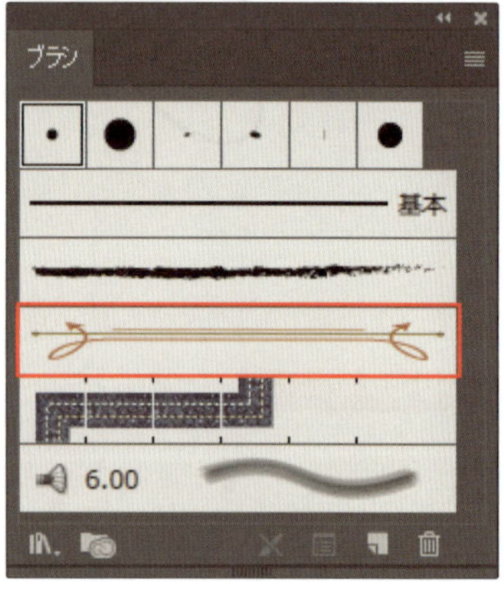

❷[ウィンドウ]メニューから[ブラシ]を選択してブラシパネルを表示させ、別のブラシをクリックで選択します。

[ブラシツールオプション] ダイアログボックスの設定

[ブラシ] ツールをダブルクリックすると表示される [ブラシツールオプション] ダイアログボックスで、[ブラシ] ツールの設定ができます。

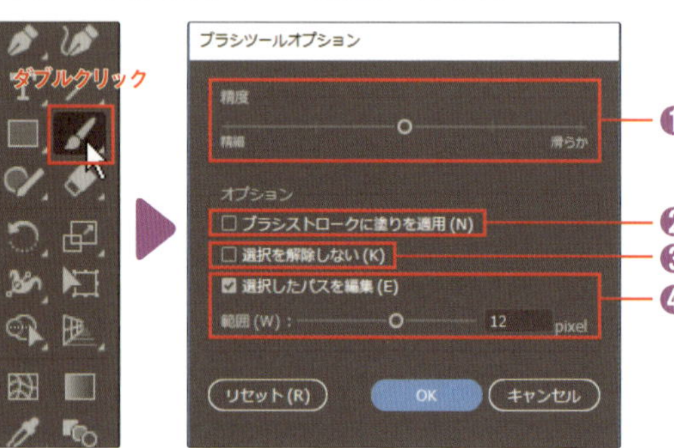

❶**精度**：ブラシの線の補正具合を調整できます。
❷チェックを入れると、描いたブラシに塗りが適用されます。
❸チェックを入れると、描いた線が選択された状態になります。
❹選択されている線を編集でき、その許容範囲も設定できます。

CHAPTER 5 04

ブラシ〈2〉

オリジナルブラシの作成

- 各ブラシの作成方法を知る
- オリジナルのブラシを作成する

あらかじめ用意されたブラシ以外に、オリジナルのブラシを作成することもできます。オリジナルのブラシを利用すると、より自由な表現が可能となります。ブラシの作成方法は、種類ごとに異なります。

 練習用ファイル：chap5 → 5_04

カリグラフィブラシの作成

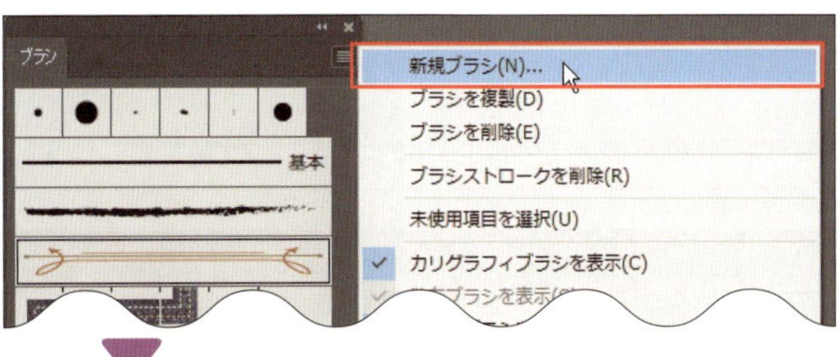

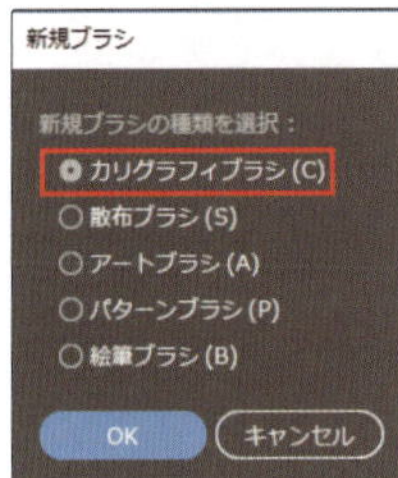

ブラシパネルのオプションメニューから［新規ブラシ］を選択し、表示される［新規ブラシ］ダイアログボックスで、［カリグラフィブラシ］にチェックを入れて、［OK］ボタンをクリックします。

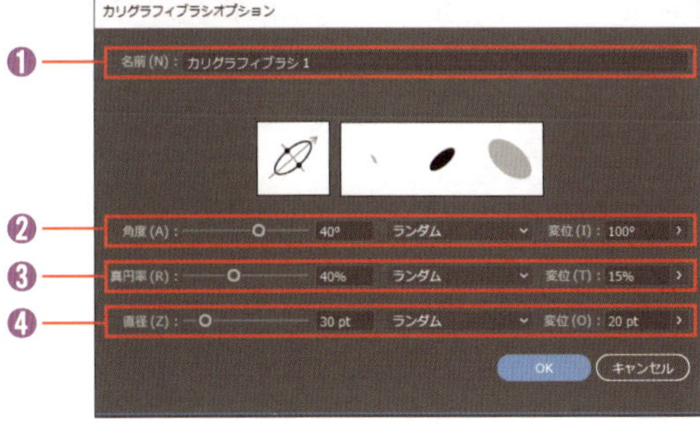

表示される［カリグラフィブラシオプション］ダイアログボックスで設定を行います。

❶**名前**：ブラシの名前を設定します。
❷**角度**：ブラシの傾き加減を設定します。
❸**真円率**：ペン先の丸みを設定します。数値が小さいほど平たいペン先になります。
❹**直径**：ペン先の大きさを設定します。

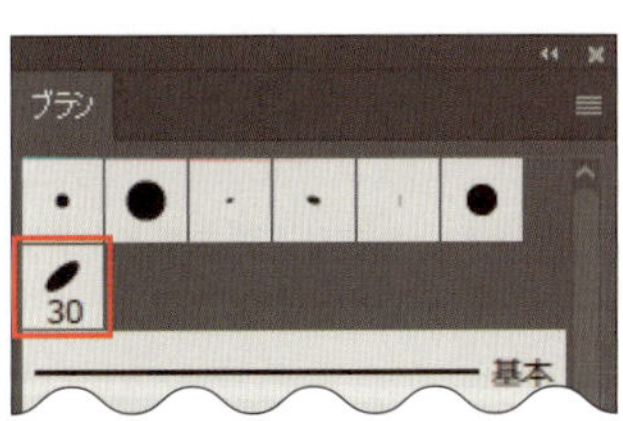

各設定を行い［OK］ボタンをクリックすると、ブラシパネルにカリグラフィブラシとして登録されます。

HINT

ブラシパネルが表示されていない場合は、［ウィンドウ］メニューから［ブラシ］を選択して表示させます。

HINT

［新規ブラシ］ダイアログボックスは、［新規ブラシ］ボタンをクリックしても表示されます。

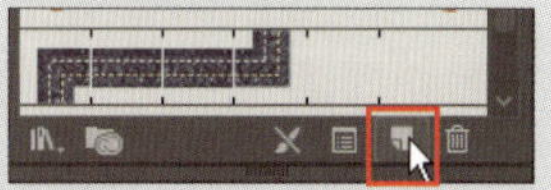

各設定項目では、「固定」と「ランダム」の他に、ペンタブレット用の設定が用意されています。

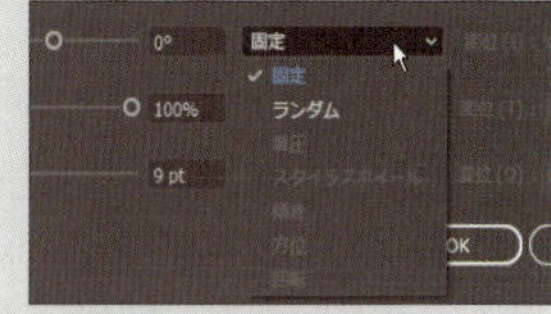

固定：設定した値を保ちます。
ランダム：数値を変位させます。変位させる値は、右の［変位］で設定します。
筆圧：ペンタブレット使用時に有効です。ペンの筆圧を反映します。
スタイラスホイール：エアブラシを検知するペンタブレット使用時に有効です。
傾き：ペンタブレット使用時に有効です。真円率の設定に向いています。
方位：ペンタブレット使用時に有効です。角度の設定に向いています。
回転：マーカーを検知するペンタブレット使用時に有効です。

散布ブラシの作成

ブラシの基となるオブジェクトを選択して、ブラシパネルのオプションメニューから［新規ブラシ］を選択します。

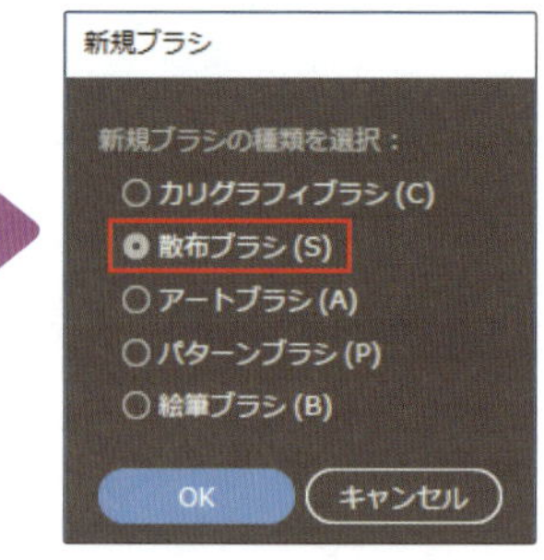

表示される［新規ブラシ］ダイアログボックスで［散布ブラシ］にチェックを入れて、［OK］ボタンをクリックします。

表示される［散布ブラシオプション］ダイアログボックスで設定を行います。

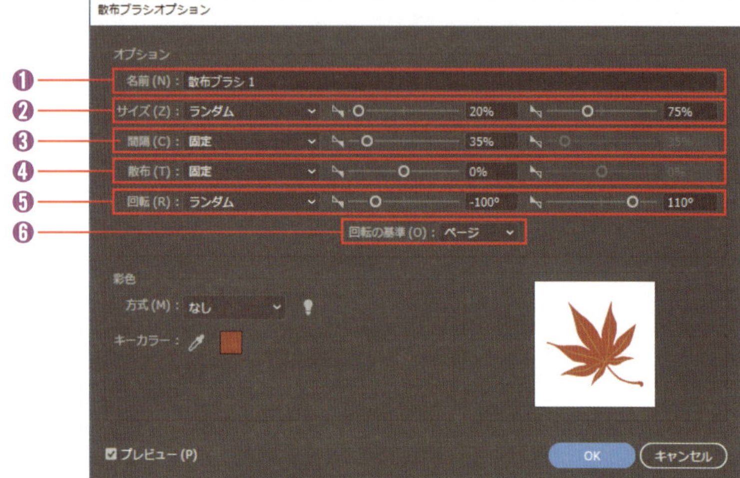

❶**名前**：ブラシの名前を設定します。
❷**サイズ**：オブジェクトの大きさを設定します。
❸**間隔**：オブジェクトの間隔を設定します。
❹**散布**：オブジェクトの散らばり具合を設定します。
❺**回転**：オブジェクトの角度を設定します。
❻**回転の基準**：回転の基準を「パス」か「ページ」のいずれかに設定します。

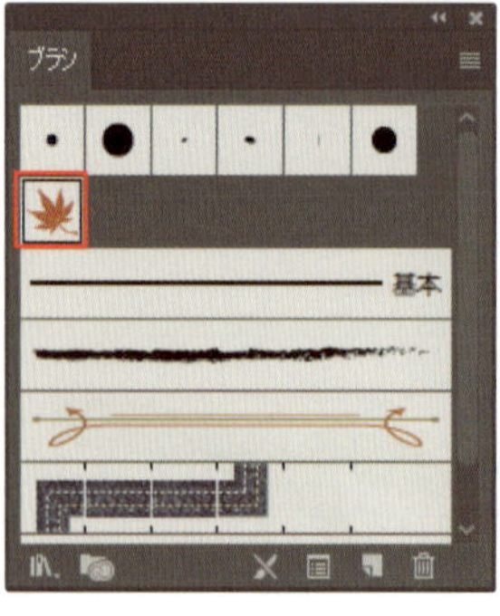

各設定を行い［OK］ボタンをクリックすると、ブラシパネルに散布ブラシとして登録されます。

NOTICE

散布ブラシとアートブラシは、あらかじめオブジェクトを選択しておきます。［新規ブラシ］ダイアログボックスでは選択できません。

NOTICE

Illustrator CCでは、散布ブラシ、アートブラシ、パターンブラシに画像を登録できます。画像は必ず埋め込み画像にする必要があります。

HINT

散布ブラシとアートブラシは、ブラシの基となるオブジェクトをブラシパネルに直接ドラッグして登録することもできます。

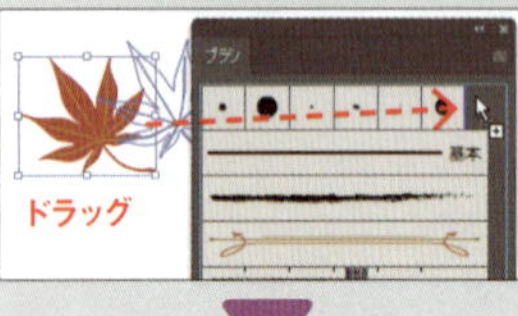

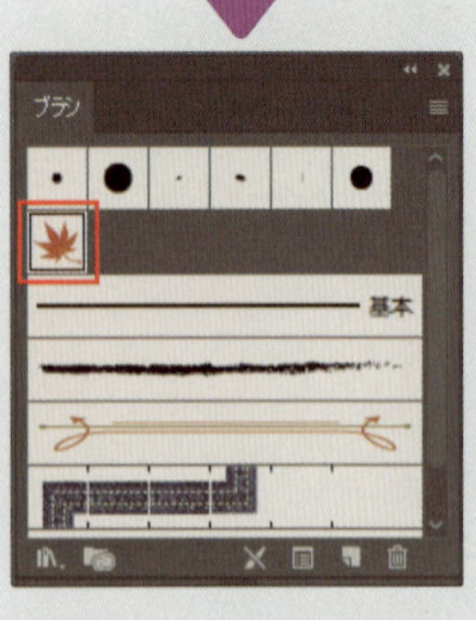

アートブラシの作成

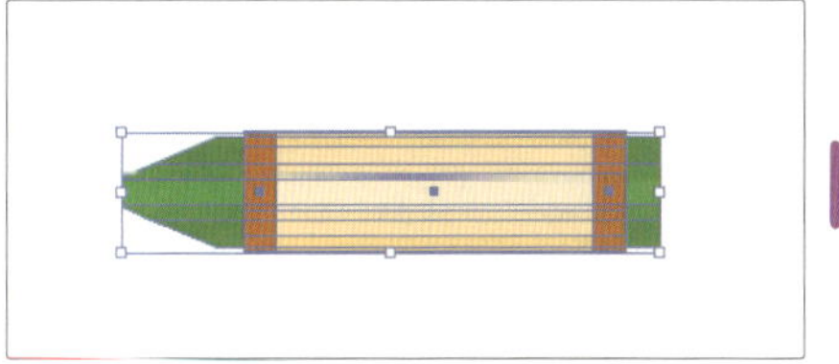

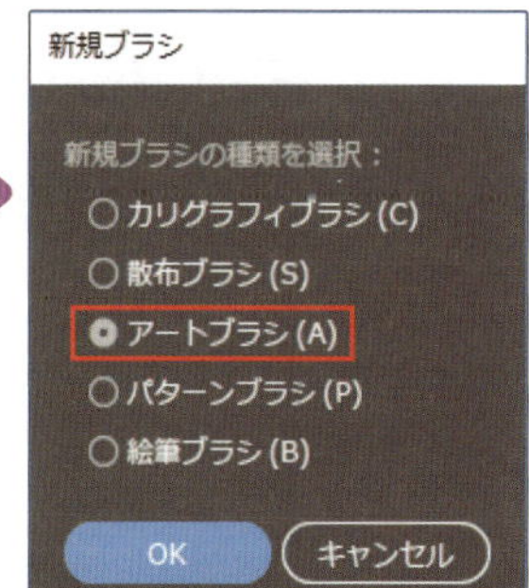

ブラシの基となるオブジェクトを選択して、ブラシパネルのオプションメニューから［新規ブラシ］を選択します。表示される［新規ブラシ］ダイアログボックスで［アートブラシ］にチェックを入れて、［OK］ボタンをクリックします。

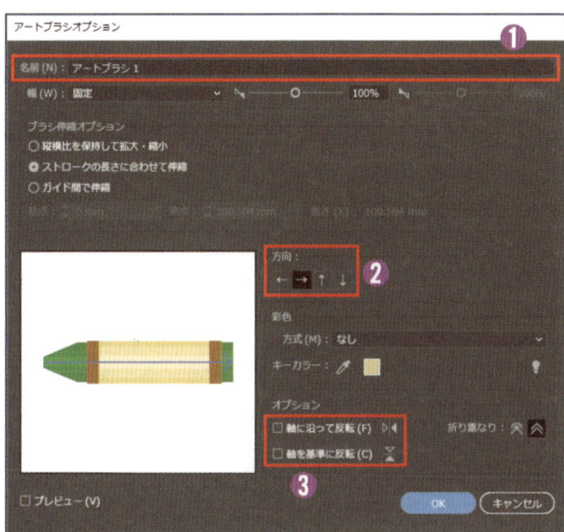

表示される［アートブラシオプション］ダイアログボックスで設定を行います。

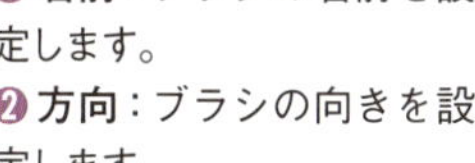

❶ **名前**：ブラシの名前を設定します。
❷ **方向**：ブラシの向きを設定します。
❸ **反転**：パスに対してどう反転させるかを設定します。

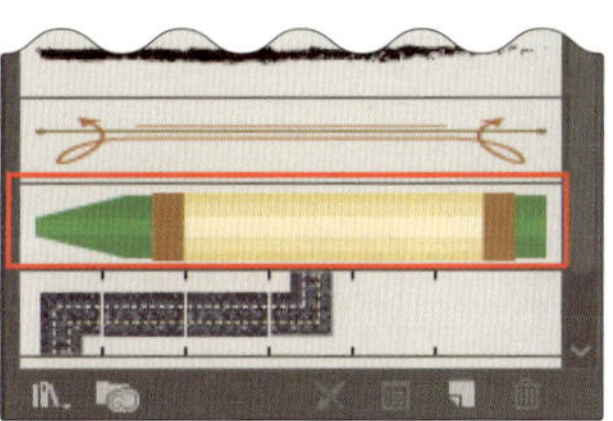

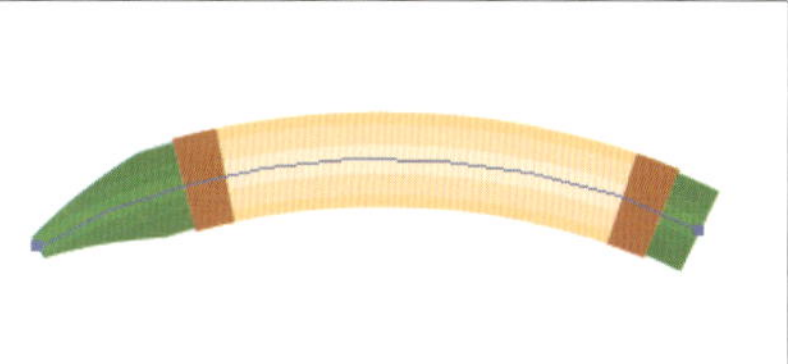

各設定を行い［OK］ボタンをクリックすると、ブラシパネルにアートブラシとして登録されます。

NOTICE

［ガイド間で伸縮］は、Illustrator CS5 以降のバージョンの機能です。

HINT

［ガイド間で伸縮］にチェックを入れると、伸縮する範囲を指定できます。

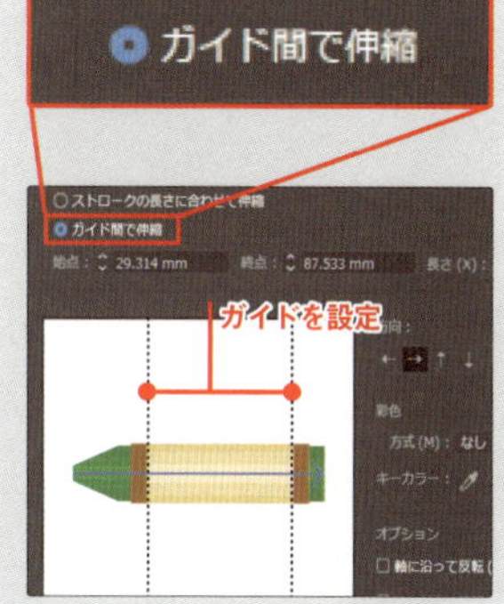

「ガイド間で伸縮」にチェックを入れない場合

「ガイド間で伸縮」にチェックを入れた場合

パターンブラシの作成

パターンブラシは、オブジェクトをダイレクトに適用する方法と、パターン登録した後に作成する方法があります。

オブジェクトからパターンブラシを作成

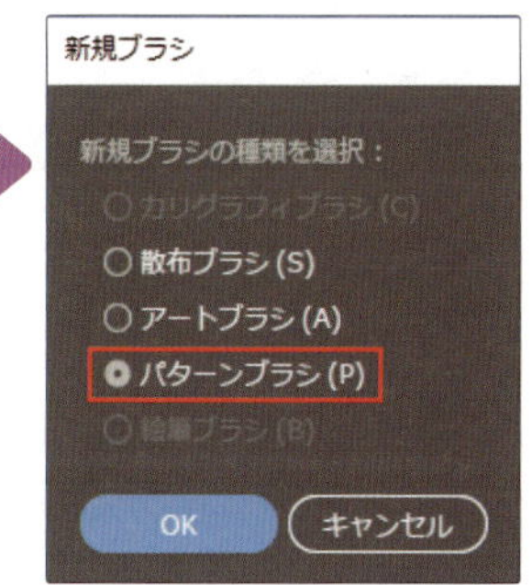

ブラシの基となるオブジェクトを選択して、ブラシパネルのオプションメニューから［新規ブラシ］を選択します。表示される［新規ブラシ］ダイアログボックスで［パターンブラシ］にチェックを入れて、［OK］ボタンをクリックします。

Illustrator CS6以前のバージョンでは、[パターンブラシ] ダイアログボックスにプレビューがなく、スウォッチパネルに登録されているパターン名が表示されます。

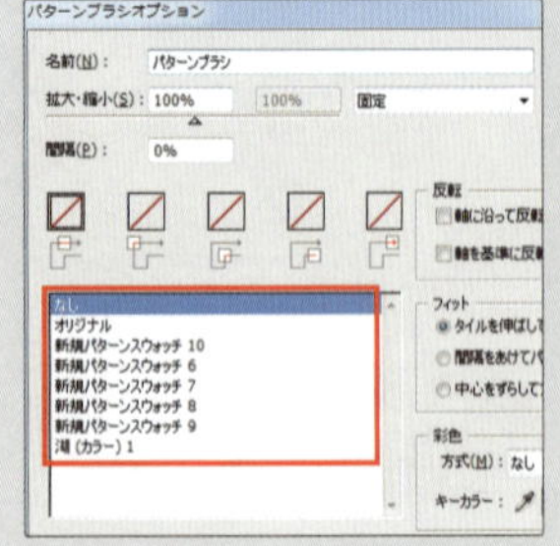

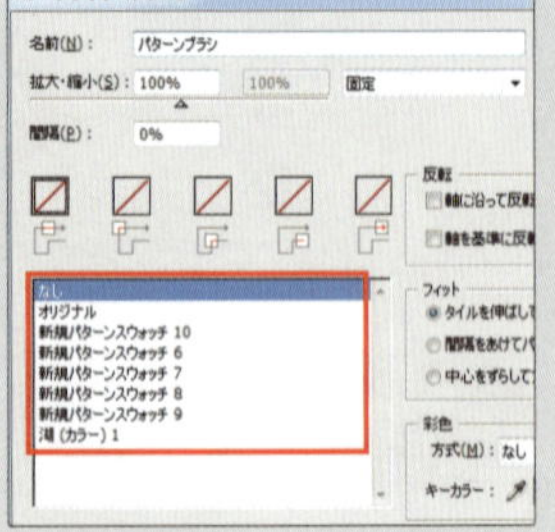

パターンブラシのコーナータイルの自動生成は、Illustrator CCの機能です。

[拡大・縮小] 設定は、Illustrator CS5から、詳細設定ができるようになりました。

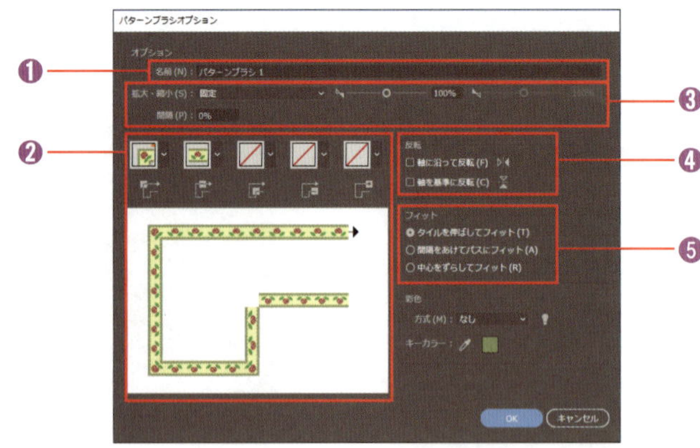

表示される [パターンブラシオプション] ダイアログボックスで設定を行います。

❶**名前**：ブラシの名前を設定します。
❷選択したオブジェクトが自動的に「タイル」として登録され、適用結果を確認できます。

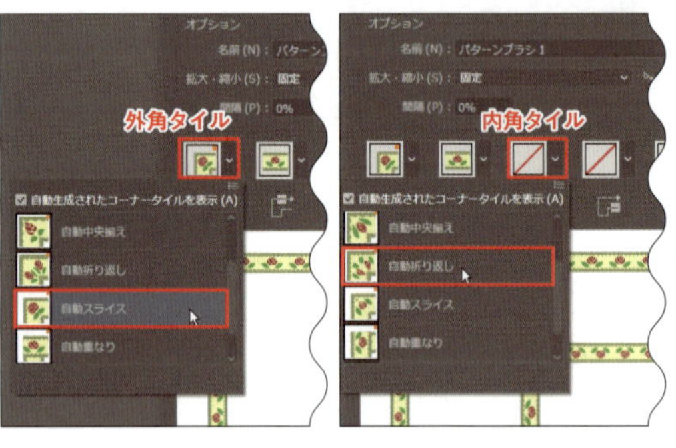

「外角タイル」と「サイドタイル」の形状は、自動的に選択されます。他のタイルもプルダウンメニューから選べます。

❸**拡大・縮小**：ブラシの大きさを設定します。
❹**反転**：パスに対してどう反転させるかを設定します。
❺**フィット**：タイルをパスへどのように配置するかを設定します。

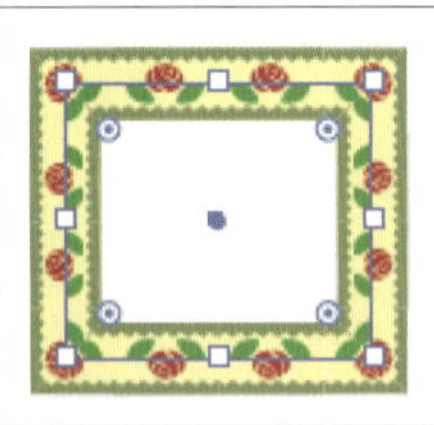

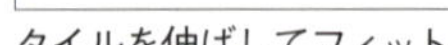

タイルを伸ばしてフィット

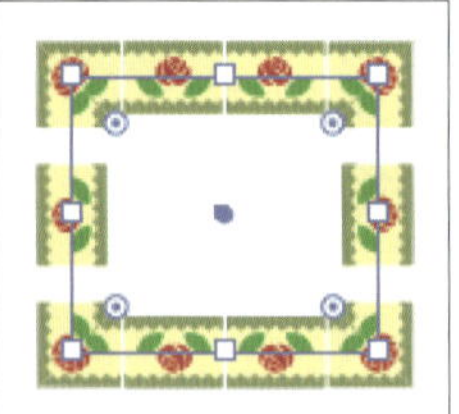

間隔を空けてパスにフィット

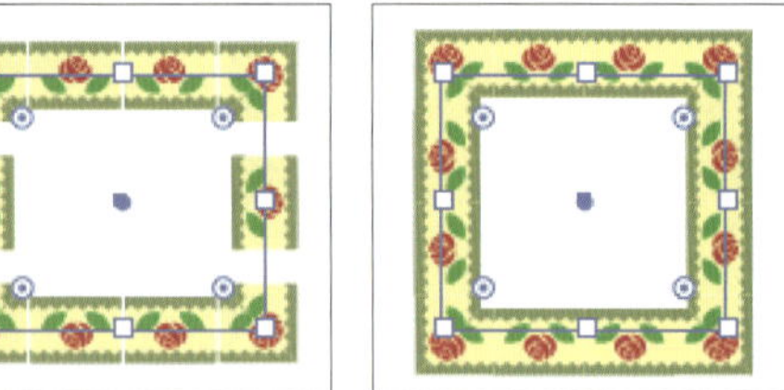

中心をずらしてフィット

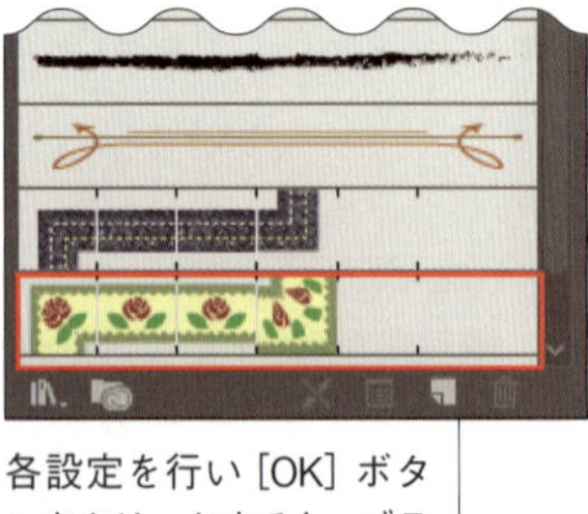

各設定を行い [OK] ボタンをクリックすると、ブラシパネルにパターンブラシとして登録されます。

パターンからパターンブラシを作成

スウォッチパネルに登録したパターンを利用すると、細やかなデザインのパターンブラシを作成できます。

❶ここでは、タイルにする5つのオブジェクトを作成します。

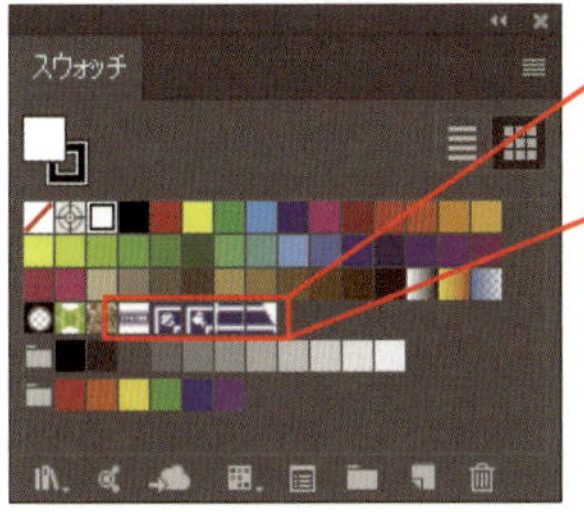

❷5つのオブジェクトを1つずつスウォッチパネルにドラッグして登録します。

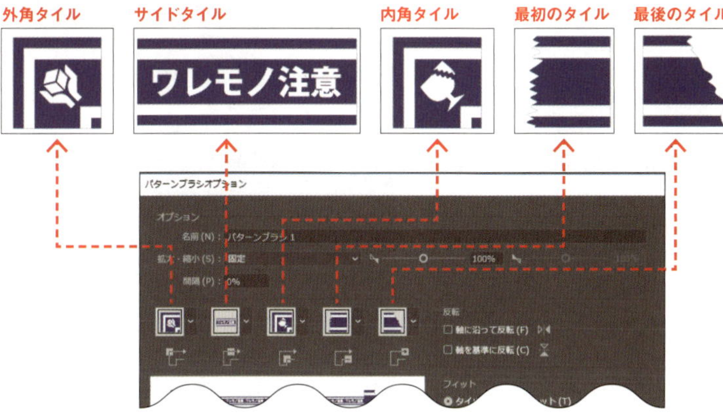

❸ブラシパネルのオプションメニューから［新規ブラシ］を選択します。ダイアログボックスで［パターンブラシ］にチェックを入れ、［OK］ボタンをクリックして、［パターンブラシオプション］ダイアログボックスで設定を行います。5種類のタイルに、それぞれ登録したオブジェクトを選択します。

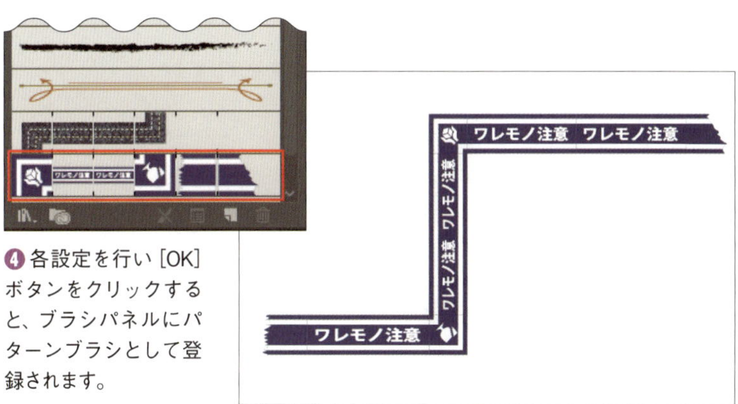

❹各設定を行い［OK］ボタンをクリックすると、ブラシパネルにパターンブラシとして登録されます。

❺作成したパターンブラシは、最初と最後、外角と内角でデザインが異なるため、より細やかな表現になります。

5種類のタイルにはそれぞれ役割があり、用途に合わせたタイルを作成すると、図のようなパターンブラシを作成できます。

A：最初のタイル
B：外角タイル
C：内角タイル
D：サイドタイル
E：最後のタイル

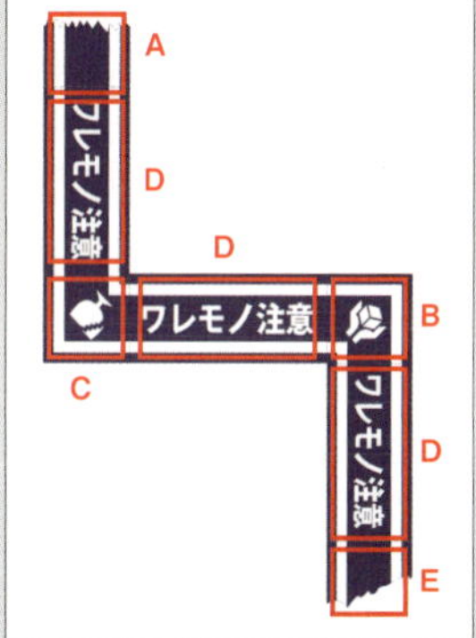

角の内側と外側のタイルを違うものにすると、2種類の角を設定できます。

NOTICE

絵筆ブラシは、Illustrator CS5以降のバージョンで使えるブラシです。

絵筆ブラシの作成

絵筆ブラシを選ぶ

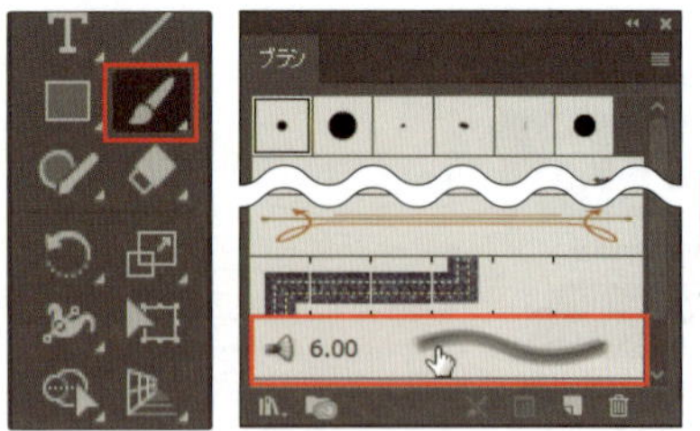

ツールパネルから［ブラシ］ツールを選択し、ブラシパネルから絵筆ブラシの「モップ」を選択します。

絵筆ブラシで線を描くと、毛筆のような質感の線が描けます。不透明度が設定できるため、重ね塗りのような効果も得られます。

絵筆ブラシの作成

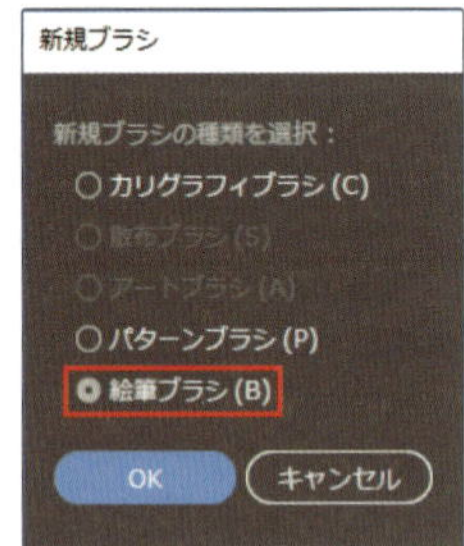

ブラシパネルのオプションメニューから［新規ブラシ］を選択し、表示される［新規ブラシ］ダイアログボックスで、［絵筆ブラシ］にチェックを入れて［OK］ボタンをクリックします。

表示される［絵筆ブラシオプション］ダイアログボックスで設定を行います。

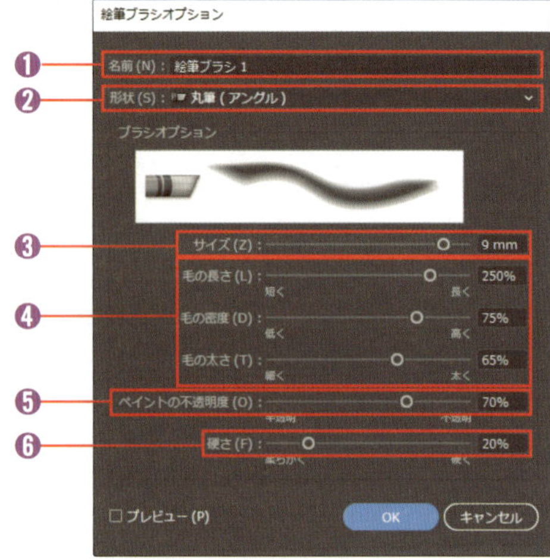

❶**名前**：ブラシの名前を設定します。
❷**形状**：筆先の形状を選択します。
❸**サイズ**：筆の大きさを設定します。
❹筆の毛の長さ・密度・太さを設定します。
❺**ペイントの不透明度**：描いた線の不透明度を設定します。
❻**硬さ**：筆の柔軟性を設定します。

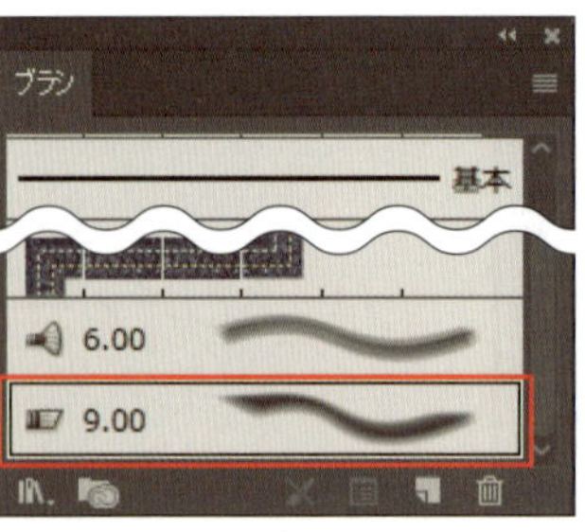

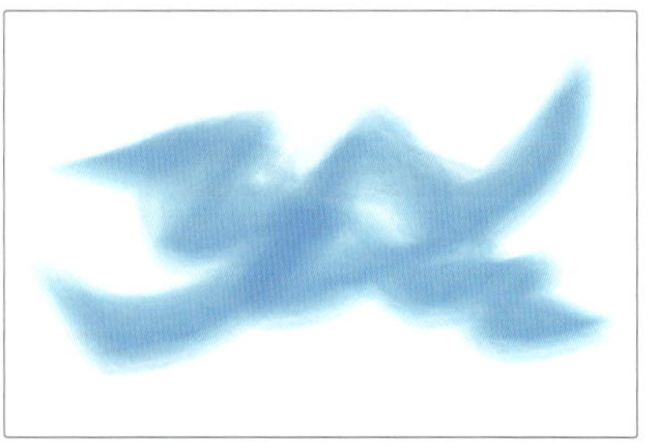

各設定を行い［OK］ボタンをクリックすると、ブラシパネルに絵筆ブラシとして登録され、質感の異なる絵筆ブラシが作成されます。また、絵筆ブラシで描いた線には、通常の線と同様に色を付けられます。

CHAPTER 5

05 鉛筆ツール 自由な線を描く

[鉛筆] ツールでは、自由な感覚で線を描くことができます。[ペン] ツールのようにきっちりとした線を描くのは難しいですが、手描き感覚で操作できます。

 練習用ファイル：chap5 ➡ 5_05

ココがポイント
- 鉛筆ツールで自由な線を描く
- 線を滑らかにする
- 鉛筆ツールで描いた線を削除する

[鉛筆] ツールで線を描く

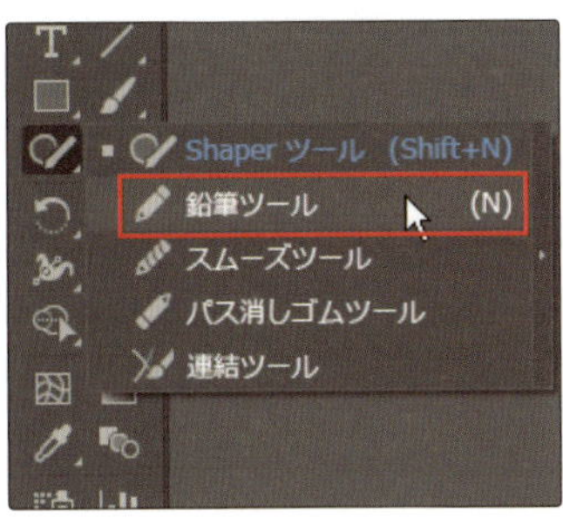

ツールパネルから[鉛筆] ツールを選択し、自由にドラッグすると、線を描けます。さらに、ペンタブレットを使用すると、紙に描く感覚で線を描くことができます。

[鉛筆] ツールで直線を描く

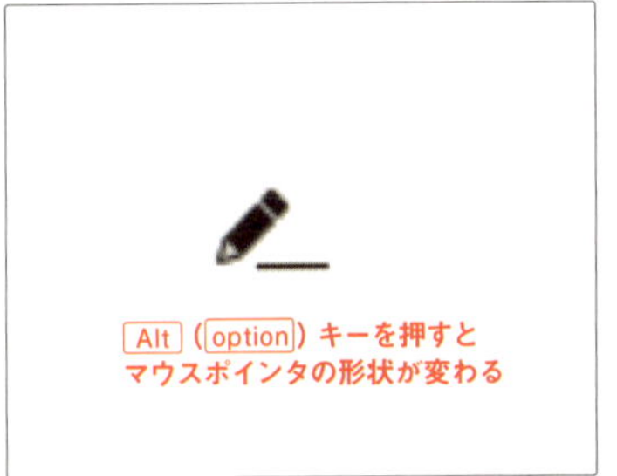

[鉛筆] ツールを選択し、Alt (option) キーを押すと、マウスポインタの形状が直線用に変わります。

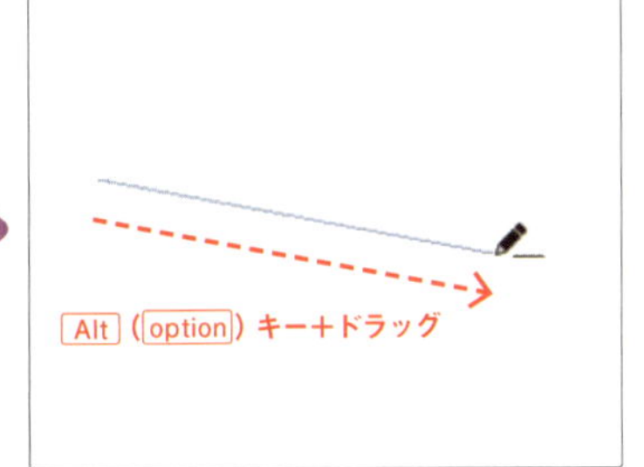

Alt (option) キーを押しながらドラッグすると、直線を描けます。

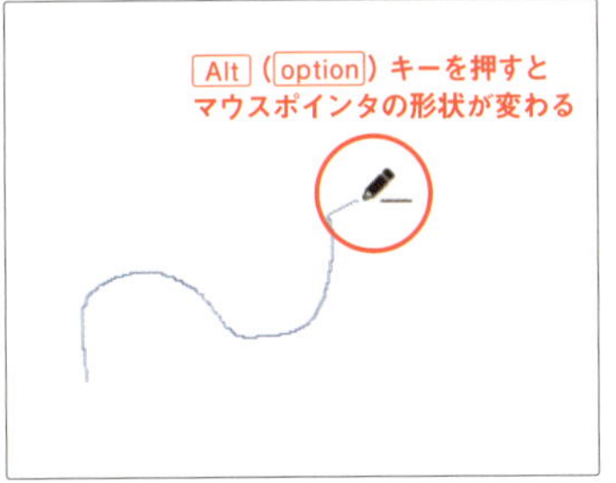

[鉛筆] ツールで線を描いている途中で、Alt (option) キーを押すと、マウスポインタの形状が直線用に変わります。

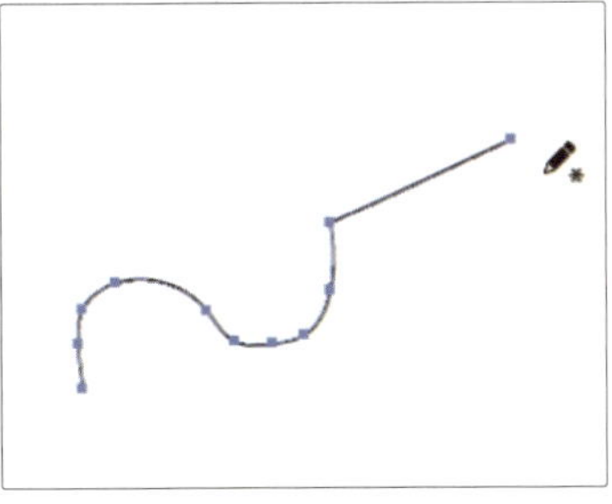

Alt (option) キーを押しながらドラッグした部分は、直線になります。

NOTICE

[鉛筆] ツールで直線を描くのは、Illustrator CCの機能です。Illustrator CS6 以前のバージョンでは、[鉛筆] ツールで線を描いている最中にAlt (option) キーを押すと、クローズパスになります。

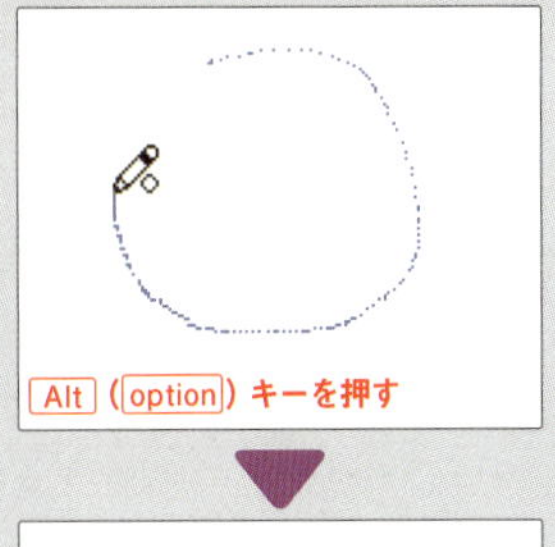

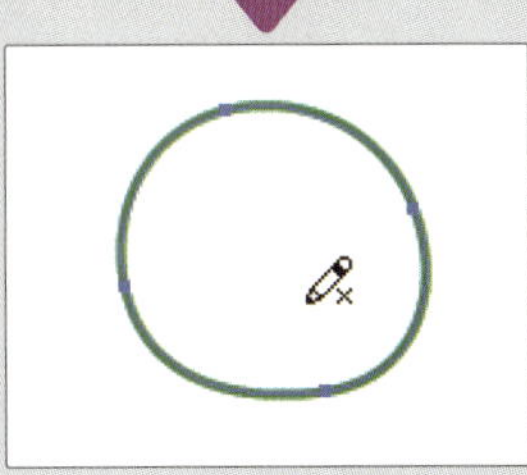

NOTICE

［鉛筆］ツールで線を続けて描くのは、Illustrator CCの機能です。

［鉛筆］ツールで続けて描く

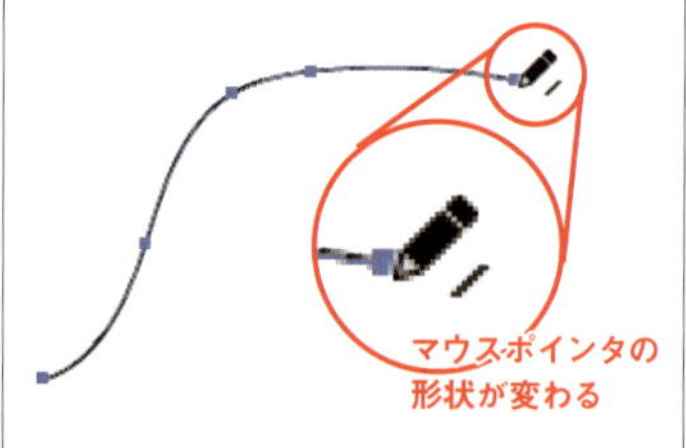

❶途中まで描いた線のパスが選択された状態で、線の端にマウスポインタを合わせると、形状が変わります。

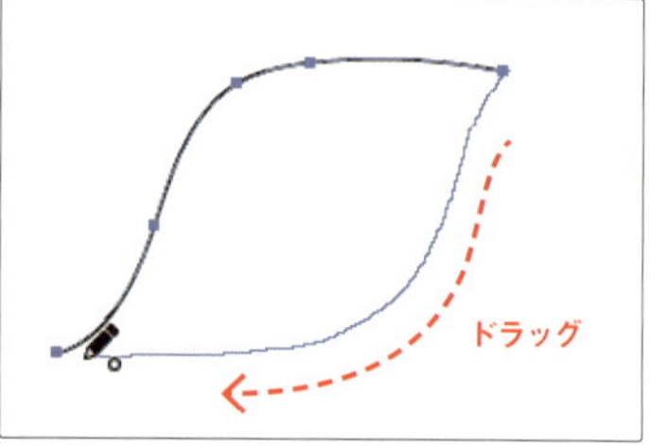

❷ドラッグして線を続けて描きます。

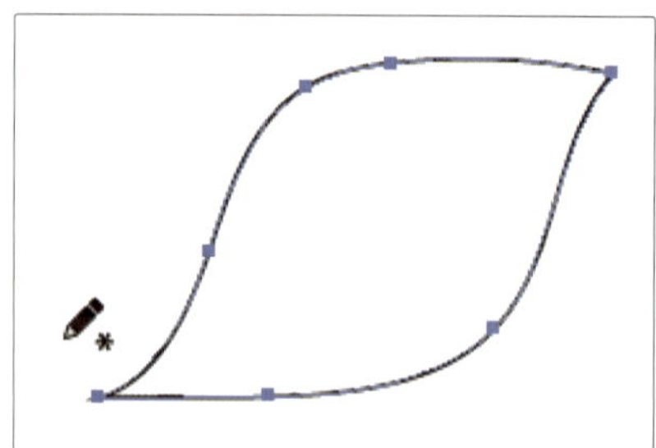

❸元の線の始点に近づくと、パスが閉じられます。

［鉛筆ツールオプション］ダイアログボックス

ツールパネルの［鉛筆］ツールをダブルクリックすると、［鉛筆ツールオプション］ダイアログボックスが表示されます。

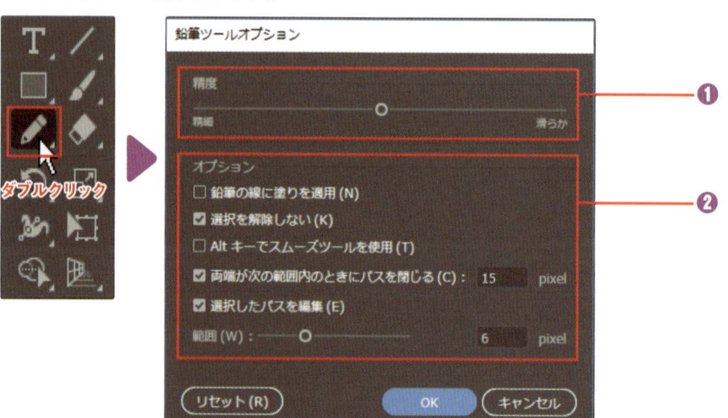

❶**精度**：線の軌跡を設定します。［詳細］側に寄るほど線の軌跡が忠実に再現されます。［滑らか］側に寄るほど実際に描いた線が補完され、滑らかな軌跡になります。

❷**オプション**：［鉛筆］ツールを使う際の作業環境を設定します。

鉛筆の線に塗りを適用：チェックを入れると、描いた線に塗りが適用されます。

選択を解除しない：チェックを入れると、［鉛筆］ツールで描いた線が常に選択された状態になります。

Alt（option）キーでスムーズツールを使用：初期設定ではチェック外れています。通常［鉛筆］ツールでAlt（option）キーを押すと直線を描けます。ここにチェックを入れると、Alt（option）キーを押したときに［スムーズ］ツールに切り替わります。

両端が次の範囲内のときにパスを閉じる：パスを閉じる範囲を設定します。

選択したパスを編集：チェックを入れると、選択している状態のパスを［鉛筆］ツールで編集できます。その適用範囲も設定可能です。

NOTICE

［Alt（option）キーでスムーズツールを使用］と［両端が次の範囲内のときにパスを閉じる］は、Illustrator CCで追加された項目です。

[スムーズ] ツール

[スムーズ] ツールでパスをなぞるようにドラッグすると、線が滑らかになります。

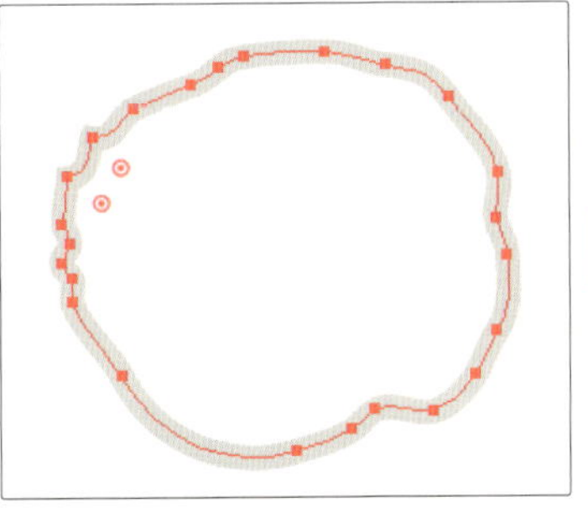

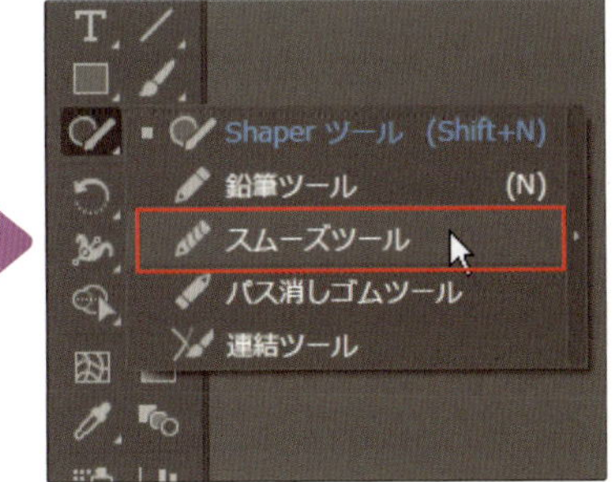

❶ [選択] ツールでパスを選択して、ツールパネルから [スムーズ] ツールを選択します。

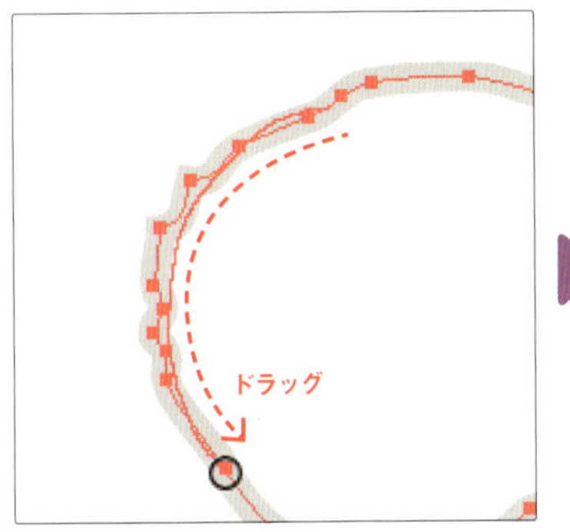

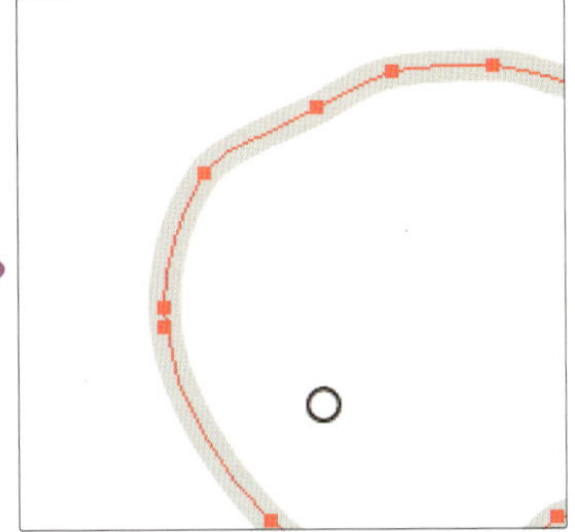

❷ 滑らかにしたい部分のパスをなぞるようにドラッグすると、アンカーポイントが減り、線がスムーズになります。

[パス消しゴム] ツール

[パス消しゴム] ツールでパスをなぞるようにドラッグすると、線を部分的に削除できます。

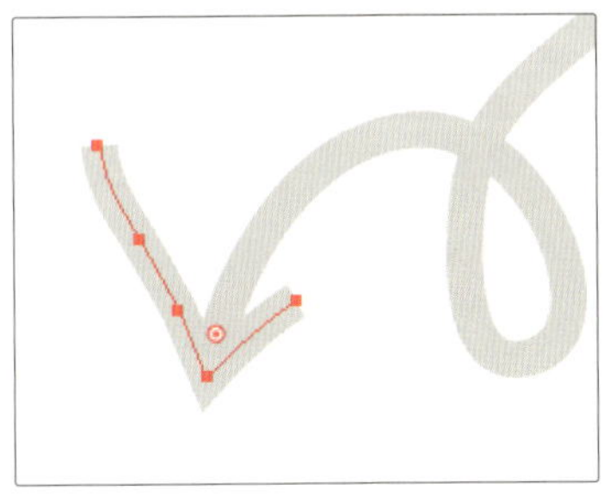

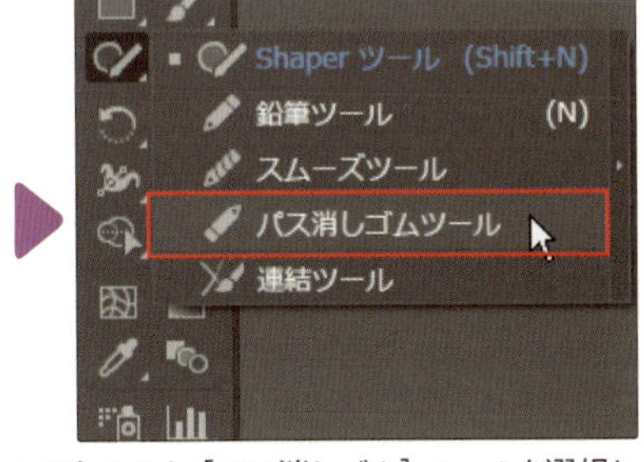

❶ [選択] ツールでパスを選択して、ツールパネルから [パス消しゴム] ツールを選択します。

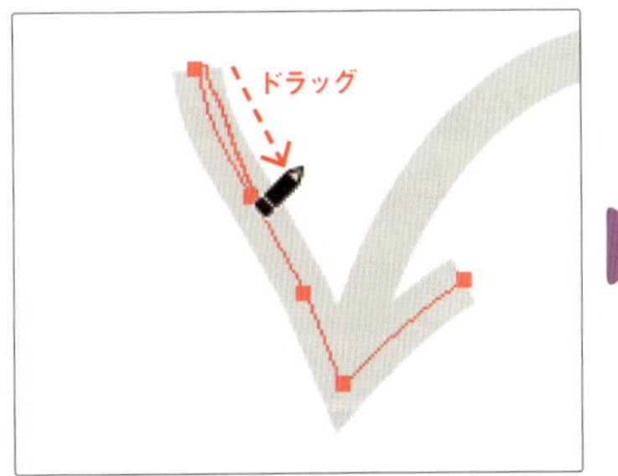

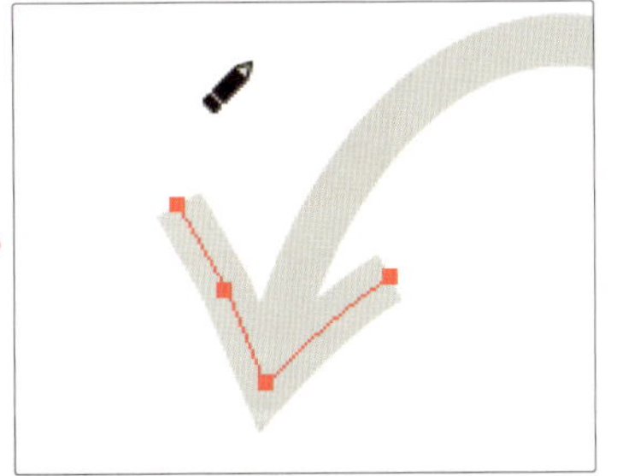

❷ 削除したい部分のパスをなぞるようにドラッグすると、その部分の線が削除されます。

パス全体を滑らかにするには、[オブジェクト] メニューから [パス] → [単純化] を選択する操作が便利です。プレビューで確認しながら実行するとよいでしょう。

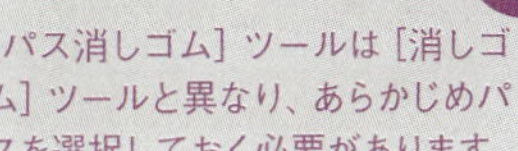

[パス消しゴム] ツールは [消しゴム] ツールと異なり、あらかじめパスを選択しておく必要があります。

06 パターン 模様で塗りつぶす

パターンは、オブジェクトを模様で塗りつぶすことができる機能です。スウォッチパネルにあらかじめ用意されているライブラリを利用することもできますが、ここではオリジナルのパターンの作成方法を解説します。

練習用ファイル：chap5 → 5_06

ココがポイント
- パターンを登録する
- パターンを編集する
- パターンを変形する

パターンの作成

オブジェクトをスウォッチパネルに登録すると、パターンになります。

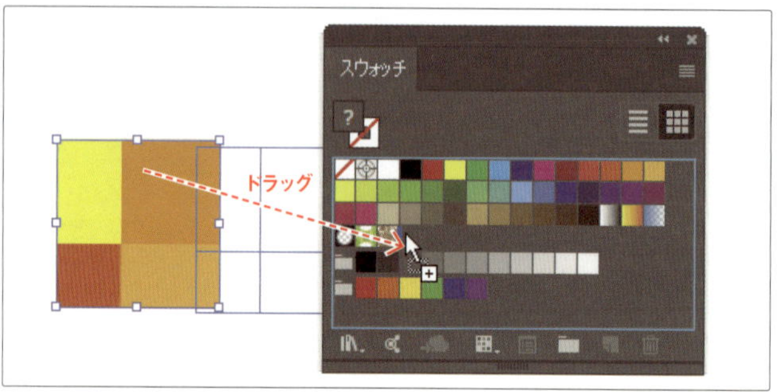

❶パターンに登録するオブジェクトをスウォッチパネルにドラッグします。

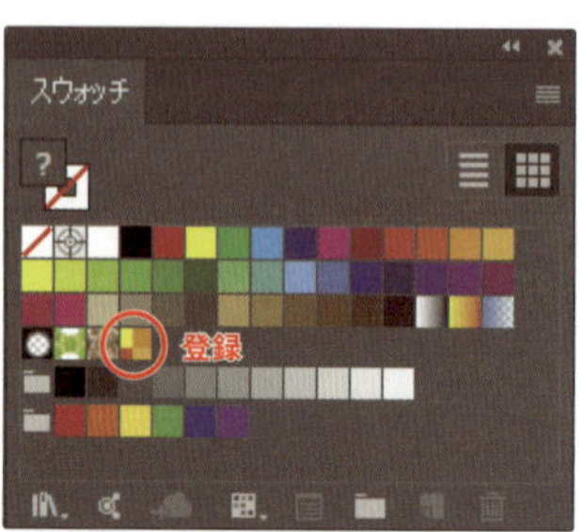

❷スウォッチパネルにオリジナルのパターンが登録されます。

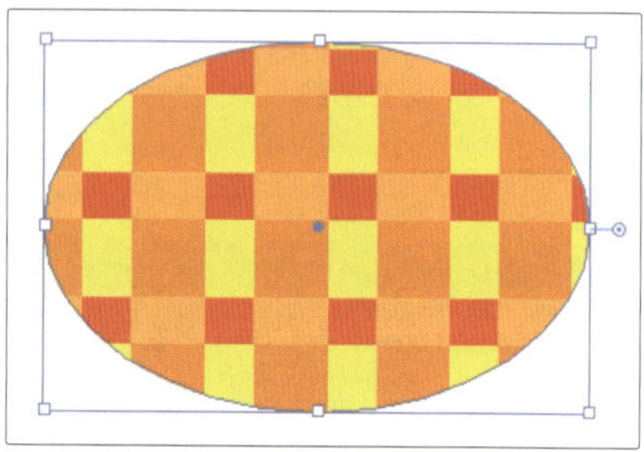

❸スウォッチの他の色と同様に、オブジェクトの塗りにパターンを適用できます。

パターンの境界線を作成する

オブジェクトの背面に透明な長方形を作成しておくと、その長方形がパターンの境界線になります。オブジェクトがくっつかず、等間隔に配置されたパターンになります。

王冠のオブジェクトの背面に透明な正方形を作成し、これらをパターンとして登録します。

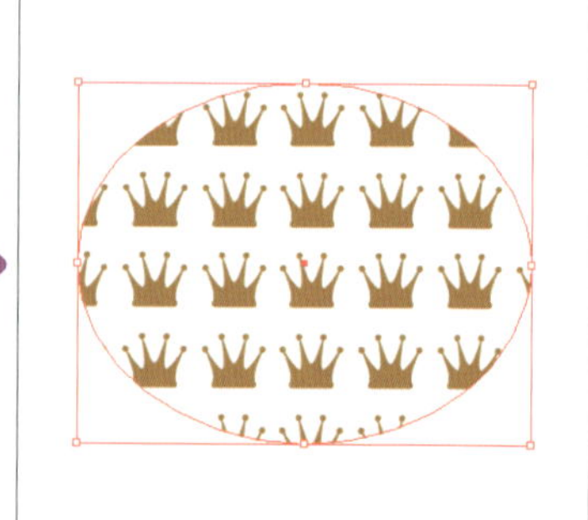

透明な正方形が境界線となり、王冠のオブジェクトが等間隔に配置されたパターンになります。

HINT

パターンは線にも適用できます。

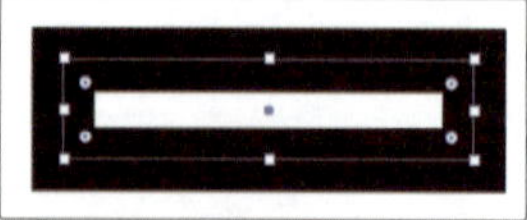

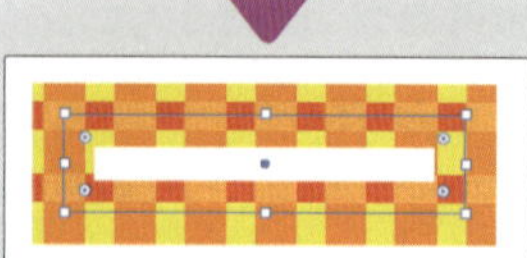

HINT

パターンの背景に色を付けるには、背面に配置した長方形の塗りに色を設定します。

パターン編集モード

「パターン編集モード」では、並べ方などを詳細に設定して、同じオブジェクトからより複雑なパターンを作成できます。

パターン編集モードにする

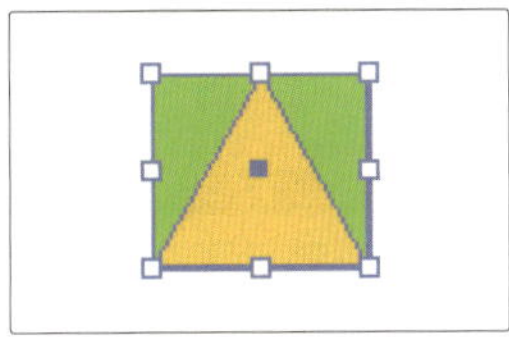

❶パターンにしたいオブジェクトを選択し、［オブジェクト］メニューから［パターン］→［作成］を選択します。

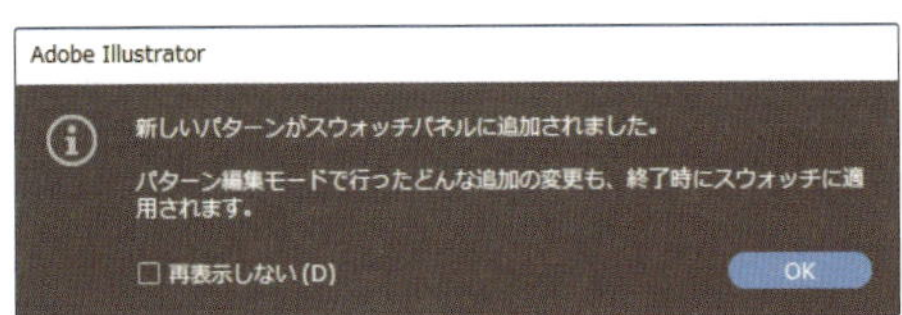

❷パターン編集モードに切り替わる前に、オブジェクトがスウォッチパネルに登録されます。確認画面が表示されるので、［OK］ボタンをクリックします。

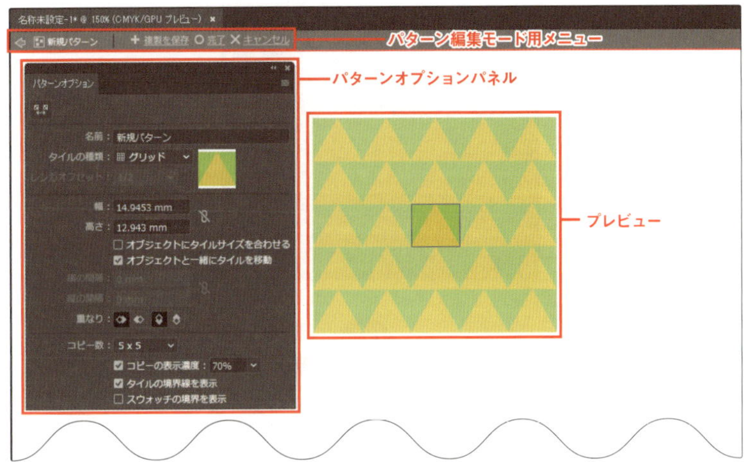

❸画面が「パターン編集モード」に切り替わり、パターンオプションパネルとパターンのプレビューが表示されます。上部には「パターン編集モード」用のメニューが表示されます。

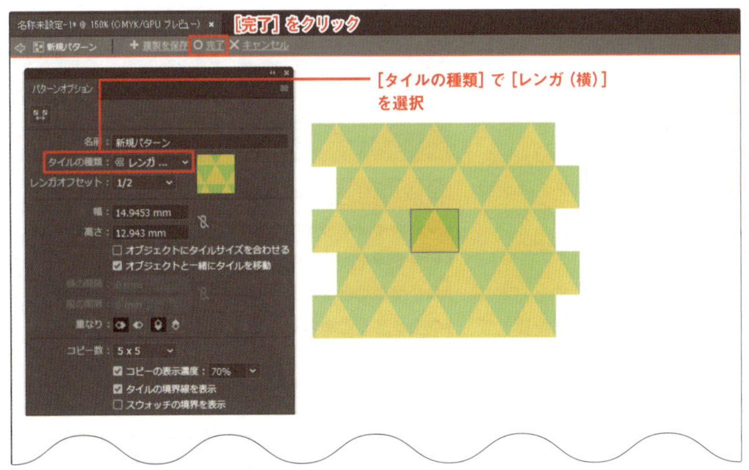

❹パターンオプションパネルの［タイルの種類］で「レンガ（横）」を選択して、上部メニューの［完了］をクリックします。「パターン編集モード」が終了します。

「パターン編集モード」は、Illustrator CS6 以降のバージョンの機能です。

パターンオプションパネルは、「パターン編集モード」で表示される特殊なパネルです。

❺スウォッチパネルに編集したパターンが登録されます。

❻パターンを塗りに適用します。

パターンオプションの設定

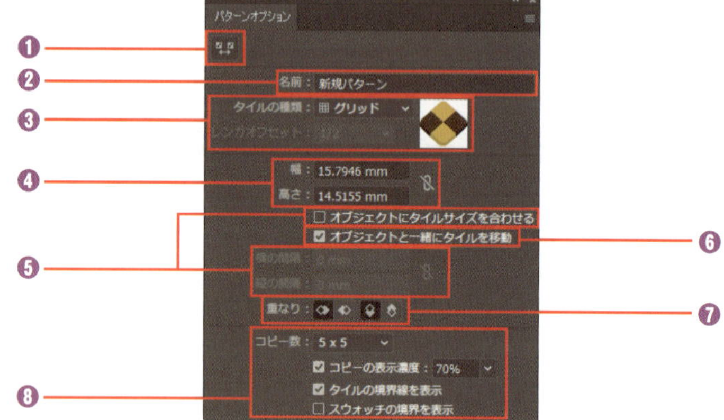

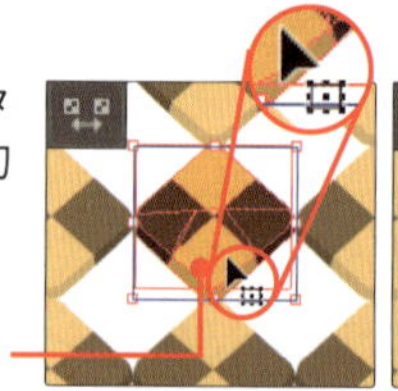
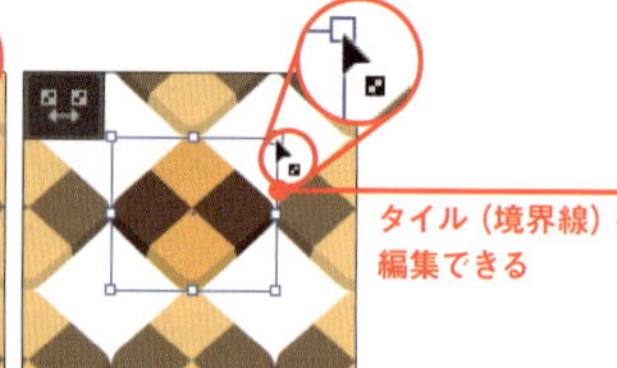

❶オブジェクトの編集とタイル（境界線）の編集を切り替えます。

❷**名前**：パターン名を入力します。

❸**タイルの種類**：パターンの並べ方を選択します。

❹**幅・高さ**：タイル（境界線）の幅と高さを設定できます。

❺チェックを入れると、オブジェクトのサイズに合わせて、タイル（境界線）のサイズが変わります。オブジェクトとタイルの間隔も設定できます。

❻チェックを入れると、オブジェクトとタイル（境界線）が一緒に移動します。

❼**重なり**：パターンが重なる場合、重なり方を選択します。

❽［パターン編集モード］のプレビューの表示を設定します。

HINT

［オブジェクトにタイルサイズを合わせる］と［オブジェクトと一緒にタイルを移動］の両方にチェックを入れると、オブジェクトの変形に合わせてタイル（境界線）のサイズが変わります。

パターンの編集

スウォッチパネルに登録したパターンの色や形の編集は、「パターン編集モード」に切り替えて、またはスウォッチパネルから取り出して行います。

パターン編集モードで編集

❶スウォッチパネルに登録したパターンをダブルクリックします。

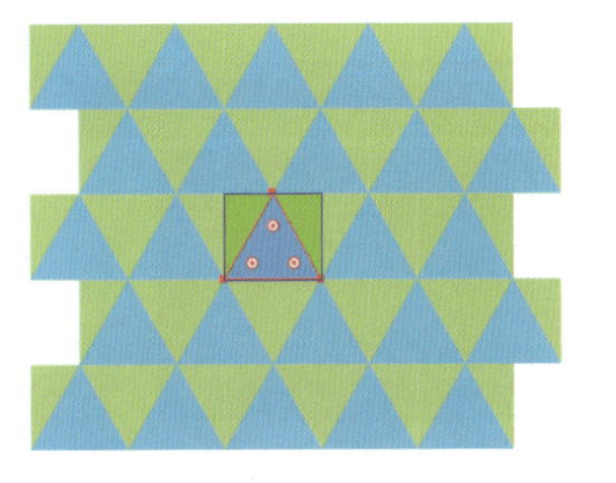

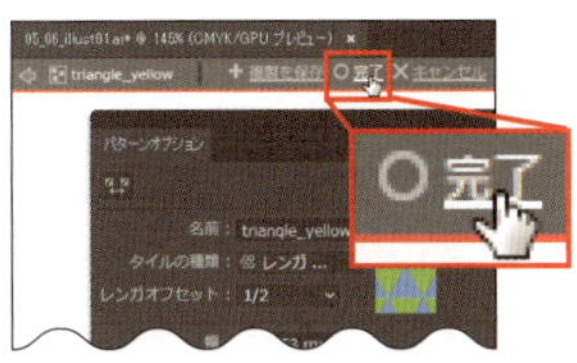

❷自動的に「パターン編集モード」になります。ここでは、オブジェクトの塗りの色を変更して、上部メニューの［完了］をクリックします。

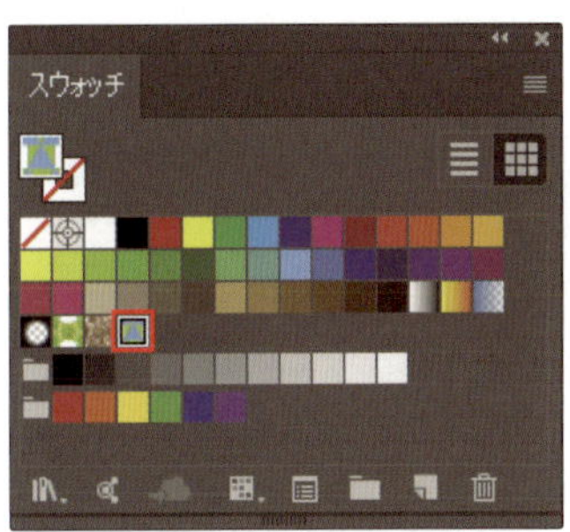

❸スウォッチパネルに登録されたパターンに編集内容が反映されます。

❹すでに塗りとしてパターンを適用しているオブジェクトは、編集後のパターンに更新されます。

スウォッチパネルから取り出して編集

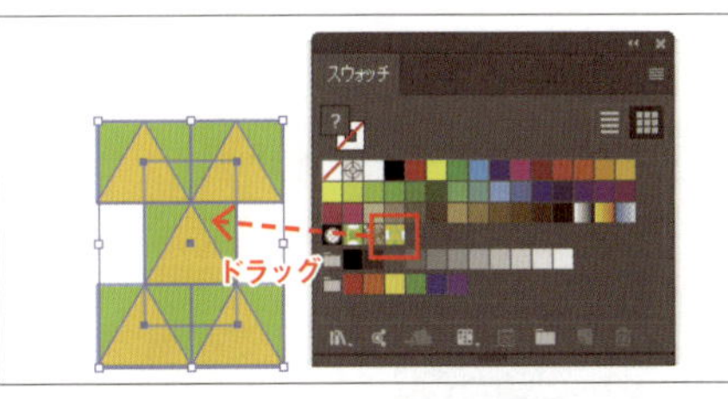

❶スウォッチパネルに登録されたパターンをアートボード上にドラッグし、パターンをオブジェクトとして配置します。

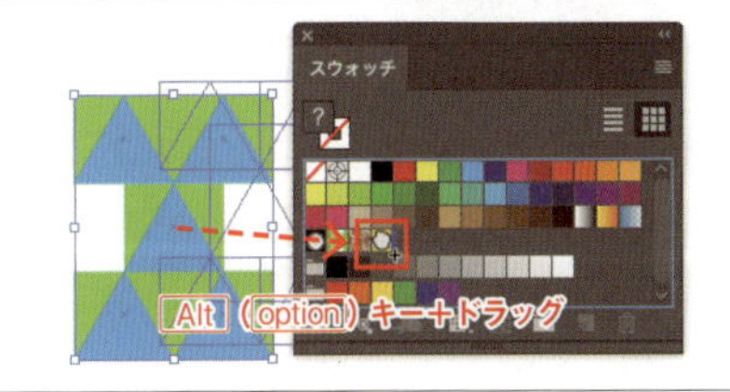

❷ここでは三角形のオブジェクトの塗りの色を変更します。編集したオブジェクトを、Alt（option）キーを押しながらスウォッチパネルに登録されたパターンに重ねるようにドラッグします。

Illustrator CS6 以前のバージョンでは、スウォッチパネルから取り出して編集します。

編集したオブジェクトをAlt（option）キーを押さずにドラッグすると、新たなパターンとして追加されます。

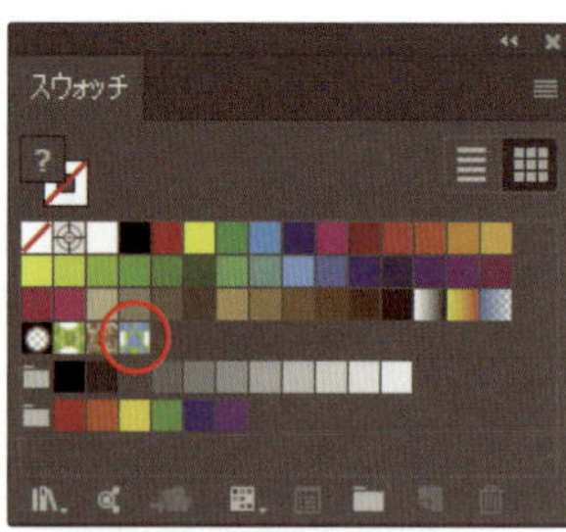

❸スウォッチパネルに登録されたパターンに編集内容が反映されます。すでに塗りとしてパターンを適用しているオブジェクトは、編集後のパターンに更新されます。

パターンの複製

「パターン編集モード」では、パターンを複製してから編集すると、パターンの「上書き」を防げます。

❶スウォッチパネルに登録されたパターンをダブルクリックし、「パターン編集モード」にします。

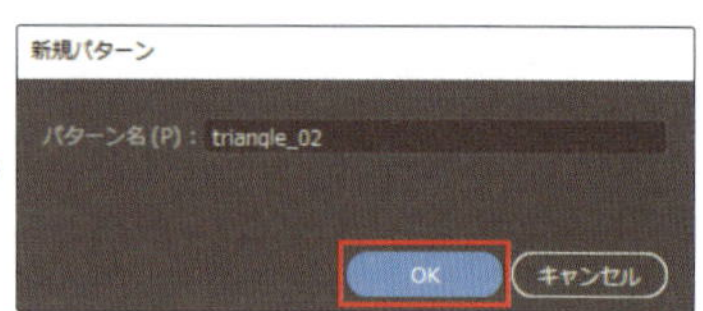

❷上部メニューの「複製を保存」をクリックし、[新規パターン] ダイアログボックスで[パターン名] に新たなパターン名を入力して、[OK] ボタンをクリックします。

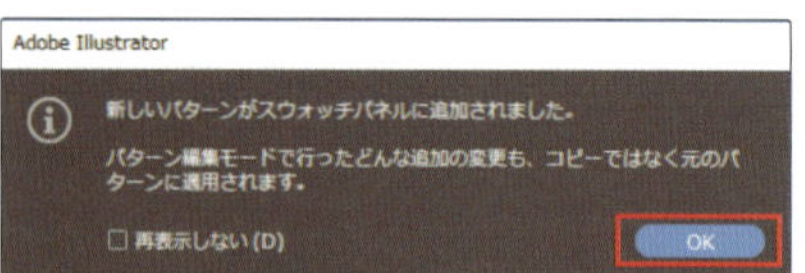

❸確認画面が表示されるので、[OK] ボタンをクリックします。

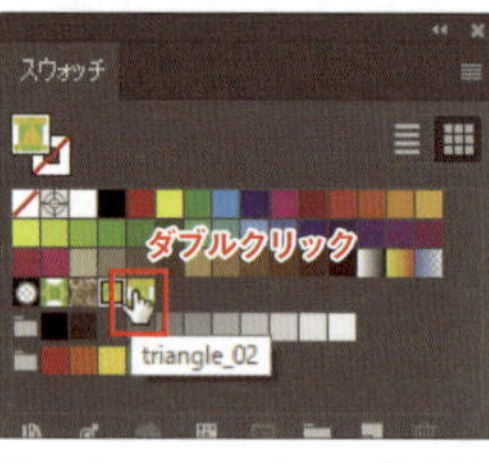

❹スウォッチパネルで複製されたパターンをダブルクリックします。

❺パターンを編集して（ここではオブジェクトの塗りの色を変更）、上部メニューの[完了] をクリックします。

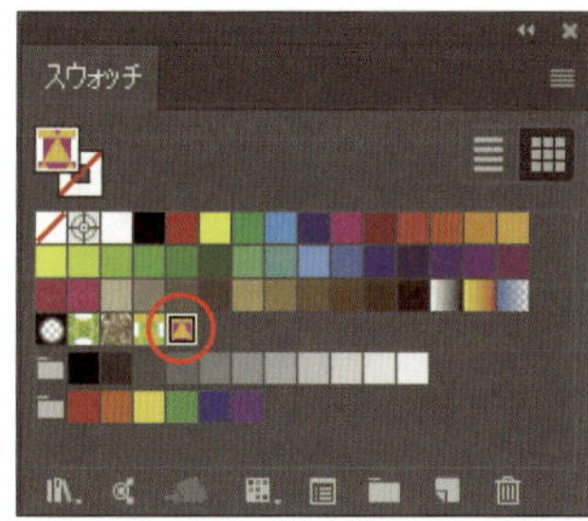

❻スウォッチパネルに複製されたパターンが登録されます。

パターンの変形

塗りにパターンを適用したオブジェクトは、拡大・縮小、回転、反転、シアーなどのツールによる変形によって、パターンだけを変形させることができます。

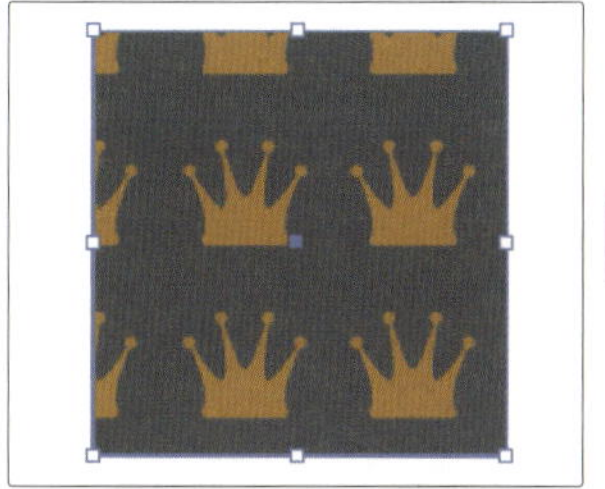

❶塗りにパターンを適用したオブジェクトを選択します。[拡大・縮小] ツールをダブルクリックし、[拡大・縮小] ダイアログボックスを表示させます。

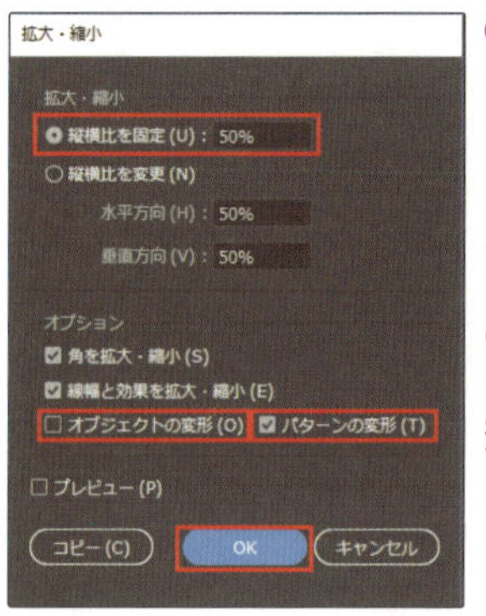

❷ [拡大・縮小] ダイアログボックスで、[縦横比を固定] に「50%」と入力し、[オプション] の [オブジェクトの変形] のチェックを外して、[パターンの変形] にチェックを入れて、[OK] ボタンをクリックします。

❸オブジェクトのサイズは変わらず、パターンだけが縮小されます。

その他の変形ツール

拡大・縮小と同じ要領で、他のツールでもパターンを変形できます。

パターンの移動は、[オブジェクト] メニューから [変形] → [移動] を選択して設定することもできます。

5 07 グラデーションメッシュ

複雑なグラデーションの作成

グラデーションメッシュは、網の目のように張り巡らされたポイントにさまざまな色を適用できるため、複雑に変化するグラデーションを作成できます。

ココがポイント

- グラデーションメッシュを作成する
- 複数のメッシュポイントを一度に作成する
- メッシュポイントを移動する

練習用ファイル： chap5 →  5_07

グラデーションとグラデーションメッシュの違い

グラデーションメッシュは、一方向に色が変化する通常のグラデーションと異なり、網の目のようなポイントにそれぞれ色を指定できるため、より複雑なグラデーションを作成できます。例えば、下図のように立体的な表現も可能です。

通常のグラデーション

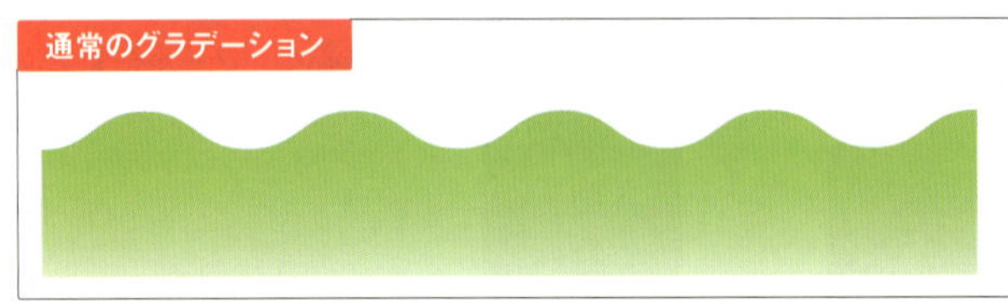

グラデーションメッシュ

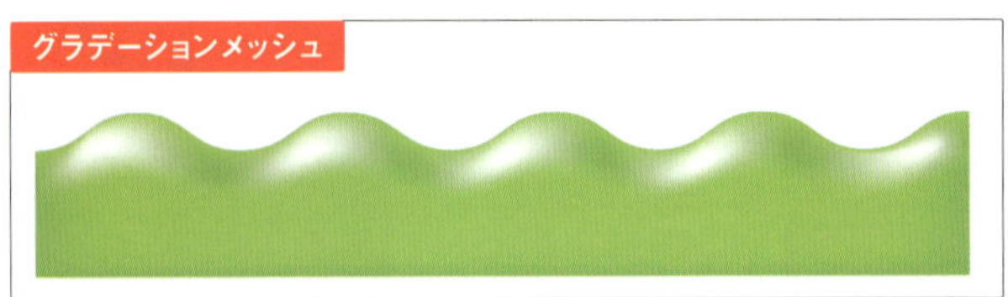

グラデーションメッシュの作成

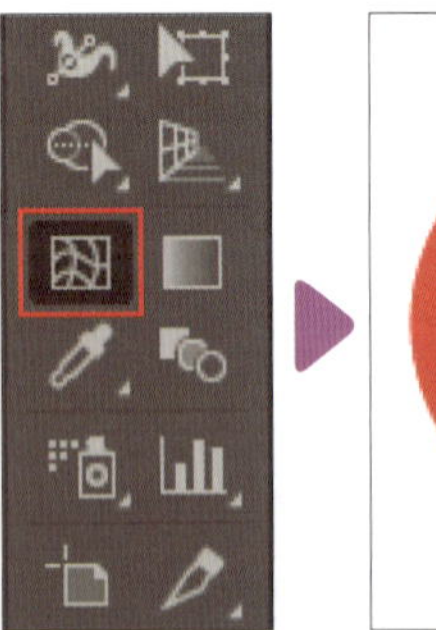

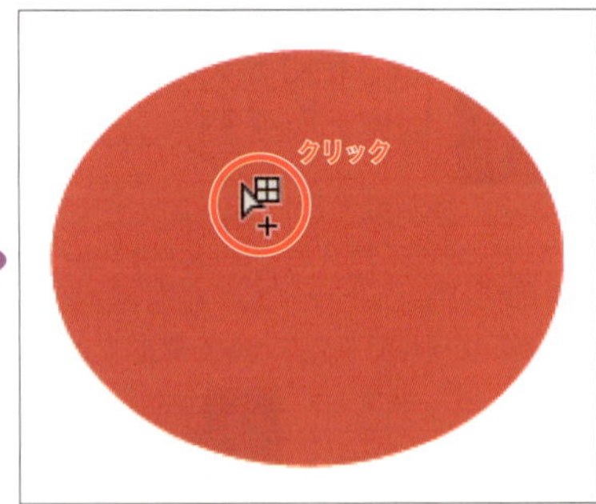

❶［選択］ツールでオブジェクトを選択しておきます。［メッシュ］ツールを選択し、オブジェクトのメッシュポイントを作成する部分でクリックします。

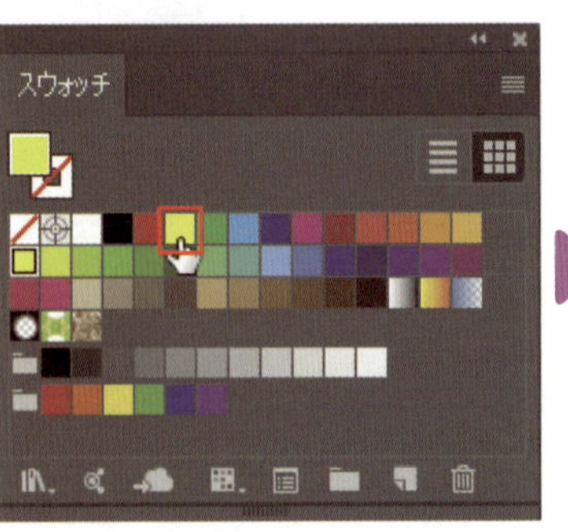

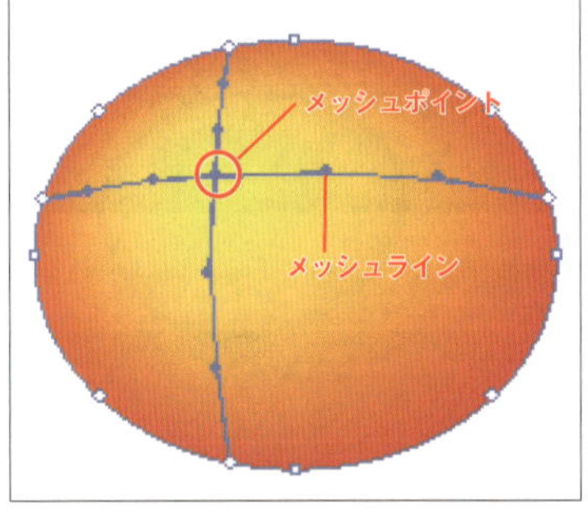

❷クリックした部分にメッシュポイントが、その周りにはメッシュラインが作成されます。スウォッチパネルで色（ここでは黄）をクリックすると、メッシュポイントにその色が適用されます。

HINT

グラデーションメッシュは、通常のグラデーションと異なり、塗りのないオブジェクトには適用できません。

NOTICE

グラデーションメッシュを適用したオブジェクトは、線への設定ができなくなります（メッシュポイントをすべて削除した場合も）。
元のオブジェクトを復活させるには、グラデーションメッシュオブジェクトを選択して、［オブジェクト］メニューから［パス］→［パスのオフセット］を選択します。
表示される［パスのオフセット］ダイアログボックスで［オフセット］を「0」mmにして［OK］ボタンをクリックすると、同じ輪郭のオブジェクトを作成できます。

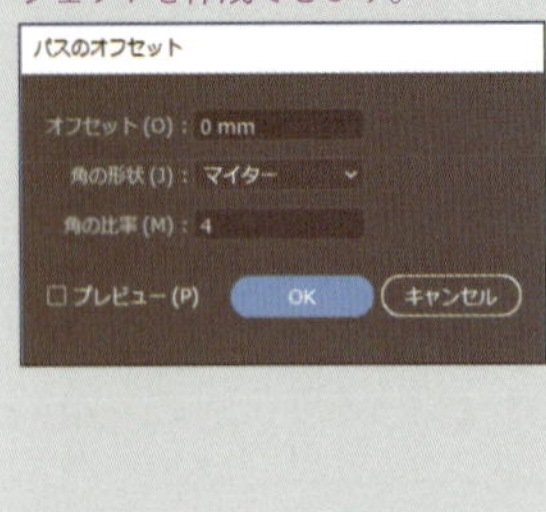

複数のメッシュポイントを一度に作成

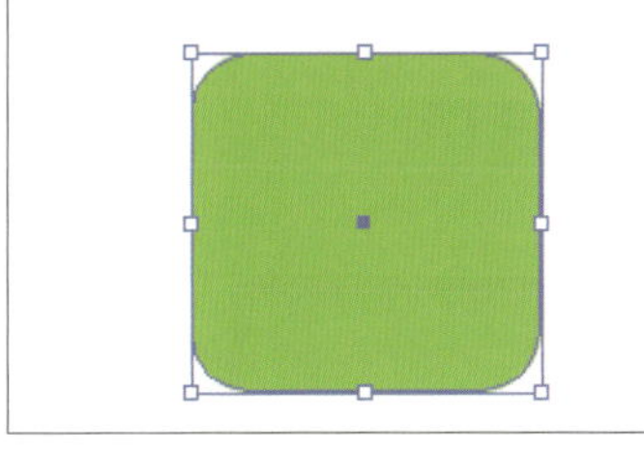

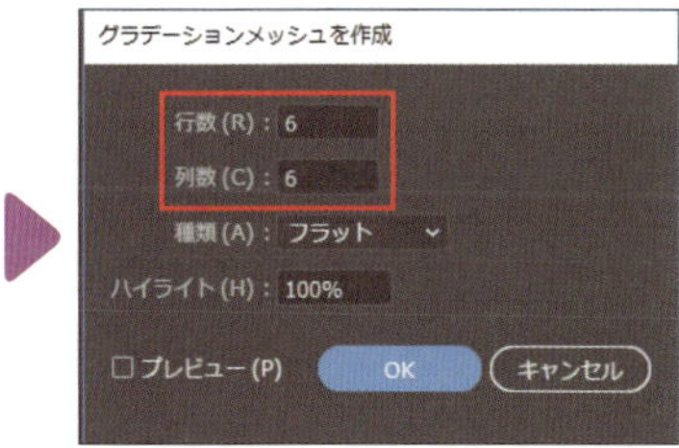

❶オブジェクトを選択し、[オブジェクト] メニューから[グラデーションメッシュを作成] を選択します。表示される[グラデーションメッシュを作成] ダイアログボックスで、[行数] と [列数] のそれぞれに「6」と入力して、[OK] ボタンをクリックします。

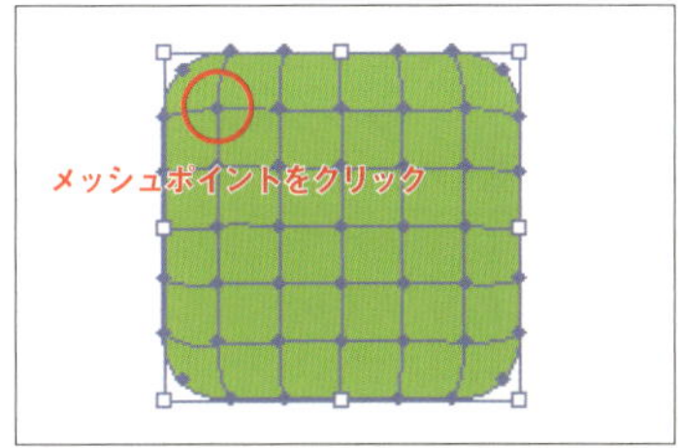

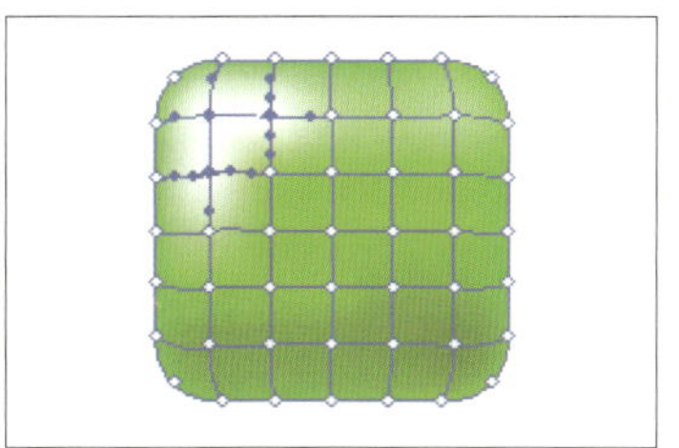

❷オブジェクトに６行×６列のグラデーションメッシュが作成されます。

❸[メッシュ] ツールで、色を設定するメッシュポイントをクリックして選択します。

❹スウォッチパネルなどで適用したい色（ここでは白）をクリックします。

メッシュポイントの移動

メッシュポイントは、アンカーポイントのように移動・編集できます。

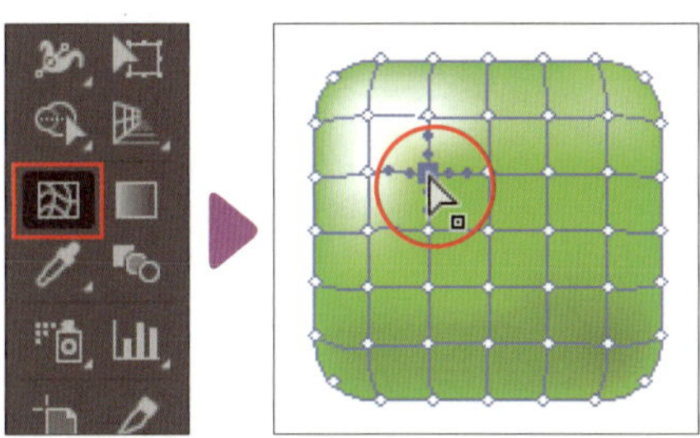

❶ツールパネルから［メッシュ］ツール、または［ダイレクト選択］ツールを選択し、移動させるメッシュポイントをクリックして選択します。

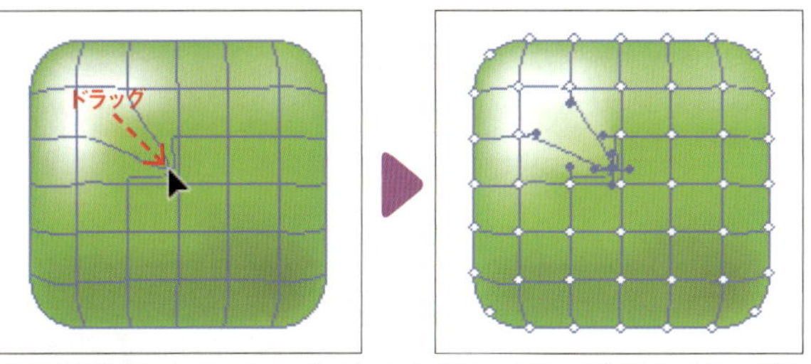

❷色を設定したメッシュポイントをドラッグして移動すると、グラデーションが変化します。

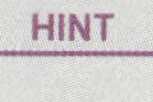

HINT

複数のメッシュポイントに同じ色を設定するには、Shiftキーを押しながらメッシュポイントをクリックします。

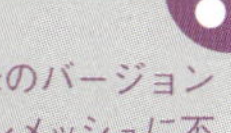

NOTICE

Illustrator CS5 以降のバージョンでは、グラデーションメッシュに不透明度を設定できます。

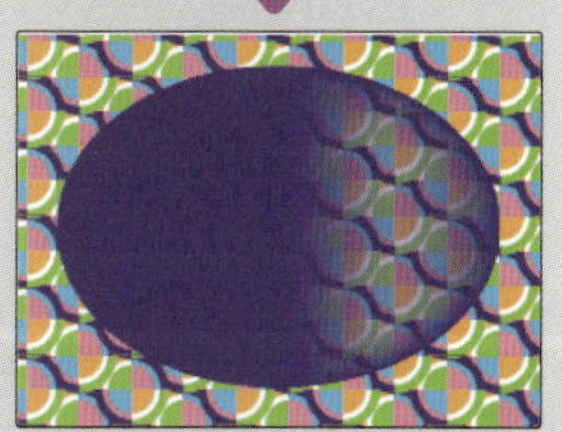

08 シンボル 同じオブジェクトを大量に配置

同じイラストを繰り返し利用する場合、何度もコピー＆ペーストを繰り返す方法では手間がかかります。このようなときは「シンボル」を利用すると便利です。

練習用ファイル：chap5➡5_08

ココがポイント
- シンボルを作成する
- シンボルを大量に配置する
- シンボルインスタンスを編集する

HINT

シンボルは、アニメーションを作成するアプリケーション「Adobe Flash」でも読み込めます。[シンボルオプション] ダイアログボックスの [種類] の [グラフィック] と [ムービークリップ] は、Flashに読み込んだときの属性になります。

HINT

Illustrator CCでは、シンボルを登録する際に、[シンボルの種類] で [ダイナミックシンボル] と [スタティックシンボル] を設定できます。

ダイナミックシンボル
シンボルを編集しても元のシンボルは更新されず、編集したシンボルが新たにシンボルパネルに追加されます。

スタティックシンボル
シンボルを編集すると、編集したシンボルが自動的に更新されます。

シンボルの作成

オブジェクトをシンボルパネルに登録すると、シンボルになります。シンボルパネルは、[ウィンドウ] メニューから [シンボル] を選択して表示させます。

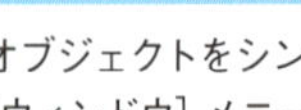

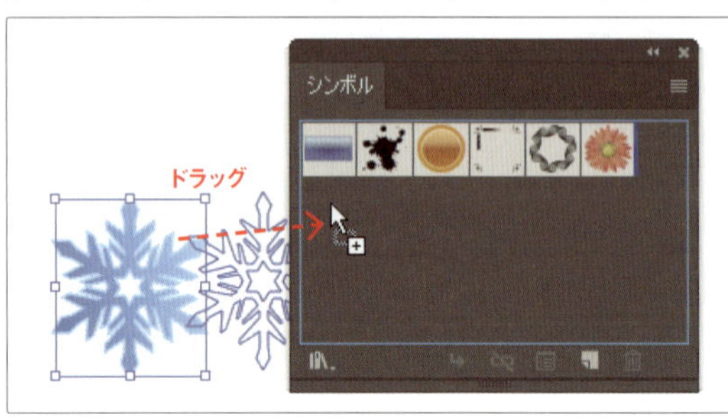

❶シンボルに登録するオブジェクトをシンボルパネルにドラッグします。

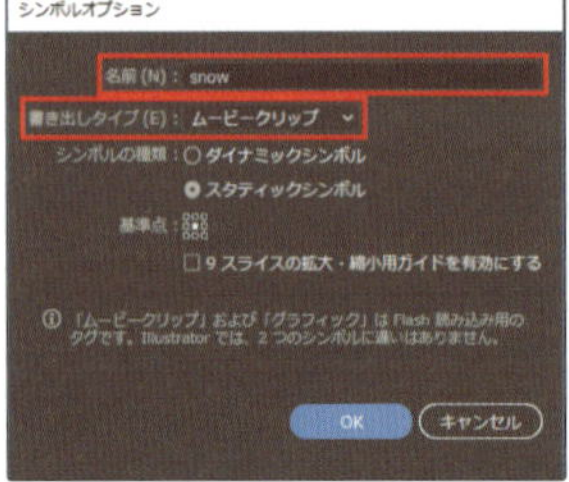

❷表示される [シンボルオプション] ダイアログボックスで、[名前] にシンボルの名前を入力し、[種類] で [ムービークリップ] を選択して、[OK] ボタンをクリックします。

❸オブジェクトがシンボルとして登録されます。シンボルをクリックで選択し、パネルの下にある [シンボルインスタンスを配置] ボタンをクリックすると、シンボルが配置されます。

[シンボルスプレー] ツールで大量に配置

シンボルを大量に配置するには、[シンボルスプレー] ツールを使います。

❶ツールパネルから [シンボルスプレー] ツールを選択します。

❷シンボルパネルで任意のシンボルを選択します。

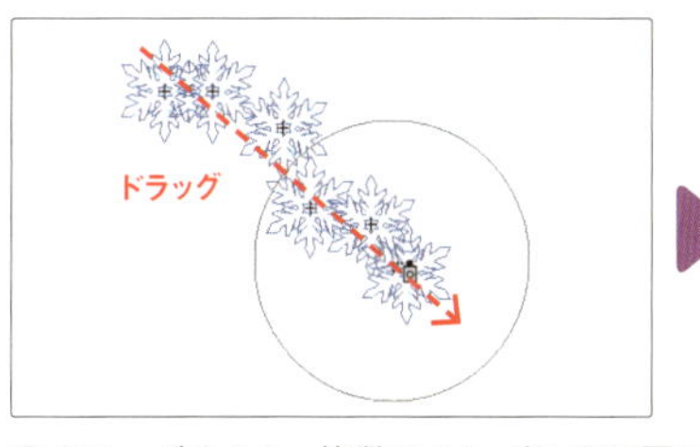

❸ドラッグすると、複数のシンボルを配置できます。

HINT

配置したシンボルは、登録したシンボルとは異なり、実体ではありません。このようなオブジェクトのまとまりを、「シンボルインスタンス」と呼びます。

シンボルインスタンスの編集

シンボルインスタンスは、配置後に位置の変更や回転が行えます。

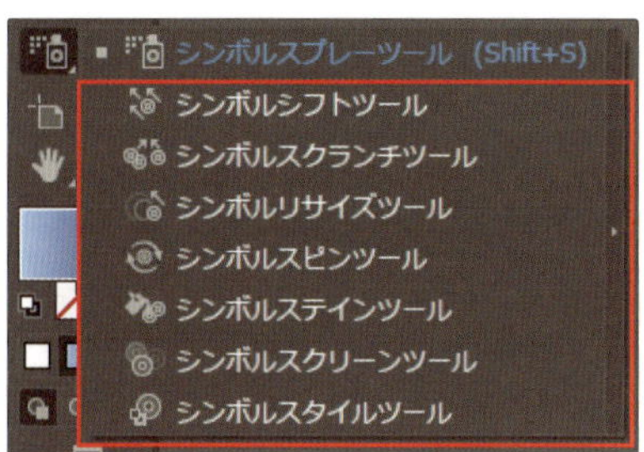

シンボルインスタンスの編集は、ツールパネルから７つのツールのうちのいずれかを選択して行います。

[シンボルシフト]ツール

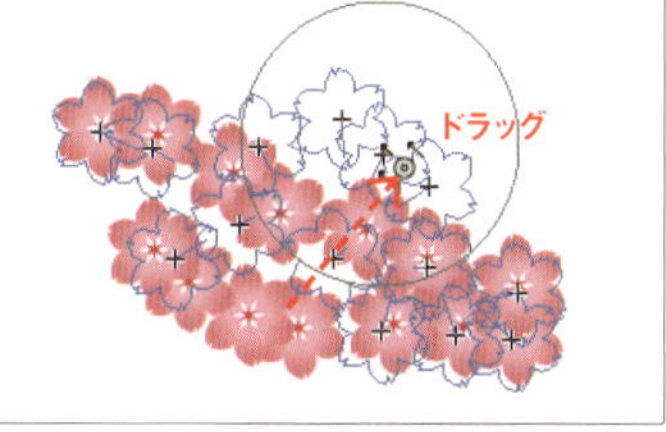

シンボルインスタンスを選択し、[シンボルシフト] ツールでドラッグすると、シンボルインスタンスがドラッグした方向へ移動します。

HINT

[シンボルシフト] ツールでShiftキーを押しながらクリックすると、背面にあるシンボルインスタンスが前面に移動します。Shift+Alt（option）キーを押しながらクリックすると、背面に移動します。

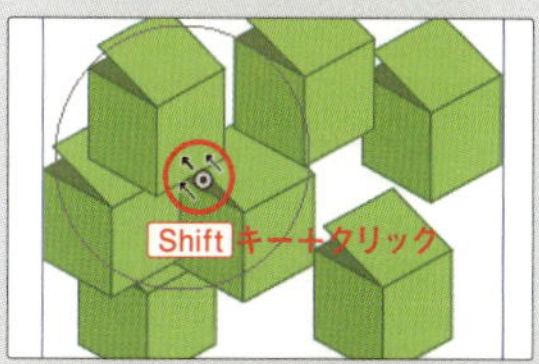

[シンボルスクランチ]ツール

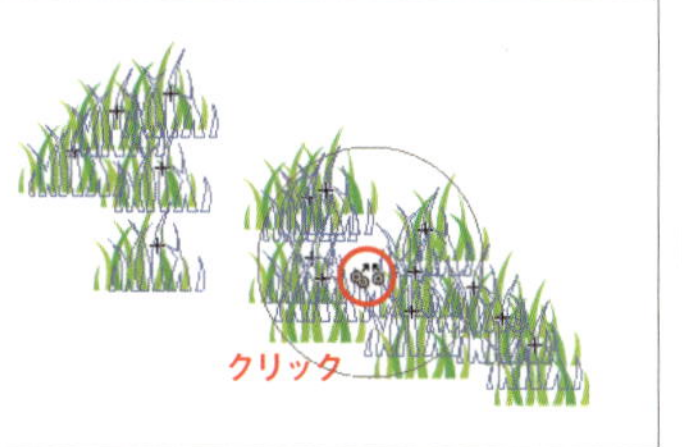

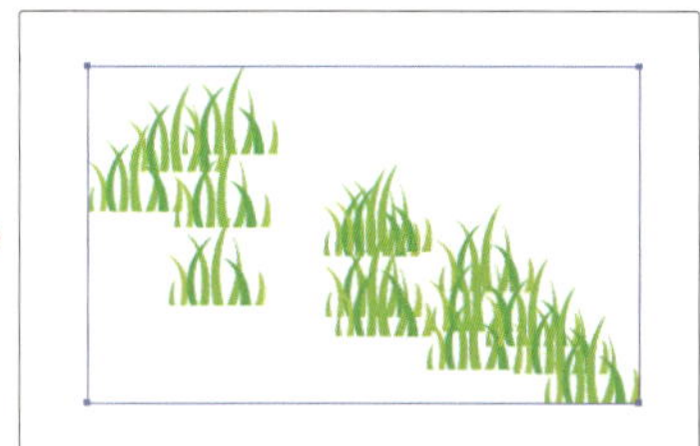

シンボルインスタンスを選択し、[シンボルスクランチ] ツールでクリックすると、シンボルインスタンスがクリックした位置に密集します。

HINT

[シンボルスクランチ] ツールでAlt（option）キーを押しながらクリックすると、シンボルインスタンスが拡散します。

[シンボルリサイズ]ツール

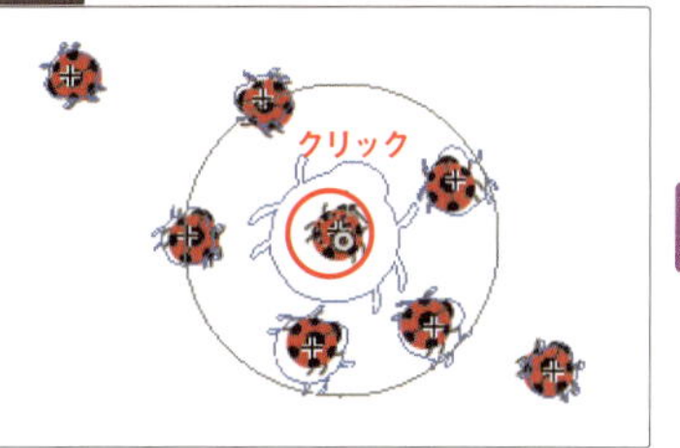

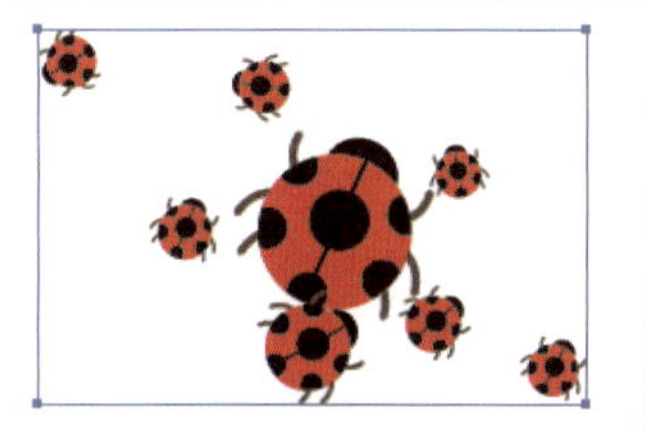

シンボルインスタンスを選択し、[シンボルリサイズ] ツールでクリックすると、シンボルインスタンスが拡大されます。

HINT

[シンボルリサイズ] ツールでAlt（option）キーを押しながらクリックすると、シンボルインスタンスが縮小されます。

HINT

ツールパネルで各シンボルツールをダブルクリックすると、表示されるダイアログボックスでそれぞれオプションを設定できます。

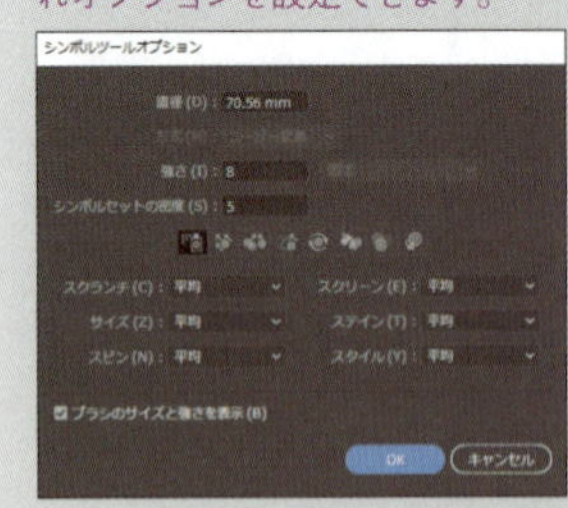

HINT

[シンボルステイン]ツールで Alt (option) キーを押しながらクリックすると、色の濃度が薄くなります。

HINT

[シンボルスクリーン]ツールで Alt (option) キーを押しながらクリックすると、不透明になります。

HINT

[シンボルスタイル]ツールで Alt (option) キーを押しながらクリックすると、グラフィックスタイルの適用が弱くなります。

[シンボルスピン]ツール

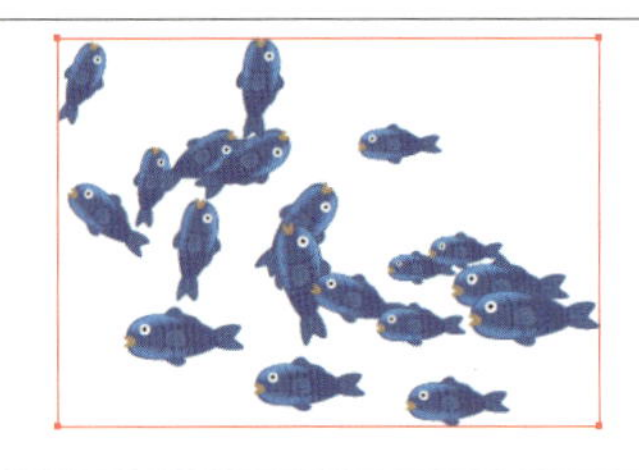

シンボルインスタンスを選択し、[シンボルスピン]ツールでドラッグすると、表示される矢印の方向にシンボルインスタンスが回転します。

[シンボルステイン]ツール

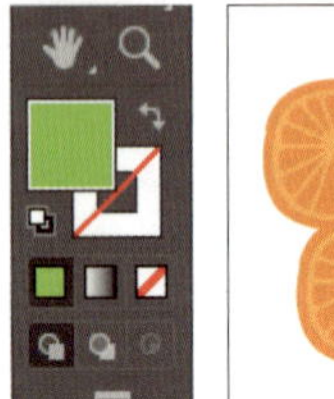

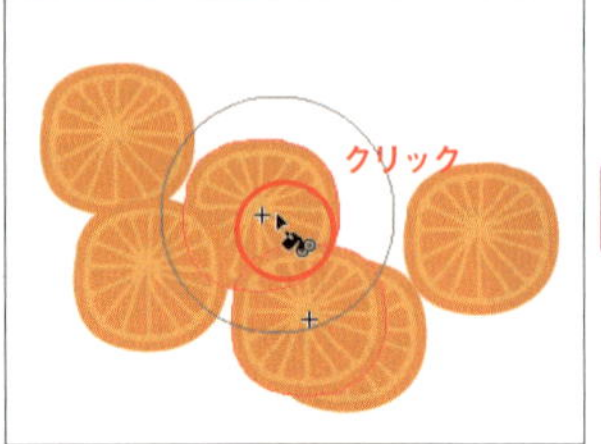

塗りボックスで任意の色を選択します。シンボルインスタンスを選択し、[シンボルステイン]ツールでクリックすると、シンボルインスタンスが塗りボックスの色合いに変わります。

[シンボルスクリーン]ツール

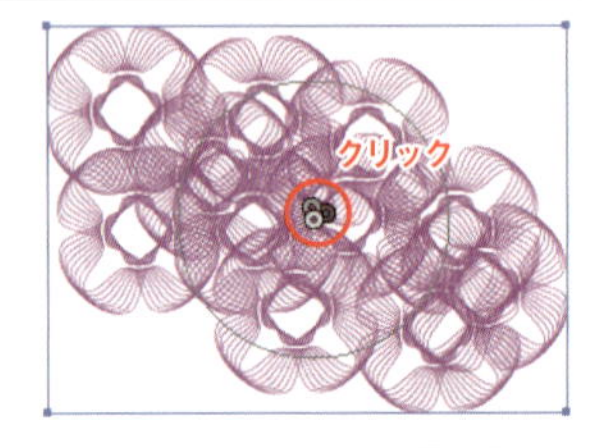

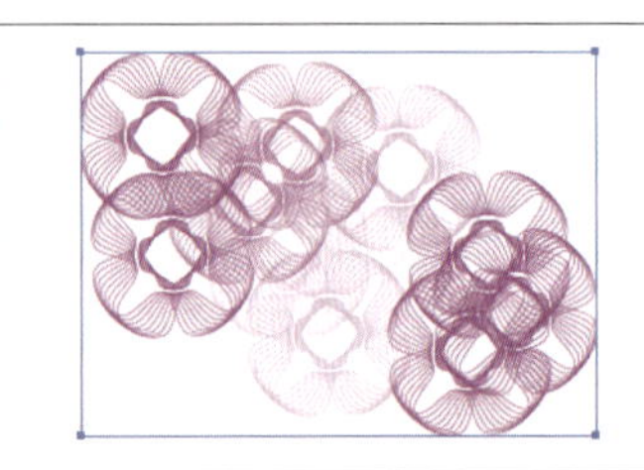

シンボルインスタンスを選択し、[シンボルスクリーン]ツールでクリックすると、シンボルインスタンスが半透明になります。

[シンボルスタイル]ツール

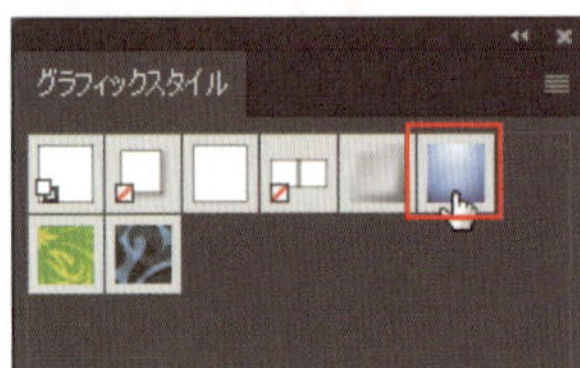

任意のグラフィックスタイルを選択します。シンボルインスタンスを選択し、[シンボルスタイル]ツールでクリックすると、シンボルインスタンスにグラフィックスタイルが適用されます。

CHAPTER 5 09

リキッドツール
オブジェクトを有機的に変形させる

リキッドツールを使用すると、オブジェクトを、まるで絵の具を混ぜたようにぐにゃりと変形させることができます。

 練習用ファイル：chap5 → 5_09

ココがポイント
- リキッドツールでオブジェクトを変形させる
- リキッドツールの種類を知る

リキッドツールの種類

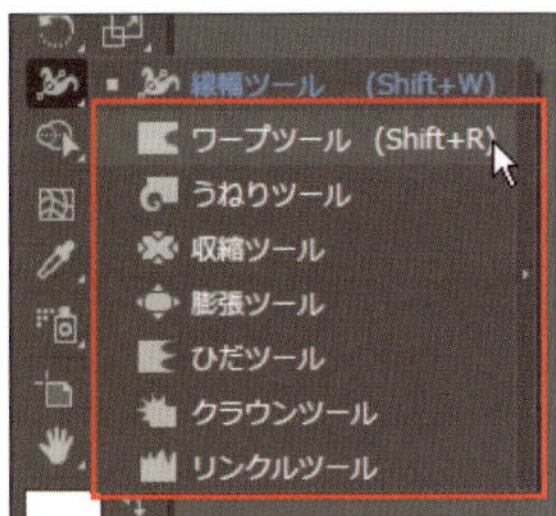

有機的な変形の機能を持つツールを「リキッドツール」と総称します。ここでは、7種類のリキッドツールについて説明します。

[ワープ]ツール

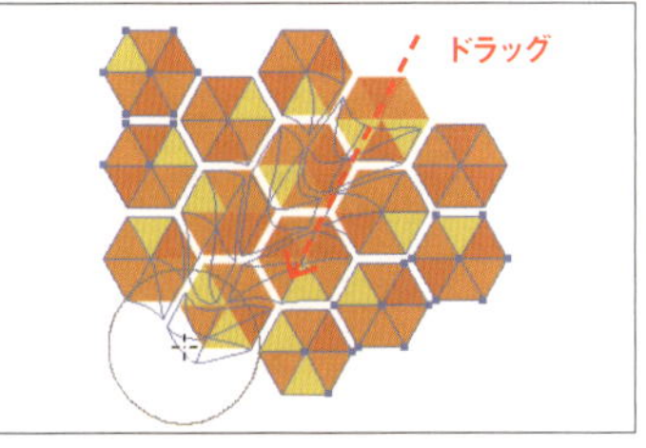

オブジェクト上でドラッグすると、粘土を押しつぶしたように歪みます。

[うねり]ツール

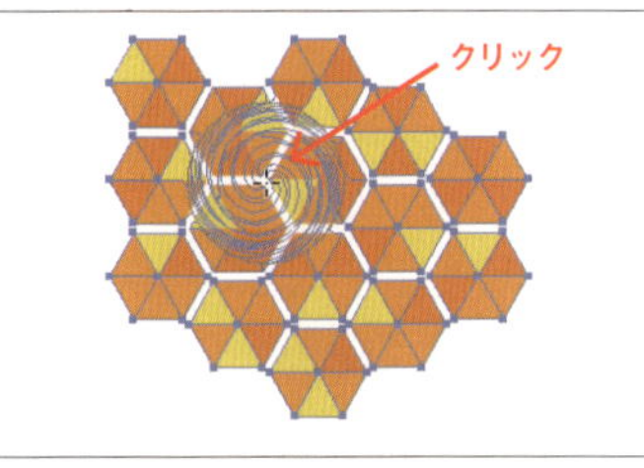

オブジェクト上でクリックすると、旋回して変形します。

[収縮]ツール

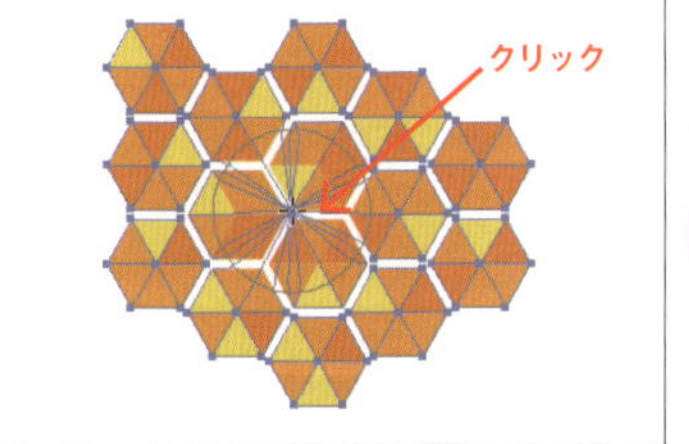

オブジェクト上でクリックすると、適用範囲のオブジェクトが中心に集まって変形します。

リキッドツールのブラシの大きさと形状は、Alt（option）キーを押しながらドラッグすると、変更できます。

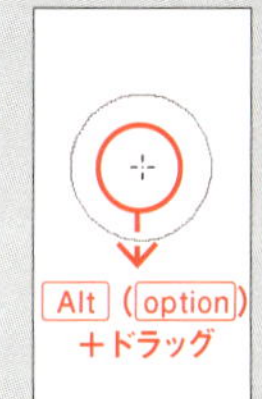

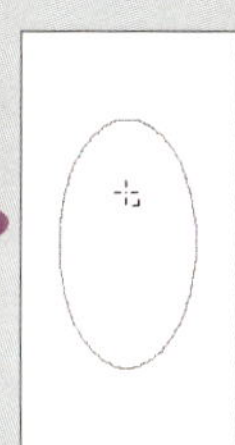

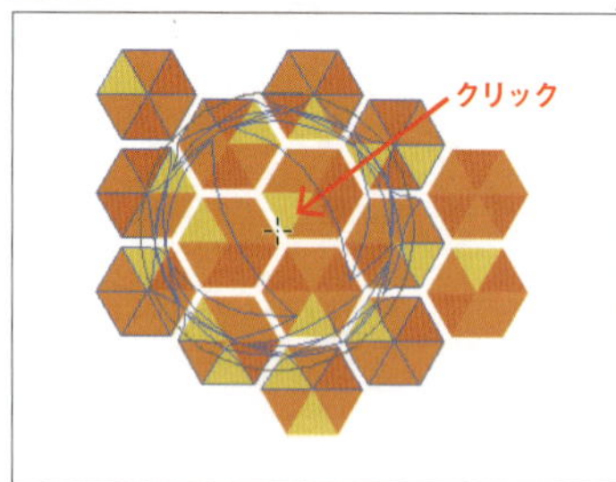

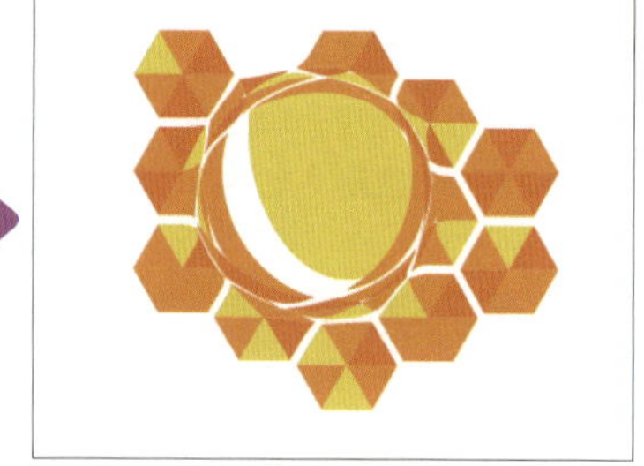

オブジェクト上でクリックすると、適用範囲の境界線にオブジェクトを寄せて変形します。

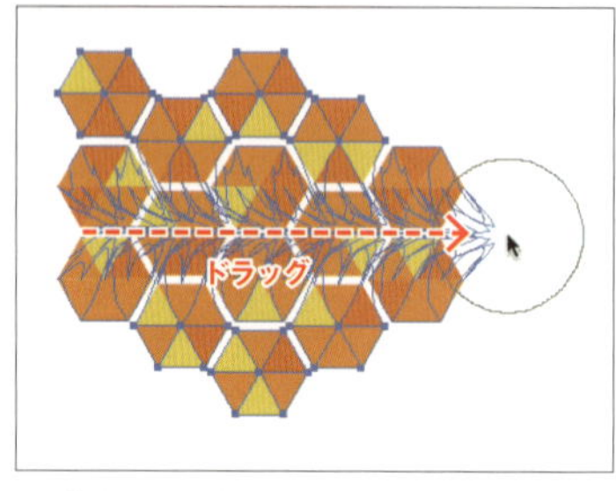

オブジェクト上でドラッグすると、輪郭がランダムに円弧状になります。

[クラウン]ツール

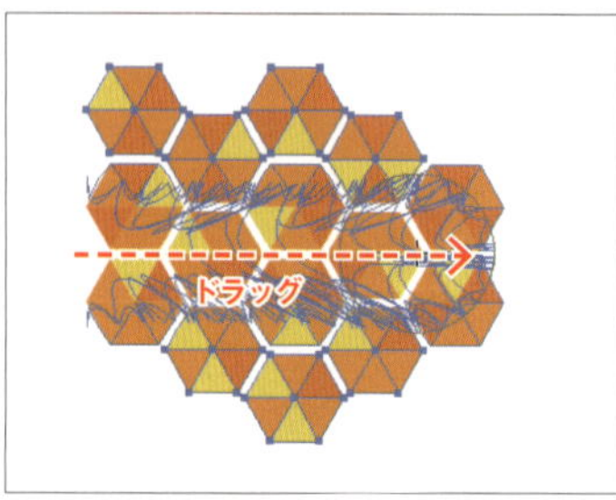

オブジェクト上でドラッグすると、輪郭がランダムに尖ります。

[リンクル]ツール

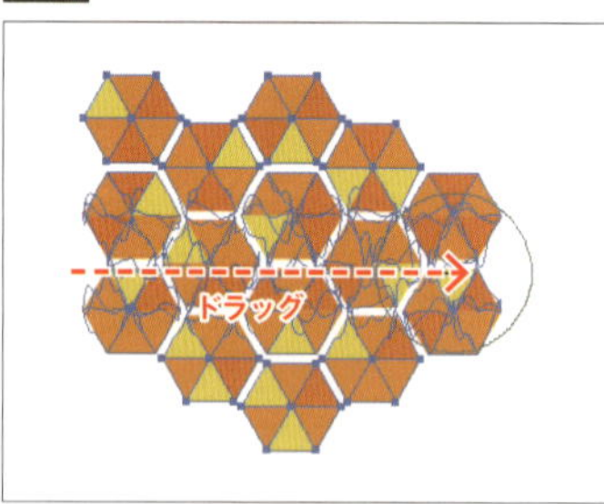

オブジェクト上でドラッグすると、一方向にランダムに輪郭が変形します。

リキッドツールのオプション設定

ツールパネルで各リキッドツールをダブルクリックすると、表示される各ツールのダイアログボックスでオプションを設定できます。ここでは例として、[ワープ] ツールのオプション設定を紹介します。

❶ツールパネルで[ワープ] ツールをダブルクリックします。

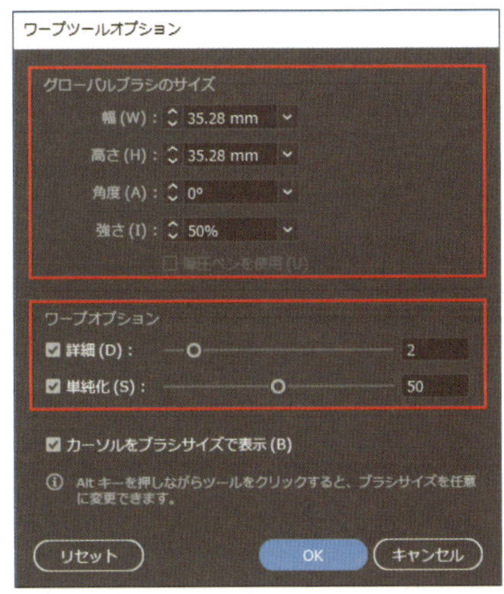

❷ [ワープツールオプション] ダイアログボックスが表示されます。[グローバルブラシのサイズ] は、ブラシの大きさや適用度を設定する項目で、各ツールとも共通です。[ワープオプション] などその他の項目内容は、ツールによって異なります。

[グローバルブラシのサイズ] の設定

[ワープ] ツールでの [グローバルブラシのサイズ] の設定例は、次のようになります。

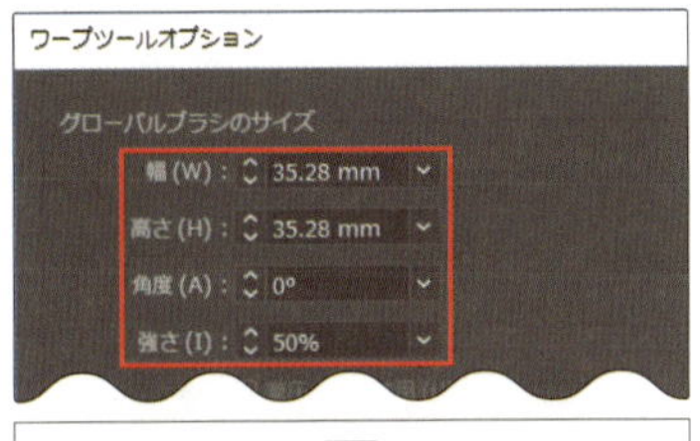

初期設定のブラシサイズで [ワープ] ツールを適用した場合。

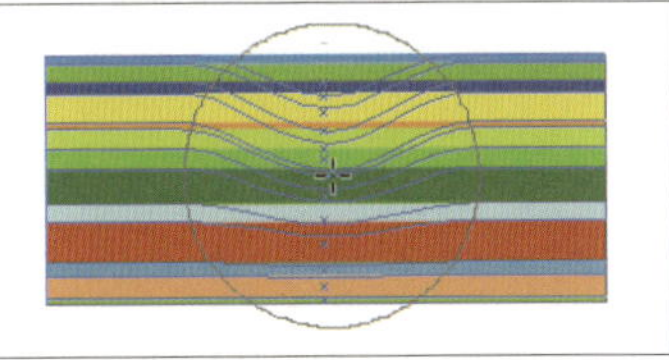

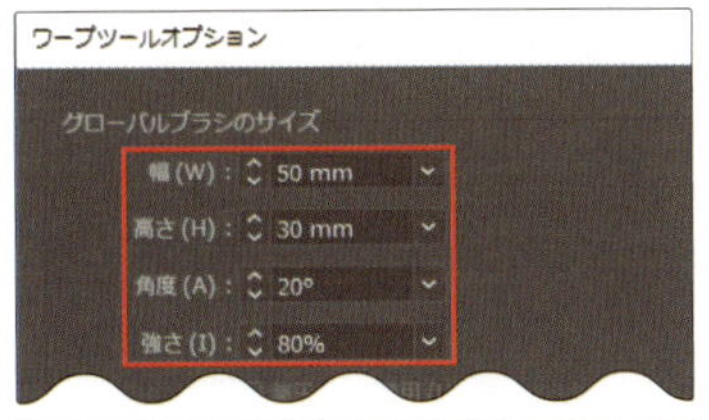

[幅] を「50mm」、[高さ] を「30mm」、[角度] を「20°」、[強さ] を「80%」にした場合。ブラシの大きさと形状が変わります。

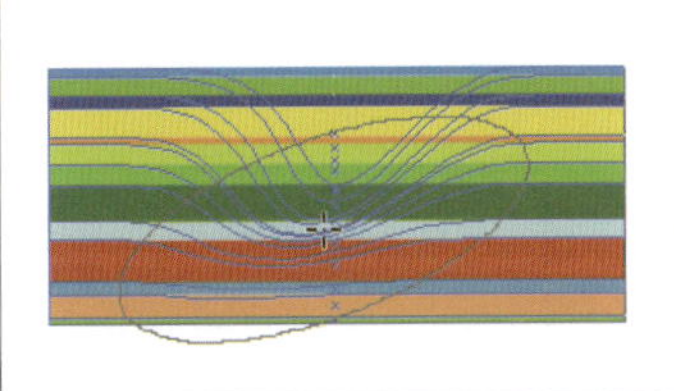

立体的な地図を作成する

**3D効果を利用して、地図のランドマークを立体的に仕上げます。
平面で作成する地図と比べて、よりグラフィカルで見た目にもインパクトのある地図になります。**

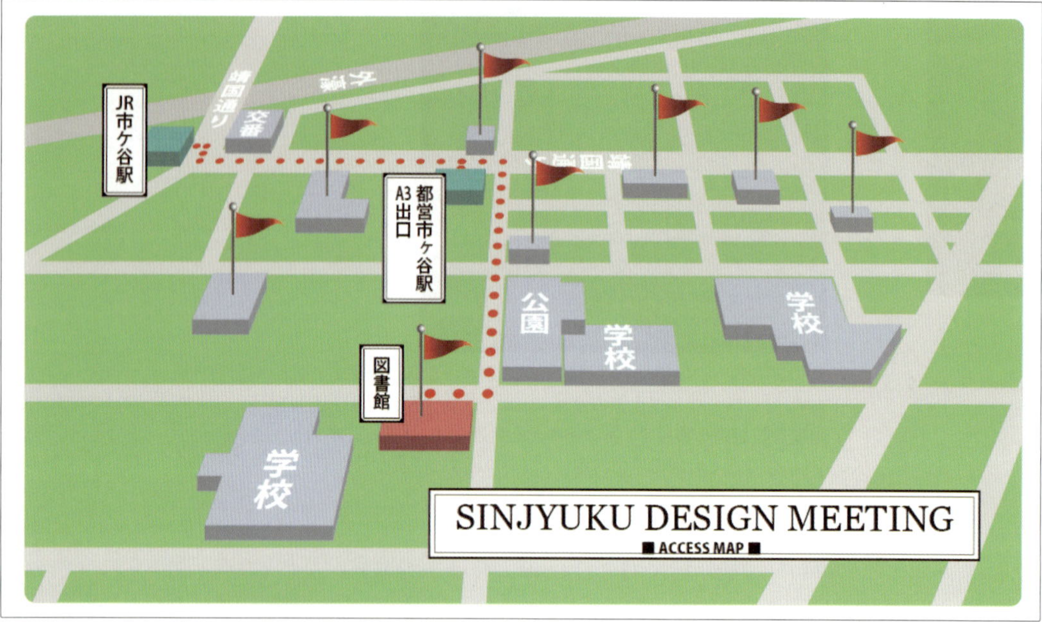

1 地図を平面で作成する

はじめから立体的な地図を前提としてオブジェクトを作成するのは、大変難しい作業です。まず、平面で地図を作成しましょう。建物や道路と同様に、立体的に見せたい文字も平面で作成します。

「線」として作成した道路は、[オブジェクト] メニューから[パス] → [パスのアウトライン] を選択して、線をアウトライン化しておきます。また、文字も [書式] メニューから [アウトラインを作成] を選択して、アウトライン化しておきます。この作業は、次の手順で道路と文字に奥行き感を出すために必要な作業です。

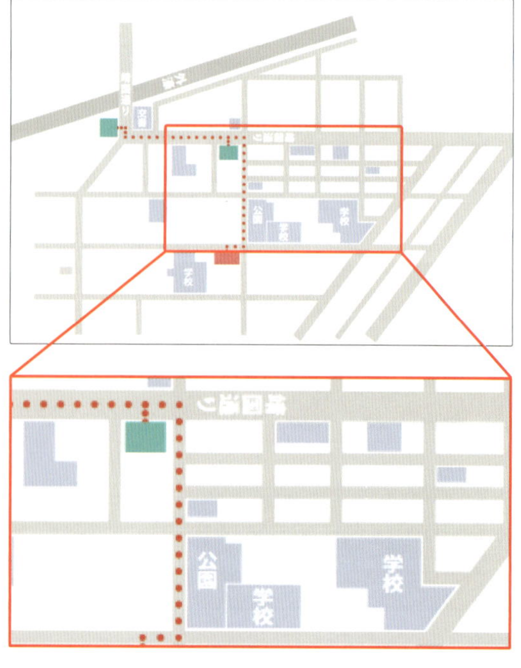

パスのアウトライン ➡P.125
文字のアウトライン化 ➡P.179

2 自由変形ツールで奥行き感を出す

平面の地図が完成したら、[自由変形] ツールで奥行き感を出します。

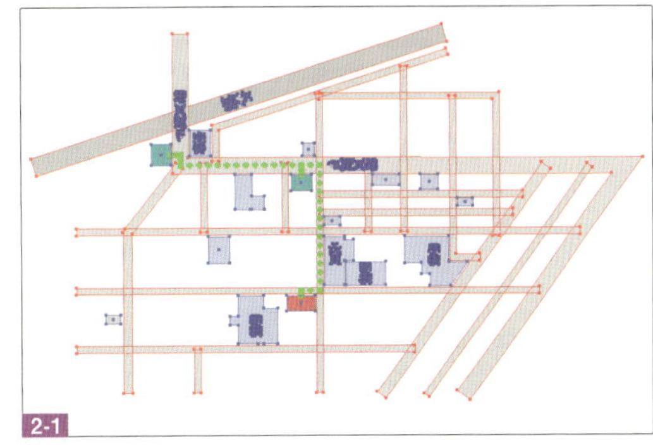

2-1

地図内のオブジェクトをすべて選択します 2-1 。[自由変形] ツールを選択し、バウンディングボックスの右上のポイントを、Ctrl + Shift + Alt（command + shift + option）キーを押しながらドラッグして、各オブジェクトにパースを付けます 2-2 。

すべてのオブジェクトを選択する ➡P.49
[自由変形] ツールでパースを付ける ➡P.65

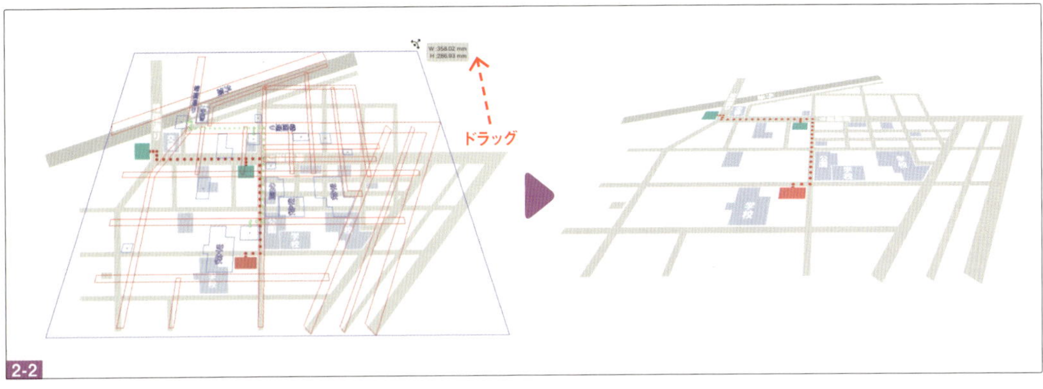

2-2

3 オブジェクトの種類ごとにレイヤーを分ける

地図には、道路や建物、文字などさまざまな要素のオブジェクトが混在します 3-1 。ここでは、道路のオブジェクトは「道路」レイヤー、建物のオブジェクトは「建物」レイヤーに作成する（または整理する）といった具合に、オブジェクトの種類ごとにレイヤーを分けています 3-2 。

レイヤー機能を利用すると、レイヤー単位でオブジェクトをまとめてロックしたり、非表示にすることができるので、オブジェクトの選択作業が効率よく行えます。

新規レイヤーを作成 ➡P.84

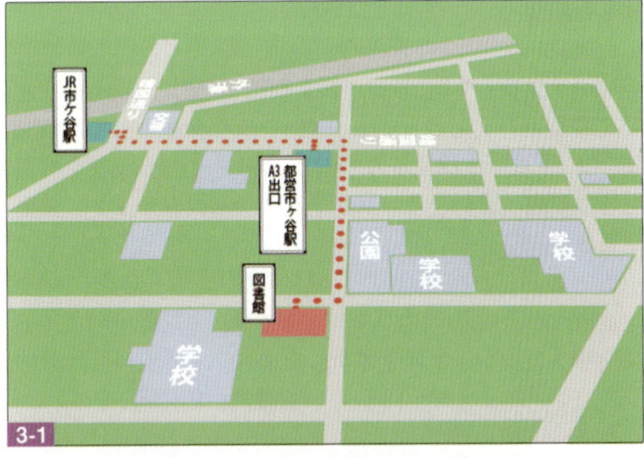

3-1

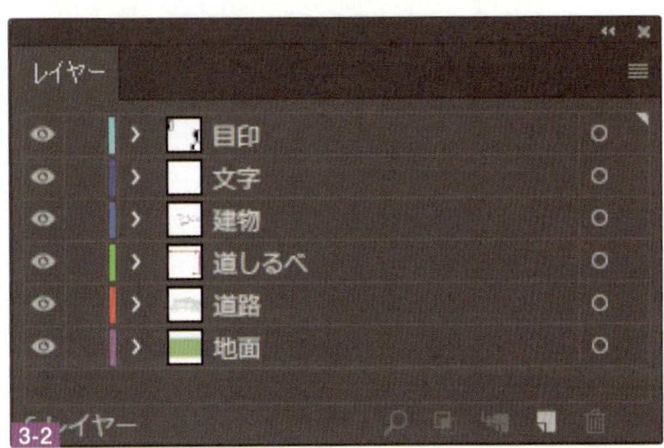

3-2

4 3D効果で建物を立体的にする

レイヤーパネルで「建物」以外のレイヤーをロックします。すべてのオブジェクトを選択すると、「建物」レイヤーのオブジェクトだけが選択されます 4-1 。

［効果メニュー］から［3D］→［押し出し・ベベル］を選択します。ダイアログボックスで、［X軸を基準とした回転角度を指定］を「30°」に、他の軸を「0°」に、建物の高さとなる［押し出しの奥行き］を「30pt」に設定すると、建物が立体化します 4-2 。

建物からはみ出してしまった文字などの位置を微調整して、全体を整えます。

レイヤーをロックする
➡P.85
オブジェクトを押し出す
➡P.151

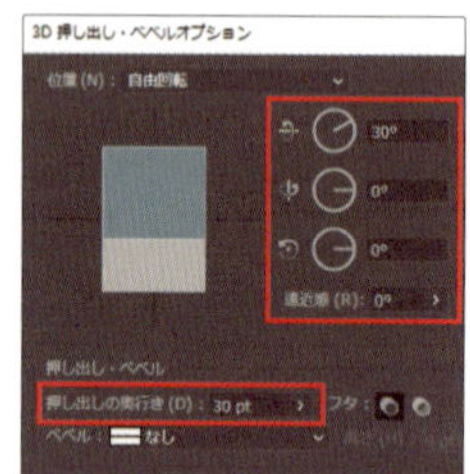

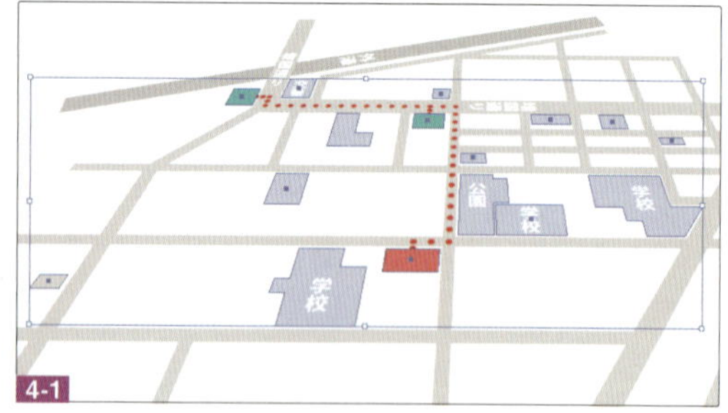

4-1

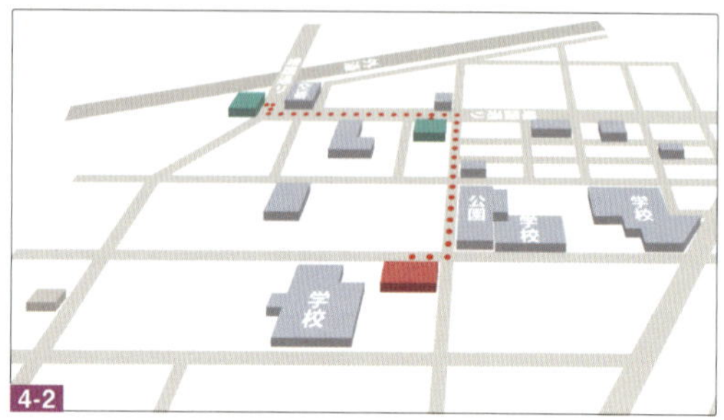

4-2

5 シンボルを利用する

地図中のランドマークに、目印となるオブジェクトを配置します。ここではシンボルに登録した青いフラッグを配置しました 5-1 。

目印のオブジェクトにシンボルを利用したのは、後からまとめて変更が行えるからです。青いフラッグをすべて選択して、コントロールパネルの［置換］から赤いフラッグを選択します 5-2 。青いフラッグがすべて、赤いフラッグに変更されます 5-3 。

Illustrator CS2 以前のバージョンでは、シンボルパネルで置き換えたいシンボルを選択した後、シンボルパネルのオプションメニューから［シンボルを置換］を選択します。

シンボルの作成 ➡P.244

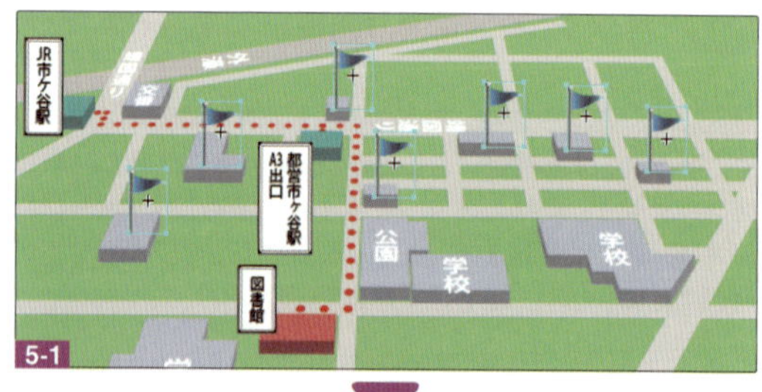

5-1

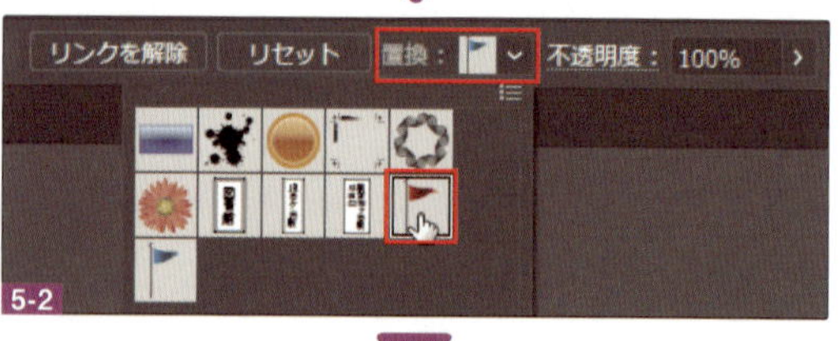

5-2

5-3

印刷する！ 渡す！ 保存する！

完成アートワークの扱い方

完成したアートワークの印刷・保存方法が
“すかっ”とわかります。

CHAPTER 6

CHAPTER 6 01

プリントする

プリンタで印刷する

完成したアートワークを、一般的なプリンタで印刷しましょう。使用するプリンタによって印刷サイズなどは変わりますが、基本的な設定は同じです。

ココがポイント

- プリントの設定を行う
- 一部分だけを印刷する
- 分割して印刷する

練習用ファイル：chap6_a ➡ 6_01

プリント設定

Illustartorで作成したアートワークのプリントの設定は、［ファイル］メニューから［プリント］を選択して、表示される［プリント］ダイアログボックスで行います。

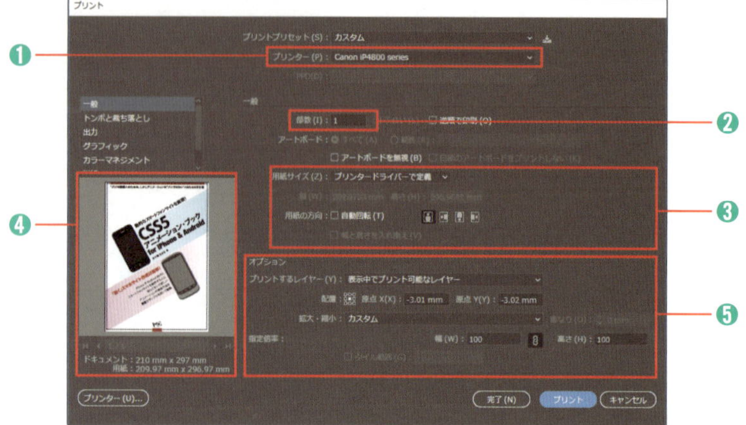

❶ **プリンター**：使用するプリンタを指定します。

❷ **部数**：印刷する枚数を指定します。

❸ **用紙サイズ・用紙の方向**：出力する用紙サイズ、用紙の向きを指定します。

❹ **プレビューウィンドウ**：印刷範囲を表示します。印刷範囲はドラッグして動かせます。

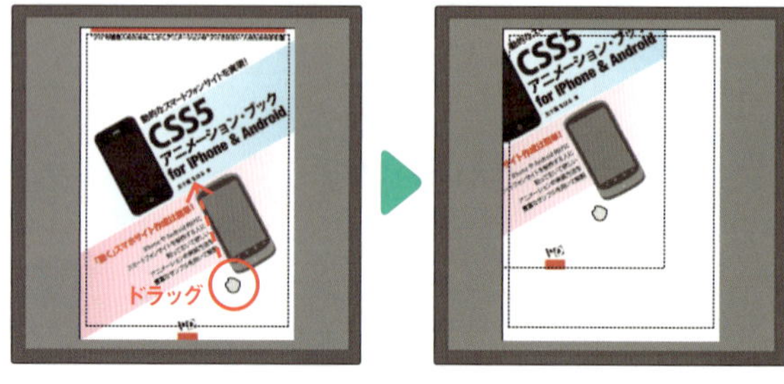

❺ **オプション**：主に配置方法を設定します。
配置：印刷可能範囲の位置を決めます。
拡大・縮小：拡大・縮小の方法を設定します。「拡大・縮小なし」は作成した大きさ（原寸）、「用紙サイズに合わせる」は用紙サイズに合わせて拡大・縮小した大きさ、「タイル」はアートボード上のデータを分割した状態で出力します。
指定倍率：［拡大・縮小］で「カスタム」「タイル」を選択時に、倍率を指定します。
タイル範囲：［拡大・縮小］で「タイル」を選択時に、範囲を指定します。

HINT

印刷可能な用紙サイズは、使用するプリンタによって異なります。

HINT

［プリント］ダイアログボックスの［一般］には、部数を指定する他に［すべて］と［範囲］があり、通常は、［すべて］が選択されます。
Illustrator CS3以前のバージョンでは、［範囲］は［タイル］を選択した場合にのみ設定でき、タイルのページを指定して出力できます。
Illustrator CS4以降のバージョンでは、複数のアートボードを作成している場合に設定でき、指定したアートボードの出力が可能です。

HINT

［用紙サイズに合わせる］［指定倍率］を選択しても、オブジェクトが実際に拡大・縮小されるわけではありません。

印刷可能範囲の表示

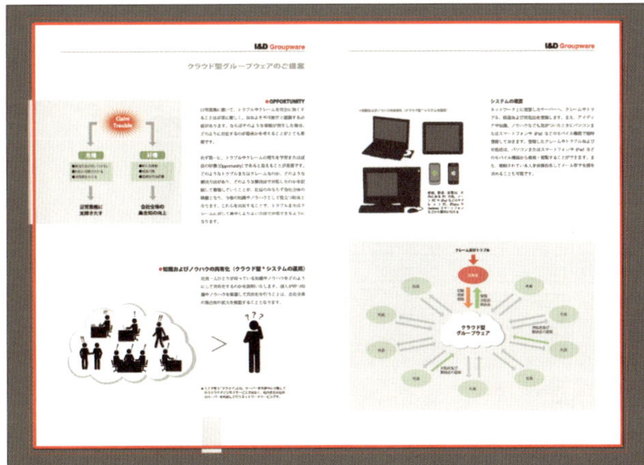

❶ ファイルを開き、[ファイル] メニューから [プリント] を選択して、[プリント] ダイアログボックスを表示させます。

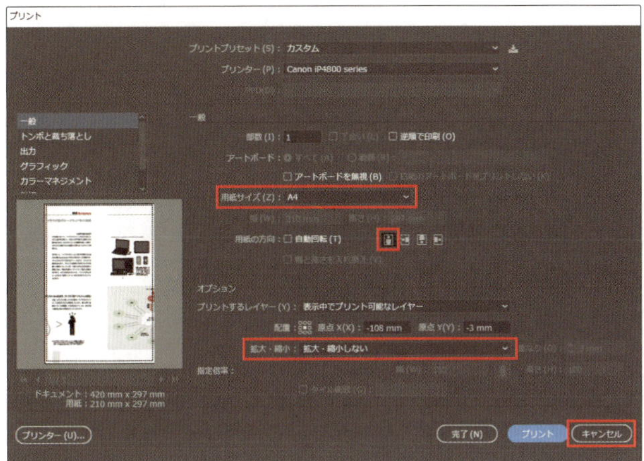

❷ [用紙サイズ] で「A4」、[用紙の向き] で「縦 (上向き)」、[オプション] の [拡大・縮小] で「拡大・縮小しない」を選択すると、プレビュー画面に選択した設定の印刷可能範囲が表示されます。[完了] ボタンをクリックして、ダイアログボックスを閉じます。

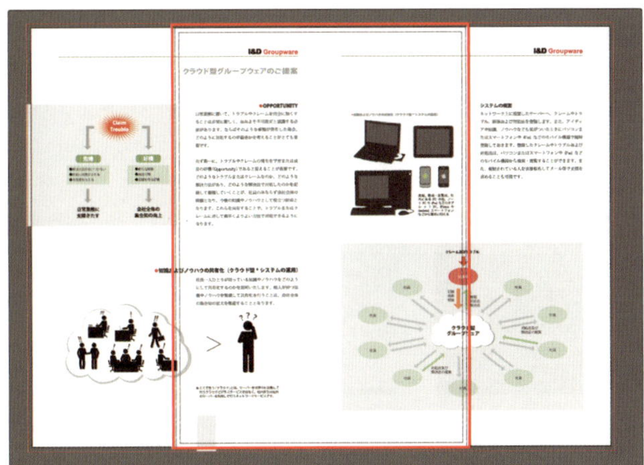

❸ [表示] メニューから [プリント分割を表示] を選択すると、A4 サイズの用紙枠と使用するプリンタの印刷可能範囲が点線で表示されます。

NOTICE

ここでは、A4 対応のプリンタを使用しているため、[用紙サイズ] で「A4」を選択しています。選べるサイズは、使用するプリンタによって変わります。

HINT

用紙サイズで A4 を選択しても、印刷可能範囲が A4 よりも小さくなる場合があります。これはプリンタによって印刷可能な範囲が異なるためです。

一部分だけを印刷する

アートワークの一部分だけを印刷するには、2つの方法があります。ここでは、A3サイズのアートワークの一部を、A4サイズで印刷します。

プレビューウィンドウで指定して一部分を印刷する

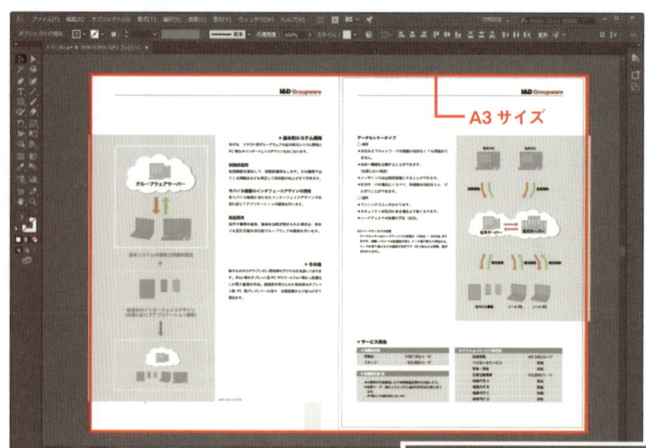

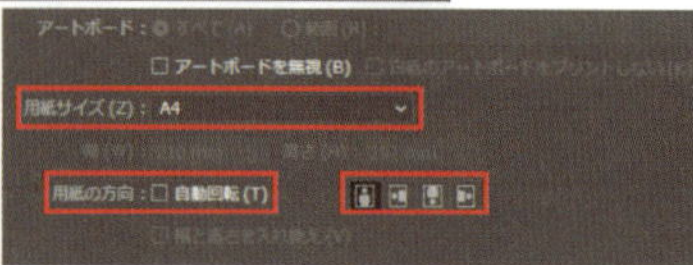

❶［プリント］ダイアログボックスの［用紙サイズ］で「A4」を選択し、［用紙の方向］の［自動回転］のチェックを外して「縦（上向き）」を選択します。

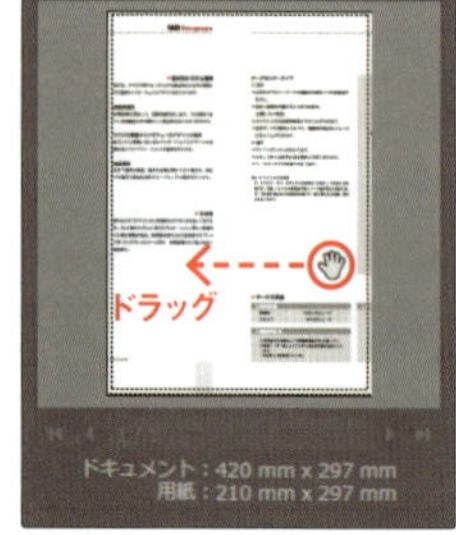

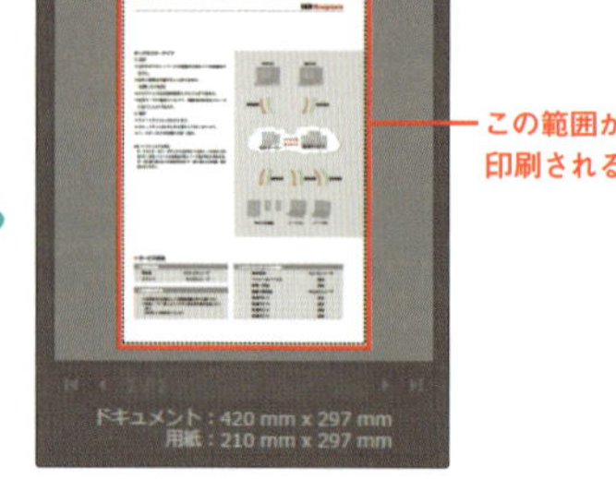

❷プレビューウィンドウに、アートワークの中央を中心としたA4サイズの印刷可能範囲が表示されます。ここでは、アートワークの右側半分が印刷範囲となるように、左側へドラッグします。

［プリント分割］ツールで指定して一部分を印刷する

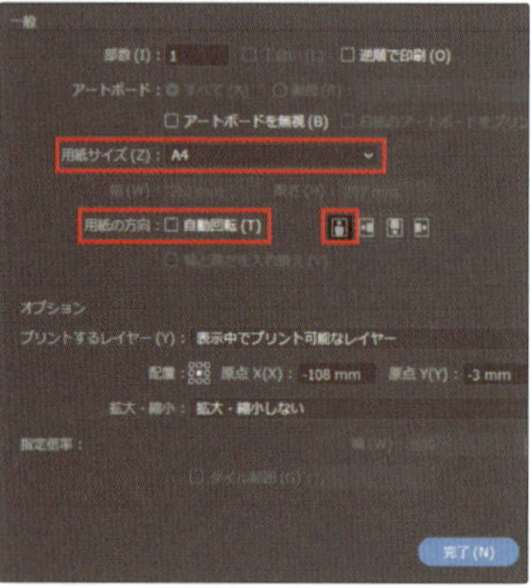

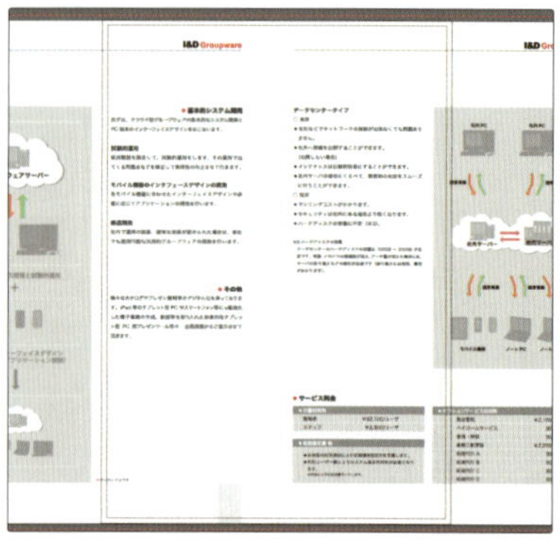

❶［プリント］ダイアログボックスの［用紙サイズ］で「A4」を、［用紙の方向］の「自動回転」のチェックを外して「縦（上向き）」を選択し、［完了］ボタンをクリックします。

❷［表示］メニューから［プリント分割を表示］を選択し、印刷可能範囲を表示させます。

HINT

［プリント］ダイアログボックスは、［ファイル］メニューから［プリント］を選択して表示させます。

NOTICE

Illustrator CS5以降のバージョンでは、［プリント］ダイアログボックスの［用紙の方向］で［自動回転］にチェックを入れると、アートボードの向きに合わせて用紙の方向が自動的に回転します。

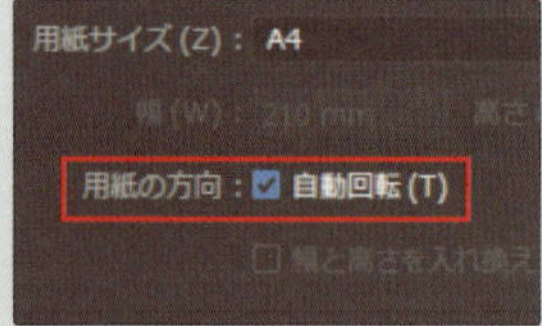

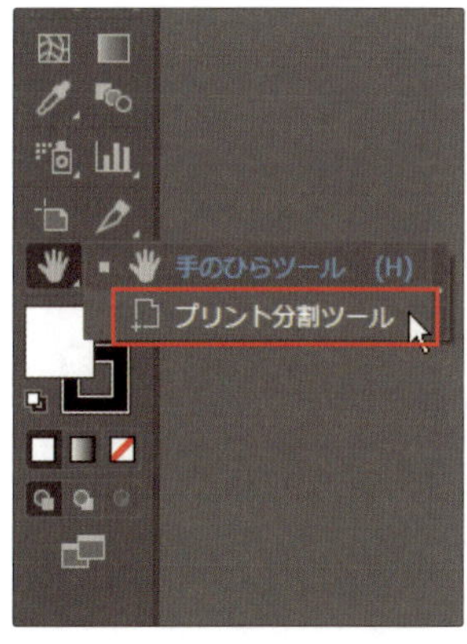

❸ツールパネルから［プリント分割］ツールを選択します。

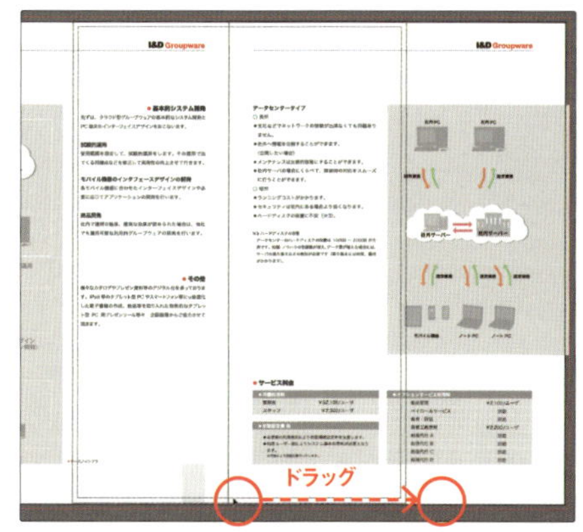

❹ここでは右側へドラッグし、アートワークの右側半分が印刷可能範囲（内側の枠）内に収まるようにします。

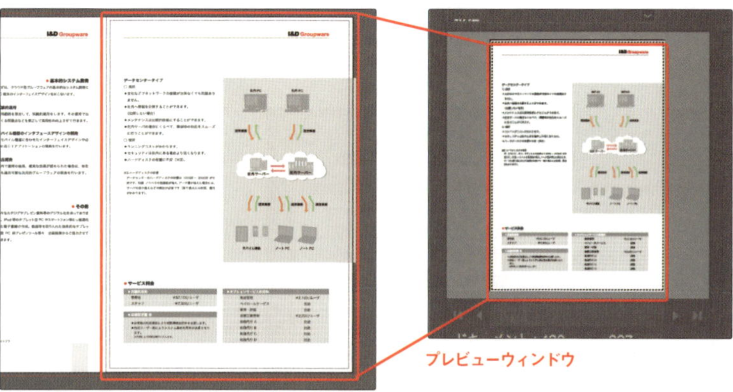

❺［表示］メニューから［プリント］を選択して［プリント］ダイアログボックスを表示させると、プレビューウィンドウに［プリント分割］ツールで指定した範囲が表示されます。

分割して印刷する

使用するプリンタの最大印刷サイズよりも大きなアートワークを印刷する場合は、印刷範囲を「タイル」に分割して印刷します。

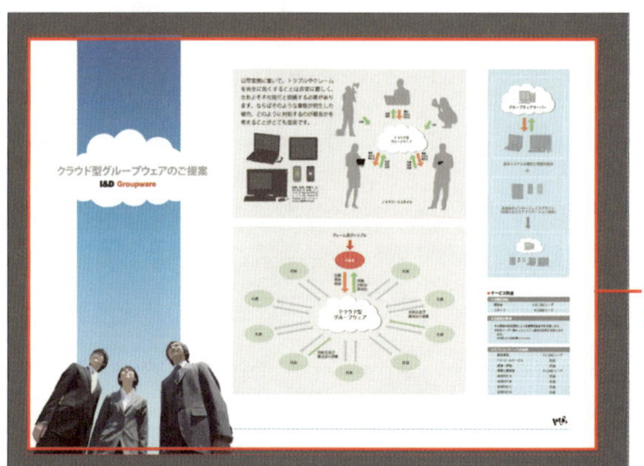

❶B4 サイズのアートワークを A4 サイズ 2 枚のタイルに分割して、印刷します。［ファイル］メニューから［プリント］を選択して、［プリント］ダイアログボックスを表示させます。

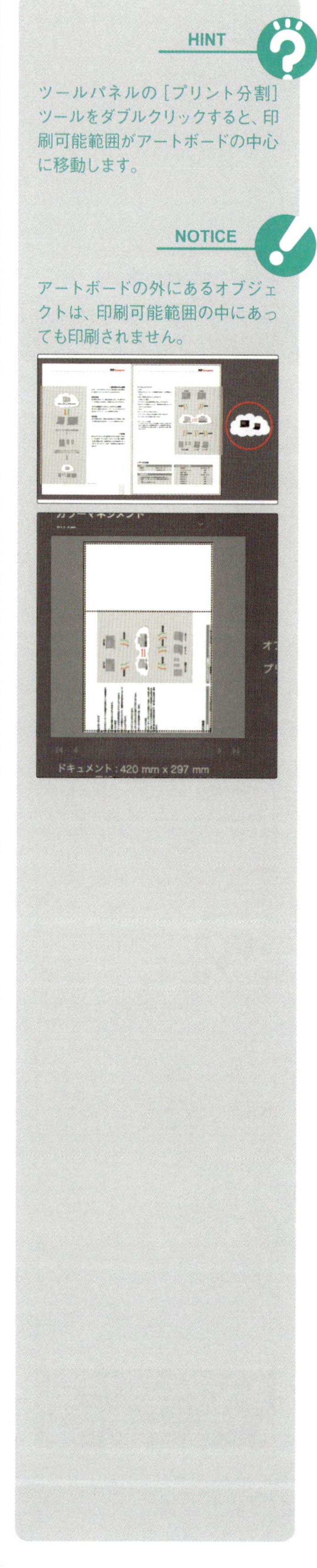

NOTICE

タイルの設定は、バージョンによって設定方法が異なります。

Illustrator CS3 以前の設定方法
[プリント] ダイアログボックスの左のリストから「セットアップ」を選択し、[タイル] で「用紙サイズで区分ける」を選択します。

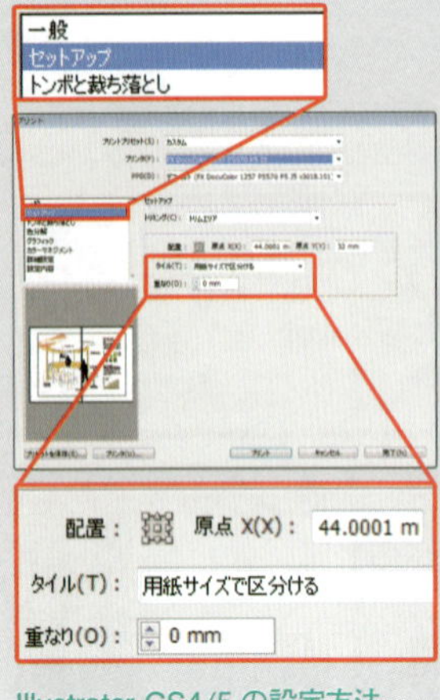

Illustrator CS4/5 の設定方法
[プリント] ダイアログボックスの左のリストから「一般」を選択し、[タイル] にチェックを入れて設定します。

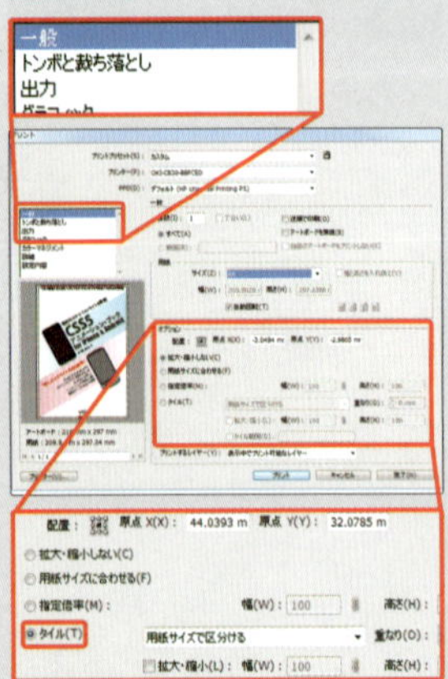

NOTICE

[プリント] ダイアログボックスで「アートボードを無視」にチェックを入れると、アートボード上でプリントの分割を確認できません。

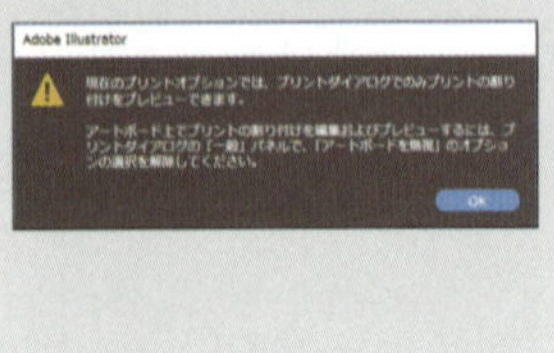

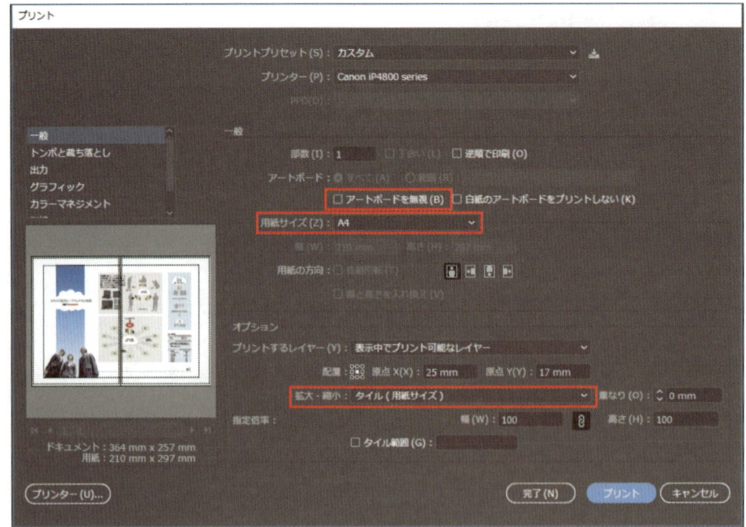

❷ [アートボードを無視] のチェックを外して、[用紙サイズ] で「A4」を、[用紙の方向] で「縦（上向き）」を、[オプション] の [拡大・縮小] で「タイル（用紙サイズ）」を選択します。

❸ プレビューウィンドウで、印刷範囲が2枚のタイルに分割されているのを確認し、[完了] ボタンをクリックします。

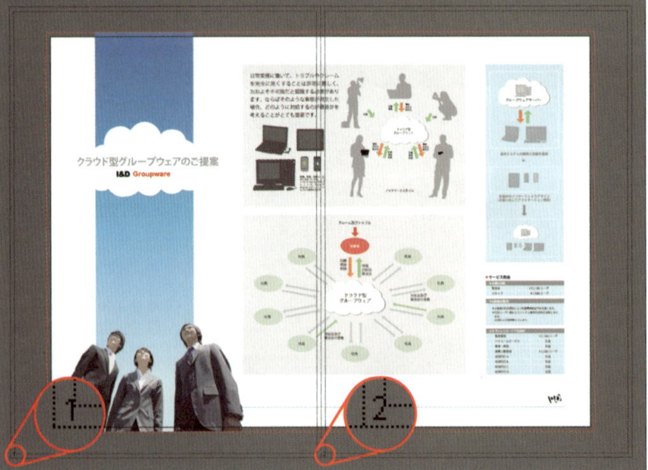

❹ [表示] メニューから [プリント分割を表示] を選択すると、タイルに分割された印刷範囲が表示されます。左下には数字が表示され、何枚のタイルに分割されているかを確認できます。

CHAPTER 6 02

PDFの作成

IllustratorからPDFを作成する

Illustratorデータは PDF形式で保存することができます。PDFファイルは印刷用のデータとしても利用されます。

 練習用ファイル：chap6_a→6_02

ココがポイント

- PDFファイルを作成
- PDFの書き出し設定

PDFを作成する

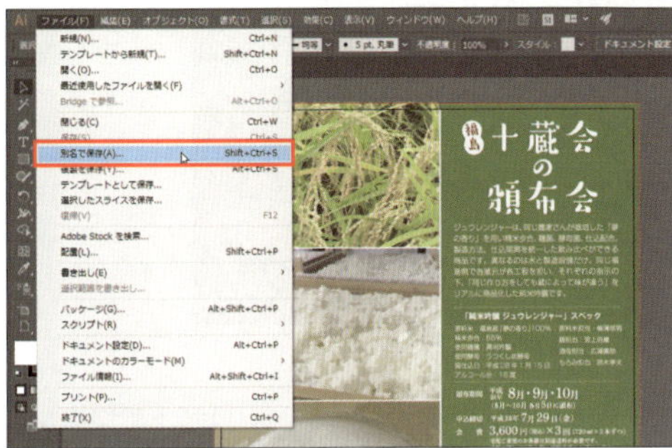

❶ファイルを開き、[ファイル] メニューから [別名で保存] を選択します。

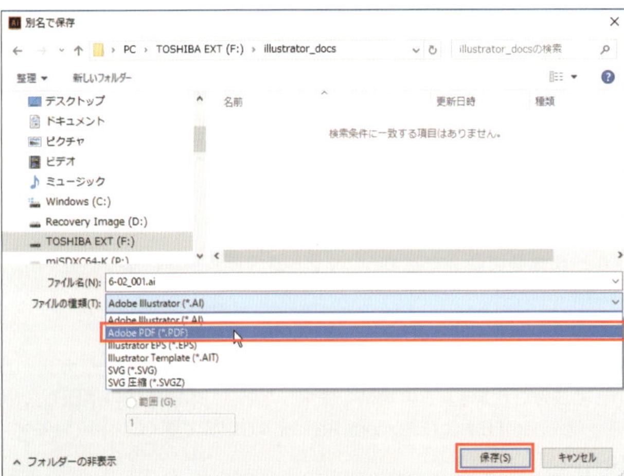

❷ [別名で保存] ダイアログボックスの [ファイル形式] で「Adobe PDF (*.pdf)」を選択し、[ファイル名] (Mac版は [名前]) にファイル名を入力します。保存場所を指定して [保存] ボタンをクリックします。

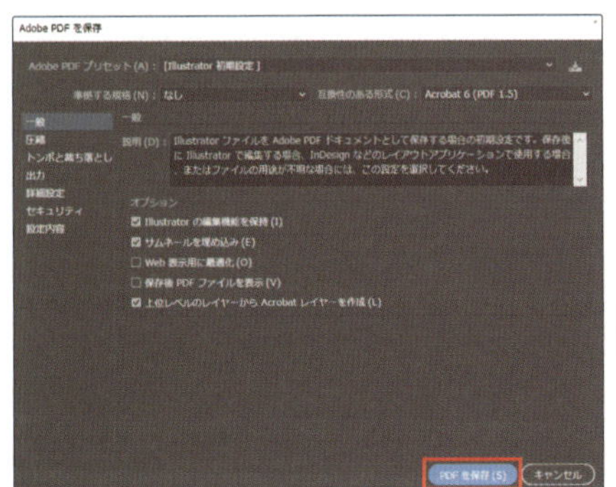

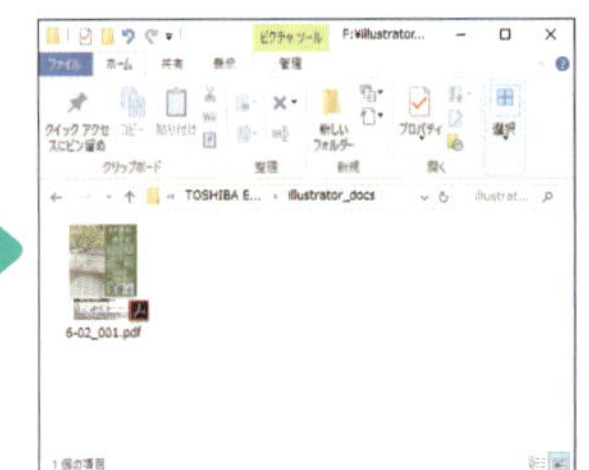

❸ [Adobe PDFで保存] ダイアログボックスが表示されたら、[PDFを保存] ボタンをクリックします。指定した場所にPDFファイルが作成されます。

HINT

PDF (Portable Document Format) は、アドビシステムズが開発した電子文書のファイルフォーマットです。どのような環境のOSでも、作成した内容をほぼそのまま表示・印刷できるので、幅広い分野で利用されています。

NOTICE

印刷会社によっては、独自のプリセットファイルを用意している場合があります。プリセットファイルは、[編集] メニューから[Adobe PDF プリセット] を選択して、[Adobe PDF プリセット] ダイアログボックスから読み込みます。

HINT

ダウンサンプルとは、画像内のピクセル数を減らすなどして、ファイルサイズを減少させることです。

PDFの書き出しプリセット

[Adobe PDFで保存] ダイアログボックスの [Adobe PDFプリセット] で、あらかじめ用意されている PDFの書き出し設定 (プリセット) を選択します。

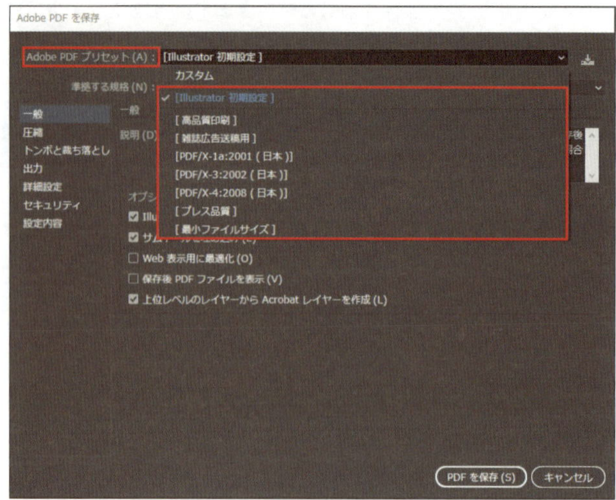

●**Illustrator 初期設定**

Illustratorのデータを保持してPDFファイルを作成します。このプリセットで作成したPDFファイルをIllustratorで開いて編集することもできます。ただし、PDFファイルの容量が大きくなる可能性があります。

●**高品質印刷**

普及型のプリンタでの印刷に適した高画質でPDFファイルを作成します。カラー画像・グレースケール画像は300ppi、モノクロ画像は1200ppiへのダウンサンプルが行われます。全フォントのサブセットを埋め込み、カラーも変更せず、透明部分も統合しません。Acrobat 5.0 およびAcrobat Reader 5.0 以降で開くことができます。

●**雑誌広告送稿用**

雑誌広告デジタル送稿推進協議会で定められたデータ作成ルールに基づいて、PDFファイルを作成します。

●**PDF/X-1a:2001 (日本)**

全フォントの埋め込み、トンボと裁ち落としの指定が設定されています。また、カラーは特色を含むCMYKで表示されます。この規格を使用した場合、印刷条件の情報も含める必要があります。Acrobat 4.0 およびAcrobat Reader 4.0以降で開くことができます。

●**PDF/X-3:2002 (日本)**

ISO標準規格のPDF/X-3:2002 に準拠したPDFファイルを作成します。Acrobat 4.0 およびAcrobat Reader 4.0 以降で開くことができます。

●**PDF/X-4:2008 (日本)**

ISO標準規格のPDF/X-4:2008 に準拠したPDFファイルを作成します。このプリセットは透明効果とICCカラーマネジメントをサポートし、PDF1.4 形式になります。フォントの埋め込みは「PDF/X-1a:2001 (日本)」「PDF/X-3:2002 (日本)」と同じ方法で埋め込まれます。多くの印刷会社が推奨しているPDFプリセットです。

●**プレス品質**

デジタル印刷やイメージセッタなど高品質の印刷工程に適したPDFファイルを作成します。品質が最優先され、印刷会社などで正しく印刷されるようにデータが保持されます。Acrobat 5.0 およびAcrobat Reader 5.0 以降で開くことができます。

●**最小ファイルサイズ**

Webやメールでの配信に適したPDFファイルを作成します。フォントは埋め込みますが、低めの画像解像度でカラーをsRGBに書き出します。印刷には適さないプリセットです。Acrobat 5.0 およびAcrobat Reader 5.0 以降で開くことができます。

PDFの設定

左側の各項目で、PDFファイルの詳細な設定を行います。

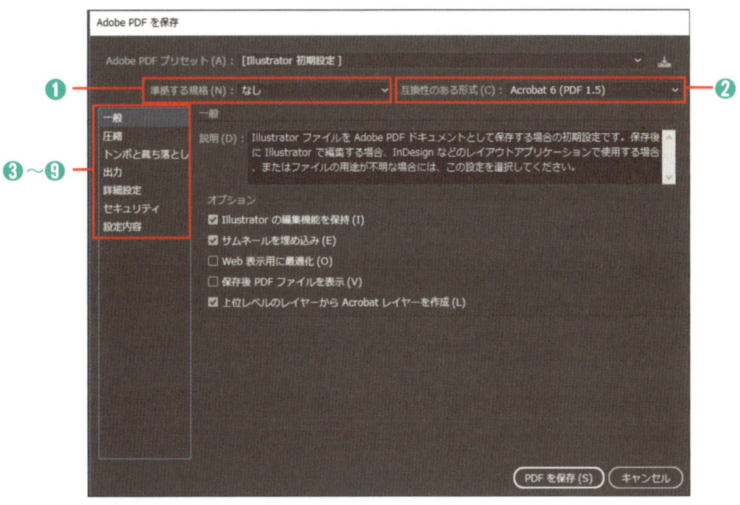

❶**準拠する規格**：PDF規格を指定します。

❷**互換性のある形式**：PDFのバージョンを指定します。

❸**一般**：
基本的なファイルの設定をします。[詳細] に設定したPDFの内容が表示されます。[Illustratorの編集機能を保持] にチェック入れると、Illustratorのデータを保持してPDFファイルを作成しますが、ファイルの容量が大きくなる可能性があります。

❹**圧縮**：
アートワーク(画像など)の圧縮やダウンサンプルの設定をします。Webでの利用やメールへの添付では、ダウンサンプルを行って、ファイル容量を減少させます。高解像度で出力するときは、ダウンサンプルは推奨しません。

❺**トンボと裁ち落とし**：
「トンボ」と「裁ち落とし」の設定をします。カラーバーやページ情報なども指定できます。

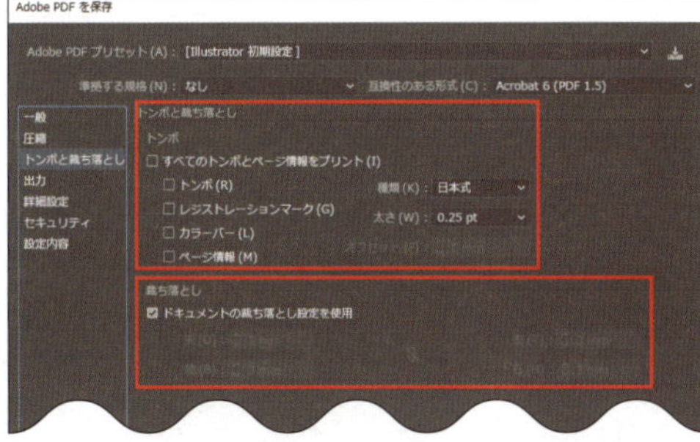

❻**出力**：
PDFファイルのカラー情報を指定します。[準拠する規格] でPDF/Xを含む規格を選択している場合は、PDF/Xのプロファイルで指定できます。

❼**詳細設定**：
フォントやオーバープリント、透明などの情報をPDFファイルに含めるかどうかを指定します。

❽**セキュリティ**：
作成するPDFファイルのセキュリティ機能を設定します。セキュリティを利用する場合には、[Adobe PDFプリセット] で「カスタム」を選択する必要があります。

❾**設定内容**：
PDFファイルに設定している概要が表示されます。

PDF/Xは、ISO（International Organization for Standardization）で定義された規格です。作成するPDFファイルが、この規格に適合しているかどうかがチェックされます。

03 アートボード 印刷サイズを編集する

ココがポイント
- アートボードの編集
- 複数のアートボードを作成

新規ドキュメントを作成すると、ドキュメントと同じサイズのアートボードが1つ作成されます。アートボードは、サイズを後から変更でき、追加や削除も行えます。

練習用ファイル：chap6_a➡6_03

> **NOTICE**
>
> アートボードのサイズは、[アートボード] ツール以外でも変更できます。
>
> Illustrator CS2 以前のバージョン
> [ファイル] メニューから [書類設定] を選択します。
>
> Illustrator CS3
> [ファイル] メニューから [ドキュメント設定] を選択し、[ドキュメント設定] ダイアログボックスでポップアップメニューから [アートボード] 選択して設定します。
>
> Illustrator CS4 以降のバージョン
> [ファイル] メニューから [ドキュメント設定] を選択し、[ドキュメント設定] ダイアログボックスの [アートボードを編集] ボタンをクリックします。

アートボードの編集

コントロールパネルで編集する

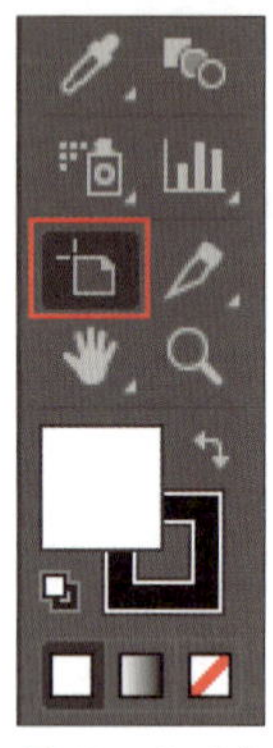

❶ツールパネルから [アートボード] ツールを選択します。

❷ [アートボード] ツールを選択すると、アートボードが破線で囲まれ左上にアートボード名と番号が表示されます。

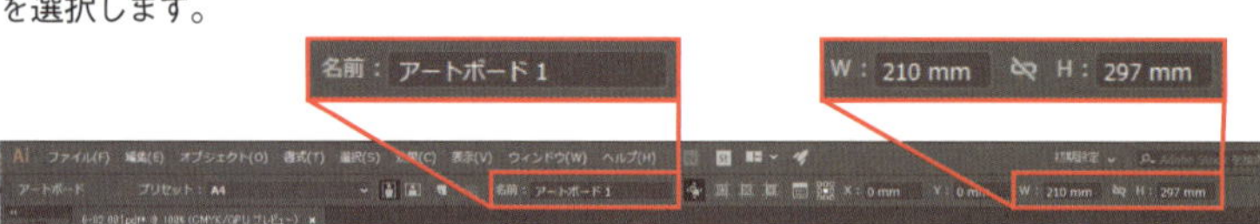

❸コントロールパネルの表示内容がアートボード用に切り替わります。サイズやアートボード名などを編集し、ツールパネルで他のツールを選択して、アートボードの表示を解除します。

[アードボードオプション] ダイアログボックスで編集する

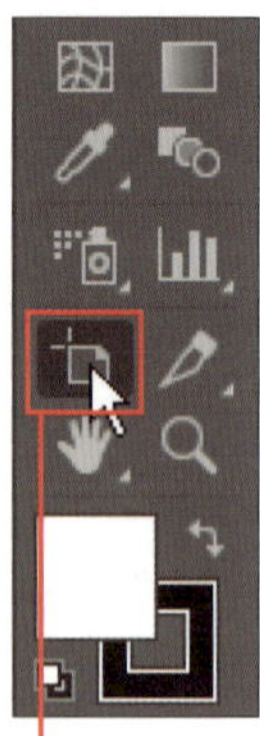

❶ツールパネルの[アートボード] ツールをダブルクリックします。

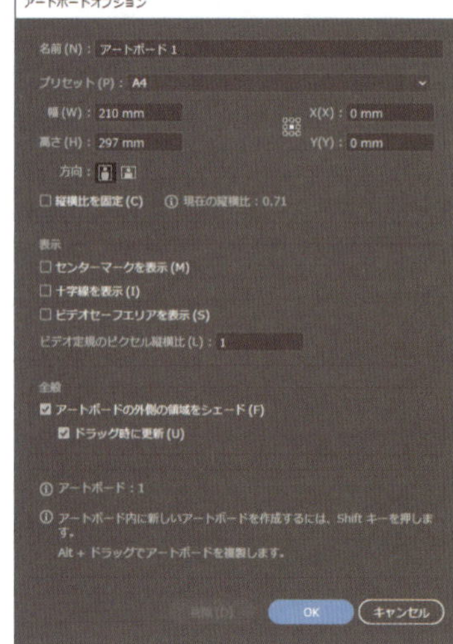

❷表示される [アートボードオプション] ダイアログボックスで、サイズやアートボード名などを編集し、[OK] ボタンをクリックします。

アートボードの追加・削除

1つのドキュメントに複数のアートボードを作成すると、データ管理を効率よく行えます。例えばA3サイズのポスターからA5サイズのチラシを作成する場合、1つのファイルでポスターとチラシの両方を管理でき、共通の修正などもまとめて行えます。

アートボードを追加する

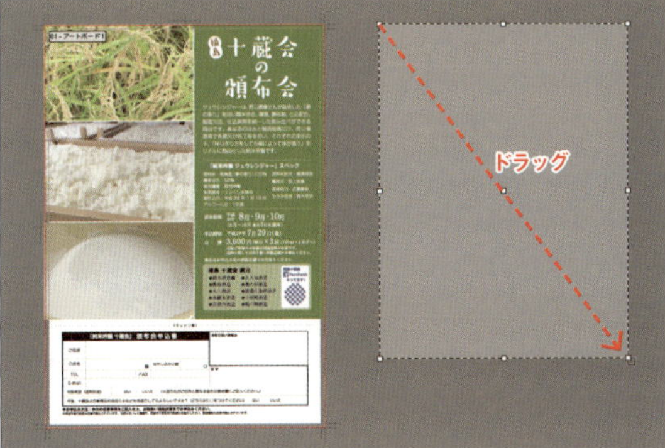

❶ツールパネルから[アートボード]ツールを選択し、アートボードの外のグレーのエリアでドラッグします。

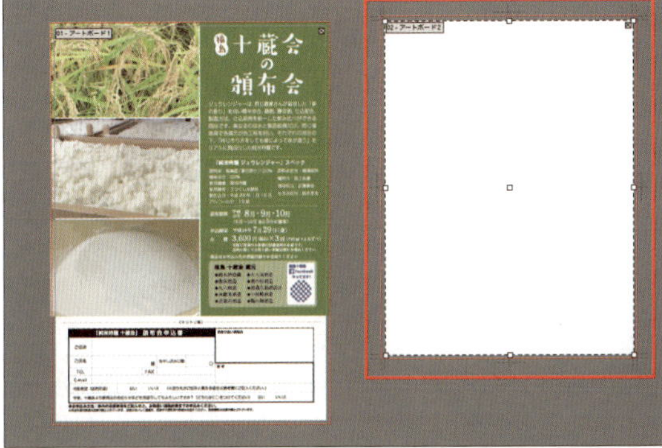

❷アートボードが追加されます。

アートボードを削除する

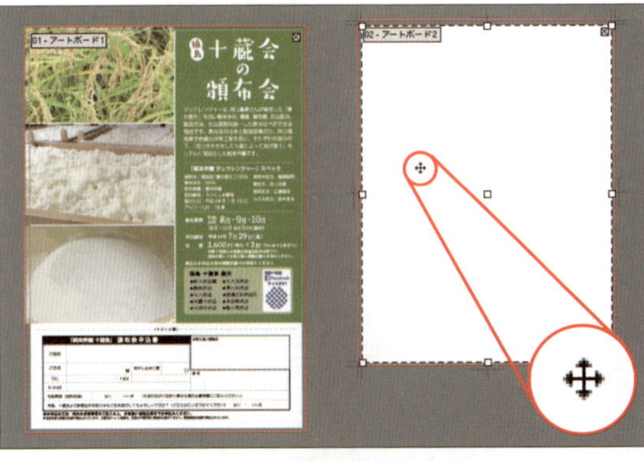

❶ツールパネルから[アートボード]ツールを選択し、削除したいアートボードをクリックで選択します。

❷ Delete キーを押すと、アートボードが削除されます。

Illustrator CS5以降のバージョンでは、アートボードパネルでアートボードの追加や削除が行えます。アートボードパネルは、[ウィンドウ]メニューから[アードボード]を選択して表示させます。アートボード名をダブルクリックすると、そのアートボードが画面の中心に表示されます。

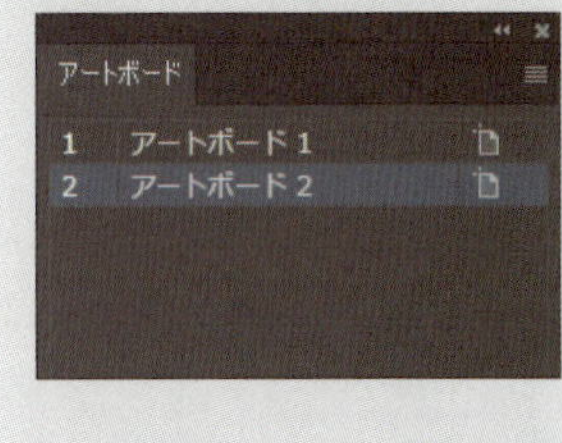

04 トンボ

印刷の仕上がりサイズの目安を作ろう

「トンボ」とは、印刷物を仕上がりサイズに断裁する際の目安となる線のことです。Illustratorには「トンボ」と「トリムマーク」という機能があり、用途に応じて使い分けます。

練習用ファイル：chap6_a → 6_04

ココがポイント

- トンボの設定
- トリムマークの作成
- 裁ち落とし部分の作成

トンボの設定

トンボは、アートボードに対して作成されます。

トンボの設定

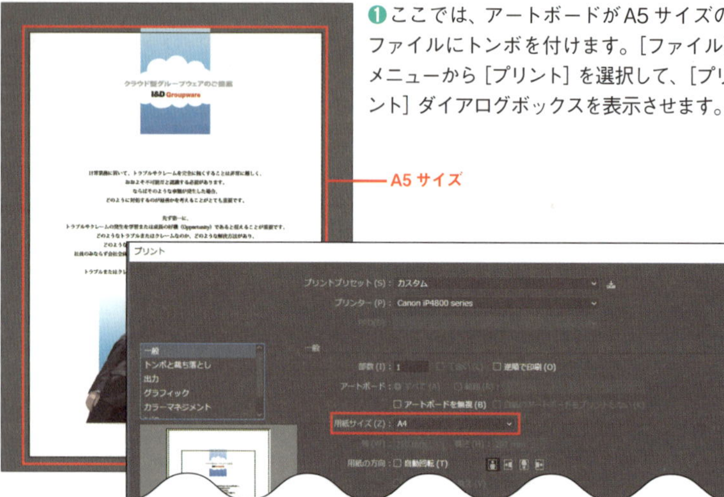

❶ここでは、アートボードがA5サイズのファイルにトンボを付けます。［ファイル］メニューから［プリント］を選択して、［プリント］ダイアログボックスを表示させます。

❷［用紙サイズ］で「A4」を選択します。

NOTICE

トンボは、主に印刷会社や出力センターでの印刷に使用するものです。どのように設定すべきか、事前に印刷会社や出力センターに確認しましょう。

HINT

レジストレーションマークは、各色版の位置合わせ用の目安です。カラーバーは、CMYKインキの濃度など色合わせの目安です。

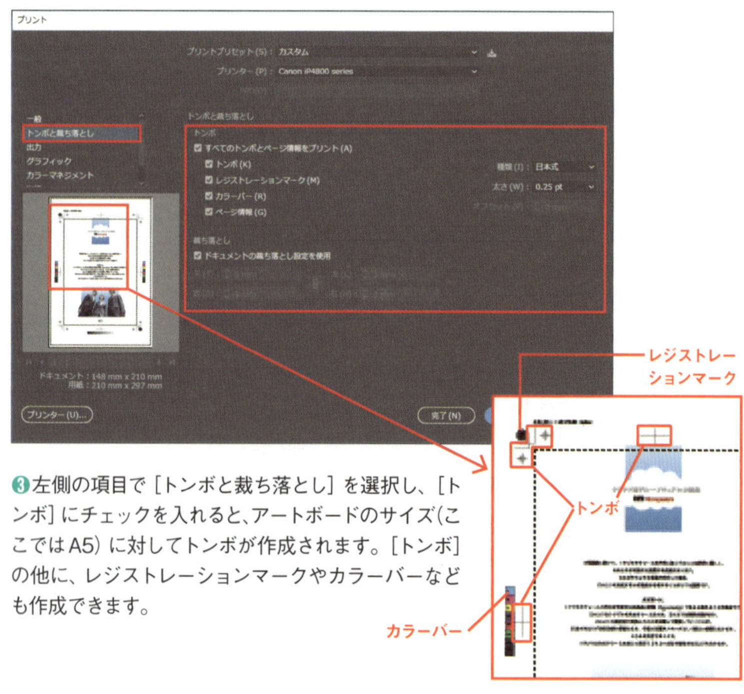

❸左側の項目で［トンボと裁ち落とし］を選択し、［トンボ］にチェックを入れると、アートボードのサイズ（ここではA5）に対してトンボが作成されます。［トンボ］の他に、レジストレーションマークやカラーバーなども作成できます。

トリムマークの設定

トリムマークは、オブジェクトに対して作成されます。一般的なプリンタで、名刺やラベルなどを印刷して、裁断する場合の目安にもなります。

[オブジェクト] メニューからトリムマークを作成する

❶ [選択] ツールで、仕上がりサイズに作成してあるオブジェクトを選択します。

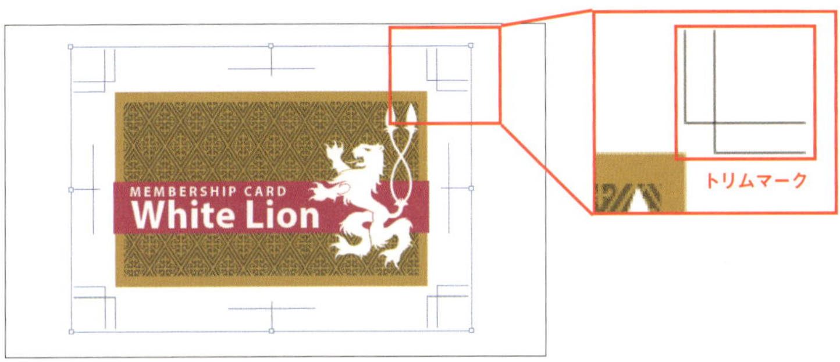

❷ [オブジェクト] メニューから [トリムマークを作成] を選択すると、選択したオブジェクトに対してトリムマークが作成されます。

[効果] メニューからトリムマークを作成する

[効果] メニューにも [トリムマーク] の機能が用意されています。こちらのトリムマークは、オブジェクトのサイズを変えると、トリムマークの位置が連動して変わります。

❶ [選択] ツールで、仕上がりサイズで作成してあるオブジェクトを選択し、[効果] メニューから [トリムマーク] を選択して、トリムマークを作成します。

❷トリムマークを作成したオブジェクトのサイズを変更すると、変更したサイズに合わせてトリムマークの位置も変わります。

NOTICE

印刷会社に出力を依頼するときは、「トンボ」と「トリムマーク」のどちらを利用すればよいかを確認しておきましょう。

HINT

トリムマークは、Photoshop形式のファイルなどにも書き出せます(P.274 参照)。

NOTICE

Illustrator CS3 以前のバージョンでは、[フィルタ] メニューから [トリムマーク] を選択します。

HINT

[編集] (Mac版 は Illustrator) メニューから [環境設定] を選択し、[環境設定] ダイアログボックスの [一般] で [日本式トンボを使用] のチェックを外すと、「1本トンボ」になります。この設定は、「トンボ」「トリムマーク」の両方に反映されます。

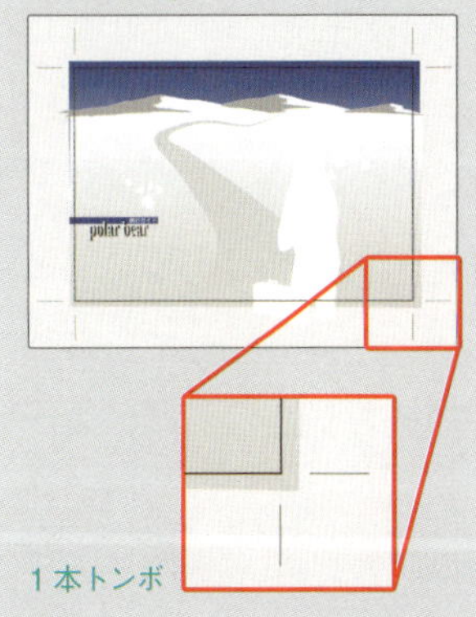

1本トンボ

裁ち落とし部分の作成

全面に色の付いたデザインでは、仕上がりサイズぴったりに作成すると、断裁のずれで「色抜け」(白など紙の色がのぞくこと) が生じることがあります。これを防ぐために、「トンボ」や「トリムマーク」を利用して「裁ち落とし」部分を作成します。

アートボードに裁ち落とし部分を作成する

B5 サイズで作成したデザイン。地色の緑が仕上がりサイズぴったりになっています。

印刷範囲の外側にある赤いガイドラインまで地色を広げて、裁ち落とし部分とします。裁ち落とし部分は、一般的に 3mm程度です。

オブジェクトに裁ち落とし部分を作成する

❶ トンボ (P.264 参照) またはトリムマーク (P.265) を作成したファイルを開きます。地色のオブジェクトは、仕上がりサイズぴったり (トンボまたはトリムマークの内側の線まで) となっています。

❷ 地色のオブジェクトのサイズを、トンボまたはトリムマークの外側の線まで広げます。

❸ 裁ち落とし部分にも地色が敷かれます。

NOTICE

[効果] メニューのトリムマークは、オブジェクトの大きさに合わせて常にトンボの位置も変化します。そのため、裁ち落とし部分を作ろうと地色を広げても、その分トリムマークが移動してしまい、裁ち落としになりません。
[効果] メニューのトリムマークを利用する場合は、トリムマークを作成するオブジェクトとは別に、地色のオブジェクトを作成しておきましょう。

CHAPTER 6 05

入稿データの作成

入稿データ作成の注意点

印刷会社や出力センターなどにデータを渡して印刷する際には、データ作成についていくつか確認が必要になります。ここでは、最低限必要となる注意点を紹介します。

練習用ファイル：chap6_b→6_05

ココがポイント

- 仕上がりのサイズの確認
- 文字のアウトライン化
- カラーモードはCMYKに
- 「トンボ」の確認
- バージョンの確認
- リンク画像の添付

注意点❶ ──仕上がりサイズを確認する

Illustratorでは基本的に、印刷物の仕上がりサイズに合わせて新規ドキュメントを作成します。制作途中でサイズを変更していない場合も、必ず確認しておきましょう。仕上がりサイズは、アートボードのサイズで確認できます。

A4 サイズ（縦向き）で作成したアートワーク。

W：210 mm　H：297 mm

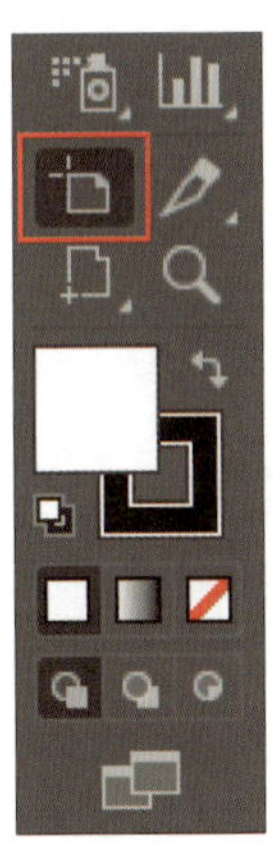

ツールパネルから［アートボード］ツールを選択すると、コントロールパネルにサイズが表示されます。ここでは、A4のサイズ（W：210mm、H：297mm）であることをを確認します。

NOTICE

印刷物のサイズは主にJIS規格で定められたA判とB判が使われています。ここでは、よく利用されるサイズを紹介しておきます。

- A2：420 × 594mm
- A3：297 × 420mm
- A4：210 × 297mm
- A5：148 × 210mm
- A6：105 × 148mm

- B2：515 × 728mm
- B3：364 × 515mm
- B4：257 × 364mm
- B5：182 × 257mm
- B6：128 × 182mm

注意点❷──文字をアウトライン化する

使用しているフォントが印刷会社にないと、違うフォントに置き換わったり、文字化けが生じたりします。この問題を回避するために、文字はアウトライン化しておきます。

すべてのオブジェクトを選択し、[書式]メニューから[アウトラインを作成]を選択します。

注意点❸──カラーモードはCMYKにする

通常の印刷に適したカラーモードはCMYKです。あらかじめドキュメントのカラーモードをCMYKにして作成するか、最終的にカラーモードをCMYKに変換します。

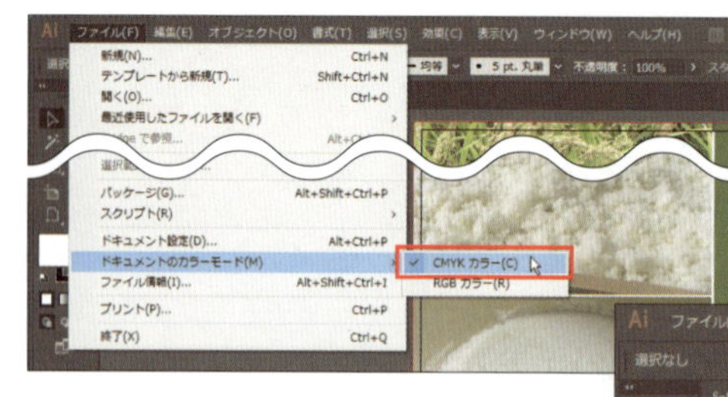

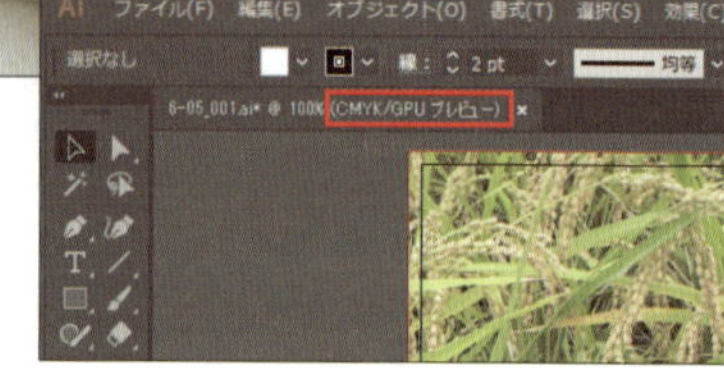

[ファイル] メニューから [ドキュメントのカラーモード] → [CMYKカラー] を選択します。ファイルのカラーモードは、ドキュメントウィンドウのタブで確認できます。

注意点❹──「トンボ」や「トリムマーク」を付ける

あらかじめ印刷会社に、「トンボ」と「トリムマーク」のどちらを付けるべきかを確認しておきましょう。A判やB判の規格サイズで作成した印刷物なのか、名刺の表・裏面を並べて作成しているか、といった状況によって「トンボ」か「トリムマーク」を選択する必要があります。

注意点❺──バージョンを確認する

印刷会社で使用しているIllustratorのバージョンが古い場合は、そのバージョンに合わせる必要があります。

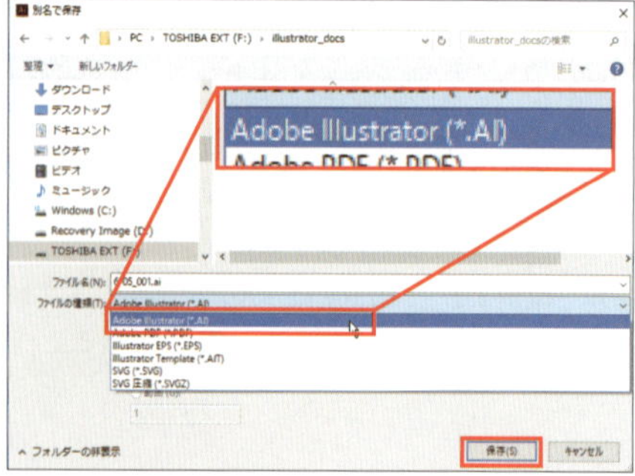

❶ [ファイル] メニューから [別名で保存] を選択すると、[別名で保存] ダイアログボックスが表示されます。[ファイル名] (Mac版は [名前]) にファイル名を入力して、[ファイル形式] で「Adobe Illustrator(*.AI)」を選択し、[保存] ボタンをクリックします。

HINT

アウトライン化した文字は、テキストとして編集できなくなります。アウトライン化する場合は、入稿用データとして「別名で保存」しておきましょう。

SEE ALSO

文字のアウトライン化 ➡P.179

NOTICE

印刷用のドキュメントをRGBで作成してしまった、Web用に作成したドキュメントで印刷をする場合など、RGBをCMYKに変換するときは注意が必要です。RGBに比べて、CMYKは再現できる色域が狭いため、色が著しく変わってしまうことがあります。カラーモードを変換したら、必ず色を確認し、必要に応じて調整しましょう。

SEE ALSO

RGBとCMYK ➡P.55

SEE ALSO

「トンボ」と「トリムマーク」の作成 ➡P.264

❷［Illustratorオプション］ダイアログボックスが表示されるので、［バージョン］のプルダウンメニューから適切なバージョンを選択して、［OK］ボタンをクリックします。

注意点❻―リンク画像を添付する

リンク画像を配置している場合は、画像ファイルも併せて入稿する必要があります。ファイルは、同じフォルダ内にまとめておきましょう。

手動でリンク画像を整理する

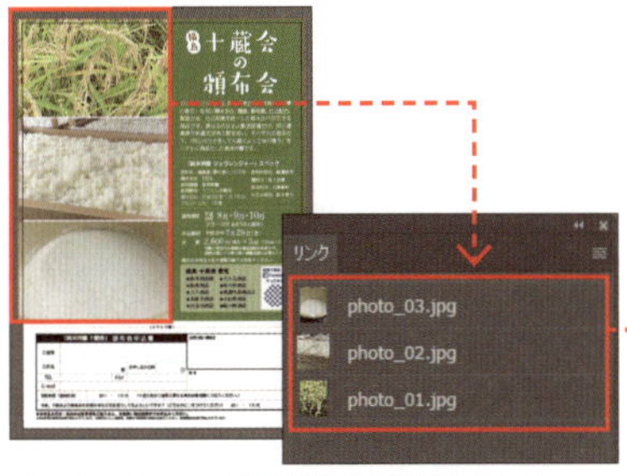

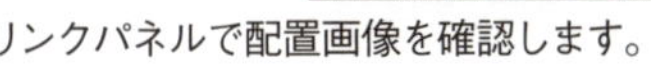
リンクパネルで配置画像を確認します。

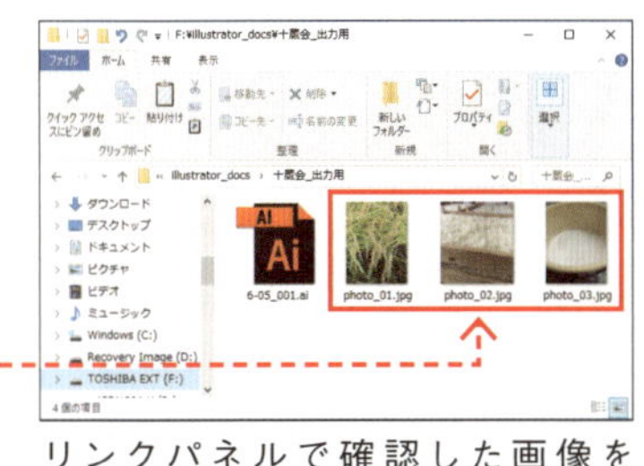

リンクパネルで確認した画像をIllustratorファイルと同じフォルダ内にわかりやすくまとめておきます。

「パッケージ」でリンク画像を整理する

印刷物に必要なデーター式を自動的にまとめてくれるパッケージ機能があります。

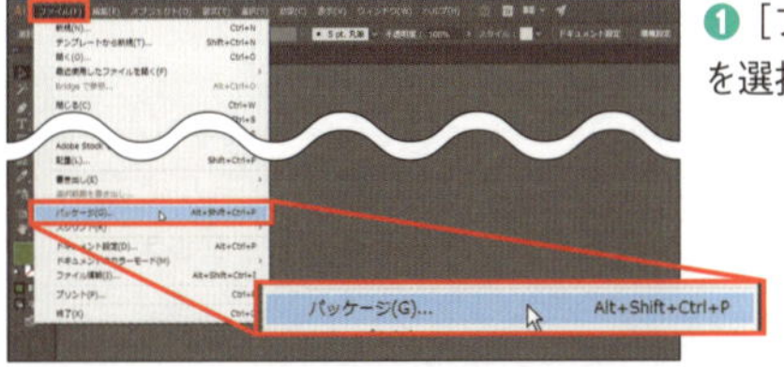

❶［ファイル］メニューから［パッケージ］を選択します。

❷［パッケージ］ダイアログボックスで［場所］を指定し、［フォルダー名］を入力します。［オプション］で必要な項目にチェックを入れて、［パッケージ］ボタンをクリックします。

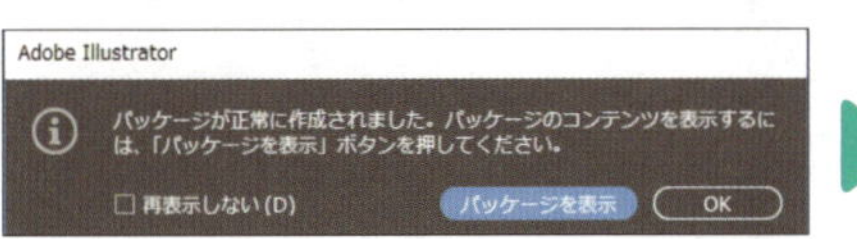

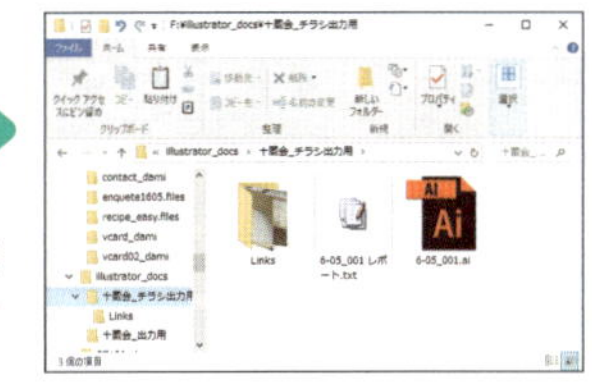

❸パッケージが正常に作成されると、確認画面が表示されます。［パッケージを表示］ボタンをクリックすると、データー式をまとめたフォルダが表示されます。

HINT

保存の際は、ファイル名の最後にバージョン数の数字を入れるなどして、バージョンがひと目でわかるファイル名にするとよいでしょう。

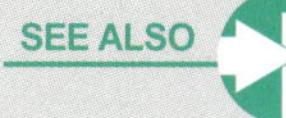

SEE ALSO

リンク画像 ➡P.89

NOTICE

パッケージは、Illustrator CC（CCを契約中の場合は、CS6を含む）の機能です。

NOTICE

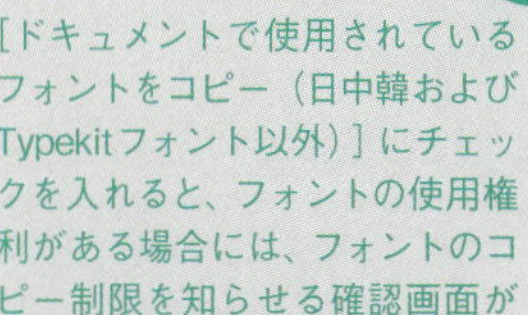

［ドキュメントで使用されているフォントをコピー（日中韓およびTypekitフォント以外）］にチェックを入れると、フォントの使用権利がある場合には、フォントのコピー制限を知らせる確認画面が表示されます。

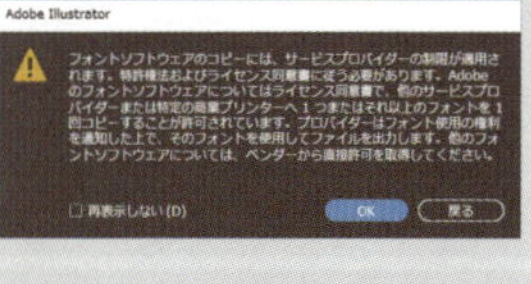

06 Web用データの作成

Webに適したデータを作成

パソコンやスマートフォンで閲覧するWebサイトで使用する画像は、素早く表示できるように低解像度かつ極力きれいに見えるように加工する必要があります。

練習用ファイル： chap6_b➡ 6_06

ココがポイント

- アセットを使って書き出す
- アートボードとして書き出す
- Web用に保存する

アセットを使って書き出す

「アセット」は、一度の操作で複数の画像データを書き出すことができる機能です。これを利用すると、Web用のデータ作成の負担が軽減されます。

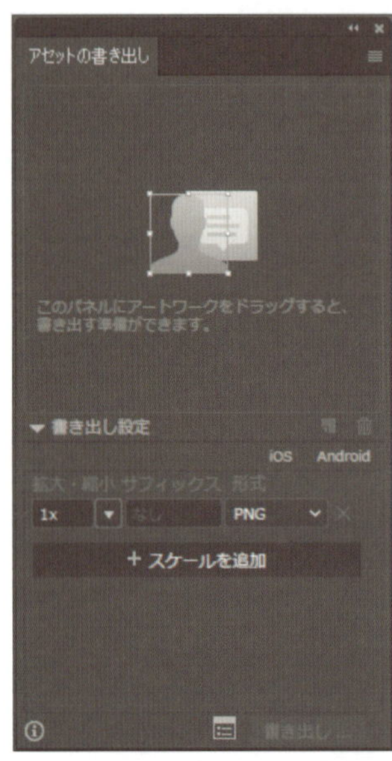

❶［ウィンドウ］メニューから［アセットの書き出し］を選択し、アセットの書き出しパネルを表示させます。

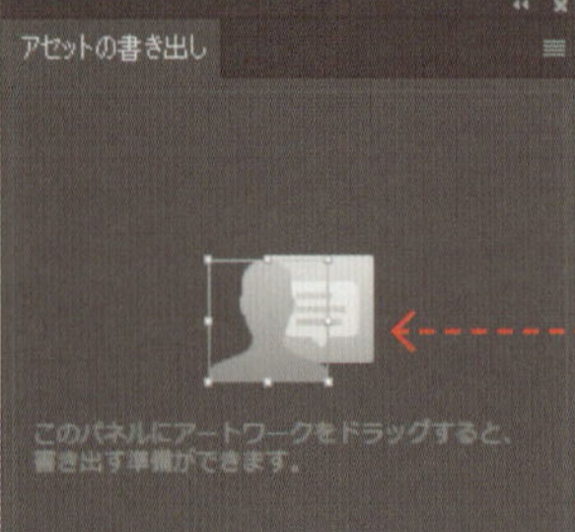

❷Web用のデータとして書き出すオブジェクト（ここではアイコン）を［選択］ツールで選択し、アセットの書き出しパネルにドラッグします。

アイコンを１つずつドラッグ

❸ドラッグしたアイコンがアセット書き出しパネルに登録されます。他のアイコンも、同じように登録します。

SEE ALSO

Illustrator CS6 以前のバージョンでのWeb用のデータの作成➡P.273

HINT

アセットの書き出しパネルに登録したオブジェクトには「アセット1」「アセット2」……と名前が付きます。これが書き出した時のファイル名となるので、名前をダブルクリックしてわかりやすいものに変更しておくとよいでしょう。

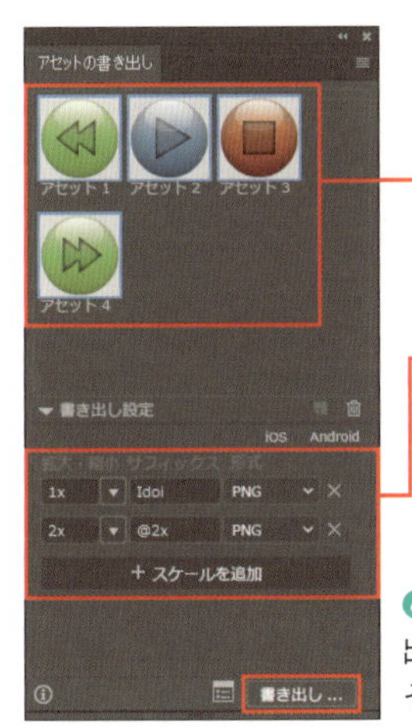

アセットを選択

［拡大・縮小］では倍率、［サフィックス］ではファイル名に追加する文字列、［形式］ではファイル形式を指定

❹書き出したいアセットをクリックで選択します。［書き出し設定］で［拡大・縮小］［サフィックス］［形式］をそれぞれ指定して、［書き出し］ボタンをクリックします。

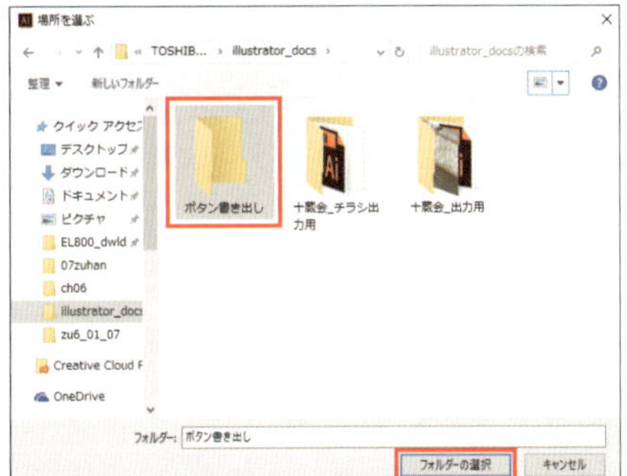

❺書き出す場所を選択して、［フォルダーの選択］（Mac版は［選択］）ボタンをクリックします。

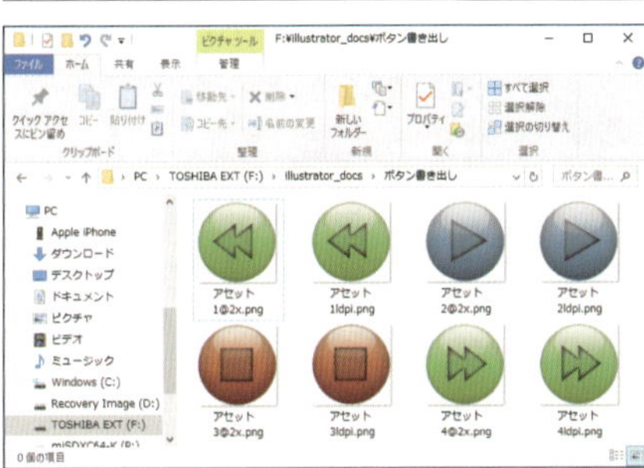

❻指定したサイズとファイル形式のデータがまとめて書き出されます。

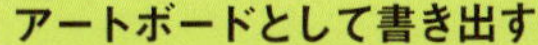

アートボードとして書き出す

アートボードを「スクリーン用に書き出す」機能があります。ここでは、一部分だけを別のアートボードにして書き出します。

❶ツールパネルから［アートボード］ツールを選択します。アートボードが破線で囲まれ、編集できる状態になります。

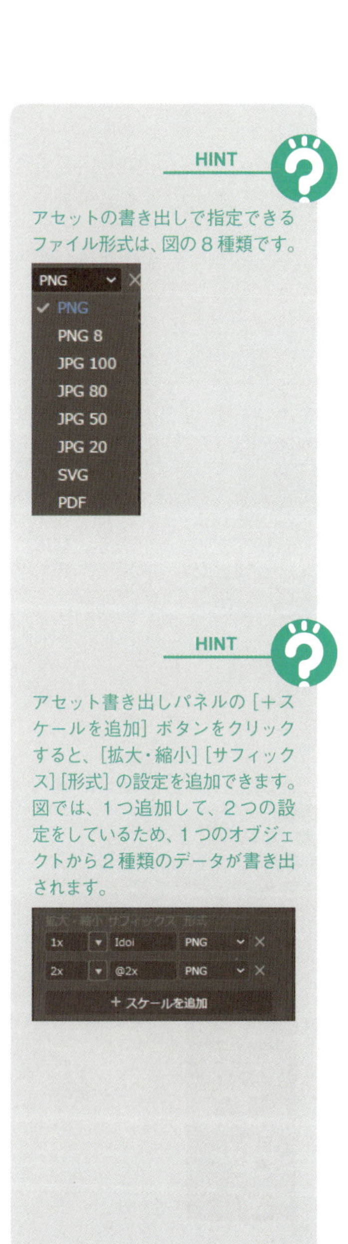

HINT

アセットの書き出しで指定できるファイル形式は、図の８種類です。

HINT

アセット書き出しパネルの［＋スケールを追加］ボタンをクリックすると、［拡大・縮小］［サフィックス］［形式］の設定を追加できます。図では、１つ追加して、２つの設定をしているため、１つのオブジェクトから２種類のデータが書き出されます。

NOTICE

［スクリーン用に書き出し］は、Illustrator CCの機能です。

❷［アートボード］ツールで、書き出すオブジェクト（ここでは左のTシャツ）をクリックします。

❸オブジェクトのサイズで、新たなアートボードが作成されます。［ファイル］メニューから［書き出し］→［スクリーン用に書き出し］を選択します。

HINT

スクリーン用に書き出しで指定できるファイル形式は、図の８種類です。

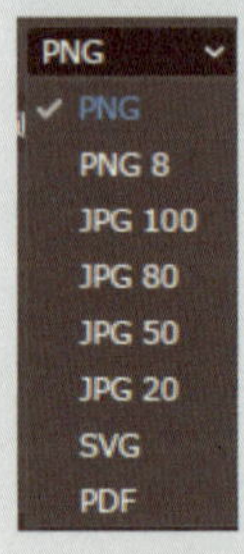

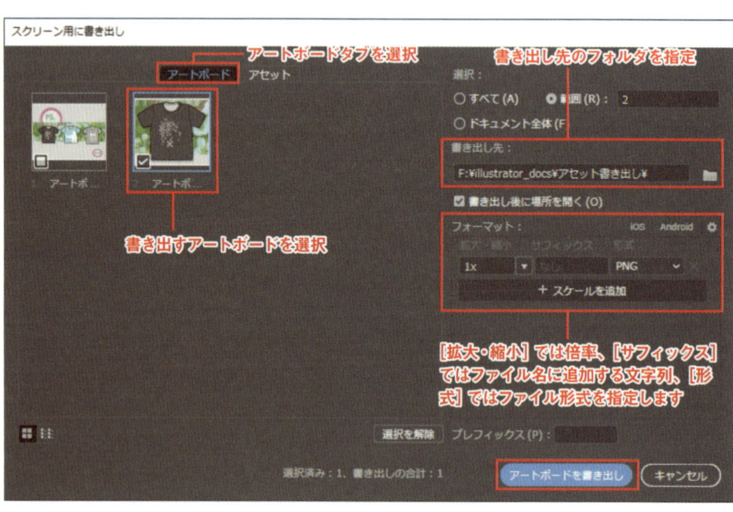

❹［スクリーン用に書き出し］ダイアログボックスが表示されるので、アートボードタブをクリックします。書き出すアートボードにチェックを入れ、［書き出し先］と［ファイルの種類］（Mac版は［フォーマット］）を選択して、［アートボードを書き出し］ボタンをクリックします。

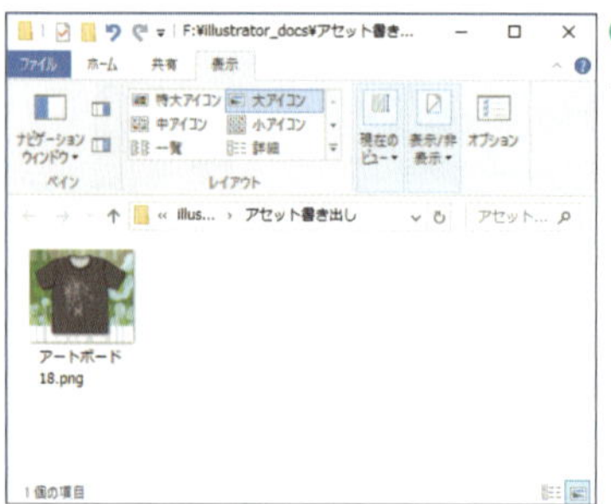

❺指定した場所に、アートボードが画像ファイルとして書き出されます。

Web用に保存する

[Web用に保存（従来）] は、Illustrator CS6 以前のバージョンを含め、どのバージョンでもでWeb用に画像を保存できます。

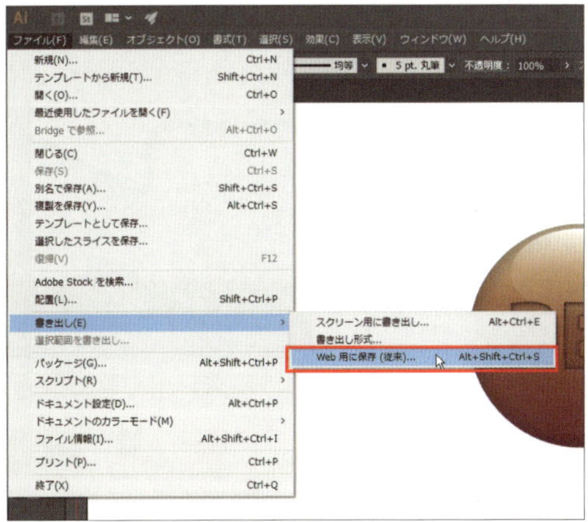

❶ファイルを開き、[ファイル] メニューから [書き出し]→[Web用に保存（従来）] を選択します。

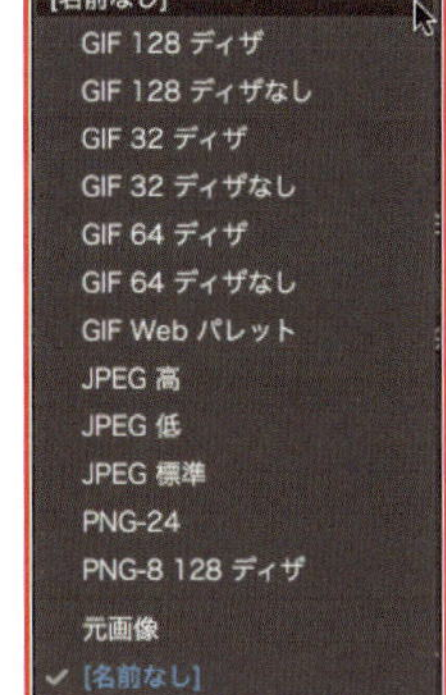

❷[プリセット] の[名前] のプルダウンメニューからファイル形式を選択します。さらに、色数や品質なども細かく設定できます。必要に応じて [画像サイズ] を指定し、[保存] ボタンをクリックします。

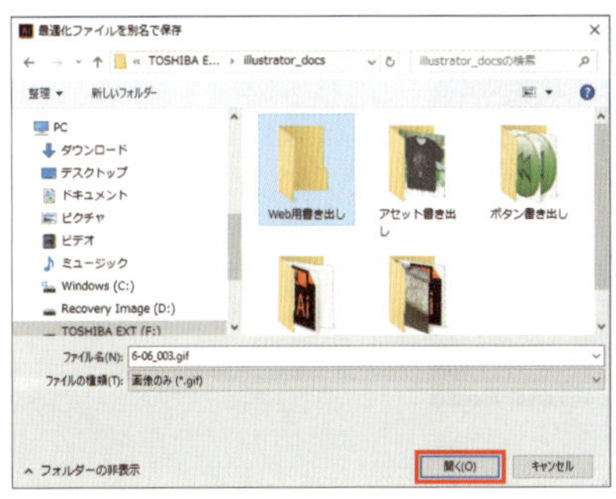

❸表示される [最適化ファイルを別名で保存] ダイアログボックスの [ファイル名]（Mac版は [名前]）にファイル名を入力して、[保存] ボタンをクリックします。Web用の画像として保存されます。

[Web用に保存（従来）] はIllustrator CCでの名称です。Illustrator CS6以前のバージョンでは、[Webおよびデバイス用に保存] などの名称になっています。

[プリセット] の [名前] でファイル形式を選択しても、その後に他の項目を調整すると、[名前] が「なし」に変わります。

PNG・GIF形式で、オブジェクトの背景を透過状態にするには、[透明部分] にチェックを入れます。JPEG形式では、透過の設定はできません。

PNG画像

GIF画像

JPEG画像

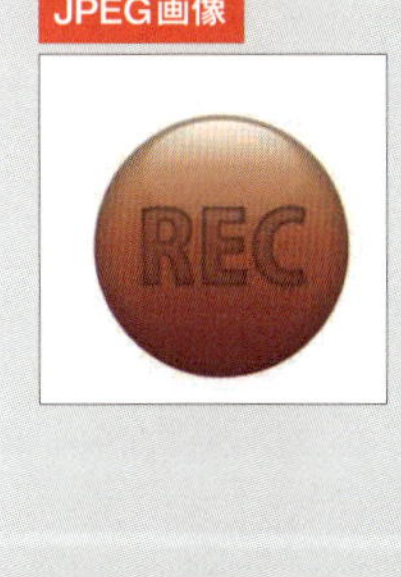

07 ファイルの書き出し
さまざまなファイル形式で書き出す

Illustratorのアートワークは、さまざまなファイル形式で書き出すことができます。

練習用ファイル：chap6_b→6_07

ココがポイント
- ファイルを書き出す
- 書き出し可能なファイル形式を知る

ファイルの書き出し

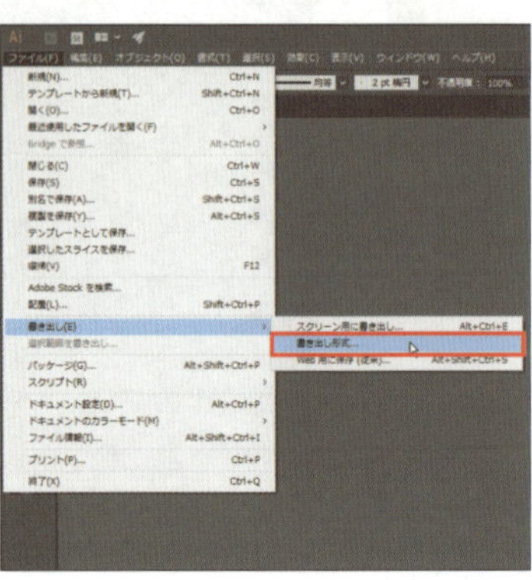

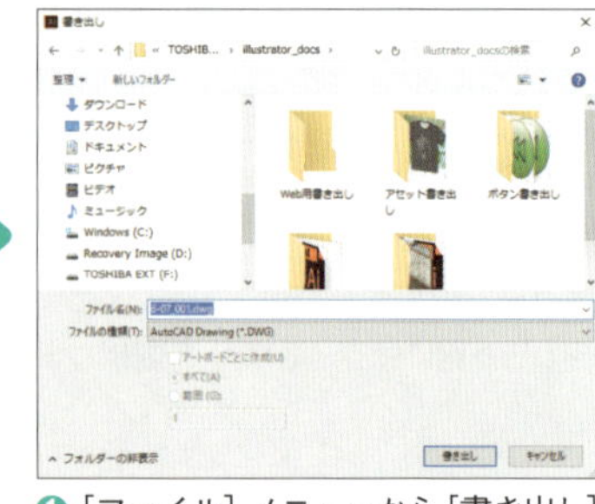

❶［ファイル］メニューから［書き出し］を選択し、［書き出し］ダイアログボックスを表示させます。

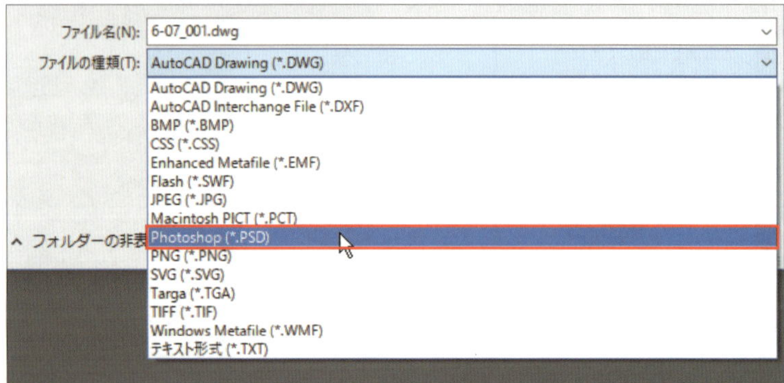

❷［ファイルの種類］のプルダウンメニューから書き出す形式を選択します。ここでは「Photoshop（*.PSD）」を選択し、［書き出し］ボタンをクリックします。

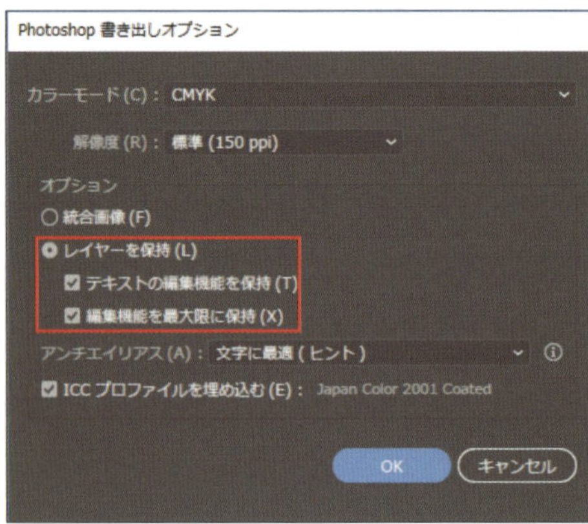

❸表示される［Photoshop書き出しオプション］ダイアログボックスで、カラーモードや解像度などを設定します。Photoshopでもレイヤーを操作できるようにするため、ここでは［オプション］の［レイヤーを保持］にチェックを入れて、［OK］ボタンをクリックします。

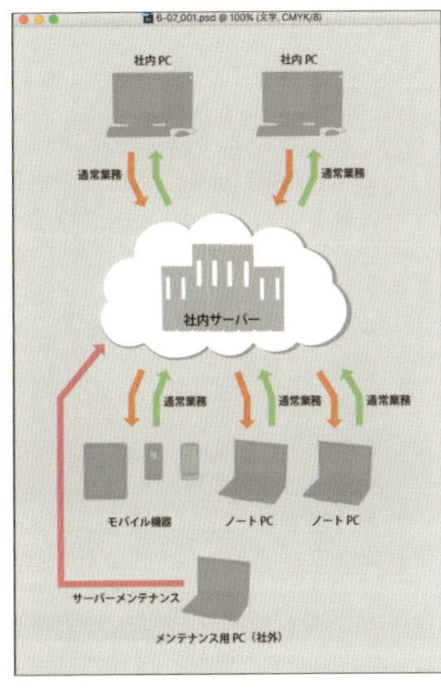

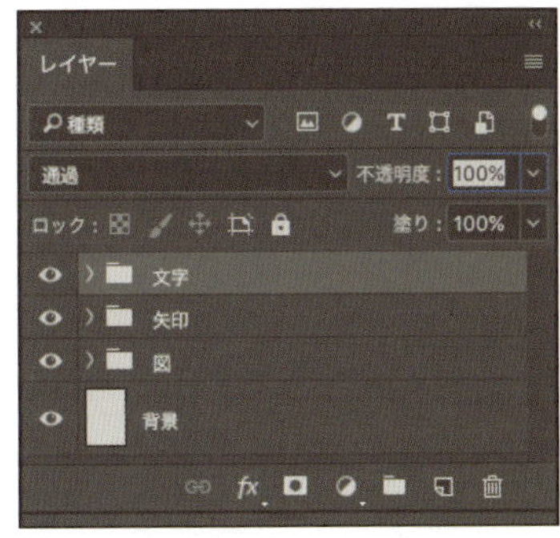

❹書き出したファイルをPhotoshopで開くと、Illustratorでのレイヤーが保持されていることが確認できます。そのため、Photoshopでもレイヤーごとに操作が行えます。

書き出し可能なファイル形式

書き出し可能なファイル形式は、以下の13種類です。

AutoCAD Drawing (*.DWG)	CADソフト「AutoCAD」のファイル形式
AutoCAD Interchange File (*.DXF)	CADの中間ファイル形式
BMP (*.BMP)	Windowsの標準画像ファイル形式
Enhanced Metafile (*.EMF)	Windowsのベクターデータの書き出しに中間データとして使用するファイル形式
Flash (*.SWF)	アニメーション作成ソフト「Flash」で書き出されるベクターベースの画像形式
JPEG (*.JPG)	写真の保存によく利用される画像形式。圧縮することでデータ容量を小さくする
Macintosh PICT (*.PCT)	Macintoshの標準画像ファイル形式
Photoshop (*.PSD)	フォトレタッチソフト「Photoshop」で利用できるファイル形式
PNG (*.PNG)	Webで用いられる画像形式。元に戻せる形で圧縮するため、保存による劣化がない。透過にも対応
Targa (*.TGA)	ビデオボードを使用するシステムに適した形式
TIFF (*.TIF)	汎用性がありDTP関連でも利用されている画像形式。比較的アプリケーションに依存しない形式
Windows Metafile (*.WMF)	Windowsのデータの書き出しに中間データとして使用する画像ファイル形式
テキスト形式 (*.TXT)	アートワーク内のテキストをテキストファイルとして書き出す

INDEX

索引

数字

1行目左インデント......................177
[3D 押し出し・ベベルオプション]
　ダイアログボックス........152, 207
[3D 回転体オプション] ダイアログ
　ボックス..................................154
3D効果...151
[3D効果]
　(グラフィックスライブラリ).....163

アルファベット

AI形式..268
AutoCAD Drawing形式............275
AutoCAD Interchange File形式......275
BMP形式.....................................275
CMYK................................55, 268
Enhanced Metafile形式............275
EPS形式......................................275
Flash形式....................................275
GIF形式.......................................273
HSB...55
JPEG形式.......................273, 275
Macintosh PICT形式................275
PDF形式......................................259
PDFの作成...................................259
Photoshop形式..........................275
PNG形式........................273, 275
RGB...55
[Shaper] ツール...........................68
Targa形式....................................275
TIFF形式.....................................275
[Webおよびデバイス用に保存]...273
Webカラー範囲内警告..................54
WebセーフRGB..............................55
Web用データの作成........270, 273
[Web用に保存 (従来)]...........273
Windows Metafile形式.............275

あ

アートブラシ......................225, 229
アートボード........................22, 262
アートボード定規........................108
[アートボード] ツール........262, 271
[アートボードに整列]...................136
[アートボードを全体表示]..............87
アウトライン
　(パスファインダーパネル).........140
[アウトライン]([表示])..........20, 25
アウトライン化 (パス)................125
アウトライン化 (文字)................179
[アキを挿入]...................................97
[アセットの書き出し]...................270
アピアランス.................................164
アピアランスパネル.....................165
アンカーポイント..........17, 112, 114
[アンカーポイント] ツール..........122
　～の削除.....................................121
　～の追加.....................................121
[アンカーポイントの削除] ツール.....121
[アンカーポイントの追加] ツール.....121

い

異体字を入力する...........................99
一部分を印刷する.........................256
[一般]([環境設定])........................24
[移動] ダイアログボックス............48
色の設定..53
印刷する..254
印刷可能範囲の表示.....................255
インデント.............................107, 177

う

ウィジェット.................................157
ウィンドウ定規.............................108
[うねり] ツール............................247
埋め込み画像..................................89

え

絵筆ブラシ.............................225, 232
エリア内文字.........................100, 104
[エリア内文字] ツール..................101
エリア内文字のエリアの調整.......105
遠近グリッド..................................156
[遠近グリッド] ツール..................156
[遠近図形選択] ツール..................158
円グラフ..199
円形グラデーション.......................221
[円弧] ツール...................................73
[円弧ツールオプション] ダイアログ
　ボックス..73
[鉛筆] ツール.................................233
　～で直線を描く...........................233
　～で続けて描く...........................234
[鉛筆ツールオプション] ダイアログ
　ボックス......................................234
エンベロープ..................................180
[エンベロープメッシュ] ダイアログ
　ボックス......................................181

お

扇形...67, 71
覆い焼きカラー (描画モード).....143
オーバーレイ (描画モード).........143
オープンパス..................................113
大きさを指定して配置する.............92
[押し出し・ベベル]([効果])........151
オブジェクト....................................19
　～に穴を開ける...........................186
　～にパースを付ける...................157
　～の重なり..............................20, 38
　～の整列......................................134
　～の分布......................................135
　～を移動しながらコピーする......48
　～を回転させる...........................153
　～をガイドにする.......................109
　～を再配色...................................168
　～を正確な位置に移動する.........48
　～を分割する...............................137
折れ線グラフ...................................198

か

カーニング..97
階層グラフ.......................................198
[回転] ダイアログボックス............63
回転体 ([効果])..............................153
[回転] ツール.............................61, 63
ガイド...108
外部データを利用する...................201
書き出し (アセット).....................270
書き出し (スクリーン用)..............271
書き出し (PDF)............................260
書き出し (ファイル)....................274
[書き出し] ダイアログボックス....274
[拡大・縮小] ダイアログボックス....62
[拡大・縮小] ツール........................60
拡大/縮小表示..................................86
格納されているツール......................29
影を付ける.......................................148
重ね順...20, 38
画像の配置..89
合体 (パスファインダーパネル).....139
カット...37
角の比率..74
角の丸い長方形を作成する...............41
[角丸長方形] ダイアログボックス... 41
[角丸長方形] ツール..........................41
[角を丸くする]([効果])...................42
画面表示の範囲を移動させる............87
画面表示モード...................................25
カラー (描画モード).......................144
カラーグループ....................................57
カラースペクトルバー........................54
カラースライダ....................................54
カラーの再配色.................................168
カラーの編集.....................................166
カラーバー...264
カラーパネル.......................................54
カラーバランス..................................166
カラー反転..166
カラーブック...58
カラーモード...................................24, 55
カリグラフィブラシ...............225, 227

刈り込み
（パスファインダーパネル）.......139
［環境設定］.......24

き

キーオブジェクト.......134
輝度（描画モード）.......144
行揃え.......106
［共通］（［選択］）.......49
［曲線］ツール.......118
曲線に直線がつながった線を
作成する.......117
曲線を作成する.......72, 114
切り抜き
（パスファインダーパネル）.......140
禁則処理.......107
均等配置.......106

く

［クラウン］ツール.......248
グラデーション.......219
～の登録.......224
グラデーションガイド.......222
グラデーションスライダ.......219
［グラデーション］ツール.......221
グラデーションパネル.......219
グラデーションメッシュ.......242
グラフ.......195
～内のイラストに数値を表示する
.......205
～にイラストを利用する.......203
～に色を付ける.......202
～の種類を混在させる.......202
～の設定.......200
～の編集.......199
グラフィックスタイル.......163
グラフィックスタイルパネル.......163
グラフィックスタイルライブラリ.......163
グラフデータウィンドウ.......196
［グラフのデザイン］ダイアログ
ボックス.......203
グリッド.......110
～の非表示.......110
［グリッドにスナップ］.......110
クリッピングマスク.......93
グループ.......83
～に影を付ける.......149
～の解除.......83
［グループ選択］ツール.......83, 202
グレースケール.......55
～に変換.......166
クローズパス.......113
グローバルカラー.......59, 206
［グローバルブラシのサイズ］の設定
.......249

け

形状モード.......138

こ

［効果］メニュー
押し出し・ベベル.......151
回転体.......153
角を丸くする.......42
ジグザグ.......75
トリムマーク.......265
ドロップシャドウ.......148
ぼかし.......150
矢印にする.......147
落書き.......161
交差（パスファインダーパネル）.......139
合流（パスファインダーパネル）.......139
コピー.......37
個別に変形させる.......173
コントロールパネル.......22, 26

さ

最前面のオブジェクトで作成
（［エンベロープ］）.......181
［最前面へ］.......38
彩度（描画モード）.......144
彩度調整.......167
［最背面へ］.......20
差の絶対値（描画モード）.......144
左右にブレンド.......167
散布図.......198
散布ブラシ.......225, 228

し

［シアー］ダイアログボックス.......62
［シアー］ツール.......60
シェイプ.......69
［シェイプ形成］ツール.......141
［シェイプ形成ツールオプション］
ダイアログボックス.......141
色域外警告.......54
色相（描画モード）.......144
［ジグザグ］（［効果］）.......75
［ジグザグ］ダイアログボックス.......75
［自動回転］（［プリント］）.......256
［自動選択］ツール.......52
自動選択パネル.......52
［収縮］ツール.......247
自由な線を描く.......233
自由な変形方法.......64
［自由変形］ツール.......65
定規.......108
上下にブレンド.......167
乗算（描画モード）.......143
除外（描画モード）.......144
新規スウォッチを作成.......59
［新規ドキュメント］ダイアログ
ボックス.......24, 34
新規ドキュメントプロファイル.......24
新規レイヤーを作成.......84
シンボル.......244
シンボルインスタンス.......245
［シンボルオプション］ダイアログ
ボックス.......244
［シンボルシフト］ツール.......245
［シンボルスクランチ］ツール.......245
［シンボルスクリーン］ツール.......246
［シンボルスタイル］ツール.......246
［シンボルステイン］ツール.......246
［シンボルスピン］ツール.......246
［シンボルスプレー］ツール.......244
シンボルパネル.......155, 244
［シンボルリサイズ］ツール.......245

す

垂直の線を作成する.......112
水平の線を作成する.......112
スウォッチ.......56
スウォッチパネル.......57
～へ登録.......59
スウォッチライブラリ.......58
ズームイン／アウト.......86
［ズーム］ツール.......86
ズームレベル.......22, 86
隙間オプション（ライブペイント）.......193
［隙間オプション］ダイアログ
ボックス.......194
スクリーン（描画モード）.......143
［スクリーン用に書き出し］.......271
スクロールバー.......22
図形ツール.......40
［スター］ダイアログボックス.......45
［スター］ツール.......44
スタティックシンボル.......244
［スパイラル］ツール.......72
すべてのオブジェクトを選択する.......49
スマートガイド.......111
［スムーズ］ツール.......235

せ

正位置に固定して作成する.......44
正円を作成する.......40
正三角形を作成する.......45
正方形を作成する.......40
整列パネル.......134, 209
セグメント.......17, 47
［選択したアンカーポイントを
パスで切断］ボタン.......81
線.......19
～に色を付ける.......53
～の位置.......74
～の角の形状.......74
～の端の形.......74
～の太さを変更.......73
～の編集.......75
～を作成.......72
～をつなげる.......79, 120
～を変形する.......77
線形グラデーション.......221
前後にブレンド.......167

[選択] ツール.....46
線パネル.....74, 78, 145
線幅.....74
[線幅] ツール.....77
線幅ポイント.....78
[線幅ポイントを編集] ダイアログ
ボックス.....78
前面オブジェクトで型抜き
(パスファインダーパネル).....139
前面にペースト.....37

そ

属性パネル.....186
ソフトライト(描画モード).....144

た

ダイナミックシンボル.....244
タイル([パターン]).....238
タイル([パターンブラシ]).....230
タイル([プリント]).....257
[ダイレクト選択]ツール.....47, 66, 121
[楕円形] ツール.....35, 40
[多角形] ダイアログボックス.....45
[多角形] ツール.....44
多角形を変形.....67
裁ち落とし.....266
縦組み中の数字・欧文を回転.....99
タブ付きドキュメントウィンドウ.....22
タブパネル.....174
タブ.....174
～を削除する.....175
～を追加する.....175
[単位]([環境設定]).....25
段落の間隔.....107
段落パネル.....106, 176

ち

中央揃え.....106
中間オブジェクト.....216
中心を基点として図形を作成.....40
[長方形グリッド] ツール.....208
[長方形] ダイアログボックス.....41
[長方形] ツール.....40
長方形の角の形状.....71
長方形を変形.....66
[直線] ツール.....72
[直線ツールオプション] ダイアログ
ボックス.....72
直線に曲線がつながった線を
作成する.....117
直線を作成する.....72, 112

つ

ツールパネル.....22, 29
～から切りはなす.....29
積み上げ棒グラフ.....197

て

テキスト.....96
～データを流し込む.....100
～に色を付ける.....98
～のリンク.....103
テキスト形式.....275
[テキスト上にパネルを配置]
ボタン.....174
[テキストの回り込み].....178
[手のひら] ツール.....87

と

等間隔に分布.....135
透明効果.....143
透明パネル.....143
ドキュメント.....34
[ドキュメントのカラーモード]... 24, 268
特色.....58
突出線端.....74
トラッキング.....97
取り消し.....39
[トリムマーク]([効果]).....265
トレース.....191
ドロー形式.....16
[ドロップシャドウ]([効果]).....148
[ドロップシャドウ] ダイアログ
ボックス.....148
トンボ.....264

な

[ナイフ] ツール.....137
中マド(パスファインダーパネル).....139
波線を作成する.....75
ナビゲーターパネル.....88

に

二等辺三角形にする.....45

ぬ

抜き.....186
塗り.....19
～に色を付ける.....53
[塗りに奇偶規則を使用] ボタン.....186

は

バージョン.....268
パースを付ける.....65, 156
ハードライト(描画モード).....144
[配置] ダイアログボックス.....89
背面オブジェクトで型抜き
(パスファインダーパネル).....140
背面にペースト.....37
バウンディングボックス.....64
[はさみ] ツール.....81
パス.....17
～のアウトライン.....125
～のオフセット.....126
[パス消しゴム] ツール.....235
[パス上文字] ツール.....101
[パスのオフセット] ダイアログ
ボックス.....126
パスファインダー.....138
パスファインダーパネル.....138
破線.....74, 77
～のアウトライン化.....125
パターン.....236
～の境界線を作成する.....236
～の変形.....241
パターンオプションパネル.....237
パターンブラシ.....225, 229
パターン編集モード.....237
[パッケージ].....269
バット線端.....74
パネル.....26
パネルアイコン.....23
ハンドル.....18, 114
～の移動.....123
～の削除.....122
～の追加.....122

ひ

比較(暗)(描画モード).....143
比較(明)(描画モード).....143
[ピクセルプレビュー].....25
[ひだ] ツール.....248
左インデント.....107
左揃え.....106
ビットマップ画像.....16
表.....206
描画モード.....142
表示倍率.....22

ふ

ファイル
～の書き出し.....274
～の作成.....34
～の保存.....39
フォントファミリ.....97
複合シェイプ.....138
複合パス.....186
複数のオブジェクトでマスクを
作成する.....94
複数の画像を配置する.....92
複数の線を続けて作成する.....113
複数のマスクに色を付ける.....95
フチ取り文字にする.....98
不透明マスク.....184
～の反転.....185
～の不透明度を変更.....185
[不透明マスクを作成].....184
ブラケット.....102
ぶら下がりインデント.....177
ブラシ.....225
[ブラシ] ツール.....76, 226
[ブラシツールオプション]
ダイアログボックス.....226

ブラシパネル........................76, 226
ブラシライブラリ.............................76
フリーハンドの線で図形を
　作成する..68
プリント..254
［プリント］ダイアログボックス...254
［プリント分割］ツール...............256
［プリント分割を表示］................255
［プレビュー］（［表示］）..................25
プレビューウィンドウ
　（［プリント］）............................254
ブレンド............................167, 216
　～の解除....................................218
　～の拡張....................................218
［ブレンドオプション］ダイアログ
　ボックス......................................217
ブレンド軸....................................217
［ブレンド］ツール........................216
分割（パスファインダーパネル）...139
分割して印刷する........................257
分岐点...219
　～の削除....................................221
　～の追加....................................220

へ

［平均］..79
ペースト..37
ベクターイメージ.............................16
ベベル..152
ベベル結合......................................74
変形..................................60, 64, 68
変形ツール......................................60
［変形の繰り返し］........................171
編集モード（［パターン］）............237
編集モード（［ライブペイント］）......190
［ペン］ツール.............112, 115, 120

ほ

［ポイントにスナップ］..................110
棒グラフ.......................................196
［棒グラフ設定］ダイアログボックス
　...204
［棒グラフ］ツール........................195
方向線...114
［膨張］ツール...............................248
［ぼかし］（［効果］）.......................150
星形を変形......................................67

ま

マイター結合...................................74
マスク.................................93, 184
　～に色を付ける............................95
　～の解除......................................94
　～の作成......................................93
マッピング....................................155
丸型線端...74

み

右インデント.................................107
右揃え..106

め

［メッシュ］ツール........................242
メッシュで作成（［エンベロープ］）
　...181
メッシュポイント...........................242
メニューバー...................................22

も

［文字タッチ］ツール....................182
［文字（縦）］ツール.......................96
［文字］ツール.................................96
文字ツメ..97
文字
　～に色を付ける.............................98
　～のアウトライン化...................179
　～を変形....................................180
文字入力..96
　～の解除......................................96
文字パネル......................................97
元画像を開く...................................91

や

焼き込みカラー（描画モード）......143
矢印にする....................................145
［矢印にする］（［効果］）...............147
やり直し..39

よ

横向き積み上げ棒グラフ..............197
横向き棒グラフ.............................197

ら

ライブコーナー（図形）..................43
ライブコーナー（テキスト）..........104
ライブシェイプ...............................67
ライブトレース.............................191
ライブペイント.............................187
～の解除.......................................189
～の拡張.......................................189
～の選択.......................................188
～の着色.......................................188
～の編集.......................................190
ライブペイントグループ..............187
［ライブペイント選択］ツール.......188
［ライブペイント］ツール.....188, 193
［ライブペイントに変換］..............193
ラウンド結合...................................74
［落書き］（［効果］）.......................161
ラスターイメージ...........................16
ランダムに変形させる..................173

り

リーダーを挿入する.....................176
リキッドツール.............................247
［リシェイプ］ツール.......................61
立体的にする................................151
［リフレクト］ダイアログボックス.....63
［リフレクト］ツール.......................61
両端揃え.......................................107
輪郭をぼかす................................150
［リンク］（画像）............................90
リンク（テキスト）.........................103
リンク画像..........................89, 269
リンク切れ......................................90
リンクパネル......................90, 269
［リンクル］ツール........................248
［リンクを更新］ボタン....................90

れ

レイヤー..84
　～の削除......................................85
　～の順序を変える.........................85
　～を非表示にする.........................85
　～をロックする.............................85
［レイヤーオプション］ダイアログ
　ボックス..84
レーダーチャート..........................199
レジストレーション.........................57
レジストレーションマーク...........264
［連結］..79
［連結］ツール.................................80
連続移動コピー.............................171
連続回転コピー.............................171
連続拡大・縮小コピー....................172
連続コピー....................................171
連続シアーコピー.........................172
連続した曲線を作成する..............115

ろ

ロック...83
　～の解除......................................83

わ

ワークスペース...............................28
［ワープオプション］ダイアログ
　ボックス......................................180
［ワープ］ツール...........................247
［ワープツールオプション］ダイアログ
　ボックス......................................249
ワープで作成（［エンベロープ］）......180

著者紹介
鈴木貴子（すずき たかこ）
1972年生まれ。2010年よりフリーのグラフィックデザイナーとして活動中。デザインの他にも、執筆、イラスト、ロゴデザインなどを手がけています。
好きなアプリケーションはIllustrator、好きな花はミヤコワスレ、好きな飲み物は日本酒。

I&D（アイ アンド ディ）
1994年設立。ソフトウェア・インターフェイス企画開発、広告・WEB・エディトリアル等の企画・デザイン、執筆・コピーライティングなどを中心に活動。主な著書に『IllustratorとPhotoshopとInDesignをまるごと使えるようになりたいという欲ばりな人のための本』（エクスナレッジ刊）、『デザインの学校 これからはじめるPhotoshopの本』（技術評論社刊）などがある。
http://www.i-and-d.jp/

プロではないあなたのためのIllustrator
CC2017/CC2015/CC2014/CS6/CS5/CS4/CS3/CS2/CS対応

2017年9月28日　初版第1刷発行

著者　I&D

発行者　澤井 聖一
発行所　株式会社エクスナレッジ
〒106-0032　東京都港区六本木7-2-26
http://www.xknowledge.co.jp/

問合せ先

編集　FAX 03-3403-1345
info@xknowledge.co.jp

販売　TEL 03-3403-1321
FAX 03-3403-1829